全—本—全—注—全—译

吕氏春秋

（上）

［战国］吕不韦 编著

谦德书院 注译

团结出版社

图书在版编目（CIP）数据

吕氏春秋 / (战国) 吕不韦编著；谦德书院注译.
— 北京：团结出版社, 2019.1

（谦德国学文库）

ISBN 978-7-5126-6784-6

Ⅰ. ①吕… Ⅱ. ①吕… ②谦… Ⅲ. ①杂家②《吕氏春秋》—注释③《吕氏春秋》—译文 Ⅳ. ①B229.2

中国版本图书馆CIP数据核字(2018)第280594号

出版：团结出版社

（北京市东城区东皇城根南街84号 邮编：100006）

电话：(010) 65228880   65244790 （传真）

网址：www.tjpress.com

Email：65244790@163.com

经销：全国新华书店

印刷：三河市富华印刷包装有限公司

开本：148×210   1/32

印张：24.5

字数：400千字

版次：2020年1月 第1版

印次：2023年3月 第2次印刷

书号：978-7-5126-6784-6

定价：88.00元（全二册）

《谦德国学文库》出版说明

　　人类进入二十一世纪以来，经济与科技超速发展，人们在体验经济繁荣和科技成果的同时，欲望的膨胀和内心的焦虑也日益放大。如何在物质繁荣的时代，让我们获得内心的满足和安详，从经典中获取智慧和慰藉，或许是我们不二的选择。

　　之所以要读经典，根本在于，我们应当更好地认识我们自己从何而来，去往何处。一个人如此，一个民族亦如此。一个爱读经典的人，其内心世界必定是丰富深邃的。而一个被经典浸润的民族，必定是一个思想丰赡、文化深厚的民族。因为，文化是民族之灵魂，一个民族如果不能认识其民族发展的精神源泉，必定就会失去其未来的生机。而一个民族的精神源泉，就保藏在经典之中。

　　今日，我们提倡复兴中华优秀传统文化，当自提倡重读经典始。然而，读经典之目的，绝不仅在徒增知识而已，应是古人所说的"变化气质"，进一步，是要引领我们进德修业。《易》曰："君子以多识前言往行，以畜其德。"实乃读经典之要旨所在。

基于此理念，我们决定出版此套《谦德国学文库》，"谦德"，即本《周易》谦卦之精神。正如谦卦初六爻所言："谦谦君子，用涉大川"，我们期冀以谦虚恭敬之心，用今注今译的方式，让古圣先贤的教诲能够普及到每一个人。引导有心的读者，透过扫除古老经典的文字障碍，从而进入经典的智慧之海。

　　作为一套普及型的国学丛书，我们选择经典，不仅广泛选录以儒家文化为主的经、史、子、集，也将视野开拓到释、道的各种经典。一些大家所熟知的经典，基本全部收录。同时，有一些不太为人熟知，但有当代价值的经典，我们也选择性收录。整个丛书几乎囊括中国历史上哲学、史学、文学、宗教、科学、艺术等各领域的基本经典。

　　在注译工作方面，版本上我们主要以主流学界公认的权威版本为底本，在此基础上参考古今学者的研究成果，使整套丛书的注译既能博采众长而又独具一格。今文白话不求字字对应，只在保证文意准确的基础上进行了梳理，使译文更加通俗晓畅，更能贴合现代读者的阅读习惯。

　　古籍的注译，固然是现代读者进入经典的一条方便门径，然而这也仅仅是阅读经典的一个开端。要真正领悟经典的微言大义，我们提倡最好还是研读原本，因为再完美的白话语译，也不可能完全表达出文言经典的原有内涵，而这也正是中国经典的魅力所在吧。我们所做的工作，不过是打开阅读经典的一扇门而已。期望藉由此门，让更多读者能够领略经典的风采，走上领悟古人思想之路。进而在生活中体证，方能直趋圣贤之境，真得圣贤典籍之大用。

经典，是古圣先贤留给我们的恩泽与财富，是前辈先人的智慧精华。今日我们在享用这一份恩泽与财富时，更应对古人心存无尽的崇敬与感恩。我们虽恭敬从事，求备求全，然因学养所限、才力不及，舛误难免，恳请先贤原谅，读者海涵。期望这一套国学经典文库，能够为更多人打开博大精深之中华文化的大门。同时也期望得到各界人士的襄助和博雅君子的指正，让我们的工作能够做得更好！

团结出版社

2017年1月

前　言

　　《吕氏春秋》是战国末期秦相吕不韦组织门客集体编撰而成的一部著作。它为我们研究先秦历史提供了史料。据《史记》记载："吕不韦者，秦庄襄王相，亦上观尚古，删拾《春秋》，集六国时事，以为八览、六论、十二纪，为《吕氏春秋》。及如荀卿、孟子、公孙固、韩非之徒，各往往捃摭《春秋》之文以著书，不同胜纪。汉相张苍历谱五德，上大夫董仲舒推《春秋》义，颇著文焉。"由此可见，成书之后影响之大。

　　吕不韦，阳翟富商，家累千金。在赵国邯郸经商时，他看见秦国庶出的异人正在给赵国做人质。因为他的地位低下，且秦国经常攻打赵国，赵国对待他不是很礼貌，处境十分困窘。吕不韦却认为"此奇货可居"。由于当时秦国太子安国君的华阳夫人没有子嗣，吕不韦抓住这个机会，便游说异人，说可以辅佐他回国登上王位，异人就十分感激地说："必如君策，请得分秦国与君共之。"在吕不韦通过各种手段斡旋秦国各方势力的情况下，异人顺利登上王位，即秦庄襄王。秦庄襄王任吕不韦为丞相，封为文信侯，食河南洛阳十万户。此后，吕不韦在庄襄王、秦王政时期为相十三年。庄襄王死后，秦王政尊其为"仲父"。因此吕不韦权势熏天，国家大政方针皆由其掌控。后来因嫪毐与太后的事件受到牵连而被秦王政免去丞相之职，让他回到河南食邑，不久之后又怕他作乱，将他迁到蜀地。吕不韦见自己被逼迫至此，害怕日后被杀，便饮鸩自杀了。

《吕氏春秋》分为三个部分，即纪、览、论。"纪"，按照春、夏、秋、冬十二月，分为十二纪；"览"，按照内容分为八览；"论"，按照内容分为六论。还有一篇"序意"，即本书的序言（现存已残缺，放在《季冬纪》里），主要讲《吕氏春秋》的编著意图和宗旨。在此当中，吕不韦毫不掩饰地申明他的理论依据——"法天地"思想，认为天、地、人三者顺其自然、各得其所，即可无为而行了。现存《吕氏春秋》共有160篇，结构完整，体系完备，自成一家。

本书体现出来的思想并不是单一的，其中杂糅了多家思想，如道家、儒家、法家等等。例如，关于宇宙本源的哲学问题，战国时期各个流派争论不休，而它认为宇宙是由"精气"即物质构成的，两千多年前就能认识到宇宙是由物质构成，这是难能可贵的，体现了其朴素的唯物主义思想。又比如，《吕氏春秋》作为政治纲领，提出了君道虚、臣道实等政治主张，继承并发扬了孟子的民本思想，重视民众的力量，认为"人主有能以民为务者，则天下归之矣。"另外，《吕氏春秋》受道家思想的影响也很明显，但它摈弃了道家思想中的一些唯心成分。值得注意的是，在《士容论》中有"上农""任地""辨土""审时"等四篇文章，主要讨论农业问题，保留了我国最早的农业生产技术，为我们提供了研究先秦时期农业发展情况的资料。以上这些说明它吸收百家的积极成分，组合优化，自成一家。这是因为战国时期正处于"百家争鸣"的时代，而且它又是集体创作而成，因而会有这种情况。

同时，吕不韦作为组织者和主持者，本书集中体现了他的思想，使其成为杂家思想的代表人物之一。在本书中，吕不韦系统地提出了他的政治主张，优化整合百家思想，为秦国统一天下的需要提供了理论依据。吕不韦以此书为傲，"以为备天地万物古今之事""上揆之天，下验之地，中审之人，若此则是非可不可无所遁矣"。故而在咸阳"市门，悬千金其上，延诸侯游士宾客有能增损一字者予千金"。

本书在整理过程中，以清乾隆五十三年毕沅校本为底本，同时参考各家研究成果，对全书做了注译，对部分生僻字加了注音，注译力求简洁明了，通俗易懂，以期能对读者阅读这部经典起到一个导引作用。由于译者水平有限，注释及译文恐有不当之处，还请读者给予指正。

总 目

上 册

下 册

目 录

季夏纪第六

孟秋纪第七

仲秋纪第八

季秋纪第九

孟冬纪第十

仲冬纪第十一

季冬纪第十二

有始览第一

孝行览第二

慎大览第三

孟春纪第一

孟 春

【题解】孟春,指的是正月。本篇详细介绍了正月应该如何推行国事,并且阐述了这个月的自然气候、天文历法,以及天子在各方面应该遵循的合时宜的规定。

一曰:

孟春之月,日在营室①,昏参中,旦尾中。其日甲乙。其帝太皞②,其神句芒③,其虫鳞,其音角,律中太蔟④,其数八。其味酸,其臭⑤膻。其祀户,祭先脾。东风解冻,蛰虫始振,鱼上冰,獭祭鱼,候雁北。天子居青阳⑥左个,乘鸾辂⑦,驾苍龙,载青旂,衣青衣,服青玉,食麦与羊,其器疏以达。

【注释】①营室:即室宿,同下文的"参""尾"都属二十八宿。②太皞(hào):伏羲氏,又叫木德之帝。③句(gōu)芒:太皞氏的儿子,木官之神。④太蔟:即阳律。古人把乐律与历法相结合,一年十二个月与十二律相配。⑤臭:气味。⑥青阳:古时宫殿面向东方的厅堂。⑦辂:古代的大车。

【译文】第一：

春季的第一个月，太阳在营室那个地方，黄昏时候参在中天那个地方，早上则是尾在中天那里。这个月的太阳都在甲乙方。这个月掌管天下的帝王是太皞，神是句芒，代表性动物是鳞，代表的音是角音，韵律是六律中的太蔟，代表数字是八。对应的味道是酸味，气味是膻气。祭祀的对象是门户，祭祀时首先应该拿出脾脏。这时候春风吹化了冰冻，蛰伏的虫子开始伸展翅膀，冰下的鱼儿开始游到上面，水獭把鱼作为自己果腹的食物，南飞过冬的大雁开始北归。天子坐在面向东边的房间里，乘着鸾鸟装饰的车，由青马拉着车，车上装饰着青旗。天子穿着青衣，戴着青玉，吃着麦子和羊肉，祭祀所用的器物是简单但是通透的。

是月也，以立春。先立春三日，太史①谒之天子曰："某日立春，盛德②在木。"天子乃斋。立春之日，天子亲率三公③、九卿④、诸侯、大夫以迎春于东郊。还，乃赏公卿、诸侯、大夫于朝。命相布德和令，行庆施惠，下及兆民。庆赐遂行，无有不当。乃命太史，守典奉法，司天日月星辰之行，宿离不忒⑤，无失经纪⑥，以初为常。

【注释】①太史：官名，负责记载史事，兼管典籍、历法、祭祀等。②盛德：高尚的品德。③三公：指太师、太傅、太保。④九卿：指冢宰、司徒、宗伯、司马、司寇、司空、少师、少傅、少保。⑤忒(tè)：差错。⑥经纪：天文进退迟速的度数。

【译文】这个月有立春。在立春前三天，太史向天子禀告说："立春的那天，天的盛德在东方。"于是天子斋戒，准备迎春。到了立春那天，天子亲自率三公、九卿、诸侯、大夫到东郊去迎接春天的到来。迎春礼毕回来后，就在朝堂上赏赐公卿、诸侯、大夫，并命令丞相宣布教化，发布禁令，实行褒奖，瞻济不足，一直施及所有百姓。褒奖赏赐之事，要通达施行，不要有不当之处。于是天子命令太史要遵守典章，奉行法则，来推算天上日、月、星辰的运行。太阳所在的位置、月亮所经过的地方，以及月星辰运行的度数和轨迹，要计算得没有一点差错，制定历法仍以冬至点在牵牛初度为准则。

是月也，天子乃以元日①祈谷于上帝。乃择元辰②，天子亲载耒耜③，措之参于保介之御间④，率三公、九卿、诸侯、大夫躬耕帝籍田⑤，天子三推，三公五推，卿、诸侯、大夫九推。反⑥，执爵于太寝⑦，三公九卿诸侯大夫皆御，命曰"劳酒"。

【注释】①元日：吉利的日子。②元辰：良辰，吉辰。③耒耜（lěi sì）：古代一种像犁的翻土农具。耜用于起土，耒是耜上的弯木柄，也用作农具的统称。④措：放置，安放。保介：古时立于车右，披甲执兵，担任侍卫的勇士。⑤帝籍田：即籍田，古代天子有千亩籍田，征用民力耕种，用来生产祭祀上天所用的黍稷。⑥反：通"返"，返回。⑦太寝：帝王的祖庙。

【译文】这个月，天子在吉日向上帝祈求五谷丰登。并选择好的时辰，亲自用车装着农具，放在车上的武士和车夫之间，率领三公、九卿、诸侯、大夫亲自耕种帝籍田。天子推三下农具，三公推五下，卿、诸侯、大夫推九下。礼毕返回，天子在祖庙举行宴饮，慰劳群臣，三公、九卿、诸侯、大夫都去侍酒。这次宴饮命名叫作"劳酒"。

是月也，天气下降，地气上腾，天地和同，草木繁动①。王布农事，命田②舍东郊，皆修封疆③，审端径术。善相④丘陵阪险原隰⑤，土地所宜，五谷所殖，以教道⑥民，必躬亲之。田事既饬⑦，先定准直⑧，农乃不惑。

【注释】①繁动：萌动。②田：即田畯，官名。古代管农事、田法的官。③封疆：划封土地的疆界，这里指田地的边界。④相（xiàng）：察看，判断。⑤隰（xí）：低湿的地方。⑥道：通"导"，引导。⑦饬：通"敕"，告诫。⑧准直：测定物体平直的器具。引申为言论、行动等的标准或准则。这里指农产品的价格。

【译文】这个月，天上的气流下沉，地面上的气流上升，天地之气混为一体，草木普遍开始萌芽。君王布置农业生产之事，命令农官住在东郊，修整田界，审视并修好田间小路；好好地考察丘陵、山地、平原、洼地等各种地形，根据地形来种植相应的五谷；还要用这些知识来教诲引导百姓，而且务必亲自去做。农业生产的命令既已下达，制定了农产品的价格标准，农民就不会感到迷惑了。

是月也，命乐正①入学习舞。乃修祭典，命祀山林川泽，牺牲无用牝^②。禁止伐木，无覆巢，无杀孩虫、胎夭、飞鸟^③，无麛^④无卵。无聚大众，无置城郭，揜骼霾髊^⑤。

【注释】①乐正：官名，周代乐官之长。②牝：雌性的鸟或兽。③孩虫：幼虫，初生之虫。胎夭：指刚出生及尚未出生的小动物。飞鸟：刚学飞的小鸟。④麛(mí)：幼鹿。⑤揜(yǎn)：通"掩"。霾：古同"埋"。

【译文】这个月，命令乐官进入太学教公卿的子弟学习舞蹈。同时修订祭祀的典则，命令祭祀山林河流不用母牲做祭品。禁止砍伐树木，不许捣翻鸟巢，不许杀害幼小的虫子和雏鸟，不要杀害小鹿和孵卵的鸟，不得聚集民众，不得建立城郭，要掩埋枯骨尸骸。

是月也，不可以称兵，称兵必有天殃。兵戎不起，不可以从我始。无变天之道，无绝地之理，无乱人之纪。

【译文】这个月，不可以兴兵征伐，发动战争必定会遭遇天灾。不要发起战争，战争不可以从我这里发起。发布政令不要违背自然的规律，不要废绝土地的条件，不要扰乱做人的纲纪。

孟春行夏令^①，则风雨不时^②，草木早槁^③，国乃有恐。行秋令，则民大疫，疾风暴雨数至，藜莠蓬蒿并兴。行冬令，则水潦^④为败，霜雪大挚，首种^⑤不入。

【注释】①令：时令，时节。②不时：不合时宜。③槁：草木枯干。④水潦：大雨，雨水。⑤首种：最先播种的庄稼，指稷。

【译文】如果在孟春出现了夏天才应发布的政令，那么风雨就不会合乎时节，草木就会过早地干枯，人民就会感到恐慌。如果出现了秋天的时令，那么百姓中就会发生大的瘟疫，狂风暴雨就会多次来袭，野草就会蓬勃生长。如果出现了冬天的时令，那么就会发生大的水灾，霜雪就会严重地伤害庄稼，先种下的种子就不会扎根成长，不会有收成。

本 生

【题解】"本生"，即以保全生命为根本。圣人重生轻物，"以物养性"；富贵之人重物轻生，"以性养物"，因而"每动无不败"，以致伤生亡国。

二曰：

始生之者，天也；养成之者，人也。能养天之所生而勿撄^①之谓天子。天子之动也，以全天为故者也。此官之所自立也。立官者，以全生也。今世之惑主，多官而反以害生，则失所为立之矣。譬之若修兵者，以备寇也，今修兵而反以自攻，则亦失所为修之矣。

【注释】①撄（yīng）：触犯。

【译文】第二：

最初创造出生命的是天，养育生命并使它成长的是人。能够保养上天创造的生命而不摧残它，这样的人称为天子。天子的一举一动都是把保全生命作为要务的。这是职官设立的来由。设立职官，正是用来保全生命啊。如今世上糊涂的君主，大量设立官职却反而因此妨害生命，这就失去了设立职官的本来意义了。譬如训练军队，是用来防备敌寇的。可是如今训练军队却反而用来攻杀自己，那就失去了训练军队的本来意义了。

　　夫水之性清，土者抇①之，故不得清。人之性寿，物者抇之，故不得寿。物也者，所以养性也，非所以性养也。今世之人，惑者多以性养物，则不知轻重也。不知轻重，则重者为轻，轻者为重矣。若此，则每动无不败。以此为君，悖；以此为臣，乱；以此为子，狂。三者国有一焉，无幸必亡。

【注释】①抇（gǔ）：搅乱。
【译文】水本来是清澈的，泥土使它浑浊，所以水无法保持清澈。人本来是可以长寿的，外物使他迷乱，所以人无法实现长寿。外物本来是供养生命的，不该损耗生命去追求它。可是如今世上糊涂的人大多是靠损耗生命去追求外物，这样做是不知轻重。不知轻重，就会把重的当作轻的，把轻的当作重的了。若是这样，无论做什么，没有不失败的。持这种态度去当君王，是错误的；这样做臣子，就会败坏纲纪；做儿子，就会狂放无礼。这三种情况，国家只要有其中一种，都无可幸免，必定会灭亡。

今有声于此，耳听之必慊①已，听之则使人聋，必弗听。有色于此，目视之必慊已，视之则使人盲，必弗视。有味于此，口食之必慊已，食之则使人喑②，必弗食。是故圣人之于声色滋味也，利于性则取之，害于性则舍之，此全性之道也。世之贵富者，其于声色滋味也，多惑者，日夜求，幸而得之则遁焉。遁焉，性恶得不伤？

【注释】①慊（qiè）：满足。②喑：哑，不能说话。

【译文】如果现在有这样一种声音，耳朵听到它一定会感到满足，但听了后会使人耳聋，人们一定不会去听。假如有这样一种颜色，眼睛看到它肯定感到惬意，但看了就会使人眼瞎，人们一定不会去看。假如有这样一种食物，嘴巴尝到它肯定感到满意，但吃了就会使人声哑，人们一定不会去吃。因此，圣人对于声音、颜色、滋味的态度是，有利于生命的就取用，有害于生命的就舍弃，这是保全生命的方法。世上富贵的人，对于声色滋味的态度大多是糊涂的，他们日日夜夜地追求这些东西，幸运地得到了，就放纵自己不能自我约束。生命怎么能不受到伤害呢？

万人操弓，共射一招①，招无不中。万物章章②，以害一生，生无不伤；以便一生，生无不长。故圣人之制万物也，以全其天也。天全，则神和矣，目明矣，耳聪矣，鼻臭③矣，口敏矣，三百六十节④皆通利矣。若此人者，不言而信，不谋而当，不虑而得；精通乎天地，神覆乎宇宙；其于物无不受也，无不裹也，

若天地然；上为天子而不骄，下为匹夫而不惛⑤。此之谓全德
之人。

【注释】①招：箭靶子。②章章：明媚繁盛的样子。③臭（xiù）：
同"嗅"，这里指嗅觉灵敏。④三百六十节：古谓人体骨节有三百六十节。
⑤惛：同"闷"，忧闷。

【译文】一万个人拿着弓箭，共同射向一个目标，这个目标没
有不被射中的。世间万物繁盛茂美，如果用来伤害一个生命，那
么这个生命没有不被伤害的；如果用来养育一个生命，那么这个
生命没有不成长的。所以圣人制约万物，是为了保全自己的生命。
生命得到了保全，那么精神就和谐了，眼睛就明亮了，耳朵就灵敏
了，嗅觉就敏锐了，口齿就伶俐了，全身三百六十个关节都畅通利
索了。像这样的人，不用说话就有信用，不用谋划就会处事得当，
不用思考就会有所得。他们的精神通达天地，覆盖宇宙。对于外
物，他们没有不接受的，没有不包容的，胸怀就像是天地一样宽
广。他们在上做天子却不骄傲，在下做普通百姓而不烦恼。这才
是所说的道德完美的人。

贵富而不知道，适足以为患，不如贫贱。贫贱之致物也难，
虽欲过之，奚由？出则以车，入则以辇，务以自佚①，命之曰招②
之机。肥肉厚酒，务以自强，命之曰烂肠之食。靡曼皓齿③，郑、
卫之音④，务以自乐，命之曰伐性之斧。三患者，贵富之所致也。
故古之人有不肯贵富者矣，由重生故也，非夸以名也，为其实

也。则此论之不可不察也。

【注释】①佚（yì）：逸乐。②瘚瘚（jué jué）：足病。③靡曼皓齿：指美色。靡曼：指肌肤细腻。④郑、卫之音：郑国、卫国地区所代表的民间音乐。孔子率先提出了"郑声淫"，"淫"是过度的意思，"郑卫之音"被称为"淫乐"、亡国之音"。

【译文】富贵但不懂得养生的方法，这恰恰要成为祸患，与其这样还不如成为贫贱的人了。贫贱的人想要获得东西也很难，即使想要过度地沉迷于外物享受之中，又从哪里去弄到呢？出门坐车，进门坐辇，务必追求安逸舒适的生活，这种车辇叫作"招致脚病的器具"。吃肥肉，喝醇酒，企图用这些来加强身体，这酒肉应该叫作"使肠胃腐烂的食物"。沉迷美色，陶醉于淫靡之音，极尽享乐，这种美色、音乐应该叫作"砍伐生命的斧头"。这三种祸患都是富贵所招致的。所以古代就有不愿意富贵的人，这是由于他们重视生命的缘故，并不是用轻视富贵钓取虚名来夸耀自己，而是为了保全生命。这些道理是不可不明察的。

重 己

【题解】本篇旨在劝诫君主重视生命，顺应自然规律，适欲节性，遵循适度的原则，这样才能长生不老。文章着重批评了对生命"有慎之而反害之者"和"弗知慎者"两种做法，认为这是不达性命之情，不别死生存亡，如此便会"必死必殃""必残必亡"。

三曰：

倕①，至巧也。人不爱倕之指，而爱己之指，有之利故也。人不爱昆山之玉、江汉之珠，而爱己之一苍璧小玑②，有之利故也。今吾生之为我有，而利我亦大矣。论其贵贱，爵为天子，不足以比焉；论其轻重，富有天下，不可以易之；论其安危，一曙失之，终身不复得。此三者，有道者之所慎也。

有慎之而反害之者，不达乎性命之情也。不达乎性命之情，慎之何益？是师③者之爱子也，不免乎枕之以糠；是聋者之养婴儿也，方雷而窥之于堂。有殊弗知慎者？

夫弗知慎者，是死生存亡可不可，未始有别也。未始有别者，其所谓是未尝是，其所谓非未尝非，是其所谓非，非其所谓是，此之谓大惑。若此人者，天之所祸也。以此治身，必死必殃；以此治国，必残必亡。

夫死殃残亡，非自至也，惑召之也。寿长至常亦然。故有道者不察所召，而察其召之者，则其至不可禁矣。此论不可不熟。

【注释】①倕：相传是尧时的巧匠，一说是黄帝时的巧人。②玑：不圆的珠子。③师：乐师，乐官。

【译文】第三：

倕是最巧的匠人。但是人们不爱惜他的手指，却爱惜自己的手指，这是由于它属于自己而有利于自己的缘故。人们不爱惜昆山的美玉，江、汉两河中的明珠，却爱惜自己的一颗劣质玉石和一颗并不圆润的小珠子，是因为它们属于自己并对自己有好处的缘故。如今我的生命属于我所有，而给我带来的利益也是极大的。以贵贱而论，即使贵为天子，也不足以和它相比；以轻重而论，即使富有天下，也不能同它交换；以安危而论，一旦失去它，终身不可再得到。贵贱、轻重、安危这三种东西，是有道行的人所谨慎对待的。

有人虽然小心翼翼对待生命却反过来招来损害，是因为没有通晓生命天性的原因。不通晓生命的天性，即使对待生命小心翼翼，又有什么益处呢？这就像盲人爱儿子，竟然免不了把他枕卧在谷糠中；就像聋子养育婴儿，正在打雷的时候却抱着他在堂上使他向外张望。这种情况同不知小心谨慎的人相比，其实际效果又有什么不同呢？

不知道对自己生命谨慎的人，对于死生、存亡、可做可不做的事，从来没有分辨过其中的不同。那些分辨不清死生、存亡、可与不可的人，他们认为正确的东西从来都不是正确的，他们认为错误的从来都不是错误的。他们把错误的东西当作正确的，把正确的东西当作是错误的，这就是所谓的"大惑"。像这样的人，正是上天降祸的对象。持这种态度修身，必定死亡，必定遭受祸患；持这种态度治理国家，国家必定残破，必定灭亡。

死亡、灾祸、残破、灭亡，这些东西都不是自己招引来的，而是惑乱所招致的。长寿的得来也经常是这样。所以，有道之人不去考察招致的结果，而是考察招致它们的原因，那么结果的实现就是不可制止了。这个道理不可不熟思。

使乌获①疾引牛尾，尾绝力勯②，而牛不可行，逆也。使五尺竖子引其棬③，而牛恣所以之，顺也。世之人主贵人，无贤不肖，莫不欲长生久视，而日逆其生，欲之何益？凡生之长也，顺之也；使生不顺者，欲也；故圣人必先适欲。

【注释】①乌获：秦武王的力士，据说能举千钧。②勯（dān）：力尽。③棬（juàn）：牛鼻上的环。

【译文】假使叫古代的大力士乌获用力拽牛尾，即使把尾巴扯断，把力气用尽，也不能让牛跟着走，这是违背了牛的习性的缘故。如果叫一个小孩牵着牛的鼻环，牛就会顺从地听他的话走，这是顺应牛的习性的缘故。世上的君主、贵人，不论贤与不贤，没有不想长生不老的。但是他们每天都在违背自己的天性，即使想要长寿，又有什么益处呢？大凡生命长久都是顺应它的天性的缘故，使得生命不顺的是欲望；所以圣人一定要先节制欲望，使之适度。

室大则多阴，台高则多阳。多阴则蹶①，多阳则痿②，此阴阳不适之患也。是故先王不处大室，不为高台，味不众珍，衣不燀③热。燀热则理塞，理塞则气不达；味众珍则胃充，胃充则中大鞔④，中大鞔而气不达。以此长生可得乎？昔先圣王之为苑囿园池也，足以观望劳形而已矣；其为宫室台榭⑤也，足以辟⑥燥湿而已矣；其为舆马衣裘也，足以逸身暖骸而已矣；其为饮食酏醴⑦也，足以适味充虚而已矣；其为声色音乐也，足以安性自娱而已矣。五者，圣王之所以养性也，非好俭而恶费也，节乎性也。

【注释】①厥：这里指一种寒症，即手足厥冷。②痿：身体某一部分萎缩或失去功能的病。③烊：通"亶"，厚。④中：胸腹。鞔(mèn)：古通"懑"，闷胀。⑤台：土筑的高台，供观察瞭望用。榭：建筑在高土台上的房子。⑥辟：通"避"。⑦酏(yǐ)醴：用黍粥酿成的甜酒。

【译文】屋子大阴气就重，楼台高阳气就盛。阴气多就会产生厥病，阳气盛就会得痿病，这是阴阳不协调带来的祸患。因此，古代的帝王不住大的房间，不建高楼，不吃山珍海味，不穿过暖的衣服。身上过暖就会经脉阻塞，经脉阻塞气息就会不通畅；吃山珍海味胃就会饱胀，胃饱胀就会胸腹闷胀，气不能通达。像这样求长寿，可能实现吗？从前，先贤建造苑囿园池，规模只要足以游目眺望、活动身体就行了。他们修筑宫室台榭，大小高低只要足以避开干燥和潮湿就可以了，他们制作车马衣裘，只要足以安身暖体就可以了，他们的饮食酒水，只要足以合口味、能填饱肚子就行了，他们对音乐歌舞只要足以使自己性情得到安闲娱乐就可以了。这五个方面是圣人用来养生的，并非爱好节俭而厌恶浪费，而是为了调节性情使它适度啊！

贵 公

【题解】所谓"贵公"，就是贵在公正。君主治国、治天下一定"必先公"。文章指出"天下非一人之天下也，天下之天下也"，但又说"万民之主，不阿一人"，这显然是针对君主而言的，君主做到公正，才会达到天下平的局面。

四曰：

昔先圣王之治天下也，必先公，公则天下平矣。平得于公。尝试观于上志^①，有得天下者众矣，其得之以公，其失之必以偏。凡主之立也，生于公。故《鸿范》曰："无偏无党，王道荡荡；无偏无颇，遵王之义；无或作好，遵王之道；无或作恶，遵王之路"^②。

【注释】①上志：指古代典籍。②"故《鸿范》曰"句：节选自《尚书·周书》。《鸿范》，即《洪范》。党，结党。颇，偏，不正。遵，依照，按照。

【译文】第四：

从前，先代圣王治理天下，一定把公正无私放在首位。做到公正无私，那么天下就能安定了。天下获得太平就是因为有公正无私。我曾经试着查看古代典籍，里面记载能够得到天下的人很多。他们取得天下是因为能做到公正无私，失去天下则是因为偏颇有私。大凡君主地位的确立，都是因为公正。所以《洪范》中说："不要偏私，不要结党，王道是平坦宽广的。不要偏私，不要倾侧，遵循先王的法则；不要偏呈个人喜好，遵照先王的路去走；不要胡作非为，遵循先王的正道。"

天下，非一人之天下也，天下之天下也。阴阳之和，不长一类；甘露时雨，不私一物；万民之主，不阿一人。伯禽^①将行，请所以治鲁。周公^②曰："利而勿利也。"荆人有遗弓者，而不肯索，曰："荆人遗之，荆人得之，又何索焉？"孔子闻之曰："去其'荆'而可矣。"老聃^③闻之曰："去其'人'而可矣。"故老聃则至公矣。天地大矣，生而弗子，成而弗有，万物皆被其泽、得其利，而莫知其所由始，此三皇五帝^④之德也。

【注释】①伯禽：姬姓，名禽，周公旦长子，周朝诸侯国鲁国第一任国君。②周公：姬姓，名旦，是周文王第四子，制定了礼乐制度，是西周初期杰出的政治家、军事家、思想家、教育家。③老聃：春秋末期楚国人，曾入周王室任守藏室史，是道家学派创始人和主要代表人物。④三皇：燧人、伏羲、神农。五帝：太暤、炎帝、黄帝、少暤、颛顼。

【译文】天下并不是某一个人的天下，而是天下人的天下。阴阳调和，不仅仅使得一类事物生长。合时的甘露雨水，不偏私某一物；万民的君主，不偏私某一人。伯禽将要出行，向周公请教如何治理鲁国。周公说："施利给人民而不要向别人谋取私利。"有个荆人丢了弓，却不肯去寻找，他说："荆人丢了它，反正还是会被荆人找到，又何必去寻找呢？"孔子听说这件事后，说："他的话中的'荆'字去掉就可以了。"老子听到后说："再去掉那个'人'字就更合适了。"像老子这样的人，算是达到公正的最高境界了。天地那么大，生育了人却不把人作为自己的子女，成就了万物但是却不据为己有，万物都受到它的恩泽、得到它的好处，却不知道一切是从什么地方来的，这也正是三皇五帝的品德啊。

管仲^①有病, 桓公^②往问之, 曰: "仲父之病矣, 渍^③甚, 国人弗讳, 寡人将谁属国? "管仲对曰: "昔者臣尽力竭智, 犹未足以知之也, 今病在于朝夕之中, 臣奚能言? "桓公曰: "此大事也, 愿仲父之教寡人也。"管仲敬诺, 曰: "公谁欲相? "公曰: "鲍叔牙^④可乎? "管仲对曰: "不可。夷吾善鲍叔牙。鲍叔牙之为人也, 清廉洁直, 视不己若者, 不比于人; 一闻人之过, 终身不忘。""勿已, 则隰朋^⑤其可乎? ""隰朋之为人也, 上志而下求, 丑不若黄帝, 而哀不己若者; 其于国也, 有不闻也; 其于物也, 有不知也; 其于人也, 有不见也。勿已乎, 则隰朋可也。"

夫相, 大官也。处大官者, 不欲小察, 不欲小智, 故曰: 大匠不斫, 大庖不豆, 大勇不斗, 大兵不寇。

桓公行公去私恶, 用管子而为五伯^⑥长; 行私阿所爱, 用竖刀^⑦而虫出于户。

【注释】①管仲: 春秋时辅助齐桓公成为春秋五霸之首的贤相。②桓公: 即齐桓公, 姜姓, 名小白, 春秋时齐国第十五位国君, 公元前685-前643年在位, 春秋五霸之首。③渍: 病。④鲍叔牙: 姒姓, 鲍氏, 名叔牙, 颖上 (今属安徽) 人, 春秋时期齐国大夫。是管仲最要好的朋友。⑤隰朋: 齐大夫, 曾助管仲帮桓公成就霸业。⑥五伯: 就是春秋五霸, 齐桓公、晋文公、秦穆公、宋襄公、楚庄王。⑦竖刀 (diāo): 即竖刁, 齐桓公的近侍。齐桓公死时, 五子争位, 竖刁参与作乱, 使桓公尸体停床多日以致尸虫爬出。

【译文】管仲生病, 齐桓公去探望他说, 说: "仲父您的病相当重了。如果您病情危急, 不幸与世长辞, 我将把国家托付给谁呢？"管仲回答说："过去我尽心竭力，尚且不足以了解这样的人。如今病重，危在旦夕，我又怎么能谈论这件事呢？"齐桓公说："这是大事啊，希望您能指点我。"管仲恭敬地回答道："您打算任用谁为相国呢？"齐桓公说："鲍叔牙可以吗？"管仲说："不行。我与鲍叔牙很要好。鲍叔牙的为人，清白廉正，看待不如自己的人不屑与之为伍，一旦听说别人的过失，便终生不忘。""不得已的话，那隰朋可以吗？""隰朋的为人，向上有志向，而且不耻下问，以自己比不上黄帝为耻辱，又怜惜不如自己的人。对于国事，不该打听的就不去打听；对于事务，不需要了解的就不去了解；对于人，没必要关注的就不去关注。不得已的话，隰朋还是可以的。"

相国，是一个很高的职位。当大官的人，不应该在小的地方花费精力，不应该玩弄小聪明。所以说，手艺高超的木匠不亲自动手砍削，高超的厨师不去亲自排列食器，大勇之人不去亲自格斗厮杀，正义之师不去劫掠为害。

齐桓公施行公正，抛却私恨，任用管仲而成为五霸之首；他存了私心，亲近偏爱的人，任用竖刁以致死后国家大乱，不得殡殓，尸体腐烂，尸虫爬出尸外。

人之少也愚，其长也智。故智而用私，不若愚而用公。日醉而饰服^①，私利而立公，贪戾而求王，舜弗能为。

【注释】①饰：通"饬"，整顿。

【译文】人在年少的时候愚笨，长大了就会聪明。所以聪明的人用私心，还不如无知的人用公正的做法。每天喝醉了还整理衣服，有私利之心却要谋取公正，贪婪残暴却要当君王，就是舜也无能为力。

去 私

【题解】本篇仍在谈论"公"的问题，和上篇主旨相似。文章通过尧舜禅让、祁奚举贤、腹䵍杀子等几个事例，从不同角度阐明"去私"的做法。同时，文章还指出君主"诛暴而不私"，才能成就王霸之业。

五曰：

天无私覆也，地无私载也，日月无私烛①也，四时无私行也，行其德而万物得遂长焉。

【注释】①烛：照亮，照明。

【译文】第五：

天覆盖万物，没有偏私；地承载万物，没有偏私；日月普照万物，没有偏私；春夏秋冬更迭交替，没有偏私。天地、日月、四季施其恩德，于是万物得以成长。

黄帝言曰："声禁重，色禁重，衣禁重，香禁重，味禁重，室禁重。"

【译文】黄帝说过："音乐禁止淫靡，色彩禁止炫目，衣服禁止厚热，香料禁止浓烈，饮食禁止丰美，宫室禁止高大。"

尧有子十人，不与其子而授舜；舜有子九人，不与其子而授禹。至公也。

【译文】尧有十个儿子，但是他不把帝位传给自己的儿子而是传给了舜；舜有九个儿子，但是他不把帝位传给自己的儿子而是传给了禹。他们是最公正无私的了。

晋平公问于祁黄羊①曰："南阳②无令，其谁可而为之？"祁黄羊对曰："解狐③可。"平公曰："解狐非子之雠邪？"对曰："君问可，非问臣之雠也。"平公曰："善。"遂用之。国人称善焉。居有间，平公又问祁黄羊曰："国无尉，其谁可而为之？"对曰："午④可。"平公曰："午非子之子邪？"对曰："君问可，非问臣之子也。"平公曰："善。"又遂用之。国人称善焉。孔子闻之曰："善哉！祁黄羊之论也，外举不避雠，内举不避子。"祁黄羊可谓公矣。

【注释】①晋平公：晋悼公的儿子。祁（qí）黄羊：晋国大夫。据《左传》记载，祁黄羊荐贤的事发生在晋悼公的时候。②南阳：在今河南获嘉县北。③解狐：晋国大夫。④午：祁午，祁黄羊的儿子。

【译文】晋平公问祁黄羊说："南阳缺个县令，谁可以担当这个职务呢？"祁黄羊回答说："解狐可以。"晋平公说："解狐不是你的仇人吗?"祁黄羊回答说:"大王您问谁可以担任这个职务,而没有问谁是我的仇人。"晋平公称赞说:"好!"就任用了解狐。全国上下的百姓没有一个不说好的。过了一段时间,晋平公又对祁黄羊说:"国家缺个军尉,谁可以担任这个职务呢?"祁黄羊回答说:"祁午可以。"平公说:"祁午不是你的儿子吗?"回答说:"大王您问谁可以担任这个职务,又不是问谁是我的儿子。"平公称赞说:"好!"就又任用了祁午。国人对此又都说好。孔子听说了这件事,说:"祁黄羊的这些话太好了!推举外人不回避仇敌,推举家人不回避儿子。"祁黄羊可称得上公正无私了。

墨者有钜子腹䵍^①,居秦,其子杀人,秦惠王曰:"先生之年长矣,非有他子也,寡人已令吏弗诛矣,先生之以此听寡人也。"腹䵍对曰:"墨者之法曰:'杀人者死,伤人者刑',此所以禁杀伤人也。夫禁杀伤人者,天下之大义也。王虽为之赐^②,而令吏弗诛,腹䵍不可不行墨者之法。"不许惠王,而遂杀之。子,人之所私也,忍所私^③以行大义,钜子可谓公矣。

【注释】①墨者:战国时候的墨家学派,创始人是墨翟(dí)。腹䵍(tūn):战国时期墨家巨子(钜子),墨家学派领袖。钜子:墨家学派中有巨大成就的人物。②为之赐:赐给我恩惠。指秦惠王赦免腹䵍儿子的死罪。③忍所私:指忍痛杀所私。忍:忍心,这里指忍心杀掉。所私:这里是儿子的意思。

【译文】墨家有个大家腹䵍住在秦国,有一次他的儿子杀了人,被官府抓获。秦惠王对腹䵍说:"先生您的年纪已经很大了,又没有别的儿子，我已经命令官府的人不要杀他了。希望先生您在这件事上就听从我的劝告吧。"腹䵍回答说："墨家的法律规定，'杀人者处死，伤人者受刑。'这样做为的是严禁杀人、伤人。严禁杀人、伤人，这是天下的大理。大王您虽然赐给我恩惠，命令司法官不杀我儿子，但是我腹䵍却不可以不执行墨家的法律。"腹䵍没有同意秦惠王的做法，最后处死了自己的儿子。每个人都十分疼爱自己的儿子，墨家大师腹䵍忍心杀掉自己的儿子去遵行天下大理，可以算得上是公正无私的了。

庖人调和而弗敢食，故可以为庖。若使庖人调和而食之，则不可以为庖矣。王伯之君亦然，诛暴而不私，以封天下之贤者，故可以为王伯。若使王伯之君诛暴而私之，则亦不可以为王伯矣。

【译文】厨师调和五味而不敢私自食用，所以可以做厨师。假使厨师调和五味而私自把它吃掉，那么这样的人就不可以做厨师了。成就王霸之业的君主也是如此。诛杀暴君，自己却不占有他的土地，而是把它分封给有德之人，所以能够成就王霸之业。假使他们诛杀暴君而把他的土地占为己有，那么这样的君主就不能成就王霸之业了。

仲春纪第二

扫码听谦德
君为您导读

仲 春

【题解】仲春，指的是二月。本篇详细介绍了二月应该如何推行国事，并且阐述了这个月的自然气候、天文历法，以及天子在各方面应该遵循的合时宜的规定。

一曰：

仲春之月，日在奎①，昏弧②中，旦建星③中。其日甲乙，其帝太皞，其神句芒，其虫鳞，其音角，律中夹钟④。其数八，其味酸，其臭膻，其祀户，祭先脾。始雨水，桃李华，苍庚⑤鸣，鹰化为鸠。天子居青阳太庙，乘鸾辂，驾苍龙，载青旂，衣青衣，服青玉，食麦与羊，其器疏以达。

【注释】①日在奎：指太阳运行到奎宿位置。奎：星宿名，二十八宿之一，在今仙女座。②弧：星宿名，又名弧矢，在鬼宿之南，今属大犬及船尾座。③建星：星宿名，二十八宿之一，今属人马座。④中：应。夹钟：十二律之一。⑤苍庚：黄鹂。鸠：布谷乌。

【译文】第一:

仲春二月,太阳的位置在奎宿。初昏时刻,弧矢星出现在南方中天。拂晓时刻,建星出现在南方中天。这个月在天干中属甲乙,它的主宰之帝是太皞,佐帝之神是句芒,它的应时动物是龙鱼之类的鳞族,声音是中和的角音,音律与夹钟相应。这个月的数字是八,味道是酸味,气味是膻气,要举行的祭祀是户祭,祭祀时祭品以脾脏为尊。这个月开始下雨,桃李开始开花,黄鹂开始鸣叫,天空中的鹰逐渐为布谷鸟取代。天子居住在东向明堂的正室,乘坐饰有用青凤命名的响铃的车子,车前驾着青色的马,车上插着绘有龙纹的青色的旗帜。天子穿着青色的衣服,佩戴着青色的饰玉,吃的食物是麦子和羊,使用的器物的纹理空疏而通达。

是月也,安萌牙,养幼少,存诸孤。择元日,命人社①。命有司,省囹圄②,去桎梏③,无肆掠④,止狱讼。

【注释】①社:古代指土地神。②囹圄 (líng yǔ):监狱。③桎梏:脚镣和手铐。④肆:古代指处死刑后陈尸示众。掠:鞭笞。

【译文】这个月,要保护好植物的萌芽,养护好幼小的孩子,安置好众多的孤儿。选择好日子,命令老百姓祭祀土神。命令司法官减少关押的犯人,脱去他们的枷锁,不要杀人陈尸和鞭打犯人,停止案件的诉讼。

是月也,玄鸟①至。至之日,以太牢祀于高禖②。天子亲往,后妃率九嫔③御,乃礼天子所御,带以弓韣④,授以弓矢,于高禖之前。

【注释】①玄鸟:燕子。②高禖:即郊禖。禖:主管嫁娶的媒神,因其祠在郊外,故称郊禖。③嫔:宫中的女官名。这里九嫔指宫中所有的女眷。④弓韣(dú):弓套。

【译文】这个月,燕子飞到。在它飞到的日子,用牛、羊、猪三牲祭祀高禖之神。天子亲自前往,皇后率领后宫妃嫔驾车跟着,让这些被天子所御幸而有孕的女子在神前行礼,给她们带上弓套,授予她们弓箭。

是月也,日夜分。雷乃发声,始电。蛰虫咸动,开户始出。先雷三日,奋铎①以令于兆民曰:“雷且发声,有不戒其容止②者,生子不备③,必有凶灾。”日夜分,则同度量,钧衡石④,角斗桶⑤,正权概。

【注释】①奋铎:振动木铎。木铎,以木为舌的大铃。古代宣布政教法令,要巡行振鸣木铎以引众人警觉。②容止:这里指男女房中事。③备:完备。这里指生的小孩不完备,有先天残疾。④钧:均等。衡:秤杆。石:重量单位,古代一百二十斤为一石。⑤角:校正。斗桶:都是量器。

【译文】这个月,日夜平分,开始打雷、闪电。蛰伏的动物都苏醒了,开始从洞穴中钻出来。打雷的前三天,振动木铎向老百姓发布命令说:“凡是不警戒房中之事,在响雷时结合的,生下的孩子就会有先天残疾，而且自己必定也会有凶险和灾祸。"日夜平分，就要统一度量衡等各种工具。

是月也，耕者少舍①，乃修阖扇②。寝庙③必备。无作大事，以妨农功。

【注释】①少舍：稍稍休息。②阖扇：门扇。③寝庙：古代宗庙中前边祭祖的部分叫庙，后边住人的部分叫寝。

【译文】这个月，耕作的农夫稍事休息，整修一下门窗。祭祀的寝庙一定要完整齐备而没有损坏。不要兴兵征伐，以免妨害农事。

是月也，无竭川泽，无漉陂①池，无焚山林。天子乃献羔开冰，先荐②寝庙。上丁③，命乐正入舞舍采，天子乃率三公、九卿、诸侯亲往视之。中丁④，又命乐正入学习乐。

【注释】①漉：竭。陂：积蓄水的池塘。②荐：献。③上丁：农历每月上旬的丁日。④中丁：中旬逢丁之日。

【译文】这个月，不要使河川沼泽及蓄水的池塘干涸，不要焚烧山林。天子要向司寒之神献上羔羊，打开冰窖，然后把冰献给祖先。上旬的丁日，命令乐正进入国学练习舞蹈，把彩帛放在前边行祭祀先师的礼节。天子率领三公、九卿、诸侯亲自去观看。中旬丁日，又要命令乐正进入国学教授音乐。

是月也，祀不用牺牲，用圭璧，更皮币。

【译文】这个月，一般的祭祀不用牲畜做祭品，要用玉圭、玉璧，或者用皮毛束帛来代替。

仲春行秋令，则其国大水①，寒气总②至，寇戎来征。行冬令，则阳气不胜，麦乃不熟，民多相掠。行夏令，则国乃大旱，暖气早来，虫螟为害。

【注释】①大水：秋天七月，下弦月行入毕宿，日在轸，这时为多雨时节。②总：忽然。

【译文】仲春二月如果发布应该在秋天才发布的政令，那么国家就会遭遇洪水，寒气就会突然到来，敌寇侵袭；如果发布应该在冬天才发布的政令，那么阳气就会经受不住，麦子就不能成熟，人民中间就会频繁出现劫掠之事；如果发布应该在夏天发布的政令，国家就会出现干旱，热气过早到来，庄稼遭受虫害。

贵 生

【题解】"贵生"，即珍惜生命。本篇旨在论述养生之道。文章通过子州支父、王子搜、颜阖等人不想重物害生，所以不愿为君为官，点明了"圣人深虑天下，莫贵于生"的论断。

二曰：

圣人深虑天下,莫贵于生。夫耳目鼻口,生之役也。耳虽欲声,目虽欲色,鼻虽欲芬香,口虽欲滋味,害于生则止。在四官者不欲,利于生者则弗①为。由此观之,耳目鼻口不得擅行,必有所制。譬之若官职,不得擅为,必有所制。此贵生之术也。

【注释】①弗:此字为衍文。

【译文】第二:

圣人深思熟虑天下的事,认为没有什么比生命更宝贵。耳目鼻口是受生命支配的。耳朵虽然想听音乐,眼睛虽然想看彩色,鼻子虽然想嗅芳香,嘴巴虽然想尝美味,但只要对生命有害就会被制止。圣人对于这四种器官来说,即使是本身不想做的,但只要有利于生命就去做。由此看来,耳目鼻口不能任意独行,必须有所制约。这就像各种职官,不得独断专行,必须有所制约一样。这就是珍惜生命的方法。

尧以天下让于子州支父①。子州支父对曰:"以我为天子犹可也。虽然,我适有幽忧之病,方将治之,未暇在天下也。"天下,重物也,而不以害其生,又况于他物乎?惟不以天下害其生者也,可以托天下。

【注释】①子州支父:古代贤人,帝尧的老师,尧、舜都曾想让位给他。

【译文】尧把天下让给子州支父,子州支父回答说;"让我做天子还是可以的，虽是这样，我现在正害着忧劳深重的病，正要治疗，没有余暇顾及天下。"天下是最珍贵的，可是圣人不因它而危害自己的生命，又何况其他的东西呢？只有不因天下而危害自己生命的人，才可以把天下托付给他。

越人三世杀其君①，王子搜②患之，逃乎丹穴。越国无君，求王子搜而不得，从之丹穴③。王子搜不肯出，越人薰之以艾，乘之以王舆。王子搜援绥登车④，仰天而呼曰："君乎，独不可以舍我乎！"王子搜非恶为君也，恶为君之患也。若王子搜者，可谓不以国伤其生矣，此固越人之所欲得而为君也。

【注释】①三世杀其君：据《竹书纪年》载，三个被杀的越王是不寿、翳（yì）、无余。②王子搜：梁玉绳据《史记》认为搜即王翳之子无颛。③丹穴：采丹砂的井。④援：拉，引。绥：登车时挽手的绳索。

【译文】越国人连续杀了他们的三代国君，王子搜对此很忧惧，于是逃到一个山洞里。越国没有国君，找不到王子搜，一直追寻到山洞。王子搜不肯出来，越国人就用燃着的艾草熏他出来，让他乘坐国君的车。王子搜拉着登车的绳子上车，仰望上天呼喊道："国君啊，国君啊！这个职位怎么偏偏让我来干啊！"王子搜并不是厌恶做国君，而是厌恶做国君招致的祸患。像王子搜这样的人，可说是不肯因国家伤害自己生命的了。这也正是越国人想要找他做国君的原因。

鲁君闻颜阖①得道之人也，使人以币先焉。颜阖守闾②，鹿布③之衣，而自饭牛。鲁君之使者至，颜阖自对之。使者曰："此颜阖之家邪？"颜阖对曰："此阖之家也。"使者致币，颜阖对曰："恐听缪④思而遗使者罪，不若审之。"使者还反审之，复来求之，则不得已。故若颜阖者，非恶富贵也，由重生恶之也。世之人主，多以贵富骄得道之人，其不相知，岂不悲哉！

【注释】①颜阖（hé）：战国时期鲁国的隐士。②闾：里巷的大门。③鹿布：粗布。④缪：错误 。

【译文】鲁国国君听说颜阖是个有道的人，就派人先带着钱币去送给他。颜阖住在陋巷，穿着粗布衣裳，并亲自喂牛。鲁君的使者来了，颜阖亲自面对他。使者问："这是颜阖的家吗？"颜阖回答说："这是我的家。"使者献上礼物，颜阖说："怕您把名字听错了而会给您带来处罚，不如搞清楚再说。"使者回去查问清楚了，再来找颜阖，却找不到了。像颜阖这样的人，并不是本来就厌恶富贵，而是由于看重生命才厌恶它。世上的君主，大多凭借富贵傲视有道的人，他们如此不了解有道之人，这难道不是很可悲吗？

故曰：道之真，以持身；其绪余①，以为国家；其土苴②，以治天下。由此观之，帝王之功，圣人之余事也，非所以完身养生之道也。今世俗之君子，危身弃生以徇③物，彼且奚以此之也？彼且奚以此为也？

【注释】①绪余：丝的末端，指不必重视的轻微之物。②土苴（jū）：土渣。苴：草。③徇：同"殉"。

【译文】所以说："道行中至真的地方是用来保全生命，其余的才是用来治理国家，它的渣滓用来治理天下。由此看来，帝王的功业是圣人闲暇之余的事，并不是他们用来完善自身保养生命的方法。当今俗世中的人，危害身体，放弃生命去追求身外之物，他们这样做是要达到什么目的呢？他们又将怎么做来达到目的呢？"

凡圣人之动作也，必察其所以之与其所以为。今有人于此，以随侯之珠①弹千仞之雀，世必笑之。是何也？所用重，所要②轻也。夫生岂特随侯珠之重也哉？

【注释】①随侯之珠：传说中大蛇报恩送给随侯的珠宝。②要（yāo）：求。

【译文】大凡圣人有所举动的时候，必定明确知道所要达到的目的和达到目的所应采用的手段。假如有这样一个人，用随侯的宝珠去弹射高空中的飞鸟，世上的人肯定会嘲笑他。这是为什么呢？因为他所耗费的太贵重，所得到的太轻微的原因。生命难道比不上随侯的珠宝贵重？

子华子①曰："全生②为上，亏生次之，死次之，迫生为下。"故所谓尊生者，全生之谓。所谓全生者，六欲皆得其宜也。所谓亏生者，六欲③分得其宜也。亏生则于其尊之者薄矣。其亏弥甚

者也，其尊弥薄。所谓死者，无有所以知④，复其未生也。所谓迫
生者，六欲莫得其宜也，皆获其所甚恶者，服⑤是也，辱是也。辱
莫大于不义，故不义，迫生也，而迫生非独不义也，故曰迫生不
若死。奚以知其然也？耳闻所恶，不若无闻；目见所恶，不若无
见。故雷则掩耳，电则掩目，此其比也。凡六欲者，皆知其所甚
恶，而必不得免，不若无有所以知，无有所以知者，死之谓也，
故迫生不若死。嗜肉者，非腐鼠之谓也；嗜酒者，非败酒之谓
也；尊生者，非迫生之谓也。

【注释】①子华子：魏人，道士。②全生：保全生命，顺应生命的
天性。亏生：生命的天性受到一定程度的损伤。迫生：压抑天性，苟且偷
生。③六欲：佛家指凡夫的六种情欲。④所以知：使人认识外物的感知
器官、知觉。⑤服：屈服。

【译文】子华子说："全面顺应生命是最上等，片面顺应生命
第二，死又次一等，压抑生命是最下等。"因此，所谓珍惜生命是全
面顺应生命。所谓全面顺应生命，就是使六欲都得到其适度相宜
的需要。所谓片面顺应生命，就是使六欲部分得到适宜。生命受到
亏损，生命的天性就会受削弱，生命亏损得越厉害，生命的天性削
弱得也就越厉害。所谓死亡，是指没有知觉，等于回复到它还没有
出生时的状态。所谓迫生，就是六欲没有一样得到相适宜的需要，
反而却获取了其所十分厌恶的东西，屈服、耻辱就是这种情况。没
有什么耻辱比不义更大的了。所以，行不义之事就是苟且偷生。但
是苟且偷生的不仅仅是不义，所以说，苟且偷生连死都不如。根
据什么知道这一点的呢？比如，耳朵听到讨厌的声音，就不如什么

也没听到；眼睛看到讨厌的东西，就不如什么也没看见。所以，打雷的时候人们会捂住耳朵，闪电的时候人们就会遮住眼睛。苟且偷生不如死就像这类现象一样。六欲都知道自己十分厌恶的东西是什么，如果这些东西一定不可避免，那就不如没有知觉，没有知觉就成为死亡，所以苟且偷生还不如死去。喜欢吃肉的，并不是说连腐臭的老鼠也吃；嗜好饮酒的，不是说连变质的酒也喝；珍惜生命，不是说愿意苟且偷生地活着。

情 欲

【题解】本篇主要从节欲来讨论注重养生的问题。人生而有情欲，但是圣人因为能够克制情欲，即"得其情"。同时，文章还指出，由于"天地不能两"，因而引申出功业与生命也同样不能两全的观点。

三曰：

天生人而使有贪有欲。欲有情，情有节①。圣人修节以止欲，故不过行其情也。故耳之欲五声，目之欲五色，口之欲五味，情②也。此三者，贵贱、愚智、贤不肖欲之若一，虽神农、黄帝其与桀、纣同。圣人之所以异者，得其情也。由贵生动③则得其情矣，不由贵生动则失其情矣。此二者，死生存亡之本也。

【注释】①情：感情，指人的好恶、喜怒哀乐。节：节制，适度。②情：适度的感情。③由贵生动：由尊重生命而动。

【译文】第三：

上天生育了人而且使人有贪心有欲望。欲望产生感情，感情具有节度。圣人遵循节度以克制欲望，所以不会过分放纵自己的感情。因此耳朵想听音乐，眼睛想看色，嘴巴想吃美味，这些都是情欲。这三方面，人们无论是高贵的还是卑贱的，愚笨的或者聪明的，贤明的或者不肖的，欲望都是相同的。即使是神农氏、黄帝，他们的情欲跟夏桀、商纣也是相同的。圣人之所以不同于普通人，就是因为他们具有适度的感情。从尊重生命出发，就会具备适度的感情，不从尊重生命出发就会失掉适度的感情。这两种情况是决定生死存亡的根本。

俗主亏情，故每动为亡败。耳不可赡①，目不可厌，口不可满，身尽府种②，筋骨沈滞③，血脉壅塞，九窍寥寥④，曲⑤失其宜，虽有彭祖⑥，犹不能为也。其于物也，不可得之为欲，不可足之为求，大失生本。民人怨谤，又树大雠；意气易动，跞然⑦不固；矜势好智，胸中欺诈；德义之缓，邪利之急。身以困穷，虽后悔之，尚将奚及？巧佞之近，端直之远，国家大危，悔前之过，犹不可反。闻言而惊，不得所由。百病怒⑧起，乱难时至。以此君人，为身大忧。耳不乐声，目不乐色，口不甘味，与死无择⑨。

【注释】①赡：充足。②府种：通"浮肿"。③沈滞：亦作"沉滞"，积滞，郁积。④九窍：包括阳窍七（眼耳口鼻）、阴窍二（大小便处）。寥寥：空虚的样子。⑤曲：屈曲。这里是"遍"的意思。⑥彭祖：先秦道家先驱之一，又称篯铿、彭铿，陆终氏的第三子。尧时封于彭地，所以称彭祖。⑦蹶（jué）然：流行疾速的样子。⑧怒：气势盛。⑨择：区别。

【译文】世俗的君主缺乏适度的感情，所以每次变动就是灭亡的时候。他们耳朵的欲望不可满足，眼睛的欲望不可满足，嘴巴的欲望不可满足，以致全身浮肿，筋骨积滞不通，血脉阻塞不畅，九窍空虚，全部都丧失了它们正常的机能。到了这个地步，即使有彭祖在，也是无能为力的。俗主对于外物，总是想得到不可得到的东西，追求不可满足的欲望，这样必然大大丧失生命的根本，又会招致百姓的怨恨指责，给自己树起大敌。他们意志容易动摇，变化迅速而不坚定，他们夸耀权势，好权术，胸中怀有欺诈之心，不顾道德正义，追逐邪恶私利，最后搞得自己走投无路。即使事后对此悔恨，还怎么来得及补救？他们亲近巧诈的人，疏远正直的人，致使国家处于极其危险的境地，这时即使后悔以前的过错，一切还是不可挽回了。听到自己将要灭亡的话才惊醒，却还不知道造成这种后果的原因。各种疾病暴发出来，反叛内乱时发不断。靠这些来给百姓做君主，只能给自己带来极大的忧患。以致耳朵听音乐而不觉得快乐，眼睛看彩色而不觉得高兴，嘴巴吃到美味而不觉得香甜，实际上这跟死没有什么两样了。

古人得道者，生以寿长，声色滋味能久乐之，奚故？论①早定也。论早定则知早啬②，知早啬则精不竭。秋早寒则冬必暖矣，春多雨则夏必旱矣。天地不能两③，而况于人类乎？人与天地也同，万物之形虽异，其情一体也。故古之治身与天下者，必法天地也。

尊④，酌者众则速尽。万物之酌大贵之生者众矣，故大贵之生常速尽。非徒万物酌之也，又损其生以资⑤天下之人，而终不自知。功虽成乎外，而生亏乎内。耳不可以听，目不可以视，口不可以食，胸中大扰，妄言想见⑥，临死之上，颠倒惊惧，不知所为。用心如此，岂不悲哉！

【注释】①论：这里指贵生的信念。②啬：爱惜。③两：这里是两全的意思。④尊：酒器。这个意义后来写作"樽""鳟"。⑤资：供给。⑥想见：这里指因病胡思乱想而见到各种幻影。

【译文】古代的得道之人，生命得以长寿，乐音、彩色、美味能长久地享受，这是什么缘故？这是由于尊生的结论早就确立的缘故啊！尊生的信念早确立，就可以知道早爱惜生命，知道早爱惜生命，精神就不会衰竭。秋天早寒，冬天就必定温暖，春天多雨，夏天就必定干旱。天地尚且不能两全，又何况人类呢？在这一点上人跟天地相同。万物形状虽然各异，但它们的生命是一样的。所以，古代修养身心与治理天下的人，一定会效法天地。

酒杯中的酒，舀的人多，完的就快。万物中消耗君主最宝贵的生命的事物太多了，所以宝贵的生命常常很快耗尽。不仅万物消耗它，君主自己又损耗它来亲自为天下人操劳，而自己却始终不察觉。在外虽然功成名就，可是在内里自身生命却已损耗。以至于耳朵不能听清声音，眼睛不可以看见事物，嘴里不可以吃进美食，心中受到很大困扰，口说胡话，精神恍忽，临死之前，神经错乱，惊恐万状，行动失常。耗费心力到了这个地步，难道不可悲吗？

世人之事君者，皆以孙叔敖之遇荆庄王为幸①。自有道者论之则不然，此荆国之幸。荆庄王好周游田②猎，驰骋弋射，欢乐无遗，尽傅③其境内之劳与诸侯之忧于孙叔敖。孙叔敖日夜不息，不得以便生为故④，故使庄王功迹著乎竹帛⑤，传乎后世。

【注释】①孙叔敖：芈姓，名敖，字孙叔，春秋时期楚国令尹。荆庄王：即楚庄王。②田：打猎，这个意义后写作"畋"。③傅：付。④便：利。故：事。⑤竹帛：竹简和白绢，古代用来书写文字，后指称史书及一般书册。

【译文】世上侍奉君主的人都把孙叔敖受到楚庄王的赏识看作是幸运的事。但是由有道之人来评论却不是这样，他们认为这是楚国的幸运。楚庄王喜欢四处游玩打猎，骑马射箭，尽情享乐，而把治国的操劳之事和对诸侯的忧劳都推给了孙叔敖。孙叔敖日夜操劳不止，无法顾及养生之事。正因为这样，才使楚庄王的功绩载于史册，流传于后代。

当 染

【题解】本篇讨论周围环境对自身的决定性影响。文章通过正反两面来说明君主的"所染当"或"所染不当"，并且指出"劳于论人，而佚于官事"才是为君的正确方法。这种影响不仅存在于为君治国的层面，个人也存在这种情况。

四曰：

墨子见染素丝者而叹曰^①："染于苍则苍，染于黄则黄，所以入者变，其色亦变，五入而以为五色矣。"故染不可不慎也。

【注释】①墨子：名翟，战国初期鲁国人，墨家学派的创始人，著名的思想家、教育家、科学家、军事家。素丝：本色的丝，白丝。

【译文】第四：

墨子看到染素色丝的人而叹息说："素丝在蓝色染料中浸染就被染成了蓝色，在黄色染料中浸染就染成了黄色，所投入的染料的颜色变了，被染的素丝的颜色也随着变化，放入五种颜色就会被染成五种颜色。"所以，染色不可以不慎重啊。

非独染丝然也，国亦有染^①。舜染于许由、伯阳^②，禹染于皋陶、伯益^③，汤染于伊尹、仲虺^④，武王染于太公望^⑤、周公旦，此四王者所染当，故王天下，立为天子，功名蔽天地。举天下之仁义显人，必称此四王者。

【注释】①染：熏染，影响。②许由：古代贤士，帝尧想传位于许由，许由认为这是对他的一种羞辱，便到颍水河洗他的耳朵。伯阳：古贤人，相传为舜七友之一。③皋陶：舜时期的司法官，后被公认为司法鼻祖。伯益：一作伯翳、柏益，黄帝的六世孙，因协助禹治水有功，故受舜赐姓嬴。④伊尹：姒姓，名挚，商汤三聘之后，辅助商汤打败夏桀，为商朝的建立做出不朽功勋，尊号"阿衡"。仲虺（huǐ）：汤灭夏的主要领导者之一，杰出的政治家、军事家。⑤太公望：姜姓，名尚，号太公望，曾钓于渭水之滨，周文王立他为师，辅助武王灭殷，后封于齐。

【译文】不仅染丝是这样，国家也有类似于染丝的情形。舜受到许由、伯阳的感染，禹受到皋陶、伯益的感染，商汤受到伊尹、仲虺的感染，武王受到太公望、周公旦的感染。这四位帝王因为所受的感染合适得当，所以能够成为天下的王者，被确立为天子，功名遮天蔽地。要列举天下仁义、显达之人，一定都推举这四位帝王。

夏桀染于干辛、歧踵戎①，殷纣染于崇侯、恶来②，周厉王染于虢公长父、荣夷终③，幽王染于虢公鼓、祭公敦④。此四王者，所染不当，故国残身死，为天下僇⑤。举天下之不义辱人，必称此四王者。

【注释】①干辛、歧踵戎：夏桀的臣子。②崇侯：即崇侯虎，商纣的大臣。恶来：即恶来革，商纣的大臣，飞廉之子，以勇力而闻名。③周厉王：姬姓，名胡，周夷王姬燮之子，西周第十位君主。虢公长父、荣夷终：二者皆是周厉王的臣子。④幽王：指周幽王，西周最后一个皇帝。虢公鼓：周幽王的卿士。虢：国名。祭公敦：周幽王的卿士。祭：国名。⑤僇（lù）：侮辱。

【译文】夏桀受到干辛、歧踵戎的熏染，殷纣受到崇侯、恶来的熏染，周厉王受到虢公长父、荣夷终的熏染，周幽王受到虢公鼓、祭公敦的熏染。这四位君王，因为所受的熏染不得当，结果国破身死，被天下人耻笑。凡是列举天下没有仁义、蒙受耻辱之人，一定都举这四位君王。

齐桓公染于管仲、鲍叔，晋文公染于咎犯、郄偃^①，荆庄王染于孙叔敖、沈尹蒸^②，吴王阖闾染于伍员、文之仪^③，越王勾践染于范蠡、大夫种^④。此五君者所染当，故霸诸侯，功名传于后世。

【注释】①晋文公：姬姓，名重耳，晋献公之子，公元前636年至前628年在位，晋国的第二十二任君主，春秋五霸之一。咎犯：即狐偃，姬姓，狐氏，字子犯，是晋文公的舅舅，晋国大臣。郄偃：即卜偃，也称郭偃，晋国大夫，兼晋国的卜官。②沈尹蒸：楚国大夫。③吴王阖闾：姬姓，名光，又称公子光，吴王诸樊之子，公元前514年至公元前496年在位。伍员：即伍子胥，名员，字子胥，楚国人，春秋末期吴国大夫。文之仪：吴国大夫。④勾践：春秋末期越国国君。范蠡：越大夫。大夫种：即文种，曾辅助越王勾践发奋图强，终于灭吴。大夫种：即大夫文种。

【译文】齐桓公受到管仲、鲍叔牙的感染，晋文公受到咎犯、郄偃的感染，楚庄王受到孙叔敖、沈尹蒸的感染，吴王阖闾受到伍员、文之仪的熏染，越王勾践受到范蠡、文种的熏染。这五位君主，因为所受的熏染合宜得当，所以在诸侯中称霸，他们的功业盛名流传到后世。

范吉射染于张柳朔、王生^①，中行寅染于黄藉秦、高强^②，吴王夫差染于王孙雄、太宰嚭^③，智伯瑶染于智国、张武^④，中山尚染于魏义、偃长⑤，宋康王染于唐鞅、田不禋⑥。此六君者所染不当，故国皆残亡，身或死辱，宗庙不血食⑦，绝其后类，君臣离散，民人流亡。举天下之贪暴可羞人，必称此六君者。

【注释】①范吉射：即范昭子，祁姓，范氏，名吉射，谥昭。张柳朔、王生：二者皆为范吉射的家臣。②中行（háng）寅：即荀寅，晋国六卿之一。黄藉秦、高强：二者皆为荀寅的家臣。③王孙雄：吴国大夫。太宰嚭：名伯嚭，吴国太宰。④智伯瑶：即荀瑶，姬姓，智氏，名瑶。智国、张武：二者皆为荀瑶的家臣。⑤中山：诸侯国名，为魏所灭。魏义、偃长：中山国的大夫。⑥宋康王：宋文公九世孙，攻其兄宋剔成君，遂灭宋而三分其地。唐鞅、田不禋（yīn）：皆为宋国大夫。⑦血食：谓受享祭品。古代杀牲取血以祭，故称。

【译文】范吉射受到张柳朔、王生的熏染，中行寅受到黄藉秦、高强的熏染，吴王夫差受到王孙雄、太宰嚭的熏染，智伯瑶受到智国、张武的熏染，中山尚受到魏义、偃长的熏染，宋康王受到唐鞅、田不禋的熏染。这六位君主，因为所受的熏染不得当，所以他们的国家都灭亡了，他们自身有的被杀，有的受辱，他们的宗庙毁灭不能再供奉祭祀，子孙断绝，君臣离散，国中的百姓流离失所，四处逃亡。凡列举天下贪婪残暴、蒙受耻辱之人，一定都举这六位君主。

凡为君，非为君而因荣也，非为君而因安也，以为行理①也。行理生于当染。故古之善为君者，劳于论人，而佚于官事，得其经也。不能为君者，伤形费神，愁心劳耳目，国愈危，身愈辱，不知要故也。不知要故,则所染不当,所染不当,理奚由至?六君者是已。六君者,非不重其国、爱其身也,所染不当也。存亡故不独是也,帝王亦然。

【注释】①行理:施行大道。

【译文】大凡做君主的,不是因为做君主而显得荣耀,也不是因为是君主而获得安逸,是因为他们施行大道。能有施行大道的行径的,是在适当的熏染环境中产生的。所以古代善于当君主的,把精力花费在选贤任能上,而对于官署政事则采取安然置之的态度,这是掌握了为君的正确方法。不善于当君主的,伤身劳神,心中愁苦,使耳目劳累,而国家却越来越危险,自身却蒙受越来越多的耻辱,这是由于不知道为君的关键所在的缘故。不知道为君的关键,就是因为受到的熏染不适当;所受的熏染不适当,治国的大道从何而来呢?以上六个君主就是这样。这六位君主并不是不看重自己的国家,也不是不爱惜自己,而是由于他们所受的感染不得当啊。所受的感染适当与否关系到存亡,不但诸侯如此,帝王也是这样。

非独国有染也。孔子学于老聃、孟苏、夔靖叔①。鲁惠公使宰让请郊庙之礼于天子②,桓王③使史角往,惠公止之,其后在于鲁,墨子学焉。此二士者,无爵位以显人,无赏禄以利人。举天下之显荣者,必称此二士也。皆死久矣,从属弥众,弟子弥丰,充满天下。王公大人从而显之,有爱子弟者随而学焉,无时乏绝。子贡、子夏、曾子学于孔子④，田子方⑤学于子贡，段干木⑥学于子夏，吴起⑦学于曾子；禽滑黎⑧学于墨子，许犯⑨学于禽滑黎，田系⑩学于许犯。孔、墨之后学显荣于天下者众矣，不可胜数，皆所染者得当也。

【注释】①孟苏、夔靖叔：孔子同时代的得道之人。②鲁惠公：春秋鲁国国君。宰让：鲁国大夫。③桓王：当作"平王"，惠公卒于周平王四十八年，与桓王不相接。史角：史官，名角。④子贡：即端木赐，复姓端木，字子贡，孔子曾称其为"瑚琏之器"。子夏：即卜商，姬姓，卜氏，名商，字子夏。曾子：姒姓，曾氏，名参（shēn），字子舆。⑤田子方：姓田，名无择，字子方。古代传言，魏文侯曾慕名聘他为师，执礼甚恭。⑥段干木：姓李，名克，为魏文侯师，很受其尊重。⑦吴起：姜姓，吴氏，名起，战国初期军事家、政治家、改革家，兵家代表人物。⑧禽滑（gǔ）黎：墨子的学生。⑨许犯：墨家后学弟子。⑩田系：墨家后学弟子。

【译文】并非只有国家中有这样的情形，士也是这样的。孔子向老聃、孟苏、夔靖叔学习。鲁惠公派宰让向周天子请教郊庙祭祀的礼节，平王派名叫角的史官前往授教，惠公把他留了下来，他的后代在鲁国，墨子向他的后代学习。孔子、墨子这两位贤士，没有爵位来使人显耀，没有赏钱俸禄来给别人带来好处。但是，列举天下显赫荣耀之人，一定会称举这两位。这两位贤士都死了很久了，可是追随他们的人更多了，他们的弟子也越来越多，遍布天下。王公贵族跟从他们学习，使他们更加显耀；有爱子弟的，让他们的子弟跟随孔墨的门徒学习，没有一时中断停止过。子贡、子夏、曾子向孔子学习，田子方向子贡学习，段干木向子夏学习，吴起向曾子学习；禽滑釐向墨子学习，许犯向禽滑釐学习，田系向许犯学习。孔、墨以后的学生在天下间显赫荣耀的很多，不可以尽数，都是所受到的熏染适当的原因。

功 名

【题解】本文旨在阐述为君之道。文章开篇明义，"由其道，功名之不可得逃，犹表之与影，若呼之与响"。然后列举了大量事例来比喻说明这一道理，进而劝诫君主要重视民心向背，反应了作者的民本思想。

五曰：

由其道，功名之不可得逃，犹表①之与影，若呼之与响。善钓者出鱼乎十仞之下，饵香也；善弋者下鸟乎百仞②之上，弓良也；善为君者，蛮夷反舌殊俗异习③皆服之，德厚也。水泉深则鱼鳖归之，树木盛则飞鸟归之，庶草茂则禽兽归之，人主贤则豪杰归之。故圣王不务归之者，而务其所以归。

【注释】①表：古代测量日影、定时刻所立的标竿。②仞：古代以七尺或八尺为一仞。③蛮夷：四方的民族。蛮：古代南方的民族。夷：古代东方的民族。

【译文】遵循正道去追取功名，功名就无法逃脱，正像日影无法摆脱测日影用的标竿，回声必然伴随呼声一样。擅长钓鱼的人能把鱼从十仞深的水下钓出来，这是由于钓饵香美的缘故；擅长射猎的人能把鸟从百仞高的空中射下来,这是由于弓好的缘故;擅长做君主的人能够使四方各族归顺他,这是由于恩德崇厚的缘故。水泉很深,鱼鳖就会游向那里;树木繁盛,飞鸟就会飞向那里;百草茂密,禽兽就会奔向那里;君主贤明,豪杰就会归依他。所以,圣明的君主不勉强使人们归依,而是尽力创造使人们归依的条件。

强令之笑不乐,强令之哭不悲。强令之为道也,可以成小,而不可以成大。

【译文】强制出来的笑不快乐,强制出来的哭不悲哀,强制命令这种做法只可以成就虚名,而不能成就大业。

缶醯黄^①,蚋聚之^②,有酸,徒水则必不可。以狸^③致鼠,以冰致蝇,虽工不能。以茹鱼^④去蝇,蝇愈至,不可禁,以致之之道去之也。桀、纣以去之之道致之也,罚虽重,刑虽严,何益?

【注释】①缶:大腹小口的圆形瓦器。醯(xī):醋。②蚋:蚊子一类的昆虫。③狸:狸子,也叫野猫、山猫。④茹鱼:腐臭的鱼。

【译文】瓦器中的醋黄了,蚊子之类的就在那里聚集,那是因为有酸味的缘故,如果只是水就一定不能招来它们。用猫招引老鼠,用冰招引苍蝇,纵然做法很巧妙也达不到目的。用臭鱼去除苍蝇,苍蝇会越来越多,不可禁止,这是由于用招引它们的方法去驱除它们的缘故。夏桀、商纣企图用破坏太平的方法求得太平安定的局面，惩罚即使再严重，刑法即使再严厉，又有什么好处呢？

　　大寒既至，民暖是利；大热在上，民清是走。是故民无常处，见利之聚，无之去。欲为天子，民之所走，不可不察。今之世，至寒矣，至热矣，而民无走者，取①则行钧也。欲为天子，所以示民，不可不异也。行不异乱，虽信②令，民犹无走。民无走，则王者废矣，暴君幸矣，民绝望矣。故当今之世，有仁人在焉，不可而③不此务，有贤主，不可而不此事。

　　【注释】①取：通"趣"，趋向，奔赴。②信（shēn）：通"伸"。③可而：犹可以。

　　【译文】大寒到了，让人们穿暖和是有利的；大暑在即，让百姓到清凉的地方去。所以，百姓没有固定居住的地方，见到对他们有好处的就聚集，没有好处就离开。想要成为天子，百姓逃走的原因不可以不察觉。当今之世，寒冷到极点了，炎热到极点了，但是百姓却没有逃亡，是因为天下君主的所作所为都是一样残酷啊。想要做天子的人，他拿来展示给百姓看的东西，不可以不跟别国的有所不同。如果所作所为没有什么不同，那么即使下命令，人民也不会趋附他。如果人民不趋附谁，那成就霸业的人就不会出现，暴君久庆幸了，那么百姓就绝望了。所以当今世界，如果有仁义之士在，不可以不致力于追求仁义，如果有贤明的君主在，不可以不注重追求仁义的事了。

　　贤不肖不可以不相分，若命之不可易，若美恶之不可移。桀、纣贵为天子，富有天下，能尽害天下之民，而不能得贤名之。关龙逢^①、王子比干^②能以要领之死，争其上之过，而不能与之贤名。名固不可以相分，必由其理。

　　【注释】①关龙逢：夏朝大臣，因多次进谏，被夏桀杀害。②王子比干：商纣的叔父，因多次劝谏纣王而被剜心。

　　【译文】贤明和不肖的名声不是别人给予的，全由自己的言行而定，就像命数不可以改变，就像美好跟丑恶不可以互换。夏桀、商纣虽然贵为天子，拥有天下的财富，能够害遍天下的百姓，但是却不能为自己博得一个贤德的名声。关龙逢、王子比干能以死来谏诤他们君主的过错，却不能给他们争得贤德的名声。名声本来就不能由别人给予，它只能遵循一定的途径来获得。

扫码听谦德
君为您导读

季春纪第三

季 春

【题解】季春，指的是三月。本篇详细介绍了三月应该如何推行国事，并且阐述了这个月的自然气候、天文历法，以及天子在各方面应该遵循的合时宜的规定。

一曰：

季春之月：日在胃①，昏七星②中，旦牵牛中。其日甲乙，其帝太皞，其神句芒，其虫鳞，其音角，律中姑洗③。其数八，其味酸，其臭膻，其祀户，祭先脾。桐④始华，田鼠化为䴏⑤，虹始见，萍⑥始生。天子居青阳右个⑦，乘鸾辂，驾苍龙，载青旂，衣青衣，服青玉，食麦与羊。其器疏以达。

【注释】①日在胃：指太阳的位置在胃宿。胃：星宿名，二十八宿之一，在今白羊座。②七星：星宿名，即星宿，二十八宿之一，在今长蛇座。③姑洗：十二律之一，属阳律。④桐：梧桐树。⑤䴏（rú）：鹌鹑之类的鸟。田鼠化为䴏是古人的一种传说。⑥萍：浮萍，一种水生的植物。⑦青阳右个：东向明堂的右侧室。

【译文】第一：

春天的第三个月，太阳的位置在胃宿。初昏时刻，星宿出现在南方中天，第二天拂晓，牛宿出现在南方中天。这个月以甲乙日为主日，这个月的主宰之帝是太皞，佐帝之神是句芒，应时的动物是龙鱼之类的鳞族，声音是五音中的的角音，音律与姑洗相应。这个月的数字是八，味道是酸味，气味是膻气，要举行的祭祀是户祭，祭祀时，祭品以脾脏为尊。这个月梧桐树开始开花，鼹鼠变成鹌鹑之类的鸟，彩虹开始出现，浮萍开始长出。天子居住在东向明堂的右侧室，乘坐饰有用青凤命名的响铃的车子，车前驾着青色的马，车上插着绘有龙纹的青色旗帜，天子穿着青色的衣服，佩戴着青色的饰玉，吃的食物是麦子和羊，使用的器物纹理空疏而通达。

是月也，天子乃荐鞠衣^①于先帝。命舟牧^②覆舟，五覆五反^③，乃告舟备具^④于天子焉，天子焉^⑤始乘舟。荐鲔^⑥于寝庙，乃为麦祈实^⑦。

【注释】①荐：向鬼神进献。鞠衣：躬桑时所穿像初生桑叶般黄色的衣服。②舟牧：主管船只的官。③反：翻转。④备具：完全齐备。备：完全。⑤焉：于此，于是。⑥鲔（wěi）：鱼名，即鲟鱼。寝庙：指宗庙。⑦实：指麦的子实。

【译文】这个月，天子向太皞等先帝进献黄色的衣服，祈求蚕事如意。命令主管船只的官吏把船底翻过来检查，船底船身要反复检查五次，才向天子报告船只已经齐备。天子于是开始乘船。向祖宗进献鲟鱼，来祈求麦子籽实饱满。

是月也，生气①方盛，阳气发泄，生②者毕出，萌者尽达，不可以内。天子布德行惠，命有司发仓窌③，赐贫穷，振乏绝，开府库，出币帛，周天下，勉诸侯，聘名士，礼贤者。

【注释】①生气：指使万物生长发育之气。方：正。②生：一作"牙"，萌芽。毕：都，全。③发：打开。窌（jiào）：地窖。

【译文】这个月，春天的生养之气旺盛，阳气发散，植物的萌芽都生出来了。这个时候，不能收纳财货。天子应施行德惠，命令主管官吏打开粮仓和地窖，赐给贫穷没有依靠的人，赈济缺少用度和衣食的人，又放开储藏财物的仓库，取出钱物，赈济天下；鼓励诸侯聘请名士，对贤人以礼相待。

是月也，命司空①曰："时雨将降，下水②上腾；循行国邑，周视③原野，修利④堤防，导达沟渎⑤，开通道路，无有障塞；田猎罼弋⑥，置罘⑦罗网，喂兽之药，无出九门。"

【注释】①司空：主管土地、建筑、道路等事务的官，周代为六卿之一。②下水：地下水。③周视：到处视察。④修：整治。利：功用。⑤沟渎：沟渠。⑥罼弋（bì）：捕捉禽兽的长柄网和拴在生丝线上射出去以后可以收回的箭。⑦置罘（jū fú）：都是捕兔的网。罗：捕鸟的网。置罘罗网：这里泛指一切捕捉禽兽的网。

【译文】这个月，天子命令司空说："应时的雨水将要降下，地下水也会上涨，要巡视国都、城乡，到处视察田园，修筑堤坝，疏通河道，开通道路，使之没有阻塞；而捕获鸟兽所需要的弓箭、网具、毒药，不能带出国门去。"

是月也，命野虞无伐桑柘①。鸣鸠拂其羽，戴任②降于桑。具栚曲、簾筐③，后妃斋戒，亲东乡躬桑，禁妇女无观。省妇使，劝蚕事，蚕事既登，分茧称丝效功，以共④郊庙之服，无有敢堕⑤。

【注释】①野虞：古代掌管山林湖泽的官。桑柘：桑木与柘木。②戴任：一种鸟。③具：准备。栚（zhèn）曲、簾（jǔ）筐：都是采桑养蚕的用具。④共：古同"供"，供奉，供给。⑤堕：通"惰"，懈怠。

【译文】这个月，天子命令主管山林的官吏让百姓不要砍伐桑树、柘树。斑鸠拍打着自己的翅膀，戴任鸟落在桑树上。人们准备好养蚕的工具，放蚕的支架以及各种采桑的筐篮。王后王妃斋戒身心，面向东方亲自采摘桑叶。这时要禁止妇女去游玩观赏，减少她们的杂役，鼓励她们采桑养蚕。采桑养蚕的事已经完成的话，就要把蚕茧分给妇女，要她们缲丝，然后称量每人所缲之丝的轻重，考核她们的功效，用这些蚕丝来供给祭天祭祖所用祭服的需要，不许有人懈怠。

是月也，命工师令百工审五库①之量，金铁、皮革筋、角齿、羽箭干、脂胶丹漆，无或不良。百工咸理，监工日号，无悖于时；无或作为淫巧^②，以荡上心。

【注释】①五库：古代贮藏材料的五种仓库。②淫巧：谓过于精巧而无益的技艺与制品。

【译文】这个月，命令主管百工的官吏让百工仔细检查各种库房中器材的数量和质量，金铁、皮革兽筋、兽角兽齿、羽毛箭杆、油脂粘胶丹砂油漆，不能出现质地不好的情况。各种工匠都按规矩做事，监督百工的官员每日发布号令，使所制器物不违背时宜，不得制作过分奇巧的器物，来勾动上级官员的奢望。

是月之末，择吉日，大合乐，天子乃率三公、九卿、诸侯大夫亲往视之。

【译文】这个月的月末，选择吉日，大规模地进行音乐舞蹈表演，天子亲自率领三公、九卿、诸侯大夫前去观看。

是月也，乃合累牛、腾马、游牝^①于牧，牺牲驹犊，举书其数。国人傩^②，九门磔禳^③，以毕春气。

【注释】①累牛、腾马、游牝：公牛、公马以及游动中的母牛、母马。②傩（nuó）：古时腊月驱逐疫鬼的仪式。③磔（zhé）：古代祭祀时，分裂牲畜的肢体。禳（ráng）：古代祭祷鬼神来消除灾祸的迷信活动。

【译文】这个月，就集齐牛马放牧，使公牛公马与母牛母马在放牧中交配，选作祭品的牲畜和马驹牛犊，记下它们的头数。国人举行驱逐灾疫的傩祭，在九门宰割牲畜攘除邪恶，以此来结束春天。

行之是令①，而甘雨至三旬②。季春行冬令，则寒气时发，草木皆肃③，国有大恐。行夏令，则民多疾疫，时雨不降，山陵不收。行秋令，则天多沉阴，淫雨④早降，兵革并起。

【注释】①行之是令：行此月的政令。②甘雨：及时雨。至三旬：甘雨一旬一至，三旬至三次。③肃：衰落，萧疏。④淫雨：久雨。

【译文】推行与这个月的时节相应的政令，那么一旬降落一次的雨水就会在三旬间降落三次。季春的时候实行应在冬天实行的政令，那么，寒气就会时时发生，草木就会枝叶萧瑟，人民就会惶恐不安；如果实行应在夏天实行的政令，那么，人民中间就会流行瘟疫，及时雨就不能按时降落，山陵上的庄稼就不能成熟收获。如果实行应在秋天实行的政令，那么，天气就会经常阴晦，连绵不断的雨水就会过早降落，战事就会到处兴起。

尽 数

【题解】本文旨在探讨养生，作者认为自然中的"四时之化，万物之变"，对人是"莫不为利，莫不为害"。怎样"去害"呢？关键在于"知本"。同时，作者认为五味、五情、七候超过了限度就会危害生命，还从运动的角度来看待疾病的发生，即"形不动则精不流,精不流则气郁"。

二曰:

天生阴阳寒暑燥湿,四时之化,万物之变,莫不为利,莫不为害。圣人察阴阳之宜,辨万物之利以便生,故精神安乎形,而年寿得长焉。长也者,非短而续之也,毕其数也。毕数之务,在乎去害。何谓去害?大甘、大酸、大苦、大辛、大咸,五者充形则生害矣。大喜、大怒、大忧、大恐、大哀,五者接神则生害矣。大寒、大热、大燥、大湿、大风、大霖①、大雾,七者动精则生害矣。故凡养生,莫若知本,知本则疾无由至矣。

【注释】①大霖:长时间连降不停的大雨。

【译文】第二:

天生出阴阳、寒暑、燥湿,以及四季的更替、万物的变化,没有一样不给人带来益处,也没有一样不对人产生危害。圣人能洞察阴阳变化的合宜之处,能辨析万物有利的一面,以利于生命,因此,精神在形体中得到安放,寿命能够长久。所谓长寿,不是说寿命本来短而使它延长,而是使寿命终其天年。终其天年的关键在于避开危害。什么叫避开危害?过甜、过酸、过苦、过辣、过咸,这五种东西充满形体,那么生命就受到危害了。过喜、过怒、过忧、过恐、过哀,这五种东西和精神交接,那么生命就受到危害了。过冷、过热、过燥、过湿、过多的风、过多的雨、过多的雾,这七种东西摇动人的精气,那么生命就受到危害了。所以,凡是养生，没有比懂得这个根本更重要的了，懂得了根本，疾病就无从产生了。

精气之集也，必有入也。集于羽鸟，与为飞扬；集于走兽，与为流行；集于珠玉，与为精朗①；集于树木，与为茂长；集于圣人，与为夐明②。精气之来也，因轻而扬之，因走而行之，因美而良之，因长而养之，因智而明之。

【注释】①精朗：明亮。②夐（xiòng）明：犹言大智大慧。
【译文】精气聚集到一起，一定要有寄托的地方。聚集到飞禽身上，表现为飞翔；聚集到走兽身上，表现为行走；聚集到珠玉身上，表现为晶莹明亮；聚集到树木身上，表现为繁茂；聚集到圣人身上，表现为睿智。精气到来，附着到轻盈的东西就让它飞翔，附着到可以跑动的东西就让它行走，附着到有美好特性的东西就让它精美，附着到有生长特性的东西就让它茂盛，附着到有智慧的东西就让它明智。

流水不腐，户枢不蠹，动也。形气亦然，形不动则精不流，精不流则气郁。郁处头则为肿为风，处耳则为挶①为聋，处目则为蔑②为盲，处鼻则为鼽③为窒，处腹则为张④为疛，处足则为痿为蹷。

【注释】①挶：耳重听的疾病。②蔑（miè）：眼眶红肿。③鼽

(qiú)：鼻子不通畅。④张：腹胀。疛：肚子痛。

【译文】流动的水不会腐恶发臭，转动的门轴不会生虫朽烂，这是由于运动的缘故。人的形体、精气也是这样。形体不活动，体内的精气就不运行，精气不运行，气就滞积。滞积在头部就造成肿痛和头风，滞积在耳部就造成重听或耳聋，滞积在眼部就造成眼眶红肿或看不见，滞积在鼻部就造成鼻子阻塞，滞积在腹部就超成腹胀，滞积在脚部就造成脚麻或脚痛。

轻水所，多秃与瘿①人；重水所，多尰与躄人②；甘水所，多好与美人；辛水所，多疽与痤人③；苦水所，多尪与伛人④。

【注释】①瘿：指生长在脖子上的一种囊状的瘤子。②尰（zhǒng）：脚肿。躄（bì）：腿瘸。③疽：局部皮肤肿胀坚硬而皮色不变的毒疮。痤：痈。④尪（wāng）：指脚跛或胸背弯曲等。伛：背曲。

【译文】水中含盐及其他矿物质少的地方，多秃发、颈上生瘤的人；水中含盐及其他矿物质多的地方，多有脚肿和不能行走的人；在水味甘美的地方，人们大多都美好、健康，在水味辛辣的地方，多有长恶疮和痈疮的人；在水味苦涩的地方，多有患鸡胸和驼背的人。

凡食，无强厚，烈味重酒，是以谓之疾首。食能以时，身必无灾。凡食之道，无饥无饱，是之谓五藏之葆①。口必甘味，和精端容，将之以神气。百节虞②欢，咸进受气。饮必小咽，端直无戾。

【注释】①葆：通"保"，保持，保护，守卫。②虞：通"娱"，舒适。③戾：弯曲。

【译文】凡吃东西，不要吃得味道太过强烈厚重，不吃重味，不饮烈酒，因为这是招致疾病的开端。吃东西能定时，身体定然没灾没病。吃东西的原则是，要保持不饥饿也不吃得太饱的状态，这就是保护五脏的办法。一定要吃可口的食物，进食的时候，要精神和谐，仪容端正，用精神饱满的状态去伴随吃的过程，这样，周身就舒适愉快，都受到了精气的滋养。饮食一定小口下咽，坐要端正，不要歪斜。

今世上卜筮祷祠，故疾病愈来。譬之若射者，射而不中，反修于招①，何益于中？夫以汤止沸，沸愈不止，去其火则止矣。故巫医毒药，逐除治之，故古之人贱之也，为其末也。

【注释】①招：靶子。

【译文】如今社会上崇尚占卜祈祷，所以疾病反而越来越多。就好像射箭，射箭没有射中箭靶，不纠正自己的毛病，反而去修正箭靶的位置，这对射中箭靶能有什么帮助？用热水阻止水的沸腾，沸腾越发不能阻止，撤去下面的火，沸腾自然就止住了。所以巫医、药物其作用只能驱鬼治病，古人轻视这些东西。因为这些东西对于养生来说只是舍本逐末啊！

先 己

【题解】本篇旨在探讨为君之道。文章通过商汤问伊尹如何治理天下，提出先修养自身是根本，即"先己"。同时指出，修身的方法在于"无为""胜天"，讲求顺应自然，无为而治，这样就会达到"百官已治矣，万民已利矣"的境界。

三曰：

汤问于伊尹曰："欲取天下，若何？"伊尹对曰："欲取天下，天下不可取。可取，身将先取。"凡事之本，必先治身，啬①其大宝。用其新，弃其陈，腠理②遂通。精气日新，邪气尽去，及其天年。此之谓真人。

【注释】①啬：爱惜。②腠理：肌肤上的纹理。
【译文】第三：

商汤问伊尹说："想要治理天下，需要怎么办？"伊尹回答说："一心只想治理好天下，那天下不可能治理好的；要想天下治理好，首先需要修养自身。"大凡做事情的根本，一定是首先要修养自身，爱惜自己的身体。不断吐故纳新，肌体就会畅通。精气就会日益增长，邪气就会完全除去，最终终其天年。这样的人叫作"真人"。

昔者，先圣王成其身而天下成，治其身而天下治。故善响者不于响于声，善影者不于影于形，为天下者不于天下于身。《诗》曰："淑人君子，其仪不忒。其仪不忒，正是四国"①，言正诸身也。故反其道而身善矣；行义则人善矣；乐备君道，而百官已治矣，万民已利矣。三者之成也，在于无为。无为之道曰胜天，义曰利身，君曰勿身。勿身督听，利身平静，胜天顺性。顺性则聪明寿长，平静则业进乐乡②，督听则奸塞不皇③。故上失其道，则边侵于敌，内失其行，名声堕于外。是故百仞之松，本伤于下，而末槁于上；商、周之国，谋失于胸，令困于彼。故心得而听得，听得而事得，事得而功名得。五帝先道而后德，故德莫盛焉；三王④先教而后杀，故事莫功焉；五伯⑤先事而后兵，故兵莫强焉。当今之世，巧谋并行，诈术递用，攻战不休，亡国辱主愈众，所事者末也。

【注释】①"《诗》曰……"句：引自《诗经·曹风·鸤鸠》。淑人：善人。仪：容颜仪态。忒：差错。②乡：通"向"，趋向。③皇：通"惶"，惶恐不安的样子。④三王：指夏、商、周三代之君。⑤五伯：指春秋五霸。

【译文】过去，先代圣王修养自身，治理天下的大业自然成就，端正自身，天下自然太平安定。所以了解回声的人，不致力于回声，而在了解产生回声的声音。了解影子的人，不致力于影子，而在于了解产生影子的形体。治理天下的人，不致力于天下，而在于修养自身。《诗经》中说："那个善人君子，他的仪容很端庄。他的仪容很端庄，就给这四方各国做出了榜样。"这说的正是端正修养自身啊。所以，用道理来完善自身，自身就可以达到美好的境界了；行为合宜，就会受到他人的称赞；乐于施行为君之道，那么百官就能管理好了，百姓就能得到好处。这三方面的成功，都在于实现无为。无为所含的道理是要顺应天意，无为的本意是保养自身，无为的君王是指凡事不要亲身去办。不亲自去做就不会偏听，修养自身就会平和清净，听从天道就会顺应天性。顺应天性就会聪明、长寿；平和清净就会事业发展，百姓乐于归附；不偏听就会使奸邪闭塞，自己不会惶恐不安。所以，如果君主不施行为君之道，他的边疆就会被外敌侵犯，在国内丧失德行，在国外就会名声败坏。因此，百仞高的松树，如果下面的树根受了伤，上面的枝叶必定会干枯。商、周这样的国家，国君心中没有谋略，政令在外自然难以推行。所以，心有所得，听就会有所得；听有所得，政事就会处理得当；政事处理得当，事业才能成功，事业成功才能成就功名。五帝把道放在首位，而把德放在其次，所以德政没有不兴盛的；三王把教化放在首位，而把刑罚放在其次，所以事业没有不成功的。五霸把功业放在首位，而把武力讨伐放在其次，所以军队没有不强大的。当今世界，各种诡计一起实施，奸诈骗术接连使用，攻战不止，灭亡的国家、受辱的君王越来越多，其原因就在于他们所致力做的都是细枝末节的事啊！

夏后相与有扈战于甘泽而不胜^①，六卿请复之^②，夏后相曰："不可。吾地不浅，吾民不寡，战而不胜，是吾德薄而教不善也。"于是乎处不重席，食不贰味，琴瑟不张，钟鼓不修，子女不饬，亲亲长长，尊贤使能，期年③而有扈氏服。故欲胜人者必先自胜，欲论人者必先自论，欲知人者必先自知。

【注释】①夏后相：即夏启，禹的儿子，夏朝的第二任君王。有扈：古国名，今在陕西户县一带。②六卿：古代统军执政之官。③期年：一年。

【译文】夏君启同有扈氏在甘泽交战，没有取胜。六卿请求再战，夏君启说："不行。我的土地并不小，我的人民也不少，但同有扈氏交战却没能取胜，这是由于我的恩德太少，教化不好的缘故啊！"于是夏君启居处不用两层席，吃饭不吃两种菜，琴瑟不设，钟鼓不列，子女不修饰打扮，亲近亲族，敬爱长者，尊重贤人，任用能士。一年之后，有扈氏就归服了。因此，想要制服别人的，一定先要克制自己；想要评论别人的，一定先要评论自己；想要了解别人的，一定先要了解自己。

《诗》曰："执辔如组。①"孔子曰："审此言也，可以为天下。"子贡曰："何其躁也？"孔子曰："非谓其躁也，谓其为之于此，而成文于彼也，圣人组修其身，而成文于天下矣。"故子华子曰："丘陵成而穴者安矣，大水深渊成而鱼鳖安矣，松柏成而涂之人已荫矣。"

【注释】①执辔如组：出自《诗·郑风·大叔于田》。辔：驾驭牲口用的缰绳。

【译文】《诗经》中说："手执缰绳驭马如同编织花纹一

样。"孔子说:"审度清楚这句话的含义,就可以治理天下了。"子贡说:"按《诗经》中所说的去做,举止太急躁了?"孔子说:"这句诗不是说驾驭者动作急躁,而是说做的是这件事,成就的是那个结果。圣人用这个道理来修养自身,成就的是天下太平鼎盛。"所以子华子说:"丘陵生成了,穴居的动物就可以安身了;大水深渊生成了,鱼鳖就可以安身了;松柏茂盛了,行路的人就可以在树荫下乘凉了。"

孔子见鲁哀公,哀公曰:"有语寡人曰:'为国家者,为之堂上而已矣。'寡人以为迂言也。"孔子曰:"此非迂言也。丘闻之:'得之于身者得之人,失之于身者失之人。'不出于门户而天下治者,其唯知反于己身者乎!"

【译文】孔子拜见鲁哀公,哀公说:"有人告诉我说:'治理国家的人,在朝堂之上治理就行了。'我认为这是迂腐的说法。"孔子说:"这不是迂腐的说法。我听说,自身修养有所得的人就可以得到人心,失去自身修养的人就失去人心。不用出门就可以治理天下的人,只有懂得反省自身才能做到!"

论 人

【题解】"论人",即衡量、辨识人。本篇旨在探讨君主如何"论人"的方法。"论人"的最高方法是"反诸己",其次是"求诸人"。"反诸己"需向自身求取，让自身顺从自然，达到"无为"的境界。"求诸人"则要"内则用六戚四隐，外则用八观六验"，这样就会达到"人之情伪、贪鄙、美恶无所矣"的境界。

四曰：

主道约，君守近。太上反诸己，其次求诸人。其索之弥远者，其推之弥疏；其求之弥强者，失之弥远。

【译文】第四：

做君主的方法要简约无为，君主的操守就在自身。最高的是向自身求得，其次是向别人寻求。越向远处寻求的，离它就越远；寻求它越花力气的，失掉它就越远。

何谓反诸己也？适耳目，节嗜欲，释智谋①，去巧故②，而游意乎无穷之次③，事心乎自然之涂④。若此则无以害其天矣。无以害其天则知精，知精则知神，知神之谓得一⑤。

凡彼万形，得一后成。故知一，则应物变化，阔大渊深，不可测也；德行昭美⑥，比于日月，不可息也。豪士时之，远方来宾⑦，不可塞也。意气宣通，无所束缚，不可收也。故知知一，则复归于朴，嗜欲易足，取养节薄⑧，不可得也。离世自乐，中情洁白，不可量也。威不能惧，严不能恐，不可服也。故知知一，则可动作当务⑨，与时周旋，不可极也。举错以数，取与遵理，不可惑也。言无遗者，集于肌肤，不可革也。逸人困穷，贤者遂兴，不可匿也。故知知一，则若天地然，则何事之不胜，何物之不应？譬之若御者，反诸己，则车轻马利，致远复食而不倦。昔上世之亡主，以罪为在人，故日杀僇而不止，以至于亡而不悟。三代之兴王，以罪为在己，故日功而不衰，以至于王。

【注释】①释：舍弃，抛弃。②巧故：伪诈。③无穷之次：无边无界的境界。④涂：同"途"。⑤一：即"道"。⑥昭美：光明美好。⑦宾：服从，归服。⑧节：节制。薄：少。⑨当务：适合时务。

【译文】什么叫向自身求得呢？使耳目适度，节制嗜好欲望，放弃智巧计谋，摒除虚浮伪诈，让自己的意识在无限的空间中遨游，让自己的思想立于无为的境界。像这样就没有什么可以危害自己的身心了。没有什么能危害自己的身心，就能知道事物的精微，就能够懂得事理的玄妙，懂得事理的玄妙就叫作得道。

凡是那些万物，得道以后才能修成正果。所以懂得了得道的方法，就可以顺应万物的变化而变化，变化博大精深，不可测度。德行彰显美好，可以与日月相并列，不可熄灭。豪杰贤士就会随时到来，宾客从远方归服，不可以阻止。意气宣泄畅通，没有约束，不可以收回。所以懂得了得道的方法，就可以返璞归真，喜好、欲望容易满足，所取用的养身之物就会少而有节，并不会占有它。就会超脱世俗，自得其乐，内心洁白无瑕，不可污染。就会威武不能使他恐惧，严厉不能使他害怕，不可使他屈服。所以懂得了认识道理的方法，就会举动适当，随着时势变化应酬周旋，不会走上穷途末路。就会举止依照礼数，取舍遵循事理，不可迷乱。就会语言得体没有过失，使人的肌肤有所感触，不可以随便更改。说坏话的人穷困潦倒，贤能的人意气风发，不可隐匿。所以懂得了认识道理的方法，就会像天地一样，有什么事情不能解决，什么事物不能应对呢？这就好像驾驭马车的人，反过来要求自己，那么驾车马就能轻快利索，即使跑很远的路再吃饭，中途也不觉得困倦。过去，古代亡国的君主认为罪在别人，所以每天杀戮不停，以至于亡国都不知道醒悟。夏、商、周三代兴旺发达的君王，把罪过担当在自己身上，所以每天不停地建功立业，从不松懈以至于成就了王者大业。

何谓求诸人？人同类而智殊①，贤不肖异，皆巧言辩辞以自防御，此不肖主之所以乱也。凡论人，通则观其所礼，贵则观其所进，富则观其所养，听则观其所行，止则观其所好，习则观其所言，穷则观其所不受，贱则观其所不为。喜之以验其守，乐之以验其僻②，怒之以验其节③，惧之以验其特④，哀之以验其人，苦之以验其志。八观六验，此贤主之所以论人也。论人者，又必以六戚四隐。何谓六戚？父、母、兄、弟、妻、子。何谓四隐？交友、故旧、邑里、门郭。内则用六戚四隐，外则用八观六验，人之情伪、贪鄙、美恶无所失矣。譬之若逃雨污⑤，无之而非是。此先圣王之所以知人也。

【注释】①智殊：即其智有上下高低的差别。殊：不同。②僻：邪。③节：约束，节制。④特：应为"持"。⑤污：通"濡"，沾湿。

【译文】什么叫作向别人寻求？人同类而智慧不同，贤与不肖相异。人们都用花言巧语来替自己防范，这是昏君惑乱的缘故。

大凡衡量、评定人，如果他显达，就观察他礼遇的都是什么人；如果他尊贵，就观察他举荐的都是什么人；如果他富有，就观察他赡养的都是什么人；如果他能听进别人的言论，就观察他采纳的都是什么言论；如果他闲居在家，就观察他喜好的都是什么；如果他学习，就观察他所说的都是什么；如果他困窘，就观察他所不接受的是什么；如果他贫贱，就观察他不做的都是什么。使他高兴，借以检验他的节操；使他快乐，借以检验他的邪念；使他发怒，借以检验他的气度；使他恐惧，借以检验他卓异的品行；使他悲哀，借以检验他的仁爱之心；使他困苦，借以检验他的意志。以上八方面的观察和六项检验，就是贤明的君主用以衡量、评定人的方法。衡量、评定别人又必须从六戚和四隐两方面看。什么叫六戚？是指父亲、母亲、哥哥、弟弟、妻子、儿子。什么是四隐？是指新朋友、旧相知、乡亲、邻居。观察一个人的内在就用六戚四隐的方法，观察一个人的外在就用八观六验的方法，这样人的虚伪、贪婪、卑鄙、善良、邪恶都能没有遗漏地观察到。这就像是避雨一样，不被雨水沾湿是不可能的。这就是先代圣王用来识别别人的方法。

圜 道

【题解】本篇仍以探讨君道为主旨，开篇就提出效法天地的思想。作者利用精气的运动、日月的运行、生物的生长衰亡、云气运动、泉水东流等事例，说明天道的运行规律，这反映了古人的朴素唯物思想。同时，文章还指出"主执圜，臣处方，方圜不易"，说明君道和臣道不能颠倒。

五曰：

天道圜，地道方^①。圣王法之，所以立上下。何以说天道之圜也？精气一上一下，圜周复杂，无所稽留^②，故曰天道圜。何以说地道之方也？万物殊类殊形，皆有分职，不能相为，故曰地道方。主执圜，臣处方，方圜不易，其国乃昌。

【注释】①圜：通"圆"，圆形。地道：关于地的道理、法则。方：端平正直。②稽留：停留。

【译文】第五：

天道圆，地道方。圣王效仿它们，据以设立君臣上下。为什么说天道圆呢？精气一上一下，环绕往复，没有停留，所以说天道圆。为什么说地道方呢？万物有各种各样的类型，都有各自的分工与职守，不能相互替代，所以说地道方。君主掌握圆道，臣子处守方道，方道圆道，不颠倒改变，这样的国家才能昌盛。

日夜一周，圜道也。月躔^①二十八宿，轸与角属，圜道也。精^②行四时，一上一下，各与遇，圜道也。物动则萌，萌而生，生而长，长而大，大而成，成乃衰，衰乃杀，杀乃藏，圜道也。云气西行，云云然^③，冬夏不辍；水泉东流，日夜不休；上不竭，下不满，小为大，重为轻，圜道也。黄帝曰："帝无常处也，有处者乃无处也”，以言不刑蹇④，圜道也。人之窍九，一有所居则八虚，八虚甚久则身毙。故唯而听，唯止；听而视，听止；以言说一。一不欲留，留运为败，圜道也，一也齐至贵⑤，莫知其原，莫知其端，莫知其始，莫知其终，而万物以为宗。圣王法之，以全其性，以定其正，以出号令。令出于主口，官职受而行之，日夜不休，宣通下究，瀸于民心，遂于四方，还周复归，至于主所，圜道也。令圜，则可不可，善不善⑥，无所壅矣。无所壅者，主道通也。故令者，人主之所以为命也，贤不肖、安危之所定也。人之有形体四枝，其能使之也，为其感而必知也，感而不知，则形体四枝不使矣。人臣亦然，号令不感，则不得而使矣。有之而不使，不若无有。主也者，使非有者也，舜、禹、汤、武皆然。

【注释】①躔（chán）：指月亮运行与星宿会次。②精：精气，即阴阳之气。春夏为阳，秋冬为阴。③云云然：云气周旋回转的样子。④刑蹇：连绵词，同“形倨”，颠仆障碍，不能行进。⑤一：指道。齐：当为“者”字之误（依照毕沅校说）。⑥可不可，善不善：使不可者可，使不善者善。前面的“可”“善”用使动用法。

【译文】日夜更替这是一个周期，这是圆道。月亮经历二十八星宿，轸宿与角宿相接，这是圆道。精气四季运行，一气上升，一气下沉，各不相同而又相遇，这是圆道。万物运动则会萌发，萌发则会滋生，滋生则会发展，发展则会壮大，壮大则会成熟，成熟后才会衰败，衰败才会死亡，死亡才会消失，这就是圆道。云气向西移行，云气周旋往复，冬夏不停；水泉向东流去，日夜不停。水源不枯竭，大海不满盈，小溪汇成大海，重水化为轻云，这就是圆道。黄帝说："天帝没有常住之处，有所在也就是不会无所不在。"这是说不会不行进，这是圆道。人的九个孔窍，一旦一窍闭塞则有八窍虚病，八窍虚病太久则会使人死亡。所以应答时若要倾听，应答就会停止；倾听时若要观看，倾听就会停止；用这句话说的是各窍顺一运行的情况。各窍顺一运行不应停滞，某窍停滞不通的话就会出现败坏的迹象，这就是圆道。道者是最尊贵的，不知道它的源头，不知道它的末端，不知道它的始发，不知道它的终极，而万物以它为本。圣王效法它，用来保存自己的本性，用来安定自己的生命，用来发号施令。号令在君主的口中发出，官员接受并去施行政令，日夜不停，宣布通知下达到底，合于民心，于是四方遍颂，这样就会旋转再归来，上达到君主之处，这就是圆道了。号令施行符合圆道，那么使不合适的合适，使不好的变得美好，这样就没有闭塞的地方了。没有闭塞之处，也就是君主的治理通畅。所以发号政令，君主把它当成性命般重要的东西，是君主贤明还是不肖，国家安定还是危殆的决定因素。人有形体四肢，人能够支配身体各部分，是因为它们受到感觉触动而必定知道。没有感觉的话，那么形体四肢就不听支配使唤了。臣子、百姓也是这样。如果对君主的号令无动于衷，则无法支配使唤他们了。有臣民而不听使唤，不如没有。君主，就是要使唤本来不属于自己的臣民，舜、禹、汤、武都这样。

先王之立高官也，必使之方。方则分定，分定则下不相隐。尧、舜，贤主也，皆以贤者为后，不肯与其子孙，犹若①立官必使之方。今世②之人主，皆欲世勿失矣，而与其子孙，立官不能使之方，以私欲乱之也，何哉？其所欲者之远，而所知者之近也。今五音之无不应也，其分审③也。宫徵商羽角④，各处其处，音皆调均⑤，不可以相违，此所以无不受⑥也。贤主之立官，有似于此。百官各处其职、治其事以待主，主无不安矣。以此治国，国无不利矣；以此备患，患无由至矣。

【注释】①犹若：等于说"犹然"，仍然。②世：父死子继叫世。③审：确定。④宫、徵、商、羽、角：我国古乐五声音阶的五个阶名。⑤均：调和。⑥受：应和之意。

【译文】先王设立高官，一定要使他方正。做到方正，职分就确定了，职分确定了就不会出现臣下互相隐瞒的情况。尧舜是贤明的君主，他们都把贤人作为自己的继承人，不肯把帝位传给自己的子孙，就像设立官员必须使他符合方正之道一样。当今世上的君主，都想父子相传世世代代不失君位，从而把这个位置传给自己的子孙。但是他们设立官职不使它方正，反而用私欲把它搞乱了，这是为什么呢？这是因为他们贪求得太远，而见识太短的缘故。五音不应和，这是由它们各自的乐律确定。宫、徵、商、羽、角，各自在自己的位置，音律都调准，不可以有差误，这就是五音无不应和的原因。贤明的君主设立官职就像这样。百官各自处在自己的职分位置，治理自己的事务来侍奉君主，君主没有不安乐的了。用此治理国家，国家没有不兴盛的；用此来防备祸患，祸患就没有理由降临了。

孟夏纪第四

扫码听谦德
君为您导读

孟 夏

【题解】孟夏，指的是农历四月。根据五行的说法，夏季属火，万物繁荣生长。在这个季节里，"天子居明堂左个，乘朱辂，驾赤骝，载赤旂，衣赤衣，服赤玉……"，同时还要"劳农劝民，无或失时……"，说明天子要按照季节来采取适当的措施。

一曰：

孟夏之月，日在毕①，昏翼②中，旦婺女③中。其日丙丁。其帝炎帝。其神祝融。其虫羽。其音徵。律中仲吕④。其数七。其性礼。其事视。其味苦。其臭焦。其祀灶。祭先肺。蝼蝈鸣。蚯蚓出。王菩⑤生。苦菜秀。天子居明堂左个⑥，乘朱辂⑦，驾赤骝⑧，载赤旂，衣赤衣，服赤玉，食菽⑨与鸡。其器高以觕⑩。

【注释】①毕：星宿名，二十八宿之一。②翼：星宿名，二十八宿之一。③婺（wù）女：星宿名，即女宿。二十八宿之一，玄武七宿的第三宿，由四颗星星组成。④仲吕：古乐十二律的第六律，又称小吕。⑤王菩：即栝楼。葫芦科,属多年生攀缘草本。⑥左个:左边的偏室。⑦辂(lù):古代的一种车名。⑧骝:黑鬃黑尾巴的红马。⑨菽:大豆曰菽。⑩觕(cū):同"粗"。

【译文】第一:

夏天的第一个月,太阳在毕宿的位置,傍晚翼宿出现在南方中天。第二天拂晓的时候婺女宿出现在南方中天。天干中,孟夏属于丙丁。对应的天帝是炎帝,天神是祝融。动物以鸟类为主,相应的音是徵音。音律对应仲吕。对应的数字是七。性情以修礼为主,应当多看。味道以苦味为主,气味是焦气。要祭祀灶神,祭品中以肺脏为先。蝼蝈开始鸣叫,蚯蚓纷纷出洞,栝楼生长,苦菜开花。天子在明堂的左边侧室里处理政务,坐朱色的大车,驾着赤红色的马。车上插着红色的龙旗,穿赤色的衣服,佩戴赤色的玉,主要吃豆子和鸡肉。所用的器具要高大。

是月也,以立夏。先①立夏三日,太史谒之天子曰:"某日立夏,盛德在火。"天子乃斋。立夏之日,天子亲率三公九卿大夫以迎夏于南郊。还,乃行赏、封侯、庆赐,无不欣说②。乃命乐师习合礼乐。命太尉③赞杰俊,遂贤良,举长大。行爵出禄,必当其位。

【注释】①先:在……之前。②说:通"悦"。③太尉:秦设官名,主管军事。

【译文】这个月,是立夏的月份。在立夏前三天,太史禀告天子说:"某某日立夏,大德在火。"天子于是斋戒。立夏那天,天子亲自率领三公九卿和大夫到南郊迎接夏天的到来。回朝之后开始封侯赏赐，群臣没有不欣喜的。然后命令乐师练习合演的礼乐。命令太尉向天子举荐才智出众的人、提拔贤能优良的臣子，推举魁梧雄壮的猛士。分封爵位，给予俸禄，规格一定要符合他们的地位。

是月也，继长增高，无^①有坏隳。无起土功，无发大众，无伐大树。

【注释】①无：通"毋"，表示劝阻或禁止，义为"不要""别"。

【译文】这个月，万物继续长高长大，不要毁坏它们。不兴起土木工程，不征集百姓，不要砍伐高大的树木。

是月也，天子始绤^①。命野虞^②出行田原，劳农劝民，无或失时。命司徒^③循行县鄙^④，命农勉作，无伏于都。

【注释】①绤（chī）：细葛布。②野虞：古代掌管山林薮泽的官。③司徒：九卿之一，主管教化。④县鄙：二千五百家为县，五百家为鄙。此处泛指天子领地。

【译文】这个月，天子开始穿细葛布做的衣服。命令野虞巡视田野，劝勉鼓励农民耕作，不要荒废错过农时。命令司徒在领地中按住房巡视，使百姓都出去耕作，不要留在国都里不干活。

是月也，驱兽无害五谷。无大田猎。农乃升麦。天子乃以彘尝麦，先荐寝庙^①。

【注释】①寝庙：古代宗庙的正殿称庙，后殿称寝，合称寝庙。

【译文】这个月，要驱赶野兽，让它们不要践踏破坏农田。不要大规模打猎。这样农民才能献上新鲜的麦子，天子于是就着猪肉品尝麦子，在这之前要先进献给祖庙。

是月也，聚蓄百药，靡草死，麦秋^①至。断薄刑^②，决小罪^③，出轻系^④。蚕事既毕，后妃献茧，乃收茧税，以桑为均，贵贱少长如一，以给郊庙之祭服。

【注释】①麦秋：麦子成熟。东汉蔡邕《月令章句》："百谷各以其初生为春，熟为秋。故麦以孟夏为秋。"②薄刑：轻薄的刑罚。③小皋：小罪。④轻系：不够判刑的人。

【译文】这个月，要聚集屯蓄各种草药，靡草枯败，麦子成熟。处理那些有轻微刑罚的人，解决小罪案，释放不够判刑的人。蚕桑的农事结束之后，后妃进献蚕茧，然后向百姓征收茧税，按桑树数量划分税额，贵贱老幼都统一标准，用这些税款来准备郊庙祭祀所用的祭服。

是月也，天子饮酎^①，用礼乐。

【注释】①酎（zhòu）：醇酒，两酿或多酿的酒。

【译文】这个月，天子饮用醇酒，欣赏礼乐。

行之是令, 而甘雨至三旬。

孟夏行秋令, 则苦雨①数来, 五谷不滋, 四鄙②入保③; 行冬令, 则草木早枯, 后乃大水, 败其城郭④; 行春令, 则虫蝗为败, 暴风来格⑤, 秀⑥草不实⑦。

【注释】①苦雨: 伤损庄稼的雨。②鄙: 边邑。③保: 小城, 此义后作"堡"。④城郭: 内城曰城, 外城曰郭。⑤格: 来, 到。⑥秀: 开花。⑦实: 结果。

【译文】施行合适的政令, 那么及时雨将会大概十天下一次。

如果在孟夏时节施行秋天的政令, 那么伤害庄稼的雨会多次降临, 五谷不会生长, 四边的百姓会为了躲避入侵的贼寇而躲进城堡; 如果在孟夏时节施行冬天的政令, 草木就会过早枯萎, 之后水灾便会来袭, 冲毁城郭; 如果在孟夏时节施行春天的政令, 蝗虫就会侵袭, 暴风来临, 草木只开花而不结实。

劝 学

【题解】本篇旨在勉励学习。作者认为"忠孝, 人君人亲之所甚欲也", "显荣, 人子人臣之所甚愿也", 如果要达到忠孝、显荣, 在于学习, 学习在于尊师。而且认为"为师之务, 在于胜理, 在于行义"。

二曰:

先王之教,莫荣于孝,莫显于忠。忠孝,人君人亲之所甚欲也。显荣,人子人臣之所甚愿也。然而人君人亲^①不得其所欲,人子人臣不得其所愿,此生于不知理义。不知理义,生于不学。学者师达而有材,吾未知其不为圣人。圣人之所在,则天下理焉。在右则右重,在左则左重,是故古之圣王未有不尊师者也。尊师则不论其贵贱贫富矣。若此则名号显矣,德行彰矣。故师之教也,不争轻重尊卑贫富,而争于道。其人苟可,其事无不可,所求尽得,所欲尽成,此生于得圣人。圣人生于疾学。不疾学而能为魁士名人者^②,未之尝有也。

【注释】①人亲:指父母。②疾学:努力学习。疾:力。魁士:大学者。

【译文】第二:

先王的教化之中,没有比孝顺和忠诚更荣耀显达的了。忠诚和孝顺,是为人君主和父母很希望得到的。显达荣耀,是为人子女和臣子十分希冀的。然而君主和父母并没有得到他们所想要的忠孝,子女和臣子也没有得到他们所希冀的显荣。这种情况是因为不知道道理和信义。不知道道理和信义,是因为不学习。

学生的老师通达而有才干,我没听说过这样的人不成为圣人的。圣人所在的地方,就会得到治理。圣人在右边,右边就被敬重。在左边,左边就被敬重。因此古代的圣王没有不尊重老师的。尊重老师,就不会去计较他的贵贱和贫富。做到这样,名号就会通达,德行就会昭彰。

所以老师的教化,也不会计较学生的地位高低,尊卑和贫富，而是看重学生能否理解道义。学生如果能够理解，对他们的教诲就会无不适宜，追求的都会得到，想要的都会实现，这是得到圣人教化的缘故。圣人是在勤奋学习中产生的，不努力学习而成为名人贤才的人，未曾有过。

疾学在于尊师，师尊则言信矣，道论矣。故往教者不化，召师者不化。自卑者不听，卑师者不听。师操^①不化不听之术而以强教之，欲道之行、身之尊也，不亦远乎？学者处不化不听之势，而以自行，欲名之显、身之安也，是怀腐而欲香也，是入水而恶濡^②也。

【注释】①操：用。②濡（rú）：沾湿。
【译文】努力学习在于尊重老师，老师受到尊重他的言行就会被崇奉，道理就会被论述说明。所以应召去教的老师不能教化他人，叫老师来教书的学生不会被教化。自卑的老师不会被听从，看不起老师的人不会听从老师。这时老师如果用不可能教化人、不会被听从的学说勉强教人，想要让道理通行、自身得到尊重，这离自己的目的不也太远了吗？学生处于不被教化不听从老师的状态，我行我素，而想要名声显达，自身安泰，这和怀揣腐臭的东西而想让自身芳香，进入水里却讨厌被沾湿是一样的啊！

凡说者，兑^①之也，非说之也。今世之说者，多弗能兑，而反说之。夫弗能兑而反说，是拯溺而硾^②之以石也，是救病而饮之以堇^③也，使世益乱；不肖主重惑者，从此生矣。

故为师之务，在于胜理，在于行义。理胜义立则位尊矣，王公大人弗敢骄也，上至于天子，朝之而不惭。凡遇合也，合不可必。遗理释义以要不可必，而欲人之尊之也，不亦难乎？故师必胜理行义然后尊。

【注释】①兑：通"悦"，使……喜悦。②硾（zhuì）：古同"缒"，拴上重物往下沉。③堇（jǐn）：药草名，有毒。

【译文】凡是说教，应当使人欣悦，并不是刻板地说教。如今世上说教的人，大多不能使人欣悦，反而一直进行死板的说教。不能使人喜悦反而强说硬教，这如同用重物绑在溺水者的身上来拯救他，让病人喝有毒的药草来医治疾病一样，只会使社会更加混乱。不贤明的君主更加昏惑的情况从此产生。

所以当老师的首要任务，在于以道理取胜，在于施行道义。以道理取胜，以仁义立身，那么地位就会尊贵，即便是王公大人也不敢在他面前骄横。上至天子，朝见老师也不会感到羞惭。大凡学生和老师遇见，不一定就会融洽。放弃道理仁义来追求不可能的事情，想要人们去尊重他，这不是太难了吗？所以老师一定要以道理取胜，以仁义立身之后，才会被敬重。

曾子曰："君子行于道路，其有父者可知也，其有师者可知也。夫无父而无师者，馀若夫何哉！"此言事师之犹事父也。曾点^①使曾参，过期而不至，人皆见曾点曰："无乃^②畏^③邪？"曾点曰："彼虽畏，我存，夫安敢畏？"孔子畏于匡^④，颜渊后，孔子曰：
"吾以汝为死矣。"颜渊曰："子在，回何敢死？"颜回之于孔子
也，犹曾参之事父也。古之贤者与，其尊师若此，故师尽智竭道
以教。

【注释】①曾点：孔子的弟子，曾参之父。②无乃：委婉地表示
对某一事情或问题的估计或看法，相当于"恐怕""只怕"等。③畏：通
"围"，下文同。④孔子畏于匡：孔子经过匡地时，匡人误把孔子当成阳
虎，于是围困了孔子。

【译文】曾子说："君子走在路上，有父亲的人可以看出来，
有老师的人也可以看出来，但那些不孝顺父亲，不尊重老师的人
又有什么办法呢？"这是说侍奉老师如同侍奉父亲一样。曾点派
曾参外出，曾参超过期限而没有回来，人见到曾点都说："恐怕是
为事情所困吧！"曾点说："他虽然被困，可我还在这里，他哪敢
被困在那里不回来！"孔子被围困在匡地，颜渊最后才到，孔子
说："我以为你死了。"颜渊说，"您还活着，我怎么敢死？"颜回
对待孔子，就像曾参对待父亲一样。古代的贤者，如此尊重老师，
所以老师竭尽才智来教化他们。

尊 师

【题解】本篇列举了十六位贤人因尊师而垂名青史，六位本
该受刑的小人因尊师而免祸，所以无论是什么样的人，只要尊敬
老师，善于学习，都可流芳百世，同时又详细地介绍了学习和尊

师的做法。

三曰：

神农师悉诸①，黄帝师大挠②，帝颛顼师伯夷父，帝喾师伯招③，帝尧师子州支父④，帝舜师许由，禹师大成贽⑤，汤师小臣⑥，文王、武王师吕望⑦、周公旦，齐桓公师管夷吾，晋文公师咎犯、随会⑧，秦穆公师百里奚、公孙枝⑨，楚庄王师孙叔敖、沈尹巫，吴王阖闾师伍子胥、文之仪，越王勾践师范蠡⑩、大夫种。此十圣人、六贤者，未有不尊师者也。今尊不至于帝，智不至于圣，而欲无尊师，奚由至哉？此五帝之所以绝，三代之所以灭。

【注释】①悉诸：传说的神农之师。②大挠：传说为黄帝史官，始作甲子。③伯夷父、伯招：皆为传说中帝颛顼的老师。④子州支父：姓子，名州，字支父。传说中的古代隐士。⑤大成贽（zhì）：传说为禹的老师。⑥小臣：指伊尹。⑦吕望：即姜子牙，辅佐姬昌建立霸业。⑧随会：即士会，又称范武子、随武子，晋国大夫。⑨秦穆公：嬴姓，赵氏，名任好，前659年至前621年在位，春秋五霸之一。百里奚：姜姓，百里氏，名奚，字子明，春秋时虞国大夫，后入秦为大夫。公孙支：嬴姓，名支字子桑，春秋时期秦国大夫，向秦穆公举荐了百里奚。⑩范蠡（lí）：春秋时期大夫，字少伯，帮助越王勾践奋发图强，灭掉吴国。

【译文】第三：

神农以悉诸为师，黄帝以大挠为师，帝颛顼以伯夷父为师，帝喾以伯招为师，帝尧以子州支父为师，帝舜以许由为师，禹以大成赞为师，汤以小臣伊尹为师，文王、武王以吕望、周公旦为师，齐桓公以管夷吾为师，晋文公以咎犯、随会为师，秦穆公以百里奚、公孙枝为师，楚庄王以孙叔敖、沈尹巫为师，吴王阖闾以伍子胥、文之仪为师，越王勾践以范蠡、文种为师。这十位圣人、六位贤者，没有不尊重老师的。现在的人地位没有帝王尊崇，才智没有圣人高，却不想尊重老师，这如何能达到他们的境界呢？这就是后世不再出现和五帝一样贤能的人，三代盛世断绝的原因。

且天生人也，而使其耳可以闻，不学，其闻不若聋；使其目可以见，不学，其见不若盲；使其口可以言，不学，其言不若爽①；使其心可以知，不学，其知不若狂。故凡学，非能益也，达天性也。能全天之所生而勿败之，是谓善学。

子张，鲁之鄙家②也；颜涿聚③，梁父④之大盗也；学于孔子。段干木，晋国之大驵⑤也，学于子夏。高何、县子石⑥，齐国之暴者也，指于乡曲，学于子墨子。索卢参⑦，东方之巨狡⑧也，学于禽滑黎。此六人者，刑戮死辱之人也，今非徒免于刑戮死辱也，由此为天下名士显人，以终其寿，王公大人从而礼之，此得之于学也。

【注释】 ①爽：伤败，败坏。这里指口病不能言。②鄙家：地位低微的人家。③颜涿（zhuō）聚：春秋时齐国大夫。④梁父：亦作"梁甫"，泰山下的一座小山，在今山东省新泰市西。⑤大驵（zǎng）：驵侩，买卖的中间人。⑥高何、县子石：墨子的门徒。⑦索卢参：禽滑黎的弟子。⑧巨狡：特别狡猾的人。

【译文】况且上天造就人类，使耳朵可以听闻，不学习，听闻就还不如一个聋人；让眼睛可以看见东西，不学习，所见就还不如一个盲人；让嘴巴能够说话，不学习，所说的还不如一个语言有障碍的人；使内心可以知晓外物，不学习，知识就还不如一个疯人。所以凡是学习，并不能给人增加什么，只是使人通达天性罢了。能够保全天性而不败坏，这就叫善于学习。

子张，本是鲁国的鄙俗小人，颜涿聚，本是梁父山上的大盗，他们都求学于孔子。段干木，本是晋国市场上的牙侩，求学于子夏。高何、县子石，本是齐国的暴戾凶狠的人，被乡里逐出，求学于墨子。索卢参，本是东方出名的狡猾奸诈之人，求学于禽滑黎。这六个人，本来是应受刑罚、屠戮、辱骂的人。如今不仅免于刑罚、屠戮、辱骂，还从此成为天下的名士，得以善终，王公大人们信从并且礼遇他们，这都是因为他们努力学习。

凡学，必务进业，心则无营①。疾讽诵②，谨司闻，观骥③愉，问书意，顺耳目，不逆志，退思虑，求所谓，时辨说，以论道，不苟辨，必中法，得之无矜，失之无惭，必反④其本。

【注释】①营：通"荧"，惑乱。②讽诵：背诵。③骥（huān）：通"欢"。④反：通"返"。
【译文】凡是学习，一定追求精进学业，心中就不会有困惑。要努力背诵诗书，恭敬地听从教诲，等老师欢愉的时候，向他请教书中的意旨，要顺从老师，不违背老师的意思。回去后认真思考,探求老师所教授的道理。也要时时分析,来论证道理。不随便曲解辩说,一定要符合法度。有所得不要沾沾自喜,有所失也不要惭愧,一定要返回到自己的本性中去。

生则谨养,谨养之道,养心为贵;死则敬祭,敬祭之术,时节为务;此所以尊师也。治唐①圃,疾灌寖②,务种树;织葩屦③,结罝④网,捆蒲苇;之田野,力耕耘,事五谷;如山林,入川泽,取鱼鳖,求鸟兽。此所以尊师也。视舆马,慎驾御;适衣服,务轻暖;临饮食,必蠲⑤絜;善调和,务甘肥;必恭敬,和颜色,审辞令;疾趋翔,必严肃。此所以尊师也。

【注释】①唐:同"场"。②寖:同"浸",灌溉。③葩屦(jù):麻鞋。④罝(jū):网。⑤蠲(juān):同"涓",清洁。

【译文】老师活着的时候要谨慎供养,谨慎供养的方法中,顺从老师的心意是最难得的。老师去世了就应当恭敬地拜祭,拜祭的方法以合乎时节为重。这是尊敬老师的方法。治理田圃,及时灌溉,种树;织麻鞋,织网,捆蒲草苇叶;到田野中,努力耕种,种植五谷;到山林水泽中去,捕猎鱼鳖、鸟兽。这也是尊师的途径。为老师查看车马,小心谨慎地驾车;要使老师的衣服合体,追求夏天轻薄凉快冬天暖和;准备饮食的时候,要注意清洁;好好调和五味,务求甘甜肥美;一定要恭恭敬敬,面色温和,审慎地说话;行走要快而有节奏,态度严肃庄重;这是尊师的方法。

君子之学也，说义必称师以论道，听从必尽力以光明。听从不尽力，命之曰背；说义不称师，命之曰叛。背叛之人，贤主弗内①之于朝，君子不与交友。故教也者，义之大者也；学也者，知之盛者也。义之大者，莫大于利人，利人莫大于教。知之盛者，莫大于成身，成身莫大于学。身成则为人子弗使而孝矣，为人臣弗令而忠矣，为人君弗强而平矣，有大势可以为天下正矣。故子贡问孔子曰："后世将何以称夫子？"孔子曰："吾何足以称哉？勿已者，则好学而不厌，好教而不倦，其惟此邪。"天子入太学②祭先圣，则齿③尝为师者弗臣，所以见敬学与尊师也。

【注释】①内：同"纳"，接纳。②太学：指明堂，古代帝王宣明政教之处。③齿：列。臣：此处用作动词，把……视为下臣。

【译文】君子学习，谈及道理的时候一定要援引老师的教导来论证道理，听从老师的教导也一定要尽力使其发扬光大。听从教诲却不尽力发扬，这叫作"背"；谈及道理却不援引老师的论述，这叫作"叛"。有背叛行为的人，贤明的君主不会接纳他们到朝中，君子不会和他们交朋友。所以老师们，是最富有道义的人；学生们，是知识最广博的人。有道义的人，莫过于使人得到利益，而使人得益莫过于教化他。知识广博，莫过于完善自身，完善自身莫过于学习。自身完善了，那么做子女不等父母驱使就已孝顺，做臣子不等君主命令就已尽忠，当君主不用强权国家就已经太平，态势最大的就可以当天下的君主。所以子贡问孔子说："后代将会如何称道您呢？"孔子说："我有什么值得称道的呢？一定要说的话,喜欢学习不会厌倦,喜欢教授知识不会倦怠,大概就是这些吧!"天子进入明堂祭祀先祖,和曾经做过自己老师的人一并站立,并不把他们当作下臣,由此可见尊敬学习和老师的行为。

诬 徒

【题解】本篇论述教学之道。文章认为,好的教学效果,就是"使弟子安焉、乐焉、休焉、游焉、肃焉、严焉",从而达到"邪辟之道塞矣,理义之术胜矣"。不过要达到好的教学效果,需要讲求教学方法。文章提出了"视徒如己,反己以教"的教学原则。同时,还用较大的篇幅来批评不善于教学工作的老师。

四曰:

达师之教也,使弟子安焉、乐焉、休焉、游焉、肃焉、严焉①。此六者得于学,则邪辟之道塞矣,理义之术胜矣。此六者不得于学,则君不能令于臣,父不能令于子,师不能令于徒。

人之情,不能乐其所不安,不能得于其所不乐。为之而乐矣,奚待贤者?虽不肖者犹若劝②之。为之而苦矣,奚待不肖者?虽贤者犹不能久。反诸人情,则得所以劝学矣。

子华子曰:"王者乐其所以王,亡者亦乐其所以亡,故烹兽不足以尽兽,嗜其脯则几矣。"然则王者有嗜乎理义也,亡者亦有嗜乎暴慢也。所嗜不同,故其祸福亦不同。

【注释】①游：悠闲自得。肃：庄重。②劝：努力从事。

【译文】第四：

学识通达的老师教化学生，会使学生安定、快乐、舒适、交游广、庄重、严肃。这六方面在学习中得到了，邪僻的道路就会堵塞，理义就会通行。这六方面没有从学习中得到，那君主就无法号令群臣，父亲不能指使子女，老师不能指使学生。

由于人的天性，人们不能在感到不安的地方获得快乐，不能在不喜欢的地方得到知识。做一件事就会开心，不必说贤者，那些不成材的人也会努力去做。做一件事感到苦恼，不必说不成材的人，即便是贤者也不能够长久地做下去。回到人之常情来看，就会得到劝勉人们学习的道理了。

子华子说："成就王业的人乐于做能成就王业的事情，亡国之君也乐于做使国家灭亡的事情。所以烹煮野兽不可能杀尽野兽，人们只吃自己喜欢的肉就可以了。"这样说来，成就王业之人有嗜好理义的，亡国之君有嗜好暴力傲慢的。爱好不同，所以他们的福祸也就不同。

不能教者：志气不和，取舍数变，固无恒心，若晏①阴喜怒无处；言谈日易，以恣自行；失之在己，不肯自非，愎②过自用，不可证移；见亲权势及有富厚者，不论其材，不察其行，驱而教之，阿而谄之，若恐弗及；弟子居处③修洁，身状出伦④，闻识疏达，就学敏疾⑤，本业几终者，则从而抑之，难而悬之，妒而恶之；弟子去则冀终，居则不安，归则愧于父母兄弟，出则惭于知友邑里；此学者之所悲也，此师徒相与异心也。人之情，恶异于己者，此师徒相与造怨尤也。人之情，不能亲其所怨，不能誉其所恶，学业之败也，道术之废也，从此生矣。

善教者则不然，视徒如己，反己以教，则得教之情矣。所加于人，必可行于己，若此则师徒同体。人之情，爱同于己者，誉同于己者，助同于己者，学业之章明也，道术之大行也，从此生矣。

【注释】①晏：天清无云。②愎（bì）：固执、任性。③居处：指日常生活。④身状：身材状貌。出伦：出众，超出同类。⑤就学：旧指学生到老师所在的地方去学习。

【译文】不善于教化人的老师：心志不和谐，取舍多次改变，根本没有恒心，像天气阴晴般喜怒不定；言谈每天都在改变，放纵自己的行为；自己有过错，却不肯反省，刚愎自用，不听从劝谏改过；看到有权力和富贵的人，便不看他们的才干，不观察他们的德行，赶着去当他们的老师，阿谀奉承他们，唯恐巴结不上；学生中有洁身自好的，身貌壮伟超过同龄人，学识听闻广博，勤奋学习，学业将要完成的学生，老师就压制他们，为难他们，学生有疑问也不解答，嫉妒并且厌恶学生。学生要离开却想完成学业，留下又不安心，回家则愧对父母兄弟，在外看到朋友乡亲也会感到羞惭，这是学生所悲哀的地方，这是因为老师和学生心志相异。从人之常情来讲，人都厌恶和自己不同的人，这是师徒之间产生怨恨的原因。人之常情中，人们不能亲近他们所怨恨的，不能赞扬他们所厌恶的。学业的失败，理义的废弃，就由此产生。

善于教化的老师就不这样，他们视学生如自己，设身处地地教育他们，这样就得到教育的真谛了。他要求学生的，自己也一定能做到，像这样的话，师徒就成为一体。人之常情是，会喜欢、赞扬、帮助和自己一样的人。学业的完善，理义的通行，就由此产生。

不能学者，从师苦而欲学之功也，从师浅而欲学之深也。草木、鸡狗、牛马，不可谯诟①遇②之，谯诟遇之，则亦谯诟报人，又况乎达师与道术之言乎？故不能学者：遇师则不中，用心则不专，好之则不深，就业则不疾，辩论则不审，教人则不精；愠③于师，怀④于俗，羁神于世，矜势好尤⑤，故湛⑥于巧智，昏于小利，惑于嗜欲；问事则前后相悖，以章则有异心，以简则有相反；离则不能合，合则弗能离，事至则不能受。此不能学者之患也。

【注释】①谯（qiào）诟：责骂诟辱。②遇：对待。③愠（yùn）：怒，怨恨。④怀：安。⑤矜：自夸，自恃。⑥湛：通"沉"。

【译文】不善于学习的人，认为跟从老师学习很苦累，却又想学到老师的本领，跟从老师学习浅尝辄止，却又想得到艰深的知识。草木和鸡狗、牛马，人不可以辱骂它们。辱骂它们，它们也将以同样的态度对待人，更何况事理通达的老师和与他有关道术的言论呢？所以不善于学习的人，心志不与老师契合，用心不专一，喜好而不深入钻研，学习不努力，辩论学说不审慎，效仿别人不精心；埋怨老师，安于平庸，精神被世俗所束缚，夸耀权势，喜欢耍小聪明，贪迷小利，昏惑于欲望；询问事情前后不一，言辞想要详明却不能表达清楚，言辞想要简约却又繁复；分散的事情不能综合起来，复杂的事情不能分析，有事情无法面对。这就是不善于学习的坏处啊！

用　众

【题解】本篇重点讨论为学。文章用齐王食鸡作比喻，阐述博采众长的重要性。接着作者将善学和君道联系起来论证了这一道理，指出"以众者，此君人之大宝也"，强调了民众的作用。

五曰：

善学者，若齐王之食鸡也，必食其跖①数千而后足，虽不足，犹若有跖。物固莫不有长，莫不有短。人亦然。故善学者，假人之长以补其短。故假②人者遂有天下。无丑不能，无恶不知。丑不能，恶不知，病矣。不丑不能，不恶不知，尚矣。虽桀、纣③犹有可畏可取者，而况于贤者乎？

【注释】①跖（zhí）：指鸡爪。②假：凭借。③桀、纣：桀，名履癸，夏朝末代君主。纣，商朝末代君主。二人都文武双全，但却荒淫无道。

【译文】第五：

善于学习的人，像齐王吃鸡一样，一定要吃很多的鸡爪才能满足，即便不够，仍然有鸡爪可供取食。万物本来各有长短，人也是这样。善于学习的人，会借助别人的长处来弥补自己的短处。所以善于借助别人长处的人就占有天下。不要以无能为耻，不厌恶无知。耻于无能和无知，这样就错了。不把不能认为是羞耻，不把不知道认为是耻辱，这是最高明的。即便是桀、纣还尚有值得学习的地方，更何况是贤者呢？

故学士曰："辩议不可不为。"辩议而苟可为，是教也。教，大议也。辩议而不可为，是被褐①而出，衣锦而入②。

【注释】①被褐：穿着粗布短袄，谓处境贫困。②衣锦：穿锦绣衣裳，谓显贵。

【译文】所以有学问的人说："求学的人不可以做辩别议论。"如果辩别议论可以使用的话，这就是教化了。教化，才是需要大议的。求学者不使用辩议，就可以从无知变为贤明，这就像穿着破衣服出门，穿着锦衣回来一样。

戎人①生乎戎、长乎戎而戎言，不知其所受之；楚人生乎楚、长乎楚而楚言，不知其所受之。今使楚人长乎戎，戎人长乎楚，则楚人戎言，戎人楚言矣。由是观之，吾未知亡国之主不可以为贤主也，其所生长者不可耳。故所生长不可不察也。

【注释】①戎人：古代西部各少数民族的泛称。

【译文】戎人出生、长大在戎地，说着戎人的语言，自己却不知道是从哪里学来的。楚人出生、长大在楚地，说着楚人的语言，自己也不知道是从哪里学来的。现在假使楚人在戎地长大，戎人在楚地长大，那么楚人就会说戎人的语言，戎人就会说楚人的语言。这样来看，我不相信亡国之君不可能成为贤明的君主，只是他生存的环境使他不能罢了。所以对于人生长的环境不可以不注重考查啊！

天下无粹白之狐，而有粹白之裘，取之众白也。夫取于众，此三皇五帝之所以大立功名也。凡君之所以立，出乎众也。立己定而舍其众，是得其末而失其本。得其末而失其本，不闻安居。故以众勇无畏乎孟贲①矣，以众力无畏乎乌获②矣，以众视无畏乎离娄③矣，以众知无畏乎尧、舜矣。夫以众者，此君人之大宝也。

田骈谓齐王曰："孟贲庶乎④患术，而边境弗患。"楚、魏之王辞言不说，而境内已修备矣，兵士已修用矣；得之众也。

【注释】①孟贲：战国时卫国的勇士，据说可以生拔牛角。②乌获：战国时秦国的大力士。③离娄：即离朱，传说是黄帝时期视力最好的人。④庶乎：几乎。

【译文】天下没有纯白色的狐狸，却有纯白色的狐裘，这是集取众多狐狸的白毛做成的。善于吸取众人的优点，这就是三皇五帝立功垂名的原因。凡是君主的确立，是因为众人的推举。在确立之后反而舍弃众人，这是得到细枝末节而失去根本。得到细枝末节而失去根本，我没听说过如此还能安定的。所以凭借众人的勇猛，就不惧怕孟贲，凭借众人的力量，就不惧怕乌获，凭借众人的视力，就不惧怕离娄，凭借众人的智慧，就不惧怕尧、舜。凭借众人的力量，这是做君主很重要的法宝。

田骈对齐王说："即使是孟贲也对众人的力量感到没有办法，齐国的边境就不用担心。"楚王魏王不善言辞，但境内的备战设施已经修缮完备，士兵也训练完毕可以打仗，这都是凭借众人力量的缘故。

仲夏纪第五

扫码听谦德
君为您导读

仲 夏

【题解】仲夏，指的是农历五月。本篇详细介绍了在这个月天子应该如何推行国事。

一曰：

仲夏之月，日在东井，昏亢中，旦危中。其日丙丁。其帝炎帝，其神祝融，其虫羽，其音徵，律中蕤宾①。其数七，其味苦，其臭焦，其祀灶，祭先肺。小暑至，螳螂生，鵙②始鸣，反舌③无声。天子居明堂太庙，乘朱辂，驾赤骝，载赤旂，衣朱衣，服赤玉，食菽与鸡，其器高以觕，养壮狡④。

【注释】①蕤（ruí）宾：古乐十二律中之第七律。律分阴阳，奇数六为阳律，名曰六律；偶数六为阴律，名曰六吕。合称律吕。蕤宾属阳律。②鵙（jú）：伯劳鸟。③反舌：百舌鸟，立春始鸣，夏至而止。④壮狡：力大强健的人。狡：健。

【译文】第一：

仲夏五月，太阳在东井的位置，临近黄昏时，亢宿出现在南方中天，拂晓时，危宿出现在南方中天。天干中，仲夏属于丙丁，对应的天帝是炎帝，天神是祝融，动物以鸟类为主，相应的音是徵音，音律对应蕤宾。对应的数字是七，味道以苦味为主，气味是焦气，要祭祀灶神，祭品中以肺脏为先。小暑到来，螳螂开始繁衍，伯劳鸟开始号叫，百舌鸟停止鸣声。天子在明堂的中间正室中处理政务，坐朱色的大车，驾着赤红色的马，车上插着红色的龙旗，穿赤色的衣服，佩戴赤色的玉，主要吃豆子和鸡肉，所用的器具要高大，供养勇猛矫健的人。

是月也，命乐师修鼗鞞鼓①，均琴瑟管箫，执干戚②戈羽，调竽笙埙篪③，饬钟磬柷敔④。命有司为民祈祀山川百原，大雩⑤帝，用盛乐。乃命百县雩祭祀百辟⑥卿士有益于民者，以祈谷实。农乃登黍。

【注释】①鼗（táo）：即俗称的拨浪鼓。鞞（pí）：古同"鼙"，鼓名。②干戚：盾和板斧。③埙（xūn）：古代用陶土烧制的一种吹奏乐器，圆形或椭圆形，有六孔。篪（chí）：竹制，像笛子一样的乐器，有八孔。④柷（zhù）：打击乐器，木制。状如方匣，奏乐开始时敲打。敔（yǔ）：打击乐器，奏乐将终时，击之使演奏停止。⑤雩（yú）：古代为求雨而举行的一种祭祀。⑥百辟：百官。

【译文】这个月，命令乐师修整好鼓具，调节好琴、瑟、管、箫的音阶，放好盾、斧、戈、旗等舞具，调整好竽、笙、埙、篪等乐器的音色，整顿好钟、磬、柷、敔这些打击乐器。命令有司为百

姓向山川、众水之源祈祷。隆重地祭祀天帝来求雨，用盛大的礼
乐。之后命令境内各县同时举行雩祭，祭祀前世有功于百姓的百
官公卿，向他们祈求五谷丰收。农民在这个月进献黍子。

是月也，天子以雏尝黍，羞①以含桃，先荐寝庙。令民无刈②
蓝以染，无烧炭，无暴布。门闾无闭，关市无索。挺重囚，益其
食。游牝③别其群，则絷腾驹④，班马正⑤。

【注释】①羞：通"馐"。②刈（yì）：割（草或谷类）。③游牝
（pìn）：游，放牧。牝，母兽。④絷（zhí）：拴，捆。腾驹：公马。⑤班：颁
布。正：通"政"，政令。

【译文】这个月，天子就着雏鸡肉来品尝黍食，享用樱桃，在
这之前先进献给祖庙。命令人民不要割蓝草来染色，不要烧炭，
不要晒布。城巷的大门不要关闭，关塞集市不要征税。宽缓重
囚的刑罚，增加他们的食物。放牧时，要把怀孕的母马与群马分
开，拴住公马，颁布关于养马的政令。

是月也，日长至①。阴阳争，死生分。君子斋戒，处必掩，身
欲静，止声色，无或进，薄滋味，无致和，退嗜欲，定心气，百
官②静，事无径，以定晏阴之所成。鹿角解，蝉始鸣，半夏③生，木
堇④荣。

【注释】①日长至：指夏至。②百官：指人体上的各种器官。③半
夏：又名地文、守田等，药用植物。广泛分布于中国长江流域以及东北、

华北等地区。④木董：锦葵科。落叶灌木，植株高矮不一，叶卵圆形，分出三裂片。

【译文】这个月，夏至到来。阴阳之气相争，使万物有生有死。君子斋戒，所处一定要深邃，身体要安静不要躁动，禁止接触美色，停止妃嫔进御，削减食物的味道，不要把各种味道混合在一起，使欲望消退，安定心神志气，各个器官要稳定下来，做事要谨慎不盲动，以此等待阴阳成败的确定。这个月鹿角脱落，蝉开始鸣叫，半夏生长，木槿开花。

是月也，无用火南方。可以居高明，可以远眺望，可以登山陵，可以处台榭。

【译文】这个月，不要在南方用火。可以住在高处明亮的地方，可以远眺，可以登上高山陵丘，可以站在高台和台上的屋子。

仲夏行冬令，则雹霰①伤谷，道路不通，暴兵来至。行春令，则五谷晚熟，百螣②时起，其国乃饥。行秋令，则草木零落，果实早成，民殃于疫。

【注释】①霰（xiàn）：在高空中的水蒸气遇到冷空气凝结成的小冰粒。②百螣（téng）：各种害虫。

【译文】如果在仲夏施行冬天的政令，那么就会降下冰雹毁坏庄稼，道路被毁而不通，贼兵就会进犯。如果在仲夏施行春天的政令，五谷就会晚熟，虫灾时时发生，那个国家就会出现饥荒。如果在仲夏施行秋天的政令，草木就会凋零，果实会过早成熟，人民会因瘟疫而遭殃。

大 乐

【题解】本篇论述了音乐的产生历史。作者认为先王的音乐是根据"声出于和，和出于适"的原则制定出的"大乐"，因而能让人"欢欣而说"。同时，文中穿插着天道观的论述，认为"太一出两仪，两仪出阴阳"，"太一"是万物的本原。而且认为宇宙运动变化的规律是"天地车轮，终则复始，极则复反"。这把宇宙运动变化规律概括为了简单的循环论。

二曰：

音乐之所由来者远矣，生于度量，本于太一。太一出两仪，两仪①出阴阳。阴阳变化，一上一下，合而成章。浑浑沌沌，离则复合，合则复离，是谓天常。天地车轮，终则复始，极则复反，莫不咸当。日月星辰，或疾或徐，日月不同，以尽其行。四时代兴，或暑或寒，或短或长，或柔或刚。万物所出，造于太一，化于阴阳。萌芽始震，凝漤②以形。形体有处，莫不有声。声出于和，和出于适。和适先王定乐，由此而生。

【注释】①两仪：天地。②漤：古同"寒"。
【译文】第二：

音乐由来的渊源是很久远的，它产生于音律度数的增减，本源是自然之道。自然之道衍生出天地，天地衍生出阴阳。阴阳二气的变化，一个在上一个在下，合在一起产生万物的形体。混混沌沌，分离了就再复合在一起，合到一起了又再分开，这就叫自然的规律。天地如车轮前进一样，结束了又开始，达到极点又返回起点，没有不得当的地方。日月星辰，运行速度有快有慢，日月性质不同，但都运行在自己的轨道上。四个季节迭代，有的季节燥热有的寒冷，有的持续时间短有的时间长，有的令人舒适有的令人感到肃杀。万物的出现，产生于自然之道，在阴阳二气之中化育。阳气变则萌芽生动，阴气变化则凝聚为形体。形体所在的地方，没有一处不有声音的。声音源于和谐，和谐源于舒适。先王制定音乐都有和谐舒适的原则，就源于此。

天下太平，万物安宁，皆化其上，乐乃可成。成乐有具，必节嗜欲。嗜欲不辟，乐乃可务。务乐有术，必由平出。平出于公，公出于道。故惟得道之人，其可与言乐乎！亡国戮民，非无乐也，其乐不乐。溺者非不笑也，罪人非不歌也，狂者非不武①也，乱世之乐，有似于此。君臣失位，父子失处，夫妇失宜，民人呻吟，其以为乐也，若之何哉？

【注释】①武：通"舞"。
【译文】天下太平，万物安宁，一切归于正道，在之后音乐才能够制定完成。制定音乐是有必要条件的，一定要节制欲望。节制欲望不邪僻，才可以从事音乐。从事音乐是有方法的，一定要出于平和。平和出于公平，公平出于自然之道。所以只有得道之人，才能和他们交谈音乐啊！灭亡的国家和被屠戮的人民，并不是没有音乐，只是他们的音乐并不表达快乐。溺水的人也不是没有受到刺激反而大笑的，被判罪的人也不是没有唱歌的，癫狂的人也不是没有手舞足蹈的，乱世的音乐，和这些很相像。君臣的地位失去秩序，父子关系变得不正常，夫妇不和谐，人民痛苦的呻吟，在这种环境中制定音乐，会怎么样呢？

凡乐，天地之和、阴阳之调也。始生人者，天也，人无事焉。天使人有欲，人弗得不求。天使人有恶，人弗得不辟。欲与恶所受于天也，人不得与①焉，不可变，不可易。世之学者，有非乐者矣，安由出哉？

【注释】与（yù）：参与。

【译文】凡是音乐，都源于天地的和谐，阴阳的调和。使人出现的是上天，人自己并没有参与。上天使人有了欲望，人不得不追求。上天使人有所厌恶，人不得不避开。欲望和厌恶的都是上天授予的，人不能够参与其中，这是不能变更，不能改易的。如今的学者有非议音乐的，他们的理由出于哪里呢？

大乐①，君臣、父子、长少之所欢欣而说也。欢欣生于平，平生于道。道也者，视之不见，听之不闻，不可为状。有知不见之见、不闻之闻、无状之状者，则几于知之矣。道也者，至精也，不可为形，不可为名，强为之，谓之太一。

　　故一也者制令，两也者从听。先圣择两法一，是以知万物之情。故能以一听政者，乐君臣，和远近，说黔首②，合宗亲。能以一治其身者，免于灾，终其寿，全其天。能以一治其国者，奸邪去，贤者至，成大化③。能以一治天下者，寒暑适，风雨时，为圣人。故知一则明，明两则狂。

【注释】①大乐：古代指典雅庄重的音乐。②黔首：秦时百姓戴黑头巾，遂以为百姓代称。③大化：广远深入的教化。

【译文】盛大的音乐，是君臣、父子、长幼都喜欢并感到快乐的。欢乐源于平和，平和源于大道。大道，看也看不见，听也听不到，没办法描述它的形状。有人能在不见中有所见、在不闻中有所闻、在无形中见到形，那就几乎接近于了解大道了。大道，是最精妙的东西。不能够描述它，不能够命名它，只能勉强叫它"太一"。所以"一"是制定规则的，"两"是听从于"一"的。先圣选择"两"而效法"一"，以此来知晓万物生成的真谛。所以能够以"一"处理政事的人，能够使君臣相乐，使远近相和谐，让百姓欢悦，能团结宗亲。能够以"一"修治自己的人，能够免于灾祸，得到善终，保全他的天性。能够以"一"治理国家的，奸邪的人就会离开，贤能的人就会到来，成就大的功业。能够以"一"治理天下的，季节的温度就会使人舒适，风雨会及时到来，成为圣人。所以知晓"一"就会明朗，彰显"两"则会颠倒上下，出现动乱。

侈 乐

【题解】本篇旨在批判"侈乐"。"侈乐"通常是违背合适原则的，就像"以巨为美，以众为观"，"务以相过，不用度量"等等类型的音乐。文章认为"凡古圣王之所为贵乐者，为其乐也"，音乐在于让人快乐。而"侈乐"是乱世的产物，演奏它会导致"其民必怨，其生必伤"，从而"失乐之情"。

三曰：

人莫不以其生生，而不知其所以生。人莫不以其知知，而不知其所以知。知其所以知之谓知道，不知其所以知之谓弃宝。弃宝者必离其咎①。世之人主，多以珠玉戈剑为宝，愈多而民愈怨，国人愈危，身愈危累，则失宝之情矣。乱世之乐与此同。为木②革之声则若雷，为金石之声则若霆，为丝竹歌舞之声则若噪。以此骇心气、动耳目、摇荡生则可矣，以此为乐则不乐。故乐愈侈，而民愈郁，国愈乱，主愈卑，则亦失乐之情矣。

【注释】①离：通"罹"，遭遇。咎：即殃，祸害。②木：八音之一。
【译文】第二：

人无不依赖他的生命来生存繁衍，但并不知道赖以生存的是什么。人无不依靠自己的感知来知晓外物，但并不知道所依赖的是什么。知道感知外物所依赖的是什么，这叫知晓大道，不知道所依赖的是什么就是遗弃了宝物。遗弃宝物的人一定遭受灾

祸。现在国家的君主，大多把珠、玉、戈、剑视为宝物，这些越多
民众就越怨恨，国家就越危险，君主就越忧患，这就失去了宝物
的本义了。乱世的音乐和这道理一样，演奏木革、金石制的乐器声
音就如同雷霆一般，演奏丝竹，歌舞的声音如同叫嚷。用这些来
使人恐惧、振动耳目、摇荡心志是可以的，但要以此为乐是不会
快乐的。所以音乐越是奢侈，民众就越抑郁，国家越混乱，君主
的地位越低，这也失去了音乐的意义了。

　　凡古圣王之所为贵乐者，为其乐也。夏桀、殷纣作为侈乐，
大鼓钟磬管箫之音，以巨为美，以众为观，俶诡①殊瑰，耳所未
尝闻，目所未尝见，务以相过，不用度量。宋之衰也，作为千钟。
齐之衰也，作为大吕②。楚之衰也，作为巫音③。侈则侈矣，自有道
者观之，则失乐之情。失乐之情，其乐不乐。乐不乐者，其民必
怨，其生必伤。其生之与乐也，若冰之于炎日，反以自兵④。此生
乎不知乐之情，而以侈为务故也。

　　【注释】①俶(chù)诡：奇异。②大吕：古钟名。③巫音：巫觋歌
舞时用的音乐。④兵：戕害。
　　【译文】所以古代的圣王尊崇音乐的原因，是因为它能使人
快乐。夏朝的桀、殷朝的纣制作奢侈的音乐，随意加大鼓、钟、
磬、管、箫等乐器的声音，以声音巨大为美，以乐器繁多为壮观，音
乐奇异瑰丽，是常人没听过、没见过的。他们的音乐刻意追求超
过别人，不按照规矩来。宋国的衰亡，是因为制作千钟乐舞。齐

国的衰亡，是因为制作巨大的吕。楚国的灭亡，是因为制作巫音。奢侈是很奢侈的了，但在有道的人看来，则失去了音乐的意义。失去音乐的意义，这种音乐就不会使人快乐。音乐不使人快乐，民众必定哀怨，生命必定受到伤害。他们的生命与这种音乐，就像寒冰和烈日，反而受到伤害。这是由于不知道音乐的意义，只追求奢侈的缘故。

乐之有情，譬之若肌肤形体之有情性也，有情性则必有性①养矣。寒温劳逸饥饱，此六者非适也。凡养也者，瞻非适而以之适者也。能以久处其适，则生长矣。生也者，其身固静，感而后知，或使之也。遂而不返，制乎嗜欲，制乎嗜欲无穷则必失其天矣。且夫嗜欲无穷，则必有贪鄙悖乱之心，淫佚奸诈之事矣。故强者劫弱，众者暴寡，勇者凌怯，壮者傲幼，从此生矣。

【注释】①性：通"生"。

【译文】音乐是具有性情的，如同肌肤和形体有性情一样，有性情就一定有养护性情的方法。寒冷、酷热、劳累、懒惰、饥饿、饱食，这六者都不是适中的。所谓的养护，要明察那些不适宜的，接近适宜的。能够长久地使身心舒适，那么生命就会延长。生命，本来是安静的，或者是感受外物然后知晓，或者外物影响它。如果放纵自己不知道克制，就会被欲望牵制，被欲望牵制就不会有停止，必定会损害天性。而且欲望无穷，就一定有贪婪卑鄙、背叛祸乱、淫荡奸诈的心思。所以强大的劫掠弱小的，人多的

欺负人少的，勇猛的凌辱胆怯的，年长的傲慢于年幼的，这些事由
此就产生了。

适 音

【题解】本篇论述音乐的重要性，即"凡音乐，通乎政而
移风平俗者也，俗定而音乐化之矣"。同时认为"心必和平然后
乐"，而且它还得具备两个条件，即"心适"和"音适"。"心适之
务在于胜理"，而"音适"则要做到"衷"，即大小清浊要适中。

四曰：

耳之情欲声，心不乐，五音①在前弗听。目之情欲色，心弗
乐，五色在前弗视。鼻之情欲芬香，心弗乐，芬香在前弗嗅。口
之情欲滋味，心弗乐，五味②在前弗食。欲之者，耳目鼻口也；乐
之弗乐者，心也。心必和平然后乐，心必乐，然后耳目鼻口有以
欲之。故乐之务在于和心，和心在于行适。

【注释】①五音：亦称"五声"。指宫、商、角、徵、羽五个音级。
②五味：指酸、甜、苦、辣、咸五种味道。

【译文】第四：

耳朵的存在是为了听见声音，心情不欢乐，即便五音就在面
前演奏也听不进去。眼睛的存在是为了看见颜色，心情不欢乐，
五色就在面前也看不进去。鼻子的存在是为了闻香气，心情不欢
乐，芬芳的香气就在面前也闻不进去。嘴巴的存在是为了品尝滋

味，心情不欢乐，五味摆放在面前也吃不进去。想要享受的，是耳目鼻口。本该感到快乐却不快乐，是心的缘故。心一定要平和然后才能欢乐，心情愉悦之后，耳目鼻口才能有所享受。所以快乐的要务在于使心平和，使心平和的关键在于让行为适当。

夫乐有适，心亦有适。人之情，欲寿而恶夭①，欲安而恶危，欲荣而恶辱，欲逸而恶劳。四欲得，四恶除，则心适矣。四欲之得也，在于胜理②。胜理以治身则生全以，生全则寿长矣。胜理以治国则法立，法立则天下服矣。故适心之务在于胜理。

【注释】①夭：早折。②胜（shēng）理：依循事理。

【译文】快乐要适度，心情也要适度。人之常情是想要长寿憎恶短寿，想要安定厌恶危险，想要荣耀厌恶耻辱，喜欢安逸厌恶操劳。这四个想要的得到了，四个厌恶的除去了，那么心就会舒适。四种欲望的得到，在于遵循事理。遵循事理来修养身心那么生命就会保全，生命保全寿命就会长久了。遵循事理来治理国家那么法度就会建立，法度建立那天下就会心悦诚服了。所以让心舒适的要务在于遵循事理。

夫音亦有适。太巨则志荡，以荡听巨则耳不容，不容则横塞，横塞则振。太小则志嫌①，以嫌听小则耳不充，不充则不詹②，不詹则窕③。太清则志危④，以危听清则耳谿极⑤，谿极则不鉴，不鉴则竭。太浊则志下，以下听浊则耳不收，不收则不抟⑥，不抟则怒。故太巨、太小、太清、太浊皆非适也。

【注释】①嫌：通"慊（qiè）"，不满足。②詹：满足。③宛：不充满。④危：高。⑤豁极：犹空虚疲惫。⑥抟：通"专"，专一。

【译文】声音也要适中。太响就会使心志动荡，心志动荡听着响声耳朵就会听不进这种声音，听不进声音就会充满耳中，充满后心志就会更加摇荡。声音太小心志就会虚弱，以虚弱的心志听小声，耳朵就不会充实，不充实就感到不满足，不满足就会空虚。声音太清越心志就会畏惧，以畏惧的心志听清越的声响耳朵就空虚到极致，极致的空虚就使人不能明察，不能明察心志就会衰竭。声音太低沉就会使心志萎靡，以萎靡的心志听低沉的音乐耳朵就不会接收，不接收就会使人心神不专一，不专一就会愤怒。所以声音太大、太小、太凄清、太低沉都不是合适的。

何谓适？衷①，音之适也。何谓衷？大不出钧②，重不过石③，小大轻重之衷也。黄钟④之宫，音之本也，清浊之衷也。衷也者，适也，以适听适则和矣。乐无太，平和者是也。故治世之音安以乐，其政平也；乱世之音怨以怒，其政乖也；亡国之音悲以哀，其政险也。凡音乐，通乎政而移风平俗者也。俗定而音乐化之矣。故有道之世，观其音而知其俗矣，观其俗而知其政矣，观其政而知其主矣。故先王必托于音乐以论其教。清庙之瑟，朱弦而疏越，一唱而三叹，有进乎音者矣。大飨⑤之礼，上玄尊⑥而俎⑦生鱼，大羹不和，有进乎味者也。故先王之制礼乐也，非特以欢耳目、极口腹之欲也，将教民平好恶、行理义也。

【注释】①衷：通"中"，正中不偏。②钧：度量钟音律度大小的器具。③石：重量单位，合一百二十斤。④黄钟：标准音。⑤飨（xiǎng）：供奉鬼神。⑥尊：古代的酒器。⑦俎：祭祀时盛祭品的礼器。

【译文】那什么才叫作适中的声音？中和之音就适中了。什么是中和？就是音律不超过钧所发出的声音，钟的重量不超过一石，这就是音的高低轻重的中和。黄钟确定的宫音，是音律的基本，也是音质适中的清浊之音。中和就是适宜，在适宜的状态听合适的音乐心情就会和悦。音乐不能听得太过激，平和的音乐最好。所以太平盛世的音乐安定祥和，国家的政治也会安稳。乱世的音乐哀怨愤怒，国家的政治就不协调。将要亡国的音乐悲伤哀凉，国家就危险了。所以音乐是与政治相通，能够改变风俗的。风俗形成而音乐能够育化它。所以有道的国家，听它的音乐就知道它的风俗，考察它的风俗就知道它的政治，察看它的政策就能了解它的君主。所以先王一定假托音乐来施行他的教化。《清庙》的瑟，朱色的弦弹出舒朗清越的音乐，一人歌唱三人和声，这超出了音乐的本身效果。祭祀的时候，摆上酒杯，盛来新鲜的鱼肉，不用调和肉汁，这已经超出了五味。所以先王制定礼乐，不仅仅是为了使耳目欢愉、满足口腹之欲，而是为了教化百姓分辨好坏、施行理义。

古 乐

【题解】本篇论述了音乐的发展历史。作者记述从朱襄氏到周公因时制乐的发展历程，说明音乐不是一时兴起，而是有一定的根据而作的，最后得出"乐之所由来者尚矣，非独为一世之所造也"的结论。

五曰：

乐所由来者尚①也，必不可废。有节，有侈，有正，有淫矣。贤者以昌，不肖者以亡。

【注释】①尚：久远。

【译文】第五：

音乐的来源是很久远的，一定不能废弃。音乐有节制的，有奢侈的，有符合天道的，有淫逸的。贤能的人利用音乐使国家昌盛，不贤的人因为享受邪僻的音乐而灭亡。

昔古朱襄氏①之治天下也，多风而阳气畜积，万物散解，果实不成，故士达②作为五弦瑟，以来阴气，以定群生。

昔葛天氏之乐，三人操牛尾，投足以歌八阕③：一曰载民，二曰玄鸟，三曰遂草木，四曰奋五谷，五曰敬天常，六曰达帝功，七曰依地德，八曰总万物之极④。昔阴康氏之始，阴多，滞伏而湛积，水道壅塞，不行其序，民气郁阏而滞著，筋骨瑟缩不达，故作为舞以宣导之。

【注释】①朱襄氏：传说中远古部落名，其首领为炎帝。②士达：朱襄氏之臣。③八阕：指舞乐的八章。④极：终极。

【译文】远古的朱襄氏治理天下的时候，天气多风，阳气聚集了很多，万物离散分解，草木不能够结果实，士达制作了五弦的瑟，以此招来阴气，稳定生灵。

以前葛天氏的音乐，三个人拿着牛尾，踏足来歌唱八个乐章，第一章叫"载民"，第二章叫"玄鸟"，第三章叫"遂草木"，第四章叫"奋五谷"，第五章叫"敬天常"，第六章叫"达帝功"，第七章叫"依地德"，第八章叫"总万物之极"。古代阴康氏开始治理天下的时候，阴气过盛，气势滞涨沉积，水道堵塞，不按它原来的方向流行，百姓精神抑郁沉闷，蜷缩筋骨不能够舒展，所以创作舞蹈来疏导。

昔黄帝令伶伦作为律①。伶伦自大夏之西，乃之②阮隃之阴③，取竹于嶰谿之谷，以生空窍厚钧④者，断两节间——其长三寸九分——而吹之，以为黄钟之宫，吹曰舍少⑤。次⑥制十二筒，以之阮隃之下，听凤皇之鸣，以别十二律⑦。其雄鸣为六，雌鸣亦六⑧，以比黄钟之宫，适合，黄钟之宫皆可以生之。故曰：黄钟之宫，律吕之本。黄帝又命伶伦与荣将铸十二钟，以和五音，以施英韶。以仲春之月，乙卯之日，日在奎，始奏之，命之曰咸池。

【注释】①伶伦：传说为黄帝的乐官。伶：乐官。伦：人名。律：古代定音用的竹制律管，相传为伶伦所创。②之：到。③阮隃之阴：昆仑山的北面。阮隃："昆仑"的讹写。"阮""昆"二字读音相近，"隃"是"仑"的误写。山南水北谓之阳，阴则反之。后文"嶰谿"是山谷名，在昆仑山山谷内。④钧：通"均"。⑤舍少：这里是模拟黄钟管的声音。⑥次：依次。⑦十二律：中国古代乐制中，以一个八度分为十二个不完全相等的半音，每个半音称为一"律"。⑧雄鸣为六，雌鸣亦六：指六阳律与六阴律（黄钟、太簇、姑洗、蕤宾、夷则、无射；大吕、夹钟、仲吕、林钟、南吕、应钟）。

【译文】从前黄帝命令伶伦创作音律。伶伦于是从大夏山的西方，来到昆仑山的北面，从嶰谿中伐取竹子，用中空而竹壁厚度均匀的，选择两节之间的一段——它长三寸九分——来吹它，把这个声音定为黄钟律的宫音，吹出来的声音称为"舍少"。依次制造十二支竹筒，拿到昆仑山下，听凤凰鸣叫，以此区别十二乐律。雄凤鸣叫分为六声，雌凰鸣叫分为六音，用对照这些声音定出的乐律来与黄钟律的宫音相比对照，很合适；黄钟律的各个宫音都可以产生这样的声音。所以说：黄钟律的宫音，是音律的根本。黄帝又命令伶伦和荣将铸造十二口编钟，用来调和五音，用来演奏美妙的音乐。在仲春乙卯那天，太阳运行在奎宿时，开始演奏，把乐曲称为"咸池"。

帝颛顼生自若水，实处空桑①，乃登为帝。惟天之合，正风乃行，其音若熙熙凄凄锵锵。颛顼好其音，乃令飞龙作，效八风之音，命之曰承云②，以祭上帝。乃令鱓先为乐倡③。鱓乃偃寝，以其尾鼓其腹,其音英英^④。

【注释】①若水:水名。空桑:地名。②承云:古乐名。③鼍（tuó）:即鳄,皮可制鼓。倡:始,古代奏乐始于击鼓。④英英:形容乐声和盛。

【译文】古帝王颛顼出生于若水,最初住在空桑,后来才登上帝位。这契合天道,世间纯正之风才开始流行,发出熙熙、凄凄、锵锵的声音。帝王颛顼喜好这样的声音,于是就命令飞龙作曲,模仿八风的声音,命名为"承云",以此来祭祀上古帝王。又命令鼍为乐曲领奏。鼍于是仰面躺下,用尾巴敲击腹部,发出类似于"英英"的声音。

帝喾命咸黑作为声,歌九招、六列、六英。有倕作为鼙鼓钟磬吹苓管埙篪鼗椎钟。帝喾乃令人抃^①,或鼓鼙、击钟磬、吹苓、展管篪。因令凤鸟、天翟^②舞之。帝喾大喜,乃以康^③帝德。

【注释】①抃（biàn）:两手相击。②天翟（dí）:神话中的天鸟。翟:长尾巴的野鸡。③康:褒扬,赞美。

【译文】古帝王喾命令咸黑创作乐曲,于是有了"九招""六列""六英"。倕又制造了鼙、鼓、钟、磬、吹苓、管、埙、篪、鼗、椎钟。帝喾于是让人演奏它们,有的打鼓打鼙,有的敲击钟磬、有的吹苓、有的演奏管篪。还令凤凰、天鸟伴舞。帝喾非常高兴,于是用这支乐舞来褒扬天帝的圣德。

帝尧立，乃命质为乐。质乃效山林溪谷之音以歌，乃以麇鞈置缶①而鼓之，乃拊②石击石，以象③上帝玉磬之音，以致舞④百兽。瞽叟⑤乃拌五弦之瑟，作以为十五弦之瑟。命之曰大章，以祭上帝。

【注释】①麇鞈（luò）：麇鹿的皮革。缶（fǒu）：盛酒浆的瓦器。②拊：击，拍。③致：招引，引来。④瞽（gǔ）叟：舜的父亲。瞽：瞎子。拌：古同"判"，分开。

【译文】尧帝即位，就命令大臣质创作音乐。质就模仿山林溪谷中的声音来作歌，用麇鹿的皮革盖在缶上来敲击，敲击石头，模仿天帝的玉石的声音，用来吸引百兽舞蹈。瞽叟把五弦瑟的音阶都继续划分，制造了十五弦瑟。用此演奏的乐曲命名为"大章"，以此祭祀天帝。

舜立，命延乃拌瞽叟之所为瑟，益之八弦，以为二十三弦之瑟。帝舜乃令质修九招、六列、六英，以明帝德。

【译文】舜帝即位，命令大臣延在瞽叟所制作的瑟上增加八根弦，制出了二十三弦的瑟。舜帝还命令大臣质修改"九招""六列""六英"的谱调，以此来昭明天帝圣德。

禹立，勤劳天下，日夜不懈。通大川，决壅塞，凿龙门，降通漻水以导河①，疏三江五湖，注之东海，以利黔首。于是命皋陶作为夏籥九成②，以昭其功。

【注释】①降：大。潦（liáo）水：指洪水。河：黄河。②皋陶：禹的大臣，传说在舜时掌管刑狱之事。夏籥（yuè）：古乐名。九成：又称"九奏""九变"。

【译文】禹帝即位，为天下辛勤操劳，日日夜夜毫不松懈。疏通大河，开决堵塞的地方，凿开龙门，大力疏通洪水导入黄河，疏通三江五湖，使水流注入东海，以此来使百姓得利。然后命令皋陶创作"夏籥"九成来宣扬他的功绩。

殷汤即位，夏为无道，暴虐万民，侵削诸侯，不用轨度①，天下患之。汤于是率六州以讨桀罪。功名大成，黔首安宁。汤乃命伊尹作为《大护》②，歌《晨露》，修《九招》《六列》，以见其善。

【注释】①轨度：法度。②大护：指大濩，"护"古通"濩"。《大濩》《晨露》《九招》《六列》皆乐名。

【译文】殷汤即位后，夏朝的君主桀无道，残暴虐待人民，侵略剥削诸侯，不按法度行事，天下都痛恨他。汤于是率领六州来讨伐桀的罪过。功成名就，百姓得到安宁。汤于是命令伊尹创作演奏《大濩》，歌唱《晨露》，修调《九招》《六列》，来彰显他的善德。

周文王处岐，诸侯去殷三淫而翼文王①。散宜生曰："殷可伐也。"文王弗许。周公旦乃作诗曰："文王在上，於昭于天。周虽旧邦，其命维新。"以绳②文王之德。

【注释】①三淫：指暴君纣王所做的三件残忍的事情，即"剖比干之心、断材士之股、刳孕妇之胎"。翼：辅佐。②绳：赞誉。

【译文】周文王身在岐山，诸侯离弃恶贯满盈的殷朝，而拥护辅佐文王。散宜生说："现在可以讨伐殷朝了。"周文王没有同意。周公旦于是作诗写道："文王在上统治，美德昭显于天。周朝虽然是旧的邦国，但它的天命却是新的。"以此来赞誉文王的美德。

武王即位，以六师伐殷。六师未至，以锐兵克之于牧野。归，乃荐俘馘①于京太室，乃命周公为作大武。

【注释】①荐：献。俘馘：指被歼之敌。俘：俘虏。馘（guó）：从敌尸上割下来的左耳。

【译文】武王即位后，带领六军讨伐殷商。六军还没到，用精锐部队就在牧野战胜了殷商。凯旋，把俘虏献给太庙，命周公创作乐曲《大武》。

成王立，殷民反①，王命周公践伐之。商人服②象，为虐于东夷。周公遂以师逐之，至于江南。乃为"三象"，以嘉其德。

【注释】①反：通"叛"。②服：役使，驾驭。

【译文】成王即位，殷商遗民反叛，成王命令周公去讨伐他们。殷商的人驱使大象，在东夷肆虐。周公于是带领军队追逐他们，直到江南。然后创作《三象》，来赞美自己的功德。

故乐之所由来者尚矣，非独为一世之所造也。

【**译文**】所以音乐的由来是很久远的了，不只是一朝一世所创造的。

扫码听谦德
君为您导读

季夏纪第六

季 夏

【题解】本篇论述了季夏六月所对应的各物和适宜施行的政令。如若违背,就会遭受灾殃。篇末有关于中央土的记述,这可能因为没有天子颁布政令而无法成篇,故而放在此处。

一曰:

季夏之月,日在柳①,昏心②中,旦奎③中。其日丙丁,其帝炎帝,其神祝融,其虫羽,其音徵,律中林钟。其数七,其味苦,其臭焦,其祀灶,祭先肺。凉风始至,蟋蟀居宇,鹰乃学习,腐草化为蚈④。天子居明堂右个,乘朱辂,驾赤骝,载赤旂,衣朱衣,服赤玉,食菽与鸡,其器高以觕。

【注释】①柳:南方七宿之一,属于长蛇座,位于蛇头的位置。②心:东方七宿之一,属于天蝎座。③奎:西方七宿之一。④蚈(qiān):萤火虫,古人以为萤火虫是腐草所化。

【译文】第一:

夏天的第三个月,太阳在柳宿的位置,傍晚中天运行到心宿的位置,第二天拂晓的时候中天运行到奎宿的位置。天干中,季夏属于丙丁,对应的天帝是炎帝,天神是祝融,动物以鸟类为主,相应的音是徵音,音律对应林钟。对应的数字是七,味道以苦味为主,气味是焦气,要祭祀灶神,祭品中以肺脏为先。凉风来到,蟋蟀栖息在屋宇下,小鹰开始学习飞翔,腐草变化成萤火虫。天子在明堂的右边侧室里处理政务,坐朱色的大车,驾着赤红色的马,车上插着红色的龙旗,穿赤色的衣服,佩戴赤色的玉,主要吃豆子和鸡肉,所用的器具要高大。

是月也,令渔师伐蛟取鼍^①,升龟取鼋^②。乃命虞人入材苇。

【注释】①蛟:指鼍、鳄之类的动物。鼍(tuó):中国特有的一种鳄鱼,属于爬行动物,卵生。②鼋(yuán):鼋鱼。

【译文】这个月命令掌管渔业的官员猎取大鳖、鳄等动物,献上龟和鼋。命令掌管池泽的官员收纳制作器物所用的芦苇。

是月也,令四监大夫合百县之秩刍^①,以养牺牲。令民无不咸出其力,以供皇天上帝、名山大川、四方之神,以祀宗庙社稷之灵,为民祈福。

【注释】①秩刍:按规定数量交给官家的草料。

【译文】这个月，命令监管四郡的大夫们聚集各县应缴纳的粮草，来饲养祭祀所用的牲畜。命令百姓全都尽力收割，来供养皇天上帝、名山大川、四方的神灵，来祭祀宗庙社稷的先祖，为百姓祈祷求福。

是月也，命妇官①染采，黼黻②文章，必以法故，无或差忒，黑黄苍赤，莫不质良，勿敢伪诈，以给郊庙祭祀之服，以为旗章③，以别贵贱等级之度。

【注释】①妇官：宫中女官。②黼黻（fǔ fú）：衣裳绘画的花纹。③旗章：具有区别名分的标志旗帜。

【译文】这个月，命令掌管布帛的女官染色，各种颜色、图案的搭配，一定要按照法度规定，不能有一点错误。黑黄苍赤等颜色，没有质量不良好的，不要有一点作假欺诈，用这些布帛制作郊庙祭祀所用的服装，制作旗帜标志，以此区别贵贱等级。

是月也，树木方盛，乃命虞人①入山行木，无或斩伐。不可以兴土功，不可以合诸侯，不可以起兵动众。无举大事，以摇荡于气。无发令而干时②，以妨神农之事。水潦盛昌，命神农将巡功。举大事则有天殃。

【注释】①虞人：古代掌山泽苑囿之官。②干时：违反时势，这里指违反农时。

【译文】这个月，正是树木生长茂盛的时候，于是命令掌管山林的官员入山巡视树木，不许有人砍伐。不可以兴建建筑，不可以会合诸侯，不可以兴师动众。不要有大的动作，否则会使土气摇荡。不要发布违背农时的政令，否则会妨碍农耕之事。这个月雨水非常多，命令农官巡视田亩。施行违背农时的大动作，就会受到天罚。

是月也，土润溽①暑，大雨时行，烧薙②行水，利以杀草，如以热汤③，可以粪④田畴，可以美土疆。

【注释】①溽（rù）：湿润，闷热。②烧薙：芟除田中杂草，草干枯后，焚烧以为肥料。③热汤：沸水，热水。④粪：施肥。
【译文】这个月，土地滋润天气湿热，大雨常常降下，焚烧割下来的草，灌上雨水，这样有利于除去野草，像用开水煮一般，而且可以用它们给田地施肥，可以改良土壤。

行之是令，是月甘雨三至，三旬二日。季夏行春令，则谷实解落，国多风咳，人乃迁徙。行秋令，则丘隰水潦，禾稼不熟，乃多女灾。行冬令，则寒气不时，鹰隼早鸷①，四鄙入保。

【注释】①隼（sǔn）：凶猛的鸟，善于袭击其他鸟类。鸷（zhì）：凶猛的鸟。
【译文】施行这些政令，这个月会下及时雨，除去晦朔，三月中会有两天下雨。在季夏施行春天的政令，那么谷物的籽实就会掉落，国人大多会伤风咳嗽，百姓会迁移搬家。在季夏施行秋天的政令,那么高低之地都会积水,庄稼不能成熟,会多妇女不能生育之灾。在季夏施行冬天的政令,那么寒气会不合时节地来临,鹰隼会过早地猎杀飞鸟,四边的百姓会因为躲避敌寇而逃入城堡。

中央土,其日戊己,其帝黄帝,其神后土①,其虫倮②,其音宫,律中黄钟之宫。其数五,其味甘,其臭香,其祀中霤③,祭先心。天子居太庙太室,乘大辂,驾黄骝,载黄旂,衣黄衣,服黄玉,食稷与牛,其器圜以掩。

【注释】①后土:上古掌管有关土地事务的官。相传共工氏子句龙曾为此官,死后奉为社神。②倮:通"裸"。③中霤(liù):古代五祀所祭对象之一,即后土。

【译文】中央在五行中属土,在天干中属于戊己,对应的天帝是黄帝,对应的佐神是后土,对应的虫族是无毛覆盖的裸虫,相应的音是宫音,音律对应黄钟的宫音。对应的数字是五,味道以甜味为主,气味是香气,要举行中霤之祭,祭品中以心脏为先。天子住在明堂的正室,乘坐木制大车,驾着黄色的马,车上插着黄色的龙旗,穿黄色的衣服,佩戴黄色的玉,主要吃黄米和牛肉,所用的器物要中宽口小。

音 律

【题解】本篇旨在探讨音律相生的道理,把音律和历法联系起来,把音律的十二律与历法相结合,十二律对应十二月,并指出该月的特点。不过这明显是牵强附会没有科学依据的。

二曰:

黄钟生林钟,林钟生太蔟,太蔟生南吕,南吕生姑洗,姑洗生应钟,应钟生蕤宾,蕤宾生大吕,大吕生夷则,夷则生夹钟,夹钟生无射,无射生仲吕。三分所生,益之一分以上生;三分所生,去其一分以下生。黄钟、大吕、太蔟、夹钟、姑洗、仲吕、蕤宾为上,林钟、夷则、南吕、无射、应钟为下。

【译文】第二:

黄钟律生出林钟律,林钟律生出太蔟律,太蔟律生出南吕律,南吕律生出姑洗律,姑洗律生出应钟律,应钟律生出蕤宾律,蕤宾律生出大吕律,大吕律生出夷则律,夷则律生出夹钟律,夹钟律生出无射律,无射律生出仲吕律。将基础音律度数分成三等分,增加一分,向上产生一个新律。将基础音律度数分成三等分,减去一分,向下产生一个新律。黄钟、大吕、太蔟、夹钟、姑洗、仲吕、蕤宾是向上增加一分得到的,林钟、夷则、南吕、无射、应钟是向下减少一分得到的。

大圣至理^①之世,天地之气,合而生风。日至则月钟其风,以生十二律。仲冬日短至^②,则生黄钟。季冬生大吕。孟春生太蔟。仲春生夹钟。季春生姑洗。孟夏生仲吕。仲夏日长至,则生蕤宾。季夏生林钟。孟秋生夷则。仲秋生南吕。季秋生无射。孟冬生应钟。天地之风气正,则十二律定矣。

【注释】①至理:犹至治。②日短至:指冬至。

【译文】最圣明完美的时代,天地之间的气相合产生大风。太阳运行到一定度次,月亮就聚集这个月的风,由此产生十二律。仲冬月份白天最短的那天,黄钟律产生。季冬产生大吕。孟春产生太蔟。仲春产生夹钟。季春产生姑洗。孟夏产生仲吕。仲夏白天最长的夏至那天,产生蕤宾。季夏产生林钟。孟秋产生夷则。仲秋产生南吕。季秋产生无射。孟冬产生应钟。天地之间的风气纯正,那十二律就确定了。

黄钟之月,土事无作,慎无发盖,以固天闭地,阳气且泄。大吕之月,数将几终,岁且更起,而农民,无有所使。太蔟之月,阳气始生,草木繁动①,令农发土,无或失时。夹钟之月,宽裕和平,行德去刑,无或作事,以害群生。姑洗之月,达道通路,沟渎修利,申之此令,嘉气趣②至。仲吕之月,无聚大众,巡劝农事,草木方长,无携③民心。蕤宾之月,阳气在上,安壮养侠,本朝不静,草木早槁。林钟之月,草木盛满,阴将始刑,无发大事,以将阳气。夷则之月,修法饬刑,选士厉兵,诘④诛不义,以怀⑤远方。南吕之月,蛰虫入穴,趣农收聚,无敢懈怠,以多为务。无射之月,疾断有罪,当法勿赦,无留狱讼,以亟⑥以故。应钟之月,阴阳不通,闭而为冬,修别丧纪,审民所终。

【注释】①繁动：萌动。②趣：通"趋"，趋向，奔向。③携：离，叛离。④诘（jié）：责问，追问。⑤怀：关怀，安抚。⑥亟（jí）：急，引申为快速。

【译文】对应黄钟的月份，不要动土兴建，谨慎不要揭开盖藏之物，以使天地封闭，否则阳气会泄露出去。对应大吕的月份，一年之数将要结束，新的一年将开始，要使农民专心劳作，不要有其他劳役。对应太蔟的月份，阳气开始萌生，草木繁衍，命令农民开垦土地，不要错失农时。对应夹钟的月份，要宽容和平，施行圣德，减少刑罚，不要兴师动众，会伤害生灵。对应姑洗的月份，要通顺道路，疏浚沟渠，再三申明这个政令，善美之气就会到来。对应仲吕的月份，不要聚集百姓，让官员巡视勉励农事，草木开始生长，不要让农民三心二意。对应蕤宾的月份，阳气在上，要供养勇猛雄壮的人，朝政如果不平静，草木就会早早枯萎。对应林钟的月份，草木茂盛，阴气将要开始盛行，不要举行大事，以便蓄养阳气。对应夷则的月份，要修补整饬法律刑罚，提拔武士，磨砺兵器，讨伐诛杀不义的人，以此怀柔远方。对应南吕的月份，蛰虫进入洞穴，要催促农民收割贮藏，不要懈怠，一定要多多益善。对应无射的月份，要迅速判决有罪的人，应当法办的不要赦免，不要滞留诉讼案件，处理案件要迅速有依据。对应应钟的月份，阴阳不通，天地闭塞进入冬季，要按等级修饬丧事的规格，要审慎处理民众送终的事宜。

音 初

【题解】本篇主要记载了中国古代东南西北四方音乐最早的出现时间及背后故事, 对于古代音乐的研究具有很大的参考意义。文章的末尾提出规劝修正德行, 使音乐和谐。

三曰:

夏后氏孔甲田①于东阳萯山, 天大风, 晦盲, 孔甲迷惑, 入于民室。主人方乳②, 或曰: "后来, 是良日也, 之子是必大吉。"或曰: "不胜也, 之子是必有殃。"后乃取其子以归, 曰: "以为余子, 谁敢殃之?"子长成人, 幕动坼③橑④, 斧斫⑤斩其足, 遂为守门者。孔甲曰: "呜呼! 有疾, 命矣夫!"乃作为《破斧》之歌, 实始为东音。

【注释】①田: 古同"畋", 打猎。②乳: 生, 生殖。③坼(chè): 裂开。④橑: 屋椽。⑤斫(zhuó): 大锄, 引申为用刀、斧等砍。

【译文】第三:

夏君孔甲在东阳萯山打猎, 忽然刮大风, 天气昏暗, 孔甲迷失方向, 走进一间老百姓的家。正赶上主人生孩子, 有人说: "君主到来, 这天是个好日子啊, 这个孩子以后一定大吉大利。"有的人说: "或许不能够承受住这个福气, 这个孩子以后一定会遭殃。"孔甲于是带走了她的孩子, 说: "这个小孩就是我的孩子了, 谁敢降祸于他?"这个小孩长大成人, 一次帐幕掀动, 屋椽裂开, 斧子落

下砍断了他的脚，于是只好当守门的官。孔甲说："哎呀！有这样的
灾难，大概是命运吧！"于是创作了歌曲《破斧》，这其实是最早的
东方音乐。

禹行功，见涂山之女，禹未之遇而巡省南土。涂山氏之女乃
令其妾候禹于涂山之阳，女乃作歌，歌曰"候人兮猗①"，实始作
为南音。周公及召公取风焉，以为《周南》《召南》。

【注释】①猗：犹"兮"，相当于"啊"。用于句末，表示语气。
【译文】大禹巡视水利，途中遇到涂山氏的女子，大禹尚未
和她举行婚礼就去南方巡视了。涂山氏的女子就让她的侍女在
涂山的南面等待大禹，她又创作了一首歌，唱道："候望人啊"，
这就是南方音乐的开端。周公和召公曾在这里取风，创作出了
《周南》《召南》。

周昭王亲将征荆。辛馀靡长且多力，为王右。还反涉①汉，
梁败，王及蔡公抎②于汉中。辛馀靡振王北济③，又反振蔡公。
周公乃侯之于西翟，实为长公。殷整甲④徙宅西河，犹思故处，
实始作为西音。长公继是音以处西山。秦缪公⑤取风焉，实始作
为秦音。

【注释】①涉：步行过水。②抎（yǔn）：古通"陨"，坠落。③济：
渡，过河。④殷整甲：亦作"殷整"，指殷王河亶甲。⑤秦穆公：嬴姓，名

任好，秦德公少子，公元前659年至公元前621年在位，春秋五霸之一。

【译文】周昭王亲自率领军队征讨荆国。辛馀靡勇猛强壮，当昭王的车右。返回的时候渡过汉水，桥梁忽然断了，昭王和蔡公掉进了汉水。辛馀靡把昭王救到北岸，又返回来救起蔡公。周公于是封他为侯在西翟，作为一方之长。以前殷整甲搬家到西河居住，但思念故居，于是创作了最早的西方音乐。辛馀靡在西山继承了这一音乐。秦缪公在这里取风，创作了秦国最早的音乐。

有娀氏有二佚女①，为之九成之台，饮食必以鼓。帝令燕往视之，鸣若谥隘②。二女爱而争搏之，覆以玉筐。少选③，发而视之，燕遗二卵，北飞，遂不反。二女作歌一终，曰"燕燕往飞"，实始作为北音。

【注释】①娀（sōng）氏：传说中上古时代商始祖契之母，帝喾的次妃。佚女：美女。②谥隘：象声词，燕子鸣叫之声。③少选：一会儿，不多久。

【译文】有娀氏有两个美女，给她们建造了九层的高台，饮食都必定用钟鼓伴乐。天帝命令燕子去探视她们，燕子发出"谥隘"的叫声。两个美女很喜爱它，争着捉它，用玉筐盖住了燕子。不一会儿，拿开玉筐一看，燕子留下两枚卵，向北飞行，没再返回。两个女子作了一首歌，唱道："燕子啊燕子，向远方飞去。"这是北方最早的音乐。

凡音者，产乎人心者也。感于心则荡乎音，音成于外而化乎内。是故闻其声而知其风，察其风而知其志，观其志而知其德。盛衰、贤不肖、君子小人皆形于乐，不可隐匿。故曰：乐之为观也，深矣。

土弊①则草木不长，水烦②则鱼鳖不大，世浊则礼烦而乐淫。郑卫之声，桑间之音，此乱国之所好，衰德之所说。流辟、诹越、愔滥③之音出，则滔荡之气、邪慢之心感矣；感则百奸众辟从此产矣。故君子反道以修德，正德以出乐，和乐以成顺。乐和而民乡方④矣。

【注释】①弊：坏，低劣。②烦：搅扰。③流辟：放荡邪僻。诹越：声音飞荡。愔滥：怠慢放纵。④方：道义。

【译文】凡是音乐，都是产生于人心的东西。心有所感就会体现在音乐上，音乐在外完成而化育于内。所以听见某地的音乐就能知道它的风俗，观察它的风俗就知道人民的心志，观察人民的心志就知道他们的德行。昌盛衰亡的国家、贤能和不成材的人、君子和小人的喜悦会在音乐中表现出来，不能够隐藏。所以说音乐作为观察的对象，能够反映的是很深刻的。

土地瘠薄，草木就不能生长，水质浑浊，鱼鳖就不能长大，世道黑暗礼数就会繁多，音乐就会邪淫。郑卫之声、桑间之音，这是混乱国家的所爱，德行衰败的君主所喜悦的。邪僻、轻佻、放纵的音乐流行，那放荡、邪僻骄慢的风气就会影响人民的心灵。心灵受到影响，各种奸淫邪僻的事情就会产生。所以君子以道为本，修养德行，端正德行来修整音乐，音乐和谐以后通晓理义。

音乐和谐之后民众就向往道义了。

制 乐

【题解】本篇题目和内容有出入。文章认为"欲观至乐，必于至治"，指出政治和音乐存在一定的关系。还列举了成汤、周文王、宋景公逢凶化吉的故事，说明心存善念、做善事才会使得怪异之事远离。

四曰：

欲观至乐，必于至治。其治厚者其乐治厚，其治薄者其乐治薄，乱世则慢以乐矣。今室闭户牖，动天地，一室也。

故成汤①之时，有谷生于庭，昏而生，比旦②而大拱③。其吏请卜其故。汤退卜曰："吾闻祥者福之先者也，见祥而为不善则福不至；妖者祸之先者也，见妖而为善则祸不至。"于是早朝晏④退，问疾吊丧，务镇抚⑤百姓，三日而谷亡。故祸兮福之所倚，福兮祸之所伏。圣人所独见，众人焉知其极？

【注释】①成汤：即商汤，亦作"成商"，商朝开国之君。②旦：第二天早上。③大拱：形容粗大。拱，两臂合围曰拱。④晏：晚。⑤镇抚：安抚。

【译文】想要听到最美妙的音乐，一定要有最完美的政治。国家治理得和厚，音乐也就和厚。国家治理得粗疏，音乐也就粗疏。乱世的音乐就流于轻慢，君主只顾自娱自乐了。即便关闭门窗，在一间屋内也能感动天地。

所以成汤的时候，有谷子在庭中生长，黄昏始生，第二天早上就已经有两臂合围那么粗了。有小吏请求占卜原因。汤让占卜者退下，说："我听闻祥瑞是福气的先导，见到祥瑞而认为是不祥，那么福气不会来临。妖异是灾祸的先导，见到妖异而认为是嘉善，那么灾祸就不会降临。"于是他早早地上朝，很晚才退朝，探问病人，吊唁死者，勤于抚慰百姓，三天谷子就消亡了。所以灾祸是福佑所倚靠的，福佑是灾祸所隐藏的地方。只有圣人才能知晓，普通人哪能知道变化的终点？

周文王立国八年，岁六月，文王寝疾五日而地动，东西南北不出国郊。百吏皆请曰："臣闻地之动，为人主也。今王寝疾五日而地动，四面不出周郊，群臣皆恐，曰'请移之'。"文王曰："若何其移之也？"对曰："兴事动众，以增国城，其可以移之乎。"文王曰："不可。夫天之见妖也，以罚有罪也。我必有罪，故天以此罚我也。今故兴事动众以增国城，是重吾罪也。不可。"文王曰："昌也请改行重善以移之，其可以免乎。"于是谨其礼秩①、皮革，以交诸侯；饬其辞令、币帛②，以礼豪士；颁其爵列、等级、田畴，以赏群臣。无几何，疾乃止。文王即位八年而地动，已动之后四十三年，凡文王立国五十一年而终，此文王之所以止殃翦③妖也。

【注释】①礼秩：指礼仪等第和爵禄品级。②币帛：币，财币。帛，绸缎等丝织品。币帛泛指古人馈赠所用的礼物。③翦（jiǎn）：同"剪"，剪除。

【译文】周文王即位八年，这年六月，文王得病卧床五天而大地震动，震动范围东南西北都没有超越国郊。群臣都请求说："我们听说大地震动，都是因为君主。现在您得病卧床五天而大地震动，震动范围四方都没有超越国郊，大家都很恐惧，说'请大王转移灾祸'。"文王说："要怎么移走呢？"回答说："征发徭役，动用民众，以此增筑国都城墙，大概可以转移吧。"文王说："不行，上天降下妖异，是惩罚有罪的人。我一定有罪过，所以上天以此惩罚我。现在故意征发徭役，动用民众增筑国都城墙，是加重我的罪过，不可以这样做。"文王说："我请求改过自新，重视行善来转移灾祸，大概就可以除去灾祸了。"于是文王谨慎处理礼仪、等级和皮革，以此结交诸侯；整饬文辞，准备礼品，以礼贤下士；颁赏爵位、等级、田地，以赏赐群臣。没多久，疾病就痊愈了。文王即位八年而大地震动，停止震动后又在位四十三年，文王总共在位五十一年而死，这都是文王止息妖异的方法得当啊。

宋景公①之时，荧惑②在心，公惧，召子韦③而问焉，曰："荧惑在心，何也？"子韦曰："荧惑者，天罚也；心者，宋之分野④也；祸当于君。虽然，可移于宰相。"公曰："宰相，所与治国家也，而移死焉，不祥。"子韦曰："可移于民。"公曰："民死，寡人将谁为君乎？宁独死。"子韦曰："可移于岁。"公曰："岁害则民饥，民饥必死。为人君而杀其民以自活也，其谁以我为君乎？是寡人之命固尽已，子无复言矣。"子韦还走，北面载拜曰："臣敢贺君。天之处高而听卑。君有至德之言三，天必三赏君。今夕荧惑其徙三舍，君延年二十一岁。"公曰："子何以知之？"对曰："有三善言，必有三赏，荧惑有三徙舍。舍行七星，星一徙当一年，三七二十一，臣故曰君延年二十一岁矣。臣请伏于陛⑤下以伺候之。荧惑不徙，臣请死。"公曰："可。"是夕荧惑果徙三舍。

【注释】①宋景公：子姓，宋氏，宋元公之子，是宋国第二十八任国君，公元前516年至前469年在位。②荧惑：火星。③召子韦：宋国太史。④分野：古代占星家为了用天象变化来占卜人间的吉凶祸福，依据十二星次的位置划分地面上州、国与之相对应。就天文说，称作分星；就地面说，称作分野。⑤陛：宫殿的台阶。

【译文】宋景公的时候，火星出现在心宿的位置，宋景公很害怕，召来子韦问他说："火星出现在心宿，这是什么征兆？"子韦说："火星代表着天罚，心宿是宋国的分野，会有灾祸降临在您身上。虽然如此，祸患可以转移给宰相。"宋景公说："宰相是和我一起治理国家的人，却要把死亡转移给他，这不吉利。"子韦说："可以转移给民众。"宋景公说："百姓死了，我还去当谁的君主呢？我宁愿自己死去。"子韦说："可以转移给农业收成。"宋景公说："收成不好就会发生饥荒，发生饥荒百姓就会死亡。当君主却使百姓死亡以此使自己苟活，谁还会把我当君主呢？我的寿命就到这里了吧，你不要再说了。"子韦转身走了几步，面向北方拜了两拜说："我恭贺君主您啊！上天居高而能听见地上的一切。您有最符合道德的三句话,一定会有三次赏赐。今天晚上的火星一定会退三舍,您可以延寿二十一年。"景公说:"你是依据什么知道的呢?"子韦回答说:"您有三句善言,所以一定得三次奖赏,因此火星会后退三舍。一舍会经过七颗星,一颗星代表一年,三七等于二十一,所以我说您可以延寿二十一年啊。我请求守候在宫殿台阶下观察火星,如果火星不后退,我就请求被处死。"宋景公说:"好。"这晚火星果然后退了三舍。

明 理

【题解】本篇和上篇论述同一个道理,即人事善恶也可以决定妖异兴亡。上篇是从正面来论述,本篇则是从反面来论述,用大量的篇幅阐述了"至乱"之世产生的各种妖异现象。

五曰:

五帝三王之于乐尽之矣。乱国之主,未尝知乐者,是常①主也。夫有天赏得为主,而未尝得主之实,此之谓大悲。是正坐于夕室②也,其所谓正,乃不正矣。

【注释】①常:寻常,平庸。②夕室:斜向之室。

【译文】第五:

三皇五帝已经把音乐做到极致了。乱国的君主,未尝知晓音乐道理的,这是平庸的君主。得到上天赏赐得以成为君主,而未尝得到君主的实质,这是最可悲的。这如同在不正的房间端正座位一样，所谓的"正"，恰恰是"不正"。

凡生非一气之化也，长非一物之任也，成非一形之功也。故众正之所积，其福无不及也；众邪之所积，其祸无不逮①也。其风雨则不适，其甘雨则不降，其霜雪则不时，寒暑则不当，阴阳失次，四时易节，人民淫烁②不固，禽兽胎消不殖，草木庳③小不滋，五谷萎败不成。其以为乐也，若之何哉？

故至乱之化，君臣相贼，长少相杀，父子相忍，弟兄相诬，知交相倒，夫妻相冒，日以相危，失人之纪，心若禽兽，长邪苟利，不知义理。

【注释】①逮：到，及。②烁：销熔。③庳（bì）：矮。
【译文】凡是生命，不是阴阳中的一种就能化育的，生长不是哪一种东西能承担的职务，形成不是哪一种东西的功劳。所以众多正气聚集的地方，福佑没有不降临的；众多邪气蓄积的地方，灾祸没有不到来的。众多邪气蓄积的地方，风雨不合时宜，及时雨不会降临，霜雪违背时节，寒暑温度不稳当，阴阳失去秩序，四个季节颠倒顺序，人民淫乱不能繁衍，百兽胚胎消亡不能繁殖，草木矮小不能滋生，五谷枯萎不能长大。这样情况下制作的音乐，会怎么样呢？

所以最混乱的社会，君臣相互残害。长幼相残，父子残忍对待对方，兄弟之间相互诬告，知己背叛，夫妻相互冒犯，人们天天使彼此受到威胁，失去为人的纲纪，心如同禽兽一般，邪气日长，

苟且求利，不知道义理。

其云状：有若犬、若马、若白鹄①、若众车；有其状若人，苍衣赤首，不动，其名曰天衡；有其状若悬旍而赤，其名曰云旍②；有其状若众马以斗，其名曰滑马；有其状若众植蘲以长，黄上白下，其名蚩尤之旗。其日有斗蚀，有倍僪，有晕珥③，有不光，有不及景，有众日并出，有昼盲，有霄见。

其月有薄蚀，有晖珥，有偏盲，有四月并出，有二月并见，有小月承大月，有大月承小月，有月蚀星，有出而无光。

其星有荧惑，有彗星，有天棓，有天欃，有天竹，有天英，有天干，有贼星，有斗星，有宾星④。

其气有上不属天，下不属地，有丰上杀下，有若水之波，有若山之楫，春则黄，夏则黑，秋则苍，冬则赤。

其妖孽有生如带，有鬼投其陴⑤，有菟生雉，雉亦生鴽⑥，有螟集其国，其音匈匈，国有游蛇西东⑦，马牛乃言，犬彘乃连，有狼入于国，有人自天降，市有舞鸱⑧，国有行飞⑨，马有生角，雄鸡五足，有豕生而弥，鸡卵多假⑩，有社迁处，有豕生狗。

国有此物，其主不知惊惶亟革，上帝降祸，凶灾必亟。其残亡死丧，殄绝无类，流散循饥无日矣。此皆乱国之所生也，不能胜数，尽荆、越之竹，犹不能书。故子华子曰："夫乱世之民，长短颉䴬，百疾，民多疾疠，道多褓襁，盲秃伛尪，万怪皆生"。故乱世之主，乌闻至乐？不闻至乐，其乐不乐。

【注释】①白鹄（hú）：白天鹅。②旍（jīng）：古同"旌"。③倍僪（yù）、晕珥：《集解》及师古注并引晋灼曰："倍僪、晕珥，皆日旁之危气也；在两旁反出为倍，在上反出为僪，在上内向为冠，两旁内向为珥。"④有宾星：宾星与上文的"天棓，天欃，天竹，天英，天干，贼星，斗星"都是彗星名。⑤陴（pí）：城上的矮墙。亦称"女墙"；俗称"城垛子"。⑥鷃（yàn）：鷃雀，鹑的一种。⑦游蛇西东：古人认为蛇东西游走，象征着民众将要流亡迁徙。⑧鸱（chī）：古书上指鸱鹰。⑨行飞："飞"古通"蜚"。蜚，怪兽也。《山海经·东山经》："太山上有兽焉，其状如牛而白首，一目而蛇尾，其名曰蜚，行水则竭，行草则死，见则天下大疫。"⑩假：即"瘕"，蛋内坏散，孵不成小鸟。

【译文】它的云的形状：有像狗的、像马的、像白天鹅的、像众多车马的；有的形状像人，穿青色的衣服，红色的头，一动不动，它的名字叫"天衡"；有的形状像悬空的旌旗，颜色是赤色的，它的名字是"云旍"；有的形状像众马厮斗，它的名字是"滑马"；有的形状像众多植蕚的花朵而长，颜色上黄下白，它的名字是"蚩尤之旗"。

有时出现两个太阳争斗相食，有倍僪，有晕珥，有时候不发光，有时候有光而没产生阴影，有时候有很多太阳一齐出现在空中，有时白天很昏暗，有时夜里发光。

月亮出现月蚀，有晕圈，有一部分昏暗，有时四个月亮一并出现，有时两个月亮一起出现，有时候小月亮承托着大月亮，有时候大月亮捧着小月亮，有时月亮会挡住星星，有时出现没有光亮。

它的妖星有荧惑、彗星、天棓、天欃、天竹、天英、天干、贼星、斗星、宾星。

它的雾气上不连天，下不接地，有的上浓下淡，有的如同水的波纹，有的像山中的林木，颜色则春天是黄的，夏天是黑的，秋天是青色的，冬天是赤色的。

有如同带子一样的妖怪，有鬼跳上女墙，有兔子生出野鸡，野鸡生出鹑雀，有螟虫聚集在国都，发出匈匈的声音。国都有蛇东西游窜，马牛口吐人言，狗和猪交配，有狼闯进国都，有妖人从天而降，市场上有飞舞的鸹鹰，国都有横行的怪兽，马长出角，公鸡生出五只脚，有猪生下来蹄子没有趾甲，鸡蛋大多孵不成小鸡。有祭祀土神的庙自己移动了地方，有猪生下狗。

国家有了这些妖异，而君主不知道惊惧急忙改变，那上帝就会降下灾祸，灾祸一定达到极点。国家人民大批死亡，流离失散，遭遇大饥荒的日子就不远了。这都是乱国所产生的现象，不能说得清，写尽楚、越的竹子也写不完妖异的现象。所以子华子说："乱世的百姓，没有节度，巧变诡诈，百病俱生，民众多病，道路上多有弃婴，百姓大多眼盲、秃头、驼背、鸡胸，各种怪异都产生了。"所以乱世的君主，哪里能听到最美妙的音乐呢？听不到最完美的音乐，它的音乐不会使人快乐。

孟秋纪第七

扫码听谦德
君为您导读

孟 秋

【题解】孟秋，指的是农历七月。本篇详细介绍了七月应该如何推行国事。

一曰：

孟秋之月，日在翼①，昏斗中②，旦毕③中。其日庚辛，其帝少皞，其神蓐收，其虫毛，其音商，律中夷则。其数九，其味辛，其臭腥，其祀门，祭先肝。凉风至，白露降，寒蝉鸣，鹰乃祭鸟，始用刑戮。天子居总章④左个，乘戎路，驾白骆⑤，载白旂，衣白衣，服白玉，食麻与犬，其器廉⑥以深。

【注释】①翼：南方七宿之一，部分属于长蛇座，其余属于巨爵座。②斗：北方七宿之一，属于人马座。③毕：西方七宿之一，属于金牛座。④总章：西向明堂。⑤骆：黑鬃的白马。⑥廉：指物体露出棱角，有棱角。

【译文】第一：

秋天的第一个月，太阳在翼宿的位置，傍晚斗宿出现在南方中天，第二天拂晓的时候毕宿出现在南方中天。天干中，孟秋属于庚辛，对应的天帝是少皞，天神是蓐收，动物以老虎之类的毛族为主，相应的音是商音，音律对应夷则。对应的数字是九，味道以辛味为主，气味是腥气，要举行的祭祀是门祭，祭品中以肝脏为先。凉风来临，白露降下，寒蝉鸣叫，鹰像陈列祭品一样，把捕捉来的鸟四面摆开。这时开始使用刑罚。天子在西向明堂的左边侧室里处理政务，坐白兵车，驾着白色的马，车上插着白色的龙旗，穿白色的衣服，佩戴白色的玉，主要吃麻籽和狗肉。所用的器具要有棱角而深。

是月也，以立秋。先立秋三日，大史谒之天子曰："某日立秋，盛德在金"。天子乃斋。立秋之日，天子亲率三公九卿诸侯大夫，以迎秋于西郊。还，乃赏军率武人于朝。天子乃命将帅，选士厉兵，简练桀俊①；专任有功，以征不义；诘诛暴慢，以明好恶；巡彼远方。

【注释】①桀俊：才过万人曰桀，千人曰俊。
【译文】这个月，是立秋的月份，在立秋前三天，太史禀告天子说："某某日立秋，大德在金。"天子于是斋戒。立秋那天，天子亲自率领三公九卿和诸侯大夫，到西郊迎接秋天的到来。回朝之后开始赏赐勇士。天子于是命令将帅挑选兵士，磨砺兵器，选拔训练杰出的人才。只委任有功的将士，来征讨不义。诛杀残暴骄慢的人，来彰明善恶，巡视远方。

是月也，命有司修法制，缮囹圄①，具桎梏②，禁止奸，慎罪邪，务搏执。命理瞻伤察创、视折审断；决狱讼，必正平，戮有罪，严断刑。天地始肃，不可以赢。

【注释】①囹圄（líng yǔ）：监狱。②桎梏（zhì gù）：脚镣和手铐。

【译文】这个月，命令有司加强法制，修缮监狱，准备刑具，禁止奸邪，警戒犯罪的人，务必捉拿他们。命令狱官探视身体有创伤、断折的罪犯。判决案子诉讼，一定要公正公平，屠戮有罪的人，一定要从严断刑。天地开始有肃杀之气，人不能骄满。

是月也，农乃升谷。天子尝新，先荐寝庙。命百官始收敛，完堤防，谨壅塞，以备水潦；修宫室，坿墙垣，补城郭。

【译文】这个月，农民献上谷子。天子品尝新谷，在这之前先进献给祖庙。命令百官要百姓收聚谷物，修补堤坝，审慎检查水道的堵塞情况，以防备洪水；修缮宫室，增高城墙，修补城郭。

是月也，无以封侯、立大官，无割土地、行重币、出大使。

【译文】这个月，不要封侯、设置大官，不要分封土地、赏赐重礼，不要派出有重大使命的使节。

行之是令，而凉风至三旬。孟秋行冬令，则阴气大胜，介虫①败谷，戎兵乃来。行春令，则其国乃旱，阳气复还，五谷不实。行夏令，则多火灾，寒热不节，民多疟疾。

【注释】①介虫：有甲壳蔽体的动物。

【译文】施行这些政令，凉风就会三旬之内每旬到来一次。孟秋时节施行冬天的政令，那么阴气就会大行其道，甲壳动物就会毁害谷物，敌人就会来侵扰。孟秋时节施行春天的政令，那么国家就会大旱，阳气会重新回来，五谷不结果。孟秋时节施行夏天的政令，就会多火灾，寒热没有节度，百姓多疟疾。

荡 兵

【题解】本篇探讨战争发生的缘起。文章开篇就指出"古圣王有义兵而无有偃兵"，且"未尝少选不用"，指出战争不可能停止和消失。这肯定了"义兵"在社会斗争中起到的作用。

二曰：

古圣王有义兵而无有偃①兵。兵之所自来者上矣，与始有民俱。凡兵也者，威也，威也者，力也。民之有威力，性也。性者，所受于天也，非人之所能为也，武者不能革，而工者不能移。

兵所自来者久矣，黄、炎故用水火矣，共工氏固^②次作难矣，五帝固相与争矣。递兴废，胜者用事^③。人曰"蚩尤作兵"，蚩尤非作兵也，利其械矣。未有蚩尤之时，民固剥林木以战矣，胜者为长。长则犹不足治之，故立君。君又不足以治之，故立天子。天子之立也出于君，君之立也出于长，长之立也出于争。争斗之所自来者久矣，不可禁，不可止。故古之贤王有义兵而无有偃兵。

【注释】①偃：停止。②固：通"故"。下文之"固"皆同。③用事：执政，当权。

【译文】第二：

古代圣王进行正义的战争，而不废止战争。战争的由来很久远了，是和人类一起产生的。大凡战争，是展现威势的，威势，依靠的是力量。威势和力量，是人的天性。天性是秉受于天的，并不是人自己能造成的。孔武有力的人不能改变，机巧的人不能转移。

战争的由来很久远了，黄帝和炎帝以前利用水火战斗，共工氏已经恣意发难了，五帝已经相互争斗了。他们兴亡接替，胜者治理天下。人们说"蚩尤创造了兵器"，蚩尤并不是创造了兵器，只是使兵械更锋利罢了。没有蚩尤的时候，人民已经砍伐木头作为武器来战斗了，胜利的人作为领导者。领导者还不足以治理天下，所以奉立君主。君主又不足以治理，所以奉立天子。天子的设立出于君主，君主的设立出于首领，首领的设立出于争斗。争斗的由来是很久远的啊，没办法禁止，没办法停止。所以古代的贤明帝王进行正义的战争而不废弃战争。

　　家无怒笞^①，则竖子婴儿之有过也立见；国无刑罚，则百姓之相侵也立见；天下无诛伐，则诸侯之相暴也立见。故怒笞不可偃于家，刑罚不可偃于国，诛伐不可偃于天下，有巧有拙而已矣。故古之圣王有义兵而无有偃兵。

　　【注释】①笞（chī）：用鞭杖或竹板打。
　　【译文】家中如果没有鞭笞，那么僮仆、小孩子就会常常有过错；国家没有刑罚，那么百姓就会常常互相侵犯忤逆；天下没有征讨诛杀，那么诸侯就会常常相互残杀。所以家中不能废止鞭笞，国家不能废止刑罚，天下不能废止征讨，只不过运用这些时，有的灵巧有的笨拙罢了。所以古代的贤明帝王进行正义的战争而不废弃战争。

　　夫有以饐死者，欲禁天下之食，悖；有以乘舟死者，欲禁天下之船，悖；有以用兵丧其国者，欲偃天下之兵，悖。夫兵不可偃也，譬之若水火然，善用之则为福，不能用之则为祸；若用药者然，得良药则活人，得恶药则杀人。义兵之为天下良药也亦大矣。

　　【译文】有因为吃饭噎死的人，因此想要废弃天下的食物，这是很荒谬的；有坐船而溺死的人，因此想要废弃天下的船只，这是很荒谬的；有因为用兵而丧失国家的，因此想要停止天下的战争，这是很荒谬的。战争是不能废止的，就好像水和火一样，好好利用就会造福，不会利用就会造成祸患；如同用药一样，用良药就会治活别人，用毒药就会杀害别人。正义的战争对于天下来说是很重要的良药啊！

且兵之所自来者远矣，未尝少选不用。贵贱、长少、贤不肖者相与同，有巨有微而已矣。察兵之微：在心而未发，兵也；疾视，兵也；作色，兵也；傲言，兵也；援推，兵也；连反①，兵也；佗②斗，兵也；三军攻战，兵也。此八者皆兵也，微巨之争也。今世之以偃兵疾说者，终身用兵而不自知，悖，故说虽强，谈虽辨，文学虽博，犹不见听。故古之圣王有义兵而无有偃兵。兵诚义，以诛暴君而振③苦民，民之说也，若孝子之见慈亲也，若饥者之见美食也；民之号呼而走之，若强弩之射于深谿也，若积大水而失其壅堤也。中主④犹若不能有其民，而况于暴君乎？

【注释】①连反：角力。②佗：放纵，放肆。③振：救济。④中主：普通的君主。

【译文】况且战争的由来是很久远的了，未尝有一刻不被运用的。贵贱长幼，贤与不贤在这一点上是一样的，只是战争有大有小罢了。观察战争的细微之处：战意在心中而未表现出来，这是战争；怒目而视，这是战争；面露不快，这是战争；出言傲慢，这是战争；互相推搡，这是战争；互相角力，这是战争；聚众斗殴，这是战争；三军攻战，这是战争。这八者都是战争，只不过规模有大有小。如今极力劝说停止战争的人，终身都在战争，却不知道和自己言论相悖。所以他的学说虽然有力，言辞虽然雄辩，知识虽然渊博，但还是不被听取。所以古代的贤明帝王进行正义的战争而不废弃战争。战争确实是正义的，用来诛杀暴君拯救受苦的百姓，民众会感到喜悦，如同孝子见到母亲一样，像饥饿的人见到美食一样；人民会呼号着奔向它，像强劲的弓弩射向深谷，像蓄积的洪水溃堤一样。普通的君主尚且不能保有他的人民，更何况是暴君呢？

振 乱

【题解】振，济也。振乱，即平息祸乱。在本篇中，作者主张保留正义的战争，反对墨家的兼爱非攻。

三曰：

当今之世浊甚矣，黔首之苦不可以加矣。天子既绝，贤者废伏，世主恣行，与民相离，黔首无所告愬①。世有贤主秀士②，宜察此论也，则其兵为义矣。天下之民，且③死者也而生，且辱者也而荣，且苦者也而逸。世主恣行，则中人将逃其君、去其亲，又况于不肖者乎？故义兵至，则世主不能有其民矣，人亲不能禁其子矣。

【注释】①告愬：告知，对人说明。②秀士：德行才艺出众的人。③且：将要。

【译文】第三：

如今的世道实在是太阴暗了，百姓的痛苦不能够再增加了。周天子名存实亡之后，贤者隐藏，君主恣意妄行，政令违背人民的意愿，百姓没有讲道理的地方。世上有贤能的君主和优秀的臣子，应当细察此说，那么他们进行的战争就会是正义的。天下的民众，将要死的就会获得新生，将要受辱的会获得光明，将要受苦的会获得安逸。昏君恣意妄行，那么普通人都将逃离君主、离弃亲人，更何况是不贤的人呢？所以正义的军队来临，那昏君就不能保有他的人民，做父母的就无法阻止子女了。

凡为天下之民长也，虑莫如长有道而息无道，赏有义而罚不义。今之世，学者多非乎攻伐。非攻伐而取救守，取救守，则乡①之所谓长有道而息无道、赏有义而罚不义之术不行矣。天下之长民，其利害在察此论也。

攻伐之与救守一实也，而取舍人异。以辨②说去之，终无所定论。固不知，悖也；知而欺心，诬也。诬悖之士，虽辨无用矣。是非其所取而取其所非也，是利之而反家③之也，安之而反危之也。为天下之长患、致黔首之大害者，若说为深。夫以利天下之民为心者，不可以不熟察此论也。

【注释】①乡：以前。②辨：古同"辩"。③家："害"之讹写。

【译文】凡是作为天下百姓的首领，应当考虑长久地保持有道，平息无道，赏赐有义的，惩罚无义的。如今的世道，研习墨家之学的学者大多非议攻伐。放弃攻伐就只能救援防守，选择防守,那么以前所说的保持有道而平息无道、赏赐有义而惩罚无义的手段就不能通行了。天下作为人民君主的,利害全在于是否能明察这个论说。

攻伐和救援防守其实一样,而取舍人各不同,用辩论学说去排斥,最终也没有定论。本来就不知道,是糊涂;知道而心口不一,是欺诈。糊涂、欺诈的人,即使能辩论也没用。这是不认同所选择的却选择了不认同的,想造福百姓却反而害了百姓,想使百姓安定,却反而置百姓于危险之中。给天下带来大患,给人民带来祸害最大的,这个学说最严重了。那些以造福天下百姓为己任的人,不能够不熟察这种论述。

夫攻伐之事,未有不攻无道而罚不义也。攻无道而伐不义,则福莫大焉,黔首利莫厚焉。禁之者,是息有道而伐有义也,是穷汤、武之事而遂桀、纣之过也。凡人之所以恶为无道不义者,为其罚也;所以蕲①有道行有义者,为其赏也。今无道不义存,存者赏之也;而有道行义穷,穷者罚之也。赏不善而罚善,欲民之治也,不亦难乎? 故乱天下害黔首者,若论为大。

【注释】①蕲(qí):古同"祈",祈求。
【译文】攻伐,没有不攻击无道而惩罚不义的。攻击无道而惩罚不义,福气没有大过于此的,使百姓得利没有超过于此的。主张废止战争的,就是止息有道而攻伐有义,这是放弃汤、武的事业而成就桀、纣的过错。大凡人们厌恶无道不义,是因为会受到惩罚;祈求向往有道有义,是因为会受到赏赐。现在无道不义存在，这种存在是种奖赏。然而有道有义的却穷途末路，这可是惩罚啊。赏赐不善而惩罚善，想要民众得到治理，不是很难吗？所以祸乱天下、危害百姓的，要数这个论调害处最大。

禁 塞

【题解】禁塞，禁止阻塞。本篇驳斥了主张防御救守之说，阐明无道者的存在是因为侥幸，因此作者主张"义兵"，即正义的战争。

四曰：

夫救守之心，未有不守无道而救不义也。守无道而救不义，则祸莫大焉，为天下之民害莫深焉。

【译文】第四：

防御的本心，没有不是保御无道的国家而救济不义的君主的。保御无道的国家而救济不义的君主的，祸患没有比这个还大的了，没有比这更遗毒天下百姓的了。

凡救守者，太上以说，其次以兵。以说则承从多群，日夜思之，事①心任精，起则诵之，卧则梦之，自今单②唇干肺，费神伤魂，上称三皇五帝之业以愉其意，下称五伯名士之谋以信其事，早朝晏罢③，以告制兵者，行说语众，以明其道。道毕说单而不行，则必反之兵矣。反之于兵，则必斗争之情，必且杀人，是杀无罪之民以兴无道与不义者也。无道与不义者存，是长天下之害，而止天下之利，虽欲幸而胜，祸且始长。先王之法曰："为善者赏，为不善者罚。"古之道也，不可易。今不别④其义与不义，而疾取救守，不义莫大焉，害天下之民者莫甚焉。故取攻伐者不可，非攻伐不可，取救守不可，非救守不可，取惟义兵为可。兵苟义，攻伐亦可，救守亦可；兵不义，攻伐不可，救守不可。

【注释】①事：役使。②单：尽。③早朝晏罢：很早上朝，很迟退朝。谓勤于政事。④别：辨别。

【译文】凡是主张防守的，最开始以言辞游说，然后诉诸武力。以言辞游说，就会聚集了一大堆跟从者，白天晚上都在考虑，专一地用心思考，起来就到处陈说，睡觉也还梦到，从此自己唇干肺燥，费神伤魂，上称三皇五帝的功业来取悦各国君主，下称春秋五霸和名士的谋略来证明自己的论调，从早朝到晚朝，一直劝说主帅，传播学说晓谕众人，来阐明自己的论调。一旦论调和言辞都说完而没有效果，一定会诉诸武力。诉诸武力，就是战争，一定将要杀人。这是滥杀无辜的民众来振兴无道和不义的国家。无道不义的君主得以生存，这是助长天下的祸害，阻止天下获利，虽然侥幸取胜，但祸患才开始滋生。先王法典说："行善的赏赐他，作恶的惩罚他。"这是古代的方法，不能改变。如今不辨别义与不义，而一味选择防御，没有比这更不义的了，没有比这更荼毒天下百姓的了。所以只主张攻伐不可取，非议攻伐也不可取，只防守不可取，非议防守也不可取，正确实施攻伐与防守，惟有正义之师才可以。军队如果是仁义之师，攻伐可取，防守也可取；军队不是仁义之师，那么攻伐不可以，防守也不可以。

使夏桀、殷纣无道至于此者，幸也；使吴夫差、智伯瑶侵夺至于此者，幸也；使晋厉、陈灵、宋康不善至于此者①，幸也。若令桀、纣知必国亡身死，殄无后类，吾未知其厉为无道之至于此也；吴王夫差、智伯瑶知必国为丘墟，身为刑戮，吾未知其为不善无道侵夺之至于此也；晋厉知必死于匠丽氏，陈灵知必死于夏徵舒，宋康知必死于温，吾未知其为不善之至于此也。

此七君者，大为无道不义，所残杀无罪之民者，不可为万数。壮佼老幼胎赎膑②之死者，大实平原，广堙③深溪大谷，赴巨水，积灰填沟洫④险阻。犯流矢，蹈白刃，加之以冻饿饥寒之患，以至于今之世，为之愈甚。故暴骸骨无量数，为京丘⑤若山陵。世有兴主仁士，深意念此，亦可以痛心矣，亦可以悲哀矣。

察此其所自生，生于有道者之废，而无道者之恣行。夫无道者之恣行，幸矣。故世之患，不在救守，而在于不肖者之幸也。救守之说出，则不肖者益幸也，贤者益疑矣。故大乱天下者，在于不论其义而疾取救守。

【注释】①晋厉：姬姓，晋氏，晋景公之子，公元前580年至公元前573年在位。陈灵：即陈灵公，妫姓，陈氏，名平国，陈共公之子，陈成公之父，春秋时期陈国第十九任国君，公元前613年至公元前599年在位。

宋康：宋康王，子姓，戴氏，名偃，宋剔成君之弟，战国时期宋国最后一任国君，公元前328年至公元前286年在位。②胨（dú）：同"殰"，胎儿死在腹中。③堙（yīn）：堵塞。④洫：田间水道。⑤京丘：战斗杀人，合土筑之，以为京观，故谓之京丘。

【译文】使夏桀、殷纣如此无道的，是侥幸；使吴王夫差、智伯瑶如此侵略抢夺毫无顾忌的，也是侥幸；使晋厉公、陈灵公、宋康王残暴至此的，是侥幸。假使让桀、纣知道一定会国灭身死，断绝后代，我不相信他们会无道到如此地步；假如让吴王夫差、智伯瑶知道国家一定灭亡成为废墟，自己被屠戮，我不相信他们侵略残暴到如此地步；让晋厉公知道必死于匠丽氏之手，让陈灵公知必死于夏徵舒之手，让宋康王知道自己必死于温邑，我不相信他们做不善的事情会到如此地步。

这七位君主，做了很多无道不义的事情，所残杀无罪的民众，以万计也数不过来。强壮、矫健、年老年幼、尚未出生而死去的，堆满了平原，塞满了深谷，随着水流漂走，烧化的积灰堵塞了沟渠和险阻之地。有让百姓顶着流矢，踩着白刃，又让他们受冻挨饿，以至于到了今天，这种情况更加严重。所以暴露尸骸无数，筑成京丘像山一样高大。世上有贤主仁人志士，想着这样的景象，也会心痛，也会悲伤。

细察这样情况产生的原因，是因为有道的君主被废弃，无道的君主恣意妄为。无道的君主恣意妄为，是侥幸。所以社会的祸患，不在于防守，而在于无道者的侥幸。防守的论调一出，那么不义者就更加侥幸了，贤者就更被猜疑。所以使天下大乱的原因，在于忽视正义与否而一味求取防守。

怀 宠

【题解】本篇旨在论述通过"义兵""救民之死""除民之仇"来获取民心。"义兵"入境，不烧杀抢掠、不胡作非为，不殃及无辜百姓，做到"信与民期"，这样人民就会"归之若流水""望之若父母"，从而"兵不接刃而民服若化"。

五曰：

凡君子之说也，非苟辨也；士之议也，非苟语也。必中理然后说，必当义然后议。故说义而王公大人益好理矣，士民黔首益行义矣。义理之道彰，则暴虐、奸诈、侵夺之术息也。暴虐、奸诈之与义理反也，其势不俱胜，不两立。

【译文】第五：

凡是君子的学说，都不是偷巧诡辩；士人的议论，都不苟且言说。一定先契合道理然后发言，一定先符合道义然后议论。所以听了君子士人的言论，王公大臣更加爱好理义了，普通民众更加喜爱施行道义了。理义和大道彰明了，那么暴戾残虐、欺诈奸淫、强取豪夺的事情就会停止了。暴戾残虐、欺诈奸淫是和义理相反的，两者不会同时胜利，不能一起共存。

故兵入于敌之境，则民知所庇矣，黔首知不死矣。至于国邑之郊，不虐五谷，不掘坟墓，不伐树木，不烧积聚，不焚室

屋，不取六畜。得民房奉而题归之，以彰好恶；信与民期，以
夺敌资。若此而犹有忧恨、冒疾①、遂过、不听者，虽行武焉亦
可矣。

【注释】①冒疾：妒忌。冒，通"媢"。疾，通"嫉"。

【译文】所以正义之师进入敌国的境内，那么民众知道庇
护自己的人来了，百姓知道自己不会被残杀了。到了敌国边邑的郊
野，不败坏五谷，不挖掘坟墓，不砍伐树木，不焚烧攒下的粮食，
不烧毁房屋，不夺取牲畜。俘虏了敌国人民就送回去，以彰显自己
的好恶。诚信做到敌国人民所期望的，以争取敌国人心。做到这
样如果还有愫恨、妒忌、坚持错误、不听从的人，即便是动武也
是可以的。

先发声出号曰："兵之来也，以救民之死。子之在上无道，
据傲①荒怠，贪戾虐众，恣睢自用也，辟远圣制，謷②丑先王，排
訾③旧典，上不顺天，下不惠民，徵④敛无期，求索无厌，罪杀不
辜，庆赏不当。若此者，天之所诛也，人之所雠⑤也，不当为君。
今兵之来也，将以诛不当为君者也，以除民之雠而顺天之道
也。民有逆天之道，卫人之雠者，身死家戮不赦。有能以家听
者，禄之以家；以里听者，禄之以里；以乡听者，禄之以乡；以邑
听者，禄之以邑；以国听者，禄之以国。"

故克其国，不及其民，独诛所诛而已矣。举其秀士而封侯
之，选其贤良而尊显之，求其孤寡而振恤之，见其长老而敬礼

之。皆益其禄，加其级。论其罪人而救出之；分府库之金，散仓廪⑥之粟，以镇抚其众，不私其财；问其丛社⑦大祠民之所不欲废者，而复兴之，曲加其祀礼。是以贤者荣其名，而长老说其礼，民怀其德。

【注释】①据傲：傲慢。②警(áo)：诋毁，诽谤。③訾(zǐ)：说别人的坏话，诋毁。④徵：通"征"，征收。⑤雠(chóu)：同"仇"。⑥廪(lǐn)：米仓，亦指储藏的米。⑦丛社：丛林中的神社。

【译文】用兵之前，先发布檄文说："我们军队的到来，是为了拯救将死的民众。昏君主持国政，傲慢荒淫而懈怠，贪婪暴戾虐待百姓，恣意妄为，刚愎自用，摒弃圣明的法制，诋毁先王，排斥毁谤先代法典，上不顺承天意，下不惠利百姓，征收没有限度，索求没有满足，屠杀无辜，赏赐不得当。像这样的人，是上天所要诛杀的，人民所仇恨的，不应该做君主。如今军队来到，将要诛杀不适合当君主的昏君，来除去人民所仇恨的以顺应天道。人民中有逆天道而行的，保卫人民所仇恨的人，诛杀他和他的族人，不会赦免。有率领一家归顺的，赏给他一家当俸禄；率领一里归顺的，赏他一里当俸禄；率领一乡归顺的，赏他一乡当俸禄；率领一邑归顺的，赏给他一邑当俸禄；率领国都士民百姓归顺的，把国都赏给他当俸禄。"所以攻克敌国，不殃及百姓，只诛杀该诛杀的就可以了。选举优秀的士人封侯，选拔贤良的人使他尊显，救济抚恤孤寡的人，尊敬年老的人。都增加他们的俸禄，提升他们的等级。审判敌国的罪人，赦免他们；分发府库中的财物，散发仓廪中的粮食，来安抚民众，不私自占有钱财；询问敌国人民不愿废弃的已草木丛生的社宫及太庙,重新恢复祭祀,并设法增加礼节。因此,贤人为名声传播感到荣耀,老人为受到礼遇感到高兴,民众感念德行。

今有人于此,能生一死人,则天下必争事之矣。义兵之生一人亦多矣,人孰不说? 故义兵至,则邻国之民归之若流水,诛国之民望之若父母,行地滋远,得民滋众,兵不接刃而民服若化。

【译文】现在有这样一个人,能够使死人复生,那天下一定会争着侍奉他。仁义之师拯救的人太多了,人民哪有不感到高兴的? 所以仁义之师到来,邻国的百姓像流水一样归顺,被讨伐的国家的人民盼望它如同盼望父母,仁义之师走得越远,得到的人民就越多,兵不血刃百姓就会归服。

仲秋纪第八

扫码听谦德
君为您导读

仲 秋

【题解】本篇旨在论述八月的自然特性、天文历法以及天子应当做的事情。并且说明行使政令不恰当就会引发灾难，即"凡举事无逆天数，必顺其时，乃因其类"。

一曰：

仲秋之月：日在角，昏牵牛中，旦觜巂①中。其日庚辛，其帝少皞，其神蓐收，其虫毛，其音商，律中南吕。其数九，其味辛，其臭腥，其祀门，祭先肝。凉风生，候雁来，玄鸟②归，群鸟养羞。天子居总章太庙，乘戎路，驾白骆，载白旂，衣白衣，服白玉，食麻与犬，其器廉以深。

【注释】①觜巂（zī guī）：星座，二十八宿之一。②玄鸟：燕子。

【译文】第一：

秋天的第二个月，太阳在角宿的位置，临近黄昏时，牵牛出现在南方中天，拂晓时，觜巂出现在南方中天。天干中，仲秋属于庚辛，对应的天帝是少皞，天神是蓐收，动物以带毛的兽类为主，相应的音是商音，音律对应南吕。对应的数字是九，味道以辛味为主，气味是腥气，要举行的祭祀是门祭，祭品中以肝脏为先。凉风来临，候雁到来，燕子回南方，群鸟蓄养羽毛。天子在西向明堂的正室里处理政务，坐白兵车，驾着白色的马，车上插着白色的龙旗，穿白色的衣服，佩戴白色的玉，主要吃麻籽和狗肉，所用的器具要有棱角而深。

是月也，养衰老，授几杖，行麋粥①饮食。乃命司服，具饬衣裳，文绣有常，制有小大，度有短长，衣服有量，必循其故，冠带有常。命有司申严百刑，斩杀必当，无或枉桡②，枉桡不当，反受其殃。

【注释】①麋粥：粥。麋，通"糜"。②枉桡（náo）：孔颖达疏："枉谓违法曲断，桡谓有理不申，应重乃轻，应轻更重。"

【译文】这个月，要供养老人，给他们几案和拐杖，给他们做稀粥饮食。然后命令掌管服饰的官员，准备整饬衣服，祭服所纹的图案和刺绣要依照规格，大小长短有一定的制度，衣服要有度量，一定按照规矩制作，头冠和腰带也是这样。命令有司重申严明各种刑罚，斩杀的刑罚一定运用得当，不要违法曲断，偏私不公，如果这样的话，执法者会遭遇灾祸。

是月也，乃命宰祝①巡行牺牲：视全具②，案刍豢③，瞻肥瘠，察物色，必比类④；量小大，视长短，皆中度。五者备当，上帝其享。天子乃傩⑤，御⑥佐疾，以通秋气。以犬尝麻，先祭寝庙。

【注释】①宰祝：太宰与太祝的并称。主祭祀之官。②全具：用于祭祀的牲畜身体完整无损称"全具"。③刍豢（huàn）：喂养。牛羊曰刍，犬豕曰豢。④比类：比照旧例。已行故事曰比，品物相随曰类。⑤傩（nuó）：逐疫祛除不祥的仪式。⑥御：止。

【译文】这个月，命令主管牺牲和祭祀的官吏巡视将作祭品的牲畜：视察形体是否完整，审查喂养的情况，看看是胖是瘦，观察毛色是否纯粹，一定要比照旧例。度量它们的大小，看看形体长短，也都要合适。这五个方面都具备了，上帝才会享用。天子于是举行傩祭，祛除疫疠，以通达金秋之气。就着狗肉吃麻籽，在这之前先进献给祖庙。

是月也，可以筑城郭，建都邑，穿窦窌①，修囷仓②。乃命有司，趣③民收敛，务蓄菜，多积聚。乃劝种麦，无或失时，行罪无疑。

【注释】①窦窌（jiào）：藏谷物的地窖。②囷（qūn）仓：粮仓。圆形的叫囷，方形的叫仓。③趣：古同"促"，催促，急促。

【译文】这个月，可以修建城郭，建置都邑，打地窖，修整粮仓。然后命令有司使民众收聚谷物，一定要多蓄积干菜，多多积聚柴草。然后劝勉农民种麦子，不要错过农时，错过了要降罪于他。

是月也，日夜分，雷乃始收声，蛰虫俯户。杀气浸^①盛，阳气日衰，水始涸。日夜分，则一度量，平权衡^②，正钧石^③，齐斗甬^④。

【注释】①浸（jìn）：渐渐，逐渐。②权衡：秤锤和秤杆。③钧石：钧和石，古代重量单位，三十斤为一钧，四钧为一石。④斗甬：斗和斛，两种古量器。甬，通"桶"。

【译文】这个月，日夜时长相等，雷声渐小，蛰伏的虫类都藏在洞穴口。冬天的阴气慢慢强盛，阳气逐渐衰竭，水流干涸。日夜等分，要在此时统一度量衡，如秤锤、秤杆、斗、桶等。

是月也，易关市^①，来商旅，入货贿^②，以便民事。四方来杂，远乡皆至，则财物不匮，上无乏用，百事乃遂。凡举事无逆天数，必顺其时，乃因其类。

【注释】①关市：指关市的征税。②货贿：财货，财物。
【译文】这个月，要减轻关市征税，以招徕商旅，收纳货物财物，以方便百姓生活。四方的人都来到，连遥远地方的人也都到来，那么财用就不会匮乏，国家不缺乏财物，所做的事就会成功。凡事不要违背天数，一定要顺应天时，按照事情的类别，什么时候就做什么时候该做的事。

行之是令，白露降三旬。仲秋行春令，则秋雨不降，草木生荣，国乃有大恐。行夏令，则其国旱，蛰虫不藏，五谷复生。行冬令, 则风灾数起, 收雷先行, 草木早死。

【译文】施行这些政令, 白露就会三旬之内每旬降临一次。
仲秋施行春天的政令, 那么秋雨不会降临, 草木会重新开花, 国
家会有大恐慌。仲秋施行夏天的政令, 那么国家就会大旱, 蛰虫
不再潜藏, 五谷重新滋长。仲秋施行冬天的政令, 就会多风灾, 雷
声会提前消失, 草木提前枯萎。

论 威

【题解】本篇旨在讨论战争之道。文章开篇就说明 "义" 是
"万事之纪", 特别强调义的重要性。即使是战争也不能例外。
因为统一于义, 就能够 "三军一心", 号令 "无敌", 天下 "亦无敌
矣"。文中还论述了一些战略战术, 如 "善谕威者, 于其未发也"
等等。

二曰:
义也者, 万事之纪也, 君臣、上下、亲疏之所由起也, 治乱、
安危、过胜之所在也。过胜之, 勿求于他, 必反于己。

【译文】第二:
理义, 是万事的纲纪, 是君臣、上下、亲疏产生的基础, 是
国家治乱、安危、胜败的关键所在。胜败的关键, 不要向他处求
取, 一定要在自己身上寻找。

人情欲生而恶死，欲荣而恶辱。死生荣辱之道一，则三军之士可使一心矣。

【译文】人之常情是想要生存厌恶死亡，想要荣耀厌恶侮辱。生死荣辱的道理统一于义，那么就能使三军将士思想统一了。

凡军，欲其众也，心，欲其一也。三军一心，则令可使无敌矣。令能无敌者，其兵之于天下也，亦无敌矣。古之至兵①，民之重令也。重乎天下，贵乎天子。其藏于民心，捷②于肌肤也，深痛执固，不可摇荡，物莫之能动。若此则敌胡足胜矣？故曰：其令强者其敌弱，其令信者其敌诎③。先胜之于此，则必胜之于彼矣。

【注释】①至军：最好的军队。②捷：疑为"浃"，取沦肌浃髓之意。③诎（qū）：通"屈"，屈服。

【译文】凡是想要军队扩大规模，思想首先要一致。三军思想统一，那么号令就能够畅达无阻了。号令能够畅达无阻的君主，他的军队在天下也就没有人能抵抗了。古代最完美的军队，人民非常重视命令。把命令看得比天下还重，比天子还尊贵。这是深藏于民心的，感于肌肤的，深切牢固，不能够动摇，外物不能改变。哪有敌人能战胜像这样的军队呢？所以说命令强势的，敌人就弱势，命令畅通的军队，敌人就会屈服。在朝中发布命令时就已经取胜了，那在原野交战取胜也是必然的了。

凡兵，天下之凶器也；勇，天下之凶德也。举凶器，行凶德，犹不得已也。举凶器必杀，杀，所以生之也；行凶德必威，威，所以慑之也。敌慑民生，此义兵之所以隆也。故古之至兵，才民未合，而威已谕矣，敌已服矣，岂必用桴鼓^①干戈哉？故善谕威者，于其未发也，于其未通也，窅窅^②乎冥冥，莫知其情，此之谓至威之诚。

【注释】①桴鼓：鼓槌与鼓。②窅窅（yǎo）：隐晦貌，幽暗貌。

【译文】凡是兵器，是天下的凶器；勇猛，是天下的凶德。拿着凶器，施行凶德，这是不得已。拿着凶器一定会杀人，杀恶人，是为了让善民生存。施行凶德一定有威势，有威势，就会使人畏惧。敌人震慑，百姓生存，这是正义之师强盛的原因。所以古代的仁义之师，士兵尚未交锋，而威名已经传播，敌人已经屈服，哪还需要打鼓大动干戈呢？所以善于展示威势的，在未发威之前就已经发挥作用。他的威势深远至极，没人能知道具体情况，这就是威势达到极点的情形。

凡兵，欲急疾捷先。欲急疾捷先之道，在于知缓徐迟后而急疾捷先之分也。急疾捷先，此所以决义兵之胜也。而不可久处，知其不可久处，则知所兔起凫举^①死殰^②之地矣。虽有江河之险则凌之，虽有大山之塞则陷之。并^③气专精，心无有虑，目无有视，耳无有闻，一诸武而已矣。冉叔誓必死于田侯④，而齐国皆惧；豫让必死于襄子⑤，而赵氏皆恐；成荆致死于韩主，而周人皆畏；又况乎万乘之国，而有所诚必乎，则何敌之有矣？刃未接而欲已得矣。敌人之悼惧惮恐，单荡精神，尽矣，咸若狂魄，形性相离，行不知所之，走不知所往，虽有险阻要塞、铦兵利械，心无敢据，意无敢处，此夏桀之所以死于南巢也。今以木击木则拌⑥，以水投水则散，以冰投冰则沈，以涂⑦投涂则陷，此疾徐先后之势也。

【注释】①兔起凫举（mèi）：比喻迅速。②殪：气绝。③并：通"屏""摒"。排除。④冉叔：战国义士。田侯：战国时齐国国君。⑤豫让：姬姓，毕氏，春秋战国时期晋国人，是晋国正卿智伯瑶的家臣。襄子：晋国卿士。⑥拌：古同"判"，分开。⑦涂：泥。

【译文】凡是作战应当迅速、先发制人。想要迅速、先发制人，就在于知晓迟缓落后和迅疾争先的分别。迅疾争先，这是正义战争取胜的决定因素。军队不可滞留一处，知道不能滞留一处，那就知道哪些地方是该迅速避开的危险之地了。虽然有危险的江河也能渡过它，虽然有险绝的大山要塞也能攻陷它。精神专一，心里没有其他杂念，耳目没有其他杂见杂闻，精神全都集中在武力上面。冉叔发誓一定杀死田侯，齐国上下都很畏惧；豫让发誓一定杀死赵襄子，赵氏家族都很惊恐；成荆发誓要杀死韩主，而周人都害怕他；更何况万乘之国决心要达到目的呢？那还有谁能与之对抗呢？兵刃尚未交接，就已经得到想要的了。敌人则惊惧恐慌，精神摇荡，已经达到了极点。他们吓得像疯人一样,魂不守舍,行走不知去往何方,奔跑不知跑向何处,即便有险阻要塞、锋利的兵器和机械,心也无所依托,精神也无处寄托,这是夏桀死于南巢的原因。现在用木头击打木头,后者就会劈成两半;把水投入水中,后者就会消失不见;把冰投向冰面,后者就会沉没;把泥抛向泥中,后者就会下陷。这就是迅速迟缓先后的必然态势。

夫兵有大要①,知谋物之不谋之不禁也,则得之矣。专诸是也,独手举剑至而已矣,吴王壹成②。又况乎义兵,多者数万,少者数千,密其蹋③路,开敌之涂,则士岂特与专诸议哉?

【注释】①大要:要旨,概要。②壹成:专诸一举而成阖庐为王,故曰"吴王壹成"。③蹋(zhú):足迹。

【译文】用兵有其关键之处,知道出其不意攻其不备,战争就会取胜。专诸就是这样,不过一个人举着剑罢了,就能让阖闾当上吴王。更何况正义之师,多的有几万人,少的也有几千人,所到之处足迹密布,在敌国通行无阻,像这样的武士,专诸又怎能和他们相比呢?

简 选

【题解】本篇旨在论述选拔精兵的重要性。所谓"简选",就是选拔精良士兵。文章列举商汤、周武王、齐桓公、晋文公、阖间成就功业的事例,论证了"简选"的必要性。而且认为"兵势险阻""兵甲器械""选练角材""统率士民"四方面是正义之师的辅助,应对时势变化的凭据。这是取胜的一种策略。

三曰:

世有言曰:"驱市人①而战之,可以胜人之厚禄教卒②;老弱罢民,可以胜人之精士练材;离散系系,可以胜人之行陈整齐;锄耰白梃③,可以胜人之长铫④利兵"。此不通乎兵者之论。今有利剑于此,以刺则不中,以击则不及,与恶剑无择,为是斗因用恶剑则不可。简选精良,兵械铦⑤利,发之则不时,纵之则不当,与恶卒无择,为是战因用恶卒则不可。王子庆忌、陈年犹欲剑之利也⑥。简选精良,兵械铦利,令能将将之,古者有以王者、有以霸者矣,汤、武、齐桓、晋文、吴阖庐是矣。

【注释】①市人:指集市或城中街道上的人。②教卒:受过训练的士兵。③锄耰(tǐng):泛指农具。白梃:大木棍。④铫(tiáo):古代兵器,像矛。⑤铦(xiān):锋利。⑥庆忌:春秋时吴国人,君主王僚的儿子。陈年:齐国勇士。

【译文】第三:

如今有言论说:"驱使街道上的人去打仗,能够战胜俸禄丰厚、受过训练的军队;驱使老弱疲惫的百姓,能够战胜精兵良将;驱使散乱没有秩序的囚徒,能战胜排阵整齐的军队;使用锄头木棒的队伍,能战胜长枪利剑的军队。"这并不符合用兵的道理。现在有这么一把利剑,用它刺人没有刺中,用它打人也没打到, 和不锋利的剑没什么区别, 因为这个就用不锋利的剑去打仗是不可取的。经过选拔的精兵良将, 用锋利的兵器机械, 发动军队却不合时宜, 动用军队不得当, 这样和统率低劣的军队没什么区别, 因为这个就统率低劣军队去打仗是不可取的。像王子庆忌、陈年这样的勇士尚且希望得到利剑, 更何况一般人呢? 选拔优良精壮的士兵, 使用锋利的兵器, 让有能力的将士去统领, 古代有借此成就王业的, 有借此成就霸业的, 汤、武、齐桓公、晋文公、吴国的阖庐就是这样。

殷汤良车七十乘, 必死六千人, 以戊子战于郕①, 遂禽推移、大牺, 登自鸣条②, 乃入巢门, 遂有夏。桀既奔走, 于是行大仁慈, 以恤黔首; 反桀之事, 遂其贤良, 顺民所喜; 远近归之, 故王天下。

【注释】①郕(chéng): 周朝国名, 在今山东汶上北。②鸣条: 古地名。在今山西运城安邑镇北, 相传商汤伐夏桀战于此地。又名高侯原。

【译文】商汤有好车七十辆, 不怕死的勇士六千人, 在戊子那天和夏桀在郕地交战, 于是俘虏了桀的臣子推移、大牺。商汤于是进军鸣条, 进入巢门, 然后占有了夏朝的土地。桀逃亡之后, 商汤于是施行高度仁慈的政策, 来抚恤百姓。一反桀的所作所为, 选举夏朝的贤良, 顺应人民的喜好; 远近都来归顺, 所以称王于天下。

武王虎贲①三千人，简车三百乘，以要甲子之事于牧野而纣为禽。显贤者之位，进殷之遗老，而问民之所欲，行赏及禽兽，行罚不辟天子，亲殷如周，视人如己。天下美其德，万民说其意，故立为天子。

【注释】①虎贲：古指勇士。

【译文】武王有虎贲勇士三千人，精选的战车三百辆，甲子那天在牧野打败、俘虏了纣。使贤者的地位尊显，举荐殷朝的遗老，接着询问人民的愿望，行赏及于禽兽，刑罚不避开天子，亲近殷朝的人民如同亲近周朝人民一样，看待别人如同看待自己一样。天下都赞美武王的美德，人民都对武王的仁义感到高兴，所以立他为天子。

齐桓公良车三百乘，教卒万人，以为兵首，横行海内，天下莫之能禁，南至石梁①，西至酆、郭②，北至令支③。中山亡④邢，狄人灭卫，桓公更立邢于夷仪⑤，更立卫于楚丘⑥。

【注释】①石梁：古地名，今在江苏省铜山县。②酆（fēng）、郭：都在今陕西境内。③令支：春秋时山戎属国，今在河北迁安。④亡：使……灭亡。⑤夷仪：今在山东聊城西南。⑥楚丘：古地名，卫国都城，今河南滑县。

【译文】齐桓公有好车三百辆，精兵万人，作为军队前锋，纵横于海内，天下没有能抵挡的，向南到达石梁，向西到达酆郭，向北到达令支。中山灭亡了邢国，狄人灭亡了卫国，齐桓公在夷仪重新建立邢国，在楚丘重新建立卫国。

晋文公造五两^①之士五乘，锐卒千人，先以接敌，诸侯莫之能难。反郑之埤^②，东卫之亩，尊天子于衡雍。

【注释】①两：技能。②埤(pì)：城上矮墙。

【译文】晋文公培养了有五种技能的人十五个，精兵千人，让他们当军队的前锋，诸侯没有能与之对抗的。晋文公下令毁掉郑国的女墙，使卫国的田亩改成东西向，并率领诸侯在衡雍尊奉周天子。

吴阖庐选多力者五百人，利趾者三千人，以为前陈^①，与荆战，五战五胜，遂有郢^②。东征至于庳庐^③，西伐至于巴、蜀，北迫齐、晋，令行中国。

【注释】①陈：通"阵"。②郢(yǐng)：楚国的都城，在今湖北江陵附近。庳(bì)庐：古代国名。

【译文】吴王阖庐选拔勇猛力强的人五百个，跑得快的人三千人，作为前锋，与楚国交战，五战五胜，于是占领郢都。向东征伐到达庳庐，向西讨伐到达巴蜀，向北迫近齐国、晋国，号令在中原都畅行无阻。

故凡兵势险阻，欲其便也；兵甲器械，欲其利也；选练角材，欲其精也；统率士民，欲其教也。此四者，义兵之助也。时变之应也，不可为而不足专恃①。此胜之一策也。

【注释】①恃：依赖。

【译文】所以凡是战争态势，山川险阻，用兵的人都希望对自己有利；兵器护甲，各种器械，用兵的人都希望它们锋利坚固；选拔士兵训练他们，用兵的人都希望他们精锐；统率士兵民众，用兵的人都希望他们训练有素。这四个方面，都是正义之师的辅助，是时势变化的应对，不能不做，也不能一味依赖它们。这是胜利的一种策略。

决 胜

【题解】本篇旨在论述战争决胜之法。作者指出用兵的三个要务——正义、智慧、勇敢。同时，还要善于增益士气和借势，才能取得战争的胜利。

四曰：

夫兵有本干①：必义，必智，必勇。义则敌孤独，敌孤独则上下虚，民解落②；孤独则父兄怨，贤者诽，乱内作。智则知时化，知时化则知虚实盛衰之变，知先后远近纵舍之数。勇则能决断，能决断则能若雷电飘风③暴雨，能若崩山破溃，别辨贲坠；若鸷鸟之击也，搏攫则殪④，中木则碎。此以智得也。

【注释】①本干：树木的根干。②解落：解散，散落。这里指瓦解。③飘风：指旋风，暴风。④攫（jué）：抓取。殪（yì）：杀死。

【译文】第四：

用兵有它的根本：一定要符合正义、运用智慧、勇猛果敢。正义那么敌人就会孤立无援，敌人孤立无援那么军队上下就会缺乏斗志，人民瓦解；孤立无援，君主的父兄就会怨恨，贤人就会非议，就会产生内讧。善用智谋，那么就会知晓态势的发展趋势，知晓态势的发展趋势，就会知道虚实盛衰的变化，知晓先后、远近、行止的策略。勇猛果敢就能决策果断，能够决策果断，行动就能像雷电、飘风、暴雨一样迅疾，能像山崩、溃决、异变，星星坠落那样势不可挡；就会像鹰鸟搏击一样，捕捉猎物就能杀死它，击中木头就会碎裂。这都是依靠勇猛得到的。

夫民无常勇，亦无常怯。有气则实，实则勇；无气则虚，虚则怯。怯勇虚实，其由甚微，不可不知。勇则战，怯则北①。战而胜者，战其勇者也；战而北者，战其怯者也。怯勇无常，儵②忽往来，而莫知其方，惟圣人独见其所由然。故商、周以兴，桀、纣以亡。巧拙之所以相过，以益③民气与夺民气，以能斗众与不能斗众。军虽大，卒虽多，无益于胜。军大卒多而不能斗，众不若其寡也。夫众之为福也大，其为祸也亦大。譬之若渔深渊，其得鱼也大，其为害也亦大。善用兵者，诸边之内莫不与斗，虽厮舆白徒④，方数百里，皆来会战，势使之然也。幸也者，审于战期而有以羁诱⑤之也。

【注释】①北：战败，败北。②儵（shū）：同"倏"。③益：增加。④厮舆白徒：厮舆，低贱的奴仆。白徒，未经训练的兵卒。⑤羁（jī）诱：牵制引诱。

【译文】人民不会一直勇敢，也不会一直胆怯。有士气就会内心充实，充实就会勇敢；士气低落就会空虚，空虚就会胆怯。胆怯还是勇猛，空虚还是充实，它们的来由都是很微妙的，不能够不知晓。勇猛就能战胜，胆怯就会败北；战斗取得胜利的，是依靠勇猛取胜。战斗败北的，是因为胆怯失败。胆怯和勇猛没有定数，变化捉摸不定，没有人能知道其发展的方向，只有圣人才能够知晓其中的缘由。所以商朝和周朝由此而兴盛了，桀、纣灭亡了。用兵巧妙和笨拙之所以效果截然不同，是因为一个增加民众的士气，一个削弱人民的士气，一个善于团结民众，一个不善于团结民众。军队规模虽然壮大，士卒虽然众多，但对获得胜利并没有什么用处。军队壮大、士卒众多而不能战斗，人多还不如人少。人多所造的福大，造成的祸患也大。如同在深渊中打鱼一样，虽然捕到的鱼很大，但造成的害处也大。善于用兵的人，四境之内无不参战，方圆百里即便是奴仆和没受过训练的百姓，也都会参战，这是态势使然。态势的取得在于对战争时机审慎把握，并有办法控制军队。

凡兵，贵其因也。因也者，因敌之险以为己固，因敌之谋以为己事。能审因而加，胜则不可穷矣。胜不可穷之谓神，神则能不可胜也。夫兵，贵不可胜。不可胜在己，可胜在彼。圣人必在己者，不必在彼者，故执不可胜之术以遇不胜之敌，若此则兵无失矣。凡兵之胜，敌之失也。胜失之兵，必隐必微，必积必抟。隐则胜阐矣，微则胜显矣，积则胜散矣，专则胜离矣。诸搏攫柢噬^①之兽，其用齿角爪牙也，必托于卑微隐蔽，此所以成胜。

【注释】①柢（dǐ）噬：谓用角抵，用牙啮。柢，通"抵"。

【译文】凡是作战，贵在善于借势。借势，就是凭借敌人的险阻作为自己坚固的要塞，凭借敌人的谋略来成就自己的事业。能够审慎凭借的条件然后采取行动，胜利就不会穷尽。胜利没有穷尽叫作神，神就是不可能被战胜的了。用兵，贵在不被战胜。不被战胜的主动权在于自己，能否战胜敌人在于敌人是否胆怯。圣人依靠自己的努力，不依赖敌人的过失，所以掌握不被战胜的道理来攻击可以战胜的敌人，像这样用兵就不会有失败的时候。凡是战争的取胜，都是因为敌人有过失。打败有过失的军队，一定要隐蔽、潜伏、蓄积力量、集中兵力。做到隐蔽就会战胜明处的敌人，做到潜伏就会战胜暴露的敌人，做到蓄积力量就会战胜力量分散的敌人，做到集中就会战胜散乱的敌人。那些依靠角牙顶撞撕咬的野兽，在使用角牙利爪之前，一定会伪装、隐藏自己，这就是它们成功捕捉猎物的道理。

爱 士

【题解】本篇记述了秦穆公和赵简子爱士而得利的故事，由此阐明君主要爱惜士民的道理。

五曰：

衣，人以其寒也；食，人以其饥也。饥寒，人之大害也。救
之，义也。人之困穷，甚如饥寒，故贤主必怜人之困也，必哀人
之穷也。如此则名号显矣，国士得矣。

【译文】第五：

给人衣服穿，是因为他受冻；给人食物吃，是因为他饥饿。
挨饿受冻，对人来说是大害。救助他们，是正义的。人艰难困窘，
比挨饿受冻更严重，所以贤明的君主一定会怜悯人民的困苦，对
人的艰难感到哀伤。能做到这样君主的名号就能尊显，就能得到
国士了。

昔者秦缪公乘马而车为败①，右服失而埜人②取之。缪公
自往求之，见埜人方将食之于岐山③之阳。缪公叹曰："食骏马
之肉而不还饮酒，余恐其伤女也！"于是遍饮而去。处一年，为
韩原之战④，晋人已环缪公之车矣，晋梁由靡已扣缪公之左骖⑤
矣，晋惠公之右路石奋投而击缪公之甲，中之者已六札矣。埜人
之尝食马肉于岐山之阳者三百有馀人，毕力为缪公疾斗于车下，
遂大克晋，反获惠公以归。此《诗》之所谓曰"君君子则正，以
行其德；君贱人则宽，以尽其力"者也。人主其胡可以无务行德
爱人乎？行德爱人则民亲其上，民亲其上则皆乐为其君死矣。

【注释】①败：坏。②埜（yě）：通"野"。埜人：即野人，这里指农夫。③岐山：今在陕西。④韩原之战：公元前645年，秦穆公率军攻打晋国，秦晋两国的军队在韩原交战，最终晋军兵败。⑤骖：古代驾车三马中左边的马，后用四马中间的两匹马叫"服"，左右两边的叫"骖"。

【译文】以前秦穆公乘马出游，车子坏了，右侧的马丢失，一群农民抓到了它。秦穆公亲自前往寻马，却发现农民们正在岐山的南面正要吃马肉。秦穆公叹气说："吃骏马的肉却不饮酒，我怕马肉会伤到你们的身体。"于是秦穆公给他们一一饮了酒，，然后离开了。一年后，秦晋在韩原交战，晋人已经包围秦穆公的车了，晋国大夫梁由靡已经抓住穆公车左侧的马了，晋惠公的车右路石奋力用殳击打中了穆公的护甲，穆公的七层护甲已经坏了六层。在这危急时刻，在岐山的南面吃过穆公马肉的农民三百余人，全力在车下为穆公作战，于是战胜了晋国，反而俘虏了晋惠公凯旋。这就是《诗》所说的"当君子的君主就要平正，以此让君子施行美德。当卑贱的人的君主就要宽厚，以此让他们各尽其力。"君主怎么可以不施行仁德、爱惜人民呢？施行仁德、爱惜人民，那么民众就会拥戴他，民众拥戴君主那么就会甘愿为君主拼命。

赵简子①有两白骡而甚爱之。阳城胥渠②处广门之官，夜款门③而谒曰："主君之臣胥渠有疾，医教之曰：'得白骡之肝病则止，不得则死。'"谒者入通。董安于④御于侧，愠⑤曰："嘻！胥渠也，期吾君骡，请即刑焉。"简子曰："夫杀人以活畜，不亦不仁乎？杀畜以活人，不亦仁乎？"于是召庖人杀白骡，取肝以与阳城胥渠。处无几何，赵兴兵而攻翟。广门之官，左七百人，右七百人，皆先登而获甲首。人主其胡可以不好士？

【注释】①赵简子：春秋时期晋国卿士。②阳城胥渠：赵简子的家臣。③款门：敲门。④董安于：赵简子的家臣。⑤愠：恼怒。

【译文】赵简子有两匹白骡，赵简子非常喜爱它们。担任广门邑小吏的阳城胥渠，夜里敲门拜谒说："您的臣子我有了疾病，医生告诉我说：'吃下白骡的肝疾病就会痊愈，吃不到就会死亡。'"负责通告的人禀报赵简子。董安于正在一旁侍奉，生气地说："哎！这个胥渠，竟然觊觎您的骡子，我请求这就惩罚他。"赵简子说："杀人来保存牲畜，这也太不仁义了吧？杀牲畜来使人活下来，这不是很仁义的吗？"于是叫来厨师杀了白骡，取出肝给了阳城胥渠。没过多久，赵国起兵攻打翟地。广门邑的小吏，左队七百人，右队七百人，都先登上城头斩获敌人的护甲和首级。为人君主怎么可以不善待士人呢？

凡敌人之来也，以求利也。今来而得死，且以走为利。敌皆以走为利，则刃无与接。故敌得生于我，则我得死于敌；敌得死于我，则我得生于敌。夫得生于敌，与敌得生于我，岂可不察哉？此兵之精者也。存亡死生，决于知此而已矣。

【译文】凡是敌人来扰，是为了求取利益。现在来了会被杀死，那就以逃跑为得利了。敌人都以逃跑为得利，那么就不会交锋。所以敌人在我们手中生存，那么我们就会被敌人杀死。敌人被我们杀死，我们就会在敌人手中生存下来。在敌人手中生存，和敌人在我们手中生存，哪能够不注意呢？这是用兵的精妙之处。存亡死生，都由是否知晓这个道理来决定了。

扫码听谦德
君为您导读

季秋纪第九

季 秋

【题解】本篇主要记载了九月的特性以及天子应当做的事情。

一曰：

季秋之月，日在房①，昏虚②中，旦柳中。其日庚辛，其帝少暤，其神蓐收，其虫毛，其音商，律中无射。其数九，其味辛，其臭腥，其祀门，祭先肝。候雁来，宾爵③入大水为蛤，菊有黄华，豺则祭兽戮禽。天子居总章右个，乘戎路，驾白骆，载白旂，衣白衣，服白玉，食麻与犬，其器廉以深。

【注释】①房：东方七宿之一，属于天蝎座。②昏虚：属于宝瓶座，也属于小马座。③宾爵：老雀，泛指家雀。

【译文】第一：

秋天的第三个月，太阳在房宿的位置，临近黄昏时，虚宿出现在南方中天，拂晓时，柳宿出现在南方中天。天干中，季秋属于庚辛，对应的天帝是少皞，佐帝之神是蓐收，动物以带毛的兽类为主，相应的音是商音，音律对应无射。对应的数字是九，味道以辛味为主，气味是腥气，要举行的祭祀是门祭，祭品中以肝脏为先。候雁归来，栖息在屋宇下的雀鸟飞入大海化为蛤蜊，秋菊开出黄色花朵，豺开始杀戮禽兽，并像祭祀一样把捕到的野兽四面摆开。天子在西向明堂的右侧室中处理政务，坐白兵车，驾着白色的马，车上插着白色的龙旗，穿白色的衣服，佩戴白色的玉，主要吃麻籽和狗肉，所用的器具要有棱角而深。

是月也，申严号令。命百官贵贱，无不务入，以会天地之藏，无有宣出。命冢宰①，农事备收，举五种之要。藏帝籍之收于神仓，祗②敬必饬。

【注释】①冢（zhǒng）宰：周官名。为六卿之首，亦称太宰。②祗（zhī）：恭敬。

【译文】这个月，再三严格申明号令。命令百官和百姓，都要注意收敛财货，来应和天地藏匿的时气，不要有外泄出漏。命令太宰，在农物都收割之后，建立登记五谷的账簿。把天子籍田中收获的谷物收藏在祭祀天帝的谷仓中，一定要严肃恭敬。

是月也，霜始降，则百工休。乃命有司曰："寒气总至①，民力不堪，其皆入室。"上丁，入学习吹②。

【注释】①总至: 忽然来到。总, 通"忽"。②上丁: 上旬丁日。入学习吹: 此处脱略三字, 应为"入学习吹笙竽龠"。

【译文】这个月, 开始降霜, 百工开始休息。于是命令有司说: "寒气突然来临, 百姓无法经受, 让他们都进入室内避寒。" 这个月上旬丁日, 进入太学练习吹龠笙竽。

是月也, 大飨①帝, 尝牺牲②, 告备于天子。合诸侯, 制百县, 为来岁受朔日③, 与诸侯所税于民轻重之法。贡职④之数, 以远近土地所宜为度, 以给郊庙之事, 无有所私。

【注释】①大飨: 遍祭五方天帝。②牺牲: 供祭祀用的纯色全体牲畜。色纯为"牺", 体全为"牲"。③岁受: 来年。朔日: 旧历每月初一日。④贡职: 贡赋。

【译文】这个月, 隆重祭祀上帝, 用牺牲祭祀群神, 事情完毕, 主管官吏报告天子已经完备。天子要会合诸侯, 和百县大夫, 向他们颁授明年的朔日, 授予诸侯对民征税轻重的法规。诸侯缴纳贡赋多少, 以是远是近和土地所产为依据, 用这些供给祭祀之用, 并不属于私有。

是月也, 天子乃教于田猎, 以习五戎①、狄②马。命仆及七驺③咸驾, 载旍旐舆, 受车以级, 整设于屏外, 司徒搢扑④, 北向以誓之。天子乃厉服厉饬, 执弓操矢以射。命主祠, 祭禽于四方。

【注释】①五戎：五种兵器，谓刀、剑、矛、戟、矢。②獀（sōu）：选择。③七驺（zōu）：七个驾御车马的吏役。④搢（jìn）扑：搢，插。扑，鞭子，戒尺。古代体罚用具。

【译文】这个月，天子借打猎来教练兵法，以此熟悉各种兵器，选择好马。命令仆人和七个驾御车马的吏役都驾马，车上插着旗子，按等级授予参加田猎的人车辆，在屏垣外整齐排列，司徒把教具插在腰间，向北告诫众人。天子于是穿戴威武的服装，佩戴着刀剑等饰物，拿着弓箭射猎。命令主管祭祀的官员，用猎获的禽兽祭祀四方之神。

是月也，草木黄落，乃伐薪为炭。蛰虫咸俯在穴，皆墐^①其户。乃趣^②狱刑，无留有罪。收禄秩之不当者，共养之不宜者。

【注释】①墐（jìn）：用泥涂塞。②趣：通"促"。催促；督促。

【译文】这个月，草木变黄凋零，于是砍伐树木烧成炭。蛰伏的虫类都潜伏在穴里，用泥土封严它的洞口。然后督促案件尽快审判，不要留下有罪应判决的案子。收缴那些无功之人不当的俸禄和不适宜的供养的财物。

是月也，天子乃以犬尝稻，先荐寝庙。

【译文】这个月，天子就着狗肉品尝稻子，在这之前先进献给祖庙。

季秋行夏令,则其国大水,冬藏殃败,民多鼽^①(qiú)窒。行冬令,则国多盗贼,边境不宁,土地分裂。行春令,则暖风来至,民气解堕,师旅必兴。

【注释】①鼽:鼻塞。

【译文】季秋时节施行夏天的政令,那么国家就会发大水,为冬天所收藏的粮食就会遭殃被冲毁,人民多鼻塞窒息的疾病。季秋时节施行冬天的政令,国家就会盗贼盛行,边境不安宁,土地会被侵略分割。季秋时节施行春天的政令,那么就会吹暖风,人民意气消沉懈怠,一定会兴起战争。

顺 民

【题解】本篇阐明了君主要取得民心,才能成就事业的道理。"水能载舟,亦能覆舟",群众的力量是最大的,因此君主需要多加重视。

二曰:

先王先顺民心,故功名成。夫以德得民心以立大功名者,上世多有之矣。失民心而立功名者,未之曾有也。得民必有道。万乘之国,百户之邑,民无有不说^①。取民之所说而民取矣,民之所说岂众哉?此取民之要^②也。

【注释】①说：通"悦"。②要：要领。

【译文】第二：

先王理政首先顺应民心，所以功成名就。依靠德行取得民心来建立盛大功业的人，古代有很多。失去民心而建立功业的人，却未曾有过。取得民心一定要按照方法。无论是万乘的大国，还是只有百户的小邑，人民没有不喜悦的事。做人民所喜悦的事情，就会得到民心了，人民所喜悦的事情难道会很多吗？这是获取民心的要领。

昔者汤克夏而正天下，天大旱，五年不收，汤乃以身祷于桑林①，曰："余一人有罪，无及万夫。万夫有罪，在余一人。无以一人之不敏②，使上帝鬼神伤民之命。"于是剪其发，故磨其手，以身为牺牲，用祈福于上帝。民乃甚说，雨乃大至。则汤达乎鬼神之化，人事之传也。

【注释】①桑林：古地名。相传为殷汤祈雨的地方。②不敏：没有才能，恭敬地表示能力不够或不能接受，自谦之词。

【译文】以前成汤攻克夏朝治理天下，天下大旱，五年没有收成，汤于是以自己的身体在桑林祈祷，说："我一个人有罪，不要殃及民众。民众有罪，都在于我一个人。不要因为一个人不贤能，就使上帝鬼神伤害民众的性命。"于是剪下头发，拶起手指，把自己作为祭品，用来向上帝祈福。人民很喜悦，于是下起大雨。汤可说是通达于鬼神的变化、人事转移的道理了。

文王处岐事纣，冤侮雅逊，朝夕必时，上贡必适，祭祀必敬。纣喜，命文王称西伯，赐之千里之地。文王载拜稽首①而辞曰："愿为民请炮烙之刑②。"文王非恶千里之地，以为民请炮烙之刑，必欲得民心也。得民心则贤③于千里之地，故曰文王智矣。

【注释】①载拜稽(qǐ)首：载拜，即"再拜"。古代一种隆重的礼节，先后拜两次。稽首，古时的一种跪拜礼，叩头至地，是九拜中最恭敬的。②炮烙之刑：也作"炮格"，相传是纣王所用的一种酷刑。用炭烧热铜柱，令受刑者爬行其上，人堕入火炭中被烧死。③贤：胜于，甚于。

【译文】文王在岐山侍奉纣王，虽然受到冤枉辱慢，但依然恭敬顺从，早朝朝拜都很及时，上贡物品一定合适，祭祀一定恭敬。纣王很高兴，封文王为西伯，赐给他千里的土地。文王拜了两次叩头说："我愿意为人民请求废除炮烙的刑罚来代替赏赐。"文王不是厌恶千里的土地，为人民请求废除炮烙刑罚的原因，在于一定会得到民心。得到民心就比得到土地更有用处，所以说文王很有智慧。

越王苦会稽之耻①，欲深得民心，以致必死于吴。身不安枕席，口不甘厚味，目不视靡曼②，耳不听钟鼓。三年苦身劳力，焦唇干肺③，内亲群臣，下养百姓，以来其心。有甘脆不足分，弗敢食；有酒流之江，与民同之。身亲耕而食，妻亲织而衣。味禁珍，衣禁袭，色禁二。时出行路，从车载食，以视孤寡老弱之溃病、困穷、颜色愁悴、不赡者，必身自食之。于是属诸大夫而告之曰：

"愿一与吴徼④天下之衷⑤。今吴、越之国，相与俱残，士大夫履肝肺，同日而死，孤与吴王接颈交臂而偾⑥，此孤之大愿也。若此而不可得也，内量吾国不足以伤吴，外事之诸侯不能害之，则孤将弃国家，释群臣，服剑臂刃，变容貌，易姓名，执箕帚而臣事之，以与吴王争一旦之死。孤虽知要领不属，首足异处，四枝布裂，为天下戮，孤之志必将出焉。"于是异日果与吴战于五湖，吴师大败，遂大围王宫，城门不守，禽夫差，戮吴相，残吴二年而霸。此先顺民心也。

【注释】①会稽之耻：越王句践被吴王夫差兵围会稽山，越王句践屈膝称臣求和之耻辱。②靡曼：指美妙的声色。③焦唇干肺：指忧心如焚，肺为之枯干。④徼（jiǎo）：求。⑤衷：善。⑥偾（fèn）：败坏，死。

【译文】越王对会稽之战感到羞耻痛苦，想要取得民心，以此彻底灭亡吴国。于是勤勤恳恳身不安于枕席，吃饭也不要求美味，不看美色，不听钟鼓。三年的苦心劳力，废心废神。在内亲近群臣，对下供养百姓，来获得民心。有美味但不够分，就不敢独自去吃。把酒倒入江中，和民众一同饮下。自己吃的食物都是亲自耕作种出的，一家人的衣服都是妻子亲自织的。饮食禁止美味，衣服禁止穿两层，服饰禁止用两种以上的颜色。他还时常出外巡视，车里载着食物，看到孤寡老弱、困窘贫穷、面色忧愁、难以自给的人，一定亲自给他们食物。然后召集诸位大夫说："我希望和吴国进行一次战争，希望上天降福。如今吴越两国一同毁灭，士大夫踩着肝脏，同日战死，我与吴王肉搏而亡，这是我最大的愿望。如果不能达到这地步的话，在内我国的国力不足以打败吴国，在外结交诸侯也不能毁灭它，那我将会抛弃国家，解散群臣，佩剑执刀，伪装容貌，改名换姓，拿着簸箕和扫帚当吴王的臣子侍奉他，以此找机会和吴王决斗。我即便知道会腰断颈裂，身首异处，四肢断裂，被天下人所羞辱，但我的志向还是一定要付诸实施。"之后果然和吴国在五湖战斗，吴国军队大败，接着包围了吴王宫殿，城门失守，俘虏了夫差，杀了吴国宰相，消灭吴国两年后称霸。这都是顺应民心的结果啊。

齐庄子^①请攻越，问于和子。和子^②曰："先君有遗令曰：'无攻越，越，猛虎也。'"庄子曰："虽猛虎也，而今已死矣。"和子曰以告鸮子^③。鸮子曰："已死矣，以为生。"故凡举事，必先审民心，然后可举。

【注释】①齐庄子：即田庄子。②和子：即田和。③鸮（xiāo）子：齐国国相。
【译文】齐庄子请求攻打越国，询问和子意见。和子说："先王有留下的命令说：'不要攻打越国，越国是猛虎啊。'"庄子说："即便是猛虎，到了现在也已经死了。" 和子把这些话告诉了鸮子。鸮子说："虽然已经死了，人们认为它还活着。"所以凡是行事，一定要先观察民心所向，然后才能有所行动。

知 士

【题解】本篇旨在论述"知士"的重要性。文章开篇就用千里马作比喻，认为即使是千里马也得贤主去发现。全篇利用静郭君和剂貌辨两人的事例，说明被"知"之人也能"外生乐、趋患难"，亦能让知己者摆脱灾难。

三曰：

今有千里之马于此，非得良工①，犹若弗取。良工之与马也，相得则然后成。譬之若枹②与鼓。夫士亦有千里，高节死义，此士之千里也。能使士得千里者，其惟贤者也。

【注释】①良工：古代泛称技艺高超的人，这里指会看马的人。②枹（fú）：同"桴"，击鼓的槌。

【译文】第三：

假使有一匹千里马，如果遇到不识马的人，仍然不会被当作千里马去驾驭。识马的人和好马，遇见彼此然后才能成名。就像鼓槌和鼓一样。士人中也有"千里马"，高风亮节，舍生取义，这就是士人中的"千里马"。能够让士人发挥才能的，大概只有贤者了吧！

静郭君①善剂貌辨。剂貌辨之为人也多訾②，门人弗说。士尉以证③静郭君，静郭君弗听，士尉④辞而去。孟尝君窃以谏静郭君,静郭君大怒曰:"划而类⑤!揆⑥吾家,苟可以慊⑦剂貌辨者,吾无辞为也。"于是舍之上舍,令长子御,朝暮进食。

【注释】①静郭君:田婴,孟尝君田文之父也,为薛君,号曰静郭君。②訾:同"疵",缺点。③证:直言规劝。④士尉:齐国的门客。⑤划而类:划,通"铲",铲除,除去。而,尔也。⑥揆:度量。⑦慊(qiè):通"慊",满足,快意。

【译文】静郭君很喜爱门客剂貌辨。剂貌辨为人有很多毛病,其他门客都不喜欢他。士尉因此劝谏静郭君,静郭君没有听从,士尉于是告别离开。孟尝君私下劝谏静郭君,静郭君很生气地说:"快停止你们的这种说法吧!揆度我的家中,只要谁能比剂貌辨更令人满意,我就无话可说。"然后又让剂貌辨住进上等房子,让长子侍奉他,早晚进献饭食。

数年,威王①薨,宣王②立,静郭君之交,大不善于宣王,辞而之薛,与剂貌辨俱。留无几何,剂貌辨辞而行,请见宣王。静郭君曰:"王之不说婴也甚,公往,必得死焉。"剂貌辨曰:"固非求生也。请必行!"静郭君不能止。

【注释】①威王:即齐威王,妫姓,田氏,名因齐,田齐桓公之子,战国时期齐国第四代国君,公元前356年至公元前320年在位。②宣王:即齐宣王,妫姓、田氏,名辟疆,齐威王之子,公元前319年至公元前301年在位。

【译文】数年之后,齐威王逝世,齐宣王即位,静郭君和齐宣王交情很不好，于是和剂貌辨一起辞别前往薛地。没过多久，剂貌辨告辞要离开，请求面见齐宣王。静郭君说："宣王很不喜欢我，你去一定会死的。"剂貌辨说："我此去本来也不是寻求生路。"剂貌辨坚决请求前往，静郭君不能阻止他。

剂貌辨行，至于齐，宣王闻之，藏怒以待之。剂貌辨见，宣王曰："子，静郭君之所听爱也？"剂貌辨答曰："爱则有之，听则无有。王方为太子之时，辨谓静郭君曰：'太子之不仁，过颐豕视^①，若是者倍反。不若革太子，更立卫姬婴儿校师。'静郭君泫而曰：'不可，吾弗忍为也。'且静郭君听辨而为之也，必无今日之患也，此为一也。至于薛，昭阳请以数倍之地易薛，辨又曰：'必听之。'静郭君曰：'受薛于先王，虽恶于后王，吾独谓先王何乎？且先王之庙在薛，吾岂可以先王之庙予楚乎？'又不肯听辨，此为二也。"宣王太息，动于颜色，曰："静郭君之于寡人一至此乎！寡人少，殊不知此。客肯为寡人少来静郭君乎？"剂貌辨答曰："敬诺。"

【注释】①过颐（cè）豕视：《国策》作"过颐豕视"，刘辰翁曰："过颐，即俗所谓耳后见腮；豕视，即相法所谓下邪偷视。"

【译文】剂貌辨回到齐国，宣王听说，心怀恼怒地等着他。剂貌辨面见，宣王说："你就是静郭君所听从宠爱的人吧？"剂貌辨说："宠爱是宠爱，但没有听从。您还是太子的时候，我对静郭君说：'太子很不仁义，耳后见腮，目光斜视。像这样的人一定会背叛别人。不如废除太子, 重新立卫姬所生的小孩儿校师为太子。'静郭君哭泣说:'不可以, 我不忍心这样做。'如果静郭君当初听从了我的建议, 那一定没有今天的祸患了, 这是其一。到了薛地, 楚国的昭阳将军请求以数倍于薛地的土地来交换薛地, 我又劝他说:'一定要接受。'静郭君曰:'先王赐给我薛地, 虽然我被如今的君主厌恶, 我如何向先王交待呢? 况且先王的祠庙在薛地, 我又怎么可以把先王的祠庙交给楚国呢? '又不肯听从我的建议, 这是其二。"宣王叹息, 为之动容, 说:"静郭君对我忠诚到这样的地步吗? 我年少, 竟然不知道这些。您愿意替我把静郭君请回来吗?"剂貌辨回答说:"遵命。"

静郭君来, 衣威王之服, 冠其冠, 带其剑。宣王自迎静郭君于郊, 望之而泣。静郭君至, 因请相之。静郭君辞, 不得已而受。十日, 谢病, 强辞, 三日而听。

当是时也, 静郭君可谓能自知人矣。能自知人, 故非之弗为阻。此剂貌辨之所以外生乐、趋患难故也。

静郭君回来, 穿着齐威王赐给他的衣服, 戴着头冠, 佩戴着宝剑。宣王亲自在郊野迎接静郭君, 望着他流下眼泪。静郭君到了, 宣王趁机请他做宰相。静郭君推辞, 不得已才接受。十天后, 托病请辞, 坚决辞官, 三天之后宣王才批准。

这个时候, 静郭君可谓是能够有自己的主见去了解别人了。自己能了解别人, 所以他人的非议不会阻碍自己的判断。这就是剂貌辨能够抛弃生命和享乐，甘愿赴死的原因。

审 己

【题解】文章开篇提出"凡物之然也，必有故"，认为"先王、名士、达师""知其故"，不会"其卒必困"，从而知晓事物发展变化的原因。文中列举子列子、柳下季、齐湣王、越王四人的事例，论述了"审己""知故"的重要。

四曰：

凡物之然也，必有故。而不知其故，虽当，与不知同，其卒必困。先王、名士、达师之所以过俗者，以其知也。水出于山而走于海，水非恶山而欲海也，高下使之然也。稼生于野而藏于仓，稼非有欲也，人皆以之也。故子路①掇雉而复释之。

【注释】①子路：即仲由，字子路，又字季路，"孔门十哲"之一。

【译文】大凡事物之所以这样，一定有原因。不了解这个原因，虽然行为契合，但和不知道还是没有区别，最终一定会被外物所困。先王、名士、达师之所以超过俗人，就是因为知晓其中道理。水从山中流出，流入大海，水流并不是厌恶高山喜爱大海，而是山高海低造成的。庄稼在田野中生长而保存在粮仓中，庄稼并没有被收藏的欲望，人们需要它们罢了。所以子路捉到了野鸡又放走了它，是因为自己尚不知晓捉到它的原因。

子列子①常射中矣，请之于关尹子②。关尹子曰："知子之所以中乎？"答曰："弗知也。"关尹子曰："未可。"退而习之三年，又请。关尹子曰："子知子之所以中乎？"子列子曰："知之矣。"关尹子曰："可矣，守而勿失。"非独射也，国之存也，国之亡也，身之贤也，身之不肖也，亦皆有以。圣人不察存亡贤不肖，而察其所以也。

【注释】①子列子：战国时郑国人。②关尹子：字公度，名喜，曾为关令，所以称"关尹子"，先秦天下十豪之一，周朝大夫，为先秦道教楼观派祖师、文始派祖师。

【译文】子列子曾射中目标，又向关尹子请教射箭的方法。关尹子说："你知道自己能够射中的缘由吗？"回答说："不知道。"关尹子说："现在还不能与你谈论道。"子列子退下又练习了三年，又向关尹子请教。关尹子说："你知道自己能够射中的缘由吗？"子列子说："知道了。"关尹子说："可以了，坚守道理不要忘记。"不单单是射箭，国家的存亡和人的贤与不贤，都有各自的道理。圣人不考察存亡和贤与不贤本身，而考察造成这样结果的原因。

齐攻鲁，求岑鼎①。鲁君载他鼎以往。齐侯弗信而反②之，为非，使人告鲁侯曰："柳下季③以为是，请因受之。"鲁君请于柳下季，柳下季答曰："君之赂，以欲岑鼎也？以免国也？臣亦有国于此。破臣之国以免君之国，此臣之所难也。"于是鲁君乃以真岑鼎往也。且柳下季可谓此能说矣，非独存己之国也，又能存鲁君之国。

【注释】①岑鼎：鲁国名鼎的名称，古代把鼎作为立国的重器。②反：同"返"。③柳下季：即展获，字子禽，谥号惠，后人尊称其为柳下惠。

【译文】齐国攻打鲁国，索要岑鼎。鲁国君主载着别的鼎前去。齐侯不相信，把鼎退了回来，认为这不是真的岑鼎。派人告诉鲁国君主说："柳下惠认为这是岑鼎，我才接受。"鲁君向柳下惠求助，柳下惠回答说："您给齐国假的岑鼎，是想保留真岑鼎呢，还是想使国家免于灾祸呢？我这里也有一个国家，那就是自己的信誉。破坏我的信誉来使您的国家免于灾祸，这是我难以办到的。"于是鲁君载着真岑鼎前往。像柳下惠这样的人可谓是善于劝说了，不仅保全了自己的信誉，又能保全鲁君的国家。

齐湣王①亡居于卫，昼日步足，谓公玉丹②曰："我已亡矣，而不知其故。吾所以亡者，果何故哉？我当已。"公玉丹答曰："臣以王为已知之矣，王故尚未之知邪？王之所以亡也者，以贤也。天下之王皆不肖，而恶王之贤也，因相与合兵而攻王，此王之所以亡也。"湣王慨焉太息曰："贤固若是其苦邪？"此亦不知其所以也，此公玉丹之所以过③也。

【注释】①齐湣王：妫姓，田氏，名地，齐宣王之子，战国时期齐国第六任君主，公元前300年至公元前284年在位。②公玉丹：齐湣王之臣。

③过：不忠诚，欺骗。

【译文】齐湣王流亡住在卫国，白天散步的时候，对公玉丹说："我逃亡在外，却不知道原因。我逃亡的缘由，究竟是什么呢？我应当改正自己的过失。"公玉丹回答说："我还以为您知道了呢，您还没知晓吗？您逃亡的原因，是因为太贤能了。天下的君主都很昏庸，因此厌恶您的贤能，于是互相联合军队来攻击您，这就是您流亡的缘由。"齐湣王感慨地叹息说："君主贤明原来就要遭受这样的痛苦吗？"这也是不知道自己为何流亡啊，这也是公玉丹能够欺骗他的原因。

越王授有子四人。越王之弟曰豫，欲尽杀之，而为之后。恶①其三人而杀之矣。国人不说，大非上。又恶其一人而欲杀之，越王未之听。其子恐必死，因国人之欲逐豫，围王宫。越王太息曰："余不听豫之言，以罹②此难也。"亦不知所以亡也。

【注释】①恶：诽谤。②罹（lí）：遭遇。

【译文】越王授有四个儿子。越王的弟弟叫豫，想要杀死他们，让自己做越王授的继承人。豫毁谤其中的三个，越王授杀死了他们。国人都很不满，纷纷非议越王。豫又毁谤剩下的那一位，想要杀死他，越王没有听他的话。越王之子害怕自己一定会死，凭借国人的愿望驱逐豫，围住了王宫。越王叹气说："我不听从豫的劝谏，才有了今天祸患啊。"这也是不知道灭亡的真正原因。

精 通

【题解】"精通"是指人的精气相通，互相感应。本篇讲述的是为君之道，即主张君主和人民精气相通，要做到"以爱利民为心""行德乎己"，就会达到"号令未出，而天下皆延颈举踵矣"的境界。

五曰：

人或谓兔丝①无根。兔丝非无根也，其根不属②也，伏苓是。慈石召铁，或引之也。树相近而靡③，或轹④之也。圣人南面而立，以爱利民为心，号令未出，而天下皆延颈举踵矣，则精通乎民也。夫贼害于人，人亦然。

【注释】①兔丝：即菟丝子，一年生寄生草本植物。②属：连缀，接连。③靡：通"摩"，摩擦。④轹（rǒng）：推。

【译文】人们说菟丝子没有根。菟丝子并不是没有根，它的根不和菟丝连接，茯苓就是它的根。磁石招来铁，是有力量在吸引铁。树木彼此相近，就会相互摩擦，是有力量在推动它们。圣人向南站立，以爱护人民，使人民得利为己任，号令还未发出，天下就已经都伸着脖子踮起脚盼望了，这是圣人的精神与民相通的缘故。暴君伤害人民，人民也会有相对应的反应。

今夫攻者，砥厉①五兵，侈衣美食，发且有日矣，所被攻者不乐,非或闻之也,神者先告也。身在乎秦,所亲爱在于齐,死而志气不安,精或往来也。

【注释】①砥厉:即"砥砺",磨刀石,此处用作动词。

【译文】如今攻击的一方,把兵器磨得非常锋利,穿宽大的衣服,吃美食,距离出征没有几天,将要被攻打的国家不会快乐,不是有人听闻了消息,而是精神先感知到了。人在秦国,所亲近宠爱的人在齐国,在秦国的人死去,在齐国的人心神就会不安宁,这是精神有所往来的原因。

德也者,万民之宰也。月也者,群阴之本也。月望①则蚌蛤实,群阴盈;月晦②则蚌蛤虚,群阴亏。夫月形乎天,而群阴化乎渊;圣人行德乎己,而四荒咸饬乎仁。

【注释】①月望:月满。月满之时,通常在月半,故亦用以指农历每月十五日。②月晦:谓月尽,多指农历每月的最后一日。

【译文】德行,是万民的主宰。月亮,是众多阴物的本源。望日月满的时候,蚌蛤的肉就丰实,各种属阴之物也就盈满。晦日月亏,蚌蛤的肉就空虚,各种属阴之物也就亏损。月亮在天空中变化形态,阴物在水中跟着变化。圣人修养自己的德行,四方荒远之民也全都跟着整饬自己,归向仁义。

养由基射兕①,中石,矢乃饮羽②,诚乎兕也。伯乐学相马,所见无非马者,诚乎马也。宋之庖丁好解牛,所见无非死牛者；三年而不见生牛；用刀十九年，刃若新䃺研，顺其理，诚乎牛也。

钟子期夜闻击磬者而悲，使人召而问之曰："子何击磬之悲也？"答曰："臣之父不幸而杀人，不得生；臣之母得生，而为公家为酒；臣之身得生，而为公家击磬。臣不睹臣之母三年矣。昔为舍氏睹臣之母，量所以赎之则无有，而身固公家之财也。是故悲也。"钟子期叹嗟曰："悲夫，悲夫！心非臂也，臂非椎③非石也。悲存乎心而木石应之，故君子诚乎此而谕乎彼，感乎己而发乎人，岂必强说乎哉？"

周有申喜者，亡其母，闻乞人歌于门下而悲之，动于颜色，谓门者内④乞人之歌者，自觉而问焉，曰："何故而乞？"与之语，盖其母也。故父母之于子也，子之于父母也，一体而两分，同气而异息。若草莽⑤之有华实也，若树木之有根心也，虽异处而相通，隐志相及，痛疾相救，忧思相感，生则相欢，死则相哀，此之谓骨肉之亲。神出于忠，而应乎心，两精相得，岂待言哉？

【注释】①㸲："兕"的变体讹写。兕，音同"四"，雌性犀牛。②饮羽：箭深没羽，形容射箭的力量极强。昔：古同"夕"，夜。③椎：敲打东西的器具，这里指敲击（石）磬的器具。④内：古同"纳"。⑤草莽：丛生的杂草。

【译文】养由基射兕，射中石头，箭羽都没入石头中，这是精神集中于射兕的缘故。伯乐学习相马，所见除马之外别无他物，这是精神集中于马的缘故。宋国的庖丁善于肢解牛，所见除了被肢解的牛外别无他物；三年没有见过活牛。刀用了十九年，刀刃像刚刚被磨过一样，这是由于他分解牛的肢体时顺着牛的肌理，精神集中于牛的缘故。

钟子期夜里听见有人击磬而悲伤，派人把他找来问道："你击磬的声音为何如此悲伤？"那人回答说："我父亲不幸杀了人，没能活下来。我的母亲虽然活命，却被没入公家造酒；我虽然活命，却被没入公家击磬。我已经有三年没见过我的母亲了。昨天在舍氏看见了我的母亲，想要赎出她，但是却没有钱。甚至我自己都是公家的财产。因此悲伤。"钟子期叹气说："可悲啊！可悲。心并不是手臂，手臂也不是椎和磬。木石却能感应心中的悲伤，所以君子心有所感，外物就会有所反应，在自己心中感念，在他人身上显现，哪里一定需要用言辞表明呢？"

周朝有个叫申喜的人，他的母亲走失了，又听见门前有个乞丐唱歌，心中悲伤，为之动容，让看门的人叫唱歌的乞丐进来，自己问他说："为什么乞讨？"和他交谈，发现是他母亲的缘故。所以父母对于子女，子女对于父母，不过是一个身体而分在两处，精气相同而气息不同罢了。像丛生的杂草有花有果，像树木有根一样，虽然所处的地方不同但精气相通，心中志向相互连通，有了隐疾互相救助，有了忧愁都会感应，对方活着自己就开心，对方死亡自己就会悲哀，这就叫骨肉之亲。这种精神出于至诚，而感应于心，两处的精神相互感应，哪还需要言辞叙说呢？

孟冬纪第十

扫码听谦德
君为您导读

孟 冬

【题解】按照四季的划分,冬季是年岁之末,而孟冬是年岁之末的开始。它是万物收藏的季节,所以天子发布政令,要顺应该时节气闭藏的特征,如命令百官敦促百姓收敛聚藏,整修边备,完善城墙等等。

一曰:

孟冬之月,日在尾①,昏危②中,旦七星中。其日壬癸,其帝颛顼,其神玄冥③,其虫介,其音羽,律中应钟。其数六,其味咸,其臭朽,其祀行,祭先肾。水始冰,地始冻,雉入大水为蜃④,虹藏不见。天子居玄堂左个,乘玄辂⑤,驾铁骊⑥,载玄旗,衣黑衣,服玄玉,食黍与彘,其器宏以弇⑦。

【注释】①尾:东方七宿之一,属于天蝎座,是蝎子的尾巴。②危:北方七宿之一,属于宝瓶座和飞马座。③玄冥:水德之神。④雉:一种鸟,也叫野鸡。蜃:蛤蜊。⑤玄辂:亦作"玄辂"。⑥骊:纯黑色的马。

⑦弇（yǎn）：狭。

【译文】冬天的第一个月，太阳在尾宿的位置，临近黄昏时，危宿出现在南方中天，拂晓时，星宿出现在南方中天。天干中，孟冬属于壬癸，对应的天帝是颛顼，佐帝之神是玄冥，动物以带甲壳的虫类为主，相应的音是羽音，音律对应应钟。对应的数字是六，味道以咸味为主，气味是朽气，要举行的祭祀是行祭，祭品中以肾脏为先。水流开始结冰，大地开始冰冻，雉鸟钻进淮水变成蛤蜊，彩虹消失不见。天子在北向明堂的左侧室中处理政务，坐黑兵车，驾着黑色的马。车上插着黑色的龙旗，穿黑色的衣服，佩戴黑色的玉，主要吃黍米和猪肉，所用的器具要大而口敛。

是月也，以立冬。先立冬三日，太史谒之天子，曰："某日立冬，盛德在水。"天子乃斋。立冬之日，天子亲率三公九卿大夫以迎冬于北郊。还，乃赏死事，恤孤寡。

【译文】这个月，是立冬的月份。在立冬前三天，太史禀告天子说："某某日立冬，大德在水。"天子于是斋戒。立冬那天，天子亲自率领三公九卿和大夫到北郊迎接冬天的到来。回朝，赏赐为国牺牲的将士，抚恤其遗孀和子女。

是月也，命太卜①祷祠龟策，占兆②审卦吉凶。于是察阿上③乱法者则罪之，无有掩蔽。

【注释】①太卜：掌阴阳卜筮之法，通过卜筮蓍龟，帮助天子决定诸疑，观国家之吉凶。②兆：古指占卜吉凶时灼龟甲所成的裂纹。③阿上：谓曲意逢迎上司。

【译文】这个月，命令太卜，以龟策祈祷，占卜兆象，观察卦象推断吉凶。然后审查降罪于曲意逢迎扰乱法纪的人，不要有所包庇。

是月也，天子始裘。命有司曰："天气上腾，地气下降，天地不通，闭而成冬。"令百官谨盖藏。命司徒循行积聚，无有不敛；坿①城郭，戒门闾，修楗闭②，慎关龠，固封玺③，备边境，完要塞，谨关梁，塞蹊径，饬丧纪，辨衣裳，审棺椁之厚薄，营丘垄④之小大高卑薄厚之度，贵贱之等级。

【注释】①坿（fù）：同"附"。②楗闭：锁。其牡为楗，其牝为闭。③封玺：封缄的印信。④丘垄：坟墓。

【译文】这个月，天子开始穿裘衣。命令有司说："天气上腾，地气下降，天地之气不相通，闭塞造成冬天。"命令百官谨慎对待仓库储藏。命令司徒巡视收藏的情况，不得有没收藏的谷物。要加固城墙，戒备城门里门，维修门栓门鼻，谨慎保管钥匙，加固印封，戒备边境，完缮边境的设施，谨慎修茸桥梁，堵塞田间小路，整饬丧事的规格，使丧服等级分明，棺椁的厚薄要合度，营建坟墓的大小、高低、厚薄的标准要合乎贵贱等级制度。

是月也，工师效功。陈祭器，按度程，无或作为淫巧，以荡上心，必功致^①为上。物勒^②工名，以考其诚；工有不当，必行其罪，以穷其情。

【注释】①功致：坚固细密。②勒：刻。

【译文】这个月，工师献上自己的作品。陈列他们所制造的器物，查看是否符合法度标准，不得制作淫巧的器物使君主的心志摇动，一定要以坚固细密为上品。器物刻着作者的名字，来考察他们是否诚信。如果有不得当的地方，一定要追究罪责，明察其巧诈之情。

是月也，大饮蒸，天子乃祈来年于天宗^①。大割，祠于公社及门闾，飨先祖五祀^②，劳农夫以休息之。天子乃命将率讲武，肄^③射御、角力。

【注释】①天宗：指日、月、星辰。②五祀：古代祭祀的五种神祇。一说祭祀五行之神。一说祭祀住宅内外的五种神（门、户、中霤、灶、行）。③肄（yì）：学习。

【译文】这个月，在蒸祭之后，天子和大臣们举行盛大的宴会。然后天子向日月星辰祈祷来年的福佑。宰杀牺牲，在公社和门闾祈祷，祭祀先祖和各种神祇，慰劳农民让他们好好休息。天子命令将帅演练武事，教士兵们射箭驾马、比试体力。

是月也，乃命水虞渔师收水泉池泽之赋，无或敢侵削众庶兆民，以为天子取怨于下，其有若此者，行罪无赦。

【译文】这个月，命令掌管水利渔业的官员收取水泉池泽的税，不要擅自加税剥削众民，来使天子在人民中结下怨恨，如果有这样做的，一定降罪不会赦免。

孟冬行春令，则冻闭不密，地气发泄，民多流亡。行夏令，则国多暴风，方冬不寒，蛰虫复出。行秋令，则雪霜不时，小兵^①时起，土地侵削。

【注释】①小兵：小规模的战乱。

【译文】孟冬时节施行春天的政令，那么就会天地闭塞密封的状态就会改变，地气外泄，人民大多流亡。孟冬时节施行夏天的政令，那么国家就会多大风，正处冬天而不寒冷，蛰伏的虫子重新出洞。孟冬时节施行秋天的政令，那么霜雪就不会按时降下，小股叛乱时常发生，外敌会侵扰边境分割土地。

节 丧

【题解】本篇批评了厚葬死者的风气，指出使死者不被打扰是最好的，不被打扰的方法就是地点隐蔽，葬品节俭。

二曰：

审知生，圣人之要也；审知死，圣人之极也。知生也者，不以害生，养生之谓也；知死也者，不以害死，安死之谓也。此二者, 圣人之所独决也。

【译文】第二：

明察生命, 是圣人的要务。明察死亡, 是圣人的急务; 明察生命, 避免伤害生命, 养生就是这样。明察死亡, 不以外物损害死者, 善终就是这样。这两者, 只有圣人才能明辨知晓。

凡生于天地之间, 其必有死, 所不免也。孝子之重其亲也, 慈亲之爱其子也, 痛于肌骨, 性也。所重所爱, 死而弃之沟壑, 人之情不忍为也, 故有葬死之义。葬也者, 藏也, 慈亲孝子之所慎也。慎之者, 以生人之心虑。以生人之心为死者虑也, 莫如无动, 莫如无发。无发无动, 莫如无有可利, 则此之谓重闭①。

【注释】①重闭: 特指墓葬节俭不被发掘。
【译文】凡是天地之间的生命, 一定会有死亡的时候, 这是难以避免的。孝子把父母看得很重要, 父母也很爱护子女, 尊重、疼爱深入肌骨, 这是人的天性。所看重所亲爱的人, 死去后把他抛到沟壑之中, 这是人情所不忍做的, 所以有必须埋葬死者的道理。葬, 就是藏, 是父母孝子所应慎重的。对待埋葬很慎重, 是因为生人的心虑。生人为死者考虑, 则莫过于使死者不被移动, 和坟墓不被挖掘。不被挖掘移动, 最好的方法莫过于坟墓中无利可图, 像这样叫作"重闭"。

古之人有藏于广野深山而安者矣，非珠玉国宝之谓也，葬不可不藏也。葬浅则狐狸抇①之，深则及于水泉。故凡葬必于高陵之上，以避狐狸之患、水泉之湿。此则善矣，而忘奸邪盗贼寇乱之难，岂不惑哉？譬之若瞽师②之避柱也，避柱而疾触杙③也。狐狸、水泉、奸邪、盗贼、寇乱之患，此杙之大者也。慈亲孝子避之者，得葬之情矣。

【注释】①抇（hú）：发掘。②瞽师：盲乐师。③杙（yì）：小木桩，亦泛指木桩。

【译文】古代有埋葬在深山老林之中而平安至今的人，不是说由于有珠玉国宝，而是说埋葬地点不可不隐蔽。埋葬得太浅，狐狸就会挖掘坟墓。埋葬得太深，就会触及水泉使棺材潮湿。所以凡是埋葬一定要在高山之上，来躲避狐狸的祸患、水泉的潮湿。这样的地点是好了，然而却忘了奸邪盗贼的祸乱，这不是很糊涂吗？就如同盲乐师避开柱子，刚避开了柱子又马上用力撞到尖木桩上一样。狐狸、泉水、奸邪、盗贼、敌寇的祸患，这是更大的尖木桩啊！父母孝子能够避开这些，就能得到埋葬的本意了。

善棺椁，所以避蝼蚁蛇虫也。今世俗大乱，之主愈侈其葬，则心非为乎死者虑也，生者以相矜尚也。侈靡者以为荣，俭节者以为陋，不以便死为故，而徒以生者之诽誉为务，此非慈亲孝子之心也。父虽死，孝子之重之不怠；子虽死，慈亲之爱之不懈。

夫葬所爱所重,而以生者之所甚欲,其以安之也,若之何哉?

【译文】把棺椁做得好,是为了避免蝼蚁蛇虫的咬啮。如今世俗大乱,君主的葬事愈来愈奢侈,这种埋葬的本意就不是为了死者考虑,而是供生者相互攀比夸耀的。奢侈的人以之为荣,把节省的行为看作鄙陋,不以方便死者为任务,仅仅为了考虑生者的毁谤和名誉,这不符合父母孝子的心。父母虽然死去,孝子敬重的心不会懈怠。子女虽然死去,父母爱护的心不会停止。埋葬亲爱看重的人,却用生者非常想得到的东西陪葬,想用这些使死者安宁,结果会如何呢?

民之于利也,犯流矢,蹈白刃,涉血①盭肝以求之。野人之无闻者,忍亲戚、兄弟、知交以求利。今无此之危,无此之丑,其为利甚厚,乘车食肉,泽及子孙。虽圣人犹不能禁,而况于乱?

【注释】①涉血:形容血流遍地,流血多。
【译文】人民在利益面前,宁愿冒着飞箭,踩着白刃,流着血相互残杀来求取。野蛮的人,残忍地对待亲戚兄弟至交来求取利益。如今挖掘坟墓没有这样的危险,没有如此耻辱,得利却非常多,乘车吃肉,福泽延及子孙这种情况即便是圣人也不能完全禁止,更何况平庸的君主呢?

国弥大，家弥富，葬弥厚。含珠鳞施①，玩好②货宝，钟鼎壶滥③，舆马衣被戈剑，不可胜其数。诸养生之具，无不从者。题凑④之室，棺椁数袭，积石积炭，以环其外。奸人闻之，传以相告。上虽以严威重罪禁之，犹不可止。且死者弥久，生者弥疏；生者弥疏，则守者弥怠；守者弥怠而葬器如故，其势固不安矣。

【注释】①含珠：口中衔珠。鳞施：古代贵族丧葬时给死者穿戴的玉衣。②玩好：供玩赏的奇珍异宝。③滥："鉴"的讹写。鉴，镜子。④题凑：古代天子的椁制，也赐用于大臣。椁室用大木累积而成，木头皆内向为椁盖，上尖下方，犹如屋檐四垂，谓之"题凑"。

【译文】国家越大，家庭就越富有，葬品就越丰厚。死者口含珍珠，身穿玉衣，还有玩物珍宝、钟鼎、玉壶、宝镜、车马衣服和戈剑，数不胜数。诸多养生的器具，无不随葬。椁室如四面垂檐的房子，内有棺椁多重，环绕棺椁放着多层石头和木炭。坏人听说了，相互传告。君主虽然用严厉的刑罚去禁止他们，尚且不能成功。况且死者死得越久，生人对他的感情就越疏远。感情越疏远，守墓的人就越懈怠。守墓的人越懈怠，可葬品还是和原来一样，形势注定要不安全。

世俗之行丧，载之以大辁①，羽旄旌旗、如云偻翣②以督之，珠玉以佩之，黼黻③文章以饬之，引绋④者左右万人以行之，以军制立之然后可。以此观世，则美矣侈矣；以此为死，则不可也。苟便于死，则虽贫国劳民，若慈亲孝子者之所不辞为也。

【注释】①辒（chūn）：灵车。②偻翣（lǔ shà）：棺盖边的饰物。③黼黻（fǔ fú）：泛指华美花纹。④绋（fú）：古代出殡时拉棺材用的大绳。

【译文】世俗的葬礼，用大车载着棺椁，各种旗帜相随，棺椁上画着云气的饰物，点缀着各种珠玉，涂饰着各种花纹，执绋送葬的有数万人，牵引灵车行进，这么多人需要用军法去管理才行。这些在生人看来，是很壮大奢侈的了。对于死者则不行。如果能有利于死者，那即便使国家贫困，使人民劳苦，父母孝子也不会推辞。

安 死

【题解】本篇主旨和上一篇类似。作者驳斥了厚葬的风俗，提倡节俭，认为节俭才能保全死者的坟墓。

三曰：

世之为丘垄也，其高大若山，其树之若林，其设阙庭、为宫室、造宾阼①也若都邑。以此观世示富则可矣，以此为死则不可也。夫死，其视万岁犹一瞚②也。人之寿，久之不过百，中寿不过六十。以百与六十为无穷者之虑，其情必不相当矣。以无穷为死者之虑，则得之矣。

【注释】①宾阼（zuò）：堂前台阶，包括西阶和东阶。②瞚（shùn）：古同"瞬"，眨眼。

【译文】世俗建造的坟墓，高大如山，坟上种树，如同树林。墓地修建阙庭、宫室、宾阼，就像都邑一样。用这些向世人夸耀财富是可以的，用这些安葬死者就不行了。死亡的人，看一万年就像一眨眼一样。人的寿命，长的不过百年，中等的也不超过六十岁。以一百岁和六十岁的人为无穷年岁的人考虑，实际情况一定不会得当。按照无限长久的情况为死者考虑，就得到埋葬的本意了。

今有人于此，为石铭①置之垄上，曰："此其中之物，具②珠玉玩好财物宝器甚多，不可不扣，扣之必大富，世世乘车食肉。"人必相与笑之，以为大惑。世之厚葬也有似于此。

自古及今，未有不亡之国也；无不亡之国者，是无不扣之墓也。以耳目所闻见，齐、荆、燕尝亡矣，宋、中山已亡矣，赵、魏、韩皆亡矣，其皆故国矣。自此以上者亡国不可胜数，是故大墓无不扣也。而世皆争为之，岂不悲哉？

【注释】①石铭：刻有文字的碑石。②具：备。
【译文】现在有这样的人，在石头上刻上铭文，立在坟墓上，说："这坟墓里的东西，有特别多的珠玉、宝物、宝器，不能够不挖掘，挖掘这个坟墓一定会大富，代代子孙都能够乘车吃肉。"人们一定会嘲笑他，认为他糊涂。世俗的厚葬其实也像这样一般。

从古到今，没有不灭亡的国家。没有不灭亡的国家，也就没有不被挖掘的坟墓。按人们所听闻见到的，齐、楚、燕国都灭亡了，宋、中山国也都灭亡了，赵国、魏国、韩国都灭亡了，它们都成了古国。在它们之前灭亡的国家难以数清，因此大的坟墓没有不被挖掘的。而世俗之人争着这样做，岂不是很悲哀嘛！

君之不令民，父之不孝子，兄之不悌弟，皆乡里之所釜鬵^①者而逐之。惮^②耕稼采薪之劳，不肯官人事，而祈美衣侈食之乐，智巧穷屈，无以为之，于是乎聚群多之徒，以深山广泽林薮^③，扑击遏夺，又视名丘大墓葬之厚者，求舍便居，以微抇之，日夜不休，必得所利，相与分之。夫有所爱所重，而令奸邪盗贼寇乱之人卒必辱之，此孝子忠臣亲父交友之大事。

尧葬于谷林，通^④树之；舜葬于纪市，不变其肆^⑤；禹葬于会稽，不变人徒^⑥。是故先王以俭节葬死也，非爱其费也，非恶其劳也，以为死者虑也。

【注释】①釜鬵（lì）：釜，古代的一种锅；鬵，古代炊具，形状像鼎而足部中空。②惮（dàn）：害怕。③林薮（sǒu）：指山林水泽，草木丛生的地方。④通：遍。⑤肆：商店，店铺。⑥人徒：庶民，民众。

【译文】不听从君主命令的人民，不孝敬父母的孩子，不尊重兄长的弟弟，都是会被乡里的人拿着炊具追打驱逐的人。他们害怕耕种伐薪的辛苦，不肯从事劳役，却又希望穿漂亮的衣服，吃美食，而竭尽自己的智慧机巧，也不能得到。于是聚集很多同类，在深山老林广泽之中，拦路打劫。又探察陪葬品丰厚的大墓，寻求住进方便掘墓的住所，偷偷挖掘坟墓，日夜不停，一定要得到利益，然后分赃。人所亲近看重的人，最后会被奸邪、盗贼、匪人侮辱，这是孝子、忠臣、父母、知交的头等大事。

尧葬在谷林，坟墓处处种上树；舜葬在纪市，市面上的店铺都没改变位置；禹葬在会稽，不烦扰众人。因此先王以节俭埋葬死者，并不是吝惜费用，不是厌恶辛劳，只是替死者考虑罢了。

先王之所恶，惟死者之辱也。发则必辱，俭则不发，故先王之葬，必俭、必合、必同。何谓合？何谓同？葬于山林则合乎山林，葬于阪隰①则同乎阪隰，此之谓爱人。夫爱人者众，知爱人者寡。故宋未亡而东冢抇，齐未亡而庄公冢抇。国安宁而犹若此，又况百世之后而国已亡乎？故孝子忠臣亲父交友不可不察于此也。夫爱之而反危之，其此之谓乎。《诗》曰："不敢暴虎，不敢冯河②，人知其一，莫知其他。"此言不知邻类也。

故反以相非，反以相是。其所非方其所是也，其所是方其所非也。是非未定，而喜怒斗争反为用矣。吾不非斗，不非争，而非所以斗，非所以争。故凡斗争者，是非已定之用也。今多不先定其是非而先疾斗争，此惑之大者也。

【注释】①阪隰（bǎn xí）：坡面与坡底。②暴虎冯河：暴虎，空手搏虎；冯河，涉水过河。比喻有勇无谋，鲁莽冒险。
【译文】先王所厌恶的，是死者被侮辱。被发掘就一定会被侮辱，节俭埋葬就不会被发掘，所以先王安葬死者，一定节俭，

一定做到"合"，一定做到"同"。什么叫合？什么叫同？葬在山林
就与山林合为一体，葬在坡面与坡底就和它们合为一体，这叫作
爱人。想爱人的人很多，知道爱人的却很少。所以宋国还没有灭
亡，东冢就被挖掘。齐国尚未灭亡，庄公冢就被发掘。国家安宁
都尚且如此，又何况百代之后，国家已经灭亡的时候呢？所以孝
子、忠臣、慈父、朋友不能不考察这个道理。爱人反而使他危险，
就是说这样的情况吧！《诗》写道："不敢徒手打老虎，不敢徒渡
黄河，人们只知道其一，而不知道其他的祸患。"这是说不知道
推理。

所以反过来互相非议，反过来互相认同。他们所非议的是
他们刚刚赞同过的，他们赞同的是他们刚刚非议过的。是非还没
有确定，而喜怒斗争反倒都运用上了。我们并不反对斗，不反对
争，而反对驱使人民斗、驱使人民争的根源。所以凡是斗争，都
是是非确定之后的手段。如今不先确定是非而急于争斗，这是很
糊涂的。

　　鲁季孙有丧，孔子往吊之。入门而左，从客也。主人以玙璠①
收，孔子径庭而趋，历级而上，曰："以宝玉收，譬之犹暴骸中原
也。"径庭历级，非礼也；虽然，以救②过也。

【注释】①玙璠（yú fán）：玙，即玙。玙和璠都是美玉。②救：
阻止。

【译文】鲁国的季孙举办丧事，孔子前往吊唁。进门跟从宾
客们在左站立。主人用美玉收敛死者，孔子下西阶，穿过中庭快

步行走，登上东阶，说："用宝玉收敛，就如同把尸体曝露在平原上。"穿过中庭，登上东阶是不合礼数的；即便这样，也是为了补救过失。

异 宝

【题解】本篇说明人所珍视的各有不同，所知晓的越精微，所选择拿取的就越精微。所知晓的越粗劣，所选择拿取的就越粗劣。

四曰：

古之人非无宝也，其所宝者异也。

孙叔敖疾，将死，戒①其子曰："王数封我矣，吾不受也。为我死，王则封汝，必无受利地。楚、越之间有寝之丘者，此其地不利，而名甚恶。荆人畏鬼，而越人信机。可长有者，其唯此也。"孙叔敖死，王果以美地封其子，而子辞，请寝之丘，故至今不失。孙叔敖之知，知不以利为利矣。知以人之所恶为己之所喜，此有道者之所以异乎俗也。

【注释】①戒：通"诫"，告诫。

【译文】第四：

古人并不是没有宝物，只是珍视的各有不同。

孙叔敖得了病，马上要死了，告诫他的儿子说："楚王多次要封我土地，我没有接受。我死了，楚王就会封给你土地，你一定不要接受好的土地。楚、越之间有个叫寝丘的地方，这个地方并不丰沃，而且名字很不好。楚国人害怕鬼，而越人迷信鬼神和灾祥。能够长久占有的土地，大概只有这个地方了。"孙叔敖死去，楚王果然封给孙叔敖儿子沃美的土地，而孙叔敖的儿子没有接受，请求受封寝丘，所以至今没有失去封地。孙叔敖的智慧，在于知道不把世俗认为的利益当作利益。知道把世俗所厌恶的当作自己喜欢的，这就是有道的人区别于世俗之人的原因。

五员亡①，荆急求之，登太行②而望郑曰："盖是国也，地险而民多知，其主，俗主也，不足与举。"去郑而之许，见许公而问所之。许公不应，东南向而唾。五员载拜受赐曰："知所之矣。"因如吴。过于荆，至江上，欲涉，见一丈人，刺小船，方将渔，从而请焉。丈人度之，绝③江。问其名族，则不肯告，解其剑以予丈人，曰："此千金之剑也，愿献之丈人。"丈人不肯受，曰："荆国之法，得五员者，爵执圭④，禄万檐，金千镒⑤。昔者子胥过，吾犹不取，今我何以子之千金剑为乎？"五员过于吴，使人求之江上则不能得也。每食必祭之，祝曰："江上之丈人！天地至大矣，至众矣，将奚不有为也？而无以为。为矣，而无以为之。名不可得而闻，身不可得而见，其惟江上之丈人乎！"

【注释】①亡：逃跑。②太行：太行山，又名五行山、王母山、女娲山，位于山西省与华北平原之间。③绝：横渡。④执圭：先秦楚国爵位名，圭以区分爵位等级，使执圭而朝，故名。⑤镒：古代重量单位，一镒合二十两。

【译文】伍员逃亡,楚国紧急追捕他。伍员登上太行山而望着郑国说:"这个国家,地理险峻而民多智慧,但它的君主是个平庸的君主,不足以共事。"于是放弃郑国来到许地,见到许公问自己应当前去的国家。许公没有回应,向东南方吐了一口唾沫。伍员受了赐教,拜了两次说:"我知道该去哪里了。"于是到了吴国。经过楚国,到了长江岸边,想要过河,见到一个老人,撑着小船,正要打鱼,伍员请求搭船。老人载着他渡过长江。渡过后,伍员询问老人的姓名,老人不肯告诉他。伍员于是解下佩剑给老人,说:"这是价值千金的宝剑,我想献给您。"老人不肯接受,说:"楚国的法律规定,捉到伍员的人,授予他执圭的爵位,给万石的俸禄,赏赐千镒黄金。以前伍子胥过江,我尚且没有捉他,如今我要你的剑干什么呢?"伍员到了吴国,派人在江边寻找老人却没找到。伍员每次吃饭都要祭祀那位老人,祈祷说:"江上的老人啊!天地如此广阔,养育的生物如此众多,想做什么做不到呢?但却毫无所求。江上老人对我来说却是做了大好事却毫无所求,不能知道名字,也见不到,达到这种境界的只有江上的老人吧!"

宋之野人,耕而得玉,献之司城子罕,子罕不受。野人请曰:"此野人之宝也,愿相国为之赐而受之也。"子罕曰:"子以玉为宝,我以不受为宝。"故宋国之长者曰:"子罕非无宝也,所宝者异也。"

【译文】宋国的农夫,耕作时得到了宝玉,献给了司城子罕,子罕没有接受。农夫请求说:"这对我来说是宝物,希望相国赏脸接受。"子罕说:"你把玉当作宝物,我以不接收不当的利益为宝物。"所以宋国的长者说:"子罕并不是没有宝物,他所珍视的和世俗有异罢了。"

今以百金与抟黍①以示儿子,儿子必取抟黍矣;以和氏之璧与百金以示鄙人②,鄙人必取百金矣;以和氏之璧、道德之至言以示贤者,贤者必取至言矣。其知弥精,其所取弥精;其知弥觕③,其所取弥觕。

【注释】①抟(tuán)黍:捏饭成团。抟,把东西揉弄成球形。②鄙人:鄙俗的人。③觕(cū):同"粗"。

【译文】现在把一百金和黍米团给一个小孩子,小孩子一定会拿黍米团。把和氏之璧和一百金给鄙俗的人,鄙俗的人一定会拿一百金。把和氏之璧和关于道德的至理名言展示给贤者,贤者一定选择关于道德的至理名言。所知晓的越精微,所选择拿取的就越精微。所知晓的越粗劣,所选择拿取的就越粗劣。

异 用

【题解】本篇指出对物的使用不同,是"治乱、存亡、死生之原"。而且利用桀纣和汤武两对正反的例子进一步指明了这一点。文章列举商汤以三面网而得四十国,文王泽及骸骨而得天下人心,孔子执六尺杖而"谕贵贱之等,辨疏亲之义",强调了"圣人于物也无不材"。

五曰：

万物不同，而用之于人异也，此治乱存、亡死、生之原^①。故国广巨，兵强富，未必安也；尊贵高大，未必显也：在于用之。桀、纣用其材而成其亡，汤、武用其材而成其王。

【注释】①原：根本。

【译文】第五：

万物各有不同，对于每个人的用处也各有不同，这也是治乱、存亡、生死的本源。所以国家疆域广阔壮大，军队富有士兵强壮，却未必安宁；尊贵高大，未必显达。关键在于如何运用它们。桀、纣使用这些材物使他们灭亡，汤、武使用这些材物使他们成就王业。

汤见祝网者，置四面，其祝曰："从天坠者，从地出者，从四方来者，皆离^①吾网。"汤曰："嘻！尽之矣。非桀，其孰为此也？"汤收其三面，置其一面，更教祝曰："昔蛛蝥作网罟^②，今之人学纾^③。欲左者左，欲右者右，欲高者高，欲下者下，吾取其犯命者。"汉南之国闻之曰："汤之德及禽兽矣。"四十国归之。人置四面，未必得鸟；汤去其三面，置其一面，以网其四十国，非徒网鸟也。

【注释】①离：通"罹"，遭遇。②蛛蝥（máo）：蜘蛛的别名。罟（gǔ）：网。③纾：疑与"杼"通。

【译文】汤看见向网祈祷的人，放了四面网，他祈祷说："天上的坠落下来，地上长出的，从四方而来的，都要进入我的网中。"汤说："哎！这样的话禽兽就会被杀绝。不是桀的话还有谁能做这样的事呢？"汤把他的网收起三面，只放置了一面网，重新教他祈祷说："以前蜘蛛织网，现在的人也学着织网。想往左飞的就向左飞，想往右飞的就向右飞，想向高处飞的就向高处飞，想向下飞的就向下飞，我只捕捉那些触犯天命的。"汉南的国家听闻后说："汤的大德已经施及禽兽了。"于是，四十个国家归顺了他。人放了四面网，未必能得到鸟。汤拿走了三面网，只放一面网，却网罗来了四十个国家，并不只是捕捉鸟啊。

周文王使人抇池，得死人之骸，吏以闻于文王，文王曰："更葬之。"吏曰："此无主矣。"文王曰："有天下者，天下之主也；有一国者，一国之主也。今我非其主也？"遂令吏以衣棺更葬之。天下闻之曰："文王贤矣！泽及骸①骨，又况于人乎？"或得宝以危其国，文王得朽骨以喻其意，故圣人于物也无不材。

【注释】①骸（cī）：古同"胔"，肉未烂尽的尸骨。

【译文】周文王派人挖掘池子，挖出了死人的尸骸，小吏禀报了文王，文王说："重新埋葬他。"小吏说："这是无主的尸骨。"文王说："治理天下的人，就是天下的主人。治理一个国家的人，就是那个国家的主人。如今我不就是他的主人吗？"于是命令小吏用衣棺重新埋葬他。天下的人听闻之后说："周文王真是贤明啊！福泽遍及尸骨，更何况是活人呢？"有的君主获得宝物而使国家危险，文王得到枯骨来表明心意，所以对于圣人来说没有东西是没用的。

　　孔子之弟子从远方来者，孔子荷①杖而问之曰："子之公不有恙乎？"搏杖而揖之，问曰："子之父母不有恙乎？"置杖而问曰："子之兄弟不有恙乎？"杙步②而倍③之，问曰："子之妻子不有恙乎？"故孔子以六尺之杖，谕贵贱之等，辨疏亲之义，又况于以尊位厚禄乎？

　　【注释】①荷（hè）：担，扛。②杙（yì）步：拖着脚步，脚不离地缓步移动。杙，"曳"之讹。③倍：古同"背"，背对。
　　【译文】有一个孔子的弟子从远方来到，孔子扛着手杖问他说："您祖父没有灾病吧？"然后持杖拱手行礼，问候说："您父母没有灾病吧？"挂着拐杖又问候说："您兄弟都没有灾病吧？"最后拖着手杖缓步转过身去，问候说："您的妻子、孩子没灾病吧？"所以孔子用一根六尺的拐杖，就说明了贵贱的等级，辨别了血缘远近，又何况用尊贵的地位和丰厚的俸禄呢？

　　古之人贵能射也，以长幼养老也。今之人贵能射也，以攻战侵夺也。其细者以劫弱暴寡也，以遏夺为务也。仁人之得饴①，以养疾侍老也。跖与企足②得饴，以开闭③取楗也。

【注释】①饴(yí)：用麦芽制成的糖浆。②跖(zhí)与企足：指盗跖和庄跻。跖传说是春秋战国时的起义领袖，先秦古籍中多诬之为"盗跖"。企足，即庄跻，传说是战国时楚国的奴隶起义领袖。③闭：门闩的孔。

【译文】古人重视射箭的技艺，来抚养幼者，赡养老人。现在的人重视射箭，是因为可以用来战争侵略。小人凭借射艺来欺凌抢劫弱小，以强取豪夺为务。仁人得到饴糖，会用来供养病人，赡养老人。盗跖和庄跻得到了，却用来拔闩开门，盗窃财物。

仲冬纪第十一

扫码听谦德
君为您导读

仲 冬

【题解】仲冬，即农历十一月。作者在本篇中说明天子应顺应十一月的特性发布相应的政令，如整修边备，完善城墙等等。

一曰：

仲冬之月，日在斗①，昏东壁②中，旦轸③中。其日壬癸，其帝颛顼，其神玄冥，其虫介，其音羽，律中黄钟。其数六，其味咸，其臭朽，其祀行，祭先肾。冰益壮，地始坼④，鹖鴠⑤不鸣，虎始交。天子居玄堂太庙，乘玄辂，驾铁骊，载玄旗，衣黑衣，服玄玉，食黍与彘。其器宏以弇。

命有司曰："土事无作，无发盖藏，无起大众，以固而闭。"发盖藏，起大众，地气且泄，是谓发天地之房。诸蛰则死，民多疾疫，又随以丧，命之曰畅月⑥。

【注释】①斗：北方七宿之一，属于人马座。②东壁：北方七宿之一，也称"壁"，属于飞马座。③轸：南方七宿之一，部分属于长蛇座，其余属于巨爵座。④坼：裂开。⑤鹖鴠（hé dàn）：一种会报晓的鸟。⑥畅月：指农历十一月。

【译文】第一：

冬天的第二个月，太阳在斗宿的位置，临近黄昏时，壁宿出现在南方中天，拂晓时，轸宿出现在南方中天。天干中，仲冬属于壬癸，对应的天帝是颛顼，天神是玄冥，动物以带甲壳的虫类为主，相应的音是羽音，音律对应黄钟。对应的数字是六，味道以咸味为主，气味是朽气，要举行的祭祀是行祭，祭品中以肾脏为先。冰结得更厚，地表开始冻出裂缝。鹖鴠不叫了，老虎开始交配。天子在北向明堂的正室中处理政务，坐黑兵车，驾着黑色的马。车上插着黑色的龙旗，穿黑色的衣服，佩戴黑色的玉，主要吃黍米和猪肉。所用的器具要大而口敛。

命令有司说："不要兴动土木工程，不要打开盖藏的府库，不要兴师动众，来维持闭塞。"打开盖藏的府库，兴师动众，会使地气泄露，这叫作开启天地用来闭藏万物的房舍。蛰伏的虫子就会死亡，人民多疾病瘟疫，并伴随着死亡，这个月，命名叫作"畅月"。

是月也，命奄尹申宫令，审门闾①，谨房室，必重闭。省妇事，毋得淫，虽有贵戚近习，无有不禁。乃命大酋②，秫③稻必齐，麹蘖④必时，湛饎⑤必洁，水泉必香，陶器必良，火齐⑥必得，兼用六物，大酋监之，无有差忒。天子乃命有司，祈祀四海大川名原渊泽井泉。

【注释】①闾（lú）：指里巷的大门。②大酋（qiú）：酒官之长。酋，长官。③秫（shú）：黏高粱，可以做烧酒。④麴蘖（qū niè）：酒母，酒曲。⑤湛馈（jìn chì）：指酿酒时浸渍、蒸煮米曲之事。⑥火齐：火候。

【译文】这个月，命令管领太监的官申明宫令，严加戒备宫廷和城中的门户，一定要紧闭。减少妇女工作，不要让她们制作淫巧的东西，即便是尊贵宠幸的人，也没有不被禁止的。于是命令酒官之长监制酿酒，用的高粱稻米必须纯净，制作酒麴酒蘖必须适时，浸渍炊煮米麴必须清洁，所用的水必须香甜，所用的陶器要制作精良，火候要合适，这六方面要全都合适，酒官之长要尽力监督，不要有差错。天子于是命令有司，祭祀四海、大川、水源、深渊、大泽、井泉的水神并向他们求福。

是月也，农有不收藏积聚者，牛马畜兽有放佚者，取之不诘①。山林薮泽，有能取疏食田猎禽兽者，野虞教导之。其有侵夺者，罪之不赦。

【注释】①诘（jié）：责问。

【译文】这个月，农民在外未被收敛蓄积的谷物，放牧在外的牛马牲畜，如果被他人取用，不必责问。有能够采取果蔬粮食、捕猎禽兽的农民，主管山泽的官吏要教导他们。若有人抢夺他们的成果，一定要降罪，不会赦免。

是月也，日短至。阴阳争，诸生荡。君子斋戒，处必弇，身欲宁，去声色，禁嗜欲，安形性，事欲静，以待阴阳之所定。芸始

生。荔挺出。蚯蚓结。麋角解。水泉动。日短至,则伐林木,取
竹箭。

【译文】这个月,冬至到来。阴阳相争,各种生物开始萌动。
君子斋戒,居处要深邃,身心要宁静。远离声色,禁绝嗜欲,使形
体和心性安定;要静观事情,来等待阴阳变化确定下来。芸草开
始生长,荔蒲挺出。蚯蚓屈动,麋鹿的角坠落。水泉开始涌动。冬
至到来,可以开始砍伐林木,割取竹子。

是月也,可以罢官之无事者,去器之无用者。涂阙庭门闾,
筑囹圄,此所以助天地之闭藏也。

【译文】这个月,可以罢免无事可做的官员,去除无用的器
物。涂塞宫廷的门户,加固监狱,这是为了帮助天地加固封闭的
环境。

仲冬行夏令,则其国乃旱,氛雾冥冥,雷乃发声。行秋令,
则天时雨汁①,瓜瓠②不成,国有大兵。行春令,则虫螟为败,水
泉减竭,民多疾疠。

【注释】①雨汁:雨夹雪。②瓠(hù):一年生攀缘草本植物,果实
长圆形,绿白色,嫩时可食。

【译文】仲冬施行夏天的政令,国家就会大旱,雾气就会弥
漫,会产生雷声。仲冬施行秋天的政令,那么就会常常降下雨夹

雪,瓜果不能成熟,国家会有大战争。仲冬施行春天的政令,就会有虫螟为灾,水泉枯竭,民众多疾病瘟疫。

至 忠

【题解】本篇记载了两则忠诚而被君主误会的故事。作者借以说明良药苦口,忠言逆耳的道理。

二曰:

至忠逆于耳、倒于心,非贤主其孰能听之?故贤主之所说,不肖主之所诛也。人主无不恶暴劫者,而日致之,恶之何益?今有树于此,而欲其美也,人时灌之,则恶之,而日伐其根,则必无活树矣。夫恶闻忠言,乃自伐之精者也。

【译文】第二:

最忠诚的言论不顺于耳,不顺于心,除了贤明的君主谁能听从呢?所以贤明的君主所喜悦的,正是昏庸的君主所要诛杀的。君主没有不讨厌暴乱的,而自己的作为天天都在招来暴乱,厌恶它们又有什么好处呢?现在有一棵树,想要让它苗壮成长,别人常常浇灌它。自己却厌恶这样做,天天砍伐树木的根,那树木一定不会存活。厌恶听到忠言,就是最严重的自毁了。

荆庄哀王①猎于云梦,射随兕②,中之。申公子培③劫王而夺之。王曰："何其暴④而不敬也？"命吏诛之。左右大夫皆进谏曰："子培，贤者也，又为王百倍之臣，此必有故，愿察之也。"不出三月，子培疾而死。荆兴师，战于两棠⑤，大胜晋，归而赏有功者。申公子培之弟进请赏于吏曰："人之有功也于军旅，臣兄之有功也于车下。"王曰："何谓也？"对曰："臣之兄犯暴不敬之名，触死亡之罪于王之侧，其愚心将以忠于君王之身，而持千岁之寿也。臣之兄尝读故记⑥曰：'杀随兕者，不出三月。'是以臣之兄惊惧而争之，故伏其罪而死。"王令人发平府⑦而视之，于故记果有，乃厚赏之。申公子培，其忠也可谓穆行矣。穆⑧行之意，人知之不为劝，人不知不为沮，行无高乎此矣。

【注释】①荆庄哀王：即楚庄王，"哀"字衍。②随兕：一种恶兽。③申公子培：申邑的县令。楚国僭越称王，所以县令称公。④暴：过分急躁的，容易冲击的。⑤战于两棠：邲之战，又称"两棠之役"，是春秋中期晋、楚争霸中原的第二次重大较量。⑥故记：古书。⑦平府：收藏文书的地方。⑧穆：美好。

【译文】楚庄王在云梦泽打猎，瞄准一只随兕，射中了它。申公子培抢在王之前夺到了随兕。楚庄王说："这个人怎么如此犯上不敬？"命令小吏诛杀他。左右大夫都劝谏说："子培，是贤者啊。又是贤能百倍于人的臣子，这样做一定有原因，希望您明察。"没过三个月，子培病死。楚国兴兵，在两棠战斗，打败晋国，回朝赏赐有功的人。申公子培的弟弟上前向主管官员请求赏赐说："别人在军旅之中立功，我的兄长在车下立功。"楚王说："这是什么意思？"回答说："我的兄长犯了不敬上的罪名，在您的旁边犯了死罪,但他本意是忠于您,想要您长寿千岁啊!我的兄长曾经读古书记载说:'杀害随兕的人,活不过三个月。'因此我的兄长非常惊惧,于是抢在您前面夺得随兕,所以触罪而死。"楚王命令人打开平府查阅古籍,在古籍上果然有这样的记载,于是厚赏了他。申公子培,他的忠诚可谓配得上"穆行"了。"穆行"的意思是,不因为别人了解他他就更努力,不因为别人不了解他就沮丧,德行没有比这更高尚的了。

齐王疾痏①,使人之宋迎文挚②。文挚至,视王之疾,谓太子曰:"王之疾必可已③也。虽然,王之疾已,则必杀挚也。"太子曰:"何故?"文挚对曰:"非怒王则疾不可治,怒王则挚必死。"太子顿首强请曰:"苟④已王之疾,臣与臣之母以死争之于王,王必幸臣与臣之母,愿先生之勿患也。"文挚曰:"诺。请以死为王。"与太子期,而将往不当者三,齐王固已怒矣。文挚至,不解屦⑤登床,履王衣,问王之疾,王怒而不与言。文挚因出辞以重怒王,王叱而起,疾乃遂已。王大怒不说,将生烹文挚。太子与王后急争之而不能得,果以鼎生烹文挚。爨⑥之三日三夜,颜色不变。文挚曰:"诚欲杀我,则胡不覆之,以绝阴阳之气?"王使覆之,文挚乃死。夫忠于治世易,忠于浊世难。文挚非不知活王之疾而身获死也,为太子行难,以成其义也。

【注释】①齐王:即齐湣王。痏(wěi):疮。②文挚:战国时期名医,宋国商丘人,洞明医术。③已:治愈。④苟:如果。⑤屦(jù):鞋子。

⑥爨（cuàn）：烧火煮。

　　【译文】齐王患了恶疮，派人到宋国迎接文挚。文挚到了，查看齐王的疾病，对太子说："齐王的恶疮肯定可以治愈。虽然如此，齐王的恶疮痊愈，就一定会杀死我。"太子说："为什么？"文挚回答说："除了故意触怒齐王，这个疾病没有其他的办法治愈。而齐王生气就一定会杀了我。"太子顿首坚决请求说："如果真能治好齐王的恶疮，我和我的母亲以死向齐王诤谏，齐王一定会哀怜我和我的母亲，希望您不要担心。"文挚说："好吧，我会冒着危险为齐王治病。"与太子约定看病的时间，三次都没如期前往，齐王已经很生气了。文挚来了之后，不脱鞋就登上床，踩着齐王的衣服，询问齐王疾病的情况，齐王生气不和他说话。文挚于是说不尊敬的话继续激怒齐王，齐王呵斥而起，恶疮于是痊愈。齐王大怒，要烹煮文挚。太子和王后急忙劝谏而没成功，最终用鼎烹煮了文挚。煮了三天三夜，文挚的面色没有一点改变。文挚说："果真想要杀我，那为何不盖上鼎盖，来断绝阴阳之气呢？"齐王派人盖上盖子，文挚于是被煮死。在太平盛世做到忠诚很容易，在乱世做到则很难。文挚并非不知道治好齐王的恶疮自己会死，而是因为太子的处境艰难，自己为了成全太子的孝顺罢了。

忠　廉

　　【题解】文章记载了要离为吴王舍生刺杀庆忌，以及弘演为卫懿公自杀的故事，表明忠诚的重要性，告诫臣子应当忠诚。

三曰：

士议之不可辱者，大之也。大之则尊于富贵也，利不足以虞①其意矣。虽名为诸侯，实有万乘，不足以挺②其心矣。诚辱则无为乐生③。若此人也，有势则必不自私矣，处官则必不为污矣，将众则必不挠北矣。忠臣亦然。苟便于主利于国，无敢辞违，杀身出生以徇④之。国有士若此，则可谓有人矣。若此人者固难得，其患虽得之有不智。

【注释】①虞：通"娱"。②挺：扰动。③诚：如果。乐生：谓以生为乐。④徇：同"殉"。

【译文】第三：

士人的名节不可受到侮辱，是因为士人看重名节。士人看重名节，看得比富贵更重要，利益不足以改变他的意志。虽然名列诸侯，拥有车辆万乘，也不能够使他的心志动摇。如果受到侮辱，就不愿继续活下去。像这样的人，有了权势一定不会为自己谋利，当官一定不会贪污，率领军队必定不会失败。忠臣也是这样。如果有利于君主和国家，一定不会推辞，会舍生取义。国家有这样的士人，那就称得上有人了。像这样的人很难得，国家的忧患在于得到了这样的人君主却不了解他们。

吴王欲杀王子庆忌而莫之能杀，吴王患之。要离曰："臣能之。"吴王曰："汝恶①能乎？吾尝以六马逐之江上矣，而不能及；射之矢，左右满把，而不能中。今汝拔剑则不能举臂，上车则不能登轼^②，汝恶能？"要离曰："士患不勇耳，奚患于不能？王诚能助，臣请必能。"吴王曰："诺。"明旦加要离罪焉，挚^③执妻子，焚之而扬其灰。要离走，往见王子庆忌于卫。王子庆忌喜曰："吴王之无道也，子之所见也，诸侯之所知也，今子得免而去之，亦善矣。"要离与王子庆忌居有间，谓王子庆忌曰："吴之无道也愈甚，请与王子往夺之国。"王子庆忌曰："善。"乃与要离俱涉于江。中江，拔剑以刺王子庆忌，王子庆忌捽^④之，投之于江，浮则又取而投之，如此者三。其卒曰："汝天下之国士也，幸汝以成而名。"要离得不死，归于吴。吴王大说，请与分国。要离曰："不可。臣请必死。"吴王止之。要离曰："夫杀妻子，焚之而扬其灰，以便事也，臣以为不仁。夫为故主杀新主，臣以为不义。夫捽而浮乎江，三入三出，特王子庆忌为之赐而不杀耳，臣已为辱矣。夫不仁不义，又且已辱，不可以生。"吴王不能止，果伏剑而死。要离可谓不为赏动矣。故临大利而不易其义，可谓廉矣。廉，故不以贵富而忘其辱。

【注释】①恶（wū）：怎么。②轼：古代车箱前面作扶手的横木。③挚（zhì）：执。④捽（zuó）：方言，揪，抓。

【译文】吴王想要杀死王子庆忌但没能成功，吴王对此很担心。要离说："我能够做到。"吴王说："你怎么能做到呢？我曾经驾着六匹马追他到江边，没能追得上。用箭射他，他左右手都接满了箭，都没能射中他。现在你拔剑不能举起手臂，上车不能凭倚车轼，你有什么能耐？"要离说："士人担心自己不勇猛，哪里担心自己无能呢? 您果真能帮助我,我一定能够做到。"吴王说:"好。"第二天假装降罪于要离,捉捕了要离的妻子和孩子,焚烧了他们,扬散了骨灰。要离逃走,前去卫国面见王子庆忌。王子庆忌开心地说:"吴王的昏庸残暴,你是见到了的,诸侯也是知晓的,现在你能够避开捉捕逃走,也是很好的了。"要离和王子庆忌住了有一段时间,对王子庆忌说:"吴国的无道更加严重,我请求和您一起前去夺取吴国。"王子庆忌说:"好。"于是和要离一起渡江。到了江中心,要离拔出剑刺杀王子庆忌,王子庆忌抓住他的头发,把他扔到江中,浮起来就又扔下去,如此三次。王子庆忌最后说:"你是天下少有的国士,姑且放过你,让你成名。"要离得以不死,回到吴国。吴王很高兴,愿意和他共同治理国家。要离说:"不行。我请求一死。"吴王制止他。要离说:"杀害妻子孩子,焚烧他们并扬散他们的骨灰,来方便行事,我认为这是不仁。我为了以前的主人杀害新主人,是不义。我在江中被王子庆忌抓着头发,三沉三浮,只是王子庆忌放过我没有杀我罢了,我已经受到侮辱。我不仁不义,又受到侮辱,不能够继续活下去了。"吴王没能阻止他,最终自刎而死。要离可谓是不为赏赐心动了。所以面临大的利益而不改变道义,可谓是廉洁了。廉洁,就能不因为富贵而忘记侮辱。

卫懿公有臣曰弘演^①,有所于使。翟人攻卫,其民曰:"君之所予位禄者,鹤也;所贵富者,宫人也。君使宫人与鹤战,余焉能战?"遂溃而去。翟人至,及懿公于荥泽,杀之,尽食其肉，独舍其肝。弘演至，报使于肝，毕，呼天而啼，尽哀而止，曰："臣请为襮②。"因自杀，先出其腹实，内③懿公之肝。桓公闻之曰："卫之亡也，以为无道也。今有臣若此，不可不存。"于是复立卫于楚丘。弘演可谓忠矣，杀身出生以徇其君。非徒徇其君也，又令卫之宗庙复立，祭祀不绝，可谓有功矣。

【注释】①卫懿公：姬姓，卫氏，名赤，卫惠公之子，春秋时期卫国第十八任国君，公元前668年至公元前660年在位。弘演：卫国大夫。②襮（bó）：外表。③内：同"纳"，把……放入……。

【译文】卫懿公有个大臣叫弘演，受命出使国外。翟人攻打卫国，卫国的百姓说："您所赏赐地位和俸禄的，是一群鹤。所使之富贵的，是宫中的侍从。您还是让侍从和鹤去战斗吧，我们哪能够战斗？"于是溃散逃跑。翟人到来，在荥泽抓到懿公，杀了他，把他的肉都吃光了，只留下肝脏。弘演回来，向懿公的肝复命。完毕后，向天空呼号大哭，竭尽哀痛之后才停止，说："我愿意当您的躯壳。"接着自杀，先掏出自己腹部的内脏，把懿公的肝脏放了进去。齐桓公听到后说："卫国的灭亡，是因为无道。如今有这样的大臣，不可让卫国灭亡。"于是在楚丘重新设立卫国。弘演可谓是忠臣了，抛弃生命自杀为君主而死。他并不只是为君主而死，又让卫国的宗庙得以重新设立，祭祀香火不绝，可以说是非常有功劳了。

当 务

【题解】本篇阐明了辩论要合理，诚信合义，勇猛合乎正义，守法合时务的道理。诡辩、异信、愚勇、乱法都不可取。

四曰：

辨而不当论①，信而不当理，勇而不当义，法而不当务，惑而乘骥②也，狂而操③吴干将④也，大乱天下者，必此四者也。所贵辨者，为其由所论也；所贵信者，为其遵所理也；所贵勇者，为其行义也；所贵法者，为其当务也。

【注释】①论：合适恰当。②骥（jì）：好马。③操（cāo）：拿，抓在手里。④干将：古剑名，相传春秋吴有干将善铸剑，为阖闾铸阴阳剑，阳曰"干将"，阴曰"莫邪"。

【译文】第四：

辩论而不合道理，诚信而不合理义，勇猛而不合正义，守法而不合时务，这就好比迷失方向却骑着快马，精神狂乱而拿着吴国的宝剑干将一样，极大扰乱天下的，一定是这四个方面。辩论可贵的地方，就在于要从道理出发。诚信可贵的地方，就在于合乎理义。勇猛可贵的地方，就在于要合乎正义。守法可贵的地方，就在于合乎时务。

跖之徒问于跖曰："盗有道乎？"跖曰："奚啻①其有道也？

夫妄意②关内，中藏，圣也；入先，勇也；出后，义也；知时，智也；分均，仁也。不通此五者，而能成大盗者，天下无有。"备说③非六王、五伯④，以为"尧有不慈之名，舜有不孝之行，禹有淫湎⑤之意，汤、武有放杀之事，五伯有暴乱之谋。世皆誉之，人皆讳之，惑也"。故死而操金椎⑥以葬，曰"下见六王、五伯，将谷⑦其头"矣。辨若此不如无辨。

【注释】 ①啻(chì)：仅仅，只。②意：猜测。③备说：详细述说；完整述说。④五伯(bà)："伯"通"霸"，即春秋五霸。⑤淫湎(miǎn)：沉溺于酒色。⑥金椎(chuí)：金锤子。⑦谷：即"敲"，击打。

【译文】 盗跖的徒人问盗跖说："盗贼也遵循道吗？"盗跖说："何止是有道而已呢？猜测室内的财物多少，猜中了，这叫圣；最先进入室内，这是勇猛；最后出来，是道义；能够把握时机，这是智慧。分赃平均，这是仁义。不通晓这五个方面，而能成为大盗的，天下没有这样的人。"盗跖详细辩说非议六王、五霸。认为"尧有不慈善的罪名，舜有不孝顺的行为，禹有沉溺于酒色的心意，汤、武有放逐、杀害君主的恶行，五霸有暴动祸乱的计谋。世人都赞誉他们，人们都避讳不谈他们的罪恶，这很糊涂"。所以跖吩咐自己死后要拿着金锤下葬，他说："到了下面见到六王、五霸，一定要捶碎他们的脑袋！"辩论到如此地步还不如不辩论。

楚有直躬者①，其父窃羊而谒②之上，上执而将诛之。直躬者请代之。将诛矣,告吏曰:"父窃羊而谒之,不亦信乎?父诛而代之,不亦孝乎?信且孝而诛之,国将有不诛者乎?"荆王闻之,乃不诛也。孔子闻之曰:"异哉!直躬之为信也,一父而载③取名焉。"故直躬之信不若无信。

【注释】①直躬:以直道立身。②谒:告。③载:通"再"。

【译文】楚国有个以直道立身的人,他的父亲偷了别人的羊,于是他把向楚王告发这件事,楚王捉住了他的父亲将要杀了他。他请求代父受刑。将要行刑时,他对执法官说:"父亲偷羊而告发他,不是很诚信吗?父亲要被诛杀而自己替代他,不是很孝顺吗?诚信而且孝顺尚且要被诛杀,国家中还有不会被诛杀的人吗?"楚王听说后,于是没有杀他。孔子听说后说:"这个人的诚信真是很奇怪啊!一个父亲却为他两次取得名声。"所以"直躬"之人的诚信,还不如没有诚信。

齐之好勇者,其一人居东郭,其一人居西郭。卒然相遇于涂①,曰:"姑相饮乎?"觞②数行,曰:"姑求肉乎?"一人曰:"子肉也;我肉也。尚胡革求肉而为?于是具染③而已。"因抽刀而相啖,至死而止。勇若此,不若无勇。

【注释】①卒:同"猝"。涂:道路。②觞(shāng):古代盛酒器。③染:豆豉酱。

【译文】齐国有两个喜好勇猛的人,一个住在城东,一个住在城西。两人有一天在路上相遇,说:"姑且喝几杯吧?"喝过几遍酒，说："姑且去弄点肉吧？"另一个说："你身上有一堆肉，我身上也有一堆肉，哪还须到别处求取呢？在这儿准备一点豉酱就可以了。"于是两人抽出刀割下身上的肉对吃起来，直到死为止。勇猛到这个地步，还不如不勇猛。

纣之同母三人，其长曰微子启①，其次曰中衍②，其次曰。受德乃纣③也，甚少矣。纣母之生微子启与中衍也，尚为妾，已而为妻而生纣。纣之父、纣之母欲置微子启以为太子，太史据法而争之曰："有妻之子，而不可置妾之子。"纣故为后。用法若此，不若无法。

【注释】①微子启：商王帝乙的长子、商纣王帝辛的长兄。②中衍：帝乙的次子。③受德：即纣。

【译文】商纣有同母的兄弟两人，长兄叫微子启，二兄叫中衍，老三叫受德。受德就是纣，年龄最小。纣的母亲生微子启和中衍的时候还是妾，当了王后之后生下纣。纣的父母想立微子启为太子，太史根据法律争辩说："有妻子所生的儿子，那就不能立妾生的儿子。"纣因此成为太子。运用法律到这个地步，还不如没有法律。

长 见

【题解】文章开篇提出智慧存在差别是因为有"长见"和"短见"之分。"长见"即远见。本篇认为："今之于古也，犹古之于后世也；今之于后世，亦犹今之于古也。故审知今则可知古，知古则可知后。"为"长见"提供理论依据。并且认为"古今前后一也"，这就是把历史看作可认识的、有规律的、连续的事物。同时通过列举五位有远见的圣贤的事例证明了上述观点。

五曰：

智所以相过，以其长见与短见也。今之于古也，犹古之于后世也。今之于后世，亦犹今之于古也。故审知今则可知古，知古则可知后，古今前后一也。故圣人上知千岁，下知千岁也。

【译文】第五：

人的智慧有所差异的原因，是因为有人能远见而有人短见。如今和古代的关系，就像古代和后世的关系一样。如今和后世的关系，也像如今和古代的关系一样。所以审慎知晓如今，那就能知晓古代，知晓古代就能知晓后世，古今前后是一样的。所以圣人上知千年，下知千年。

荆文王①曰："苋譆②数犯我以义，违我以礼，与处则不安，旷之则不穀得焉③。不以吾身爵之，后世有圣人，将以非不穀"，于是爵之五大夫。"申侯伯善持养④吾意，吾所欲则先我为之，与处则安，旷之而不穀丧焉。不以吾身远之，后世有圣人，将以非不穀"，于是送而行之。申侯伯如郑，阿郑君之心，先为其所

欲，三年而知郑国之政也，五月而郑人杀之。是后世之圣人，使
文王为善于上世也。

【注释】①荆文王：即楚文王。②筦（xiàn）谞：楚文王的大臣。
③旷：久。不穀：是先秦诸侯之长的谦称，本为周天子所用，后来周室衰
落，诸侯霸主也僭用了。④持养：迎合。

【译文】楚文王说："筦谞多次以理义冒犯我，以礼数违背
我的心意，和他相处我感到不安，但久了之后我心中却有所得。
如果我不亲自授予他爵位，后世如果有圣人出现，将要非议我"，
于是授予筦谞五大夫的爵位。"申侯伯善于猜测我的心意，我想
要的他就抢在我前面准备好，和他在一起很愉快，但久了之后我
就会玩物丧志。如果我不远离他，后世有圣人，将要非议我。"
于是送走了申侯伯。申侯伯到了郑国，阿谀郑君，事先准备好郑
君想要的，三年之后就掌握了郑国的国政，五个月后就被郑人杀
死。这是后代的圣人，让前代的文王做了好事。

晋平公①铸为大钟，使工听之，皆以为调矣。师旷②曰："不
调，请更铸之。"平公曰："工皆以为调矣。"师旷曰："后世有知
音者，将知钟之不调也，臣窃为君耻之。"至于师涓③而果知钟
之不调也。是师旷欲善调钟，以为后世之知音者也。

【注释】①晋平公：姬姓，名彪，晋悼公之子，公元前557年至公元
前532年在位。②师旷：字子野，春秋时著名乐师、道家。他生而无目，故
自称盲臣、瞑臣。③师涓：卫灵公的乐官，以善弹琴而著称，善于搜集和

弹奏民间乐曲。

【译文】晋平公命人铸造了一口大钟，使工匠听音，都认为这口钟的音很和谐。师旷说："并不和谐，我请求重新铸造。"平公说："工匠们都认为很和谐了。"师旷说："后代有通晓音律的人，将会知道这口钟的音律不和谐，我私下替您感到耻辱。"到了后来，师涓果然指出这口钟音律不谐。所以师旷想要重新铸钟，使音律更美善，是因为考虑到后代将有通晓音律的人。

吕太公望①封于齐，周公旦封于鲁，二君者甚相善也。相谓曰："何以治国？"太公望曰："尊贤上功。"周公旦曰："亲亲上恩。"太公望曰："鲁自此削矣。"周公旦曰："鲁虽削，有齐者亦必非吕氏也。"其后齐日以大，至于霸，二十四世而田成子②有齐国。鲁日以削，至于觐③存，三十四世而亡。

【注释】①吕太公望：即姜子牙，姜姓，吕氏，名尚，字子牙，号飞熊，周朝开国元勋，商末周初兵学奠基人。②田成子：即天恒，杀害齐简公，拥立齐简公之弟齐平公，自任相国，自此田氏专国政。③觐：通"仅"。

【译文】吕太公姜望被封在齐地，周公旦被封在鲁地，两位君主十分交好。互相讨论说："用什么方法治理国家呢？"太公望说："尊重贤人，崇尚功绩。"周公旦说："亲近亲人，崇尚恩爱。"太公望说："鲁国从此一定会被削弱啊。"周公旦说："鲁国虽然被削弱，占有齐国的也一定不是吕氏了。"后来齐国日益强大，到了称霸的地步，传到第二十四代，被田成子夺去齐国。鲁国被削弱，到了仅能维持生存的境况，但还是传了三十四代才灭亡。

吴起治西河之外，王错谮之于魏武侯①，武侯使人召之。吴
起至于岸门，止车而望西河，泣数行而下。其仆谓吴起曰："窃
观公之意，视释天下若释蹻②，今去西河而泣，何也？"吴起抿③
泣而应之曰："子不识。君知我而使我毕能，西河可以王。今君
听谗人之议，而不知我，西河之为秦取不久矣，魏从此削矣。"
吴起果去魏入楚。有间，西河毕入秦，秦日益大，此吴起之所先
见而泣也。

【注释】①谮（zèn）：说别人的坏话。魏武侯：姬姓，魏氏，名击，
魏文侯之子，公元前395年至公元前370年在位。②释蹻（xǐ）：舍弃鞋
子。释：放开，放下。③抿（wěn）：擦拭。

【译文】吴起治理西河，王错在魏武侯面前诋毁他，魏武侯
派人召见他。吴起到了岸门，停下车眺望西河，眼泪一行行地流
下。他的仆从对吴起说："我私下揣度您的心意，把舍弃天下看得
如同舍弃鞋子一样，而现在离开西河却如此哭泣，这是为什么
呢？"吴起擦了眼泪回应说："你有所不知，如果君主了解我，让
我在西河尽心尽力，那么就可以成就王业。如今君主听信小人的
非议，而不了解我，不久秦国就要攻取西河了，魏国从此就会被
削弱了。"吴起最终离开魏国到了楚国。没多久，西河完全被秦国
吞并，秦国日益强大，这是吴起事先预见而所悲伤哭泣的事啊！

魏公叔痤①疾。惠王②往问之，曰："公叔之疾，嗟！疾甚

矣！将奈社稷何？"公叔对曰："臣之御庶子^③鞅，愿王以国听之也。为不能听，勿使出境。"王不应，出而谓左右曰："岂不悲哉？以公叔之贤，而今谓寡人必以国听鞅，悖^④也夫！"公叔死，公孙鞅西游秦，秦孝公听之，秦果用强，魏果用弱，非公叔痤之悖也，魏王则悖也。夫悖者之患，固以不悖为悖。

【注释】①公叔痤（cuó）：战国时期魏国大臣。②魏惠王：姬姓，魏氏，名罃，又称梁惠王，魏武侯之子，魏文侯之孙，公元前370年至公元前335年在位。③御庶子：家臣。④悖：荒谬。

【译文】魏国的公叔痤得了病。惠王前往慰问他，说："您的疾病，哎！病得很严重啊！国家社稷将怎么办呢？"公叔回答说："我的家臣公孙鞅，希望您把国家托付给他。如果不能任用他，不能让他离开魏国。"惠王没有说话，出来对左右说："难道不是很悲哀吗？以公叔的贤能，到现在却让我把国家托付给公孙鞅，真是荒谬啊！"公叔死去，公孙鞅向西到了秦国，秦孝公任用了他，秦国果然因此强盛，魏国果然因此衰落，这并不是公叔痤荒谬，而是魏王自己荒谬啊。荒谬的人的忧患，在于把不荒谬的当成荒谬的。

扫码听谦德
君为您导读

季冬纪第十二

季 冬

【题解】季冬,即农历十二月。作者在本篇中说明天子应顺应十二月的特性发布相应的政令,如整修边备,完善城墙等等。

一曰:

季冬之月,日在婺女①,昏娄②中,旦氐③中。其日壬癸,其帝颛顼,其神玄冥,其虫介,其音羽,律中大吕。其数六,其味咸,其臭朽,其祀行,祭先肾。雁北乡,鹊始巢,雉雊④鸡乳⑤。天子居玄堂右个,乘玄辂,驾铁骊,载玄旂,衣黑衣,服玄玉,食黍与彘,其器宏以弇。

命有司大傩⑥,旁磔⑦,出土牛,以送寒气。征鸟⑧厉疾。乃毕行山川之祀,及帝之大臣、天地之神祇⑨。

【注释】①婺女:北方七宿之一,属于宝瓶座。②娄:西方七宿之一,属于白羊座。③氐:东方七宿之一,属于天秤座。④雊(gòu):雄鸡叫。⑤乳：生，生殖。⑥傩（nuó）：古时腊月驱逐疫鬼的仪式。⑦磔（zhé）：古代分裂牲体以祭神。⑧征鸟：远飞的鸟。⑨祇：地神。

【译文】第一：

冬天的第三个月，太阳在婺女宿的位置，临近黄昏时，娄宿出现在南方中天，拂晓时，氐宿出现在南方中天。天干中，季冬属于壬癸。对应的天帝是颛顼，天神是玄冥。动物以带甲壳的虫类为主，相应的音是羽音。音律对应大吕。对应的数字是六。味道以咸味为主，气味是朽气。要举行的祭祀是行祭，祭品中以肾脏为先。大雁向北飞行，喜鹊开始搭窝。山鸡鸣叫，家鸡孵卵。天子在北向明堂的右侧室中处理政务，坐黑兵车，驾着黑色的马。车上插着黑色的龙旗，穿黑色的衣服，佩戴黑色的玉，主要吃黍米和猪肉。所用的器具要大而口敛。

命令有司举行大规模的傩祭，在四方城门割裂牺牲，并制作土牛，来送走阴冬的寒气。征鸟飞得又高又快。普遍祭祀山川，以及有功于民的先世大臣、天地的神祇。

是月也，命渔师始渔，天子亲往。乃尝鱼，先荐寝庙。冰方盛，水泽复，命取冰。冰已入，令告民出五种。命司农计耦耕事，修耒耜①，具田器②。命乐师大合吹而罢。乃命四监③收秩薪柴，以供寝庙及百祀之薪燎。

【注释】①耒耜（lěi sì）：古代一种像犁的翻土农具。耜用于起土。耒是耜上的弯木柄。也泛指农具。②田器：农具。③四监：指周代县属四郡所设的郡大夫。高诱注："四监者，周制天子畿方千里之内分为百县，县有四郡，郡有一大夫监之，故命四监，使收掌薪柴也。"

【译文】这个月，命令掌管渔业的官员开始打鱼，天子亲自前往。品尝鱼肉，在这之前，先把鱼进献给祖庙。这时冰冻得正结实，积水的池子层层冻结，命令凿取冰块。冰块藏入冰窖后，命令有司告诉农民们拿出五谷的种子。命令掌管农业的官员，谋划耕作的事情，修补农具，准备耕作所需的器物。命令乐师一起大演奏，结束一年的训练。然后命令王畿内的郡县大夫收缴应纳的柴火，来供给寝庙和祭祀所用。

是月也，日穷于次^①，月穷于纪^②，星回于天^③。数将几终，岁将更始。专于农民，无有所使。天子乃与卿大夫饬国典，论时令，以待来岁之宜。乃命太史次诸侯之列，赋之牺牲，以供皇天上帝社稷之享。乃命同姓之国，供寝庙之刍豢。令宰历卿大夫至于庶民土田之数，而赋之牺牲，以供山林名川之祀。凡在天下九州之民者，无不咸献其力，以供皇天上帝社稷寝庙山林名川之祀。

【注释】①次：星宿。这个月太阳经过了最后一个星宿牵牛宿。故曰"日穷于次"。②纪：日月相遇相合为纪。这个月，日月在一年中最后一次相合。故曰"月穷于纪"。③星回于天：二十八宿随天而行，每日绕天一圈，早晚不同。到了这个月，回到原来的位置，与去年季冬早晚相似，故曰"星回于天"。

【译文】这个月，日月星辰都绕天一周，回到原来的位置。一年将要结束，新的一年将要开始。要让农民专心准备农事，不要有别的指派任务。天子和卿大夫整饬国家典刑，讨论应当施行的政令，来准备明年的事情。然后命令太史排列异姓诸侯的顺序，命令他们上贡牺牲，来供给对上天和社稷的祭祀。于是命令同姓的诸侯国，供给祭祀寝庙所用的牲畜。命令小宰列出从卿大夫到普通百姓所有的土地田野的亩数，对他们征收牺牲，来供给山林名川的祭祀。凡是天子统御之下的百姓，要尽力贡献，来供给对上天、上帝、社稷、祖庙、山川的祭祀所用。

行之是令，此谓一终^①，三旬二日。

季冬行秋令，则白露蚤^②降，介虫为妖，四邻入保。行春令，则胎夭^③多伤，国多固疾^④，命之曰逆。行夏令，则水潦^⑤败国，时雪不降，冰冻消释。

【注释】①一终：一年之终。②蚤：通"早"。③胎夭：指刚出生及尚未出生的小动物。④固疾：长久不愈之病。⑤水潦（lǎo）：大雨，雨水

【译文】施行这些政令，这一年就终了了，三旬中有一旬在新月。

季冬施行秋天的政令，那么白露会提前降下，甲壳类的动物会成灾，四方边邑的百姓就会为躲避来犯之敌而藏入城堡。季冬施行春天的政令，那么胎儿大多早死，国人多得顽固的疾病，把这命名叫作"逆"。季冬施行夏天的政令，那么国家就会发生洪水，该下的雪不会降下，冻冰会融化。

士 节

【题解】本篇旨在论述士人的节操。认为士人应该具有不避危险、舍生行义、视死如归等节操，呼吁君主"欲立大功名者，不可不务此人也"。文章列举齐国北郭骚悦服晏子之义，以死证明晏子清白的事情，赞誉、宣扬了上述士人的节操。

二曰：

士之为人，当理不避其难，临患忘利，遗生行义，视死如归。有如此者，国君不得而友，天子不得而臣。大者定天下，其次定一国，必由如此人者也。故人主之欲大立功名者，不可不务求此人也。贤主劳于求人，而佚①于治事。

【注释】①佚（yì）：同"逸"，安闲，安乐。

【译文】第二：

士人的人格，应该秉持道理不避祸难，面对忧患忘记利益，舍生取义，视死如归。有像这样的人，国君不得与他交朋友，天子不得让他称臣。大至能够平定天下，其次能治理一个国家的，一定会由这样的人去做。所以君主想要建立大功名的，不可不追求网罗这样的士人。贤明的君主忙于求取人才，闲于管理。

齐有北郭骚者，结罘罔①，捆蒲苇，织萉屦②，以养其母犹不足，踵③门见晏子④曰："愿乞所以养母。"晏子之仆谓晏子曰：

"此齐国之贤者也，其义不臣乎天子，不友乎诸侯，于利不苟取，于害不苟免。今乞所以养母，是说夫子之义也，必与之。"晏子使人分仓粟分府金而遗之，辞金而受粟。

【注释】①罘罔（fú wǎng）：捕兽的网。②菲屦（fèi jù）：草鞋。菲，麻。③踵（zhǒng）：走到。④晏子：姬姓，晏氏，字仲，谥"平"，史称"晏子"。

【译文】齐国有个叫北郭骚的人，结网打猎，捆着蒲苇，织草鞋，尚且不能供养他的母亲，于是他到晏子的门前说："我希望祈求一些食物来供养母亲。"晏子的仆从对晏子说："这是齐国的贤人，他通晓理义，不臣服于天子，不和诸侯做朋友，不苟且获利，不苟免祸害。如今乞求食物供养母亲，是为您的仁义所悦服啊，一定要给他。"晏子派人取出仓中的粮食和府库中的财物给了他，北郭骚推辞财物而接受了粮食。

有间，晏子见疑于齐君，出奔，过北郭骚之门而辞。北郭骚沐浴而出，见晏子曰："夫子将焉适？"晏子曰："见疑于齐君，将出奔。"北郭子曰："夫子勉之矣。"晏子上车，太息而叹曰："婴之亡岂不宜哉？亦不知士甚矣。"晏子行，北郭子召其友而告之曰："说晏子之义，而尝乞所以养母焉。吾闻之曰：'养及亲者，身伉①其难。'今晏子见疑，吾将以身死白之。"著衣冠，令其友操剑奉笥②而从，造③于君庭，求复者曰："晏子，天下之贤者也，去则齐国必侵矣。必见国之侵也，不若先死。请以头托白晏子也。"因谓其友曰："盛吾头于笥中，奉以托。"退而自刭也。

其友因奉以托。其友谓观者曰："北郭子为国故死,吾将为北郭子死也。"又退而自刎。

【注释】①伉(kàng):当,承受。②笥(sì):盛饭或衣物的方形竹器。③造:到。

【译文】没多久,晏子被齐君猜疑,出外逃亡,经过北郭骚的门和他告别。北郭骚沐浴洗发而出,对晏子说:"您将去哪里?"晏子说:"我被君主猜疑,将要出逃。"北郭子说:"您好自为之吧。"晏子登上车,叹气说:"我逃亡不是应该的吗?我也太不了解士人了。"晏子上路后,北郭子找来朋友告诉他说:"我对晏子的仁义感到心悦诚服,曾经向他乞求粮食供养母亲。我听说:'他人供养及于亲人的人,自己要替他受难。'如今晏子被猜疑,我将以死证明他的清白。"然后穿戴衣冠,让朋友拿着剑,捧着竹器跟从,到了齐君的朝廷上,找到负责禀报的官员说:"晏子,是天下的贤人。他离开齐国,齐国一定会被侵略。一定会见到国家被侵略,我还不如先死。我愿意把我的头给您来洗白晏子。把我的头放在竹器中,捧着给他。" 于是退下自刎。他的朋友接着捧起竹器给了官员,又对旁观的人说:"北郭子因为国家而死,我将为了他而死。"又退下自刎。

齐君闻之,大骇,乘驲①而自追晏子,及之国郊,请而反之。晏子不得已而反,闻北郭骚之以死白己也,曰:"婴之亡岂不宜哉?亦愈不知士甚矣。"

【注释】①驲(rì)：古代驿站专用的车，后亦指驿马。

【译文】齐君听闻，大为惊骇，骑着驿马去追晏子，在国郊追到了他，请求晏子返回。晏子不得已而返回，听说北郭骚以死洗清自己，说："我的逃亡不是很应该的吗？我更加不了解士人了！"

介 立

【题解】本篇旨在论述士人独立于世的高尚节操。"今世之逐利者，早朝晏退，焦唇干嗌，日夜思之"，但是介子推"得之而务疾逃之"，作者因而赞誉他"离俗远矣"。篇末利用韩、楚、赵将帅贵人之多骄，士卒众庶之多壮，反衬士人"介立"的节操。

三曰：

以贵富有人易，以贫贱有人难。今晋文公出亡，周流天下，穷矣贱矣，而介子推①不去，有以有之也。反②国有万乘，而介子推去之，无以有之也。能其难，不能其易，此文公之所以不王也。

晋文公反国，介子推不肯受赏，自为赋诗曰："有龙于飞，周遍天下。五蛇③从之，为之丞辅④。龙反其乡，得其处所。四蛇从之，得其露雨。一蛇羞之，桥⑤死于中野。"悬书公门，而伏于山下。文公闻之曰："嘻！此必介子推也。"避舍变服，令士庶人曰："有能得介子推者，爵上卿，田百万。"或遇之山中，负釜盖簦⑥，问焉，曰："请问介子推安在？"应之曰："夫介子推苟不欲见而欲隐，吾独焉知之？"遂背而行，终身不见。

人心之不同，岂不甚哉？今世之逐利者，早朝晏退⑦，焦唇干嗌⑧，日夜思之，犹未之能得，今得之而务疾逃之，介子推之离俗远矣。

【注释】①介子推：又名介子，春秋时期晋国隐士，因"割股奉君"，隐居"不言禄"之壮举，深得世人怀念。②反：通"返"，返回。③五蛇：喻指春秋时辅佐晋文公的狐偃、赵衰、魏武子、司空季子、介子推五臣。下文的四蛇则除去介子推。一蛇指介子推自己。④丞辅：辅助。⑤桥：疑通"槁"。⑥簦：古代有柄的笠，像现在的雨伞。⑦晏退：晚退。⑧嗌（yì）：咽喉。

【译文】第三：

靠富贵受人尊敬容易，因为贫贱受人尊重难。从前晋文公逃亡，走遍天下，是很贫穷卑贱的，而介子推没有离开他，这是因为晋文公拥有受他爱戴的德行。返回国家有了万乘车马，而介子推离开了，是因为晋文公这时已经失去了受他爱戴的德行。能在贫贱的时候受人爱戴，不能在富贵时受人爱戴，这是晋文公不能称王的原因。

晋文公返回国家，介子推不肯接受赏赐，自己写了首诗说："有雄健的龙飞在空中，飞遍天下。五条蛇跟随着它，做龙的辅助。飞龙返回了它的家乡，得到了它自己的住所。四条蛇跟它，得到了它的恩赐。有一条蛇感到羞耻，枯死在荒野中。"他把这首诗挂在门上，自己在山下隐居。晋文公听到后说："啊！这一定就是介子推了。"于是不住宫室，改穿凶丧之服。对士人百姓们说："有能够找到介子推的人，封给他上卿的爵位，和数万亩田地。"有人在山中遇见了介子推，介子推背着釜，上插一把长柄笠作为伞盖，那人问介子推说："请问介子推在哪里？"回答说："那介子推如果不想见人，想要隐居，难道我能够知道吗？"于是转身离开，一生都没做官。

人心有差异，难道不是很悬殊吗？如今有追逐利益的人，早早上朝很晚才退下，唇干舌燥，日日夜夜思考，还没有满足，现在得到利益而反而努力逃跑，介子推的节操超离世俗太远的了。

东方有士焉曰爰旌目，将有适也，而饿于道。狐父之盗曰丘，见而下壶餐以铺之①。爰旌目三铺之而后能视，曰："子何为者也？"曰："我狐父②之人丘也。"爰旌目曰："譆！汝非盗邪？胡为而食我？吾义不食子之食也。"两手据地而吐之，不出，喀喀然③遂伏地而死。

郑人之下辖④也，庄蹻之暴郢也，秦人之围长平也，韩、荆、赵，此三国者之将帅贵人皆多骄矣，其士卒众庶皆多壮矣，因相暴以相杀，脆弱者拜请以避死，其卒递而相食，不辨其义，冀幸以得活。如爰旌目已食而不死矣，恶其义而不肯不死。今此相为谋，岂不远哉？

【注释】①壶餐：用壶盛的汤饭或其他熟食。铺（bù）：喂。②狐父：古地名。以产名戈著称。③喀喀然：呕吐的声音。④辖：音义不明，疑为"昏"。韩哀侯灭亡郑国而徙都之，改号曰郑。此昏疑即《汉志》陈留郡之东昏县，正是郑国领地。郑人下昏，或即说韩灭郑一事。

【译文】东方有个士人叫爰旌目，将要去别的地方，而在途饿昏过去。狐父有个盗贼叫丘，见到他后解下自己盛有水饭的壶喂他吃。爰旌目吃了三口后才能看清他，说："请问您是干什么的？"回答说："我是狐父的人，叫丘。"爰旌目说："哎！你不是个盗贼吗？为什么要给我食物呢？我是遵循道义的人，不能吃你的东西。"于是两手挂地想要把食物吐出来，没有吐出来，嘴里发着呕吐的声音趴在地上就死了。

郑人攻陷辗县，庄跻劫掠郢都，秦军包围长平，韩、楚、赵这三个国家的将帅贵族都很骄傲恣肆，他们的士兵百姓也都很精壮，于是他们相互暴虐残杀，弱小的人跪拜请求免死，到最后人们相互残食，不分辨善恶，只希望侥幸活命。像爰旌目这样已经吃了食物不会饿死的，因为厌恶盗贼的不义而不肯不死，如果让那些国家的将士和爰旌目相比，相差得岂不是太远了吗？

诚 廉

【题解】本篇高度赞扬了伯夷、叔齐的气节。他们宁愿饿死"以洁吾行"的气节，犹如石之"坚"、丹之"赤"，是不可"夺"的。作者认为本性"所受于天也，非择取而为之也"。

四曰：

石可破也，而不可夺坚；丹可磨也，而不可夺赤。坚与赤，性之有也。性也者，所受于天也，非择取而为之也。豪士之自好者，其不可漫以污也，亦犹此也。

【译文】第四：

石头可以被打破，却没办法改变它坚硬的性质；朱砂能够磨碎，却不能改变它本来的赤红颜色。坚固和赤色，是生来就有的。秉性，是上天授予的，并不能够任意择取的。洁身自好的豪士，他们的名节不能够被玷污，也是这个道理。

昔周之将兴也，有士二人，处于孤竹①，曰伯夷、叔齐②。二人相谓曰："吾闻西方有偏伯焉，似将有道者，今吾奚为处乎此哉？"二子西行如周，至于岐阳，则文王已殁矣。武王即位，观周德，则王使叔旦③就胶鬲于四内，而与之盟曰："加富三等，就官一列。"为三书，同辞，血之以牲，埋一于四内，皆以一归。又使保召公就微子开于共头之下，而与之盟曰："世为长侯，守殷常祀，相奉桑林④，宜私孟诸。"为三书，同辞，血之以牲，埋一于共头之下，皆以一归。伯夷、叔齐闻之，相视而笑曰："譆，异乎哉！此非吾所谓道也。昔者神农氏之有天下也，时祀尽敬而不祈福也；其于人也，忠信尽治而无求焉；乐正与为正，乐治与为治；不以人之坏自成也，不以人之庳自高也。今周见殷之僻乱也，而遽⑤为之正与治，上⑥谋而行货⑦，阻丘而保威⑧也。割牲而盟以为信，因四内与共头以明行，扬梦以说众，杀伐以要利，以此绍殷，是以乱易暴也。吾闻古之士，遭乎治世，不避其任，遭

乎乱世，不为苟在。今天下暗，周德衰矣。与其并乎周以漫吾身
也，不若避之以洁吾行。"二子北行，至首阳之下而饿焉。

【注释】①孤竹：古国名，在今河北省卢龙县。②伯夷、叔齐：是商
末孤竹君的两个儿子。相传孤竹君遗命立三子叔齐为君，孤竹君死后，
叔齐让位给伯夷，伯夷不受，叔齐也未继位。后来他们先后前往周国考
察。③叔旦：即周公旦。商周时人，纣时因遭世乱，曾隐遁为商。④桑林：
古乐曲名，相传为殷天子之乐。⑤遽（jù）：急忙。⑥上：崇尚。⑦行货：
谓行贿。⑧阻丘而保威："阻丘"疑为"阻兵"。杜注《左传》："阻，恃
也。"保亦当训恃。

【译文】以前周朝将要兴起的时候，有两个士人，住在孤竹
国，分别叫伯夷、叔齐。两人商量说："我听说西方有个西伯，好
像是个有道的明君，现在我们还在这里待着干什么呢？"于是两
人向西走来到周国，到了岐阳的时候，周文王已经去世了。周武
王即位，宣扬周朝德行，派叔旦在四内找到胶鬲，和他盟约说：
"让你俸禄加三级，官位提升一等。"准备了三份文书，言辞都一
样，把牲血涂在盟书上，一份埋在四内，两人各持一份回去。又
派保召公到共头山下去找微子启，和他盟誓说："让你世世代代
作为诸侯之长，维护殷的正常祭祀，允许你供奉桑林之乐，并把
孟诸作为你的私人领地。" 准备了三份文书，言辞都一样，把牲
血涂在盟书上，一份埋在共头山下，两人各持一份回去。伯夷、
叔齐听闻后，笑着说："哎！和咱们听闻的不一样啊！这不是我们
所说的道义。以前神农氏管理天下，祭祀竭尽恭敬而不祈福；对
于百姓，诚信尽力治理而没有要求；百姓乐于见到公正，那么治理

就公正；百姓乐于见到太平，那么就尽力做到太平；不依赖别人的失败来使自己成功，不利用别人的低微使自己高尚。如今周朝见到殷朝邪僻淫乱，便急忙矫正，替殷主管理，这是崇尚计谋、依仗财货、凭借武力、夸耀威势。把割裂牺牲盟誓当作诚信，依靠四内和共头山之盟来宣扬德行，宣扬美好的蓝图来取悦百姓，征伐杀人来求取利益，以此继承殷朝，这是用混乱继承残暴啊。我听说古代的士人，遇到太平盛世，不避开自己的责任。遭遇乱世，不苟且偷生。如今天下黑暗，周朝的德行已经衰败了。与其和周朝同流合污使自己受到玷污，不如避开来保持德行的高洁。"两人向北离开，到了首阳山下，就饿死在那里。

人之情，莫不有重，莫不有轻。有所重则欲全之，有所轻则以养所重。伯夷、叔齐，此二士者，皆出身弃生以立其意，轻重先定也。

【译文】人之常情，没有不有所重视的，没有不有所轻视的。有所重视的，就想保全它，有所轻视的，就会把它拿来供养自己所重视的。伯夷、叔齐，这两个人，都舍弃生命来坚守节操，这是因为在他们心中所轻所重早已确定了。

不 侵

【题解】所谓"不侵"，是指士人凛然不可侵犯。文章首先通过豫让的事迹来表明士人想要"尽力竭智，直言交争""不辞其患"，就得"国士畜我者，我亦国士事之"。之后公孙弘出使秦国关于士人的言论，虽是强调士人的重要性，但明显是夸大了其作用。

五曰：

天下轻于身，而士以身为人。以身为人者，如此其重也，而人不知，以奚道相得？贤主必自知士，故士尽力竭智，直言交争，而不辞其患。豫让、公孙弘是矣①。当是时也，智伯、孟尝君②知之矣。世之人主，得地百里则喜，四境皆贺，得士则不喜，不知相贺，不通乎轻重也。

【注释】①豫让：姬姓，毕氏。春秋战国时期晋国人，是晋国正卿智伯瑶的家臣。公孙弘：齐国相邦孟尝君的门客。②孟尝君：名田文。战国四公子之一，齐国宗室大臣。

【译文】第五：

天下轻于自己的生命，而士人却甘愿为人献身。甘愿为人献身的人，是很难得可贵的，而别人不知道，那怎么才能心意相合？贤明的君主一定自己了解贤士，所以贤士竭尽智力和能力，直言劝谏，而不回避忧患。豫让、公孙弘就是这样的人。在这个时候，智伯、孟尝君都是很了解他们的人。世上的君主，得到百里的土地就很高兴，四境都来祝贺，得到贤士却不知道喜悦，不知道祝贺，这是不通晓轻重啊！

汤、武，千乘也，而士皆归之。桀、纣，天子也，而士皆去之。孔、墨，布衣之士也，万乘之主，千乘之君，不能与之争士也。自此观之，尊贵富大不足以来士矣，必自知之然后可。

【译文】商汤、周武王，起初是仅有千乘的君主，而士人都归顺他们。桀、纣，贵为天子，然而士人却都离弃他们。孔子、墨子，都是普通的老百姓，万乘的君主，千乘的君王，都不能够和孔子、墨子争夺士人。如此看来，尊贵富有完全不够招徕贤士啊，君主一定要亲自了解贤士之后才可以。

豫让之友谓豫让曰："子之行何其惑也？子尝事①范氏、中行氏，诸侯尽灭之，而子不为报；至于智氏，而子必为之报，何故？"豫让曰："我将告子其故。范氏、中行氏，我寒而不我衣，我饥而不我食，而时使我与千人共其养，是众人畜②我也。夫众人畜我者，我亦众人事之。至于智氏则不然，出则乘我以车，入则足我以养，众人广朝，而必加礼于吾所，是国士畜我也。夫国士畜我者，我亦国士事之。"豫让，国士也，而犹以人之于己也为念，又况于中人乎？

【注释】①事：侍奉。②畜：养。
【译文】豫让的朋友对豫让说："你的行为怎么如此糊涂？你曾经侍奉范氏和中行氏，他们都被诸侯消灭了，而你不为他们报仇。到了智氏，你却一定要替他报仇，为什么呢？"豫让说："我来告诉你为什么。范氏和中行氏，我寒冷不给我衣服穿，我饥饿不给我东西吃，那时把我和上千人一起供养，这是像对待众人一样对待我。像对待众人一样对待我，我也像对待众人一样对待他。到了智氏则不是这样，在外给我坐车，在内就全力供养我，大庭广众之下，一定对我加以特殊的礼遇。这是像对待国士一样对待我。像对待国士一样对待我的人，我也像对待国士一样对待他。"豫让，这是国士，尚且计较他人对待他的态度，又何况是普通人呢？

孟尝君为从①，公孙弘谓孟尝君曰："君不若使人西观秦王。意者秦王帝王之主也，君恐不得为臣，何暇从以难之？意者秦王不肖主也，君从以难之未晚也。"孟尝君曰："善。愿因请公往矣。"公孙弘敬诺，以车十乘之秦。秦昭王闻之，而欲丑之以辞，以观公孙弘。公孙弘见昭王，昭王曰："薛之地小大几何？"公孙弘对曰："百里。"昭王笑曰："寡人之国，地数千里，犹未敢以有难也。今孟尝君之地方百里，而因欲以难寡人犹可乎？"公孙弘对曰："孟尝君好士，大王不好士。"昭王曰："孟尝君之好士何如？"公孙弘对曰："义不臣乎天子，不友乎诸侯，得意则不惭为人君，不得意则不肯为人臣，如此者三人。能治可为管、商之师，说义听行，其能致主霸王，如此者五人。万乘之严主，辱其使者，退而自刭也，必以其血污其衣，有如臣者七人。"昭王笑而谢焉，曰："客胡为若此？寡人善孟尝君，欲客之必谨谕②寡人之意也。"公孙弘敬诺。公孙弘可谓不侵矣。昭王，大王也。孟尝君，千乘也。立千乘之义而不可凌，可谓士矣。

【注释】①从：通"纵"，指合纵，六国联合反对秦国的联盟。③谕：告诉，使人知道。

【译文】孟尝君合纵对抗秦国，公孙弘对孟尝君说："您不如派人向西观察一下秦王，如果秦王是个能当帝王的君主，您恐怕连臣子也做不上，哪还顾得上合纵对抗秦国呢？如果秦王是个不成器的昏君，您合纵众国来发难也不晚。"孟尝君说："好。那我希望请您前去。"公孙弘答应下来，带了十辆车前往秦国。秦昭王听说了，想要用言辞刁难他，来考察公孙弘。公孙弘拜见昭王，昭王说："薛地有多大啊？"公孙弘回答说："有百里。"昭王笑着说："我的国家，地广千里，尚且不敢跟谁作对。如今孟尝君的土地才几百里，却想要凭借这些来发难于我，可能吗？"公孙弘回答说："孟尝君喜好贤士，您不喜好贤士。"昭王说："孟尝君是怎样喜好贤士的呢？"公孙弘回答说："通晓理义，不臣服于天子，不和诸侯做朋友，得意的时候当君主也不惭愧，不得意的时候也不肯当别人的臣子，像这样的人，孟尝君那里有三个。治理国家的才能能做管仲、商鞅的老师，所诉说的理义方法如果能被听取，就能够让其君主成就霸业，像这样的人，孟尝君那里有五个。万乘之国的君主，侮辱前来的使者，退后能够自刎，一定要让自己的血溅到君主的衣服，这种像我一样的人，孟尝君那里有七个。"昭王讪笑着道歉说："您干吗要这样呢？我对孟尝君是很友好的，希望您一定要向他说明我的心意。"公孙弘答应下来。公孙弘称得上是不可被侵犯的了。昭王，是大国的君主。孟尝君，是千乘之国的君主。公孙弘能维护千乘之国的名誉,而没有受到欺凌,可谓是贤士了。

序 意

【题解】文章分为上下两部分,上半部分言十二纪,下半部分则是叙述赵襄子、豫让事。本篇原是《吕氏春秋》的后序,旨在论述编撰本书的宗旨和意图,表明本书的理论依据是"法天地"思想。

维秦八年,岁在涒滩①,秋,甲子朔。朔之日,良人请问十二纪。文信侯曰:"尝得学黄帝之所以诲颛顼矣②,'爰有大圜③在上,大矩④在下,汝能法之,为民父母。'盖闻古之清世,是法天地。凡十二纪者,所以纪治乱存亡也,所以知寿夭吉凶也。上揆之天,下验之地,中审之人,若此则是非可不可无所遁矣。

天曰顺,顺维生;地曰固,固维宁;人曰信,信维听。三者咸当,无为而行。行也者,行其理也。行数,循其理,平其私。夫私视使目盲,私听使耳聋,私虑使心狂。三者皆私设,精则智无由公。智不公,则福日衰,灾日隆,以日倪而西望知之。"

【注释】①涒滩(tūn tān):岁阴(太岁)申宿的别称,古用以纪年。②文信侯:即吕不韦。诲(huì):教诲。③大圜(yuán):天。圜,同"圆"。④大矩:古人认为天圆地方,故称地为大矩。

【译文】秦始皇八年,太岁运行到申宿的位置,秋天,初一为甲子日，这一天君子请教询问关于十二纪的事。文信侯吕不韦说：
"曾经听闻黄帝教诲颛顼的话，'有皇天在上，大地在下，你能效
法它们，就能做人民的父母。'听说古代的清平之世，都是效法天
地。十二纪，是用来记载国家治乱存亡的，用来知晓寿命长短和
吉凶的。在上度量于天，在下检验于地，在中在人中审察。像这
样，那么是非、对错就没有差错了。

上天要顺行，顺行才能抚育万物。大地要坚固，坚固才能维
持安宁。人要诚信，诚信才被听从。三者都合适，就能够无为而
行了。行的意思，就是施行上天之道。施行上天之道，遵循大地
之理，私欲就能平息。带着私心去看，就不会有所见。带着私心
去听，就不会有所闻。带着私心去考虑，就会使心思狂乱。三者
都为私心所用，严重的会使心智不能公正。心智不能公正，那么
福气就会一天天衰减，灾难就会一天天兴盛，这个道理，从太阳
偏斜，就必定西落的现象中可以知晓。"

赵襄子游于囿①中，至于梁②，马却③不肯进。青荓为参乘，
襄子曰："进视梁下，类有人。"青荓进视梁下。豫让却寝④，佯为
死人，叱青荓曰："去！长者吾且有事。"青荓曰："少而与子友，
子且为大事，而我言之，是失相与友之道。子将贼⑤吾君，而我
不言之，是失为人臣之道。如我者惟死为可。"乃退而自杀。青
荓非乐死也，重失人臣之节，恶废交友之道也。青荓、豫让可谓
之友也。

【注释】①囿（yòu）：养动物的园子。②梁：桥。③却：后退。④寝：睡觉。⑤贼：伤害，戕害。

【译文】赵襄子在园囿中游玩，到了桥边，马后退不肯前进。这时参乘是青荓，襄子说："你去看看桥下，好像有人。"青荓到了桥下察看。豫让正在睡觉，假装自己是个死人，呵斥青荓说："走开！我将要办件大事。"青荓说："我小时候和你交朋友，你将要办大事，而我告发你，这是丧失了交友的道义。你将要杀害我的君主，而我不告诉他，这是丧失了当臣子的道义。像我这样的境地只有选择死了。"于是退后自刎。青荓并不是乐于死亡，而是重视失去做臣子道义的耻辱，厌恶废弃交友的道义。青荓、豫让可谓是真正的朋友了。

有始览第一

扫码听谦德
君为您导读

有 始

【题解】本篇主要论述了作者的自然观。作者将《有始览》放在八览之首，是因为作者在本篇提出"天地有始，天微以成，地塞以成"，而且列举天地山川有九野、九州、九山、九塞等，反映出当时的地理成就。

一曰：

天地有始。天微以成，地塞以形。天地合和^①，生之大经也。以寒暑日月昼夜知之，以殊形殊能异宜说之。夫物合而成，离而生。知合知成，知离知生，则天地平矣。平也者，皆当察其情，处其形。

【注释】①合和：匹配，挽和，调和。

【译文】第一：

天地有开始的时候，天是由轻的东西上升形成的，地是由重的东西下降形成的。天地互相融合，是万物生成的基础。从寒暑的交替, 日月的轮转, 昼夜的变化, 可以得知这个道理, 从不同的形状、不同的能力、不同的应用可以解释这个道理。万物都是由天与地的融合而形成, 通过天与地的分离而产生, 知道融合而形成, 知道分离而产生, 那就可以知道天地形成的原理了。要知道天地形成的原理, 都应当观察事物的情况, 审度事物的形状。

天有九野, 地有九州, 土有九山, 山有九塞, 泽有九薮①, 风有八等, 水有六川。

【注释】①薮（sǒu）：长着很多草的湖泽。

【译文】天上有九野, 地上有九州, 土地上有九座高山, 山上有九处关塞, 水泽有九大湖泽, 风有八个等级, 水流有六大河流。

何谓九野? 中央曰钧天, 其星角、亢、氐。东方曰苍天, 其星房、心、尾。东北曰变天, 其星箕、斗、牵牛。北方曰玄天, 其星婺女、虚、危、营室。西北曰幽天, 其星东壁、奎、娄。西方曰颢天, 其星胃、昴、毕。西南曰朱天, 其星觜巂、参、东井。南方曰炎天, 其星舆鬼、柳、七星。东南曰阳天, 其星张、翼、轸。

何谓九州? 河、汉之间为豫州, 周也。两河之间为冀州, 晋也。河、济之间为兖州, 卫也。东方为青州, 齐也。泗上为徐州, 鲁也。东南为扬州, 越也。南方为荆州, 楚也。西方为雍州, 秦也。北方为幽州, 燕也。

【译文】什么是九野?天的中央叫钧天,那里的星宿叫角、亢,氐。东面的方向叫苍天,那里的星宿叫房、心、尾。东北的方向叫变天,那里的星宿叫箕、斗、牵牛。北面的方向叫玄天,那里的星宿叫婺女、虚、危、营室。西北的方向叫幽天,那里的星宿叫东壁、奎、娄。西面的方向叫颢天,那里的星宿叫胃、昴、毕。西南的方向叫朱天,那星的星宿是觜觹、参、东井。南方叫炎天,那里的垦宿是舆鬼、柳、七星。东南叫阳天,那里的星宿是张、翼、轸。

什么是九州?黄河、汉水之间是豫州,是周王室的领土。清河和西河之间是冀州,是晋国的领土。黄河、济水之间为兖州,是卫国的领土。东方是青州,是齐国的领土。泗水以南是徐州,是鲁国的领土。东南是扬州,是越国的领土。南方是荆州,是楚国的领土。西方是雍州,是秦国的领土。北方是幽州,是燕国的领土。

何谓九山?会稽、太山、王屋、首山、太华、岐山、太行、羊肠、孟门。

何谓九塞?大汾、冥阨、荆阮、方城、殽、井陉、令疵、句注、居庸。

何谓九薮?吴之具区,楚之云梦,秦之阳华,晋之大陆,梁之圃田,宋之孟诸,齐之海隅,赵之钜鹿,燕之大昭。

何谓八风?东北曰炎风,东方曰滔风,东南曰熏风,南方曰巨风,西南曰凄风,西方曰飂风,西北曰厉风,北方曰寒风。

何谓六川? 河水, 赤水, 辽水, 黑水, 江水, 淮水。

【译文】什么是九座高山? 是会稽山、泰山、王屋山、首阳山、太华山、岐山、太行山、羊肠山、孟门山。

什么是九处险隘? 是大汾, 冥阨、荆阮, 方城、殽、井陉, 令疵、句注、居庸。

什么是九大渊薮? 是吴国的具区, 楚国的云梦, 秦国的阳华, 晋国的大陆, 梁国的圃田, 宋国的孟诸, 齐国的海隅, 赵国的钜鹿, 燕国的大昭。

什么是八风? 东北风是炎风, 东风是滔风, 东南风是熏风, 南风是巨风, 西南风是凄风, 西风是飂风, 西北风是厉风, 北风是寒风。

什么是六大河流? 是河水、赤水、辽水、黑水、江水、淮水。

凡四海之内, 东西二万八千里, 南北二万六千里, 水道八千里, 受水者亦八千里。通谷六, 名川六百, 陆注三千, 小水万数。

凡四极之内, 东西五亿有九万七千里, 南北亦五亿有九万七千里。

极星与天俱游, 而天枢不移。冬至日行远道, 周行四极, 命曰玄明。夏至日行近道, 乃参于上。当枢之下无昼夜。白民之南, 建木之下, 日中无影, 呼而无响, 盖天地之中也。

【译文】凡是四海之内, 东西长度有两万八千里, 南北长度二万六千里。可以通行的河道八千里,受水的河道也是八千里。
最大的河流六条,大河有六百条,季节河有三千条,小河流有上万
条。凡是四极之内,东西长度有五亿零九万七千里,南北长度也
是五亿零九万七千里。极星和天一起运行,但是北天极不移动。
冬至这天,太阳运行在轨道最远的地方,环行于四个极点,称为
玄明。夏至这天,太阳运行在轨道最近的地方,太阳就位于人的
正上方。在天极的下面,没有昼夜之分。在白民国以南的地方,建
木的下面,中午没有影子,呼喊时没有声音,因为这里是天地的
中心。

天地万物,一人之身也,此之谓大同。众耳目鼻口也,众五
谷寒暑也。此之谓众异,则万物备也。天斟万物,圣人览焉,以
观其类。解在乎天地之所以形,雷电之所以生,阴阳材物之精,
人民禽兽之所安平。

【译文】天地万物,就好像一个人的身体,这叫作高度同一。
每个人都有耳目鼻口,各个地方有五谷寒暑,这就叫作个体差
异,这样万物就齐备了。上天降下万物,圣人观察它们,从而了解
它们的分类。对于这个道理的解释体现在天地之所以形成、雷
电之所以产生、阴阳变化形成事物的精髓、人民禽兽安乐太平等
方面。

应 同

【题解】文章开篇论述了五德终始说,认为"代火者必将水,天且先见水气胜",并警告统治者"水气至而不知数备,将徙于土"。意在鼓励秦国取代周国,顺应时势,统一天下。而且利用大量的自然现象和社会现象,论述"类固相召,气同则合,声比则应"的规律。

二曰:

凡帝王者之将兴也,天必先见祥乎下民。黄帝之时,天先见大螾大蝼①。黄帝曰:"土气胜。"土气胜,故其色尚黄,其事则土。及禹之时,天先见草木秋冬不杀。禹曰:"木气胜。"木气胜,故其色尚青,其事则木。及汤之时,天先见金刃生于水。汤曰:"金气胜。"金气胜,故其色尚白,其事则金。及文王之时,天先见火赤乌衔丹书集于周社②。文王曰:"火气胜。"火气胜,故其色尚赤,其事则火。代火者必将水,天且先见水气胜。水气胜,故其色尚黑,其事则水。水气至而不知数备,将徙于土。

天为者时,而不助农于下。类固相召,气同则合,声比则应。鼓宫而宫动,鼓角而角动。平地注水,水流湿。均薪施火,火就燥。山云草莽,水云鱼鳞,旱云烟火,雨云水波,无不皆类其所生以示人。故以龙致雨,以形逐影。师之所处,必生棘楚③。祸福之所自来,众人以为命,安知其所。

【注释】①螽：即螽蚣，一种对农作物有害的昆虫。②社：这里指古祭土神的地方。③棘楚：泛指山野丛生的带刺小灌木。

【译文】第二：

凡是成为帝王的人将要兴起，上天一定会先向下界的百姓显现出吉兆。黄帝的时候，上天先出现大蚯蚓大蝼蚁。黄帝说："这代表着土气旺盛。"土气旺盛，所以黄帝时期崇尚黄色的衣服，做事情的时候用土的颜色。到大禹的时侯，上天先显现出在秋冬季节草木不凋零的景象。大禹说："这表明木气旺盛。"木气旺盛，所以夏朝崇尚青色的衣服，做事情会用到木头的颜色。到商汤的时候，上天先显现在水中出现刀刃。商汤说："这代表着金气旺盛。"金气旺盛，所以商汤时期崇尚白色的衣服，做事情的时候会用到金的颜色。到周文王的时候，上天先显现出大火幻化的许多红色的乌鸦衔着丹书集中停在周的社庙上。周文王说："这代表着火气旺盛。"火气旺盛，所以周文王时期崇尚红色的衣服，做事情时会用到火的颜色。取代火的必将是水，上天会先显现水气旺盛的景象。水气旺盛，所以继任者应当崇尚黑色的衣服，做事情应当用到水的颜色。如果水气到来，却不知道气数已经备齐，那么气数将会迁移到土上去。

上天会为人们产生时运，但并不会帮助农民耕作。物类相同的就互相召唤指引，气味相同的就互相契合，声音相同的就互相响应。用鼓敲击此处宫音，彼处宫音会振动，敲击此处角音，彼处角音就会振动。在平地上注入水源，水就会向湿润的地方流去，在摆放均匀的柴火上点火，火就向干燥的地方燃烧。山上的云呈现的是草莽的形状，水上的云呈现的是鱼鳞的形状，干旱时期的云好像烟火，下雨时期的云好像水波。这些都无不依靠它们生成的东西来展示给人们。所以有龙就能招雨，凭借形体就能发现影子。行军部队驻扎的地方，一定会生长出荆棘来。祸福的到来，所有人都以为这是命运，哪里知道它们到来的缘由。

夫覆巢毁卵，则凤凰不至；刳①兽食胎，则麒麟不来；干泽涸渔②，则龟龙不往。物之从同③，不可为记。子不遮乎亲，臣不遮乎君。君同则来，异则去。故君虽尊，以白为黑，臣不能听；父虽亲，以黑为白，子不能从。

黄帝曰："芒芒昧昧④，因天之威，与元同气。"故曰同气贤于同义，同义贤于同力，同力贤于同居，同居贤于同名。帝者同气，王者同义，霸者同力，勤者同居则薄矣，亡者同名则觕⑤矣。其智弥觕者，其所同弥觕；其智弥精者，其所同弥精。故凡用意不可不精。夫精，五帝三王之所以成也。成齐类同皆有合，故尧为善而众善至，桀为非而众非来。

【注释】①刳：剖，剖开。②涸渔：把水排干捕鱼。③从同：相同。④芒芒昧昧：纯朴广远的原始状态。⑤觕（cū）：同"粗"。

【译文】把鸟巢倾覆，毁坏鸟蛋，那么凤凰就不会再来；剖开野兽腹部，吃掉野兽的胎儿，那么麒麟就不会再来；把池泽的水排干来捕鱼，那么龟和龙就不会再来。事物同类相从的情况，不可计数。儿子不会总是受父亲遏制，臣子不会总是受君主遏制。志向相合就在一起，志向不合就离开。所以君主虽然尊贵，如果把白当成黑，臣子就不能听从；父亲虽然亲切，如果把黑当成白，儿子也不能顺从。黄帝说："纯朴广远，是因为遵循了上天的法则，跟上元结合在一起的缘故。"所以说同气比同义要好，同义比同力要好，同力比同居要好，同居比同名要好。称帝的人同气，称王的人同义，称霸的人同力，勤劳的君主同存于世，但德行很少了，亡国的君主同名，但德行很差。智慧越少的人，跟他一起的就都是智慧少的人。智慧多的人，跟他一起的就是智慧多的人。所以凡事用意不可以不精细。精细，是五帝三王成就帝业的原因。事物只要是同类，都可以互相聚合。所以尧与人为善，而各种善举都随之而来。桀胡作非为，各种坏事都随之而来。

《商箴》云："天降灾布祥，并有其职"，以言祸福人或召之也。故国乱非独乱也，又必召寇。独乱未必亡也，召寇则无以存矣。凡兵之用也，用于利，用于义。攻乱则服，服则攻者利。攻乱则义，义则攻者荣。荣且利，中主犹且为之，况于贤主乎？故割地宝器，卑辞屈服，不足以止攻，惟治为足。治则为利者不攻矣，为名者不伐矣。凡人之攻伐也，非为利则固为名也，名实不得，国虽强大者，曷为攻矣？解在乎史墨①来而辍②不袭卫，赵简子可谓知动静矣。

【注释】①史墨：春秋时期晋国大夫。②辍：停止，中止。
【译文】《商箴》上说："上天降临灾害或者是散布吉祥，都有一定的对象。"这就是说，祸还是福都是人招致的。所以国家混乱不仅仅是混乱，一定会招来侵略者。国家如果仅仅是混乱不一定会亡国，但是招来了侵略者国家就会不复存在了。凡是用兵征战，都是用在有利的部分，用于正义的部分。攻打混乱的地方就会容易使之屈服，敌国屈服就会对进攻者有利。攻打混乱的地方就符合正义，符合正义，进攻者就会有荣誉。有荣誉并且有利益，中等才干的君主都会这样做，更何况是贤明的君主呢？所以，割让土地贡献宝贵的器具，言辞卑微屈服于人，是不足以阻止别国的进攻的，只有好好治理国家才能阻止别国的进攻。国家治理得好，那么图谋利益的人就不会来攻打，图谋名誉的人就不会来讨伐。但凡是进攻讨伐别的国家，不是图谋利益就是图谋名誉，如果名誉利益实在是得不到，国家虽然强大了，又怎么会去攻打别的国家呢？这个问题的解答体现在史墨到了卫国了解情况之后就放弃偷袭卫国，赵简子可以说是知道何时该动何时该静了。

去 尤

【题解】所谓"去尤"就是去掉局限。本篇主要通过亡斧疑邻、邾君反复、鲁人爱子三个事例，论述认识事物要从思想上去掉局限，兼听则明。

三曰：

世之听者，多有所尤①。多有所尤，则听必悖矣。所以尤者多故，其要必因人所喜，与因人所恶。东面望者不见西墙，南乡视者不睹北方，意有所在也。

【注释】①尤：通"囿"，蒙蔽、局限之义。
【译文】第三：

世上凭借听闻乱下结论的人，大多有所局限。有所局限，那么凭借听闻下的结论必定是错误的。受局限的原因有很多，关键一定在于人的喜好不同，和人的厌恶不同。面朝东看的人，是看不见西面的墙的，面朝南看的人，是望不见北方的。这是因为心意只专注于一个方位。

人有亡铁①者，意其邻之子。视其行步，窃铁也；颜色，窃铁也；言语，窃铁也；动作态度，无为而不窃铁也。掘其谷而得其铁，他日复见其邻之子，动作态度无似窃铁者。其邻之子非变也，己则变矣。变也者无他，有所尤也。

【注释】①亡铁（fū）：丢失斧子。
【译文】从前有一个丢失斧子的人，他怀疑是他邻居的儿子偷了他的斧子。看到他走路，像偷斧子的样子；看他的脸色，像偷斧子的样子；听到他讲话，也像偷斧子的样子。总之，他的动作态度，没有一样不像偷斧子的样子。后来这个人挖坑的时候，找到了斧子。第二天，再看邻居的儿子，他的动作态度都不像偷斧子的样子了。邻居的儿子并没有改变，而是自己的怀疑心理改变了。这个改变不是别的，而是由于先前的看法有错误。

邾①之故法，为甲裳以帛。公息忌谓邾君曰："不若以组②。凡甲之所以为固者，以满窍也。今窍满矣，而任力③者半耳。且组则不然，窍满则尽任力矣。"邾君以为然，曰："将何所以得组也？"公息忌对曰："上用之，则民为之矣。"邾君曰："善。"下令，令官为甲必以组。公息忌知说之行也，因令其家皆为组。人有伤之者曰："公息忌之所以欲用组者，其家多为组也。"邾君不说，于是复下令，令官为甲无以组。此邾君之有所尤也。为甲以组而便，公息忌虽多为组，何伤也？以组不便，公息忌虽无为组，亦何益也？为组与不为组，不足以累公息忌之说。用组之心，不可不察也。

【注释】①邾（zhū）：古国名，今在山东邹城地区。②组：丝带。③任力：承受力。

【译文】邾国的旧法，是用帛来制作盔甲。公息忌对邾国的国君说："不如用丝带。凡是盔甲之所以牢固，是因为盔甲的缝隙都塞满了。现在盔甲的缝隙虽然塞满了，可是只能承受一半的力。然而用丝带就不一样，只要缝隙塞满了，就能承受全部的力了。"邾君认为他说得对，说："将要从哪里得到丝带呢？"公息忌回答说："君主要用的话，百姓就会制造丝带了。"邾君说："好！"然后下命令，让官员一定要用丝带制造盔甲。公息忌知道自己的主张得到施行了，于是就让他家里人都制造丝绳。有人中伤他说：
"公息忌之所以想要用丝带，是因为他让他家里制造了很多丝
带。"邾君听后很不悦，于是再次下令，命令官员制造盔甲不要用
丝带。这是邾君的局限！制甲用丝绳能带来便利，公息忌虽然大
量制造丝绳，又有什么害处呢？如果用丝带没有带来便利，公息
忌即便没有制造丝带，又有什么益处呢？公息忌是否制造丝带，
都不足以影响公息忌的主张。使用丝带的本意，不能不考察清
楚啊。

鲁有恶①者，其父出而见商咄②，反而告其邻曰："商咄不若
吾子矣。"且其子至恶也，商咄至美也。彼以至美不如至恶，尤
乎爱也。故知美之恶，知恶之美，然后能知美恶矣。《庄子》曰：
"以瓦殶者翔，以钩殶者战，以黄金殶者殆。其祥一也，而有所
殆者，必外有所重者也。外有所重者泄，盖内掘。"③鲁人可谓外
有重矣。解在乎齐人之欲得金也，及秦墨者之相妒也，皆有所
乎尤也。

老聃则得之矣，若植木而立乎独，必不合于俗，则何可
扩矣。

【注释】①恶：丑陋。②商咄：春秋鲁国美人之名。③"《庄子》
曰"句：出自《庄子·达生》。殶（zhù）：投注。殆：危险

【译文】鲁国有个丑陋的人，他的父亲出门见见商咄，回来
以后告诉他的邻居说："商咄比不上我的儿子。"其实他儿子是

最丑陋的，商咄是最漂亮的，他却认为最漂亮的不如最丑陋的，这是被他的偏爱所局限。所以，知道了漂亮可以被当作是丑陋的，丑陋可以被当作是漂亮的，然后就能知道漂亮和丑陋了。《庄子》说："用瓦片当赌注的内心坦然，用衣带钩做赌注的心里惊颤，用黄金做赌注的感到危险。他们的赌技是一样的，然而之所以感到危险，必然是因为对外在有所看重的东西。对外在有看重的东西，就会泄露内心的情绪。"那个鲁国人可以说是对外在有看重的东西。这个道理的解释体现在齐国人想要得到金子，以及秦国的墨者相互嫉妒，他们都是因为有所局限。

老聃就知道这个道理，他就像木头一样独立，这样肯定和世俗观念不和谐，那么还有什么可以让他焦躁的呢？

听 言

【题解】本篇旨在论述君主听取建议要分善和不善，如果是"善不善不分"，就会"乱莫大焉"。文章指出君主喜好用攻打诛杀来求利索地，其中重要的原因是不能区分善和不善，才导致"今天下弥衰，圣王之道废绝"。同时，君主还得"习之于学文"，强调学习区分善和不善的重要性。

四曰：

听言不可不察，不察则善不善不分。善不善不分，乱莫大焉。三代分善不善，故王。今天下弥衰，圣王之道废绝。世主多盛其欢乐，大其钟鼓，侈其台榭苑囿①，以夺人财；轻用民死，以行其忿；老弱冻馁^②，夭腊^③壮狡^④，汔尽^⑤穷屈，加以死虏；攻无罪之国以索地，诛不辜之民以求利。而欲宗庙之安也，社稷之不危也，不亦难乎？

【注释】①囿（yòu）：养动物的园子。②馁：饥饿。③腊（jí）：同"瘠"，瘦弱。④壮狡：壮丁。⑤汔尽：几近。

【译文】第四：

听别人说话不能不审察，不审察就不能分辨是好还是不好。不会分辨好还是不好，就没有比这更大的祸乱了。夏、商、周三代分辨好坏，所以能够称王。现在天下越来越衰败，圣人的为王之道被废弃灭绝。世上的君主大多寻欢作乐，把钟鼓等乐器建造得很大，奢侈地建造园林楼榭，耗费了老百姓的人力和财力；轻率地把百姓处死，来发泄自己的愤怒；老弱的人饥寒交迫，壮丁也过早地死去，人们几乎都走投无路，还用对待囚犯和俘虏的方式对待百姓。攻打和自己没有过节的国家向他们索取土地，残杀无辜的百姓来获取更多的利益。这样做还想要让宗庙安宁，社稷无害，不是一件很难的事吗？

今人曰："某氏多货，其室培^①湿，守狗死，其势可穴也"，则必非之矣。曰："某国饥，其城郭庳^②，其守具寡，可袭而篡之。"则不非之，乃不知类矣。

《周书》曰："往者不可及，来者不可待，贤明其世，谓之天子。"故当今之世，有能分善不善者，其王不难矣。善不善本于利,本于爱,爱利之为道大矣。夫流于海者,行之旬月,见似人者而喜矣。及其期年也,见其所尝见物于中国者而喜矣。夫去人滋久,而思人滋深欤!乱世之民,其去圣王亦久矣。其愿见之,日夜无间。故贤王秀士之欲忧黔首③者,不可不务也。

【注释】①培:屋的后墙。②庳(bì):矮。③黔首:百姓。

【译文】现在有人说:"某人家有很多财产货物,屋子的后墙又潮湿,守护家门的狗死掉了,这样的情况下可以把它占为自己的地方。"人们一定会对这个人产生非议。有人说:"某个国家在闹饥荒,它的城墙矮,用来守城的兵器很少,可以偷袭并夺取这个国家。"那么人们对这个人不产生非议的话,是不知道这两种情况是同样的道理。

《周书》上说:"过去的事不可以追及,将来的事不可以等待,能在当下的世道里做到贤明,这就可称为天子了。"所以,当今世上有能够分辨好坏的人,他们要想成为王者不难。好坏的根本在于利,在于爱人,爱护百姓、为百姓谋取利益,是当世的准则。漂流在海上的人,漂流了一旬、一月,见到像人的东西就非常高兴。到了一年之后,见到他曾经在自己的国家见到过的东西就很高兴了。所以人离开得越久,想念人的心情就越深!乱世中的百姓,他们离开圣贤的君主也很久了。他们想见到圣王的愿望,日日夜夜不曾间断。所以圣贤的君主要想为百姓分忧解难,就不可以不把这当成是重要的事务。

功先名，事先功，言先事。不知事恶能听言？不知情恶能当言？其与人谷言也，其有辩乎？其无辩乎？

造父始习于大豆①，蠭门始习于甘蝇②，御大豆，射甘蝇，而不徙人，以为性者也。不徙之，所以致远追急也，所以除害禁暴也。凡人亦必有所习其心，然后能听说。不习其心，习之于学问。不学而能听说者，古今无有也。解在乎白圭之非惠子也，公孙龙之说燕昭王以偃兵及应空洛之遇也③，孔穿④之议公孙龙，翟翦之难惠子之法。此四士者之议，皆多故矣，不可不独论。

【注释】①造父：嬴姓，伯益的后代，蜚廉四世孙，中国历史上著名的善御者。大豆：著名的善御者。②蠭门：即"逢蒙""逢门"，古代善射者，神话中尧时射日之羿的弟子。甘蝇：古代善射者。③公孙龙：战国时期名家离坚白派的代表人物。燕昭王：姬姓，名职，燕王哙之子，公元前312年至公元前279年在位。④孔穿：字子高，孔箕之子，孔子的六世孙。

【译文】功绩在名声之前，做实事在功绩之前，言论在做事之前。但不知道事情好不好怎么能够听取言论？不知道情况好不好怎么能够说话？就像那些刚出生的小鸟发出啼叫，是有分别，还是没有分别？

造父最初是向大豆学习，蠭门最初是向甘蝇学习，向大豆学习驾车，向甘蝇学习箭射，学习专心不转移而成为习性。不分心，所以造父可以驾车跑得很远走得很快，蠭门可以为民除害制止暴乱。但凡是人也一定要修养自己的心性，然后才能听别人的教诲。不修养自己的心性，也要研究学问。不学习而能够听取别人的言论的人，从古至今还没有出现。这个道理的解释在于白圭非难惠子，公孙龙劝说燕昭王停战和如何对付秦赵的空洛盟约，孔穿非议公孙龙，翟翦责难惠子制定的法令。这四个人的言论，都是讲述了许多哲理的，所以不可以不反复研究。

谨 听

【题解】本篇继续论述君主要听取谏言的问题，重点指出"礼有道之士，通乎己之不足"。作者认为"不知而自以为知，百祸之宗也"。同时，文章通过"贤主"和"亡国之主"的比较证明了上述观点。

五曰：

昔者禹一沐而三捉①发，一食而三起，以礼有道之士，通乎己之不足也。通乎己之不足，则不与物争矣。愉易平静以待之，使夫自得之；因然而然之，使夫自言之。亡国之主反此，乃自贤而少人，少人则说者持容②而不极，听者自多而不得，虽有天下，何益焉？是乃冥之昭，乱之定，毁之成，危之宁。故殷、周以亡，比干以死，悖而不足以举。故人主之性，莫过乎所疑，而过于其所不疑；不过乎所不知，而过于其所以知。故虽不疑，虽已知，必察之以法，揆③之以量，验之以数。若此则是非无所失，而举措无所过矣。

【注释】①捉：握。②持容：矜持。③揆（kuí）：道理，准则。

【译文】第五：

从前大禹洗一次澡就要多次停下来握住自己的头发，吃一顿饭就要多次站起来，以便依照礼节来对待有道之士，借此来通晓自己的不足之处。通晓了自己的不足之处，就能不争外物了。用愉悦平易的态度对待有道之士，使他们各得其所；一切都顺其自然，让他们自己坦言。亡国之君却与此相反，他们自以为是贤才，轻视别人，轻视别人就会让游说的人拘谨，因而不能充分表达他们的意见，听取意见的人只看重自己，因而就会一无所得。这样，即使拥有天下，又有什么益处呢？这实际上就是把昏暗当作光明，把混乱当作安定，把毁坏当作成功，把危险当作安宁。所以商周因此灭亡，比干因此被杀死，这样的君主如此逆行倒施，不足以跟随他治理国家大事。所以，君主的性格应当是，不会因为怀疑而犯错，反倒会因为不怀疑而犯错。不会因为不知道而犯过错，反倒会因为知道而犯错。所以，就算是不怀疑的，就算是已经知晓的，也一定要用律法来考察，用道理准则加以衡量，用数据来进行检验。这样去做了，那么是非判断就不会有所缺失，举止就没有过错了。

夫尧恶得贤天下而试舜？舜恶得贤天下而试禹？断之于耳而已矣。耳之可以断也，反性命之情也。今夫惑者，非知反性命之情，其次非知观于五帝、三王之所以成也，则奚自知其世之不可也？奚自知其身之不逮也？太上知之，其次知其不知。不知则问,不能则学。《周箴》曰:"夫自念斯,学德未暮。"学贤问,三代之所以昌也。不知而自以为知,百祸之宗也。

名不徒立,功不自成,国不虚存,必有贤者。贤者之道,牟而难知,妙而难见。故见贤者而不耸,则不惕于心。不惕于心,则知之不深。不深知贤者之所言,不祥莫大焉。

【译文】尧怎样在天下的贤人中选择任用了舜呢?舜怎样在天下的贤人中任用了禹呢?只是根据耳朵的听闻做出判断而已。凭耳朵可以判断,是复归人本性的缘故。当今那些昏惑的人,首先不知道这是复归人的本性,其次是不会观察五帝、三王成就功业的原因,那又怎么知道自己治世有什么是不能做的呢?怎么会知道他自身比不上五帝、三王的地方呢?最上等的是知道一切,次之的是知道自己有所不知。不知道的就要问,不会的就要学。《周箴》中说:"只要自己时常思考,学习道德就不算晚。"向贤者学习提问,这是夏商周三代昌盛的原因。不知道但自以为知道,这是各种祸患的源头。

名誉不会无缘无故地树立,功劳不会自己形成,国家不是形同虚设的,一定要有贤德之人。贤德之人的思想博大但难以通晓,精妙但难以了解。所以看到贤德之人不肃然起敬,就是在心里没有警惕之心,没有警惕之心,就对这些贤者的的见解了解不深。对贤者的了解不深,就是最不吉祥的事情。

主贤世治则贤者在上,主不肖世乱则贤者在下。今周室既

灭，而天子已绝。乱莫大于无天子。无天子，则强者胜弱，众者
暴寡，以兵相残，不得休息，今之世当之矣。故当今之世，求有
道之士，则于四海之内、山谷之中、僻远幽闲之所，若此则幸于
得之矣。得之，则何欲而不得？何为而不成？太公钓于滋泉，遭
纣之世也，故文王得之而王。文王，千乘①也；纣，天子也。天子
失之，而千乘得之，知之与不知也。诸众齐民②，不待知而使，不
待礼而令。若夫有道之士，必礼必知，然后其智能可尽。解在乎
胜书之说周公，可谓能听矣；齐桓公之见小臣稷，魏文侯之见田
子方也，皆可谓能礼士矣。

【注释】①千乘：战国时，诸侯国小的称"千乘"，大的称"万
乘"。②齐民：犹平民。

【译文】君主贤明，世道安定，那么贤者就会处于上位，君主
不贤明，世道混乱，那么贤者就会处于下位。现在周王室已经被
灭，天子已断绝。再大的混乱都比不上天子断绝的混乱大。没有
天子，那么强大的就会战胜弱小的，人多的就会用暴力压迫人少
的，用军队互相残杀，民众不得休养生息，这就是当今的世道。
所以，在当今的世道下，要寻求有道之人，就要到四海之内、山
谷中、幽静偏僻遥远的地方，能找到的话就是幸运的事。得到了
这样的人，那么想要什么还有什么是不能得到的？想做什么还有
什么是不能成功的？太公望在滋泉钓鱼，适逢纣当天子的时代，
而周文王得到了他，所以能在天下称王。文王是诸侯，纣王是天
子。天子失去了太公望，而诸侯却得到了他，这是由于知道与不

知道造成的。对待百姓，不用等知晓他们就能驱使，不用以礼待之就能使唤。对于有道之人，一定要以礼待之，一定要知晓了解他们，然后他们的智慧才可以被充分利用。这个道理体现在胜书劝说周公上，周公可谓是能听从其他人言论了，体现在齐桓公去见小臣稷，魏文侯去见段干木上，他们都可以算是能够礼贤下士了。

务 本

【题解】本篇旨在论述为臣之道。文章分为两部分阐述：上半部分认为"荣富非自至也，缘功伐也"，即建立功劳才是富贵荣誉的根本；下半部分认为"用己者未必是也，而莫若其身自贤"，即修身自贤是治国治官的根本，但是要通过孝亲笃友等人人可以做到的事情来知晓他能否胜任治国治官。

六曰：

尝试观上古记，三王之佐，其名无不荣者，其实无不安者，功大也。《诗》云："有渰凄凄，兴云祁祁，雨我公田，遂及我私。①"三王之佐，皆能以公及其私矣。俗主之佐，其欲名实也，与三王之佐同，而其名无不辱者，其实无不危者，无公故也。皆患其身不贵于国也，而不患其主之不贵于天下也；皆患其家之不富也，而不患其国之不大也。此所以欲荣而愈辱，欲安而益危。安危荣辱之本在于主，主之本在于宗庙，宗庙之本在于民，民之治乱在于有司。《易》曰："复自道，何其咎，吉。"②以言本无异，则动卒有喜。今处官则荒乱，临财则贪得，列近则持谀，将众则罢怯③，以此厚望于主，岂不难哉？

【注释】①"《诗》云"句：出自《诗经·小雅·大田》。晻（yǎn）：同"暗"。祁祁：众多貌，盛貌。公田：古代井田制，把土地划成"井"字形，分为九区，中区由若干农夫共同耕种称为"公田"，其余部分称为"私田"。②"《易》曰"句：出自《周易·小畜》。③罢：通"疲"。怯：胆小，畏惧。

【译文】第六：

曾试看上世古书，三王的辅臣，声誉没有不荣耀的，地位没有不安稳的，这是由于他们功劳大的缘故。《诗经》里说："阴雨绵绵，乌云密布，下雨落在公田里，也落在私田里。"三王的辅臣，都能因为对公家有功，而获得自己的私利。世俗君主的辅臣，他们希望获得功名的心情跟三王的辅臣是一样的，但他们的名誉没有不蒙受耻辱的，他们的地位没有不受到威胁的，这是由于他们没有为公家立功的原因。他们都忧虑自己不能在国内显贵，却不为自己的君主不能在天下显贵而忧虑；他们都忧虑自己的家族不富裕，却不为自己的国家领地不能扩大而忧虑。他们希望得到荣誉反而越发耻辱，希望得到安定反而越发危险。安危荣辱的根本在于君主，君主的根本在于宗庙，宗庙的根本在于人民，人民治理得好坏在于当官的人。《周易》中说："按照正常的轨道返回，周而复始，没有什么祸患，是吉利的。"这是说只要根本没有变，那么一举一动都有喜庆。如今人们当官就放纵自己，面对钱财就贪得无厌，得以接近君主就溜须拍马，统率军队就怯懦懈怠，就这样还想对君主抱以厚望，岂不是很难吗？

　　今有人于此，修身会计则可耻，临财物资尽则为己，若此而富者，非盗则无所取。故荣富非自至也，缘功伐也。今功伐甚薄而所望厚，诬也；无功伐而求荣富，诈也。诈诬之道，君子不由。人之议多曰："上用我则国必无患。"用己者未必是也，而莫若其身自贤，而己犹有患，用己于国，恶得无患乎？己，所制也，释其所制，而夺乎其所不制，悖。未得治国治官可也。若夫内事亲，外交友，必可得也。苟事亲未孝，交友未笃，是所未得，恶能善之矣？故论人无以其所未得，而用其所已得，可以知其所未得矣。

　　【译文】现在有这样的人，以修身养性、妥善处理财物为耻，面对财物就要据为己有。如果要像这样而变富裕，除非偷盗，不然无法取得财物。所以荣华富贵不是自动来的，而是靠功劳得来的。现在的人们功劳很小而期望很大，这是欺骗；没有功劳而求取荣华富贵，这是诈骗。欺骗、诈骗的手段，君子是不屑的。人们的议论大多数都说："如果君主能任用我，国家肯定不会有祸患。"但是如果真任用他，结果未必是这样。没有什么比自己贤明更重要的了。如果自己有祸患，把这样的人任用在治理国家上，国家怎么能没有祸患呢？自己是需要克制约束的，如果不做自己能力范围内的事，却要去强求自己能力范围以外的事，这是悖逆。这样的人，是不能够治理国家治理官员的。如果在内能够侍奉亲人，在外能够结交朋友，这样是一定能够达到的。但是如果侍奉亲人却不孝顺，结交朋友却不忠实，这些都做不到，怎么能够认为他们做得好呢？所以评价他人不能看他没做到什么，而要看他做到了什么，这样就能知道他什么做不到了。

古之事君者，必先服能然后任，必反情然后受。主虽过与，臣不徒取。《大雅》曰："上帝临汝，无贰尔心。"①以言忠臣之行也。解在郑君之问被瞻之义也，薄疑应卫嗣君以无重税。此二士者，皆近知本矣。

【注释】①"《大雅》曰"句：出自《诗经·大雅·大明》。临：从高处向下看。贰：背叛，有二心。

【译文】古代侍奉君主的人，一定要先展现才能，才能够被任用，一定要先反省自查，才能够收受俸禄。君主即便是多给了俸禄，朝臣也不能接受。《大雅》上说："上天的神帝在看着你们，你们不要有二心。"这里说的是忠臣的德行。这个道理的解释体现在郑君责问被瞻的主张，薄疑回答卫嗣君不要用重税。这两个人都知道什么是根本。

谕 大

【题解】本篇主旨在于论述治国之术和为臣之道，认为树立远大的目标，就有可能取得成功。虽然不一定达到，但是"夫大义之不成，既有成矣已"。文章列举了舜、禹、汤、武等事例论证上述观点。

七曰：

昔舜欲旗^①古今而不成，既足以成帝矣。禹欲帝而不成，既足以正殊俗矣。汤欲继禹而不成，既足以服四荒矣。武王欲及汤而不成，既足以王道矣。五伯欲继三王而不成，既足以为诸侯长矣。孔丘、墨翟欲行大道于世而不成，既足以成显名矣。夫大义之不成，既有成矣已。《夏书》曰："天子之德广运，乃神，乃武乃文。"故务在事，事在大。

【注释】①旗：号令。

【译文】第七：

昔日舜想要让他的政令通行万代，虽然没有成功，却已经足以成就帝业了。禹想要成就帝业，虽然没有成功，却已经足以匡正特殊的风俗了。汤想要继承禹的事业虽然没有能成功，却已经足以使四方荒远之地顺服。周武王想企及汤的事业，虽然没有成功，却已经足以称王了。五霸想要继承三王的事业，虽然没有成功，却已经足以成为诸侯的霸主了。孔丘、墨翟想要让自己的主张流传于世上，虽然没有成功，却已经足以成就显赫的名望了。他们所追求的理想虽然没有成功，却已经足以有所成就了。《夏书》上说："天子的功德，广大深远，神奇绝妙，文武双全。"所以，事业的成功在于去做，去做的关键在于有远大的目标。

地大则有常祥、不庭、歧母、群抵、天翟、不周,山大则有虎豹熊蝬蛆^①,水大则有蛟龙鼋鼍鳣鲔^②。商书曰:"五世之庙,可以观怪;万夫之长,可以生谋。"空中之无泽陂^③也,井中之无大鱼也,新林之无长木也。凡谋物之成也,必由广大众多长久,信也。

【注释】①蝬蛆(xī qū):猿猴类猛兽。②鼋鼍(yuán tuó):巨鳖和扬子鳄。鳣、鲔(wěi):两种大鱼。③泽陂(bēi):池沼。

【译文】土地广大,就有常祥、不庭、歧母、群抵,天翟、不周等高山;山高了,就有虎、豹、熊、猿猴等野兽;水深了,就有蛟龙、鼋、鼍、鳣、鲔等水族。《商书》说:"五世的祖庙,可以看到妖怪。万夫长就可以生出奇谋。"天空中没有池沼,水井中没有大鱼,新长的树林中没有大树。凡是谋划事情取得成功的,必定是着眼于广大、众多、长远,这是确信的。

季子曰:"燕雀争善处于一屋之下,子母相哺也,姁姁^①焉相乐也,自以为安矣。灶突决,则火上焚栋,燕雀颜色不变,是何也?乃不知祸之将及己也。为人臣能免于燕雀之智者寡矣。夫为人臣者,进其爵禄富贵,父子兄弟相与比周于一国,姁姁焉相乐也,以危其社稷。其为灶突近也,而终不知也,其与燕雀之智不异矣。故曰:'天下大乱,无有安国;一国尽乱,无有安家;一家皆乱,无有安身。'此之谓也。故小之定也必恃大,大之安也必恃小。小大贵贱,交相为恃,然后皆得其乐。"定贱小在于贵大，解在乎薄疑说卫嗣君以王术，杜赫说周昭文君以安天下，及匡章之难惠子以王齐王也。

【注释】①姁姁(xǔ)：喜悦自得的样子。

【译文】季子说："燕雀在一个屋子里争抢好地方，母鸟哺育小鸟，都喜悦自得，自以为安宁。灶台突然裂了，火向上烧到了屋梁，可是燕雀依然神色不变，这是为什么呢？是不知道祸患将要降临到自己身上啊。作为臣子，能够不像燕雀那样目光短浅的人太少了。作为臣子，只顾自己加官进爵，父子兄弟在一国之中结党营私，欢乐自得，这样会危害国家的江山社稷。他们其实离灶台很近，可是却始终不知道，他们和燕雀的见识没有什么不同。所以说：'天下大乱了，就没有安定的国家；整个国家都乱了，就没有安定的家庭；整个家庭都乱了，就没有安身之处。'说的就是这种情况。所以，想要获得小的安定必须要依赖大的安定，大的安定也必须依赖小的安定。小和大，贵和贱，彼此互相依赖，然后才能都得到安乐。使贱、小获得安定在于贵、大。这个道理体现在薄疑用成就王业的方法劝说卫嗣君、杜赫用安定天下的方法劝说周昭文君，以及匡章责难惠子尊齐王为王这些事上。

孝行览第二

扫码听谦德
君为您导读

孝 行

【题解】本篇旨在论述孝道是治国之本，认为"凡为天下，治国家，必务本而后末"，"务本莫贵于孝"。执守孝道就可以达到"百善至，百邪去，天下从"的境界。反复论述孝道是"万事之纪"，认为孝是一切事物的基础。

一曰：

凡为天下，治国家，必务本而后末。所谓本者，非耕耘种殖之谓，务其人也。务其人，非贫而富之，寡而众之，务其本也。务本莫贵于孝。人主孝，则名章①荣，下服听，天下誉。人臣孝，则事君忠，处官廉，临难死。士民孝，则耕芸疾，守战固，不罢北。夫孝，三皇五帝之本务，而万事之纪也。

【注释】①章：通"彰"，彰明。
【译文】第一：

　　凡是统治天下，治理国家，一定要先致力于根本，然后是其他非根本的事物。所谓根本，说的不是耕耘播种，而是致力于人事。致力于人事，不是让贫穷的人民富裕，让稀少变成众多，而是致力于根本。致力于根本，没有比孝顺更可贵的了。君主孝顺，那么名誉就会彰显荣耀，下面的臣子百姓就会服从、听从，天下的人就会赞誉君主。臣子孝顺，那么侍奉君主就会忠贞，当官就会清廉，面临灾难就能视死如归。士人、人民孝顺，那么耕耘就会迅速，在战争中就会坚守牢固，不会败北逃跑。所以孝顺，是三皇五帝的根本要务，是万事万物的纲纪。

　　夫执一术而百善至、百邪去、天下从者，其惟孝也。故论人必先以所亲而后及所疏，必先以所重而后及所轻。今有人于此，行于亲重，而不简慢于轻疏，则是笃谨①孝道。先王之所以治天下也。故爱其亲，不敢恶人；敬其亲，不敢慢②人。爱敬尽于事亲，光耀③加于百姓，究④于四海，此天子之孝也。

　　【注释】①笃谨：纯厚谨慎。②慢：怠慢。③光耀：比喻恩泽。④究：穷，尽。

　　【译文】掌握了一种办法，因而各种的好事都会发生，各种的坏事都去除，会让天下人都听从的，只有孝道吧。所以评价他人一定要先依据他对关系近的人的态度，然后再涉及对关系远的人态度，一定先依据他所看重的人的态度，然后再涉及他不看重的人的态度。现在有这样的人，对他关系近、所看重的人行孝道，而对他关系远、不看重的人也不会怠慢，这就是纯厚谨慎奉行孝道。这就是先王能够统治天下的原因。所以，爱自己的亲人，不敢厌恶其他人，孝敬自己的亲人，不敢轻慢其他人。把爱戴孝敬尽数用来侍奉亲人，把恩泽施加给百姓，推广到五湖四海。这就是天子的孝道。

曾子曰："身者，父母之遗体也。行父母之遗体，敢不敬乎？居处不庄①，非孝也；事君不忠，非孝也；莅②官不敬，非孝也；朋友不笃，非孝也；战陈③无勇，非孝也。五行不遂，灾及乎亲，敢不敬乎？"《商书》曰："刑三百，罪莫重于不孝。"

【注释】①居处不庄：日常言行不恭敬。②莅：执掌，管理。这里指做官。③陈（zhèn）：同"阵"，交战时的战斗队列。

【译文】曾子说："人的身体是父母给的，使用父母所给的身体，怎敢不尊敬呢？日常言行不恭敬，不是孝顺；侍奉君主不忠心，不是孝顺；当官怠慢无礼，不是孝顺；和朋友交往不真诚，不是孝顺；面对战争不勇敢，不是孝顺。上面所说的五项做不到，灾祸就会波及亲人，怎么敢怠慢无礼呢？"《商书》上说，"刑法三百条，罪过没有比不孝顺更严重的了。"

曾子曰："先王之所以治天下者五：贵德，贵贵，贵老，敬长，慈幼。此五者，先王之所以定天下也。所谓贵德，为其近于圣也；所谓贵贵，为其近于君也；所谓贵老，为其近于亲也；所谓敬长，为其近于兄也；所谓慈幼，为其近于弟也。"

【译文】曾子说："先王之所以能够治理天下是因为有这五条方法：尊崇品德高尚之人，尊崇尊贵之人，尊崇老人，尊敬长者，爱护幼儿。这五条，就是先王用来安定天下的方法。所谓的尊崇品德高尚之人，是因为它接近于圣贤；所谓的尊崇尊贵之人，是因为它接近于君主；所谓的尊崇老人，是因它接近于父母；所谓的尊敬长者，是因为它接近于哥哥；所谓的爱护幼儿，是因为它接近于弟弟。"

曾子曰："父母生之，子弗敢杀。父母置之，子弗敢废。父母全之，子弗敢阙①。故舟而不游，道而不径，能全支体，以守宗庙，可谓孝矣。"

【注释】①阙：同"缺"。

【译文】曾子说："父母生下了孩子，孩子不敢自杀；父母养育了孩子，孩子不敢废弃；父母保全了孩子，孩子不敢损伤。所以涉水时要坐船而不游泳，走路时走大道而不走小径。能保全四肢身体，以便守护宗庙，可以说是孝顺了。"

养有五道：修宫室，安床第①，节饮食，养体之道也；树五色，施五采，列②文章，养目之道也；正六律③，和五声④，杂八音⑤，养耳之道也；熟五谷⑥，烹六畜⑦，和煎调，养口之道也；和颜色, 说言语, 敬进退, 养志之道也。此五者, 代进而序用之, 可谓善养矣。

【注释】①床笫: 指床和垫在床上的竹席, 泛指床铺。②列: 排列。③六律: 古代乐音标准名, 相传黄帝时伶伦截竹为管, 以管之长短分别声音的高低清浊, 乐器的音调皆以此为准。④五声: 宫、商、角、徵、羽五音。⑤八音: 指金 (如钟、铃)、石 (如磬)、土 (如埙)、革 (如鼓)、丝 (如琴)、木 (如柷)、匏 (如笙)、竹 (如笛)。⑥五谷: 通常指稻、黍、稷、麦、豆。⑦六畜: 猪、牛、羊、马、鸡、狗, 也泛指各种家畜、家禽。

【译文】养生的方法有五条: 修整房屋, 让床铺安适, 节制饮食, 这是保养身体的办法; 树立五种颜色, 实行五彩, 使花纹排序, 这是保养眼睛的办法; 矫正六律, 和谐五声, 协调八音, 这是保护耳朵的办法; 煮熟五谷, 烹调家畜, 调和味道, 这是保养口的办法; 和颜悦色, 言辞动人, 举止知进退, 这是保养意志的办法。这五项内容, 依次好好实行, 可以算是善于保养身体了。

乐正子春①下堂而伤足, 瘳②而数月不出, 犹有忧色。门人问之曰:"夫子下堂而伤足, 瘳而数月不出, 犹有忧色, 敢问其故?"乐正子春曰:"善乎而问之。吾闻之曾子, 曾子闻之仲尼: 父母全而生之, 子全而归之, 不亏其身, 不损其形, 可谓孝矣。君子无行咫步③而忘之。余忘孝道, 是以忧。"故曰: 身者非其私有也, 严亲之遗躬也。

【注释】①乐正子春: 战国初期鲁人, 曾参弟子, 以至孝闻名。②

瘳：病愈。③咫步：短距离。

【译文】乐正子春下堂时脚受伤了，病愈了还几个月都不出门，脸上仍然有担忧的神色。他的门生问他说："先生您下堂时伤了脚，病愈还好几个月都不出门，脸上仍然有担忧的神色，胆敢请问这是什么缘故？"乐正子春说："这个问题问得好。我听曾子说，曾子听孔子说：父母把孩子完好无损地生下来，孩子就要把身体完好无损地归还给父母，不让自己的身体亏损，不让自己的形体毁坏，这可以说是孝顺。君子每行一步都不会忘记孝道，一举一动都不忘记孝道。我忘了孝道，所以才担忧。"所以说，身体并不是自己私有的，而是父母亲给自己的。

民之本教曰孝，其行孝曰养。养可能也，敬为难。敬可能也，安为难。安可能也，卒为难。父母既没，敬行其身，无遗父母恶名，可谓能终矣。仁者仁此者也，礼者履此者也，义者宜此者也，信者信此者也，强者强此者也。乐自顺此生也，刑自逆此作也。

【译文】百姓最根本的教养是孝道，行孝道叫奉养。赡养父母是可能做到的，恭敬地对待父母是很难的。恭敬地对待父母是可能做到的，让父母感到安适是很难的。让父母感到安适是可以做到的，能一直做到最终是很难的。父母去世后，能让自身的行为恭敬，不给父母留下不好的名声，可以说是善始善终了。仁就是以孝道为仁，礼就是履行孝道，义就是以孝道为宜，信就是以孝道为信，强就是以孝道为强。快乐自然而然会随着实行孝道产生，刑罚自然而然会因为违逆孝道而产生。

本 味

【题解】文章认为"功名之立，由事之本也，得贤之化也"，旨在从得贤来论述治国务本的思想。文中利用伊尹"说汤以至味"的故事，说明君主享受天下的"至味"，先要"知道""成己"，然后再回到务本上来。

二曰：

求之其本，经旬必得；求之其末，劳而无功。功名之立，由事之本也，得贤之化也。非贤，其孰知乎事化？故曰其本在得贤。

【译文】第二：

做事情要求其根本，经过短时间肯定会有收获，做事情求其细枝末节，就会徒劳无功。功名的建立，是由于求得了事物的根本，得到了贤者教化。如果不是贤人，谁会知道关于事情的教化呢？所以说做事情的根本在于得到贤人。

有侁氏女子采桑，得婴儿于空桑之中，献之其君。其君令烰人①养之，察其所以然。曰："其母居伊水之上，孕，梦有神告之曰：'臼出水而东走，毋顾。'明日，视臼出水，告其邻，东走十里，而顾，其邑尽为水，身因化为空桑。故命之曰伊尹。"此伊尹生空桑之故也。长而贤。汤闻伊尹②，使人请之有侁氏，有侁氏不可。伊尹亦欲归汤。汤于是请取妇为婚。有侁氏喜，以伊尹为媵③女。故贤主之求有道之士，无不以也；有道之士求贤主，无不行也。相得然后乐。不谋而亲，不约而信，相为殚智竭力，犯危行苦，志欢乐之，此功名所以大成也。固不独。士有孤而自恃，人主有奋而好独者，则名号必废熄④，社稷必危殆。故黄帝立四面，尧、舜得伯阳、续耳然后成。

【注释】①烰（páo）人：厨师。烰，同"庖"。②伊尹：姒姓，伊氏，名挚，商汤三聘之后，辅助商汤打败夏桀，为商朝的建立做出不朽功勋。③媵（yìng）：随嫁的人。④废熄：灭绝。

【译文】有侁氏的女子采桑叶，在中空的桑树里捡到一个婴儿，把他献给了她的君主。君主下令让厨师喂养这个婴儿，并让他观察这是什么原因。厨师说："婴儿的母亲居住在伊水河边上，怀孕后，梦见神告诉她说：'臼里如果出水就向东面跑去，不要回头看。'第二天，她看到臼里出水，就告诉她的邻居，向东面跑了十里，回头一看，她的城市已经被水淹没，于是她身体变成了一株空的桑树。所以给这个婴儿起了个名字叫作伊尹。"这是由于伊尹出生在空的桑树里的缘由。伊尹长大后很贤明。汤听说了伊尹，就令人向有侁氏请求要得到伊尹，有侁氏不同意。伊尹也想归属于汤。于是汤就请求娶有侁氏的女子为妻，结为姻亲。有侁氏很喜悦，就把伊尹作为女子随嫁的人给了汤。所以，贤明的君主寻求有道之士，没有什么不可使用的办法。有道之士寻求贤明的君主，没有什么不能做的事。贤明的君主和有道之士互相得到彼此，他们都很欢乐。贤明的君主和有道之士不需要谋划就能亲密无间，不需要约定就能彼此信任，共同殚智竭力，一起承担危险践行劳苦，他们的意志却很快乐。这就是功名可以获得很大成就的原因。他们本来就不会孤独。有道之士有孤傲之情自视甚高，君主有骄傲之情而且喜好孤独，那么名望必定会被灭绝，江山社稷一定会遭到危机。所以黄帝到四面八方去寻求有道之士，尧、舜得到伯阳、续耳，然后才能成功。

凡贤人之德，有以知之也。伯牙鼓琴，钟子期听之，方鼓琴而志在太山，钟子期曰："善哉乎鼓琴，巍巍①乎若太山。"少选之间，而志在流水，钟子期又曰："善哉乎鼓琴，汤汤②乎若流水。"钟子期死，伯牙破琴绝弦，终身不复鼓琴，以为世无足复为鼓琴者。非独琴若此也，贤者亦然。虽有贤者，而无礼以接之，贤奚由尽忠？犹御之不善，骥不自千里也。

【注释】①巍巍：高大的样子。②汤汤：水流浩大的样子。

【译文】凡是贤者的品德，是有办法知晓的。伯牙弹琴给钟子期听。刚开始弹琴时表现出的志向在高山，钟子期说："太善于弹琴了，就好像巍巍高山一样耸立。"过了一会儿，琴声表现出的志向在于流水，钟子期又说："太善于弹琴了，就好像流水一样涌动。"钟子期死后，伯牙打破琴，折断琴弦，终身不再弹琴，他认为世界上没有足以让他再为之弹琴的人。并不是只有弹琴是这样，贤人也是这样。有贤德的人，如果无礼地接待他，贤者怎么肯尽忠呢？这就好像不善于驾驭，宝马良驹也不能跑千里远一样。

汤得伊尹，祓①之于庙，爝以爟火②，衅以牺猳③。明日，设朝而见之。说汤以至味，汤曰："可对而为乎？"对曰："君之国小，不足以具之，为天子然后可具。夫三群之虫，水居者腥，肉玃④者臊，草食者膻。臭⑤恶犹美，皆有所以。凡味之本，水最为始。五味三材，九沸九变，火为之纪。时疾时徐，灭腥去臊除膻，必以其胜，无失其理。调和之事，必以甘酸苦辛咸，先后多少，其齐甚微，皆有自起。鼎中之变，精妙微纤，口弗能言，志不能喻，若射御之微，阴阳之化，四时之数。故久而不弊，熟而不烂，甘而不哝，酸而不酷，咸而不减，辛而不烈，澹而不薄，肥而不腴。肉之美者：猩猩之唇，獾獾之炙，隽觾⑥之翠，述荡之挐，旄象⑦之约。流沙之西，丹山之南，有凤之丸，沃民所食。鱼之美者：洞庭之鱄⑧，东海之鲕⑨。醴水⑩之鱼，名曰朱鳖⑪，六足，有珠百碧。雚水⑫之鱼，名曰鳐⑬，其状若鲤而有翼，常从西海夜飞，游于东海。菜之美者，昆仑之蘋，寿木之华。指姑之东，中容⑭之国，有赤木玄木之叶焉。馀瞀⑮之南，南极之崖，有菜，其名曰嘉树，其色若碧。阳华之芸，云梦之芹，具区之菁，浸渊之草，名曰土英。和之美者：阳朴之姜，招摇之桂，越骆之菌，鳝鲔之醢⑯，大夏之盐，宰揭之露，其色如玉，长泽之卵。饭之美者：

玄山之禾，不周之粟，阳山之穄⑰，南海之秬⑱。水之美者：三危之露，昆仑之井，沮江之丘，名曰摇水，白山之水，高泉之山，其上有涌泉焉，冀州之原。果之美者：沙棠⑲之实，常山之北，投渊之上，有百果焉，群帝所食；箕山⑳之东，青鸟之所，有甘栌焉；江浦之橘，云梦之柚，汉上石耳。所以致之，马之美者，青龙之匹，遗风之乘。非先为天子，不可得而具。天子不可强为，必先知道。道者止彼在己，己成而天子成，天子成则至味具。故审近所以知远也，成己所以成人也。圣人之道要矣，岂越越多业哉！"

【注释】①祓（fú）：古代为除灾求福而举行的一种仪式。②爝（jué）：火炬。爝火：祭祀时所举的火。③牺豭（xī jiā）：古代祭祀用的牡豕。④玃（jué）：一种异兽。⑤臭：气味的总称。⑥隽觾（yàn）：传说中的一种鸟名。⑦旄（máo）象：牦牛与象。⑧鳙（pū）：一种鱼。⑨鲕（ér）：一种鱼。⑩醴（lǐ）水：水名。⑪朱鳖：传说中的一种赤色的鳖，能吐珠，又称珠鳖。⑫雚水：传说中的水名。⑬鳐（yáo）：鱼类的一科。⑭中容：传说中的古国名，创始人是帝俊之子中容。⑮徂瞀（mào）：古国名。⑯醢（hǎi）：肉酱。⑰穄（jì）：是一种不太常见的粮食。⑱秬（jù）：黑黍子，古人视为嘉谷。⑲沙棠：木名，叶、干类棠梨。⑳箕山：相传尧在箕山访得许由，要让位给许由，许由认为是种羞辱而不肯接受，遁耕于箕山之下。

【译文】汤得到伊尹之后，在宗庙里举行除灾求福的仪式，点燃火把，用牡豕的血涂在祭祀的器皿上。第二天上朝汤接见伊尹。伊尹为汤讲述最好吃的美味，汤说："能做出这些美味吗？"

伊尹回答说："您的国家小，没有具备这些美味，您如果能成为天子然后就可以具备这些美味。三类动物，生活在水里的腥，吃肉的臊，吃草的膻。气味不好的仍然可以使之变好，这些都各有它们内在的原因。调和味道的根本，首先在于用水。五种味道，三样材料，多次煮沸，多次变化，火是关键。火时而炽热，时而微弱，一定要用火除去腥味、臊味、膻味，但火候要适中。调和味道，必定要用甜酸苦辣咸。先放后放，放多放少，调料的剂量很小，这些都有一定的规定。鼎中味道的变化，精妙微细，既不能言传，又不能意会，就如同射技御技的精微、阴阳二气的交合、四季的变化一样。所以，时间长，但不毁坏；做得熟，但不超过火候；甜，但不过度；酸，但不过分；咸，但不减损原味；辣，但不浓烈；清淡，但不过薄；肥，但不腻。肉中的美味，有狌狌的嘴唇，玃玃的脚掌，隽觾的尾肉，述荡的小腿，旄牛大象的短尾。以及流沙西边、丹山南边出产的沃国人所食用的凤凰卵。鱼中的美味，有洞庭湖的鳟鱼，东海的鲕鱼，醴水中长着六只脚、能吐珠子、青翠色的名叫朱鳖的鱼，灌水中形状像鲤鱼可是却有翅膀，经常夜里从西海飞到东海的名叫鳐的鱼。菜中的美味，有昆仑山的蘋菜，寿木的花果，指姑东边、中容国里红树黑树的树叶，余瞀南边、南极边上颜色像碧玉一样的名叫嘉树的菜，阳华池的芸菜，云梦泽的水芹，具区泽的菁菜，浸渊的名叫土英的草。调料中的美味，有阳朴的姜，招摇的桂，骆越的笋，鳣鱼鲔鱼做的肉酱，大夏的盐，宰揭洁白如玉的露，大泽的鸟卵。粮食中的美味，有玄山的禾谷，不周山的小米，阳山的糜子，南海的黑黍。水中的美味，有三危山的露水，昆仑山的泉水，沮江边山丘上名叫摇木的泉水，白山的水，高泉山上作为冀州之水源头的涌泉。水果中的美味，有沙棠树的果实，常山北边、投渊上面先帝们享用的各种果实，箕山东边、青鸟居住之处的甜山楂，长江边的橘子，云梦畔的柚子，汉水旁的石耳。运来这些水果，要用青龙马和遗风马。不先当天子，就不可能具备这些美味。天子不可以勉强去当，必须先懂得仁义之道，仁义之道不在于别人，而在于自己。自己具备了仁义之道，因而就能成为天子。能成为天子，那么美味就齐备了。所以，审察近的就可以了解远的，自己具备了仁义之道就可以教化别人。圣人的办法很简约，哪用得着费力去做许多事情呢？"

首 时

【题解】本篇旨在论述时机的重要性，强调"使之难易，不在小大，务在知时"。时机未到，"隐匿分窜，勤以待时"。时机一到，就应时而作。文章列举众多事例，说明成就事业必须等待时机。所谓的"时"，具体而言是指客观形势和条件。

三曰：

圣人之于事，似缓而急、似迟而速，以待时。王季历困而死，文王苦之，有不忘羑里①之丑，时未可也。武王事之，夙夜不懈，亦不忘玉门之辱，立十二年，而成甲子之事。时固不易得。太公望，东夷之士也，欲定一世而无其主，闻文王贤，故钓于渭以观之。

【注释】①羑里（yǒu）：古地名，在今河南汤阴一带。

【译文】第三：

圣人在对待事情时，看似很缓慢，实际却是很迅疾，这主要是为了等待时机到来。王季历因操劳国事而去世，周文王对此很是痛苦。也不曾忘掉被囚禁于羑里的耻辱，之所以没能起兵征讨商纣，主要是因为时机尚未成熟。周武王向商纣称臣，日夜都不敢有所懈怠，他同样也不曾忘及周文王受辱于玉门的往事。周武王继位十二年以后，终于在甲子日击溃了商军。时机固然不易获得。姜太公是东夷人，想要平定天下，可惜总是遇不到贤主。他听说周文王非常贤明，因而来到渭水边钓鱼从而得以观察周文王的品行。

伍子胥欲见吴王而不得，客有言之于王子光[①]者，见之而恶其貌，不听其说而辞之。客请之王子光，王子光曰："其貌适吾所甚恶也。"客以闻伍子胥，伍子胥曰："此易故也。愿令王子居于堂上，重帷[②]而见其衣若手，请因说之。"王子许。伍子胥说之半，王子光举帷，搏其手而与之坐。说毕，王子光大说。伍子胥以为有吴国者，必王子光也，退而耕于野。七年，王子光代吴王僚为王。任子胥，子胥乃修法制，下贤良，选练士，习战斗。六年，然后大胜楚于柏举[③]，九战九胜，追北千里。昭王出奔随，遂有郢，亲射王宫，鞭荆平之坟三百。乡之耕，非忘其父之雠也，待时也。

【注释】①王子光：即吴王阖闾。②帷：帐幕，帐篷。重帷：指的是双层帐幕。③柏举：亦作"柏莒"，古地名，春秋楚邑。

【译文】伍子胥想要拜见吴王僚，最终也没能成功。门客对王子光说了此事，王子光见了伍子胥但对他的相貌却很是厌烦，不愿去听他讲话，于是就谢绝了他。门客向王子光询问缘由，王子光回答道："他的相貌正是我所厌恶的。"门客将这些话传达给了伍子胥，伍子胥说："此事不难。请让王子光坐在堂上，我会在两层帷幕之间只露出衣服与手臂。希望能借此同他讲话。"王子光许可了。伍子胥说到一半的时候，王子光却掀起了帷幕，拉住他的手，同他一起坐了下来。等到伍子胥说完之后，王子光很是满意。伍子胥认为将来能执掌吴国的一定会是王子光，辞别之后耕作于乡间。七年之后，王子光取代吴王僚做了君主。委任伍子胥官职，伍子胥于是就整顿法治，举荐贤达，挑选精练兵士，操练战法。六年之后，在柏举大胜楚国，九战九捷，追赶败逃的楚军追了数千里之远。楚昭王逃往随，吴军占领了郢都。伍子胥亲自用箭射向王宫，鞭打了楚平王墓三百多下。伍子胥耕作于乡间，并没有忘记杀父之仇，只是在等待时机而已。

墨者有田鸠①，欲见秦惠王，留秦三年而弗得见。客有言之于楚王者，往见楚王。楚王说之，与将军之节以如②秦。至，因见惠王。告人曰："之秦之道③，乃之楚乎！"固有近之而远，远之而近者。时亦然。有汤武之贤，而无桀纣之时，不成；有桀纣之时，而无汤武之贤，亦不成。圣人之见时，若步之与影不可离。

【注释】①田鸠：即田俅子，齐人。②如：到，往。③道：方法，途径。

【译文】墨家有个叫田鸠的学者，想要去见秦惠王，在秦国停留了三年最终也没能见到。门客将此事告知楚王，田鸠于是就去拜见楚王。楚王很是欣赏他，授予他将军的符节让他出使秦国。到了秦国之后，见到了秦惠王。对别人说道："我到秦国来得以拜见秦惠王的方法，竟然是要让我先到楚国去！"因而，事情有距离近反而被疏远、距离远反而被亲近的。机遇也是如此。只有商汤、武王的贤达德行，却没有桀、纣昏庸无道这样的机遇，是不能成就霸业的。只有有桀、纣昏庸无道这样的机遇，却没有商汤、武王那样的德行，同样不能成就霸业。圣人与机遇之间的关系，就如同走路时影子与身体不能分开一样。

故有道之士未遇时，隐匿分窜，勤以待时。时至，有从布衣而为天子者，有从千乘而得天下者，有从卑贱而佐三王者，有从匹夫而报万乘者。故圣人之所贵，唯时也，水冻方固，后稷不种，后稷之种必待春。故人虽智而不遇时，无功。方叶之茂美，终日采之而不知；秋霜既下，众林皆赢①。事之难易，不在小大，务②在知时。郑子阳之难，猏狗③溃之；齐高国之难，失牛溃之。众因之以杀子阳、高、国。当其时，狗牛犹可以为人唱④，而况乎以人为唱乎？

【注释】①嬴（léi）：贫弱、低劣。②务：追求。③猘（zhì）狗：疯狗。④唱：古同"倡"，倡导。

【译文】因此，当有道之人没有遇到合适的机遇时，会隐匿起来，辛勤劳作，等待机会。等机会来临的时候，有的从平民百姓变为天子，有的则由诸侯进而掌管天下，有的出身卑贱却最终辅佐三王，有的虽为普通百姓却向万乘之主寻仇。所以机会对于圣人们来讲是十分被重视的。水被冻结刚刚坚固的时候，后稷不会去耕种，后稷必然是等待春天到来之后才去耕种。因而，人即使再聪明，但始终遇不到合适的机会，最终也不会建功立业。在枝叶繁茂之时，即便整天都去采摘，也不会采尽。秋霜降下之后，树木都枯败了。事情的难易程度，不在于它们的大小，关键在于把握机会的能力。子阳落难，恰巧发生在驱逐疯狗之时，高氏、国氏遇难，正遇追赶逃窜之牛。众人趁此杀了子阳和高氏、国氏。遇到合适的机会，狗和牛都能当作发难的导火索，更何况是以人来作为导火索呢？

饥马盈厩，嗼①然，未见刍②也；饥狗盈窖，嗼然，未见骨也。见骨与刍，动不可禁。乱世之民，嗼然，未见贤者也；见贤人，则往不可止。往者非其形，心之谓乎？齐以东帝困于天下，而鲁取徐州；邯郸以寿陵困于万民而卫取茧氏。以鲁、卫之细，而皆得志于大国，遇其时也。故贤主秀士之欲忧黔首③者，乱世当之矣。天不再与，时不久留，能不两工④，事在当之。

【注释】①嗼（mò）：静，寂静。②刍：喂牲畜的草。③黔首：战国时期和秦代对百姓的称呼。④工：精巧，精致。

【译文】马厩中满是饥饿的马匹，之所以会悄无声息，主要是因为没能见到草料；狗窝中满是饥饿的狗，之所以会悄无声息，主要是因为它们没能见到骨头。如果见到骨头和草，那么是不可能制止它们的行动的。乱世之中的百姓，之所以会悄无声息，主要是他们没能见到贤达之人。假使让他们见到贤达之人，那么他们前去依附的行为也是制止不住的。前去依附贤达之人，难道不是身心一并依附吗？齐国因僭称东帝而受困于天下诸侯，鲁国趁此夺取了徐州。赵国因修建寝陵受困于百姓，卫国趁机夺取了茧氏。鲁国、卫国这样弱小的国家之所以能从大国那里获益，主要是因为遇到了合适的机会。因此，贤明的君王和杰出的士人们，如果真为百姓忧虑的话，那么遇到混乱的世道，就正是合适的机会。上天不会重复给人机会，机会不会长时间停留，才能不能同时在两方面都达到极致，事情的成功与否也在于是否适逢其时。

义 赏

【题解】本篇旨在讨论按照道义论功行赏的问题。文章的立意很明显，即重礼义、轻功利。作者认为礼义是"百世之利"，而功利是"一时之务"。文章通过列举晋文公和赵襄子进行赏赐的事例来说明行赏要按照礼义为上、功利为下的原则。

四曰：

春气至则草木产，秋气至则草木落。产与落，或使之，非自然也。故使之者至，物无不为；使之者不至，物无可为。古之人审其所以使，故物莫不为用。

赏罚之柄，此上之所以使也。其所以加者义，则忠信亲爱之道彰。久彰而愈长，民之安之若性，此之谓教成。教成，则虽有厚赏严威弗能禁。故善教者，义以赏罚而教成，教成，而赏罚弗能禁。用赏罚不当亦然。奸伪贼乱贪戾之道兴，久兴而不息，民之雠之若性，戎、夷、胡、貉、巴、越之民是以①，虽有厚赏严罚弗能禁。郢人之以两版垣也，吴起变之而见恶，赏罚易而民安乐；氐羌②之民，其虏也，不忧其系累，而忧其死不焚也。皆成乎邪也。故赏罚之所加，不可不慎。且成而贼民。

【注释】①戎、夷、胡、貉、巴、越：皆为少数民族。②氐羌：我国古代少数民族氐族与羌族的并称，居住在今西北一带。

【译文】第四：

春天的气息到来草木就生长，秋天的气息到来草木就会凋零。生长与凋谢，是季节决定的，不是它们自己变成这样的。所以处于支配地位的一出现，万物没有不变化的，处于支配地位的不出现，万物就不会发生变化。古人能够观察到支配者出现的原因，所以万物没有不能被自己利用的。

奖赏或惩罚的权力，是由君主掌握的。运用赏罚符合正义，那么忠实信用亲人爱民的原则就会彰显。彰显这个原则时间越长，百姓就会将其当成本性一样，这就是教化成功。一旦成功教化，就算有丰厚的奖赏或严厉的威胁也不能禁止实行。所以善于教化的人，不是因为赏罚而教化成功的，教化成功了赏罚也不能禁止。但奖赏或惩罚不恰当也是这样。奸猾虚伪暴乱逆贼的势头兴起，久久不能平息，百姓就像本性驱使一样去做，和戎、夷、胡、貉、巴、越等民族的百姓一样，虽然有丰厚的奖赏和严厉的惩罚也不能禁止。郢人用两块板筑造城墙，吴起因为改变了这种做法而被人讨厌，赏罚改变了，那么百姓会安乐。氐羌的百姓被俘虏以后，不担忧被绑住，但却担忧死后不能被焚烧。这些都是由于歪邪造成的。所以施加赏罚，不得不慎重，一旦歪邪形成了，百姓就受到伤害。

　　昔晋文公将与楚人战于城濮，召咎犯①而问曰："楚众我寡，奈何而可？"咎犯对曰："臣闻繁礼之君，不足于文；繁战之君，不足于诈。君亦诈之而已。"文公以咎犯言告雍季②，雍季曰："竭泽而渔，岂不获得？而明年无鱼；焚薮而田③，岂不获得？而明年无兽。诈伪之道，虽今偷可，后将无复，非长术也。"文公用咎犯之言，而败楚人于城濮。反而为赏，雍季在上。左右谏曰："城濮之功，咎犯之谋也。君用其言而赏后其身，或者不可乎！"文公曰："雍季之言，百世之利也；咎犯之言，一时之务也。焉有以一时之务先百世之利者乎？"孔子闻之曰："临难用诈，足以却敌；反而尊贤，足以报德。文公虽不终始，足以霸矣。"赏重则民移之，民移之则成焉。成乎诈，其成毁，其胜败。天下胜者众矣，而霸者乃五。文公处其一，知胜之所成也。胜而不知胜之所成，与无胜同。秦胜于戎而败乎殽①，楚胜于诸夏而败乎柏举。武王得之矣，故一胜而王天下。众诈盈国，不可以为安，患非独外也。

【注释】①咎犯：即狐偃，姬姓，狐氏，字子犯，是晋文公的舅舅，晋国重臣。②雍季：春秋时期晋国大臣。③焚薮而田：比喻取之不留余地，只顾眼前利益，不顾长远利益。薮：指山林和湖泽。田：通"畋"，打猎。④殽：山名，位于河南省洛宁县与陕县之间。

【译文】昔日晋文公将要跟楚国人在城濮打仗，召来咎犯问他说："楚兵人多，我兵人少，怎么样才能获胜？"咎犯回答说："我听说礼节纷繁的君主，不满足于礼节盛大的仪式；频繁发动战争的君主，不满足于诡诈之术。您也可以实行诈术。"文公把咎犯的言论告诉了雍季，雍季说："把湖泽弄干了来捕鱼，怎能不获得鱼？但第二年就没有鱼了；把沼泽地烧光了来打猎，怎能不获得野兽？但第二年就没有野兽了。诡诈虚伪的办法，虽然现在可以得利，但以后不会得利了，并非长久之计。"文公采用了咎犯的计谋，因此在城濮打败了楚国人。回国后论功行赏，雍季功劳最大。文公身边的人进谏说："城濮之战的胜利，是因为采用了咎犯的谋略。君主采用了他的意见，但行赏却把他放在后边，这或许不好吧！"文公说："雍季的言论，对百世有利，咎犯的言论，只能顾及一时。哪有把只顾一时利益的事放在对百世有利的事前面的道理呢？"孔子听后说："面临危难运用诈术，足以退却敌人；回来后尊尚贤者，足以报答恩德。虽然文公不能坚持做到底，足以成就霸业了。"赏赐多了百姓就会美慕，百姓美慕了就能成功。

依靠诈术的成功，成功了也必定会毁灭，胜利了也一定会失败。天下获得过胜利的人很多，但成就霸业的才五个。文公作为其中之一，知道胜利是如何获得的。获得了胜利但不知道是怎么获胜的，那就跟没有获得胜利一样。秦国战胜了戎，但败在了殽，楚国战胜了其他中原国家，却败在了柏举。武王懂得这个道理，所以获得了一次胜利就称王于天下了。各种诈术充盈于国家，国家就不能安定，祸患不是只从国外而来啊！

赵襄子出围，赏有功者五人，高赦①为首。张孟谈②曰："晋阳之事，赦无大功，赏而为首，何也？"襄子曰："寡人之国危，社稷殆，身在忧约之中，与寡人交而不失君臣之礼者，惟赦。吾是以先之。"仲尼闻之曰："襄子可谓善赏矣。赏一人，而天下之为人臣莫敢失礼。"为六军则不可易。北取代③，东迫齐，令张孟谈逾城潜行，与魏桓、韩康期而击智伯④，断其头以为觞，遂定三家⑤，岂非用赏罚当邪？

【注释】①高赦：赵襄子家臣。②张孟谈：赵襄子家臣。③代：古国名，今在山西大同与河北蔚县一带。④魏桓：又称魏宣子，春秋时期晋国魏氏的领袖，姬姓，魏氏，名驹，魏襄子魏侈之子。韩康：姬姓，韩氏，讳虎，原名韩虎，春秋战国时期晋国韩氏的领袖，韩庄子之子。⑤三家：指韩、赵、魏。

【译文】赵襄子逃出围困，赏赐有功劳的五个人，高赦居于首位。张孟谈说："在晋阳这件事中，高赦没有大功，赏赐却以他为首，为什么呢？"襄子说，"我的国家社稷遇到危难，身陷忧困之中，跟我交往而不失君臣礼数的，只有高赦。所以我把他放在首位。"孔子听后说："襄子可以说是善于赏赐了。赏赐了一个人，天下当臣子的人就没人敢失礼了。"用这种办法治理军队，军队就不敢怠慢。他灭掉背面的代国，逼迫东面的齐国，命令张孟谈暗中出城，去跟魏桓、韩康约定期限攻击智伯，把智伯的头砍下来做酒器，最终奠定了三家分晋的局面，这不是运用赏罚恰当的结果吗？

长 攻

【题解】本篇主要探讨机遇。"长"，是指擅长；"攻"，是指进攻。文章所举的三个君主的故事，就是他们想法设法创造机遇的例子。

五曰：

凡治乱存亡，安危强弱，必有其遇，然后可成，各一则不设①。故桀、纣虽不肖，其亡，遇汤、武也，遇汤、武，天也，非桀、纣之不肖也；汤、武虽贤，其王，遇桀、纣也，遇桀、纣，天也，非汤、武之贤也。若桀、纣不遇汤、武，未必亡也；桀、纣不亡，虽不肖，辱未至于此。若使汤、武不遇桀、纣，未必王也；汤、武不王，虽贤，显未至于此。故人主有大功，不闻不肖，亡国之主不闻贤。譬之若良农，辨土地之宜，谨耕耨之事，未必收也；然而收者，必此人也始，在于遇时雨。遇时雨，天也，非良农所能为也。

【注释】①设：创立，建立。

【译文】第五：

但凡是治和乱、存和亡、安和危、强和弱，它们一定是要互相遇到，然后才能成立。如果它们没有什么差异，那么也不可能成立。因而，桀、纣虽然不够贤达，但他们消亡主要是遇上了商汤、武王。遇到商汤、武王，这就是天意，并不是因为桀、纣不够贤达。商汤、武王虽然贤能，但他们之所以能成就王业，是因为遇上了桀、纣。遇上桀、纣，这是天意，不是因为商汤、武王贤能。如果桀、纣不遇上商汤、武王，未必会灭国。桀、纣如果不灭国，他们即使不贤，耻辱也不至于这样。假使商汤、武王不遇上桀、纣，未必能够称王天下。商汤、武王如果不能称王天下，他们即使再贤能，其显赫也未必至此。所以，君主有卓越的功绩，就不会听闻自己不肖的方面，亡国的君王，也不会听闻自己贤能的一面。譬如优秀的农民，善于辨别土地适宜种植什么，谨慎对待耕种之事，但将来却不一定能够获得丰收。然而获得丰收的，一定会是这些的人。他们能够遇上及时雨。遇上及时雨，这是天意，并不是优秀农民所能控制得了的。

越国大饥，王恐，召范蠡而谋。范蠡曰："王何患焉？今之饥，此越之福而吴之祸也。夫吴国甚富，而财有余，其王年少，智寡才轻，好须臾之名，不思后患。王若重币卑辞以请籴①于

吴, 则食可得也。食得, 其卒越必有吴, 而王何患焉?"越王曰:
"善。"乃使人请食于吴。吴王将与之, 伍子胥进谏曰:"不可
与也。夫吴之与越, 接土邻境, 道易人通, 仇雠敌战之国也。非
吴丧越, 越必丧吴。若燕、秦、齐、晋, 山处陆居, 岂能逾五湖九
江、越十七厄②以有吴哉? 故曰非吴丧越, 越必丧吴。今将输之
粟, 与之食, 是长吾雠而养吾仇也。财匮而民怨, 悔无及也。不
若勿与而攻之, 固其数也, 此昔吾先王之所以霸。且夫饥, 代③
事也, 犹渊之与阪④, 谁国无有?"吴王曰:"不然。吾闻之:'义
兵不攻服, 仁者食饥饿。'今服而攻之, 非义兵也; 饥而不食,
非仁体也。不仁不义, 虽得十越, 吾不为也。"遂与之食。不出三
年, 而吴亦饥, 使人请食于越, 越王弗与, 乃攻之, 夫差为禽⑤。

【注释】①籴(dí): 买进(粮食)。②厄: 险要的地方。③代: 更
迭、交替。④阪: 山坡、斜坡。⑤禽: 古同"擒"。

【译文】越国发生大饥荒, 越王很害怕, 召范蠡来谋划对
策。范蠡说:"您何必忧虑呢? 现在遇到的荒年, 正是越国的福
气、吴国的灾祸呀。吴国很富足, 而且财富有多余, 他们的君主
很年轻, 缺少智慧和才能轻薄, 喜爱虚名, 不思虑后患。您如果
用贵重的礼物、卑谦的言辞去向吴国请求借粮, 那么粮食就可
以得到了。粮食得到, 那么最终越国也会拥有吴国, 您又担心什
么呢?"越王说:"甚好!"于是派人向吴国请求借粮。吴王想要
给越国粮食, 伍子胥劝说道:"大王您不能借给越国粮食。吴国
与越国, 土地相接, 边境相邻, 道路平坦, 百姓互通, 是势不两

立的仇国。不是吴国灭掉越国，就必定是越国灭掉吴国。像燕国、秦国、齐国、晋国，地处山区内陆，怎能跨越五湖九江、克服十七处险阻以拥有吴国呢？所以说，不是吴国灭掉越国，则必是越国灭掉吴国。如今大王要输送给越国粮食，让其百姓有粮可吃，这正是在助长我们对手的锐气、养育我们的仇人啊。最终导致我们国家钱财缺乏、人民怨恨，到那时后悔就来不及了。倒不如不借给越国粮食而趁机去攻打它，这本来是普通的道理。这也是先王之所以成就霸业的原因。加之闹饥荒是交替出现的事，就如同深渊和山坡一样，哪个国家会没有呢？"吴王说。"不是这样的。我听说过，正义的军队不会去攻打已经归服了的国家，仁德的人要施舍帮助饥饿的人。如今越国已经归服于我们，却要去攻打它，这不是正义军队所为！看到饥饿的百姓却不施舍给他们粮食吃，这不是仁德的事情。不仁不义，即使能得到十个越国，我也不会去做的。"于是就借给了越国粮食。不出三年，吴国也发生饥荒，吴人向越国请求借粮，越王不答应，却继而来攻打吴国，吴王夫差被擒身亡。

楚王欲取息与蔡，乃先佯①善蔡侯，而与之谋曰："吾欲得息，奈何？"蔡侯曰："息夫人，吾妻之姨也。吾请为飨②息侯与其妻者，而与王俱，因而袭之。"楚王曰："诺。"于是与蔡侯以飨礼入于息，因与俱，遂取息。旋舍③于蔡，又取蔡。

【注释】①佯：假装。②飨（xiǎng）：用酒食款待。③舍：住宿。

【译文】楚王想要夺取息国和蔡国，于是就先假装对蔡侯很友善，与他谋划说："我想要夺得息国，应该怎么办？"蔡侯说："息国君主的夫人是我妻子的妹妹，我请求宴请息侯和他的妻子，君王也一同前去，乘机就可以偷袭息国了。"楚王说："好吧。"于是楚王与蔡侯假借宴请的名义进入息国，军队与他们同行，乘机夺取了息国。楚军回师驻扎在蔡国，又夺取了蔡国。

赵简子病，召太子而告之曰："我死，已葬，服衰①而上夏屋之山②以望。"太子敬诺。简子死，已葬，服衰，召大臣而告之曰："愿登夏屋以望。"大臣皆谏曰："登夏屋以望，是游也。服衰以游，不可。"襄子曰："此先君之命也，寡人弗敢废。"群臣敬诺。襄子上于夏屋，以望代俗，其乐甚美，于是襄子曰："先君必以此教之也。"及归，虑所以取代，乃先善之。代君好色，请以其弟姊妻之，代君许诺。姊已往，所以善代者乃万故。马郡宜马，代君以善马奉襄子。襄子谒于代君而请觞之，马郡尽，先令舞者置兵其羽中数百人，先具大金斗③。代君至，酒酣，反斗而击之，一成，脑涂地。舞者操兵以斗，尽杀其从者。因以代君之车迎其妻，其妻遥闻之状，磨笄④思以自刺，故赵氏至今有刺笄之证与"反斗"之号。

【注释】①衰：古代用粗麻布制成的毛边丧服。②夏屋之山：即夏屋山，古山名，今在山西代县东北。③金斗：饮器。④笄：古代盘头发或别住帽子用的簪子。

【译文】赵简子患病，召见太子告诉他说："等我死后，安葬完毕，你要穿着丧服登上夏屋山去眺望。"太子恭恭敬敬地应诺了。赵简子死了，安葬完毕以后，太子穿着孝服，召集大臣告诉他们说："我想登上夏屋山去眺望。"大臣一起劝谏说："登夏屋山去眺望，是属于出游啊。穿着孝服去出游，不可以。"赵襄子回答说："这是先王的遗命，我怎敢废弃？"群臣都恭恭敬敬地应诺了。赵襄子登上夏屋山，眺望代国的风土人情，百姓安居乐业，景色十分优美。于是赵襄子说："先王必定是想用这种办法来教导我啊！"等回来之后，谋划如何夺取代国，于是就先对代国示以友善。代国君主好色，赵襄子就请把姐姐嫁给代国君主为妻，代国君主允许了。赵襄子的姐姐嫁给代国君主以后，赵襄子更是万般讨好代国。代国马郡盛产良马，代国君主就用良马来回赠赵襄子。赵襄子拜谒代国君主并请求宴请他，马郡的百姓尽出，赵襄子事先命令舞者把兵器藏在舞具之中，并准备好了大的金斗。代国君主到来，饮酒正酣，舞者用金斗猛击代国君主的脑袋，只一下，代君脑浆就流了一地。舞者拿出兵器搏斗，将代君的随从全部杀死。于是就用代君的车子去接他的妻子，代君的妻子在听说此事后，就磨尖簪子自刺而死。所以赵国至今仍有刺笄的证据和"反斗"的名号。

此三君者，其有所自而得之，不备遵理，然而后世称之，有功故也。有功于此而无其失，虽王可也。

【译文】以上这三位君主，他们都通过各自的办法得到了自己想要的东西，并不是完全按照常理行事，然而后世称赞他们，这是因为他们有功绩。有这样的功绩而又不失礼，虽然如此称王也是可以的。

慎 人

【题解】本篇旨在论述谋事在人的问题。文章开篇指出"功名大立，天也。为是故，因不慎其人，不可"，说明虽遇天时，但也不能忽视人的努力。文章列举舜、禹、汤、武的成功，就是为了论证这一观点。同时还举出秦穆公任用百里奚的事例，说明君主征求人才要不拘一格。篇末利用孔子厄于陈蔡之间的事例说明，得道之人"穷亦乐，达亦乐""穷达一也"。

六曰：

功名大立，天也。为是故，因不慎其人，不可。夫舜遇尧，天也。舜耕于历山，陶于河滨，钓于雷泽①，天下说之，秀士从之，人也。夫禹遇舜，天也。禹周于天下，以求贤者，事利黔首，水潦川泽之湛滞壅塞②可通者，禹尽为之，人也。夫汤遇桀，武遇纣，天也。汤武修身积善为义，以忧苦于民，人也。

【注释】①雷泽：也作靁泽、雷夏泽，今在山东菏泽境内。②壅（yōng）塞：阻塞。

【译文】第六：

能建立很大的功名，是天意。因为这个缘故，就不谨慎对待人为的努力是不行的。舜遇到尧，是天意。舜在历山耕地，在河滨边制作陶器，在雷泽钓鱼，天下的人都很喜欢他，杰出的人士都跟随他，这是人的努力。禹遇到舜，是天意。禹周游于天下来寻求贤者，做的事都对百姓有利。被淤塞的河道水泽，但凡能够疏通的，禹都疏通了，这就是人的力量。汤遇上桀，武王遇上纣，是天意。汤、武王修养自身，积德行善为人正义，为百姓忧虑劳苦，这是人的努力。

舜之耕渔，其贤不肖与为天子同。其未遇时也，以其徒属，堀地财，取水利，编蒲苇，结罘网，手足胼胝①不居，然后免于冻馁②之患。其遇时也，登为天子，贤士归之，万民誉之，丈夫女子，振振殷殷，无不戴说。舜自为诗曰："普天之下，莫非王土；率土之滨，莫非王臣。③"所以见尽有之也。尽有之，贤非加也；尽无之，贤非损也。时使然也。

【注释】①胼胝（pián zhī）：俗称"老茧"，手掌或脚底因长期摩擦而生的厚皮。②冻馁：寒冷饥饿，受冻挨饿。③"普天……王臣"：出自《诗经·小雅·北山》。

【译文】舜种地捕鱼的时候，他的贤与不肖的情况跟当天子时是一样的。他在未遇到时机的时候，带领自己的徒弟下属从土地里获取粮食，从水里获取鱼虾，编织蒲苇，结网捕鱼，手脚磨出茧子都不休息，这样才能免受冻饿之苦。他遇到了有利时机，登基当了天子，贤士都归附他，所有百姓都赞誉他，男男女女都很喜悦，没有不爱戴他的。舜亲自作诗道："普天之下，都是王的土地和管辖范围，而在这片土地上生活的人们都是王的臣民。"用来表明自己拥有了一切。拥有一切，并没有增加他的贤德，什么都没拥有，也并没有减损他的贤德。这是时机造成的。

百里奚之未遇时也，亡虞而虏晋，饭牛于秦，传鬻①以五羊之皮。公孙枝得而说之，献诸缪公，三日，请属事焉。缪公曰："买之五羊之皮而属事焉，无乃为天下笑乎？"公孙枝对曰："信贤而任之，君之明也；让贤而下之，臣之忠也。君为明君，臣为忠臣。彼信贤，境内将服，敌国且畏，夫谁暇笑哉？"缪公遂用之。谋无不当，举必有功，非加贤也。使百里奚虽贤，无得缪公，必无此名矣。今焉知世之无百里奚哉？故人主之欲求士者，不可不务博也。

【注释】①传鬻（yù）：转卖。

【译文】百里奚没有遇到时机的时候，从虞国出逃，被晋国俘虏，后来在秦国喂牛，用五张羊皮被转卖。公孙枝得到百里奚以后很高兴，把他献给秦穆公，过了三天，请求让他管理事务。秦穆公说："用五张羊皮买了他来却让他管理事务，不是要被天下耻笑吗？"公孙枝回答说："信任贤人而任用他，这是君主的英明，让位于贤人而自己甘居下位，这是臣子的忠心。君主是英明的君主，臣子是忠心的臣子。如果他真的贤德，国内都将顺服，敌国都会畏惧，谁还会有闲工夫讥笑呢？"秦穆公于是任用了百里奚。他的谋略没有不得当的，做事情一定有功劳，这并不是他的贤德增加了。假使百里奚虽然贤德，如果不被秦穆公得到，也必定没有这样的名望。现在怎么知道世上没有百里奚这样的人呢？所以那些想要寻求贤士的君主，不可不广泛地去寻找。

孔子穷于陈、蔡之间，七日不尝食，藜羹不糁①。宰予备矣，孔子弦歌于室，颜回择菜于外。子路与子贡相与而言曰："夫子逐于鲁，削迹②于卫，伐树于宋，穷于陈、蔡。杀夫子者无罪，藉③夫子者不禁，夫子弦歌鼓舞，未尝绝音。盖君子之无所丑也若此乎？"颜回无以对，入以告孔子。孔子愀④然推琴，喟然而叹曰："由与赐，小人也。召，吾语之。"子路与子贡入，子贡曰："如此者，可谓穷矣。"孔子曰："是何言也？君子达于道之谓达，穷于道之谓穷。今丘也拘仁义之道，以遭乱世之患，其所也，何穷之谓？故内省而不疚于道，临难而不失其德。大寒既至，霜雪既降，吾是以知松柏之茂也。昔桓公得之莒，文公得之曹，越王得之会稽。陈、蔡之厄，于丘其幸乎！"孔子烈然⑤返瑟而弦，子路抗然⑥执干而舞。子贡曰："吾不知天之高也，不知地之下也。"古之得道者，穷亦乐，达亦乐，所乐非穷达也。道得于此，则穷达一也，为寒暑风雨之序矣。故许由虞乎颍阳，而共伯得乎共首。

【注释】①藜（lí）羹：用藜菜作的羹。泛指粗劣的食物。糁：以米和羹。②削迹：消踪匿迹，谓隐居。③藉：欺负，欺凌。④愀（cù）：忧伤，脸色改变。⑤烈然：凛然。⑥抗然：志气高亢的样子。

【译文】孔子在陈国、蔡国之间遇到困境，七天没有吃过东西，煮的野菜汤里也没有米粒。宰予很饥饿，孔子在屋里用琴弹奏唱歌，颜回在外面摘野菜。子路跟子贡一起说道："先生被鲁国放逐，在卫国隐居，在宋国砍伐树木，在陈国、蔡国遇到困境。要杀先生的人无罪，羞辱先生的人不被禁止，而先生歌舞琴鼓从未中断过。原来君子竟没有感到羞耻到如此地步吗？"颜回无言以对，进屋把这些话告诉了孔子。孔子忧伤地推开琴，叹息道："仲由和端木赐，是小人。把他们叫来，我来和他们说。"子路和子贡进来了，子贡说："现在这种情况可以说是穷困了。"孔子说："这是什么话呢？君子显达于道义叫作达，困穷于道义上叫作穷。现在我坚守仁义之道，所以遭受乱世的祸患，这是我应得的，怎么能叫困穷呢？所以反省自己，在道义上不觉得愧疚，面临困难而不丧失品德。最寒冷的时候到来，霜、雪降落以后，所以我才知道松柏生命力的顽强。昔日齐桓公出逃莒，所以才心生复国称霸的念头，晋文公出逃曹，所以才心生复国称霸的念头，越王因受会稽之耻，所以才心生复国称霸的念头。在陈国、蔡国遭遇逆境，对我其实是幸运的！"孔子凛然回去拿起琴弹奏起来，子路志气高亢地拿着盾跳起舞来。子贡说："我不知天的高远，地的深邃呀。"古代得道的人，穷困时也快乐，通达时也快乐，快乐并不是因为穷困和通达。自己得到了道，那么穷困和通达都是一样的，就像寒暑和风雨依次交替出现一样。所以许由在颍阳悠然自得，共伯在共首山悠然自得。

遇 合

【题解】本篇旨在论述士人能否得到赏识在于君主的喜好。文章认为士人如果遇到时机不合，也"不处幸，不为苟"，因为"必待合而后行""必审诸己然后任"。同时文章还警告君主，"不宜遇而遇者，则必废。宜遇而不遇者，此国之所以乱，世之所以衰也"。

七曰：

凡遇，合①也。时不合，必待合而后行。故比翼之鸟死乎木，比目之鱼死乎海。孔子周流海内，再干世主，如齐至卫，所见八十余君。委质②为弟子者三千人，达徒七十人。七十人者，万乘之主得一人用可为师，不为无人。以此游，仅至于鲁司寇。此天子之所以时绝也，诸侯之所以大乱也。乱则愚者之多幸③也，幸则必不胜其任矣。任久不胜，则幸反为祸。其幸大者，其祸亦大，非祸独及己也。故君子不处幸，不为苟④，必审诸己然后任，任然后动。

【注释】①合：指人的遭遇和时机要适合。②委质：送上礼物，拜人为师。③幸：宠幸，宠信。④苟：随便、苟且的小事。

【译文】第七：

但凡受到赏识重用，一定遇到了良机。时机不适宜，那一定是要等到合适的机会出现才会去行动。因而比翼鸟如果没有遇到合适的就会死在树上，比目鱼如果没有遇到合适的也会死在海里。孔子周游天下，多次向当世君主谋求官职，从齐国拜访到卫国，前后共谒见过八十多位君王。献上见面礼给他，拜他为师的学生前后有三千人，这其中成绩优秀卓越的有七十人。在这七十个人中，大国君主得到其中的任何一位都可以拜为老师，这怎么还能说世上没有人才呢？孔子凭借自己修行阐明道义在四海周游，自己的官职却仅仅是鲁国的小官。这就是周天子失去王权，诸侯战乱不断的主要原因。乱世之中，愚昧的人有一些会被宠幸。被宠幸的这些愚昧之人往往又不能胜任他的职位。长时间不能胜任职位工作，那么这种宠幸反而会招致祸害。越是被宠幸得厉害的，招致的祸害也就会越大，祸患并非只是降临到自己的身上。所以，君子不应抱有侥幸的心理，也不应去做一些苟且之事，一定要在慎重衡量过自己的能力之后才去担任相应的职务，任职之后才去有所行动。

　　凡能听说者，必达乎论议者也。世主之能识论议者寡，所遇恶①得不苟？凡能听音者，必达于五声。人之能知五声者寡，所善恶得不苟？客有以吹籁②见越王者，羽角宫徵商不谬，越王不善，为野音③而反善之。说之道亦有如此者也。

　　【注释】①恶：怎么。②籁：古代管乐器，属箫类，后称排箫。③野音：指不合乎五音的旋律。

【译文】但凡能够听从别人的劝说，那么此人一定能通晓议论。当今世上，能够识别出议论的君主很少，他们所赏识的人又怎会不去苟且求荣呢？但凡是懂得欣赏音乐的人，他们一定能通晓五音。众人之中能够通晓五音的少之又少，这些不通晓五声的人所喜好的又怎会不随便呢？宾客之中有一人凭借吹箫的技艺去拜见越王，羽、角、宫、徵、商五音吹得很合拍，越王却不喜欢，反而喜欢听那些鄙野之音。劝说别人也会出现此种情形。

人有为人妻者。人告其父母曰："嫁不必生也，衣器之物，可外藏之，以备不生。"其父母以为然，于是令其女常外藏。姑妐^①知之，曰："为我妇而有外心，不可畜^②。"因出之。妇之父母，以谓为己谋者以为忠，终身善之，亦不知所以然矣。宗庙之灭，天下之失，亦由此矣。

故曰：遇合也无常，说适然也。若人之于色也，无不知说美者，而美者未必遇也。故嫫母^③执乎黄帝，黄帝曰："厉女德而弗忘，与女正而弗衰，虽恶奚伤？"若人之于滋味，无不说甘脆，而甘脆未必受也。文王嗜昌蒲菹^④，孔子闻而服之，缩颈^⑤而食之。三年，然后胜之。人有大臭者，其亲戚兄弟妻妾知识，无能与居者，自苦而居海上。海上人有说其臭者，昼夜随之而弗能去。说亦有若此者。

【注释】①姑妐（zhōng）：丈夫的父母。②畜：畜养，留在家里。③嫫（mó）母：黄帝的妻子。④昌蒲菹（zū）：菖蒲根的腌制品。昌，通

"菖"。⑤缩颊（è）：皱着眉头。

【译文】有个人成为了他人的妻子，有人对她父母讲："你女儿出嫁以后不一定非要生小孩，衣物用度可以把它们藏到外面去，以防备不生育时被抛弃。"她的父母认为这人说的很有道理，于是就让女儿时常将一些衣物用度藏到外面。此事被她公婆获知，说："身为我们的儿媳却有外心，不能再留下来了。"因而一封休书将其休掉。这位女子的父母，认为为自己女儿谋划此事的人是真心对待他们，终生对他礼遇有加，而对于女儿被体弃的原因始终却不能明晰。宗庙之所以会毁弃，天下之所以会丧失，原因也正在于此。

因而我们常说道，得到赏识这种事不是经常会有的，被人喜欢也是偶然的。这如同众人对于女色的态度一样，没有不喜欢漂亮的，但长得漂亮的却未必能遇到。因而嫫母身为妻子服侍黄帝，黄帝对她说："训导给你的道义不要忘了，交与你内政事务不要荒废，即便长得不漂亮又有何妨呢？"就如同众人对滋味的态度一样，没有不喜欢甜脆东西的，但甜脆的东西并非所有人都能接受。周文王喜欢吃菖蒲，孔子听闻此事就去尝试，皱着眉才能下咽。吃了三年之后才慢慢地习惯。有个体臭很浓重的人，他的父母、兄弟，妻子、朋友以及认识的人没有能和他一起居住的。他自己十分痛苦，就到海上去居住。海上有人喜欢他的体臭，不管白天和晚上都跟随他不愿离去。喜欢一个东西也有达到如此程度的。

陈有恶人焉，曰敦洽雠糜，椎颡广颜①，色如漆赭②，垂眼临鼻③，长肘而盭④。陈侯见而甚说之，外使治其国，内使制其身。楚合诸侯，陈侯病不能往，使敦洽雠糜往谢焉。楚王怪其名而先见之。客有进状有恶其名言有恶状。楚王怒，合大夫而告之，曰："陈侯不知其不可使，是不知也；知而使之，是侮也；侮且不智，不可不攻也。"兴师伐陈，三月然后丧。恶足以骇人，言足以丧国，而友之足于陈侯而无上也，至于亡而友不衰。

夫不宜遇而遇者，则必废。宜遇而不遇者，此国之所以乱，世之所以衰也。天下之民，其苦愁劳务从此生。

凡举人之本，太上以志，其次以事，其次以功。三者弗能，国必残亡，群孽大至，身必死殃，年得至七十、九十犹尚幸。贤圣之后，反而孽民，是以贼其身，岂能独哉？

【注释】①椎颡（sǎng）广颜：尖顶宽额，显得很凶。②色如漆赭：脸色赤红。③垂眼临鼻：下眼睑垂到了鼻子。④长肘而盭（lì）：手臂既长又弯，相貌很丑。

【译文】陈国有个人长得特别丑陋，名字叫作敦洽雠糜，面相很凶，脸色黑红，眼睑下垂，接近鼻子，手臂既长又弯，相貌奇丑。陈侯见到他却很是喜欢，在外让他治理国家事务，在内让他管理自己饮食起居。楚国召集诸侯会盟，陈侯生病不能前去，于是派敦洽雠糜前去道歉。楚王对他的名字感到好奇，就率先接见了他。敦洽雠糜觐见之后，不仅相貌丑陋并且说话也很粗野。楚王对此很是生气，召来大臣说道："陈侯如是不知道此人不能派来做使臣，那就是他不够明智造成的，但是如果知道却还要派他来，那就是在轻慢于我。既轻慢且又不够明智，那就不得不去攻打他了。"于是起兵攻打陈国，三个月之后灭掉了陈国。丑陋到足以惊吓到别人，言论足以导致国家灭亡，陈侯对他喜爱到极点，甚至无人能够超越他，即便国破家亡，这种喜爱仍丝毫不减弱。

不应该受到赏识的人却受到了赏识，那么国事必然会被废弛。应该受到赏识却没有受到赏识，这也是国家混乱、世道衰微的主要原因。普天之下的百姓，他们的愁苦劳碌均由此而来。

但凡要举荐人才，关键要素首先是根据心志，其次是根据做事，最后是根据功劳。如果这三种都不能得到举荐任用，那么这个国家必然会衰败灭亡，各种灾祸也会随之而来，自身也一定会被殃及，如果能活到七十岁、九十岁，那简直是太侥幸了。作为圣贤的后人，却给人民带来了灾祸，并且殃及自身，这又岂止是独自受危害呢？

必 己

【题解】文章开篇强调"外物不可必"，即外物不可倚仗。外物变化无常，没有规律，就算是同一事物，在不同条件下也会形成不同的结果。所以"君子必在己者，不必在人者也。必在己，无不遇矣"。

八曰：

外物不可必，故龙逢①诛，比干②戮，箕子③狂，恶来④死，桀纣亡。人主莫不欲其臣之忠，而忠未必信。故伍员流乎江⑤，苌弘⑥死、藏其血三年而为碧。亲莫不欲其子之孝，而孝未必爱。故孝己⑦疑，曾子悲。

【注释】①龙逄：两朝夏相，因为进谏忠言而被杀。②比干：因屡次进谏，被商纣王处以剜心之刑。③箕子：商纣王的叔父。商纣王暴虐无道，箕子屡谏无效，于是割发装癫，披发佯狂为奴以躲避灾祸。④恶来：商纣王之臣，飞廉之子，以勇力而闻名。武王伐纣之时，他被周武王处死。⑤伍员流乎江：即伍子胥，因劝谏吴王夫差不要同意越国的讲和，吴王不听反将其刺死，头悬城门，尸体装入皮口袋扔入江中，尸体浮流而下。⑥苌弘：在晋卿内讧中，帮助了范氏，晋卿赵鞅为此声讨，被周人杀死。传说死后三年，其心化为红玉，其血化为碧玉。⑦孝己：遭继母之难，被流放到外地，最终忧愤而死。

【译文】第八：

外物是不可依靠的，所以龙逄被杀，比干被杀，箕子发狂，恶来被杀，桀、纣被灭亡。君主没有不想要自己大臣的忠心，但忠心未必能受到信任。所以伍员被投入江中，苌弘被杀，他的血藏了三年化成碧玉。父母没有不想要自己的孩子孝顺，但孝顺却未必得到父母的喜爱。所以孝己被怀疑，曾子因遭父母打而感到悲伤。

庄子行于山中，见木甚美长大，枝叶盛茂，伐木者止其旁而弗取。问其故，曰："无所可用。"庄子曰："此以不材得终其天年矣。"出于山，及邑，舍故人之家。故人喜，具酒肉，令竖子为杀雁飨^①之。竖子请曰:"其一雁能鸣,一雁不能鸣,请奚杀?"主人之公曰:"杀其不能鸣者。"明日,弟子问于庄子曰:"昔者山中之木以不材得终天年,主人之雁以不材死,先生将何以处?"庄子笑曰:"周将处于材、不材之间。材、不材之间,似之而非也,故未免乎累。若夫道德则不然。无讦无訾^②,一龙一蛇,与时俱化,而无肯专为;一上一下,以禾为量,而浮游乎万物之祖,物物而不物于物,则胡可得而累?此神农、黄帝之所法。若夫万物之情、人伦之传则不然。成则毁,大则衰,廉则剉,尊则亏,直则骫^③,合则离,爱则隳^④,多智则谋,不肖则欺,胡可得而必?"

【注释】①竖子:童仆。飨:用酒食招待客人。②訾:诽谤非议。③骫(wěi):弯曲。④隳(huī):毁坏,诽谤非议。

【译文】庄子在山里行走,看到一棵树长得很美很高大,枝叶茂盛,伐树的人停在一边却不伐它。庄子问他缘故,他说:"没有可用的地方。"庄子说:"这棵树因为不成材而可以终其天年了。"从山里出来,到了城市里,住在故友家里。故友很高兴,准备酒肉,让童仆杀鹅来招待他。童仆请示说:"一只鹅能叫,一只鹅不能叫,请问杀哪只?"主人的爸爸说:"杀不会叫的那只。"第二天,学生询问庄子说:"昨天山上的树木因为不成材才得以终其天年,但主人的鹅却因为不成材而被杀,先生您是怎么看待这个问题的?"庄子笑着说:"我将处于成材和不成材之间。成材与不成材之间,好像是对的,实则不然,所以也不能免于灾祸。

如果有道德就不会是这样。不会惊讶，也不会有侮辱，龙和蛇一样，与时俱进，而不只是一种物体。上和下，以顺应时势为度量，浮游于万物之间，主宰事物，不为事物所主宰，那么怎么可能有灾祸呢？这就是神农氏、黄帝的法则。但万物的感情、人伦相传就不是这样。成就了就会毁坏，变大了就会衰落，锋利了就会钝锉，尊敬了就会亏缺，直了就会弯曲，聚合了就会分散，喜爱了就会毁坏，智慧超群就会受到谋算，品行不好就会被欺负，上面这些怎么能依靠呢？

牛缺^①居上地，大儒也，下之邯郸，遇盗于耦沙之中。盗求其橐^②中之载则与之，求其车马则与之，求其衣被则与之。牛缺步而去。盗相谓曰："此天下之显人也，今辱之如此，此必诉我于万乘之主，万乘之主必以国诛我，我必不生，不若相与追而杀之，以灭其迹。"于是相与趋之，行三十里，及而杀之。此以知故也。

孟贲^③过于河，先其五^④。船人怒，而以楫虩^⑤其头，顾不知其孟贲也。中河，孟贲瞋目^⑥而视船人，发植，目裂^⑦，鬓指，舟中之人尽扬^⑧播入于河。使船人知其孟贲，弗敢直视，涉无先者，又况于辱之乎？此以不知故也。

知与不知，皆不足恃，其惟和调近之。犹未可必。盖有不辨和调者，则和调有不免也。宋桓司马有宝珠，抵罪出亡。王使人问珠之所在，曰："投之池中。"于是竭池而求之，无得，鱼死焉。此言祸福之相及也。纣为不善于商，而祸充天地，和调何益？

【注释】①牛缺：战国时秦国人，儒者。②橐（tuó）：口袋。③孟贲：战国时勇士。④五：通"伍"，行列。⑤毄（què）：通"觳"，击头。⑥瞋目：瞪大眼睛表示愤怒。⑦目裂：眼眶破裂，形容忿怒到极点。⑧尽扬：犹摇动。

【译文】牛缺居住在上地，是个著名的儒生。他下到邯郸去，在耦沙里遇到了强盗。强盗要他口袋里的东西就给了他们，要他的车马就给了他们，要他的衣服被子就给了他们。牛缺走了以后，强盗相互说："这是在天下都有名声的人，现在侮辱他到如此地步，他一定会向大国君主控诉我们，大国君主一定要用举国之力诛灭我们，我们一定活不了。不如相约一起追赶上他然后杀了他，灭掉他的行迹。"于是一起追他追了三十里，追上他的时候就把他杀了。这是因为牛缺让强盗知道了自己是贤人的缘故。

孟贲过河，比队伍抢先上船。船工发怒，用船桨打他的头，是因为不知道他是孟贲。到了河中间，孟贲瞪大眼睛怒视船工，头发竖了起来，眼眶都裂了，鬓发竖了起来。船上的人都骚动着躲开，掉到了河里。假如船工知道他就是孟贲，就不敢直视他，也不敢在他前面过河，更何况侮辱他呢？这是因为不知道他是孟贲的缘故。

知道和不知道，都不足以让人依赖，只有调和才能接近于依赖，但还是不足以依赖。是因为有不能辨别和调度的人，所以调度还是不能免于灾祸。宋国的桓魋有颗宝珠，他犯罪后逃出在外，大王差人问他宝珠在什么地方，他说："把宝珠扔到了水池里。"于是弄干了水池来找宝珠，宝珠没有找到，鱼都死了。这话说的就是祸福是相互依存的。纣王在商不做好事，但祸患却充盈于天地间，就算是调和又有什么用？

　　张毅好恭，门闾帷薄聚居众无不趋，舆隶姻媾^①小童无不敬，以定其身。不终其寿，内热而死。单豹^②好术，离俗弃尘，不食谷实，不衣芮温，身处山林岩堀^③，以全其生。不尽其年，而虎食之。孔子行道而息，马逸，食人之稼，野人取其马。子贡请往说之，毕辞，野人不听。有鄙人^④始事孔子者曰："请往说之。"因谓野人曰："子不耕于东海，吾不耕于西海也，吾马何得不食子之禾？"其野人大说，相谓曰："说亦皆如此其辩也，独如向之人？"解马而与之。说如此其无方也而犹行，外物岂可必哉？

　　【注释】①舆隶：奴隶。姻媾（gòu）：因婚姻关系而形成的亲属。②单豹：鲁国人，在岩穴里居住，在山泉边饮水，不跟任何人争利，活到七十岁还有婴儿一样的面容，后不幸遇上了饿虎，被吃掉了。③堀（kū）：山洞。堀，同"窟"。④鄙人：居住在郊野的人。
　　【译文】张毅喜欢以恭敬待人，经过门间、帷幕以及人流密集的地方无不快步走过，对待奴隶、姻亲及小孩子没有不尊敬的，用来安定他自身。但是他却不能终养天年，因为内热而死。单豹喜欢道术，超凡脱俗，不吃谷类，不穿丝絮，住在山林间岩洞里，以便保全自己的性命。可他不能终养天年，被老虎吃了。孔子在路上行走，休息时马跑了，吃掉了别人的庄稼。种田人拿走了他的马。子贡请求去劝说那个人，把话都说尽了，种田人还是不听。有个刚侍奉孔子的居住在郊野的人说："请让我劝说他。"于是他对那个种田人说："从东海到西海，都是您耕种的土地，我们的马如何才能不吃您的庄稼？"那个种田人很喜悦，对他说："说的话都这样善辩，哪像刚才那个人那样呢？"解开马还给了他。劝说人如此不讲究方式也可以行得通，外物怎么可以依仗呢？

君子之自行也，敬人而不必见敬，爱人而不必见爱。敬爱人者，己也；见敬爱者，人也。君子必在己者，不必在人者也，必在己无不遇矣。

【译文】君子自己的行为，是要尊敬别人但不一定被别人尊敬，友爱别人而不一定被别人有爱。敬爱别人，是自己的事，被别人敬爱，是别人的事。君子依仗自己，不依仗别人。依仗自己就能无所不通。

扫码听谦德
君为您导读

慎大览第三

慎 大

【题解】本篇论述君主在对待强大或胜利时要谨慎。所谓"慎大"就是谨慎对待强大。作者认为"小邻国""胜其敌"导致"多患多怨",从而使得"贤主愈大愈惧,愈强愈恐"。所以要求君主"于安思危,于达思穷,于得思丧"。

一曰:

贤主愈大愈惧,愈强愈恐。凡大者,小邻国也;强者,胜其敌也。胜其敌则多怨,小邻国则多患。多患多怨,国虽强大,恶得不惧?恶得不恐?故贤主于安思危,于达思穷,于得思丧。《周书》曰:"若临深渊,若履薄冰。"以言慎事也。

【译文】第一:

贤明的君主,土地越扩大就越感恐惧,力量越强大就越感到害怕。凡是土地广大的,都是侵吞邻国土地得来的;凡是力量强大的，都是战胜敌国得来的。战胜敌国，就会招来许多怨恨，侵吞邻国土地，就会招来很多祸患。很多祸患，很多怨恨，国家即使强大，怎么能不恐惧呢？所以贤明的君主在安全的时候就会想到有危险，在显达的时候要考虑到穷困，在得到的时候要考虑失去。《周书》上说："就好像面临深渊，就好像踩着薄冰。"这是说做事情要谨慎。

桀为无道，暴戾顽贪，天下颤恐而患之，言者不同，纷纷分分，其情难得。干辛①任威，凌轹②诸侯，以及兆民。贤良郁怨，杀彼龙逢，以服群凶③。众庶泯泯④，皆有远志。莫敢直言，其生若惊。大臣同患，弗周而畔⑤。桀愈自贤，矜⑥过善非，主道重塞，国人大崩。汤乃惕惧，忧天下之不宁，欲令伊尹往视旷夏，恐其不信，汤由亲自射伊尹。伊尹奔夏三年，反报于亳，曰："桀迷惑于末嬉⑦，好彼琬、琰，不恤其众，众志不堪，上下相疾，民心积怨，皆曰：'上天弗恤，夏命其卒。'"汤谓伊尹曰："若告我旷夏尽如诗。"汤与伊尹盟，以示必灭夏。伊尹又复往视旷夏，听于末嬉。末嬉言曰："今昔天子梦西方有日，东方有日，两日相与斗，西方日胜，东方日不胜。"伊尹以告汤。商涸旱，汤犹发师，以信伊尹之盟，故令师从东方出于国西以进。未接刃而桀走，逐之至大沙。身体离散，为天下戮。不可正谏，虽后悔之，将可奈何？汤立为天子，夏民大说，如得慈亲。朝不易位，农不去畴⑧，商不变肆⑨，亲郼⑩如夏。此之谓至公，此之谓至安，此之谓至信。尽行伊尹之盟，不避旱殃，祖伊尹世世享商。

【注释】①干辛：桀之佞臣。②凌轹（lì）：欺压，压倒。③凶：通"訩"。争讼，吵闹。④泯泯：动乱，混乱。⑤畔：通"叛"。⑥矜：自夸，夸耀。⑦末嬉：即妹（mò）喜，有施氏之女，夏桀对她非常宠爱。⑧畴：田地。⑨肆：店铺。⑩郼（yī）：殷旧封国名。

【译文】夏桀当朝没有道义，暴虐顽固贪婪。天下人都很惊恐担忧。人们纷纷议论，满腹怨恨，人们这种情绪却很难被君主得知。干辛在任肆意逞威风，欺压各个诸侯和百姓。贤良的人们心中郁闷怨恨，夏桀杀死了龙逢，目的是以此来压服群众的愤怒之情。民众动乱，都有远走的打算。没有人敢直言不讳，生活在惊恐中。大臣们都有一样的忧患，不想陪伴在桀的周围。夏桀越发觉得自己贤能，炫耀错误，掩饰缺点。做君主的道路被重重阻塞，国家人民都分崩离析。汤感到很恐惧、警惕，为天下的不宁感到忧心，想要让伊尹到夏国去视察情况，担心夏国人不信任伊尹，就亲自拿箭射伊尹，伊尹到夏国三年，回到亳，禀报说："桀被末嬉迷惑了，又喜欢琬、琰，不体恤大众，百姓都不堪忍受。君主与百姓互相痛恨，百姓心里充满了怨气，大家都在说：'上天不体恤夏国，夏国的命运就要亡了。'"汤对伊尹说："你告诉我的夏的情况都像诗里的一样。"汤和伊尹订立了盟约，用来表示一定要消灭夏。伊尹又去查探夏国的情况，很受末嬉信任。末嬉说道："昨天夜里君主梦见西面有个太阳，东面有个太阳，两个太阳相互搏斗，西面的太阳胜了，东面的太阳输了。"伊尹把这话报告了汤。商这时正遭遇旱灾，汤还是发兵攻打夏国，为了遵守和伊尹订立的盟约。他命令军队从东面出，西面进入夏国。双方还没有交战，桀就逃亡了。汤一直追他追到沙漠。桀身首异处，被天下耻笑。最初不听劝谏，虽然后来后悔了，又能怎么样呢？汤做了君主，夏的百姓很高兴，就像得到慈祥的亲人。朝堂不更换官位，农民不离开田地，商人不改变店铺，人民喜欢郭就好像喜欢夏一样。这就叫最为公正，这就叫最为安定，这就叫最为守信。汤极力践行和伊尹订立的盟约，不避旱灾，因此让伊尹世世代代在商享有高位。

武王胜殷，入殷，未下舆^①，命封黄帝之后于铸^②，封帝尧之后于黎^③，封帝舜之后于陈。下舆，命封夏后之后于杞^④，立成汤之后于宋，以奉桑林。武王乃恐惧，太息流涕，命周公旦进殷之遗老，而问殷之亡故，又问众之所说、民之所欲。殷之遗老对曰：“欲复盘庚^⑤之政。”武王于是复盘庚之政；发巨桥^⑥之粟，赋鹿台^⑦之钱，以示民无私。出拘救罪，分财弃责，以振穷困。封比干之墓，靖箕子之宫，表商容^⑧之闾，徒过者趋，车过者下。三日之内，与谋之士封为诸侯，诸大夫赏以书社^⑨，庶士施政去赋。然后济于河，西归报于庙。乃税马于华山，税牛于桃林，马弗复乘，牛弗复服。峄^⑩鼓旗甲兵，藏之府库，终身不复用。此武王之德也。故周明堂外户不闭，示天下不藏也。唯不藏也，可以守至藏。

【注释】①舆：车子。②铸：古国名。③黎：古国名。④杞：古国名。⑤盘庚：子姓，名旬，商王祖丁之子，阳甲之弟，商朝第十九位君主。⑥巨桥：古代粮仓名，故址在古衡漳东岸，因水上有大桥得名。⑦鹿台：钱库。⑧商容：著名贤者，因为不满纣王的荒唐暴虐，多次进谏而被黜。⑨书社：即将社员之名籍书于社簿，它实际上是历来实行的一种基层行政管理体制。⑩衅：古代用牲畜的血涂器物的缝隙。

【译文】周武王战胜了殷商，进入殷都，还未下车，就下令把黄帝的后代封到铸，把尧的后代封到黎，把舜的后代封到陈。下车后，下令把大禹的后代封到杞，立汤的后代在宋，以便侍奉桑林。周武王其实很恐惧，长叹一声，流下眼泪。下令让周公旦宣殷商的遗老进来，问他们商朝灭亡的原因，又问民众都在说什么、想要什么。商朝的遗老回答说："人民希望恢复盘庚时期那样的政治。"于是武王就恢复了盘庚时期的政治，分发巨桥的米粟，散播鹿台的钱财，向人民表示他的无私。把被拘留的犯人释放，把犯罪的人救出。分发财物，免除债务，用来解救穷困的人。又把比干的坟墓册封，修建箕子的住宅，在商容的闾里设立标志，行人要快走，坐车的人要下车。三天之内，参与谋划的人都被封为诸侯，赏给那些大夫书社，普通的士人也都免去赋税。然后周武王渡过黄河，向西回到祖庙内报功。把马放到华山，把牛放到桃林，不让马再载人，不让牛再耕地。用动物的血涂在战鼓、军旗、铠甲、兵器上，收藏进库房，终身不再使用。这就是武王的道德。周王朝明堂的外门不关闭，向天下人表示没有私藏。只有没有私藏，才能守住最宝贵的宝藏。

武王胜殷，得二虏而问焉，曰："若国有妖乎？"一虏对曰："吾国有妖，昼见星而天雨①血，此吾国之妖也。"一虏对曰："此则妖也。虽然，非其大者也。吾国之妖甚大者，子不听父，弟不听兄,君令不行,此妖之大者也。"武王避席再拜之。此非贵虏也,贵其言也。故《易》曰:"愬愬履虎尾,终吉。"②

【注释】①雨(yù):降落,落下。②"《易》曰"句:出自《易·履卦》。

【译文】周武王战胜了殷商,抓到两个俘虏问他们说:"你们国家有妖怪吗?"一个俘虏回答说:"我们国家有妖怪,白天能看到星星,天上下血雨,这就是我们国家的妖怪。"另一个俘虏回答说:"这虽然很妖异,但还算不上大的妖异。我们国家特别大的妖异是儿子不听从父亲,弟弟不听从兄长,君主的命令不被执行。这才算最大的妖异。"周武王赶紧离开座席,向他们拜了两次。这并不是认为俘虏尊贵,而是认为他们的言论可贵。所以《周易》上说:"所有的举动都好像踩着老虎尾巴一样,最终一定会吉祥。"

赵襄子攻翟,胜老人、中人,使使者来谒之,襄子方食抟饭①,有忧色。左右曰:"一朝而两城下,此人之所以喜也,今君有忧色何?"襄子曰:"江河之大也,不过三日。飘风②暴雨,日中不须臾。今赵氏之德行,无所于积,一朝而两城下,亡其及我乎!"孔子闻之曰:"赵氏其昌乎!"

夫忧所以为昌也,而喜所以为亡也。胜非其难者也,持之其难者也。贤主以此持胜,故其福及后世。齐、荆、吴、越皆尝胜矣,而卒取亡,不达乎持胜也。唯有道之主能持胜。孔子之劲，举国门之关，而不肯以力闻；墨子为守攻，公输般服，而不肯以兵加。善持胜者，以术强弱。

【注释】①抟（tuán）饭：捏饭成团。②飘风：旋风，暴风。

【译文】赵襄子攻打翟国，赢得了左人城、中人城。使者回来报告时，赵襄子正在吃捏成一团的饭，听了以后面有忧色。身边的人说："一下子攻下两座城，是人就会感到高兴，现在您面有忧色，这是为什么呢？"襄子说："江河水大涨不会超过三天，疾风暴雨到中午就会停止。现在我们赵氏的德行，没有积累，一下子攻下两座城，灭顶之灾恐怕要让我赶上了！"孔子听闻后说："赵氏大概要昌盛了吧！"

忧虑是昌盛的原因，喜悦是灭亡的原因。取得胜利并不难，保持胜利才难。贤明的君主能依此保持住胜利，所以他的福泽能涉及后世子孙。齐国、楚国、吴国、越国，都曾经胜利过，但都灭亡了，是因为它们不知晓怎样保持胜利。只有有道的君主，才能保持胜利。孔子的力气大足以举起国都城门的门栓，却不以力气而闻名；墨子善于攻守之道，公输般都折服，却不以善于用兵而闻名。善于保持胜利的人，能有办法使弱小变成强大。

权　勋

【题解】本篇旨在告诫统治者吸取教训，不要因小利、小忠而失大利、大忠。因为作者认为"利不可两，忠不可兼"，小利、小忠都会妨害大利、大忠。因此，"圣人去小取大"，即经过衡量利弊得失而做出选择。

二曰：

利不可两，忠不可兼。不去小利，则大利不得；不去小忠，则大忠不至。故小利，大利之残也；小忠，大忠之贼也。圣人去小取大。

【译文】第二：

利益不能两得，忠诚不能兼备。不抛弃小的利益，就不能得到大的利益。不抛弃小的忠诚，就不能实现大的忠诚。所以说小的利益是大的利益的祸害，小的忠诚是大的忠诚的祸害。圣人抛弃小的，选择大的。

昔荆龚王与晋厉公战于鄢陵①，荆师败，龚王伤。临战，司马子反②渴而求饮，竖阳谷③操黍酒而进之。子反叱曰："訾！退，酒也！"竖阳谷对曰："非酒也。"子反曰："亟退却也！"竖阳谷又曰："非酒也。"子反受而饮之。子反之为人也嗜酒，甘而不能绝于口，以醉。战既罢，龚王欲复战而谋，使召司马子反，子反辞以心疾。龚王驾而往视之，入幄中，闻酒臭而还，曰："今日之战，不穀亲伤，所恃者司马也。而司马又若此，是忘荆国之社稷、而不恤吾众也。不穀无与复战矣。"于是罢师去之，斩司马子反以为戮④。故竖阳谷之进酒也，非以醉子反也，其心以忠也,而适足以杀之。故曰:小忠,大忠之贼也。

【注释】①荆龚王:即楚共王,芈姓,熊氏,名审,楚庄王之子,公元前590年至公元前560年在位。鄢陵:今在河南鄢陵境内。②子反:即公子侧,芈姓,熊氏,名侧,字子反,楚穆王之子,司马是他的官职。③竖阳谷:竖,童仆。阳谷是他的名字。④戮:陈尸示众。

【译文】昔日楚龚王和晋厉公在鄢陵交战。楚军战败,龚王受伤。在临近战斗的时候,司马子反渴了,想要喝水。童仆阳谷拿着黍酒给他。子反喝斥道:"哼!拿下去,这是酒!"阳谷回答说:"这不是酒。"子反说:"快拿走!"阳谷又说:"这不是酒。"子反接受然后喝了下去。子反为人嗜酒,他觉得酒味甘甜,喝起来就不能停止,所以喝醉了。战斗结束,龚王想重新交战,因而商量对策,令人去召司马子反觐见,司马子反借口心痛没有去。龚王驾车去看他,一进帐中,就闻到了酒味,所以就回去了。说道:"今日之战,我受了伤,能依靠的就是司马了。可是司马现在这样,他这样做是忘记了楚国的江山社稷,也不体恤我们了。我不与晋人再战了。"于是收兵离去。回去以后,把司马子反斩首示众。童仆阳谷送酒,不是要让子反喝醉,他的心是忠于子反的,却因此害了他。所以说,小的忠诚是大的忠诚的祸害。

昔者晋献公使荀息假道于虞以伐虢①,荀息曰:"请以垂棘之璧与屈产之乘②,以赂虞公,而求假道焉,必可得也。"献公曰:"夫垂棘之璧,吾先君之宝也;屈产之乘,寡人之骏也。若受吾币而不吾假道,将奈何?"荀息曰:"不然。彼若不吾假道,必不吾受也。若受我而假我道，是犹取之内府而藏之外府也，犹取之内皂③而著之外皂也。君奚患焉？"献公许之。乃使荀息以屈产之乘为庭实，而加以垂棘之璧，以假道于虞而伐虢。虞公滥于宝与马而欲许之。宫之奇④谏曰："不可许也。虞之与虢也，若车之有辅也，车依辅⑤，辅亦依车。虞、虢之势是也。先人有言曰：'唇竭而齿寒。'夫虢之不亡也，恃虞；虞之不亡也，亦恃虢也。若假之道，则虢朝亡而虞夕从之矣。奈何其假之道也？"虞公弗听，而假之道。荀息伐虢，克之。还反伐虞，又克之。荀息操璧牵马而报。献公喜曰："璧则犹是也，马齿亦薄长矣。"故曰：小利，大利之残也。

【注释】①晋献公：姬姓，名诡诸，晋武公之子，公元前676年至公元前651年在位。荀息：晋国大臣。假：借用，利用。②垂棘：地方名，盛产美玉。屈产之乘：地方名，出骏马的地方。③皂：喂马或喂牛的饲槽。④宫之奇：虞国大夫。⑤车：牙床。辅：颊骨。

【译文】昔日晋献公令荀息向虞国借道来攻打虢国，荀息说："请您把垂棘的玉璧和屈邑出产的马匹送给虞公，向他请求借道，一定可以得到允许。"献公说："那垂棘的玉璧，是我先皇的宝贝，屈邑的宝马，是我乘坐的骏马。如果虞国收受了我们的礼物但不肯给我们借道，那该怎么办呢？"荀息说："不会这样。他如果不肯给我们借道，一定不会收我们的礼物，如果收了我们的礼物给我们借道，就好比我们把玉璧从宫里的库房里拿到宫外的库房里，把骏马宝马从宫中的马槽马厩牵到宫外的马厩一样。您又忧虑什么呢？"献公同意了，于是就让荀息把屈邑的骏马和垂棘的玉璧给虞公,向虞国借道攻打虢国。虞公因为贪图玉璧和宝马,想答应荀息。宫之奇进谏说:"不能答应,虞国对于虢国,就好比牙床和颊骨,牙床依靠颊骨,颊骨也依靠牙床。虞国和虢国的形势就是这样。古人有话说:'唇亡齿寒。'虢国不被灭亡,是依靠虞国;虞国不被灭亡,也是依靠虢国。如果给晋国借道,虢国早晨灭亡的话在晚上虞国也就会跟着灭亡了。怎么可以给晋国借道呢?"虞公不听,还是给晋国借道了。荀息讨伐虢国并战胜了它。返回的时候又讨伐虞国然后战胜了虞国。荀息把玉璧和宝马带回来禀报。献公高兴地说:"玉璧还是那个样,只是马的牙齿稍微长长了一点。"所以说,小的利益是大的利益的祸害。

中山之国有内繇^①者,智伯欲攻之而无道也,为铸大钟,方车^②二轨以遗之。内繇之君将斩岸堙^③溪以迎钟。赤章蔓枝谏曰:"诗云:'唯则定国。'我胡以得是于智伯?夫智伯之为人也,贪而无信,必欲攻我而无道也,故为大钟,方车二轨以遗君。君因斩岸堙溪以迎钟,师必随之。"弗听。有顷,谏之。君曰:"大国为欢,而子逆之,不祥。子释之。"赤章蔓枝曰:"为人臣不忠贞,罪也;忠贞不用,远身可也。"断毂^④而行,至卫七日而内繇亡。欲钟之心胜也。欲钟之心胜,则安内繇之说塞矣。凡听说所胜不可不审也,故太上先胜。

【注释】①内繇(róu yóu):古国名。②方车:两车相并。③堙:填塞。④毂:车轮中心的圆木,周围与车辐的一端相连,中有圆孔,可以插轴。

【译文】中山国内有个内繇国，智伯想攻占它却没有道路，就给它铸造了一个大钟，用两辆并排着的车装着钟送给他们的国君。内繇的君主就想削平高地填平溪谷来迎接大钟。赤章蔓枝劝谏说："古诗说：'只有遵循准则才能使国家安定。'我们凭什么从智伯那里得到这个大钟？智伯为人贪婪不守信用，一定是他想攻打我国但没有进军的道路，所以铸造了大钟，用两辆并排着的车辆载着来送给您。所以您想削平高地填平溪谷来迎接大钟。如果这样智伯的军队必定跟着到来。"内繇国君不听，过了一会，赤章蔓枝再次进谏。内繇国君说："大国跟我们交好，你却拒绝人家，这不吉祥，你别说了。"赤章蔓枝说："做臣子的对国君不忠诚坚贞，这是罪过。忠诚坚贞却不被采纳，脱身远离国君就可以了。"于是，他砍掉车轴两端走了。到了卫国才七天，内繇国就灭亡了。内繇国君想要得到大钟的心情太热切了。想得到大钟的心情太热切，安定内繇国的策略就不能实行。凡是听取意见不能不审时度势，所以欲望最好不要太过分。

昌国君将五国之兵以攻齐①。齐使触子②将，以迎天下之兵于济上。齐王欲战，使人赴触子，耻而訾之曰："不战，必划③若类，掘若垄。"触子苦之，欲齐军之败，于是以天下兵战。战合，击金④而却之。卒北，天下兵乘之。触子因以一乘去，莫知其所，不闻其声。达子又帅其馀卒以军于秦周，无以赏，使人请金于齐王。齐王怒曰："若残竖子⑤之类，恶能给若金？"与燕人战，大败。达子死,齐王走莒。燕人逐北入国,相与争金于美唐⑥甚多。此贪于小利以失大利者也。

【注释】①昌国君:即乐毅,子姓,乐氏,名毅,字永霸,魏将乐羊后裔,拜燕上将军,受封昌国君,辅佐燕昭王振兴燕国。五国:齐、楚、韩、赵、魏。②触子:战国时期齐国大将。③刬(chǎn):铲去,削平。④金:古代军队中用以指挥停止或撤退的金属制品。⑤竖子:小子。⑥美唐:齐湣王藏金之所。

【译文】昌国君率领五国的军队来攻打齐国,齐国命触子为将军,在济水边上迎击各国进攻的军队。齐王想要开战,令人到触子那里去,羞辱并斥责他说:"不开战,我一定铲除你的族类,挖掘你的祖坟!"触子感到很痛苦,想让齐军战败,于是跟五国的军队开战。双方刚一交战,触子就鸣金收兵。齐军败北,五国军队趁机追击齐军。触子趁机乘坐一辆车离开了,没有人知道他去了哪里,也没人听闻他的音讯。达子又率领剩下的士兵驻扎在秦周,没有东西赏赐士卒,于是派人向齐王请求金钱。齐王生气地说:"你们这些残存下来懦弱无能的家伙,怎么能给你们金钱?"齐国军队和燕国人交战,被打得大败。达子战死了,齐王出逃到了莒。燕国人追赶败北的齐兵进入齐国,在美唐争抢了很多金钱。这就是因为贪图小利因而损失了大利。

下 贤

【题解】本篇旨在讨论君主要礼贤下士。文章列举了尧、周公、齐桓公、子产、魏文侯等礼贤下士的事例，虽然"有道之士"傲视君主，但是君主不敢有懈怠，反而"愈礼之"。同时，礼贤还要"去其帝王之色"。

三曰：

有道之士，固骄人主；人主之不肖①者，亦骄有道之士。日以相骄，奚时相得？若儒、墨之议与齐、荆之服矣。

贤主则不然。士虽骄之，而己愈礼之，士安得不归之？士所归，天下从之，帝。帝也者，天下之适也；王也者，天下之往也。得道之人，贵为天子而不骄倨，富有天下而不骋夸②，卑为布衣而不瘁摄③，贫无衣食而不忧慑④。恳乎其诚自有也，觉乎其不疑有以也，桀乎其必不渝移也，循乎其与阴阳化也，匆匆乎其心之坚固也，空空⑤乎其不为巧故也，迷乎其志气之远也，昏乎其深而不测也，确乎其节之不庳也，就就⑥乎其不肯自是也，鹄⑦乎其羞用智虑也，假乎其轻俗诽誉也。以天为法，以德为行，以道为宗，与物变化而无所终穷，精充天地而不竭，神覆宇宙而无望。莫知其始，莫知其终，莫知其门，莫知其端，莫知其源。其大无外，其小无内，此之谓至贵。士有若此者，五帝弗得而友，三王弗得而师。去其帝王之色，则近可得之矣。

【注释】①不肖：不才，不正派。②骋夸：放纵奢侈。③瘁摄：失意屈辱。④忧慑：忧愁悲戚。⑤空空：诚实貌。⑥就就：犹豫貌。⑦鹄（hú）：通"浩"，大。

【译文】第三：

有道德的人，本来就傲视君主，不才的君主，也傲视有道德的人。他们天天这样彼此傲视，什么时候才能相投合？就好像儒家、墨家之间的争议和齐国楚国互相不服一样。贤明的君主就不这样。士人虽然傲视自己，但自己却越发有礼貌地对待他们。士人怎么能不归属呢？士人归属了，天下人就会跟着归属。帝，所谓帝，天下都来相合。王，所谓王，是指天下人都来归服。有道德的人，就算贵为天子也不会傲慢不恭，拥有天下的财富也不会放纵奢侈。卑微为布衣百姓也不会失意屈辱，贫穷到没有衣服和食物也不会忧愁悲戚。他们自始至终诚实守信，遇事不疑，坚守信念，矢志不渝，遵循阴阳变化，意志坚定牢固，他们不行诡诈之事，志存高远，思想深邃，深不可测。他们品节高尚，不卑不亢，做事严谨，不自以为是。他们有鸿鹄之志，不耻运用智谋，他们看轻世俗的赞誉和诽谤。他们以天为法则，以德为品行，以道为宗旨。他们跟随万物的变化而没有穷尽。他们精气充盈天地，不会枯竭，他们的神智覆盖宇宙，无边无际。没有人知道从什么时候开始，没有人知道什么时候终止，没有人知道它的门径在哪，没有人知道它的开端在哪，没有人知道它的本源在哪。道大到没有什么在它以外，小到没有什么在它以内，这就是最为珍贵的。士人如果能有像这样的，五帝也不能够和他们交朋友，三王也不得以他们为师。如果能够抛开帝王的姿态，那就离他们很近，就可以得到了。

尧不以帝见善绻①，北面而问焉。尧，天子也；善绻，布衣也。何故礼之若此其甚也？善绻，得道之士也。得道之人，不可骄也。尧论其德行达智而弗若，故北面而问焉。此之谓至公。非至公其孰能礼贤？

【注释】①善绻：尧舜时期的主要高士之一。

【译文】尧不用帝王的身份召见善绻，而是面向北向他请教。尧是天子，善绻是布衣百姓，为什么要这样过分地以礼待他呢？因为善绻是得道的人。对待得道的人，不可以骄傲。论德行和智谋，尧比不上善绻，所以面向北方请教他。这就叫作无比公正。不是无比公正，谁又能对贤者以礼待之呢？

周公旦，文王之子也，武王之弟也，成王之叔父也。所朝于穷巷之中、瓮牖①之下者七十人。文王造之而未遂，武王遂之而未成，周公旦抱少主而成之，故曰成王不唯以身下士邪？

【注释】①瓮牖（yǒu）：破瓮为窗，指贫寒之家。

【译文】周公旦，是周文王的儿子，周武王的弟弟，周成王的叔叔。他上门求见过住在穷巷、陋室里的人有七十个。文王开创了而没有做到，武王做到了却没有完成，周公旦辅佐年少的君主，但却完成了。这不正是亲自礼贤下士吗？

齐桓公见小臣稷，一日三至弗得见。从者曰："万乘之主，见布衣之士，一日三至而弗得见，亦可以止矣。"桓公曰："不然。士螯^①禄爵者，固轻其主；其主螯霸王者，亦轻其士。纵夫子螯禄爵，吾庸敢螯霸王乎？"遂见之，不可止。世多举桓公之内行^②，内行虽不修，霸亦可矣。诚行之此论，而内行修，王犹少。

【注释】①螯：通"傲"，骄傲。②内行：平日私居时的操行。

【译文】齐桓公去见小臣稷，一天之内去了三次都没能见到。随从说："大国的君主去见一个布衣百姓，一天去三次都见不到，这种行为可以停止了。"桓公说："不对。看轻爵位俸禄的士人，一定会轻视他的君主；看轻王霸之业的君主，也一定会轻视士人。纵使小臣稷先生看轻爵位俸禄，我怎么敢看轻王霸之业呢？"桓公终于见到了小臣稷，随行的人阻止不了他。世人大多指点齐桓公的私生活，他的私生活虽然不检点，但如此礼贤下士，称霸还是可以的。如果能按这个言论去做，私生活又检点，就是称王恐怕还都不止呢！

子产^①相郑，往见壶丘子林^②，与其弟子坐必以年，是倚其相于门也。夫相万乘之国而能遗之，谋志论行，而以心与人相索，其唯子产乎！故相郑十八年，刑三人，杀二人。桃李之垂于行者，莫之援也；锥刀之遗于道者，莫之举也。

【注释】①子产：姬姓，公孙氏，名侨，字子产，先后辅佐郑简公、郑定公。②壶丘子林：郑国高士。

【译文】子产在郑国当相,去见壶丘子林,跟他的弟子们坐在一起,一定按年龄就座,这是他不倚仗他的相位啊。子产是大国的相而能丢掉相的架子,谋划志向,谈论品行,用心跟人探索,应该只有子产吧!他在郑国当了十八年相,用刑罚处罚了三个人,杀了两个人。桃子李子垂到路上,也没有行人去摘,锥子刀子扔在道上,也没有人去捡。

魏文侯见段干木①,立倦而不敢息。反见翟黄②,踞③于堂而与之言。翟黄不说。文侯曰:"段干木官之则不肯,禄之则不受。今女欲官则相位,欲禄则上卿。既受吾实,又责吾礼,无乃难乎?"故贤主之畜人也,不肯受实者其礼之。礼士莫高乎节欲,欲节则令行矣。文侯可谓好礼士矣。好礼士,故南胜荆于连堤④,东胜齐于长城,虏齐侯,献诸天子。天子赏文侯以上闻。

【注释】①魏文侯:姬姓,魏氏,魏桓子之孙,公元前446年至公元前396年在位。段干木:魏国隐士。②翟黄:战国初期魏国国相。③踞:蹲或坐。④连堤:楚邑。

【译文】魏文侯去见段干木,站立得疲倦了却不敢休息。回来后见翟黄,坐在堂上跟他说话。翟黄很不高兴。文侯说:"让段干木做官他不肯,给他俸禄他不接受,现在你想当官就做到相位,想得俸禄就得到上卿的俸禄。既然你已经接受了我的官职俸禄,又要求我礼遇,不是太难了吗?"所以贤明的君主对待人,不肯接受官职俸禄的就礼貌待之。礼贤下士没有比节制欲望更好的了。欲望节制了，命令就可以执行了。文侯可以说是喜好礼贤下士了，喜好礼贤下士，所以在南面能在连堤战胜楚国，在东面能在长城战胜齐国，俘虏齐国诸侯，把他献给周天子。周天子封文侯为诸侯来奖赏他。

报 更

【题解】 本篇旨在论述君主以礼相待贤士一定能得到回报的问题，强调了君主"与天下之贤者为徒"的重要性。文章列举了赵宣孟、周昭文君、孟尝君等人的事例，说明这一观点。因此，作者认为礼贤下士是"古之大立功名与安国免身者，其道无他，其必此之由也"。

四曰：

国虽小，其食足以食天下之贤者，其车足以乘天下之贤者，其财足以礼天下之贤者。与天下之贤者为徒，此文王之所以王也。今虽未能王，其以为安也，不亦易乎？此赵宣孟[①]之所以免也，周昭文君[②]之所以显也，孟尝君[③]之所以却荆兵也。古之大立功名与安国免身者，其道无他，其必此之由也。堪士不可以骄恣屈也。

【注释】 ①赵宣孟：即赵盾，谥号宣子。春秋时晋国正卿。②周昭文君：东周国的国君。孟尝君：即田文，妫姓田氏，名文，因封袭其父爵于薛，又称薛公。

【译文】第四：

国家虽然小，它的粮食也足以让天下的贤士食用，它的车辆也足以让天下的贤士乘坐，它的财物也足以礼遇天下的贤士。跟天下的贤能之才为伍，这是周文王称王的原因。现在虽然还不能称王，用它来使国家安定，不是很容易吗？这是赵宣子免于被杀、周昭文君地位显贵、孟尝君退楚国军队的原因。古代立大功、得功名和定国安邦、免除自身灾难的人，没有其他的办法，必定是遵循这个原则。喜欢贤士不可以用骄傲自大的的态度让他们屈服。

昔赵宣孟将上之绛，见骫①桑之下，有饿人卧不能起者，宣孟止车，为之下食，蠲②而哺之，再咽而后能视。宣孟问之曰："女何为而饿若是？"对曰："臣宦于绛，归而粮绝，羞行乞而憎自取，故至于此。"宣孟与脯一朐③，拜受而弗敢食也。问其故，对曰："臣有老母，将以遗之。"宣孟曰："斯食之，吾更与女。"乃复赐之脯二束与钱百，而遂去之。处二年，晋灵公欲杀宣孟，伏士于房中以待之，因发酒于宣孟。宣孟知之，中饮而出。灵公令房中之士疾追而杀之。一人追疾，先及宣孟之面曰："嘻，君釐！吾请为君反死。"宣孟曰："而名为谁？"反走对曰："何以名为？臣骫桑下之饿人也。"还斗而死。宣孟遂活。此《书》之所谓"德几无小"者也。宣孟德一士，犹活其身，而况德万人乎？故《诗》曰："赳赳武夫，公侯干城。④""济济多士，文王以宁。⑤"人主胡可以不务哀士？士其难知，唯博之为可，博则无所遁矣。

【注释】①骪（wěi）：弯曲。②蠲（juān）：清洁。③胊：干肉。④"赳赳……干城"：出自《诗·周南·兔罝》。⑤"济济……以宁"：出自《诗·大雅·文王》。

【译文】昔日，赵宣孟将要到绛县去，看见一棵弯曲的桑树下，有一个因饥饿不能动弹的人，宣孟停下车为他准备食物，并把食物弄干净给他吃。他咽了两次后才能睁开眼睛。赵宣孟问他："你为什么饿成这个样子？"他回答说："我在绛县给人做仆隶，回家的路上断粮，羞于行乞要饭，又憎恨自行窃取，所以到了这种地步。"宣孟给了他两块干肉，他拜谢接受了而不敢吃。宣孟问其缘故，他回答说："我家有老母亲，我想把这些干肉给她吃。"赵宣孟说："你吃吧，我另外再给你。"于是又赠给他两捆干肉和一百枚钱，就离开了。过了二年，晋灵公想杀掉赵宣孟，在房里安排了士兵埋伏着，叫宣孟来喝酒。赵宣孟知道了灵公的意图，中止喝酒出门了。灵公命令房中的士兵急速追杀他。有一个士兵跑得很快，先追到赵宣孟跟前，说："啊，原来是您啊，我愿意回去为您而死。"赵宣孟说："你叫什么名字？"那人往回跑说："要问什么名字呢？我是桑树下快饿死的那个人啊。"他返回身去与灵公的兵士格斗而死。赵宣孟得以逃脱。这就是《尚书》上所说的"恩德没有微小"的意思啊！赵宣孟对一个人施予恩德，尚且能让自己活下去，更何况把恩德施加给万人呢！所以《诗经》上说："雄赳赳的武夫，是公侯的盾牌和城墙。""人才济济，周文王得以安宁。"君主怎么可以不努力爱惜人才呢？贤士是很难被知道的，只有广泛地寻觅才可以，广泛地寻觅就不会失掉了。

张仪，魏氏余子^①也，将西游于秦，过东周。客有语之于昭文君者曰："魏氏人张仪，材士也，将西游于秦，愿君之礼貌之也。"昭文君见而谓之曰："闻客之秦，寡人之国小，不足以留客。虽游，然岂必遇哉？客或不遇，请为寡人而一归也。国虽小，请与客共之。"张仪还走，北面再拜。张仪行，昭文君送而资之。至于秦，留有间，惠王说而相之。张仪所德于天下者，无若昭文君。周，千乘也，重过万乘也。令秦惠王师之。逢泽之会^②，魏王尝为御，韩王为右。名号至今不忘，此张仪之力也。

【注释】①余子：庶子。②逢泽之会：战国时期魏惠王所召集的一次诸侯盟会。逢泽，在今河南开封境内。

【译文】张仪是魏国大夫的庶子，将要往西去往秦国游说，路过东周。宾客中有人告诉昭文君说："魏国人张仪，是个有才能的人。将要往西到秦国去游说，希望君主能以礼待之。"昭文君会见张仪并且对他说："听说你要到秦国去，我的国家很小，不足以留下你。就算游说秦国，难道一定会受到赏识吗？如果你在秦国得不到赏识，请为了我再回来。我的国家虽然小，愿与你共同掌管。"张仪还是走了，面向北面拜了两次。张仪要走，昭文君给他送行并且用钱财资助他。张仪到了秦国，停留了一段时间，秦惠王很喜欢他，让他当了宰相。张仪在天下受到的恩德，没有能比得上昭文君的。周是个小诸侯国，张仪重视它超过了大诸侯国。他让秦惠王以昭文君为师。秦国在逢泽盟会诸侯的时候，魏王给昭文君当御者，韩王当车右。昭文君的名号至今没有被遗忘，这都是张仪的力量啊！

孟尝君前在于薛^①，荆人攻之。淳于髡^②为齐使于荆，还反，过于薛。孟尝君令人礼貌而亲郊送之，谓淳于髡曰："荆人攻薛，夫子弗为忧，文无以复待矣。"淳于髡曰："敬闻命矣。"至于齐，毕报。王曰："何见于荆？"对曰："荆甚固，而薛亦不量其力。"王曰："何谓也？"对曰："薛不量其力，而为先王立清庙。荆固而攻薛，薛清庙必危。故曰薛不量其力，而荆亦甚固。"齐王知颜色，曰："嘻！先君之庙在焉。"疾举兵救之，由是薛遂全。颠蹶^③之请，坐拜^④之谒，虽得则薄矣。故善说者，陈其势，言其方，见人之急也，若自在危厄之中，岂用强力哉？强力则鄙矣。说之不听也，任不独在所说，亦在说者。

【注释】①薛：今山东滕州境内。②淳于髡：齐国大夫。③颠蹶：忙乱急迫。④坐拜：跪拜。

【译文】孟尝君从前在薛的时候，楚国人攻打薛。淳于髡为齐国出使到楚国去，返程的时候，经过薛。孟尝君让人以礼相待，并亲自送他到郊外，对淳于髡说："楚国人攻打薛，如果您不为此忧虑，我就没有办法再像以前那样对待您了。"淳于髡说："我遵命了。"到了齐国，禀报完毕，齐王说："到楚国都见到了什么？"淳于髡回答说："楚国很顽固，薛也不自量力。"齐王说："说的是什么意思？"淳于髡回答："薛不自量力，给先王立了宗庙。楚国顽固要攻打薛，薛的宗庙必定有危险。所以说薛不自量力，楚国也太顽固。"齐王变了脸色，说："呀！先王的宗庙在那呢！"于是马上派军队救援薛，所以薛才能够保全。趴在地上请求，跪拜着请求，就算能得到援救也是寥寥的。所以善于游说的人，陈述形势，讲述策略，看到别人的急迫，就好像自己处于危险，哪里用得着极力劝说呢！极力劝说就低劣了。劝说但是不被听从，责任不仅仅在于被劝说的人，也在于劝说者。

顺 说

【题解】本篇旨在论述劝说君主的方法，即顺说。所谓"顺说"，就是揣摩君主心理、因势利导来达到目的意思。文章列举了惠盎、田赞、管仲的事例，说明了"顺说"的重要性。

五曰：

善说者若巧士，因人之力以自为力；因其来而与来，因其往而与往。不设形象，与生与长，而言之与响。与盛与衰，以之所归。力虽多，材虽劲，以制其命。顺风而呼，声不加疾也；际高而望，目不加明也。所因便也。

【译文】第五：

善于游说别人的人就好像灵巧的人一样，能够把别人的力量变成自己的力量；顺着事物来的方向来引导，往事物去的方向去推动，不设立框架和形象，跟随事物的生长发展而发展，就好像说话和回声一样相伴相随。根据事物的兴盛和衰落，来为自己所用。就算事物的力量很大，才能很强，也可以制约它的命脉。

顺风呼喊,声音没有增大但能传播很远;登高而望,眼睛没有更明亮但能看得很远。这是因为凭借事物的便利。

惠盎见宋康王①。康王蹀足謦咳②,疾言曰:"寡人之所说者勇有力也,不说为仁义者。客将何以教寡人?"惠盎对曰:"臣有道于此:使人虽勇,刺之不入;虽有力,击之弗中。大王独无意邪?"王曰:"善!此寡人所欲闻也。"惠盎曰:"夫刺之不入,击之不中,此犹辱也。臣有道于此:使人虽有勇弗敢刺,虽有力不敢击。大王独无意邪?"王曰:"善!此寡人之所欲知也。"惠盎曰:"夫不敢刺、不敢击,非无其志也。臣有道于此:使人本无其志也。大王独无意邪?"王曰:"善!此寡人之所愿也。"惠盎曰:"夫无其志也,未有爱利之心也。臣有道于此:使天下丈夫女子莫不驩然③皆欲爱利之。此其贤于勇有力也,居四累之上。大王独无意邪?"王曰:"此寡人之所欲得。"惠盎对曰:"孔、墨是也。孔丘、墨翟,无地为君,无官为长。天下丈夫女子莫不延颈举踵④,而愿安利之。今大王,万乘之主也,诚有其志,则四境之内皆得其利矣,其贤于孔、墨也远矣。"宋王无以应。惠盎趋而出,宋王谓左右曰:"辨矣。客之以说服寡人也。"宋王,俗主也,而心犹可服,因矣。因则贫贱可以胜富贵矣,小弱可以制强大矣。

【注释】①惠盎:宋国人。宋康王:子姓,戴氏,名偃,宋剔成君之弟,公元前328年至公元前286年在位。②蹀足:顿足,跺脚。謦咳:咳嗽。③��（huān）然：欢乐的样子。④延颈举踵：伸长脖子踮起脚尖，形容十分殷切。

【译文】惠盎拜见宋康王，康王顿足咳嗽着，厉声说："我所喜欢的人是有勇气有力量的人，不喜欢满口仁义的人。你将有什么可以教我？"惠盎回答说："我有这样的道法：可以让人虽然勇武，却无法刺进您的身体，虽然有力，却不能击中您。大王您难道不想要这种道法吗？"康王说："好，这正是我想要听的。"惠盎说："虽然不能刺进您的身体，无法击中您，但仍然受辱了。我有这样的道法：让人虽然勇猛却不敢行刺您，虽然有力却不敢打击您。大王您难道不想要这种道术吗？"康王说："好，这正是我想要的。"惠盎说："那些人虽然不敢行刺、打击您，并不是不想这样做。我有这种道法：可以让人本来就没有这样的想法。大王您难道不想要这种道法吗？"康王说："好，这正是我想要的。"惠盎说："那些人虽然没有害您的想法，但也还没有爱戴您、为您谋利益的想法。我有这样的道法：可以让天下的男女都欣然地爱戴您、为您谋利益。这就胜过了孔武有力，比上面说的四种行为要高明了。大王您难道不想要这种道法吗？"康王说："这正是我想要得到的。"惠盎说："孔子、墨子就是这样的。孔子、墨子，他们即便没有土地也像君主一样；他们即便没有官位却像高官一样。天下的男子女子没有谁不愿意伸长脖子踮起脚尖，热切地希望他们平安顺利。如今大王您是拥有万乘的君主，诚然有这样的志向，那么四周边境都能得到您的利益，您的贤能要远胜于孔子、墨子了。"宋王无言以对。惠盎疾步走了出去，宋王对身边的人说："很善辩啊，他用言语说服了我。"宋康王是个庸俗的君主，然而他的心尚且可以被说服，这是因为惠盎善于引导。善于引导，贫贱的也可以胜过富贵的，弱小的也可以制服强大的。

田赞衣补衣而见荆王，荆王曰："先生之衣何其恶也？"田赞对曰："衣又有恶于此者也。"荆王曰："可得而闻乎？"对曰："甲恶于此。"王曰："何谓也？"对曰："冬日则寒，夏日则暑，衣无恶乎甲者。赞也贫，故衣恶也。今大王，万乘之主也，富贵无敌，而好衣民以甲，臣弗得也。意者为其义邪？甲之事，兵之事也，刈①人之颈，刳②人之腹，隳③人之城郭，刑人之父子也，其名又甚不荣。意者为其实邪？苟虑害人，人亦必虑害之；苟虑危人，人亦必虑危之。其实人则甚不安。之二者，臣为大王无取焉。"荆王无以应。说虽未大行，田赞可谓能立其方矣。若夫偃息之义，则未之识也。

【注释】①刈（yì）：割。②刳（kū）：从中间破开再挖空。③隳（huī）：毁坏。

【译文】田赞穿着带补丁的衣服觐见楚王，楚王说："先生你的衣服为什么这么破呢？"田赞回答说："还有比这更破旧的衣服。"楚王说："可以让我听听吗？"田赞回答说："甲胄比这更坏。"楚王说："为什么这么说？"田赞回答说："冬天穿上觉得寒冷，夏天穿上觉得炎热，没有比铠甲更坏的了。我很贫穷，所以穿的衣服很坏。现在大王是大国的主人，富有程度无人能敌，却愿意让人们穿甲胄,我不认同。这样做的意义是为了道义吗?甲胄的事,是有关战争的事,砍人的脖子,挖开人的肚子,毁坏别人的城郭,杀掉别人的父亲和儿子,名声甚为羞耻。这样做的目的是为了得到实际利益吗?如果考虑危害别人,别人也一定打算危害自己;如果考虑让别人遭险,别人也一定考虑让你遭遇危险。其实感觉甚为不安。这两种情况,我以为大王还是不要涉及。"楚王无话回答。田赞的主张虽然没有得到大面积推行,但他可以说是能树立自己的学说了。至于像偃息的道义,田赞还没有能够企及这种高度。

管子得于鲁,鲁束缚而槛①之,使役人载而送之齐,皆讴歌而引。管子恐鲁之止而杀己也,欲速至齐,因谓役人曰:"我为汝唱,汝为我和。"其所唱适宜走,役人不倦,而取道甚速。管子可谓能因矣,役人得其所欲,己亦得其所欲。以此术也,是用万乘之国,其霸犹少,桓公则难与往也。

【注释】①槛:四周设有栅栏的车,用以囚禁犯人或装载猛兽,此处是关人的囚笼。

【译文】管子在鲁国被抓获,鲁国把他捆起来然后装在囚笼里,让差役把他用车载着送到齐国,那些差役唱着歌在前面引路。管子害怕鲁国把他留下然后杀死,想要赶紧到齐国,所以就对差役说:"让我来给你们领唱,你们来应和我。"他唱的歌适合疾步行走,差役们不会觉得疲倦,所以行走得很快。管子可以说是能因势利导，差役得到了自己想要的，管仲也得到了自己想要的。用这个方法来治理有一万辆兵车的大国，成就霸业尚且嫌少，只是齐桓公难以让人辅佐他罢了。

不 广

【题解】本篇旨在论述人为努力不能被废弃的道理。所谓"不广"，就是不废弃人为的努力。作者认为虽然"举事必因时"，但是"其人事则不广"，强调做大事要靠天时但是人事努力也不能废弃。文章利用管仲之虑、宁越之言、咎犯之谋等事例说明尽人事的重要性。

六曰：

智者之举事必因时，时不可必成，其人事则不广。成亦可，不成亦可，以其所能托其所不能，若舟之与车。北方有兽，名曰蹶，鼠前而兔后，趋则踬^①，走则颠，常为蛩蛩距虚^②取甘草以与之。蹶有患害也，蛩蛩距虚必负而走。此以其所能托其所不能。

【注释】①踬（jiá）：绊倒。②蛩蛩距虚：传说中的异兽。

【译文】第六：

有智慧的人做事情一定要因时而动，时机不一定能够得到，但人的努力却不可废止。能得到时机也可以，得不到时机也可以，用自己能做到的托举自己不能做的，就像船和车一样。北方有一种野兽，名叫蹶，像老鼠一样的前腿，像兔子一样的后腿，走快了就会绊倒，走起来很颠簸。它常常替蛩蛩距虚采集甘草，蹶有危难灾害的时候，蛩蛩距虚一定会背负着它逃跑。这就是用自己能够做到的来弥补自己不能做到的。

鲍叔、管仲、召忽，三人相善，欲相与定齐国，以公子纠为必立。召忽曰："吾三人者于齐国也，譬之若鼎之有足，去一焉则不成。且小白则必不立矣，不若三人佐公子纠也。"管仲曰："不可。夫国人恶公子纠之母，以及公子纠；公子小白无母，而国人怜之。事未可知，不若令一人事公子小白。夫有齐国，必此二公子也。"故令鲍叔傅公子小白，管子、召忽居公子纠所。公子纠外物则固难必。虽然，管子之虑近之矣。若是而犹不全也，其天邪！人事则尽之矣。

【译文】鲍叔、管仲、召忽三个人彼此要好，想一起做齐国宰相，治理齐国，认为公子纠一定会被立为君主。召忽说："我们三个人对于齐国来说，就如同鼎的足一样，少一个也不成。况且公子小白一定不会被立为君主，我们三个人不如都辅佐公子纠。"管仲说："不行，齐国人讨厌公子纠的母亲，所以牵连到公子纠；公子小白没有母亲，所以齐国人很可怜他。事情发展怎样还不确定，不如让一个人去侍奉公子小白。将来掌管齐国的，一定在这两位中产生。"因此让鲍叔做公子小白的师傅，管仲、召忽住在公子纠的居所里。公子纠在外边，很难说一定会成为君主。虽说如

此，管仲的考虑还是很接近的。如果这样还不能完备，那就是天意了。人为的努力，是用尽了。

齐攻廪丘[1]。赵使孔青将死士而救之，与齐人战，大败之。齐将死。得车二千，得尸三万以为二京。甯越[2]谓孔青曰："惜矣，不如归尸以内攻之。越闻之，古善战者，莎随[3]贲服，却舍[4]延尸，彼得尸而财费乏。车甲尽于战，府库尽于葬。此之谓内攻之。"孔青曰："敌齐不尸则如何？"甯越曰："战而不胜，其罪一；与人出而不与人入，其罪二；与之尸而弗取，其罪三。民以此三者怨上，上无以使下，下无以事上，是之谓重攻之。"甯越可谓知用文武矣。用武则以力胜，用文则以德胜。文武尽胜，何敌之不服？

【注释】①廪丘：春秋齐地，后归赵。②甯越：即宁越，战国时期周国大臣。③莎随：相持不进不退。④却舍：后撤三十里。

【译文】齐国攻打廪丘。赵国让孔青率领敢死的将士去营救，与齐国人作战，大败齐国军队。齐国的将军战死，俘获战车两千辆，有三万具尸体堆成两个高丘。甯越对孔青说："可惜啊，不如把尸体还给给齐国然后从内部攻击它。我听说，古代善于作战的人，兵甲所到之处，该坚守就坚守，该进退就进退。我军后退三十里，给敌军得以收尸的机会，但是斩获了尸首，财产费用就匮乏了。车马兵甲在战争中用尽，府里的库存储备也几近葬送完了，这就叫作从内部攻陷它。"孔青说："敌军齐国如果不来收尸该怎么办？"宵越说："作战不能获取胜利，这是他们的第一项罪过；率兵出击而不能让他们活着回来，这是他们的第二项罪过；给他们尸体却不收尸，这是他们的第三项罪过。百姓会因为这三项罪过怨恨君主。君主没有办法驱使军民臣子，军民臣子又无从侍奉君主，这就叫作双重打击。"宵越可以说是知道怎样运用文武两种策略。用武能靠力量胜利，用文能靠德行胜利。用文用武都能胜利，什么样的敌人能不降服？

晋文公欲合诸侯，咎犯曰："不可。天下未知君之义也。"公曰："何若？"咎犯曰："天子避叔带之难，出居于郑。君奚不纳之，以定大义，且以树誉。"文公曰："吾其能乎？"咎犯曰："事若能成，继文之业，定武之功，辟土安疆，于此乎在矣。事若不成，补周室之阙，勤天子之难，成教垂名，于此乎在矣。君其勿疑。"文公听之，遂与草中之戎、骊土之翟，定天子于成周①。于是天子赐之南阳之地，遂霸诸侯。举事②义且利，以立大功，文公可谓智矣。此咎犯之谋也。出亡③十七年，反国四年而霸，其听皆如咎犯者邪！

【注释】①成周：西周都城，位于河南洛阳。②举事：行事，办事。②出亡：出走逃亡。

【译文】晋文公想要和诸侯联盟，咎犯说："不可以，天下人还不知晓您的正义啊。"晋文公说："那要怎么做？"咎犯说："天子为了躲避叔带的灾难，逃离到郑国。您为什么不送他回去，以此确立大义，而且可以凭此树立自己的威望名誉。"晋文公说："我有这个才能吗？"咎犯说："事情如果能成功，那么继承文王的基业，安定武王的功绩，开辟疆土，安定边疆，都在于此。事情如果不能成功，那么弥补周王室的过错，排解周天子的危难，成就基业，名垂青史，也都在于此。您请不要犹豫。"文公听从了他的建议。于是就跟草中的戎族人、骊土的翟族人一起，把周天子安置在成周。周天子赐予他南阳的土地。晋文公得以称霸诸侯。办事既符合正义而且有利可图，因此立了大功，晋文公可以说是很明智了。这都是咎犯的计谋。晋文公出走逃亡了十七年，回晋国四年就能称霸，他听从的都是咎犯那样的人吧。

管子、鲍叔佐齐桓公举事，齐之东鄙人有常致苦者。管子死，竖刁、易牙[1]用，国之人常致不苦，不知致苦。卒为齐国良工，泽及子孙，知大礼。知大礼，虽不知国可也。

【注释】①竖刁、易牙：竖刁，齐国奸臣，负责掌管内侍及女官的戒令，善于揣摸人的心理，极尽阿谀逢迎之能事。易牙，春秋时著名的厨师，是第一个运用调和之事操作烹饪的庖厨，好调味，很善于做菜。二者皆是齐桓公宠幸的近臣，桓公死后，相与作乱。

【译文】管仲、鲍叔辅佐齐桓公处理国事，齐国东面地区的人有经常诉苦的。管仲死了，竖刁、易牙当权，国家里的百姓经常反映不辛苦的情况，不敢反映困苦的情况。管子最终成为齐国的贤人，他的恩泽涉及子孙后代，是因为他知晓大礼。知晓大礼，就算是不知晓国情国事也是可以的。

贵 因

【题解】文章开篇强调"三代所宝莫如因，因则无敌"，说明"因"在事务当中所起的作用。所谓"贵因"，即重视、凭借外物，顺应时势而为。文章列举舜、禹、汤、武等人的事例，着重说明要善于凭借外物；而禹入裸国、墨子见楚王等人的事例，则说明要顺应时势。

七曰：

三代所宝莫如因①，因则无敌。禹通三江、五湖，决伊阙，沟回陆，注之东海，因水之力也。舜一徙成邑，再徙成都，三徙成国，而尧授之禅位，因人之心也。汤、武以千乘制夏、商，因民之欲也。如秦者立而至，有车也；适越者坐而至，有舟也。秦、越，远涂也，竫②立安坐而至者，因其械也。

【注释】①因：依顺，沿袭。②竫（jìng）：安静。

【译文】第七：

夏商周三代最宝贵的东西没有什么比得上依顺和沿袭了。依顺和沿袭就能天下无敌。大禹疏通三江五湖，凿开伊阙山，在大陆上挖沟，让水流入东海，是依顺了水的力量。舜经过一次迁徙形成了邑城，再次迁徙形成都市，三次迁徙形成了国家。而尧把帝位禅让给舜，是顺应了人心。汤、武凭着诸侯国制服了夏、商，是顺应了百姓的心愿。到秦国去的人站着就能到达，是因为有车可以乘坐；到越国去的人坐着就能到达，是因为有船可以乘坐。到秦国、越国去，虽然道路遥远，静静站着、坐着就能到达，是因为凭借交通工具。

武王使人候^①殷，反报岐周^②曰："殷其乱矣。"武王曰："其乱焉至？"对曰："谗慝^③胜良。"武王曰："尚未也。"又复往，反报曰："其乱加矣。"武王曰："焉至？"对曰："贤者出走矣。"武王曰："尚未也。"又往，反报曰："其乱甚矣。"武王曰："焉至？"对曰："百姓不敢诽怨矣。"武王曰："嘻！"遽告太公，太公对曰："谗慝胜良，命曰戮；贤者出走，命曰崩；百姓不敢诽怨，命曰刑胜。其乱至矣，不可以驾矣。"故选车三百，虎贲^④三千，朝要甲子之期，而纣为禽。则武王固知其无与为敌也。因其所用，何敌之有矣？

【注释】①候：侦察，探察。②岐周：古邑名，今在陕西岐山境内，周建国于此，故称。③谗慝(tè)：邪恶奸佞之人。④虎贲：古代勇士。

【译文】周武王令人打探殷商的情况，那人回到岐周禀报说："殷商出现混乱了。"武王问道："混乱到了哪种程度？"那人回答说："邪恶奸佞的人胜过了忠良的人。"武王说；"混乱还没有达到极点。"那人又去打探，回来禀报说："它的混乱程度加剧了。"武王说。"达了什么程度？"那人回答说。"贤能的人都出走了。"武王悦："混乱还没有达到极点。"那人又去打探，回来禀报说："太混乱了！"武王说："达到什么程度？"那人回答说："老百姓都不敢讲抱怨不满的话了。"武王说："啊！"急忙把这种情况告诉太公望，太公望回答说："邪恶奸佞的人胜过了忠良的人，这叫暴乱，贤能的人出走，这叫崩溃，老百姓不敢讲抱怨的话，这叫刑法太苛刻。它的混乱已经到了顶点，无法驾驭了。"所以挑选了三百辆战车，三千名勇士，朝会天子的时候以甲子日为期，擒获了纣王。武王本来就知道纣王不足以与自己为敌，顺应可以用的力量，还有什么敌手呢？

武王至鲔水①。殷使胶鬲②候周师，武王见之。胶鬲曰："西伯将何之？无欺我也。"武王曰："不子欺，将之殷也。"胶鬲曰："曷③至？"武王曰："将以甲子至殷郊，子以是报矣。"胶鬲行。天雨，日夜不休，武王疾行不辍。军师皆谏曰："卒病，请休之。"武王曰："吾已令胶鬲以甲子之期报其主矣，今甲子不至，是令胶鬲不信也。胶鬲不信也，其主必杀之。吾疾行以救胶鬲之死也。"武王果以甲子至殷郊，殷已先陈矣。至殷，因战，大克之。此武王之义也。人为人之所欲，己为人之所恶，先陈何益？适令武王不耕而获。

【注释】①鲔（wěi）水：水名。②胶鬲（gé）：原为贩卖鱼、盐的人，后周文王把他举荐给商纣王，以作为内应。③曷（qiè）：古通"曷"，何。

【译文】武王到了鲔水，殷商派胶鬲打探周国军队的情况，武王召见了他。胶鬲说："您将到哪里去？请不要欺骗我。"武王说："我不骗你，将要到殷去。"胶鬲说："什么时候去？"武王说："将在甲子日抵达殷都郊外。你用这个去禀报吧！"胶鬲走了。天下起雨来，日日夜夜不停歇。武王急速行走，并不停止。军官们都进谏说："士兵们都生病了，请让他们休整一下。"武王说："我已经让胶鬲把甲子这个日期报告给他的君主了，如果甲子日不能到达，这就是让胶鬲没有信用。腔鬲失去了信用，他的主上一定会杀了他。我急速行进是为了救胶鬲的命。"武王果然在甲子日到达了殷都的郊外，殷商军队已经先行摆好阵势。武王到达殷商郊外后，就开始交战，大破殷商军队。这就是武王的道义。武王做的是事情是人们希望的，纣王做的事情是人们厌恶的，就算事先摆好阵势又有何用？正好让武王不战而胜。

武王入殷，闻殷有长者，武王往见之，而问殷之所以亡。殷长者对曰："王欲知之，则请以日中为期。"武王与周公旦明日早要期，则弗得也。武王怪之。周公曰："吾已知之矣。此君子也。取不能其主，有以其恶告王，不忍为也。若夫期而不当，言而不信，此殷之所以亡也。已以此告王矣。"

【译文】武王进入殷都，听说殷商有德高望重的人，武王就去拜见他，问他殷商灭亡的原因。殷商的长者回答说："您如果想要知道，那就请以明天正午之时为期。"武王和周公旦第二天提早到了，却没有见到长者。武王感到很奇怪，周公说："我已经知晓他的意思了。他是个君子。他本来就不想待奉自己的君主，现在又要告诉您他君主的坏处，他不忍心这样做。至于约定了日期和时间却没有来，言而无信，这是殷商灭亡的原因。他已经告诉您了。"

夫审天者，察列星而知四时，因也；推历者，视月行而知晦朔，因也；禹之裸国，裸入衣出，因也；墨子见荆王，衣锦吹笙，因也；孔子道弥子瑕见釐夫人，因也；汤、武遭乱世，临苦民，扬其义，成其功，因也。故因则功，专则拙。因者无敌。国虽大，民虽众，何益？

【译文】观测天象的人，观察星星运行的情况就能知道四季，是因为有所凭借；推演历法的人，观察月亮运行就能知道晦日、朔日，是因为有所凭借。禹到裸国去，裸体进入，从那里出来之后再穿上衣服，是为了顺应风俗；墨子拜见楚王，穿上锦衣华服，吹笙，是为了顺应楚王的癖好；孔子通过弥子瑕去见釐夫人，是为了借机弘扬学说；汤，武王生逢乱世，面对贫苦的百姓，发扬他们的正义，成就了他们的功业，是因为顺应民意的缘故。因此懂得顺应，就能成功，独断专权，就会失败。善于顺应的人所向无敌。在懂得顺应之道的人面前，国土就算很广大，百姓就算很多，又有什么用处呢？

察 今

【题解】本篇主张"世变时移，变法宜矣"，即强调要因时变法，不可泥古不化。因为"察己则可以知人，察今则可以知古""古今一也，人与我同耳"，要根据实际情况制定法度。但并不是认为先王之法"非不贤也，为其不可得而法"。文章列举楚人欲袭宋、楚人有涉江者等事例，说明因循守旧、不求变化必定遭受失败。

八曰：

上胡不法先王之法？非不贤也，为其不可得而法。先王之法，经乎上世而来者也，人或益之，人或损之，胡可得而法？虽人弗损益，犹若不可得而法。东、夏之命，古今之法，言异而典殊。故古之命多不通乎今之言者，今之法多不合乎古之法者。殊俗之民，有似于此。其所欲同，其所为异。口惛①之命不愉，若舟车衣冠滋味声色之不同。人以自是，反以相诽。天下之学者多辩，言利辞倒，不求其实，务以相毁，以胜为故。先王之法，胡可得而法？虽可得，犹若不可法。

凡先王之法，有要于时也。时不与法俱至，法虽今而至，犹若不可法。故择先王之成法，而法其所以为法。先王之所以为法者何也？先王之所以为法者，人也，而己亦人也，故察己则可以知人，察今则可以知古。古今一也，人与我同耳。有道之士，贵以近知远。以今知古，以所见知所不见。故审堂下之阴，而知日月之行、阴阳之变；见瓶水之冰，而知天下之寒、鱼鳖之藏也；尝一脟②肉，而知一镬③之味、一鼎之调。

【注释】①口惛（hūn）：口吻，口音。②脟：同"脔"。切成块的肉。③镬（huò）：古代的大锅。

【译文】第八:

国君为什么不效仿古代帝王的法令制度呢? 并不是它不好,而是因为后人无从效仿。古代帝王的法令制度,是经过漫长的朝代流传下来的,人们有的增补它,有的删削它,怎么能够效仿它呢? 即便人们没有增减过,也还是无从效仿它。东夷和华夏对事物的命名,古代和现代的法典,语言不一样,典故也不一样。所以古代的名称与现在的名称大多数都不是一个叫法,现在的法律与古代的法律大多数不吻合。不同习俗的人民,和这种情况是类似的。他们所追求的东西是一样的,但他们的行为却各不相同。他们的方言口音不能改变,就好像船、车、衣、帽、美食、音乐、色彩的不同一样。可是人们却自以为是,反而互相责难诽谤。天下有学问的人大多数都能言善辩,言辞犀利,不求符合实际,只求能诋毁对方,以取得胜利为目的。古代君主的法令制度,怎么能够被效法呢? 就算能得到,还是不能够被效仿。

凡是古代帝王的法令制度,都是与当时的实际情况相对应的。时局不可能跟法令制度一起流传下来,法令制度虽然流传到现在,还是不能够被效仿。所以要放弃古代帝王的现存法令制度,而是要根据他们为什么如此制定而制定法令制度。古代帝王制定法律的依据是什么呢? 古代帝王制定法令制度是因为人,他们自己也是人,所以审查自己就可以知道其他人,审查现在就可以知晓古代。古代和现代的原理是一致的,别人与自己也是一样的。有道之人,贵在能够由近处的推及远处的,由现在的推及古代的,由他们能看见的推及他们看不见的。所以,观察房屋下的阴影，就可以知道日月怎样运行，阴阳怎样变化；看到瓶里的水凝结成冰，就知道天气已经寒冷，鱼、鳖已经潜藏了；尝一块肉，就可以知道一锅肉的味道，就可以知道一鼎肉的味道。

荆人欲袭宋，使人先表澭水^①。澭水暴^②益，荆人弗知，循表而夜涉，溺死者千有余人，军惊而坏都舍。向其先表之时可导也，今水已变而益多矣，荆人尚犹循表而导之，此其所以败也。今世之主法先王之法也，有似于此。其时已与先王之法亏矣，而曰"此先王之法也"，而法之，以为治，岂不悲哉？

故治国无法则乱，守法而弗变则悖，悖乱不可以持国。世易时移，变法宜矣。譬之若良医，病万变，药亦万变。病变而药不变，向之寿民，今为殇子矣。故凡举事必循法以动，变法者因时而化。若此论则无过务矣。

【注释】①澭（yōng）水：即"灉水"，古河名，约在今中国山东省菏泽市、河南省商丘市一带。②暴：突然。

【译文】楚国人想偷袭宋国，让人先在澭水中设立标记。澭水突然暴涨，楚国人不知道，按照标记晚上渡河，淹死的有一千多人，军队惊乱、房屋倒坍。当初他们设立标记的时候，是可以过河的，现在河水已经暴涨了，楚国人还按照原来的标记渡河，这就是他们失败的原因。现在的君主要效仿古代帝王的法令制度，和这种情况是一样的。现在这个时代已经与古代帝王的法令制度不适应了，还在说"这是古代帝王的法令制度"而效仿它。用这种办法治理国家，难道不是很悲哀吗？

所以，治理国家如果没有法律就会混乱，遵守法律但不知道变通就会产生谬误，出现谬误就不能维持好国家。世界变化了，时间推移了，变法是应该做的。就好像医术高超的医生，疾病有万种变化，用的药也有万种变化。疾病变化了但用药不变，本来可以长寿的人，如今就难以活命了。所以凡是行事一定要遵循法令制度去行动，变法的人要根据时间的变化而变化，如果能遵守这个原则，就不会有过失了。

夫不敢议法者，众庶也；以死守法者，有司也；因时变法者，贤主也。是故有天下七十一圣，其法皆不同。非务相反也，时势异也。故曰良剑期乎断，不期乎镆铘①；良马期乎千里，不期乎骥骜①。夫成功名者，此先王之千里也。

楚人有涉江者，其剑自舟中坠于水，遽契③其舟，曰："是吾剑之所从坠。"舟止，从其所契者入水求之。舟已行矣，而剑不行，求剑若此，不亦惑乎？以此故法为其国，与此同。时已徙矣，而法不徙，以此为治，岂不难哉？

有过于江上者，见人方引婴儿而欲投之江中，婴儿啼。人问其故，曰："此其父善游。"其父虽善游，其子岂遽善游哉？以此任物亦必悖矣。荆国之为政，有似于此。

【注释】①镆（mò）铘：即莫邪，是古代传说中的一把剑，十大名剑之一。②骥骜：千里马。③遽：迅速，急速。契：通"锲"，刻，锲刻。

【译文】不敢议论法律的人，是普通的庶民；死守律法的，是官吏；因为时代变化而变法的，是贤明的君主。所以，天下的七十一位圣贤明君，他们的法令制度都各不相同。不是他们故意要彼此相反，而是因为时势不同。所以说，希望好剑能砍断东西，不一定要像镆铘那样；希望好马能行千里，不一定要像骥骜那样。那些成就功名的人，就是古代的帝王所想的"千里"。

有个楚国人渡江，他的剑从船上掉到江里，他马上在船边划上记号，说："这就是我的剑掉落的地方。"等船停了，就从他刻记号的地方进入水里寻找他的剑。船已经走远了，可是剑却没有移动，像这样找剑，不是太愚蠢了吗？用旧的法令制度来治理国家，与这个人是一样的。时代已经改变了，可是法度却一成不变，想要用这种方法治理好国家，不是太难了吗？

有个人从江上经过，看到一个人正抱着一个小婴儿想要把他扔进江里，婴儿大哭。人们问他为什么要这样做，那个人说："这个婴儿的爸爸擅长游泳。"小婴儿的爸爸虽然擅长游泳，但他的儿子就一定擅长游泳吗？按照这样来处理事情一定会产生谬误。楚国治理国家的方法，和这个人的情况相似。

全—本—全—注—全—译

吕氏春秋

（下）

[战国] 吕不韦 编著

谦德书院 注译

团结出版社

图书在版编目（CIP）数据

吕氏春秋 / (战国) 吕不韦编著；谦德书院注译.
— 北京：团结出版社, 2019.1

（谦德国学文库）

ISBN 978-7-5126-6784-6

Ⅰ.①吕… Ⅱ.①吕… ②谦… Ⅲ.①杂家②《吕氏
春秋》—注释③《吕氏春秋》—译文 Ⅳ.①B229.2

中国版本图书馆CIP数据核字(2018)第280594号

出版：团结出版社

（北京市东城区东皇城根南街84号　邮编：100006）

电话：(010) 65228880　　65244790　（传真）

网址：www.tjpress.com

Email：65244790@163.com

经销：全国新华书店

印刷：三河市富华印刷包装有限公司

开本：148×210　1/32

印张：24.5

字数：400千字

版次：2020年1月　第1版

印次：2023年3月　第2次印刷

书号：978-7-5126-6784-6

定价：88.00元（全二册）

目 录

先识览第四

审分览第五

审应览第六

离俗览第七

先识览第四

先 识

【题解】本篇旨在论述君主要认识贤人、重用贤人。作者认为贤人能够预知事物的发展趋势,如果国家要灭亡,那么"有道者必先去,古今一也"。文章列举了夏太史令终古"出奔如商"、殷商内史挚"出亡之周"、晋太史屠黍"归周"等事例,论述了上述观点。同时,作者还指出君主任用贤人的要务"在乎善听"。

一曰:

凡国之亡也,有道者必先去,古今一也。地从于城,城从于民,民从于贤。故贤主得贤者而民得,民得而城得,城得而地得。夫地得岂必足行其地、人说其民哉? 得其要而已矣。

【译文】第一:

凡是国家要灭亡,有道之人一定会提前离开,古代和现在都是一样的。土地从属于城郭,城郭从属于人民,人民从属于贤者。所以，贤明的君主得到了贤人的辅佐，就可以得到人民，得到人民，就可以得到城郭，得到城邑，就可以得到土地。土地的获得难道一定要亲自到那里，一定要去游说那里的人民吗？只要得到最重要的就可以了。

夏太史令①终古出其图法②，执而泣之。夏桀迷惑，暴乱愈甚。太史令终古乃出奔如商。汤喜而告诸侯曰："夏王无道，暴虐百姓，穷其父兄，耻其功臣，轻其贤良，弃义听谗，众庶咸怨，守法之臣，自归于商。"

【注释】①太史令：也称太史，官职名。西周、春秋时掌管起草文书，策命诸侯卿大夫，记载史事，编写史书，兼管国家典籍、天文历法、祭祀等，为朝廷大臣。②图法：图录和法典，亦作法度。

【译文】夏朝的太史令终古拿出律法，拿着哭泣。夏桀执迷不悟，暴行动乱愈演愈烈。太史令终古于是逃走投奔商。汤高兴地告诉诸侯说："夏王残暴无道，暴虐地对待百姓，逼迫父兄，羞辱他的功臣，轻慢他的贤人，抛弃道义，听信谗言。所有的庶民都怨恨他，为他掌管律法的臣子已自行归顺了商。"

殷内史向①挚见纣之愈乱迷惑也，于是载其图法，出亡之周。武王大说，以告诸侯曰："商王大乱，沈于酒德②，辟远箕子，爱近姑与息，妲己为政，赏罚无方，不用法式，杀三不辜，民大不服。守法之臣，出奔周国。"

【注释】①内史：中央官制，西周时开始设置，又称作册内史、作命内史。②酒德：谓酒后的行为表现，指酒后昏乱。这里指酗酒。

【译文】殷商的内史向挚，看到纣王越来越淫乱昏庸，于是用车载着殷商的律法逃亡到周。武王非常高兴，告诉诸侯说："商王极度昏庸无道，沉溺于饮酒，疏远箕子，亲近妇人和小人，妲己参与朝政，赏罚无度，不依据法律行事，滥杀了三个无辜的人，人民大为不服。为他掌管律法的臣子已经出逃到周国。"

晋太史屠黍见晋之乱也，见晋公之骄而无德义也，以其图法归周。周威公①见而问焉，曰："天下之国孰先亡？"对曰："晋先亡。"威公问其故。对曰："臣比在晋也，不敢直言，示晋公以天妖②，日月星辰之行多以不当。曰：'是何能为？'又示以人事多不义，百姓皆郁怨。曰：'是何能伤？'又示以邻国不服，贤良不举。曰：'是何能害？'如是，是不知所以亡也。故臣曰晋先亡也。"居三年，晋果亡。威公又见屠黍而问焉，曰："孰次之？"对曰："中山次之。"威公问其故，对曰："天生民而令有别。有别，人之义也，所异于禽兽麋鹿也，君臣上下之所以立也。中山之俗，以昼为夜，以夜继日，男女切倚③，固无休息，康乐，歌谣好悲，其主弗知恶。此亡国之风也。臣故曰中山次之。"居二年，中山果亡。威公又见屠黍而问焉，曰："孰次之？"屠黍不对。威公固问焉。对曰："君次之。"威公乃惧。求国之长者，得义莳、田邑而礼之④，得史骐、赵骈以为谏臣，去苛令三十九物，以告屠黍。对曰："其尚终君之身乎！"曰："臣闻之，国之兴也，天遗之贤人与极言之士；国之亡也，天遗之乱人与善谀之士。"威公薨，柩⑤九月不得葬，周乃分为二。故有道者之言也，不可不重也。

【注释】①周威公：西周国君。②天妖：天所显示的灾异现象。③切倚：厮磨依偎。④义莳：一作锜畴，战国周威公时的贤人。田邑：一作田开之，战国周威公时贤者。⑤柩（sì）：棺柩暂葬路旁。

【译文】晋国的太史屠黍，看到晋国的动乱，晋国君主骄傲而没有道德仁义，于是带着晋国的律法归顺到周国。周威公见了他问道："天下的诸侯国哪个先灭亡？"屠黍回答说："晋国先灭亡。"威公问他原因，屠黍回答说："我在晋国的时候，不敢直言劝谏，我用天象的异常，日月星辰运行不当的反常现象暗示晋君，他说：'这又能怎么样？'我又拿处理人事不符合道义，百姓都很郁闷怨恨的情况暗示他，他说：'这又能有什么损伤？'我又拿邻国不顺服，贤良之人得不到任用的情况暗示他，他说：'这些又能有什么损害？'像这样，就是不了解要灭亡的原因。所以我说晋国会先灭亡。"过了三年，晋国果然灭亡了。威公又见屠黍问他说："接下来是哪个国家要灭亡？"屠黍回答说："接下来是中山国要灭亡。"威公问他原因，屠黍回答说："上天生下人来就让男女有别。男女有别，这是人伦道义，是人不同于禽兽麋鹿的地方，是确立君臣上下的基础。中山国的习俗，以白天为晚上，夜以继日，男女厮磨依偎，没有止息，爱好安乐，歌谣爱好悲歌，君主不知厌恶，这是亡国的风气，所以我说下一个要灭亡的是中山国。"过了两年，中山国果然灭亡了。威公又见屠黍问他说："接下来是哪

个国家要灭亡？"屠黍不回答。威公坚持问他，他回答说："下一
个要灭亡的就是您。"威公这才害怕了，求访国家里德高望重的
人，得到了义莳、田邑，并对他们以礼待之，得到史骈，赵骈，让
他们做谏官，废除了三十九条苛刻的法令。威公把这些告诉了屠
黍，屠黍回答说："这些尚且可以让您在君位上终老吧！"屠黍
说："我听说过，国家将要兴盛的时候，上天给它降下贤人和敢于
直言进谏的人，国家要灭亡的时候，上天给它降下乱臣和善于阿
谀奉承的人。"威公死了，棺柩暂葬路旁，九个月不得安葬，周国
于是分裂成两个国家。所以有道之人的言论不可不重视。

　　周鼎著饕餮①，有首无身，食人未咽，害及其身，以言报更②
也。为不善亦然。

　　白圭③之中山，中山之王欲留之，白圭固辞，乘舆而去。又
之齐，齐王欲留之仕，又辞而去。人问其故，曰："之二国者皆将
亡。所学有五尽。何谓五尽？曰：莫之必，则信尽矣；莫之誉，则
名尽矣；莫之爱，则亲尽矣；行者无粮、居者无食，则财尽矣；
不能用人又不能自用，则功尽矣。国有此五者，无幸必亡。中
山、齐皆当此。"若使中山之王与齐王，闻五尽而更之，则必不
亡矣。其患不闻，虽闻之又不信。然则人主之务，在乎善听而已
矣。夫五割而与赵，悉起而距军乎济上，未有益也。是弃其所以
存，而造其所以亡也。

　　【注释】①饕餮（tāo tiè）：传说中的一种凶恶贪食的野兽。②报

更：犹报偿，报应。③白圭：战国时期魏国人，名丹，字圭。

【译文】周鼎上铸上饕餮，有头没有身子，吃人来不及下咽，就已经害及自身，这是说的报应。做坏事也是这样。

白圭到中山国，中山国的国王想要留下他，白圭坚决推辞，乘车离去。又到了齐国，齐国国王想要留他做官，他又推辞离去。有人问他缘故，他说："这两个国家都将要灭亡。我听说有'五尽'，什么是'五尽'？就是：没人相信他，那么信任就用尽了；没有人赞美他，那名誉就用尽了；没有人爱戴他，那么亲人就用尽了；行人没有粮食、在家的人没有食物，财物就用尽了；不能任用人，又不能发挥自己的功用，那么功业就用尽。国家有这五种情况，没有幸免，都会灭亡。中山、齐国都是这样。"如果让中山国的国王和齐国的国王都听闻"五尽"，并改正自己的错误，那肯定不会灭亡。他们的祸患在于没有听到这些话，虽然听到了但是又不相信。帝王的要务，在于善于听取别人的意见。中山国五次割让土地给赵国，齐王率领所有军队在济水抵御赵国为首的五国军队，都没有什么益处。是因为他们抛弃了那些让国家赖以生存的东西，而造成了他们亡国的情况。

观 世

【题解】本篇承接上篇文意，继续论述君主识贤、求贤、礼贤的道理。作者认为贤人不被知遇是导致"治世之所以短，而乱世之所以长"的重要原因。因此主张君主必须访求有道之士。文章用晏子救越石父说明要正确礼待贤士；列子拒子阳之粟说明贤士也要具有预知事物发展趋势的能力。

二曰：

天下虽有有道之士，国犹少。千里而有一士，比肩①也；累世而有一圣人，继踵也。士与圣人之所自来，若此其难也，而治必待之，治奚由至？虽幸而有，未必知也，不知则与无贤同。此治世之所以短，而乱世之所以长也。故王者不四，霸者不六，亡国相望，囚主相及。得士则无此之患。

【注释】①比肩：并肩。

【译文】第二：

天下虽然有有道之士，但在国内还是很少。方圆千里内能有一个士，就可以说是肩靠着肩了，几世能出一个圣人，那就可以说是脚挨着脚了。士和圣人如此难以获得，但治世却必须要依靠他们，这样怎么能够治世？虽然有幸有贤人，也未必被人知晓。有贤人而不被知道就跟没有贤人一样。这就是安定的世道很短，而混乱的世道很长的原因。所以成为王者的人没有四个，成为霸者的人没有六个，被灭亡的国家一个接一个，被囚禁的君主一个连一个。得到士就不会有这样的忧患了。

此周之所封四百余，服国八百余，今无存者矣。虽存，皆尝亡矣。贤主知其若此也，故日慎一日，以终其世。譬之若登山，登山者，处已高矣，左右视，尚巍巍^①焉山在其上。贤者之所与处，有似于此。身已贤矣，行已高矣，左右视，尚尽贤于己。故周公旦曰："不如吾者，吾不与处，累我者也；与我齐者，吾不与处，无益我者也。"惟贤者必与贤于己者处。贤者之可得与处也，礼之也。主贤世治，则贤者在上；主不肖世乱，则贤者在下。今周室既灭，天子既废，乱莫大于无天子。无天子则强者胜弱，众者暴寡，以兵相刬，不得休息，而佞进。今之世当之矣。故欲求有道之士，则于江河之上，山谷之中，僻远幽闲之所，若此则幸于得之矣。

【注释】①巍巍：高大的样子。

【译文】这就是周朝时期所封的四百多个诸侯国、归服的八百多个国家如今没有再存在的原因。虽然有存在的但都曾经灭亡过。贤明的君主知道会变成这样，所以一天比一天慎重，以求能平安度过一生。比如说登山，登山的人，所处之处已经很高了，左右环视，巍巍高山还在上边呢。贤者与人相处和这个情况类似。自身已经很贤明了，行为已经很高尚了，左右环视，都是比自己还贤明的人。所以周公旦说："比不上我的人，我不跟他交往，这是连累我的人。跟我一样的人，我不跟他相处，这是对我没有帮助的人。"贤人一定会跟比自己还贤明的人在一起。与贤者相处是能做到的，需要以礼待之。君主贤明，世界太平，贤人就会在上位；君主品行不好，世道动乱，贤人就会在下位。现在周王室已经消亡，天子已经被废，动乱没有比没有天子更大的了。没有天子，强者的就胜过弱者，人多的就欺负人少的，用士兵互相残杀，无休无息。如今的世道就是这样。所以想要寻求有道之士，就应该到江河边、山谷里、偏僻幽静闲远的地方去寻求，如果有幸就能够见到他们。

太公钓于滋泉，遭纣之世也，故文王得之。文王，千乘也；纣，天子也。天子失之，而千乘得之，知之与不知也。诸众齐民，不待知而使，不待礼而令。若夫有道之士，必礼必知，然后其智能可尽也。

【译文】太公在滋泉上钓鱼，正遭遇纣王的时代，所以文王得到了他。文王只是一个小诸侯，纣是天子。但是天子失去了太公望，诸侯得到了太公望，这是因为知晓和不知晓的关系。一众百姓，不用知晓他们就可以指使他们，不用以礼待之就可以命令他们。如果是有道之士，必须要以礼待之，要了解他们，然后才能尽数得到他们的智慧和才能。

晏子之晋，见反裘负刍①息于涂者，以为君子也，使人问焉，曰："曷为而至此？"对曰："齐人累②之，名为越石父。"晏子曰："嘻！"遽解左骖以赎之，载而与归。至舍，弗辞而入。越石父怒，请绝。晏子使人应之曰："婴未尝得交也，今免子于患，吾于子犹未邪也？"越石父曰："吾闻君子屈乎不己知者，而伸乎己知者。吾是以请绝也。"晏子乃出见之曰："向也见客之容而已,今也见客之志。婴闻察实者不留声,观行者不讥辞。婴可以辞而无弃乎?"越石父曰:"夫子礼之,敢不敬从。"晏子遂以为客。俗人有功则德,德则骄。今晏子功免人于厄③矣,而反屈下之,其去俗亦远矣。此令功之道也。

【注释】①反裘负刍:反裘,反穿皮衣。刍,喂牲口用的草。②累:通"缧",绳索,大绳子。这里引申为囚犯。③厄:遭遇困境。

【译文】晏子去晋国,看见一个人反穿皮衣、背着草,在路边歇息。晏子认为他是君子,就让人问他说:"你为什么到这里?"他回答说:"我给齐国当奴仆,名叫越石父。"晏子说:"哦。"马上解开车左边的马把他赎出来,用车拉着他一起回去。到了旅舍,晏子没有向他告辞就进去了。越石父很愤怒,请求和晏子绝交。晏子派人回答他说:"我没有和你交朋友,现在我让你免于患难,我对你做的还不够吗?"越石父说:"我听说君子在不视为知己的人面前可以忍受屈辱,在视为知己的人面前就要挺胸做人。所以我才请求和您绝交。"晏子于是出来见他说:"刚才是看到了客人的容貌,现在才是看到了客人的意志。我听说考察人的实际情况要不留意名声,观察人的行为不考虑言辞。我可以向您道歉而不被拒绝吗?"越石父说:"先生您以礼待我,我怎敢不恭敬从命?"晏子于是把他当作贵客。俗人有功劳就以为自己有恩德,以为自己有恩德就会骄傲。现在晏子有把人从厄运中解救出来的功劳,却反而很谦卑,他超出世俗很远了。这就是保全功劳的办法。

子列子穷,容貌有饥色。客有言之于郑子阳者,曰:"列御寇,盖有道之士也,居君之国而穷,君无乃为不好士乎?"郑子阳令官遗之粟数十秉①。子列子出见使者,再拜而辞。使者去,子列子入,其妻望而拊②心曰:"闻为有道者妻子,皆得逸乐。今妻子有饥色矣,君过而遗先生食,先生又弗受也,岂非命也哉!"子列子笑而谓之曰:"君非自知我也,以人之言而遗我粟也,至已而罪我也,有罪且以人言,此吾所以不受也。"其卒民果作难,杀子阳。受人之养而不死其难则不义;死其难则死无道也。死无道,逆也。子列子除不义、去逆也,岂不远哉?且方有饥寒之患矣,而犹不苟取,先见其化也。先见其化而已动,远乎性命之情也。

【注释】①秉:古代容量单位,十六斛为一秉。②拊(fǔ):拍。

【译文】列子很贫穷,脸上有饥饿的神色。客人中有人把这种情况告诉了郑子阳说:"列御寇是个有道之士,居住在您的国家却很贫穷,您不会是不喜欢士吧?"子阳派官吏送给列御寇几百石粮食。列子出来会见使者,拜了两拜,推辞了。使者离去,列子进来,他的妻子失望地捂着心说:"听说当有道之人的妻子、儿女,都能得到安逸和快乐。如今您的妻子儿女已经面有饥色,君主过来给您送来食物,您又不接受。这不是命该如此吗?"列子笑着对她说:"相国并不是自己知道我,而是因为别人的话才送给我粮食,很快也会因为别人的话来治我的罪。这就是我不肯接受的原因。"结果那里的人民果真发难,杀了子阳。收受了别人的供养，却不为他而死就是不义，为他而死就是死于无道之人。死于无道之人，就是悖逆。列子免除不义、免除悖逆，岂不是目光长远吗？而且正当他有饥寒祸患的时候，都不会随便接受别人的东西，正是因为他预见到了事物的变化。预见事物的变化，然后采取行动，这是知晓性命之情了。

知 接

【题解】所谓"知接"，就是智力所能到达的地步。本篇旨在论述智力所能到达的地步和了解贤人的道理。文章利用管仲患疾，齐桓公探望的事例，赞扬了管仲预知事情发展结果的能力，批评齐桓公逝世后"虫流出于户"的自以为智所酿成的悲剧。

三曰：

人之目，以照①见之也，以瞑②则与不见，同，其所以为照、所以为瞑异。瞑士未尝照，故未尝见，瞑者目无由接也。无由接而言见，诳③。智亦然，其所以接智、所以接不智同，其所能接、所不能接异。智者，其所能接远也；愚者，其所能接近也。所能接近而告之以远化，奚由相得？无由相得，说者虽工，不能喻矣。戎人见暴布④者而问之曰："何以为之莽莽也？"指麻而示之。怒曰："孰之壤壤⑤也，可以为之莽莽也？"故亡国非无智士也，非无贤者也，其主无由接故也。无由接之患，自以为智，智必不接。今不接而自以为智，悖。若此则国无以存矣，主无以安矣。智无以接，而自知弗智，则不闻亡国，不闻危君。

【注释】①照：通"昭"，显示。这里指睁开眼睛。②瞑：睡觉，闭上眼睛。③谎（huǎng）：同"谎"。④暴：晒，后作"曝"。⑤壤壤：同"攘攘"，纷乱的样子。

【译文】第三：

人的眼睛，睁开眼睛才能看见东西，闭上眼睛就看不见，眼睛是相同的，睁开眼睛闭上眼睛是不同的。失明的人眼睛没有明亮过，所以看不见，是因为失明的人无法接触外界。无法接触外界但说看见了，这是谎话。智慧也是这样，智力能否达到，凭借的条件是一样的，但接触外物时，有智慧的人和愚蠢的人却是不同的。有智慧的人，他们能达到很远的地方，愚蠢的人，他们只能达到很近的地方。对于只能到达很近地方的人，却告诉他长远的变化，他怎么能理解？对于不能理解的人，劝说的人就算是能言善辩，也不能让他清楚。有个戎人看到有人晒布，就问他说："用什么能做得这么宽广呢？"那个人指着麻展示给他。戎人生气地说："这个东西这么纷乱，怎么能变得这么宽广呢？"所以灭亡的国家并不是没有智慧的人士，也不是没有贤德的人，而是因为亡国的君主智慧不够，无法接触他们的缘故啊。无法接触他们的祸患是自以为有智慧，这样智慧肯定不会达到。如果智慧达不到却又自以为有智慧，这就是悖逆。如果是这样，国家就无法存续，君主就无法安定了。如果君主智慧达不到，而自己知道自己智慧达不到，那样就不会听说有国家灭亡，君主危险了。

管仲有疾，桓公往问之曰："仲父之疾病矣，将何以教寡人？"管仲曰："齐鄙人有谚曰：'居者无载，行者无埋。'今臣将有远行，胡可以问？"桓公曰："愿仲父之无让也。"管仲对曰："愿君之远易牙、竖刁、常之巫、卫公子启方。"公曰："易牙烹其子以慊①寡人，犹尚可疑邪？"管仲对曰："人之情，非不爱其子也，其子之忍，又将何有于君？"公又曰："竖刁自宫以近寡人，犹尚可疑耶？"管仲对曰："人之情，非不爱其身也，其身之忍，又将何有于君？"公又曰："常之巫审于死生，能去苛病，犹尚可疑邪？"管仲对曰："死生，命也，苛病，失也。君不任其命，守其本，而恃常之巫，彼将以此无不为也。"公又曰："卫公子启方事寡人十五年矣，其父死而不敢归哭，犹尚可疑邪？"管仲对曰："人之情，非不爱其父也，其父之忍，又将何有于君？"公曰："诺。"

【注释】①慊：满意，满足。

【译文】管仲生病了，齐桓公去探望他并问他说："仲父您的病很严重，您还有什么能教我呢？"管仲说："齐国的粗野之人有句谚语说：'在家里的人不用准备出行时要装载的东西，赶路的人不用准备在家里要埋藏的东西。'现在我将要永远地走了，哪还有值得询问的东西？"桓公说："希望仲父不要推辞。"管仲回答说："希望您远离易牙、竖刁、常之巫、卫公子启方。"桓公说："易牙煮了他的儿子来满足我，这样的人还值得怀疑吗？"管仲回答说："人的本性，不是不爱自己的孩子啊，他连自己的儿子都

能忍心，又将对您做出什么事？"桓公又说："竖刁挥刀自宫以便
接近我，这样的人还值得怀疑吗？"管仲回答说："人的本性，
不是不爱惜自己的身体啊，他连自己的身体都能忍心，又将对您
做出什么事？"桓公又说："常之巫能查明生死，能通鬼神驱除
邪病，这样的人还值得怀疑吗？"管仲回答说："死和生都是命
中注定的，邪病是由于精神失守引起的。您不听任天命，守住根
本，却依仗常之巫，他将借此而无所不为啊。"桓公又说："卫公
子启方已经侍奉我十五年了，他父亲死了都不敢回家哭丧，这样的
人还值得怀疑吗？"管仲回答说："人的本性，不是不爱自己的父
亲，他连自己的父亲都能忍心，又将会怎么对待您呢？"桓公说：
"好吧。"

　　管仲死，尽逐之。食不甘，宫不治，苛病起，朝不肃①。居三
年，公曰："仲父不亦过乎？孰谓仲父尽之乎？"于是皆复召而
反。明年，公有病，常之巫从中出曰："公将以某日薨。"易牙、竖
刁、常之巫相与作乱，塞宫门，筑高墙，不通人，矫以公令。有一
妇人逾垣入，至公所。公曰："我欲食。"妇人曰："吾无所得。"
公又曰："我欲饮。"妇人曰："吾无所得。"公曰："何故？"对
曰："常之巫从中出曰：'公将以某日薨。'易牙、竖刁、常之巫相
与作乱，塞宫门，筑高墙，不通人，故无所得。卫公子启方以书
社四十下卫。"公慨焉叹，涕出曰："嗟乎！圣人之所见，岂不远
哉？若死者有知，我将何面目以见仲父乎？"蒙衣袂②而绝乎寿
宫。虫流出于户，上盖以杨门之扇，三月不葬。此不卒听管仲之

言也。桓公非轻难而恶管子也，无由接见也。无由接，固却其忠言，而爱其所尊贵也。

【注释】①肃：整饬。②袂：衣袖。

【译文】管仲死了，桓公把易牙这些人全部驱逐了。桓公吃饭没有香味，后宫不能够治理，邪病四起，朝政混乱。过了三年，桓公说："仲父不是太过分了吗？谁说仲父的话就得什么都得听从呢？"于是又把易牙这些人都召了回来。第二年，桓公病了，常之巫从群臣中出来说："君主将在某日去世。"易牙、竖刁、常之巫相约一起作乱，堵住了宫门，垒起了高墙，不让人进去，假装这是桓公的命令。有一个妇人翻墙进入宫内，到了桓公那里。桓公说："我想要食物。"妇人说；"我无法弄到食物。"桓公又说："我想喝水。"妇人说："我无法弄到水。"桓公说："这是什么缘故？"妇人回答说："常之巫从群臣中出来说：'君主将在某日去世。'易牙、竖刁、常之巫相约一起作乱，堵住了宫门，垒起了高墙，不让人进来，所以无法得到食物和水。卫公子启方带着四十社的土地和人口投降了卫国。"桓公感慨叹息，涕泗横流地说："唉！圣人所预见到的，难道不是很远吗？如果死者有知，我将有什么面目去见仲父呢？"于是用衣袖遮挡住脸，在寿宫死去。虫子爬出房间，尸体上盖着杨门的门扇，过了三个月都没有下葬。这是因为桓公没有一直听从管仲的话啊。桓公不是轻视危难、讨厌管仲，而是智慧所达不及，不能知道管仲的话是对的。正因为不能知道，所以没有听信管仲的忠言，反而轻信所宠信的那几个小人。

悔 过

【题解】本篇旨在论述智力有所不至的危害性。文章列举秦穆公不听蹇叔的谏言导致全军覆没、三帅被俘的事例,强调了智力"不至之为害大矣"。

四曰:

穴深寻①,则人之臂必不能极矣,是何也?不至故也。智亦有所不至。所不至,说者虽辩,为道虽精,不能见矣。故箕子穷于商,范蠡流乎江。

【注释】①寻:古代长度单位,八尺为一寻。

【译文】第四:

洞穴很深,那么人的手臂就不能摸到底。这是为什么?是因为手达不到。智力也会有达不到的地方。智力达不到,劝说的人虽然能言善辩,道理虽然精细,也体会不到。所以箕子被囚禁于商,范蠡漂泊于江河。

昔秦缪公兴师以袭郑,蹇叔①谏曰:"不可。臣闻之,袭国邑,以车不过百里,以人不过三十里,皆以其气之趫②与力之盛至,是以犯敌能灭,去之能速。今行数千里,又绝诸侯之地以袭国,臣不知其可也。君其重图之。"缪公不听也。蹇叔送师于门外而哭曰："师乎！见其出而不见其入也。"蹇叔有子曰申与视，与师偕行。蹇叔谓其子曰："晋若遏师必于殽。女死不于南方之岸③，必于北方之岸，为吾尸女之易。"缪公闻之，使人让蹇叔曰："寡人兴师，未知何如？今哭而送之，是哭吾师也。"蹇叔对曰："臣不敢哭师也。臣老矣，有子二人，皆与师行，比其反也，非彼死则臣必死矣，是故哭。"

【注释】①蹇叔：经百里奚引荐入秦，任秦穆公上大夫、右相。②趫（qiáo）：壮盛。③岸：山崖。

【译文】昔日，秦穆公兴兵袭击郑国，蹇叔劝谏说："不可以。我听说过，偷袭他国城市，用车力不能超过一百里，用人力不能超过三十里，都是靠着士气的旺盛和力量的强盛到达，才能把来犯的敌人消灭，撤离时能迅速离去。现在行军几千里，又要穿越其他诸侯国的领地去偷袭他国，我不知道这样可以！您还是慎重图谋吧。"穆公不听。蹇叔送军队到城门外哭着说："将士们，我看到你们出去却不会看到你们回来了。"蹇叔的两个儿子叫申和视，他们跟随军队一起出征。蹇叔对他的儿子们说："晋国如果要阻拦我军，一定会在崤山。你们如果战死，不要死在南面的岸，一定要死在北面的岸，以便我给你们收尸。"穆公听说后让人责备蹇叔说："我兴兵出征，还不知道结果如何。现在你哭着送行，这是在给我的军队哭丧啊。"蹇叔回答说："我不敢给军队哭丧。我老了，有两个儿子，他们都和军队出征了。等到军队归来的时候，不是他们战死就一定是我死，所以我才哭。"

师行过周，王孙满①要门而窥之，曰："呜呼！是师必有疵。若无疵，吾不复言道矣。夫秦非他，周室之建国也。过天子之城，宜橐②甲束兵，左右皆下，以为天子礼。今袀服③回建，左不轼，而右之超乘④者五百乘，力则多矣，然而寡礼，安得无疵？"师过周而东。

【注释】①王孙满：春秋时期周大夫。②橐（tuó）：同"托"。③袀服：同一的服装。谓着相同的戎装。④超乘：跳跃上车。

【译文】秦国军队行经周国，王孙满要从门缝里偷看秦军，说："哎呀，这支军队一定会遭遇挫折。如果不遇挫折，我将不再说'道'了。秦国不是其他国家，它是周王室分封的诸侯国。经过天子的都城，应该收起甲胄兵器，左右的战士都应下车，以此来向天子行礼。现在他们军队服装颜色一样，兵车上建置混乱，左边士兵不凭轼敬礼，右边有五百辆的骖乘跃上车。这些人力气很多，但是缺少礼教，怎能不遭挫折？"秦国军队过了周的都城向东进发。

郑贾人弦高、奚施将西市于周，道遇秦师，曰："嘻！师所从来者远矣，此必袭郑。"遽使奚施归告，乃矫①郑伯之命以劳之，曰："寡君固闻大国之将至久矣。大国不至，寡君与士卒窃为大国忧，日无所与焉，惟恐士卒罢弊与糗粮匮乏②。何其久也！使人臣犒劳以璧，膳以十二牛。"秦三帅对曰："寡君之无使也，使其三臣丙也、术也、视也于东边候暗之道，过是，以迷惑

陷入大国之地。"不敢固辞,再拜稽首[3]受之。三帅乃惧而谋曰:
"我行数千里,数绝诸侯之地以袭人,未至而人已先知之矣,
此其备必已盛矣。"还师去之。

【注释】①矫:假托。②罢弊:也作"罢弊"。困乏,劳累。糇粮:
干粮。③稽首:古时的一种跪拜礼,叩头至地。

【译文】郑国商人弦高、奚施往西到周的都城去卖东西,在
路上遇到秦国军队,说:"啊!这支军队来的地方离这很远,他
们一定是要去偷袭郑国。"于是立即让奚施回国禀告,自己就假
借郑国君主的命令来犒劳秦军。弦高说:"我们国君本来早就听
说贵国军队要来。贵国军队没有来,我们国君和将士都暗自替
贵国军队担忧,每天心不在焉,就怕贵国将士疲惫不堪,粮食匮
乏。怎么这么久啊!我们国君派我用玉璧犒劳贵军,并献给贵国
军队十二头牛用膳。"秦军三个主帅回答说:"我国的君主没有
合适的人可驱使,派了他的三个臣子丙、术、视到东面视察晋国
的道路。走过了头,因此迷路误入贵国之地。"秦军不敢执意不
收,拜了两次,叩首感谢,接受了东西。秦军的三个主帅害怕地商
议说:"我们行军几千里,数次途径其他诸侯国的领地来偷袭人
家,还没有到人家就已经先知道了,看来他们的准备肯定已经很
充分了。"于是率兵离开了郑国。

当是时也,晋文公适薨[1],未葬。先轸[2]言于襄公曰:"秦师
不可不击也,臣请击之。"襄公曰:"先君薨,尸在堂,见秦师利

而因击之，无乃非为人子之道欤！"先轸曰："不吊吾丧，不忧吾哀，是死吾君而弱其孤也。若是而击，可大强。臣请击之。"襄公不得已而许之。先轸遏秦师于殽而击之，大败之，获其三帅以归。

缪公闻之，素服③庙临，以说于众曰："天不为秦国，使寡人不用蹇叔之谏，以至于此患。"此缪公非欲败于殽也，智不至也。智不至则不信。言之不信，师之不反也从此生，故不至之为害大矣。

【注释】①薨（hōng）：死。②先轸：又称原轸，曾辅佐晋文公、晋襄公两位霸主。③素服：本色或白色的衣服，居丧时所穿。

【译文】正当时，晋文公适才去世，还没有下葬。先轸对襄公说："秦国军队不可不攻击，我恳请让我去攻击它。"襄公说："先王去世，尸体还在堂上，看到秦军有利可图因此袭击它，这应该不是当人儿子的原则吧！"先轸说："不来给我们吊丧，不为我们的哀伤而忧愁，是因为我们的先君去世，欺侮您年幼。如果我们去袭击它，可以让我国大大强盛。我恳请让我去攻击它。"襄公不得已答应了他。先轸在崤山狙击并攻击秦军，大败秦军，俘获了秦军的三个主帅而返回晋国。

穆公听后，穿着丧服到宗庙里，向众人说道："天不助秦国，让我没有听从蹇叔的劝谏，以致有这样的祸患。"这并不是穆公想在崤山战败，而是智力达不到。智力达不到就会不相信蹇叔的话。不相信蹇叔的话，就导致秦军再也没有返回。所以，智力达不到导致的危害很大。

乐 成

【题解】作者认为"民不可与虑化举始，而可以乐成功"，故而列举禹决江水、孔子治鲁、子产治郑、魏攻中山、史起治邺等事例来证明这一观点。同时也强调了贤主忠臣在处理事情上起到的决定性作用。

五曰：

大智不形，大器晚成^①，大音希声^②。

禹之决江水也，民聚瓦砾。事已成，功已立，为万世利。禹之所见者远也，而民莫之知，故民不可与虑化举始，而可以乐成功。

【注释】①大器晚成：原意为铸造越大的器皿，越晚成型。喻指越是大才能的人通常越晚成功。②大音希声：指最大最美的声音乃无声之音。

【译文】第五：

大的智慧不显示形态，能堪大任的人成名较晚，最大最美的音乐是无声之音。

大禹疏导江水，普通百姓却把瓦砾堆起来加以阻挡。等到治水的事业完成，功成名就之后，对万世都有利。大禹很有远见，但普通百姓却不知道。所以普通百姓不可参与进行创业开拓的大事,却可以跟他们分享成功的欢乐。

　　孔子始用于鲁。鲁人鹥^①诵之曰:"麛^②裘而韠^③,投之无戾;韠而麛裘,投之无邮。"用三年,男子行乎涂右,女子行乎涂左,财物之遗者,民莫之举。大智之用,固难逾也。

　　子产始治郑,使田有封洫^④,都鄙有服。民相与诵之曰:"我有田畴,而子产赋之。我有衣冠,而子产贮之。孰杀子产,吾其与之。"后三年,民又诵之曰:"我有田畴,而子产殖之。我有子弟,而子产诲之。子产若死,其使谁嗣之?"

　　使郑简、鲁哀当民之诽讪也^⑤,而因弗遂用,则国必无功矣,子产、孔子必无能矣。非徒不能也,虽罪施,于民可也。今世皆称简公、哀公为贤,称子产、孔子为能,此二君者,达乎任人也。舟车之始见也,三世然后安之。夫开善岂易哉?故听无事治。事治之立也,人主贤也。

【注释】①鹥(yì):一种鸟。②麛(mí):幼兽。③韠(bì):蔽膝,古代一种遮蔽在身前的皮制服饰。④洫:田间的水道,沟渠。⑤郑简:即郑简公,姬姓,郑氏,名嘉,郑僖公之子,公元前566年至公元前530年在位。鲁哀:即鲁哀公,姬姓,名将,鲁定公之子,公元前494至前468年在位。讪(zǐ):毁谤,非议。

【译文】孔子开始是在鲁国被任用,鲁国人像鸟一样唱道:"穿着兽皮衣又穿蔽膝,抛弃他没关系。穿着蔽膝又穿兽皮裘,抛弃他没罪过。"孔子被任用三年后,鲁国的男子在道路右边行走,女子在道路左边行走,丢失了的财物,百姓没有人去拾取。大的智慧的运用，本来就难以让人了解。

子产开始治理郑国时，让田地有沟壑界限，让城市和乡下都有规定的服色。人民一起唱道："我们有田地，但是子产对我们征收赋税。我们有衣服和帽子，但是子产征收赋税。谁要杀子产，我们去参与。"三年之后，人民又歌颂他说："我们有田地，子产让它产值更多。我们有子弟，子产对他们施以教育。如果子产死了，还有谁能继承他？"

假使郑简公、鲁哀公面对人民的毁谤非议，因此不再任用子产、孔子了，那么国家一定没有功劳，子产、孔子也必定没法展现他们的能力。不仅不能展现能力，就算被治罪，人民也会同意的。现如今世上都称赞简公、哀公贤明，称赞子产、孔子有才能。这两位君主，懂得怎样任用人才。

船、车刚开始出现的时候，人们过了三代才感到习惯。那开始为善事岂是那么容易的呢？所以随便听信别人的言论，是不会治理好国家的，之所以能够治理好国家，都在于君主的贤明。

魏攻中山，乐羊将^①，已得中山，还反报文侯^②，有贵功之色。文侯知之，命主书^③曰："群臣宾客所献书者，操^④以进之。"主书举两箧^⑤以进。令将军视之，书尽难攻中山之事也。将军还走，北面再拜曰："中山之举，非臣之力，君之功也。"当此时也，论士^⑥殆之日几矣，中山之不取也，奚宜二箧哉？一寸而亡矣。文侯，贤主也，而犹若此，又况于中主邪？中主之患，不能勿为，而不可与莫为。凡举无易之事，气志视听动作无非是者，人臣且孰敢以非是邪疑为哉？皆壹于为，则无败事矣。此汤、武之所以大立功于夏、商，而勾践之所以能报其雠也。以小弱皆壹于为而犹若此，又况于以强大乎？

【注释】①乐羊：魏国将领。②文侯：即魏文侯。③主书：主管文书的官吏。④操：拿着。这里指呈上。⑤箧（qiè）：箱子。⑥论士：议论之士。

【译文】魏国攻打中山国，乐羊出任将军。乐羊攻打下中山国后，回国向魏文侯报告，显现出立了大功的神色。文侯发现了，就命令掌管文书的官员说："各位大臣和宾客献上的书信，都呈上来。"掌管文书的官员搬着两个箱子呈了上来。文侯让乐羊将军审阅这些书信，书信中都是责难攻打中山这件事情的。乐羊将军向下退了几步，向北面拜了两次说："能攻打下中山国，不是微臣的力量，是君主您的功劳。"在乐羊攻打中山国的时候，讨论的人士认为这件事的危害越来越严重了，如果文侯认为中山国不可攻克，那还用两箱书信吗？只要一寸厚的书信就足以处死乐羊了。文侯是贤明的君主，尚且如此，更何况平庸的君主呢？平庸的君主的祸患是，不能让臣子不作为，也不能让臣子中途不改。凡是君主要去做中途不会改变的事，心志、视听行动都不会认为是不正确的，作为臣子的谁还敢认为是不对的而加以怀疑呢？君主和臣子都一心一意去做，就没有失败的事了。这就是汤、武王在推翻夏朝、商朝的事业中立大功，勾践之所以能报仇的原因。如果君主和臣子都能够一心一意去做，弱小的国家都能做到这样，更何况强大的国家呢？

　　魏襄王^①与群臣饮，酒酣，王为群臣祝，令群臣皆得志。史起^②兴而对曰："群臣或贤或不肖，贤者得志则可，不肖者得志则不可。"王曰："皆如西门豹^③之为人臣也。"史起对曰："魏氏之行田^④也以百亩，邺^⑤独二百亩，是田恶也。漳水在其旁，而西门豹弗知用，是其愚也。知而弗言，是不忠也。愚与不忠，不可效也。"魏王无以应之。明日，召史起而问焉，曰："漳水犹可以灌邺田乎？"史起对曰："可。"王曰："子何不为寡人为之？"史起曰："臣恐王之不能为也。"王曰："子诚能为寡人为之，寡人尽听子矣。"史起敬诺，言之于王曰："臣为之，民必大怨臣。大者死，其次乃藉^⑥臣。臣虽死藉，愿王之使他人遂之也。"王曰："诺。"使之为邺令。史起因往为之。邺民大怨，欲藉史起。史起不敢出而避之。王乃使他人遂为之。水已行，民大得其利，相与歌之曰："邺有圣令，时为史公。决漳水，灌邺旁。终古斥卤，生之稻粱。"使民知可与不可，则无所用矣。贤主忠臣，不能导愚教陋，则名不冠后、实不及世矣。史起非不知化也，以忠于主也。魏襄王可谓能决善矣。诚能决善，众虽喧哗，而弗为变。功之难立也，其必由讻讻^⑦邪。国之残亡，亦犹此也。故讻讻之中，不可不味也。中主以之讻讻也止善，贤主以之讻讻也立功。

【注释】①魏襄王：姬姓，魏氏，名嗣，魏惠王之子。②史起：魏襄王时任邺令，在西门豹兴修水利的基础上，进一步加修水利工程，引漳水溉田，使农业生产得到发展。③西门豹：魏文侯时任邺令，发动百姓在漳河开围挖渠，使田地得到灌溉。④行田：赋田，授田。⑤邺：古地名，在今中国河北省临漳县西。⑥藉：践踏，凌辱。⑦讻讻（xiōng）：喧扰声。

【译文】魏襄王和大臣们一起喝酒,喝到酣畅的时候,魏襄王为大臣们祝酒,让大臣们都能得志。史起回答说:"大臣们有的贤明有的不肖,可以让贤明的人得志,不可以让不肖的人得志。"魏襄王说:"让大臣们都像西门豹那样当臣子。"史起回答说:"魏国授田都是每户一百亩,只有邺地给二百亩,这说明那里的田地不好。漳水在它的旁边,而西门豹却不知道利用,这是因为他很愚蠢。知道这种情况却不向上级说明,这是说他不忠诚。愚蠢和不忠诚,不可效法。"魏王无话回答他。第二天,召来史起问他说:"漳水还可以灌溉邺的田地吗?"史起回答说:"可以。"魏王说:"你为什么不替我去做这件事?"史起说:"我担心大王不能做。"魏王说:"如果你真能替我去做,我一切都听从你的。"史起恭敬地答应了,他对魏王说:"我来做这件事,百姓必定非常怨恨我,严重的话可能会杀死我,其次就会羞辱我。就算我被杀死或者被羞辱,也希望大王可以让其他人做完这件事。"魏王说:"好。"让他去当邺地的县令。史起于是去邺地做漳水灌溉的事业,邺地的百姓非常怨恨史起,想要羞辱他。史起不敢出门躲避了起来。魏王就派其他人完成这一事业。漳水流入田地,百姓得到了很大的益处,都争相歌颂他说:"邺地有圣贤的县令,他就是史公,他引漳水灌溉邺田,一直以来的盐碱地,长出了稻粱。"如果百姓知道可以做的和不可以做的,那贤者就没有必要任用了。贤主忠臣,如果不能教化愚钝粗俗的人,那么名誉就不能流传到后世,实绩也不能对当代有利了。史起不是不知道事情的发展变化，是因为他忠于君主。魏襄王可以说是能够善于做出决断了。如果能够善于做出决断，那么众人即使有意见而喧闹，也不会因此而动乱叛变。之所以难以建功立业，肯定是由于众人的喧扰声吧。国家的破灭也是因为这个原因。所以在众人的喧扰声之中，不可以不细细品味。平庸的君主因为众人的喧扰就停止行善，贤明的君主却在众人的吵闹声中建功立业。

察 微

【题解】文章认为"治乱存亡，其始若秋毫。察其秋毫，则大物不过矣"，即要了解见微知著的道理。本篇列举了正反两方面的事例进行论述。同时，还列举了吴楚卑梁之战等三个事例说明在微不察，必定会遭受大患，从而强调了察微的重要性。

六曰：

使治乱存亡若高山之与深溪，若白垩①之与黑漆，则无所用智，虽愚犹可矣。且治乱存亡则不然。如可知，如可不知；如可见，如可不见。故智士贤者相与积心愁虑以求之，犹尚有管叔、蔡叔之事与东夷八国不听之谋。故治乱存亡，其始若秋毫。察其秋毫，则大物不过矣。

【注释】①白垩：白土。

【译文】第六：

假使治和乱、存和亡的之间的关系就好像高山和深溪，白土和黑漆，那就没有必要运用智慧，就算是愚蠢的人也可以知道了。但是治和乱、存和亡的区别就不是这样。好像可以知道，又好像不能知道，好像可以看见，又好像不能看见。所以智慧的人、贤明的人都在处心积虑去探求，尽管如此，而且还有有管叔、蔡叔的事件和东夷八国不听王命的事件。所以治、乱、存、亡，它们刚开始的时候就好像秋毫，能够明察秋毫，大事就不会出现过失了。

鲁国之法，鲁人为人臣妾于诸侯①，有能赎之者，取其金于府。子贡赎鲁人于诸侯，来而让，不取其金。孔子曰："赐②失之矣。自今以往，鲁人不赎人矣。取其金，则无损于行；不取其金，则不复赎人矣。"子路拯溺者，其人拜之以牛，子路受之。孔子曰："鲁人必拯溺者矣。"孔子见之以细，观化远也。

【注释】①臣妾：古代对奴隶的称谓，男称臣，女称妾。②赐：即子贡。

【译文】鲁国的法律规定，鲁国人给其他诸侯当仆役，能够赎出他们的，可以从鲁国官府领取金钱。子贡从其他诸侯那里赎出了鲁国人，回来却推辞不要鲁国的金钱。孔子说："这样做错了。从今往后，鲁国人不会再赎人了。"领取金钱，不会损害德行，不领取金钱，就不再会有人赎人了。子路拯救了一个溺水的人，那个人向他拜谢并送给他一头牛，子路收下了牛。孔子说："鲁国人一定会救溺水的人了。"孔子能从细微处预见到结果，这是因为他观察事物的变化看得很远。

楚之边邑曰卑梁，其处女与吴之边邑处女桑于境上，戏而伤卑梁之处女。卑梁人操其伤子以让吴人，吴人应之不恭，怒杀而去之。吴人往报之，尽屠其家。卑梁公①怒，曰："吴人焉敢攻吾邑？"举兵反攻之，老弱尽杀之矣。吴王夷昧②闻之，怒，使人举兵侵楚之边邑，克夷而后去之。吴、楚以此大隆③。吴公子光又率师与楚人战于鸡父④，大败楚人，获其帅潘子臣、小帷子、陈夏啮⑤。又反伐郢，得荆平王之夫人以归，实为鸡父之战。凡持国，太上知始，其次知终，其次知中。三者不能，国必危，身必穷。《孝经》曰："高而不危，所以长守贵也；满而不溢，所以长守富也。富贵不离其身，然后能保其社稷，而和其民人。⑥"楚不能之也。

【注释】①卑梁公：卑梁的守邑大夫。②夷昧：吴国君主，谥号吴度王。③隆：通"哄"。④鸡父：今河南省固始县东南。⑤潘子臣、小帷子、陈夏啮：楚国大夫。⑥"高而……民人"：出自《孝经·诸侯》。

【译文】在楚国边境有个城邑叫卑梁，那里的少女和吴国边境城邑的少女一起在边境上采桑叶，嬉闹时吴国的姑娘不小心弄伤了卑梁的姑娘。卑梁人带受伤的姑娘一起去责怪吴国人，吴国人回应得很不恭敬，卑梁人盛怒之下杀了那个吴国人然后走了。吴国人去报复，屠杀了那个卑梁人的全家。卑梁的长官大怒，说："吴国人怎么敢攻击我的城邑？"派兵反攻吴国，连老人和弱者全都杀死了。吴王夷昧听后大怒，派人发兵进犯楚国的边境城市，攻克之后又将它夷为平地，然后离去。吴楚两国由此展开大战。吴公子光又率领士兵在鸡父跟楚国人交战，大败楚国人，抓获了楚军的主帅潘子臣、小帷子、陈夏啮。接着又反攻郢，擒得了楚平王的夫人然后带回吴国。这实际上是鸡父之战的继续。凡是要维持住国家，最上等是知晓事情的开始，其次是知晓事情的结局，再次是跟随事情的发展而知晓它。这三者都做不到，国家一定有危机，自身一定穷困。《孝经》上说："高却不危险，所以能长期守住尊贵，满却不会溢出，所以能长期守住富裕。富贵不离身，然后才能保住江山社稷，才能让人民和睦。"而楚国做不到这些。

郑公子归生①率师伐宋。宋华元②率师应之大棘，羊斟御。明日将战，华元杀羊飨③士，羊斟不与焉。明日战，怒谓华元曰："昨日之事，子为制；今日之事，我为制。"遂驱入于郑师。宋师败绩，华元虏。夫弩机④差以米则不发。战，大机也。飨士而忘其御也，将以此败而为虏，岂不宜哉！故凡战必悉熟偏备，知彼知己，然后可也。

【注释】①郑公子归生：春秋时期郑国执政大臣，郑文公之子。②宋华元：春秋时期宋国大臣，官至大夫，成为宋国六卿之一。③飨（xiǎng）：用酒食招待客人。④弩机：弩的部分机件，装置在弩的木臂后面。

【译文】郑公子归生率领士兵讨伐宋国。宋国华元率领部队在大棘迎击，羊斟给他做驾驭战车的骑手。第二天就要开战，华元杀了羊让将士享用，羊斟却不参与。第二天交战，羊斟生气地对华元说："昨天的事你来掌握，今天的事我来掌握。"于是把车一直赶到了郑国的部队里。宋国军队战败，华元成为了俘虏。弩箭差一粒米就发射不了。战争就像一个大的弩箭。宴享将士却忘了自己的驭手，将军因此败北被俘，难道不是应该吗？所以，但凡作战必须要熟悉所有情况，做好所有准备，知己知彼，然后才能作战。

鲁季氏与郈氏斗鸡，郈氏介其鸡，季氏为之金距①。季氏之鸡不胜，季平子怒，因归郈氏之宫，而益其宅。郈昭伯怒，伤之于昭公，曰："禘②于襄公之庙也，舞者二人而已，其馀尽舞于季氏。季氏之舞道，无上久矣，弗诛必危社稷。"公怒，不审，乃使郈昭伯将师徒以攻季氏，遂入其宫。仲孙氏、叔孙氏相与谋曰："无季氏，则吾族也死亡无日矣。"遂起甲以往，陷西北隅以入之，三家为一，郈昭伯不胜而死。昭公惧，遂出奔齐，卒于乾侯③。鲁昭听伤而不辩其义，惧以鲁国不胜季氏，而不知仲、叔氏之恐，而与季氏同患也，是不达乎人心也。不达乎人心，位虽尊，何益于安也？以鲁国恐不胜一季氏，况于三季？同恶固相助。权物若此其过也。非独仲、叔氏也，鲁国皆恐。鲁国皆恐，则是与一国为敌也，其得至乾侯而卒犹远。

【注释】①距：雄雉等脚上蹠骨后上方突出像脚趾的部分，中有硬骨，外包角质，打斗时可做武器。②禘：古代帝王或诸侯在始祖庙里对祖先的一种盛大祭祀。③乾侯：古邑名，今在河北成安东南。

【译文】鲁国的季氏和郈氏斗鸡，郈氏让他的鸡穿上盾甲，季

氏给鸡带上金属爪。季氏的鸡没有战胜，季平子很愤怒，于是把
郈氏的房子侵占为自己的房子，来扩大自己的房屋。郈昭伯很生
气，于是在昭公面前中伤季氏说："襄公之庙举行祭祀的时候，
只有十六个舞者，其他的人都在季氏那里跳舞。季氏舞蹈人数
超出他的规格，目无主上已经很久了，不诛灭他肯定要危害江山
社稷。"昭公很生气，没有审查清楚就让郈昭伯率兵攻打季氏，
最终进入了季氏的宫殿。仲孙氏、叔孙氏互相商量："季氏没了，
我们家族也离死亡不远了。"于是起兵前往，攻陷西北一角进入，
三家士兵汇集在一起，郈昭伯战胜不了而被杀死。昭公害怕，于
是出逃到齐国，死于乾侯。鲁昭公听信别人的中伤之言而不能分
辨是否合乎道义，害怕鲁国不能战胜季氏，而不知道仲、叔氏的
担忧所以才跟季氏患难与共，是因为昭公不知晓人心。不知晓人
心，地位虽然尊贵，对安危有什么益处？凭借鲁国都恐怕不能战
胜一个季氏，更何况三个季氏？他们都讨厌昭公，固然会互相帮
助。昭公权衡事情如此错误，不单单是仲、叔氏，鲁国上下都很
恐慌。鲁国都恐慌了，就是与一整个国家为敌，昭公在乾侯而死，
已经算死得够远了。

去宥

【题解】本篇旨在论述去除主观偏见、正确认识问题的道
理。文章列举秦惠王问唐姑果、楚威王学书于沈尹华、邻父有与
人邻者、齐人有欲得金者等事例，说明不去除主观偏见，就会遭

受蒙蔽。

七曰：

东方之墨者谢子，将西见秦惠王①。惠王问秦之墨者唐姑果。唐姑果恐王之亲谢子贤于己也，对曰："谢子，东方之辩士也，其为人甚险，将奋于说以取少主也。"王因藏怒以待之。谢子至，说王，王弗听。谢子不说，遂辞而行。凡听言，以求善也，所言苟善，虽奋于取少主，何损？所言不善，不奋于取少主，何益？不以善为之悫②，而徒以取少主为之悖，惠王失所以为听矣。用志若是，见客虽劳，耳目虽弊，犹不得所谓也。此史定所以得行其邪也，此史定所以得饰鬼以人、罪杀不辜，群臣扰乱、国几大危也。人之老也，形益衰，而智益盛。今惠王之老也，形与智皆衰邪！

【注释】①秦惠文王：嬴姓，秦氏或赵氏，名驷，秦孝公之子，公元前337年至公元前311年在位。②悫（què）：诚实，谨慎。

【译文】第七：

东方墨家学派的谢子，将要西行去见秦惠王。秦惠王问秦国墨家学派的唐姑果谢子的有关情况。唐姑果害怕秦王因为谢子比自己贤能而亲近他，就回答说："谢子是东方善辩的人，他的为人很阴险，他将努力游说以取得太子的信任。"秦惠王于是怀着愤怒之心等待谢子的到来。谢子来了，劝说秦惠王，秦惠王不听。谢子不悦，于是就告辞走了。凡听取别人的意见，是为了求得好的结果，所说的意见如果有益，就算是想努力取得太子的信任，

又有什么损失？所说的意见如果没有益处，就算不是想努力取得
太子的信任，又有什么益处？不因为他的意见好就认为他诚实谨
慎，而只是因为他想取得太子信任就认为他悖逆，秦惠王失去了
之所以要听取意见的目的了。动这样的心思，会见宾客虽然很劳
累，耳朵眼睛虽然很疲劳，还是得不到宾客所谈的要旨。这就是
史定能干邪恶之事的原因，这就是史定能把人扮成鬼、强加罪
而滥杀于无辜之人，大臣们纷纷动乱、国家几乎危亡的原因。人
老以后，容貌形体越来越衰弱，但智慧越来越旺盛。现在惠王已
经老了，难道身体和智慧都衰竭了吗？

　　荆威王学书于沈尹华^①，昭釐^②恶之。威王好制，有中谢佐
制者，为昭釐谓威王曰："国人皆曰：王乃沈尹华之弟子也。"王
不说，因疏沈尹华。中谢^③，细人^④也，一言而令威王不闻先王之
术，文学之士不得进，令昭釐得行其私。故细人之言，不可不察
也。且数怒人主，以为奸人除路。奸路已除，而恶壅^⑤却，岂不难
哉？夫激矢则远，激水则旱^⑥，激主则悖，悖则无君子矣。夫不
可激者，其唯先有度。

　　【注释】①荆威王：即楚威王，芈姓，熊氏，名商，楚宣王之子，公
元前339年至公元前329年在位。沈尹华：楚威王的大臣。②昭釐：楚威
王的大臣。③中谢：官名，古代王侯的侍御近臣。④细人：地位卑微之人，
小人。⑤壅：堵塞。⑥旱：通"悍"，勇猛。

　　【译文】楚威王向沈尹华学习书籍文献，昭釐对此很怨恨。
威王爱好法制，有个辅佐制定律法的中谢官，为了昭釐对威王说：

"国人都说：'您是沈尹华的弟子。'"威王很不悦，因此就疏远了沈尹华。中谢官是地位卑微之人，他的一句话就让威王不能听闻先王治国之道，让研究文学的士人得不到任用，让昭釐得以实现自己的私欲。所以，对地位卑微之人的话不可不明察。他们多次激怒帝王，用来为奸人扫清晋升之路。奸人的晋升之路扫清了，却又厌恶贤人的晋升之路被堵塞，这不是很难吗？疾飞的箭射得很远，激流中的水势头很勇猛，激怒君主，君主就会违背治国之道，违背治国之道就没有君子辅佐了。不可激怒的，只有心中早有准则的君主吧。

邻父有与人邻者，有枯梧树，其邻之父言梧树之不善也，邻人遽伐之。邻父因请而以为薪。其人不说曰："邻者若此其险也，岂可为之邻哉？"此有所宥也。夫请以为薪与弗请，此不可以疑枯梧树之善与不善也。

齐人有欲得金者，清旦，被衣冠，往鬻①金者之所，见人操金，攫②金者之而夺之。吏搏而束缚之，问曰："人皆在焉，子攫人之金，何故？"对吏曰："殊不见人，徒见金耳。"此真大有所宥也。

夫人有所宥者，固以昼为昏，以白为黑，以尧为桀。宥之为败亦大矣。亡国之主，其皆甚有所宥邪？故凡人必别宥然后知，别宥则能全其天矣。

【注释】①鬻（yù）：卖。②攫（jué）：抓取。

【译文】有个人与别人做邻居，院子里有棵干枯的梧桐树，与他为邻的一个老人说这棵梧桐树不好，他马上就把它砍伐了。那个老人于是向他请求要那棵梧桐树当柴烧。他不高兴地说："这个邻居竟然如此险恶，怎么可以跟他做邻居呢？"这是有所蔽塞啊。要不要那棵梧桐树当作柴火烧，这不能作为怀疑梧桐树好还是不好的依据。

齐国有个想得到金子的人，清晨，穿戴好衣帽，去往卖金子的人的住所那里，看见人拿着金子，就抓取了过来。官吏把他抓住绑了起来，问他说："人都在这里，你就抓取人家的金子，这是为什么？"他回答说："我没有看见人，只看到了金子。"这真的极大的蔽塞了。

有所蔽塞的人，本来就把白天当成晚上，把白当成黑，把尧当成桀。蔽塞的害处真的太大了。亡国的君主大概都所蔽塞吧。所以，但凡人一定要能够区分什么是蔽塞，然后才能知晓事物，能够区分什么是蔽塞就能保全自身了。

正　名

【题解】文章开篇提出"名正则治，名丧则乱"，强调了名分的重要性。而且还认为名实不符，就会使国家混乱、自身受难，说明名实关系到国家的治乱存亡。

八曰：

名正则治，名丧则乱。使名丧者，淫说①也。说淫则可不可而然不然，是不是而非不非。故君子之说也，足以言贤者之实、不肖者之充而已矣，足以喻治之所悖、乱之所由起而已矣，足以知物之情、人之所获以生而已矣。

【注释】①淫说：与实际不合的言论。

【译文】第八：

名分正当国家就治理得好，名分不正当国家就动乱。使名分不正当的是错误的言论。言论错误就会把不可以说成可以，而把不是这样说成是这样，就会把不对说成对，而把不错说成错。所以君子的言辞，足以说出贤人的实际、不肖之人的虚假就行了，足以讲明治世为什么可以兴盛、乱世是由什么引起的就行了，足以知道事物的实情、人得以生存的原因就行了。

凡乱者，刑①名不当也。人主虽不肖，犹若②用贤，犹若听善，犹若为可者。其患在乎所谓贤从不肖也，所为善而从邪辟，所谓可从悖逆也。是刑名异充，而声实异谓也。夫贤不肖、善邪辟、可悖逆，国不乱、身不危，奚待也？

齐湣王是以知说士，而不知所谓士也。故尹文③问其故，而王无以应。此公玉丹之所以见信、而卓齿之所以见任也。任卓齿而信公玉丹，岂非以自雠邪？

【注释】①刑：通"形"，形体。②犹若：仍然。③尹文：即尹文子，齐国人，是战国时代的宋尹学派的前驱，以诡辩著称。

【译文】但凡动乱，都是由于刑罚的罪名不当造成的。君主虽然不肖，还是知道任用贤人，还是知道听从好的言论，还是知道做可行之事。他们的祸患就在于他们所谓的贤人只不过是不肖之人，他们所认为的好事只不过是邪恶僻陋之事，他们所认为的可行之事只不过是悖逆之事。是因为形和名的内容不同、实和质相异的原因。他们认为的贤明其实是不肖，认为的善良是其实是邪僻，认为的可行其实是悖逆，国家不混乱，自身不危险，还等什么呢？

齐湣王就是这样。知道要对士人悦服，却不知道什么人才叫士。所以尹文问他，湣王无以应对。这就是公玉丹被信任、卓齿被任用的原因。任用卓齿，信任公玉丹，难道不是给自己树敌吗？

尹文见齐王。齐王谓尹文曰："寡人甚好士。"尹文曰："愿闻何谓士？"王未有以应。尹文曰："今有人于此，事亲则孝，事君则忠，交友则信，居乡则悌。有此四行者，可谓士乎？"齐王曰："此真所谓士已。"尹文曰："王得若人，肯以为臣乎？"王曰："所愿而不能得也。"尹文曰："使若人于庙朝中深见侮而不斗，王将以为臣乎？"王曰："否。大夫见侮而不斗，则是辱也。辱则寡人弗以为臣矣。"

【译文】尹文拜见齐王，齐王对尹文说："我尤其喜欢士。"尹文说："我希望听您说说什么叫作士。"齐王无以应对。尹文说："现在有这样一个人，侍奉父母很孝顺，侍奉君主很忠心，交友让人信任，住在乡下敬爱兄长。符合这四种品行的人，可以叫作士吗？"齐王说："这真是所说的士了。"尹文说："您如果得到这个人，会任用他作臣子吗？"齐王说："我想任用他，但却不能得到。"尹文说："如果这个人在朝堂寺庙中受到羞辱却不斗争，您还让他做您的臣子吗？"齐王说："不。士受到羞辱却不斗争，这就是耻辱。甘愿受辱，我就不任用他做臣子了。"

尹文曰："虽见侮而不斗，未失其四行也。未失其四行者，是未失其所以为士一矣。未失其所以为士一，而王以为臣，失其所以为士一，而王不以为臣，则向之所谓士者，乃士乎？"王无以应。尹文曰："今有人于此，将治其国，民有非则非之，民无非则非之，民有罪则罚之，民无罪则罚之，而恶民之难治，可乎？"王曰："不可。"尹文曰："窃观下吏之治齐也，方若此也。"王曰："使寡人治信若是，则民虽不治，寡人弗怨也。意者未至然乎。"

【译文】尹文说："这个人虽然受到羞辱而不斗争，但他并没有失去上面说的四种品行。没有失去上面说的四种品行，这就是说没有失去成为士的任何一点条件。没有失去成为士的任何一点的条件，可是大王您却不让他做您的臣子，那么您之前所谓的士还是士吗？"齐王无以应对。尹文说："现在有这样一个人，将治理他的国家，百姓有错就责备他们，百姓没有错也要责备他们，百姓犯罪了惩罚他们，百姓没有犯罪也要惩罚他们。这样做然后怪罪百姓难以治理,可以吗?"齐王说:"不可以。"尹文说:"我私下观察您的官吏臣属治理齐国,就是像这样治理。"齐王说:"如果我治理国家真是这样,那么就算百姓不能够治理好,我也不会埋怨。但也许我还不至于到这种地步吧!"

尹文曰:"言之不敢无说,请言其说。王之令曰:'杀人者死,伤人者刑。'民有畏王之令,深见侮而不敢斗者,是全王之令也,而王曰:'见侮而不敢斗,是辱也。'夫谓之辱者,非此之谓也。以为臣不以为臣者,罪之也。此无罪而王罚之也。"齐王无以应。论皆若此,故国残身危,走而之谷,如卫。齐湣王,周室之孟侯也。太公之所老也。桓公尝以此霸矣,管仲之辩名实审也。

【译文】尹文说:"我既然这样说就不敢空口无凭,请让我说一下我的理由。您的命令说:'杀人者处死,伤人者获刑。'人民中有的害怕您的命令,受到极大的羞辱但是不敢斗争,这是顾全您的命令,可但您却说:'受到羞辱而不敢斗争,这是耻辱。'真正的耻辱不是这个。是本应该做臣子的,您不让他做臣子,等于是惩罚他。这就是没有犯罪而您却惩罚他啊。"齐王无言以对。君王的言论都像这样,所以国家残缺,自身危亡,出逃到谷邑,又到卫国。齐湣王是周王室分封的诸侯,太公在这里寿终正寝。齐桓公曾凭借这里称霸,这是因为管仲考察辨析贤士的名实清楚周密啊。

审分览第五

审 分

【题解】审分, 指审察君臣的职分。本篇旨在论述审察君臣上下名分的重要性。通过公用土地、千里马的事例加以论证, 然后作者再一次论述了正名的重要性。

一曰:

凡人主必审分①, 然后治可以至, 奸伪邪辟之涂②可以息③, 恶气苛疾无自至。夫治身与治国, 一理之术也。今以众地④者, 公作则迟, 有所匿其力也; 分地则速, 无所匿迟也。主亦有地, 臣主同地, 则臣有所匿其邪矣, 主无所避其累矣。

【注释】①分: 职分, 名分。②涂: 同"途", 道路, 渠道。③息: 止息, 停止。这里是堵塞的意思。④地: 耕种。

【译文】第一:

凡是做君主的, 一定要审定君臣的职分, 然后才可以实现国家的安定, 才可以堵塞诡诈虚假邪僻的渠道, 邪恶不正之气和恶疫也就无法出现。修养自身与治理国家，方法都是相同的。现在用许多人耕种土地，共同劳动就效率低下，因为人们有办法隐藏自己的力气，分开劳动就效率高，因为人们无法隐藏自己的力气，无法动作缓慢。君主治理国家也如同耕地一样，君臣一同参与治理，那么臣子就会想办法隐藏自己的私利，而君主就无法避免要劳累了。

凡为善难，任善易。奚①以知之？人与骥俱走，则人不胜骥矣；居于车上而任骥，则骥不胜人矣。人主好治人官之事，则是与骥俱走也，必多所不及矣。夫人主亦有居车，无去车，则众善皆尽力竭能矣，谄谀诐贼巧佞之人无所窜其奸矣②，坚穷③廉直忠敦之士毕竞劝骋骛④矣。人主之车，所以乘物也。察乘物之理，则四极可有。不知乘物，而自怙⑤恃，夺其智能，多其教诏，而好自以，若此则百官恫扰⑥，少长相越，万邪并起，权威分移，不可以卒，不可以教，此亡国之风也。

【注释】①奚：相当于"胡""何"。②谄谀诐贼巧佞（nìng）：阿谀奉承、邪恶奸巧。诐（bì），偏颇，邪僻。窜，躲藏，奔逃。③坚穷：刚强诚实。④骋骛（wù）：驰骋，奔走。⑤怙（hù）：依靠，仗恃。⑥恫（dòng）扰：动乱。

【译文】凡是自己亲力做善事就困难，委任他人做善事就容易。为何知道是这样的呢？人与千里马一起跑，那么人肯定不能跑过千里马；如果人坐在车上驾驭千里马，那么千里马就不能胜过人了。如果君主喜欢处理臣子职权范围内的事，那么这就如同与千里马一块跑啊，一定在很多方面都不如臣子。君主也必须像坐在车上的人一样，不能离开车子，那么所有做善事的人就都会竭尽心全力了，阿谀奉承、邪恶奸巧的人就无法隐藏他的奸诈了，刚强诚实、忠厚老实的人全都会争着去为君王努力做事、奔走效劳了。君主的车子，是用来驾驭事物的。明白了驾驭事物的道理，那么就是四方极远的地方都可以占领。不懂得驾驭事物，却自以为是，丧失了智谋与才能，教令下得很多，好按照自己的想法做事；如果这样，那么文武百官就会动乱，长幼失序，各种不正之风一起出现，权势威望分散下移，不能善终，不能教化，这就是亡国的趋势啊。

王良①之所以使马者，约审之以控其辔②，而四马莫敢不尽力。有道之主，其所以使群臣者亦有辔。其辔何如？正名审分，是治之辔已。故按其实而审其名，以求其情；听其言而察其类，无使放悖。夫名多不当其实，而事多不当其用者，故人主不可以不审名分也。不审名分，是恶③壅而愈塞也。壅塞之任，不在臣下，在于人主。尧、舜之臣不独义，汤、禹之臣不独忠，得其数④也；桀、纣之臣不独鄙，幽、厉之臣不独辟，失其理也。

【注释】①王良：春秋时善于驭马的人。②辔（pèi）：驾驭马或其他牲口用的缰绳。③恶：讨厌，憎恨。④数：方法，技艺。

【译文】王良能够很好地驾马的方法是，简单地知道驾马的要领是握住马缰绳，四匹马没有敢不用力跑的。有方法的君主，他驾驭臣子们也像有"缰绳"一样。那他的"缰绳"是什么？辨证名称，审定名分、职分，使名实相符，这就是治理臣子们的"缰绳"。所以，按照他的实际职权而给他定官职名称，以便求得名实相符；听他们的言论要观察他们所做的事情，不要让他们言行不一。有很多名实不相符的，所做的事情也有很多不实用的，因此君主必须辨审名分。不辨名分，是憎恨厌恶壅塞，反而更加堵塞啊。壅塞的责任，不在臣子，而在君主身上。尧、舜的臣子并不是全部仁义，汤、禹的臣子并不是全部忠诚，这些君主得到了驾驭他们臣子的方法才得天下的。桀、纣的臣子并不是全部粗俗卑劣，幽王、厉王的臣子并不是全部邪恶，而是这些君主驾驭臣子不得法才亡国的啊。

今①有人于此，求牛则名马，求马则名牛，所求必不得矣；而因用威怒，有司必诽怨矣，牛马必扰乱矣。百官，众有司也；万物，群牛马也。不正其名，不分其职，而数用刑罚，乱莫大焉。夫说以智通，而实以过悗②；誉以高贤，而充以卑下；赞以洁白，而随以污德；任以公法，而处以贪枉；用以勇敢，而埋③以罢怯。此五者，皆以牛为马，以马为牛，名不正也。故名不正，则人主忧劳勤苦，而官职烦乱悖逆矣。国之亡也，名之伤也，从此生矣。白之顾④益黑、求之愈不得者，其此义邪！

【注释】①今：假如、如果。②悗（mán）：迷惑。③埋（yīn）：填塞，引申为充满。④顾：反而。⑤邪：表示疑问的语气词。

【译文】如果有一个人，想要一头牛则说马的名字，想要一匹马则说牛的名字，那么他一定得不到他想要的，而他却因此发脾气，主管的官吏肯定会责备埋怨他，牛马的秩序肯定也会受到扰乱。文武百官就如同众多主管的官吏一样，万物就如同众多的牛马一样。不辨审他们的名称，不区别他们的职责，却多次就使用刑罚，没有比这产生的惑乱更大的了。称赞一个人聪明、通情达理，事实上这人却愚蠢糊涂；称赞一个人高尚贤德，事实上这人却很卑鄙下流；赞誉一个人品德高尚、廉洁，这个人却显露的是品德低下；委任一个人执法，做起事这个人却贪赃枉法；委任一个外表勇敢的人，而他内心却充满了懦弱。这五种情况，都是以牛为马、以马为牛，都是名实不相符啊。因此名实不相符，那么君主就担忧劳累，百官就会动乱了。国家的灭亡，名声的损害，从此就产生了。想要白，反倒更加黑了，想要得到，却更加不能得到，大概都是这个道理吧！

故至治之务，在于正名。名正则人主不忧劳矣，不忧劳则不伤其耳目之主。问而不诏，知而不为，和而不矜^①，成而不处。止者不行，行者不止，因形而任之，不制于物，无肯为使，清静以公，神通乎六合^②，德耀乎海外，意观乎无穷，誉流乎无止。此之谓定性于大湫^③，命之曰无有。故得道忘人，乃大得人也，夫其非道也？知德忘知，乃大得知也，夫其非德也？至知不几，静乃明几也，夫其不明也？大明不小事，假^④乃理事也，夫其不假也？莫^⑤人不能，全乃备能也，夫其不全也？是故于全乎去能，于假乎去事,于知乎去几,所知者妙矣。若此则能顺其天,意气得游乎寂寞之宇矣,形性得安乎自然之所矣。全乎万物而不宰,泽被天下而莫知其所自姓,虽不备五者,其好之者是也。

【注释】①矜:自尊、自大、自夸。②六合:指上下和东西南北四方,泛指天下或宇宙。③湫(qiū):洞穴。④假:凭借。⑤莫:表示没有什么或没有谁。

【译文】因此治理国家的任务,在于辨审名分。名实相符了,那么君主就不会担忧劳累了。不受担忧劳累的苦,就不会损伤君主的耳目了。多问却专令。知道却不作为。使社会和谐却不自夸。做成事却不居功自傲。静止的东西不让它运动,运动的东西不让它静止。遵照事物的规律而使用,不被外部环境所制约,不被外物所驱使。为政清廉公正,这种精神传到四面八方,这种品德在国外也受到传播,思想观念是没有穷尽的,美名流传千古。这就叫作把性命寄托在深邃的洞穴中,被命名为无形。所以,得到的人能忘掉别人,就非常得人心,怎么能不算有道呢?知道有德,不大肆宣扬,这样反而人尽皆知,怎么能不算有品德呢?有大德的人不表现出来睿智,安然自处,睿智就会显露出来,那怎么能算不睿智呢?特别睿智的人不做小事,大事才去做,那怎么能不算伟大呢?没有人是无所不能的,人们全都归附他,于是就无所不能了,那怎么能不算无所不能的人呢?因此,有了众人归附就可以不用事事都做,做大事就不拘于小事,被人知晓了就无需大肆宣扬,这样,所知晓的就很精妙了。像这样那么就能够顺从天意,意气遨游在寂寞浩瀚的宇宙中,形体本性也就能安于自然而然中了。包容万物而不去主宰，恩泽施予天下而人们不知道是从哪里开始的，像这样即便不具备以上五种情况，也可以说是爱好这些事物了。

君 守

【题解】本篇旨在探讨君主的坚守。古往今来的君主、统治者，到底应该坚守什么呢？文章向我们诠释了要坚守平静。像天一样平静，无所作为而又无所不作为。按照作者的说法，统治者不要表现出有知识、有智慧，要大智若愚。

二曰：

得道者必静。静者无知，知乃无知，可以言君道也。故曰：中欲不出谓之扃①，外欲不入谓之闭。既扃而又闭，天之用密②。有准③不以平，有绳④不以正，天之大静。既静而又宁，可以为天下正。身以盛心，心以盛智，智乎深藏，而实莫得窥乎。《鸿范》⑤曰："惟天阴骘⑥下民。"阴之者，所以发之也。故曰：不出于户而知天下，不窥于牖⑦而知天道。其出弥远者，其知弥少。故博闻之人、强识之士阙矣，事耳目、深思虑之务败矣，坚白之察、无厚之辩外矣。不出者，所以出之也；不为者，所以为之也。此之谓以阳召阴，以阴召阳。

【注释】①扃（jiōng）：闩上、关上、封锁。②密：通"谧"，安静，平静。③准：一种测量水平面的器具。④绳：木工取直用的墨线。⑤鸿范：原意为治理天下的大法，此处是指《尚书》中的一篇文章。⑥骘（zhì）：安定。⑦牖：窗户。

【译文】第二：

得道的人一定清静。清静的人什么都不知道，知道也好像不知道，这样就可以和他谈论君主的道理了。所以说：心里的欲望不表露出来叫封锁，外面的欲望不进心里去叫关闭。既封锁而又关闭，人的天性就可以安宁起来了。有水准仪不用它来测试平衡，有墨绳不用它测量直曲，天性就非常清静。既清静又安宁，就可以当天下的主宰。身体是用来盛放内心的，内心是用来盛放智慧的。智慧藏得深，那么实情就不能窥见到。《鸿范》说："只有上天庇护并使人民安定。"庇佑人民，是为了让人民安定。所以说：不出门就可以知道天下的事，不从窗户往外望就可以知道上天的规律。那些出门越远的人，他知道得就越少。所以，见闻广博、记忆力好的，他们就欠缺智慧了。从事于耳聪目明、深思熟虑的，他们的智慧就毁败了，考察"坚白"、辩论"无厚"的，他们的智慧就抛弃了。不出门，却达到了出门的效果，不做事，是为了实现做事的目的。这就叫作用阳气召集阴气、用阴气召集阳气。

东海之极①，水至而反；夏热之下，化而为寒。故曰：天无形，而万物以成；至精无象，而万物以化；大圣无事，而千官尽能。此乃谓不教之教，无言之诏。故有以知君之狂也，以其言之当也；有以知君之惑也，以其言之得也。君也者，以无当为当，以无得为得者也。当与得不在于君，而在于臣。故善为君者无识，其次无事。有识则有不备矣，有事则有不恢②矣。不备不恢，此官之所以疑，而邪之所从来也。今之为车者，数官然后成。夫国岂特为车哉？众智众能之所持也，不可以一物一方安车也。

【注释】①极：顶端，最高点，尽头。②恢：收复，恢复。

【译文】东海的尽头，水流到那里还会返回来，夏天的炎热过后，慢慢天就会变得寒冷。所以说，上天即便是无形，可是万物靠了它才能生成，精气虽然无形，万物却靠它才能进化，非常贤明的人虽不做事，可是却能让所有的官吏都施展自己的才能。这就叫不进行教化的教化，无需说话的诏告。所以，有办法知道君主的狂妄，就是看他说的话是不是恰当；有办法知道君主昏惑，就是看他说的话是不是得体。君主，就是以不求恰当为恰当、以不求得体为得体的人。恰当与得体不在于君主，而在于臣子怎么做。所以懂得当好君主的人不担任任何官职，其次是不做具体的事情。担当官职就会有不能完备的情况，做具体事情就会有不能周全的情况。不完备不周全，这就是官吏产生疑惑、邪僻的原因。现在制造车子的，要经过许多部门才能造成。治理国家岂止像造车子啊！众人的智慧和才能是维护国家的稳定的，不可以用一件事物、一种方法就让它安定下来。

夫一能应万，无方而出之务者，唯有道者能之。鲁鄙人遗宋元王闭①，元王号令于国，有巧者皆来解闭。人莫之能解。兒

说^②之弟子请往解之，乃能解其一，不能解其一，且曰："非可解
而我不能解也，固不可解也。"问之鲁鄙人。鄙人曰："然，固不
可解也。我为之而知其不可解也。今不为而知其不可解也，是巧
于我。"故如兒说之弟子者，以"不解"解之也。郑大师文终日鼓
瑟而兴^③，再拜其瑟前曰："我效于子，效于不穷也。"故若大师
文者，以其兽者先之，所以中之也。

【注释】①宋元王：子姓，宋氏，名佐，宋平公之子，公元前531年
至公元前517年在位。②兒说：战国时期宋国人，游学于稷下，为早期名
家学者，是著名的稷下先生。③大师文：春秋时期郑国的一位杰出的音
乐大师，曾从师于鲁国乐官师襄。他是郑国宫廷音乐乐师的优秀代表人
物。终日：一整天。

【译文】以不变应万变，没有方法却能做成事情的，只有得
道的人才可以这样。鲁国边远地区的一个人送给宋元王一个连
环结，宋元王在全国下令，灵巧的人都可以来解。结果没有人可
以解开。兒说的学生请求去解开它，他只能解开其中的一个，不能
解开另一个，然后说："不是它能解开，而是我不解开它，而是这
个绳结本来就不能解开。"问一下鲁国边远地方的人，他说："是
的，本来就是不能解开的，我打这连环结，就知道它不能解开。
现在他没有打这连环结，却知道它不能解开，他比我巧。"所以像
兒说的学生这样的人，用"不可以解开"解决了绳结的问题。郑国
的音乐太师文弹了一天瑟后站起来，在瑟前拜了又拜说："我学习
你，学习你的变化无穷。"所以像太师文这样的人，首先让自己的
内心回归兽类那样无知，然后就能掌握其中的规律。

故思虑自心伤也，智差自亡也，奋①能自殃，其有处自狂也。故至神逍遥倏忽，而不见其容；至圣变习移俗，而莫知其所从；离世别群，而无不同；君民孤寡，而不可障壅②。此则奸邪之情得，而险陂③谗慝④谄谀⑤巧佞⑥之人无由入。凡奸邪险陂⑦之人，必有因也。何因哉？因主之为。人主好以己为，则守职者舍职而阿主之为矣。阿主之为，有过则主无以责之，则人主日侵，而人臣日得。是宜动者静，宜静者动也。尊之为卑，卑之为尊，从此生矣。此国之所以衰，而敌之所以攻之者也。

【注释】①奋：施展，表现。②障：阻隔，遮挡。壅（yōng）：堵塞。③险陂：阴险邪恶。④谗慝：毁谤，邪恶。⑤谄谀：阿谀奉承。⑥巧佞（nìng）：虚伪浮滑，巧言谄媚。⑦陂：邪恶，不正。

【译文】所以，思虑就会伤害自己的内心，智巧奸邪就会让自己遭受灭亡，逞能会让自己遭殃，有职务就会很狂妄。所以最逍遥神秘又转瞬即逝，但是看不见它的形状；最圣明改变风俗习惯，但没有人知道是跟随什么而变化，远离俗世，但却没有什么不同，治理人民，称孤道寡，不能受到阻隔和堵塞了。这样奸邪的实情会被知道，阴险邪恶、诽谤进谗言、阿谀奉承、虚伪浮滑的人就没有理由靠近了。凡是奸邪邪恶的人，一定是所凭借的。凭借的什么呢？那就是依靠君主的行为了。君主喜欢自己做事，那么当官的人就会放弃自己的职责去阿谀奉承君主做的事。阿谀奉承君主所做的事，即使有了过错，君主也不会责备他，那么君主就越来越被损害，臣子就会慢慢得志。那么是该运动的却安静，该安静的却运动。尊贵的变成了低下，低下的变为了尊贵，这就由此产生奇怪的现象。这就是国家之所以衰弱，而敌国之所以进犯自己的原因。

奚仲①作车，苍颉②作书，后稷③作稼，皋陶④作刑，昆吾⑤作陶，夏鲧⑥作城，此六人者所作当矣，然而非主道者。故曰作者忧，因者平。惟彼君道，得命之情，故任天下而不强，此之谓全人。

【注释】①奚仲：奚仲东夷薛国人（今山东省枣庄市），夏朝时期工匠。相传其发明了两轮马车。②仓颉（jié）：原姓侯冈，名颉，俗称仓颉先师，又史皇氏。《说文解字》记载仓颉是黄帝时期造字的左史官，见鸟兽的足迹受启发，分类别异，加以搜集、整理和使用，在汉字创造的过程中起了重要作用，被尊为"造字圣人。"③后稷：姬姓，名弃，天帝之子，据《山海经》记载实为帝俊之子，按照《诗经》记载实为天帝之子。母姜嫄，尧舜时期掌管农业之官，周朝始祖。后稷出生于稷山（今山西省稷山县），被称为稷王（也作稷神或者农神）。④皋陶（gāo yáo）：中国上古传说中的人物，皋陶出生地一般有两个说法，一传为山西洪洞县皋陶村人，二传为山东曲阜人。上古时期伟大的政治家、思想家、教育家，被史学界和司法界公认为中国司法鼻祖。⑤昆吾：古代中国传说中的人物，相传其为陶器制造业的发明者。⑥夏鲧（gǔn）：中国上古时代神话传说人物。姓姒，字熙，帝颛顼之子。

【译文】奚仲制造了车子，苍颉创造了文字，后稷发明了种庄稼，皋陶制定了刑法，昆吾制造了陶器，夏鲧发明筑城。他们六个人做的都是最适合的，然而却不是君主应该做的事。所以说发明创造的人忙乱，靠别人创造的人平静。只有掌握了当君主的规律，了解生命的真情，所以主宰天下却不费力，这就是完美的人。

任 数

【题解】本篇主要探讨的是信任方法。从古到今，人们大都相信自己的耳朵、眼睛，以及内心的感觉，相信自己身边的亲信，相信听自己话的人，但它们都是可以相信，可以依赖的吗？因为地位、立场、角度的局限性，因此统治者只能站在全局的角度，才能看到"真相"。文章举出昭釐侯的例子说明，昭釐侯单凭自己的耳朵、眼睛去判断事情，其实是错误的。作者最后总结说，不要过分相信自己的耳朵、眼睛和内心的感觉，而是要凭借一定的方法，才能了解到事情的真相。

三曰：

凡官①者，以治为任，以乱为罪。今乱而无责，则乱愈长矣。人主以好暴②示能，以好唱自奋③，人臣以不争持位，以听从取容，是君代有司为有司也，是臣得后随以进其业。君臣不定，耳虽闻不可以听，目虽见不可以视，心虽知不可以举，势使之也。凡耳之闻也藉④于静，目之见也藉于昭⑤，心之知也藉于理。君臣易操，则上之三官者废矣。亡国之主，其耳非不可以闻也，其目非不可以见也，其心非不可以知也，君臣扰乱，上下不分别，虽闻曷⑥闻？虽见曷见？虽知曷知？驰骋而因耳矣，此愚者之所不至也。不至则不知，不知则不信。无骨者⑦不可令知冰。有土之君，能察此言也，则灾无由至矣。

【注释】①官：通"管"，管理，治理。②暴：暴露，显露。③唱：倡导。④藉：凭借。⑤昭：明亮。⑥曷（hé）：何，什么。⑦无骨：指无骨虫，这种虫春天出生，到了秋天就死掉了。

【译文】第三：

凡是管理者，把治理得好看成自己的责任，把治理得混乱看成有罪。现在治理得混乱却不被惩罚，那么混乱就越来越严重。君主喜欢暴力来显示自己有才能，以好倡导而自我夸耀，臣子以不劝谏来保持职位和利益，以听从来取得君主的好脸色和包容，这就是君主自己替代官员而成为了官员，让这些官员得以随声附和就能加官晋爵。君臣不确定职责，耳朵即使能听见但却听不到，眼睛即使能看见但是却看不到了，内心即使能知晓但却不能知道了，那是情势造成了这种状态。耳朵要想听清楚要凭借安静，眼睛能看清楚要凭借光，心能明白要凭借道理。君臣改变操守，那么上面说的三种器官就被荒废了。亡国的君主，他的耳朵不是不能听到，他的眼睛不是不能看到，他的内心不是不知道，君臣的职分混乱，上下不区分，即使能听但能真正听到什么？即使能看但能真正见到什么？即使知道又能真正知道什么？这是随心所欲的境界而有所凭借，这是愚笨的君主之所以达不到的地方。达不到就不明白，不明白就不相信。没有骨骼的虫子不可能让它知道有冰。拥有领地的君主，能明察这些话，那么灾祸就没有理由降临了。

且夫耳目知巧，固不足恃，惟修其数^①、行其理为可。韩昭釐侯^②视所以祠庙之牲，其豕小，昭釐侯令官更之。官以是豕来也，昭釐侯曰："是非向者之豕邪？"官无以对。命吏罪之。从者曰："君王何以知之？"君曰："吾以其耳也。"申不害^③闻之，曰："何以知其聋？以其耳之聪也。何以知其盲？以其目之明也。何以知其狂？以其言之当也。故曰去听无以闻则聪，去视无以见则明，去智无以知则公。去三者不任则治，三者任则乱。"以此言耳目心智之不足恃也。

【注释】①数：道数，方法。②昭釐侯：战国时期韩国君主，公元前362年至公元前333年在位。③申不害：亦称申子，郑国京邑（今荥阳东南京襄城）人，战国时期法家重要创始人物之一，百家争鸣中的代表人物。

【译文】况且耳目知晓智巧，本来就不足以依靠，唯有讲求驾驭臣子的办法，按照义理行事才可以。韩昭釐侯去视察祭祀宗庙的牺牲，发现猪很小，就让官员更换了。官员又把这头猪拿了来，昭釐侯说："这不是刚才那只猪吗？"官员无言应对。昭釐侯就命令治罪于他。随从说："君王您是如何知道的？"昭釐侯说："我是用耳朵听见的。"申不害听到后，说："怎么知道人的耳聋？是根据他的耳朵能听见。怎么知道人的眼瞎？是根据他的眼睛能看见。怎么知道他为人狂妄？是根据他的言语恰当。所以说，去掉听力不去听闻那么才能真正听得到；去掉视觉不去看那么才能看得见；去掉智巧不要去知晓那么才能公平。去掉这三样东西不使用那么就能治理得好，使用这三样东西就会治理得混乱。"依据这种说法，耳朵眼睛心智都是不足以依靠的。

耳目心智，其所以知识甚阙^①，其所以闻见甚浅。以浅阙博居天下、安殊俗、治万民，其说固不行。十里之间而耳不能闻，帷墙之外而目不能见，三亩之宫而心不能知。其以东至开梧^②，南抚多颖^③，西服寿靡^④，北怀儋耳^⑤，若之何哉？故君人者，不可不察此言也。治乱安危存亡，其道固无二也。故至智弃智，至仁忘仁，至德不德。无言无思，静以待时，时至而应，心暇者胜。凡应之理，清净公素^⑥，而正始卒；焉此治纪，无唱有和，无先有随。古之王者，其所为少，其所因多。因者，君术也；为者，臣道也。为则扰矣，因则静矣。因冬为寒，因夏为暑，君奚事哉？故曰君道无知无为，而贤于有知有为，则得之矣。

【注释】①阙(quē)：缺少。②开梧：指古代传说中东方最边远的氏族。③多颖(yǐng)：古代传说中南方最边远的氏族。④寿靡：极远的西方古国。⑤儋(dān)耳：古代地名，在今海南境内。⑥公素：公正质朴。

【译文】耳朵眼睛心智，它们所以知晓和识别的东西很缺乏，它们听见看见的东西很浅薄。以浅薄缺乏的知识占有广博的天下，安定不同的习俗，治理全国人民，这种说法本来就行不通。十里远的距离，耳朵就不能听闻；帷幕墙壁之外，眼睛就不能看见；三亩大的土地上的宫室里的情况，心就不能知晓。凭着这些，要向东去到开梧，向南安抚多颖，向西使寿靡归服，向北使儋耳归依，又能怎么办呢？所以当君主的人，不可以不明察这番言论。

治乱安危存亡，本来就没有第二种方法。所以最大的智慧的就是放弃大智慧，最大的仁爱就是放弃大仁爱，最高的道德是不要道德。不说话不思考，安静地等待时势，时势来到再行动，内心平静的人才能取胜。凡是应对的道理，要清静公平朴素，自始至终都端正。这样治理，就能做到虽然不用倡导就有人应和，不用带头就有人跟随。古代称王的人，他们做的事很少，所凭借的很多。所谓的凭借，就是君王的方法；所谓的作为，就是臣子的道路。君主亲自有作为就会扰乱，有凭借就能安静。顺应冬天而带来寒冷，顺应夏天就是暑热，君王还做什么事呢？所以说君王的原则是无知无为，就能胜过有知晓有作为，那么就掌握君王之道了。

有司请事于齐桓公。桓公曰："以告仲父。"有司又请。公曰："告仲父"，若是三。习①者曰："一则仲父，二则仲父，易哉为君！"桓公曰："吾未得仲父则难，已得仲父之后，曷为其不易也？"桓公得管子，事犹大易，又况于得道术乎？

【注释】①习：亲信。
【译文】主管官吏有事向齐桓公请示，齐桓公说："去告诉仲父这件事。"官员又请示事情，齐桓公说："去告诉仲父。"像这样的事出现了好几次。一个亲信说："第一次请示让我找仲父，第二次请示还是去找仲父，这个君主很容易做啊！"齐桓公说："我没有得到仲父前很难，已经得到仲父之后，为什么还要做那些不容易的事呢？"齐桓公得到管子，事情都变得很容易，又何况是得到为君之道和方法呢？

　　孔子穷乎陈、蔡之间，藜^①羹不斟，七日不尝粒，昼寝。颜回索米，得而爨^②之，几熟，孔子望见颜回攫其甑^③中而食之。选^④间，食熟，谒孔子而进食。孔子佯为不见之。孔子起曰："今者梦见先君，食洁而后馈。"颜回对曰："不可。向者煤炱^⑤入甑中，弃食不祥，回攫而饭之。"孔子叹曰："所信者目也，而目犹不可信；所恃者心也，而心犹不足恃。弟子记之，知人固不易矣。"故知非难也，孔子之所以知人难也。

　　【注释】①藜（lí）：一种普通的蔓生藜，一年生草本植物，茎直立，嫩叶可吃。茎可以做拐杖。这里用为野菜之意。②爨（cuàn）：烧火做饭。③甑（zèng）：古代炊具，底部有许多透蒸汽的小孔，食物放在鬲上蒸煮。如同现代的蒸锅。④选：片刻、须臾。⑤炱（tái）：烟气凝积而成的黑灰。

　　【译文】孔子被围困在陈国、蔡国之间，吃些没有米饭的野菜，七天没有尝到粮食。孔子白天躺着睡觉，颜回去寻找米下锅，得到米就回来烧火做饭，饭快熟了，孔子看见颜回从甑子中抓饭吃。过了一会，饭熟了，颜回告谒孔子准备吃饭。孔子假装没有看见刚才的事。起身说："今天我梦见先君，把饭食弄干净然后去祭祀先君。"颜回回答说："不可以。刚才有煤灰掉进饭甑中，丢了不吉利，我抓出来吃了。"孔子叹息说："人们所相信的是眼睛，而眼睛看到的仍然不可相信；人们所依赖的是人心，而人心里想的仍然不可以依赖。弟子们请牢记，看透了解别人本来就很不容易呀。"所以知晓并不是什么难事，这就是孔子之所以知晓人很难的原因。

勿 躬

【题解】本篇主要探讨的是君主没有必要事必躬亲。作者首先用狗兔假设的道理，让我们明白每个人都有自己的职责，只有每个人做好自己应该做的，那么君主也就好统治国家了。作者列举的管子的例子，就很好地说明了这个问题。

四曰：

人之意苟①善，虽不知可以为长②。故李子③曰："非狗则不得兔，兔化而狗，则不为兔。"人君而好为人官，有似于此。其臣蔽之，人时禁之，君自蔽则莫之敢禁。夫自为人官，自蔽之精者也。袚篲④日用而不藏于箧，故用则衰，动则暗，作则倦。衰、暗、倦三者非君道也。

【注释】①苟：表示假设关系，相当于"若""如果"之意。②长：居高位者。③李子：即李悝（前455—前395年），魏国安邑人。战国时期的政治改革家。法家重要代表人物。曾任魏文侯相，主持变法。④袚篲（fú huì）：扫帚。

【译文】第四：

人的心意如果都是好的，即便是什么都不懂，也可以成为君主。所以李悝说："没有狗就不能捕获兔，兔子如果都变成了狗，那么就没有兔子了。"做君主的如果喜好做官员的事，就像这样了。做官员的蒙蔽真相，别人还能经常加以禁止；君主自我蒙蔽，那么就没有谁敢禁止了。君主自己做了官员该做的事，就是自我蒙蔽最严重的行为了。扫帚天天使用而不会收藏在箱子里，因此君主考虑臣子分内的事，自己的心志就会衰弱；亲自去做臣子职权范围内的事，自己就会昏昧；亲自去做臣子本该做的事，自己的体力就会疲惫。衰败、昏暗、疲倦这三样，都不是君主应该遵循的原则。

大桡作甲子①，黔如作虏首，容成作厤①，羲和作占日③，尚仪作占月④，后益作占岁⑤，胡曹作衣，夷羿作弓，祝融作市，仪狄作酒，高元作室，虞姁作舟，伯益作井，赤冀作臼⑥，乘雅作驾，寒哀作御，王亥作服牛⑦，史皇作图，巫彭作医，巫咸作筮⑧，此二十官者，圣人之所以治天下也。

【注释】①甲子：即六十甲子，是中国古代劳动人民的发明创造，又称六十花甲子，其最古老的用途是纪年、纪月、纪日、纪时。②厤（lì）：通"历"，历法。③占日：观察日的运行，作为制订历法的根据。④占月：观察月的运行，作为制订历法的根据。⑤占岁：观察岁星的运行以推算制历。⑥臼（jiù）：舂米的器具，用石头或木头制成，中间凹下。形状像臼。⑦服牛：役使牛驾车。⑧筮（shì）：古代用蓍草占卦。

【译文】大桡创造了甲子记日，黔如创造了蔀首计算法，容成创造了历法，羲和创造了计算太阳年的方法，尚仪创造了月历，后益创造了年岁，胡曹创造了衣裳，夷羿创造了弓箭，祝融创造了市场，仪狄创造了酒，高元创造了房屋，虞妁创造了舟船，伯益创造了水井，赤冀创造了石臼，乘雅创造了驾车，寒哀创造了驾驭马车，王亥创造了驾牛的方法，史皇创造了地理绘画，巫彭创造了医术，巫咸创造了占卜术。这二十个官员，是圣人之所以治理天下的依赖。

圣王不能二十官之事，然而使二十官尽其巧、毕其能，圣王在上故也。圣王之所不能也，所以能之也；所不知也，所以知之也。养其神、修其德而化矣，岂必劳形愁弊耳目哉？是故圣王之德，融乎若月之始出，极烛①六合而无所穷屈；昭乎若日之光，变化万物而无所不行。神合乎太一②，生无所屈，而意不可障；精通乎鬼神，深微玄妙，而莫见其形。今日南面，百邪自正，而天下皆反其情，黔首毕乐其志、安育其性，而莫为不成。故善为君者，矜服性命之情，而百官已治矣，黔首已亲矣，名号已章矣③。

【注释】①极烛：遍照。②太一：神名，也作泰一。③章：通"彰"，彰明。

【译文】圣明的君王不能够做这二十个官员的事，然而却能让这二十个官员竭尽其智巧，竭尽其所能，这是因为圣明的君王处在上位的缘故。圣明的君王有所不能，因此才有所能，有所不知道的事，所以才能有所知晓。圣明的君主修养精神和品德，自然就能化育万物了，难道必须劳累形体忧愁损坏耳朵眼睛搞得疲愈不堪吗？因此圣明君主的品德，就像光灿灿的月亮刚升起来一样，照耀天地四方，没有照不到的地方；明亮亮得就像太阳的光芒，能化育万物，促使万物变化而无所不能。精神与道符合，生命就不受阻折，因而心志不可屏障；精气与鬼神相通，深邃幽微玄妙而不能见到其形状。一旦君主南面而冶，各种邪曲的事自然会得到自我匡正，天下的人都返回自己的本性，平民百姓全部乐于其意志、安心养性，因而做什么事就没有不成功的。所以善于为君的人，敬重服从生命的本性，那么百官就能治理了，平民百姓就已经亲附了，名誉也就彰显了。

管子复于桓公，曰："垦田大邑①，辟土艺粟②，尽地力之利，臣不若宁速③，请置以为大田。登降辞让，进退闲习，臣不若隰朋④，请置以为大行。蚤入晏出，犯君颜色，进谏必忠，不辟⑤死亡，不重贵富，臣不若东郭牙，请置以为大谏臣。平原广城，车不结轨，士不旋踵，鼓之，三军之士，视死如归，臣不若王子城父，请置以为大司马⑥。决狱折中，不杀不辜，不诬无罪，臣不若弦章，请置以为大理⑦。君若欲治国强兵，则五子者足矣；君欲霸王，则夷吾在此。"桓公曰："善。"令五子皆任其事，以受令于管子。

【注释】①大邑：扩大城邑。②艺粟：种植粮食。③宁速：齐国大夫。④隰朋：春秋时齐国大夫。齐庄公曾孙。与管仲、鲍叔牙等辅佐齐桓公，齐国大治。⑤辟：通"避"。回避，躲避。⑥大司马：武官名，掌管邦政。⑦大理：掌刑法的官。

【译文】管子回复齐桓公说："开垦田地扩大城邑，开拓土地种植粮食，要充分利用土地，我不如宁速，请让他做大田官。迎接宾客，熟悉升降、辞让、进退法度的各种礼仪，我不如隰朋，请求他做大行。早入朝晚退朝，不怕冒犯君主，进言劝谏必然忠诚，不避死亡，不重视高贵富裕，我不如东郭牙，请求让他做大谏官。驰骋平原上作战，车辆轨迹不交结，士兵前进不踩脚，击鼓，三军士兵视死如归，我不如王子城父，请求让他做大司马。判决狱情能够秉公执法，不杀无辜，不冤屈没有罪的人，我不如弦章，请求让他做大司法官。君主如果想要治国强兵，那么有这五位先生足够了；君主如果想要称王称霸，那么有我管夷吾在这里。"齐桓公说："很好。"于是让这五位先生担任了那些官职，接受管子的命令。

十年，九合诸侯，一匡天下，皆夷吾与五子之能也。管子，人臣也，不任己之不能，而以尽五子之能，况于人主乎？人主知能、不能之可以君民也，则幽诡①愚险之言无不职矣，百官有司之事毕力竭智矣。五帝三王之君②民也，下固不过毕力竭智也。夫君人而知无恃其能、勇、力、诚、信，则近之矣。凡君也者，处平静、任德化以听其要。若此则形性弥赢③，而耳目愈精；百官慎职，而莫敢愉绖④；人事其事，以充其名。名实相保⑥，之谓知道。

【注释】①幽诡：阴私奸诈。②君：主宰，统治。③赢：有余。④绖

(yán)：通"延"，延缓，松懈。⑤保：护养，养育。

【译文】十年中，齐桓公多次联合诸侯，统一匡正天下，这都靠管子和那五位先生的才能。管子，只是个臣子，他不担任自己所不能做的事，而将那五位先生的才能都发挥出来，何况是君主呢？做君主的如果知晓自己所能与所不能那么就可以统治人民了，那么隐蔽诈伪欺骗危险的言论就没有不能识别的了，百官就会对自己主管的事尽力竭智了。五帝三王之所以统治人民，也就是部下的尽力竭智。那统治人民的人如果知晓不能依赖自己的才能、勇敢、力气、忠诚、诚信，那么也就靠近君主之道了。凡是当君主，要安处平静之中，用道德去教化百姓，来治理最关键的事情。像这样，从形体到性情才能更加充实有余，而耳目才能更加精确明亮，百官谨慎对待职守，而不敢延缓怠慢，人们都做好自己的事，以充实自己的名誉。名誉与实际相符，就称之为懂得道了。

知　度

【题解】本篇主要探讨的是知道测度。君主需要知道什么、测度什么？有办法的君主，并非事事亲力亲为，而是只需要治理百官的纲要就行了。知道治理百官的纲要，那么事情就能减少而国家得到治理了。所以有道术的君主，有凭借而不自己作为。

五曰：

明君者，非遍见万物也，明于人主之所执也。有术之主者，非一自行之也，知百官之要也。知百官之要，故事省而国治也。明于人主之所执^①，故权专而奸止。奸止则说者不来，而情谕^②矣；情者不饰，而事实见矣。此谓之至治。

【注释】①执：拿，持，掌握。②谕：明白，懂得。

【译文】第五：

明察的君主，并非都能看清楚万物，只需要明白君主需要掌握的东西。有道术的君主，并非一切事情都亲自作为，只需要知道治理百官的纲要就行了。知道治理百官的纲要，所以事情就能减少而国家就能得到治理了。明白君主所掌握的是什么，所以就能权力独揽而奸邪停止了。奸邪停止那么游说的人就不会到来，而真情就能明白了，真情的人不掩饰，而事实就能看见了。这就称之为最完美的政治了。

至治之世，其民不好空言虚辞，不好淫学流说^①，贤不肖各反其质。行其情，不雕其素^②；蒙^③厚纯朴，以事其上。若此，则工拙愚智勇惧可得以故易官，易官则各当其任矣。故有职者安其职，不听其议；无职者责其实，以验其辞。

【注释】①淫学：不合正道的学术。流说：没有根据的话。②素：本质、本性。③蒙：通"濛"，迷茫而看不清。

【译文】完美治理的国家，人们不喜好空言假话，不喜好奸邪的学问及流言蜚语，贤能与不贤能的人各自恢复自己的本质，行为依照自己的真情而行，对自己的本性不加雕饰，保持敦厚纯朴的品行，以此来侍奉君主。像这样，对工巧的、拙笨的、愚昧的、智慧的、勇敢的、畏惧的就能得以改变他们的官职，改变官职，那么各人就能够担当自己的责任了。所以对有职位的人就要求他们安于职位，不要听从其他人议论，对没有职位的人就要求他们按实际行动，用实际行动以验证自己的言辞。

此二者审，则无用之言不入于朝矣。君服性命之情，去爱恶之心，用虚无为本，以听有用之言，谓之朝。凡朝也者，相与召理义①也，相与植法则也。上服性命之情，则理义之士至矣，法则之用植②矣，枉③辟邪挠④之人退矣，贪得伪诈之曹⑤远矣。故治天下之要，存乎除奸；除奸之要，存乎治官；治官之要，存乎治道；治道之要，存乎知性命。故子华子曰："厚而不博，敬守一事，正性是喜。群众不周，而务成一能。尽能既成，四夷乃平。唯彼天符，不周而周。此神农之所以长，而尧舜之所以章也。"

【注释】①义：人际之间最佳的行为方式，也可以称为最合宜的行为方式。②植：为立、树立。③枉：不正、斜曲。④挠：扰乱。⑤曹：双方，班或组。

【译文】这两种情况都审查明白了，那么没有用处的言论就不会进入朝廷了。君主依照天性行事，去掉爱憎的心理，用虚无为根本，以听从有用的言论，就称之为听朝。凡是听朝，就是君臣互相召集道理和最佳行为方式，共同确立法度。君上依照天性行事,那么懂道理和有最佳行为方式的人就会来到,法则的功用就会树立了,不正邪僻挠乱的人就会退出了,贪得无厌伪善诡诈的人就会远离了。所以治理天下的关键在于除掉奸恶,除掉奸恶的关键在于治理官吏,治理官吏的关键在于学习道术,学习道术的关键在于懂得天性。所以子华子说:"君主应该深入而不寻求广博,恭敬地守住一事,喜爱正性。与百姓不同,而要专心致力于管理天下的能力。完全学到了这种能力,四方就能平定。唯有符合天道的人,不求同而达到相同。这就是神农之所以长期兴盛,而尧舜名声彰显的缘故。

人主自智而愚人,自巧而拙人,若此则愚拙者请矣,巧智者诏矣。诏多则请者愈多矣,请者愈多,且无不请也。主虽巧智,未无不知也。以未无不知,应无不请,其道固穷。为人主而数穷于其下,将何以君人乎?穷而不知其穷,其患又将反以自多[1],是之谓重塞之主,无存国矣。故有道之主,因而不为,责而不诏[2],去想去意,静虚以待,不伐之言,不夺之事,督名审实,官使自司,以不知为道,以奈何为实。尧曰:"若何而为及日月之所烛?"舜曰:"若何而服四荒之外?"禹曰:"若何而治青北、化九阳、奇怪之所际[3]?"

【注释】①自多:自满。②诏:告知,告诉。③青北:即青丘,传说中的古国名。九阳:传说中的南方山名。

【译文】君主自以为自己有智慧而认为别人愚蠢,自以为自己巧妙而别人笨拙，像这样那么愚蠢笨拙的人就会要求请示了，巧妙有智慧的人就会要求指示了。要求指示越多，那么请示的人就会越多，请示的人越多，那么凡事都无不请示了。君主即使巧妙有智慧，也不能做到无所不知。凭着不能做到无所不知，应对无不请示，驾驭群臣的道术就会窘迫。作为君主经常被臣下弄得道术窘迫，还怎么能够统治人民呢？处穷困而不知晓自己穷困，其隐患会因为如此而增多，这就称之为双重阻塞的君主，迟早不能保存国家。所以有道术的君主，有凭借而不自己作为，有要求而不诏告，去除想象去掉猜测，安静无为地等待时机，不夸耀自己的言论，不侵夺别人的事务，审查名分和审查实际，官府之事让臣子自己管理，以不求知为根本，把向臣子询问作为武器。尧说："怎么样才能像日月那样普照人间？"舜说："怎么样才能使四方边远之处归服呢？"禹说："怎么样才能治服青丘国，使九阳山、奇肱国受到教化？"

赵襄子①之时，以任登为中牟令，上计，言于襄子曰："中牟有士曰胆胥己②，请见之。"襄子见而以为中大夫。相国曰："意者君耳而未之目邪？为中大夫若此其易也，非晋国之故。"襄子曰："吾举登也，已耳而目之矣。登所举，吾又耳而目之，是耳目人终无已也。"遂不复问，而以为中大夫。襄子何为？任人，则贤者毕力。

【注释】①赵襄子：嬴姓，赵氏，名无恤，春秋末叶晋国大夫，赵氏家族首领, 战国时期赵国的创始人。②胆胥己: 赵襄子时由中牟令任登之推荐, 为中大夫。

【译文】赵襄子当政之时, 让任登担任中牟县令。任登呈上中牟全年的账簿时, 告诉赵襄子说: "中牟县有个读书人叫胆胥己, 请求召见他。"赵襄子召见他后让他担任中大夫。相国说: "我猜想您只是耳闻而没有见过吧? 成为中大夫就像这样容易吗? 这不是晋国原来的规矩。"赵襄子说: "我提拔任登时, 也是耳闻目睹。任登所举荐的人, 我也是耳闻目睹并且亲眼见到这人的实际情况, 耳闻目睹的事终是没有完了的。"于是不再询问, 就让胆胥己担任中大夫。赵襄子还需做什么呢? 任用贤能的人, 那么贤能的人就把力量全部献出来了。

人主之患, 必在任人而不能用之, 用之而与不知者议之也。绝①江者托于船, 致远者托于骥, 霸王者托于贤。伊尹、吕尚、管夷吾、百里奚, 此霸王者之船骥也。释②父兄与子弟, 非疏之也; 任庖人钓者与仇人仆虏, 非阿之也。持社稷立功名之道, 不得不然也。犹大匠之为宫室也, 量小大而知材木矣, 訾③功丈而知人数矣。故小臣、吕尚听, 而天下知殷、周之王也; 管夷吾、百里奚听, 而天下知齐、秦之霸也。岂特骥远哉?

【注释】①绝: 横渡, 穿越。②释: 舍弃, 抛弃。③訾(zī): 估量, 限度。

【译文】君主的弊病, 必然是任用人而不能使用他做事, 或者使用他而又和不了解他的人议论他。横渡江河的人依托于船,行走远路的人依托于千里马，称王称霸的人靠的是贤能的人。伊尹、吕尚、管夷吾、百里奚，就是称王称霸的人的船和千里马。不任用父兄与子弟，并非要疏远他们；任用厨师和钓鱼的人与仇人、仆人，并非偏爱他们。想要保住国家、树立功名的道术要求君主，不得不这样做。就像大工匠建筑宫室一样，测量宫殿的大小就能知道需要的木材了。计量工程的大小长度而知道需要多少工人了。所以小臣伊尹、吕尚被重用，而天下人就能知晓殷商、周国称王了；管夷吾、百里奚被重用，而天下人就能知晓齐国、秦国称霸了。他们岂止是船和千里马啊？

夫成王霸者固有人，亡国者亦有人。桀用羊辛，纣用恶来，宋用唐鞅①，齐用苏秦②，而天下知其亡。非其人而欲有功，譬③之若夏至之日而欲夜之长也，射鱼指天而欲发之当也，舜、禹犹若困，而况俗主乎？

【注释】①唐鞅：宋康王大臣。②苏秦：字季子，主张合纵攻秦，齐湣王末年任齐相。③譬：打比方，比如。

【译文】成就王业霸业的固然要有人，亡国的也要有人。夏桀王任用羊辛，商纣王任用恶来，宋国任用唐鞅，齐国任用苏秦，而天下人都知道他们亡国了。不任用贤人却想要建立功业，就像在夏至日这天想要夜晚变得更长一些一样，就像射鱼而向天发射弓箭一样。舜、禹都认为困难的事，更何况是世俗的君主呢？

慎 势

【题解】本篇旨在说明谨慎利用权势。权势来自于哪里? 来自于地位,但有了地位而没有方法,那么就会失去权势。我们只能依靠一定的方法去做事,而不能仅依靠人们的诚信去做事。比如,渡水用舟,陆行用车,泥地用辐,沙地用鸠,山地用樏,都是凭借着地势而前行,而不能依靠人们的勇敢而前行。

六曰:

失之乎数①,求之乎信,疑;失之乎势,求之乎国,危。吞舟之鱼,陆处则不胜蝼蚁。权钧则不能相使,势等则不能相并,治乱齐②则不能相正,故小大、轻重、少多、治乱不可不察,此祸福之门也。

【注释】①数:道数,方法。②齐:平等。
【译文】第六:

失去了驾驭官吏的方法,要求他们诚信,这是糊涂的。失去了君主的权势,仗恃着享有国家,这是危险。能吞下小舟的大鱼,处在陆地上就不能战胜蝼蚁。权力均等就不能互相役使,势力相等就不能互相兼并。治乱相等就不能互相匡正。所以大小、轻重、多少、治乱,不可以不明察,这是导致祸福的门径。

凡冠带之国,舟车之所通,不用象①、译②、狄鞮③,方三千里。古之王者，择天下之中而立国，择国之中而立宫，择宫之中而立庙。天下之地，方千里以为国，所以极治任也。非不能大也，其大不若小，其多不若少。众封建，非以私贤也，所以便势全威，所以博义。义博④利则无敌。无敌者安。故观于上世，其封建众者，其福长，其名彰。神农十七世有天下，与天下同之也。

【注释】①象：通晓南方语言称为"象"。②译：通晓北方语言称为"译"。③狄鞮（dī）：通晓西方语言称为"狄鞮"。④博：广泛，普遍。

【译文】凡是戴帽束带的文明国家，车船所通达的地方，不使用象、译、狄鞮等官员做翻译的地方，土地方圆三千里。古代称王的人，选择天下正中的地方而建立国都，选择国都的正中而建造宫室，选择宫室的中部而建立祖庙。天下的土地，以方圆千里作为一个国都，是为了更好地担起治理国家的担子。并非不能扩大，大了不如小一点好，多了不如少一点好。多分封诸侯国，不是因为偏爱贤德之人，而是为了有利于权势保全威严，为了普遍宣扬最佳行为方式。最佳行为方式普遍宣扬那么就会无敌，无敌的人能够安全。所以观察古代，分封建立诸侯国家很多的人，他们的福祉就很长久，他们的名声就很彰显。神农历经十七世还拥有天下，就是因为与天下人共同享有啊。

王者之封建也，弥①近弥大，弥远弥小，海上有十里之诸侯。以大使小，以重使轻，以众使寡，此王者之所以家以完也。故曰，以滕②、费则劳，以邹③、鲁则逸，以宋、郑则犹倍

日而驰也，以齐、楚则举而加纲旃^④而已矣。所用弥大，所欲
弥易。

【注释】①弥：表示程度加深，更加、越发。②滕（téng）：周朝
国名，在今山东滕州一带。③邹：周朝国名，在今山东邹城一带。④旃
（zhān）：赤色的曲柄旗。

【译文】称王的人分封建立诸侯国，越是靠近的国都越大，
越是离得远的国都就越小。海上就有方圆十里的诸侯国。以大
国役使小国，以权势重的役使权势轻的，以民众多的役使民众少
的，这是称王的人能保全天下的原因。所以说，以滕国、费国那
样的小国去役使天下就很劳累，以邹国、鲁国那样的中等国家去
役使天下就很安逸，以宋国、郑国那样的大国去役使天下就能加
倍容易了，以齐国、楚国那样的超级大国去役使天下那么就是举
起纲领旗帜就行了。所运用的诸侯国越大，所想要的就越容易
得到。

汤其无郼^①，武其无岐，贤虽十全，不能成功。汤、武之贤，
而犹藉知乎势，又况不及汤、武者乎？故以大畜小吉，以小畜大
灭，以重使轻从，以轻使重凶。自此观之，夫欲定一世，安黔首
之命，功名著乎槃盂^②，铭篆著乎壶鉴^③，其势不厌尊，其实不厌
多。多实尊势，贤士制之，以遇乱世，王犹尚少。天下之民，穷矣
苦矣。民之穷苦弥甚，王者之弥易。

【注释】①郼（yī）：中国殷商国名。②盂：盛饭的器皿。③鉴：明镜。

【译文】商汤王如果没有郼地，周武王如果没有岐山，他们的贤德即使达到十全十美的程度，也不能成功。凭着商汤王、周武王的贤能，仍然需要凭借时势，又何况不如商汤王、周武王的人呢？用大的诸侯国役使小的诸侯国就吉祥，用小的诸侯国役使大的诸侯国就会灭亡，用权势重的诸侯国役使权势轻的诸侯国就顺从，用权势轻的诸侯国役使权势重的诸侯国就不吉祥。由此看来，想要安定一世，使百姓都能安居，使自己的业绩铭铸在槃盂上，铭铸在壶镜上，这样的人，他们对权势尊贵从不满足，他们对实力雄厚从不满足，铭文多那么权势就越尊贵，贤能的读书人辅佐，凭着这些，遭遇乱世，至少也能成就王业。天下的民众很穷很苦。民众的穷苦越是严重，称王的人成就王业就越是容易。

凡王也者，穷苦之救也。水用舟，陆用车，涂①用辐②，沙用鸠③，山用樏④，因其势也者令行。位尊者其教受，威立者其奸止，此畜人之道也。故以万乘令乎千乘易，以千乘令乎一家易，以一家令乎一人易。尝识及此，虽尧、舜不能。诸侯不欲臣于人，而不得已，其势不便，则奚以易臣？权轻重，审大小，多建封，所以便其势也。王也者，势也；王也者，势无敌也。势有敌则王者废矣。有知小之愈于大、少之贤于多者，则知无敌矣。知无敌则似类嫌疑之道远矣。

【注释】①涂：泥巴。②辁（chūn）：古代用于泥泞路上的交通工具。③鸠（jiū）：一种行于沙中的运载工具。④樏（lěi）：古代走山路时乘坐的交通工具。

【译文】凡是称王的人，都是穷苦人民的救星。水里使用船，陆行用车，泥泞路上使用辁，沙土路上使用鸠，山路用樏，都是凭借着不同的地势而前行。命令就能执行。地位尊贵的人，教化容易接受，权威树立的人其奸邪能够停止，这就是治理人的道理。所以用拥有万辆兵车的国家对拥有千辆兵车的国家发号施令就容易，用拥有千辆兵车的国家对大夫之家发号施令就容易，用大夫之家对一人发号施令就容易。如果反过来，即使是尧、舜也不能推行教化。诸侯们都不想臣服于别人，然而不得已要臣服，如果形势不利，那么怎么能改变臣服的地位呢？王者权衡轻重，审视大小，多分封建立诸侯国，就是为了使形势有利。所谓的称王，凭借就是权势。所谓称王的人，就是权势无人可以与之抗衡。权势有人对抗那么称王的人就会被废弃了。若知晓小的能够胜过大的，知晓少的能够胜过多的，就知道怎样才能无人与之抗衡了。知道怎样才能无人与之抗衡，那么被推翻的这种嫌疑也就能远离了。

故先王之法，立天子不使诸侯疑焉，立诸侯不使大夫疑焉，立适①子不使庶孽疑焉。疑生争，争生乱。是故诸侯失位则天下乱，大夫无等则朝廷乱，妻妾不分则家室乱，适孽②无别则宗族乱。慎子③曰："今一兔走，百人逐之。非一兔足为百人分也，由未定。由未定，尧且屈力，而况众人乎？积兔满市，行者不

审分览第五 **453**

顾。非不欲兔也，分已定矣。分已定，人虽鄙④不争。故治天下及国，在乎定分而已矣。"

【注释】①適：通"嫡"。正妻生的长子称嫡子，省称"嫡"，正室长子。②孽：庶出的，宗法制度下指家庭的旁支。③慎子：赵国人，《史记》说他专攻"黄老之术"，是从道家中出来的法家创始人物。④鄙：浅陋。

【译文】所以先王的法度，立天子而不会让诸侯猜疑，立诸侯而不让大夫猜疑，立嫡子而不让庶子猜疑。猜疑就会产生斗争，斗争就会产生混乱。因此诸侯失去地位那么天下就会混乱，大夫没有等级那么朝廷就会混乱，妻妾不区分开那么家庭就会混乱，嫡庶没有区别那么宗族就会混乱。慎子说："如今一只兔子跑，一百个人追逐，并非一只兔子足够一百个人分配，原因是归属没有确定。归属没有确定，就是尧也没有办法施展力量，而何况是众人呢？市场上到处都是兔子，走过的人都不回头看，并非不想要兔子，原因是归属已经确定了。归属已经确定，人们即使浅陋，也不会争夺。"所以治理天下治理国家，在于确定归属名分而已。

庄王围宋九月，康王围宋五月，声王围宋十月。楚三围宋矣而不能亡，非不可亡也，以宋攻楚，奚时止矣？凡功之立也，贤不肖强弱治乱异也。

齐简公有臣曰诸御鞅，谏于简公曰："陈成常与宰予，之二臣者甚相憎也，臣恐其相攻也。相攻唯固则危上矣。愿君之去一人也。"简公曰:"非而细人①所能识也。"居无几何,陈成常果攻宰予于庭,即②简公于庙。简公喟③焉太息曰:"余不能用鞅之言,以至此患也。"失其数,无其势,虽悔无听鞅也,与无悔同,是不知恃可恃而恃不恃也。周鼎著象,为其理之通也。理通,君道也。

【注释】①细人:地位低微之人。②即:乘、趁。③喟(kuì):长声叹息。

【译文】楚庄王包围宋国九个月,楚康王包围宋国五个月,楚声王包围宋国十个月。楚国三次包围宋国,而不能消灭宋国。并非不可以灭亡宋国,拿一个像宋国一样无德的国家去攻打宋国,战争什么时候才能停止呢?凡是功业的建立,是贤能与不贤能、强与弱、治理与混乱不相同的缘故。

齐简公有个臣子叫作诸御鞅,劝谏齐简公说:"陈成常和宰予,这两个臣子,互相间很是憎恨。臣下害怕他们互相攻打,一旦固执地互相攻打,那么就会危及君上。希望君主罢免一个人。"齐简公说:"这不是你这样地位低微的人所能认识的。"过了没多久,陈成常果然在朝廷上攻打宰予,趁机在宗庙攻打齐简公。齐简公长声叹息说:"我不能听从诸御鞅的话,以至于遭此祸患。"失去了驾驭官吏的方法,没有了权势,即使后悔没有听从诸御鞅的话,但与没有后悔是相同的结果,这就是不知道可以依靠而依靠了不可依靠的后果。周国的大鼎铸刻了各种形象,就是为了事和理的贯通。事理贯通,就是君主的应当掌握的原则啊!

不 二

【题解】本篇主要探讨统一的重要性。如果一个团体不能做到统一，那么必然就会混乱。但治理一个国家，却不能只听从一种意见，只服从一个圣人。一个国家，有许多人，有许多团体，是呈多样化发展的。所以，从大的范围来说，要求同存异，允许不同思想的存在。从小的范围来说，却需要人们的统一。因为只有统一，才能够同心协力。

七曰：

听群众人议以治国，国危无日矣。何以知其然也？老聃贵柔，孔子贵仁，墨翟①贵廉，关尹②贵清，子列子贵③虚，陈骈贵齐④，阳生贵己⑤，孙膑⑥贵势，王廖⑦贵先，兒良⑧贵后。此十人者，皆天下之豪士也。有金鼓，所以一耳也；同法令，所以一心也；智者不得巧，愚者不得拙，所以一众也；勇者不得先，惧者不得后，所以一力也。故一则治，异则乱；一则安，异则危。夫能齐万不同，愚智工拙，皆尽力竭能，如出乎一穴者，其唯圣人矣乎！无术之智，不教之能，而恃强速贯习，不足以成也。

【注释】①墨子：名翟，宋国人，宋国大夫，是墨家学派的创始人。②关尹：即尹喜，周朝大夫，自幼究览古籍，精通历法，善观天文，习占星之术，能知前古而见未来。③贵：崇尚，重视。④陈骈：即田骈，又称陈骈，齐国人，本学黄老，与慎到齐名，代表作品有《田子》。齐：平等。⑤阳生：即杨朱，魏国人，是道家杨朱学派的创始人。⑥孙膑：齐国人，是孙武的后代。兵家代表人物。⑦王廖：战国时期的名将兼兵法家，善用兵。⑧倪良：又称"儿良"，与孙膑齐名，是中国兵谋贵后军事思想的鼻祖，著有《倪良兵法》一书。

【译文】第七：

听从众多的人议论来治理国家，国家很快会遭遇危险。怎么知道这其中的原因呢？老聃崇尚柔弱，孔子崇尚仁爱，墨翟崇尚廉洁，关尹子崇尚清静，子列子崇尚空虚，陈骈崇尚平等，阳生崇尚自我，孙膑崇尚时势，王廖崇尚预先，儿良崇尚延后。这十个人，都是天下的豪杰人士。军队里有了鸣金或击鼓，所以能够统一行动；必然相同法令，所以才能统一思想；聪明的人不得灵巧，愚蠢的人不得笨拙，所以才能统一大家的智力；勇敢的人不得抢先，胆怯的人不得落后，是为了统一大家的力量。所以统一才能治理，不统一治理就会混乱；统一才能安定，不统一就会危险。能够使众多不同的事物齐同，那么愚者智者工巧者笨拙者都能够尽到力量竭尽才能了，就像同出于一穴，恐怕只有圣人了。没有驾驭官吏方法的智谋，不经过教化而具有的才能，而依靠强权、敏捷、贯通、熟习，是不足实现这些的。

执 一

【题解】本篇主要探讨的是统一权力。王者掌握统一的法则，就能使万物端正。军队必须有将领，所以才能统一号令；国家必须有君主，所以才能统一领土。如果不能统一自己的言行，那么也就不能统一一家人的言行,如果连一家人的言行都统一不了,又怎么能统一一个团体的言行呢?如果连一个团体的人的言行都统一不了,又怎么能统一一个国家的人的言行呢?所以,修养自己的言行,统一自己的言行,做好一个人,才能谈得上做其他。

八曰:

天地阴阳不革^①,而成万物不同。目不失其明,而见白黑之殊;耳不失其听,而闻清浊之声。王者执^②一,而为万物正。军必有将,所以一之也;国必有君,所以一之也;天下必有天子,所以一之也;天子必执一,所以抟^③之也。一则治,两则乱。今御骊^④马者,使四人,人操一策,则不可以出于门闾^⑤者,不一也。

【注释】①革:变革、更改。②执:拿、持、掌握。③抟(tuán):东西捏聚成团。④骊:通"丽",附丽,并列,用两匹或四匹马驾车。⑤闾(lú):里巷的大门。

【译文】第八:

天地阴阳不改变规律,就能成就万物的不同。眼睛不失去明亮,就能分辨出黑白的差别。耳朵不失去听觉,就能听见清浊不同的声音。王者掌握统一的法则,就能成为万物的主宰。军队必须有将领,这是为了统一军队的行动;国家必须有君主,这是为了统一全国的行动;天下必须有天子,用来统一天下的行动;天子必须掌握统一,这是为了使权力集中。统一就能治理好,不统一就会造成混乱。譬如驾御并排的四匹马,让四个人驾车,每个人拿一根马鞭，那么就不可能驾出里巷的大门，这是因为行动不统一。

楚王问为国于詹子^①。詹子对曰："何闻为身，不闻为国。"詹子岂以国可无为哉？以为为国之本在于为身，身为而家为，家为而国为，国为而天下为。故曰以身为家，以家为国，以国为天下。此四者，异位同本。故圣人之事，广之则极宇宙、穷日月，约之则无出乎身者也。慈亲不能传于子，忠臣不能入于君，唯有其材者为近之。

【注释】①詹子：指战国时哲学家詹何。相传詹何"引盈车之鱼于百仞之渊、汩流之中，纶不绝，钩不伸，竿不挠"。

【译文】楚王向詹子询问治理国之事，詹子回答说："只听说如何修养自身，没有听说如何治理国家。"詹子怎么会认为国家是可以不要治理的呢？因为治理国家的根本，在于修养自身。自身修养好了一家就治理好了，一家治理好了而一国就能治理好了，一国治理好了而天下就治理好了。所以说以自身修养来治理家庭，以家庭治理好来治理国家，以国家治理好来治理天下。这四种情形，位置不同而根本相同。所以圣人所做的事情，广泛地说就是到达宇宙，穷尽日月，往简单来说没有离开修养自身的。就算是慈父慈母不一定能把好品德传给儿女，就算是忠臣也不能所有意见都被君主听取，唯有懂得修养自身的儿子和君主才能接近于做到这一点。

田骈以道术说齐。齐王应之曰:"寡人所有者齐国也,愿闻齐国之政。"田骈对曰:"臣之言,无政而可以得政。譬之若林木,无材而可以得材。愿王之自取齐国之政也。骈犹浅言之也,博言之,岂独齐国之政哉?变化应求而皆有章,因性任物而莫不宜当,彭祖以寿,三代以昌,五帝以昭,神农以鸿①。"

【注释】①鸿:通"洪",洪大。

【译文】田骈以道术游说于齐国,齐王回答说:"寡人所拥有的,就是齐国,希望能听到如何治理齐国的政治。"田骈回答说:"我的言论,没有政治但可以推知到政治。就像林木,本身虽然不是木材而可以得到木材。希望大王自己可以从我的话中选取治理齐国政治的道理。"田骈这还是比较浅显的言说,就广泛地说,岂止是治理齐国前政事是如此呢?变化回应求索都是有章可循的,根据其本性来使用万物,就没有什么不恰当合适的,彭祖以寿命闻名于世,夏商周三代以昌盛闻名于世,五帝以功业卓著闻名于世,神农以洪大闻名于世。

吴起谓商文①曰:"事君果有命矣夫!"商文曰:"何谓也?"吴起曰:"治四境之内,成训教,变习俗,使君臣有义,父子有序,子与我孰贤?"商文曰:"吾不若子。"曰:"今日置质②为臣,其主安重;今日释玺辞官,其主安轻;子与我孰贤?"商文曰:"吾不若子。"曰:"士马成列,马与人敌,人在马前,援枹③一鼓,使三军之士,乐死若生,子与我孰贤?"商文曰:"吾不若子。"

吴起曰:"三者,子皆不吾若也,位则在吾上,命也夫事君!"商文曰:"善。子问我,我亦问子。世变主少,群臣相疑,黔^④首不定,属之子乎?属之我乎?"吴起默然不对,少选^⑤曰:"与子。"商文曰:"是吾所以加于子之上已。"吴起见其所以长,而不见其所以短;知其所以贤,而不知其所以不肖。故胜于西河,而困于王错,倾造大难,身不得死焉。

夫吴胜于齐,而不胜于越;齐胜于宋,而不胜于燕。故凡能全国完身者,其唯知长短赢绌^⑥之化邪。

【注释】①商文:魏国大臣。②质:古代贸易用的券书、盟约。③桴(fú):通"枹",鼓槌。④黔:平民,百姓。⑤选:片刻,须臾。⑥绌:通"黜",贬退。

【译文】吴起对商文说:"侍奉君主果然是命运确定的吗?"商文说:"这是什么意思?"吴起说:"治理四方边境之内,成就训导教化,改变风俗习惯,让君臣之间存有道义,父子都讲次序,您跟我比哪一个强些?"商文说:"我不如先生。"吴起说:"如今设置盟约为臣,让君主安定尊贵;如今交出官印辞官,君主地位就轻微,先生与我谁强些呢?"商文说:"我不如先生。"吴起说:"士兵马匹排列,马与人相对,人在马的前面将要发起进攻,拿着鼓槌击鼓,使三军士兵视死如归,先生与我谁更强些?"商文说:"我不如先生。"吴起说:"这三种情况先生都说不如我强,可是地位却在我的上面,这不就是侍奉君主的命运吗?"商文说:"好的。先生问我,我也问先生。世道改变,君主

年少，群臣互相猜疑，百姓不安定，这种情况下，该把政权托付给
您呢，还是托付给我呢？"吴起默然不回答，过了一会儿，吴起
说："应托付给您。"商文说："这就是我的地位在先生之上的原
因。"吴起只看见自己的长处，而看不见自己的短处，知道自己的
优点，却不知道自己的缺点。所以他在西河取胜，而为王错所困，
不久造成大难，自身不得善终。

　　吴国能战胜齐国，而不能战胜越国。齐国能战胜宋国，而不
能战胜燕国。所以凡是能保全国家完善自身的人，只有知晓自己
的长处短处取胜贬退的变化才可以做到。

审应览第六

审 应

【题解】本篇主要论述慎重应接。君王治理天下，一定要慎重于自己的言行，因为很多人都在注视着自己，不可以大意。文章通过列举孔思、公子食我、田诎的例子，说明虽然别人有不对的地方，但是自己也要慎重对待自己的言行；通过赵惠王、公子沓的例子告诉我们要换位思考，同时要懂得做好自己，才能不被别人诟病。

一曰：

人主出声应容①，不可不审。凡主有识，言不欲先。人唱我和，人先我随。以其出为之入，以其言为之名，取其实以责其名，则说者不敢妄言，而人主之所执其要矣。

【注释】①应容：应接的仪容。

【译文】第一：

君主说话和应接的仪容，不能不慎重。凡是有见识的君主，说话时都不想先说。别人说我就应和，别人先做了我就跟随着。以他外在的表现来观察他的内心世界，以他说话的内容来观察他的名声，以他的实际作为来倒推他的名声。所以，游说的人就不敢胡说八道了，那么君主就掌握了治理的根本原则了。

孔思请行。鲁君曰："天下主亦犹^①寡人也，将焉之？"孔思对曰："盖闻君子犹鸟也，骇^②则举。"鲁君曰："主不肖而皆以然也，违不肖，过不肖，而自以为能论^③天下之主乎？凡鸟之举也，去骇从不骇。去骇从不骇，未可知也。去骇从骇，则鸟曷为举矣？"孔思之对鲁君也亦过矣。

【注释】①犹：如同，好像。②骇：受惊。③论：通"抡"。选择。
【译文】孔思请求告辞，鲁国君王说："天下的君主都和我一样，你打算要去哪呢？"孔思回答说："听说君子像鸟一样，受到惊吓就飞走。"鲁国君主说："君主不贤明当然会这样。离开不贤明的，还找到了一个不贤明的，你认为自己能够了解天下的君主吗？凡是飞走的鸟，都离开了它受惊吓的地方到不惊吓它的地方去，惊吓与不惊吓，谁也不知道，离开受惊吓的地方又到了另一个受惊吓的地方，那么鸟为什么还要飞走？"孔思那样回答鲁国君主也是有不对的地方的。

魏惠王使人谓韩昭侯曰："夫郑乃韩氏亡之也，愿君之封其后也，此所谓存亡继绝之义，君若封之则大名^①。"昭侯患之。公子食我曰："臣请往对之。"公子食我至于魏，见魏王曰：
"大国命弊邑封郑之后，弊邑不敢当也。弊邑为大国所患，昔出
公之后声氏为晋公，拘于铜鞮②，大国弗怜也，而使弊邑存亡继
绝，弊邑不敢当也。"魏王惭曰："固非寡人之志也，客请勿复
言。"是举不义以行不义也。魏王虽无以应，韩之为不义愈益厚
也。公子食我之辩，适足以饰非遂过。

【注释】①大名：显赫的名气。②铜鞮（tóng dī）：铜鞮是沁县古
县名，也是中国历史上最早的建制县之一。早在春秋时期，铜鞮作为晋国
东部政治、经济、军事、文化中心，在晋国完成其霸业过程中，发挥了举
足轻重的作用。

【译文】魏惠王派人去对韩昭侯说："郑国乃是韩国打败灭
亡的，请求您封赏郑国君主的后代。这就是灭亡的国家还能存
在、延续灭亡断绝的道义。君主如果这样做了，封赏郑国君主的
后代，那么您就会有显赫的名气。"韩昭侯很担心，公子食我说：
"我请求去回答他。"公子食我到了魏国，见魏王后说："您让我
们这样的小国封赏郑国君主的后代，我们国家不敢答应啊。我们
国家被大国当成忧患。曾经晋出公的后代声氏当上了晋国君王，
被困在铜鞮，您国都不怜悯他，现在让我们这个小国来保存灭亡
的国家、延续道义，我国不敢答应。"魏王很惭愧地说："这并不
是我的本意，请您不要再多说了。"这是列举出不道义的行为来
辩解自己做的不义的事。魏王虽然没什么话应答，但韩国不义的
行为却是更加厉害了。公子食我的善辩，恰好是将过错很好地掩
饰过去了。

魏昭王^①问于田诎曰："寡人之在东宫之时，闻先生之议曰：'为圣易。'有诸^②乎？"田诎对曰："臣之所举也。"昭王曰："然则先生圣于？"田诎对曰："未有功而知其圣也，是尧之知舜也；待其功而后知其舜也，是市人之知圣也。今诎未有功，而王问诎曰'若圣乎'，敢问王亦其尧邪^②？"昭王无以应。田诎之对，昭王固非曰"我知圣也"耳，问曰"先生其圣乎"，己因以知圣对昭王，昭王有非其有，田诎不察。

【注释】①魏昭王：姬姓，魏氏，名遫，魏襄王之子，公元前295年至公元前277年在位。②诸：这样的。③邪：通"耶"，疑问词。

【译文】魏昭王问田诎说："我在东宫当太子的时候，听到先生议论说：'当圣贤是很容易的。'有这回事吗？"田诎回答说："是我说的。"昭王说："那么你是圣贤吗？"田诎回答说："没有功绩就知道他是圣人，因为尧了解舜，等到有了功绩之后才知道舜的，这是市井凡人了解的圣贤。现在我田诎虽然没有功绩，可是您问我：'你是圣贤吗？'请问君王您也是尧吗？"昭王无话可说。田诎的回答，昭王本来并不是说"我知道圣贤"，而是问"先生您是圣贤吗"，田诎用了解圣贤的话来回答昭王的提问，这样昭王就获得了他本来没有的名誉，田诎回答得不审查。

赵惠王谓公孙龙曰^①："寡人事偃兵十馀^②年矣，而不成，兵不可偃乎？"公孙龙对曰："偃兵之意，兼爱天下之心也。兼爱天下，不可以虚名为也，必有其实。今蔺、离石入秦，而王缟素布总③；东攻齐得城，而王加膳置酒。秦得地而王布总，齐亡地而王加膳，所非兼爱之心也。此偃兵之所以不成也。"今有人于此，无礼慢易而求敬，阿党④不公而求令，烦号数变而求静，暴戾贪得而求定，虽黄帝犹若困。

【注释】①赵文王：亦称赵惠文王，嬴姓，赵氏，名何，赵武灵王次子，公元前298年至公元前266年在位。②馀：通"余"，多。③缟素：居丧所穿的衣服。布总：服丧时用来束头发的麻布。④阿党：逢迎上意，徇私枉法；比附于下，结党营私。

【译文】赵惠王对公孙龙说："我已经停战十多年了，可是为什么还没有成功呢？难道是不能停止战争吗？"公孙龙回答说："停战的本意，体现了兼爱天下人的思想。兼爱天下人，不是靠虚名来实现的，必须要有实际作为。现在蔺、商石都划分到了秦国手里，您就披麻戴孝表示悲伤，向东攻打齐国收获了城池，您就喝酒加餐表示庆贺。秦国得到土地您就披麻戴孝，齐国丢失土地您就喝酒加餐庆贺，这不是兼爱天下人的思想。这就是您之所以停战才不能成功的原因啊。"假如有像这样的一个人，傲慢无礼但是想受到尊敬，逢迎上意徇私枉法，比附于下结党营私处事不公但是想得到好名声，每次都烦乱号令却想平静，残暴乖戾贪得无厌却想安定，即使是黄帝这样的人也会束手无策。

卫嗣君①欲重税以聚粟，民弗安，以告薄疑②曰："民甚愚矣。夫聚粟也，将以为民也。其自藏之与在于上奚③择？"薄疑曰："不然。其在于民而君弗知，其不如在上也；其在于上而民弗知，其不如在民也。"凡听必反诸己，审则令无不听矣。国久则固，固则难亡，今虞、夏、殷、周无存者，皆不知反诸己也。

【注释】①卫嗣君：亦作卫孝襄侯，姬姓，子南氏，卫平侯之子，公元前334年至公元前293年在位。②薄疑：卫嗣君大臣。③奚：怎么。

【译文】卫嗣君想增加赋税来积累粮食，百姓很不安，他告诉薄疑说："百姓很愚昧啊。我聚积粮食，将来是为了百姓啊，自己保存和上交给国家保存，他们会怎么选择呢？"薄疑说："不对。粮食在百姓那里您就不知道，这就不如保存到国家了；粮食保存在国家那里人民就不能知道，这就不如保存在百姓那里了。"凡是听到一定要反省自身，能慎重那么命令就没有人不听从了。国家时间长了就会稳定，国家稳固就不会灭亡。现在虞、夏、商、周没有存在，都是因为不知道反省自身。

公子沓相周，申向说之而战①。公子沓訾②之曰："申子说我而战，为吾相也夫？"申向曰："向则不肖。虽然，公子年二十而相，见老者而使之战，请问孰病哉？"公子沓无以应。战者，不习也；使人战者，严驵③也。意者恭节而人犹战，任不在贵者矣。故人虽时有自失者，犹无以易恭节。自失不足以难，以严驵则可。

【注释】①战：通"颤"，发抖。②訾（zī）：指责，厌恶。③严驵：驵，通"怚"。严厉骄横。

【译文】公子沓当上周国的相，申向劝说他的时候会战栗害怕。公子沓责备他说："您劝说我的时候战栗害怕,是因为我是相吧?"申向说:"我是不贤德的,即便这样,您二十岁就当了宰相,见到年老的人也会让他们战栗害怕,请问这是谁的原因呢?"公子沓无话可说。战栗害怕是因为不习惯面见尊贵的人,让人战栗害怕是因为严厉骄横。谦虚恭敬对待别人但还是战栗害怕,那责任就不在这个人了。别人即使有时候会犯错误,但不能改变谦虚恭敬待别人的态度。因此别人犯过失不足以责难,用严厉骄横的态度待人就应该的了。

重^①言

【题解】本篇旨在论述慎重言说。天子要一言九鼎,所以言说不可以不慎重。作者举了四个例子,殷高宗三年不说话、周成王戏言封赏、楚庄王不听政、齐桓公和管仲慎言,说明君子慎言,的确很重要。对于普通民众来说,日常行为中也需要谨言,这样才能避免不必要的麻烦。

二曰:

人主之言,不可不慎。高宗,天子也,即位谅闇^②,三年不言。卿大夫恐惧,患^③之。高宗乃言曰:"以余一人正四方,余唯恐言之不类^④也,兹故不言。"古之天子,其重言如此,故言无遗者。

成王与唐叔虞燕^⑤居,援梧叶以为圭^⑥,而授唐叔虞曰:

"余以此封女。"叔虞喜，以告周公。周公以请曰："天子其封虞邪？"成王曰："余一人与虞戏也。"周公对曰："臣闻之，天子无戏言。天子言，则史书之，工诵之，士称之。"于是遂封叔虞于晋。周公旦可谓善说矣，一称而令成王益重言，明爱弟之义，有辅王室之固。

【注释】①重：庄重、稳重、慎重。②谅闇(àn)：古代天子守孝的名称。③患：担忧、忧虑、害怕。④类：不知轻重缓急。⑤唐叔虞：亦称叔虞、太叔，姬姓，名虞，字子于，周武王姬发之子，因封在唐国，史称唐叔虞。燕居：退朝而处，闲居。⑥圭：古玉器名。长条形，上端作三角形，下端正方。中国古代贵族朝聘、祭祀、丧葬时以为礼器。

【译文】第二：

君主说的话，不可以不慎重。殷朝的高宗，是天子，即位后守孝，三年不说话。卿大夫们感到恐惧，都表示很担忧。高宗于是才说道："以我一个人的力量去匡正四方，我唯恐我的言说不知轻重缓急，所以才不说话。"古代的天子，如此慎重言说，所以说的话才没有失误。

周成王与弟弟唐叔虞在家安闲时，摘下一片梧桐树叶当作珪，交给唐叔虞说："我把这个封给你。"唐叔虞很高兴，并告诉了周公。周公就向周成王请示说："天子打算封赏叔虞吗？"周成王说："我和叔虞开的玩笑。"周公回答说："我听说，天子无戏言。天子说一句话，那史官记录下来，乐人朗诵，士人称颂。"于是周成王就封赏叔虞建立晋国。周公旦可以说是善于劝说了，一劝说就让周成王更加慎重于言说，使爱护弟弟这种道义彰明，又使周王室更加巩固。

荆庄王立三年，不听而好讔^①。成公贾入谏。王曰："不
穀禁谏者，今子谏，何故？"对曰："臣非敢谏也，愿与君王讔
也。"王曰：'胡^②不设^③不穀矣。"对曰："有鸟止于南方之
阜^⑤，三年不动不飞不鸣，是何鸟也？"王射^④之曰："有鸟止于
南方之阜，其三年不动，将以定志意也；其不飞，将以长羽翼
也；其不鸣，将以览民则也。是鸟虽无飞，飞将冲天；虽无鸣，鸣
将骇人。贾出矣，不穀知之矣。"明日朝，所进者五人，所退者十
人。群臣大说，荆国之众相贺也。故《诗》曰："何其久也，必有
以也，何其处也，必有与也。"其庄王之谓邪？成公贾之讔也，
贤于太宰嚭^⑥之说也。太宰嚭之说，听乎夫差，而吴国为墟；成
公贾之讔，喻乎荆王，而荆国以霸。

【注释】①讔（yǐn）：隐语、谜语。②胡：怎样、何。③设：创立，
建立，开创。④射：猜度。⑤阜（fù）：土山。⑥太宰嚭（pǐ）：伯嚭，又作
伯否，春秋晚期人，出身于楚国贵族，吴王夫差时期太宰，人称太宰否。

【译文】楚庄王当上君主三年，不听政而喜欢隐语。成公贾
入朝劝谏，楚庄王说："我禁止劝谏者来劝诫，而你却来劝谏，
是什么原因？"成公贾回答说："我不敢劝谏，我希望和您说隐
语。"楚庄王说："何不创立一个隐语给我看看？"成公贾回答
说："有只鸟儿停息在南方土山上，三年不动不飞不鸣叫，这是什
么鸟？"楚庄王猜测，说："有只鸟儿停息在南方土山上，之所以

三年不动，是确定意志；它不飞，是打算丰满羽翼；不鸣叫，是要观察民众的法则。这只鸟虽然不飞，一飞起来将会冲上天，虽然不鸣叫，一叫起来将会惊吓到人。你出去吧，我知道隐语的意思了。"第二天上朝，提拔五人，罢免十个人。群臣都很高兴，楚国百姓也互相祝贺。所以《诗经》上说："为何这么久不行动呢？必然是有原因的。为何安居不动？必然是有缘故的。"这应该说的就是楚庄王吧！成公贾的隐语，比太宰嚭的劝说还要贤明。太宰嚭的劝说，夫差听从了，吴国却因此成为废墟；成公贾的隐语，楚王理解了，而楚国却从此称霸。

　　齐桓公与管仲谋伐莒^①，谋未发而闻于国，桓公怪之曰："与仲父谋伐莒，谋未发而闻于国，其故何也？"管仲曰："国必有圣人也。"桓公曰："譆！日之役者，有执蹠^②枱^③而上视者，意者其是邪？"乃令复役，无得相代。少顷，东郭牙至。管仲曰："此必是已。"乃令宾者延之而上，分级而立。管子曰："子邪言伐莒者？"对曰："然。"管仲曰："我不言伐莒，子何故言伐莒？"对曰："臣闻君子善谋，小人善意。臣窃意之也。"管仲曰："我不言伐莒，子何以意之？"对曰："臣闻君子有三色：显然喜乐者，钟鼓之色也；湫^④然清静者，衰绖^⑤之色也；艴^⑥然充盈，手足矜者，兵革之色也。日者臣望君之在台上也，艴然充盈，手足矜者，此兵革之色也。君呿^⑦而不唫^⑧，所言者'莒'也；君举臂而指，所当者莒也。臣窃以虑诸侯之不服者，其惟莒乎。臣故言之。"凡耳之闻以声也，今不闻其声，而以其容与臂，是东郭牙不以耳听而闻也。桓公、管仲虽善匿，弗能隐矣。故圣人听于无声，视于无形，詹何、田子方、老耽是也。

【注释】①莒（jǔ）：中国周代诸侯国名，在今山东省莒县一带。②蹢（zhí）：指脚上的蹢骨，意为落脚。③枱（sì）：古代翻土农具上的木柄。④湫（qiū）：凝集、积滞。⑤绖（dié）：旧时用麻做的丧带，系在腰或头上，古代丧服上的麻带子。⑥艴（fú）：恼怒的样子。⑦呿（qū）：张口的样子。⑧唫（jìn）：口闭。

【译文】齐桓公与管仲谋划征伐莒国，计谋还没有发布但全国人都知道了。齐桓公感到奇怪说："与仲父谋划征伐莒国，计谋还没有发布而全国人都知道了，这是什么原因呢？"管仲说："国内必然有聪明的人。"齐桓公说："嘻，白天在此服役的，有个人拿着脚下的耒向上看，我猜想可能是他吧。"于是命令让那个服役的人再来，不准替代。过了一会儿，东郭牙来了。管仲说："一定是这个人把消息传出去的。"于是命令礼宾官带他上来，几个人分等级而站立，管仲和他分宾主在台阶上站好。管仲说："传播征伐莒国消息的人是你吧？"东郭牙回答说："是的。"管仲说："我们没有说过征伐莒国，你为什么传播征伐莒国的消息呢？"东郭牙回答说："我听说君子善于谋划，小人善于猜测。我是私下猜测的。"管仲说："我们没说征伐莒国，你是怎么猜测的呢？"东郭牙回答说："我听闻君子有三种脸色：面有喜乐之色，就是欣赏钟鼓时的神色；面有凝重清峻之色，就是赴丧的神色；面有恼怒之气充盈，手足庄重，就是用兵打仗的神色。那天我看见君子在台上，怒气冲冲，手足庄重，这就是用兵打仗的神色。您嘴张开了，没有闭上，所说的就是莒字；你举起胳膊指点，所指向的就是莒国。我就私下猜测诸侯中不服从的，就只有莒国，所以就说要征伐莒国。"凡是耳朵听到的，就是声音，如今没有听到声音，而只看到脸色和手臂知晓别人的意图，这就是东郭牙不以耳朵听而能听见。齐桓公、管仲虽然善于藏匿，但却不能隐藏他们的动作。所以圣人听于无声，看于无形，詹何、田子方、老聃也是这样的人。

精 谕

【题解】有时候言语不能表达内心真实的想法，如果想真正地了解一个人，要从他的神情来判断。文章列举胜书劝说周公旦，孔子见到温伯雪子不用听他说话，从他的神情就能判断出，以及管仲通过齐桓公的神情就知道他不攻打卫国的例子，说明了判断不一定是从言语，有时候不说话就能知道内心的真实想法。

三曰：

圣人相谕①不待言，有先言言者也。海上之人有好蜻者，每居海上，从蜻游，蜻之至者，百数而不止，前后左右尽蜻也，终日玩之而不去。其父告之曰："闻蜻皆从女居，取而来，吾将玩之。"明日之海上，而蜻无至者矣。

【注释】①谕：明白，了解。
【译文】第三：

圣贤的人相互了解都不需要语言，思想可以先于语言表达出来。海上有个人特别喜欢青鸟，每次在海上住的时候，和青鸟一起玩耍，跟他玩的青鸟，飞来的数以百计都不止，前后左右都是青鸟，跟它们玩一天这些青鸟也不离开。他的父亲告诉他说："听说青鸟都喜欢跟着你一起，把它们带来，我想要欣赏它们。"第二天去海上，没有一只青鸟来了。

胜书说周公旦曰："廷小人众，徐言^①则不闻，疾言^②则人知之，徐言乎？疾言乎？"周公旦曰："徐言。"胜书曰："有事于此，而精言^③之而不明，勿言之而不成，精言乎？勿言乎？"周公旦曰："勿言。"故胜书能以不言说，而周公旦能以不言听，此之谓不言之听。不言之谋，不闻之事，殷虽恶周，不能疵^④矣。口吻^⑤不言，以精相告，纣虽多心，弗能知矣。目视于无形，耳听于无声，商闻虽众，弗能窥矣。同恶同好，志皆有欲，虽为天子，弗能离矣。

【注释】①徐言：低声细语。②疾言：急遽地说话。③精言：精妙的言辞。④疵：挑剔、指责。⑤吻（wěn）：同"吻"。

【译文】胜书劝说周公旦说："地方小但人多，低声细语别人就不能听到，急遽地说话别人就会知道。是低声细语呢，还是急遽地说话呢？"周公旦说："低声细语。"胜书说："有这样一件事，隐微地说就说不明白，不说明白就办不成。是隐微地说呢，还是不说明白呢？"周公旦说："不说明白。"所以胜书能凭着不说明白来劝说周公，而周公旦也能以不说明白来听懂他的意思。这就是不说明白也能听懂。不说出计谋，不听到事情，殷商虽然厌恶周朝，但是也不能挑其毛病。嘴不说话，用神情来告诉对方，纣即使很多心，但是也不能知道啊。眼睛看无形的东西，耳朵听无声的声音，商朝探子虽然很多，但是不能窥到秘密。同样的爱好同样的厌恶，志向欲望都有，即使是天子，也不能分离出来。

孔子见温伯雪子，不言而出。子贡曰："夫子之欲见温伯雪子好^①矣，今也见之而不言，其故何也？"孔子曰："若夫人者，目击而道存矣，不可以容声矣。"故未见其人而知其志，见其人而心与志皆见，天符^②同也。圣人之相知，岂待言哉？

【注释】①好：好久。②天符：天道。

【译文】孔子见到温伯雪子，不说话便出来了。子贡说："先生很久之前就想见到温伯雪子了，现在见到了却不说话，这是什么缘故呢？"孔子说："像他那样的人，看一眼就知道他是有道义存在的，不需要讲话了。"所以还没有见到人就能知道了他的志向，见到本人他的心和志向都会显现出来，这是与天道相合。圣人相互了解，哪还需要言语啊？

白公^①问于孔子曰："人可与微言^②乎？"孔子不应。白公曰："若以石投水，奚若？"孔子曰："没人能取之。"白公曰："若以水投水，奚若？"孔子曰："淄、渑^③之合者，易牙尝而知之。"白公曰："然则人不可与微言乎？"孔子曰："胡为不可？唯知言之谓者为可耳。"白公弗得也。知谓则不以言矣。言者，谓之属也。求鱼者濡④，争兽者趋，非乐之也。故至言去言，至为无为。浅智者之所争则末矣。此白公之所以死于法室。

【注释】①白公：即白公胜，芈姓，熊氏，名胜，号白公，太子建之子。②微言：隐微不显、委婉讽谏的言辞。③淄、渑：即淄水和渑水，皆属于齐国。④濡：沾湿。

【译文】白公问孔子说："人可以说隐微不显的话吗？"孔子没有回答。白公说："是不是就像把石头投入水中一样没有人知道呢？"孔子说："在水中的人能知道。"白公说："是不是像把水倒入水中一样，就没有人知道呢？"孔子说："淄水、渑水汇合在一起，易牙尝一尝就能知道了。"白公说："那么就是说人不可以说隐微不显的话吗？"孔子说："为什么不可以？只有懂得说话内容的人才可以啊。"白公不懂得说话的内容是什么意思。懂得意思就不需要用言语了，说话，就是表达意思的，捕鱼的要沾湿，争抢野兽的要跑，并不是他们愿意做的。所以，说话的最高境界是抛去言语，作为的最高境界是不作为。智商低的人所争的都是很渺小的。这就是白公死在监狱里的原因。

齐桓公合诸侯，卫人后至。公朝而与管仲谋伐卫，退朝而入，卫姬望见君，下堂再拜，请卫君之罪。公曰："吾于卫无故，子曷为请？"对曰："妾望君之入也，足高①气强，有伐国之志也；见妾而有动色，伐卫也。"明日君朝，揖管仲而进之。管仲曰："君舍卫乎？"公曰："仲父安识之？"管仲曰："君之揖朝也恭，而言也徐，见臣而有惭色，臣是以知之。"君曰："善。仲父治外，夫人治内，寡人知终不为诸侯笑矣。"桓公之所以匿者不言也，今管子乃以容貌音声，夫人乃以行步气志，桓公虽不言，若暗夜而烛燎^②也。

【注释】①足高：举步高远。②烛燎：燃炬照耀。

【译文】齐桓公召集诸侯，卫国人晚到了。桓公上朝时和管仲商量着要攻打卫国。退朝回到后庭，卫姬看到君王，下到台阶下拜了拜，为卫君请罪。桓公说："我和卫国没有矛盾，你请什么罪呢？"卫姬回答说："我看见你进来的时候迈着大步，很生气，有攻打别国的想法。见到我之后就改变了面容，这是要攻打卫国啊。"第二天桓公上朝时，作揖把管仲请进来。管仲说："您放弃攻打卫国了吗？"桓公说。"仲父是怎么知道的？"管仲说："您上朝时作揖恭敬，言语也慢，见到我脸上有愧疚的面色，我是根据这个知道的。"桓公说："是的。仲父治理宫廷外面，夫人治理宫廷里面，我知道自己终究不会被诸侯们笑话了。"桓公隐藏自己意图的方法是不说话，现在管子却凭着声音容貌，夫人凭着走路形态感觉到了。桓公即使不说话，他的想法却像黑夜燃炬照耀一样清楚。

晋襄公使人于周曰："弊邑寡君寝疾^①，卜以守龟^②曰：'三涂^③为祟^④。'弊邑寡君使下臣愿藉途而祈福焉。"天子许之。

朝，礼使者事毕，客出。苌弘谓刘康公曰："夫祈福于三涂，而受礼于天子，此柔嘉⑤之事也，而客武色，殆有他事，愿公备之也。"刘康公乃儆戒车卒士以待之。晋果使祭事先，因令杨子将卒十二万而随之，涉于棘津，袭聊、阮、梁、蛮氏，灭三国焉。此形名不相当，圣人之所察也，苌弘则审矣。故言不足以断小事，唯知言之谓者可为。

【注释】①寝疾：亦作"寑疾"，卧病。②守龟：天子诸侯占卜用的龟甲。③三涂：古山名，这里指代山神。④祟：原指鬼怪或鬼怪害人，借指不正当的行动。⑤柔嘉：柔和美善。

【译文】晋襄公派人去周朝说："我们国家的君王卧病在床，用龟甲占卜说：'是三涂神作祟。'我国君主派我来想借条路求福。"周天子答应了，上朝，接待晋国使者完毕，宾客走了出去，苌弘对刘康公说："向三涂山神求福，受礼遇于天子，这是柔和美善的事情，可宾客却带着勇武的面色，应该是有别的事，希望你有所防备。"刘康公就警戒战车士卒来防备着。晋国果然先做祭祀的事，趁机让杨子率领着十二万士兵跟着，渡过棘津，袭击了聊、阮、梁、蛮氏等小国，灭了其中三国。这就是实际和名称不符合，圣人能明察，苌弘就审察了。所以单凭语言不能用来决断事情，只有懂得话的意思才可以决断。

离 谓

【题解】本篇主要说的是语言与意志相背离，就会让人迷惑,引起混乱,导致无穷的祸患。迷惑者的毛病,就是身在迷惑中还以为自己很清醒。本篇举了邓析、齐国侍奉人、淳于髡等人的例子,证明言行不一,言不由衷,会失去人们的信任,从而导致自己的失败。

四曰:

言者,以谕①意也。言意相离,凶也。乱国之俗,甚多流言,而不顾其实,务②以相毁,务以相誉,毁誉成党,众口熏天,贤不肖不分,以此治国,贤主犹惑之也,又况乎不肖者乎?惑者之患③,不自以为惑,故惑惑之中有晓焉,冥冥④之中有昭⑤焉。亡国之主,不自以为惑,故与桀、纣、幽、厉皆也。然⑥有亡者国,无二道矣。

【注释】①谕(yù):明白,懂得。②务:专心致力于某件事。③患:疾病,毛病。④冥冥:昏暗。⑤昭:明亮。⑥然:如此,这样,那样。

【译文】第四:

语言是用来表达意思的,语言与意志相背离,就有凶险了。混乱国家的习俗是,流言蜚语很多,不顾及事实,一些人致力于互相诋毁,致力于互相赞誉,诋毁与赞誉各自形成党派,众口喧嚣,贤能与不贤能不能分别,靠着这些来治理国家,贤能的君主尚且迷惑,又何况是不贤能的君主呢?迷惑人的祸患,自己不感到迷惑,所以在迷惑之中还以为自己知道,在昏暗之中能看到光明。亡国的君主,自己不以为迷惑,所以就和夏桀王、商纣王、周幽王、周厉王是相同的。那些亡国的人，都是沿着这条路走的。

郑国多相县^①以书者。子产令无县书，邓析致^②之。子产令无致书，邓析倚^③之。令无穷，则邓析应之亦无穷矣。是可不可无辨也。可不可无辨，而以赏罚，其罚愈疾，其乱愈疾，此为国之禁也。故辨而不当理则伪，知而不当理则诈，诈伪之民，先王之所诛也。理也者，是非之宗^④也。

【注释】①县（xuán）：维系，拴系，系联。②致：招致，招徕。③倚：依靠，依赖。④宗：根本，主旨，宗旨。

【译文】郑国多有把新法令悬挂起来，子产命令不要悬挂法令，邓析却偏要修饰它们。子产命令不要修饰新法，邓析却偏要歪解他们。子产的命令没有穷尽，而邓析的应对方法也没有穷尽。这样可以的与不可以的就无法辨别。可以的与不可以的无法辨别，而加以赏罚，其惩罚就会越来越厉害，其混乱就会越来越厉害，这就是治理国家所禁止的。所以辨别但却不符合事理就会变得伪善，聪明但不恰当那么道理就会变得奸诈。奸诈伪善的人，就是先王所要惩处的人。所谓的道理，就是判断是与非的根本。

洧水^①甚大，郑之富人有溺者。人得其死者。富人请赎之，其人求金甚多，以告邓析。邓析曰："安之。人必莫之卖矣。"得死者患之，以告邓析。邓析又答之曰："安之。此必无所更买矣。"夫伤忠臣者，有似于此也。夫无功不得民，则以其无功不得民伤之；有功得民，则又以其有功得民伤之。人主之无度者，无以知此，岂不悲哉？比干、苌弘以此死，箕子、商容以此穷，周公、召公以此疑，范蠡、子胥以此流，死生存亡安危，从此生矣。

【注释】①洧（wěi）水：古水名。即今双洎河。源出今河南省登封县阳城山，自长葛县以下，故道原经鄢陵、扶沟两县南，至西华县东入颍水。北宋时为丰富蔡河水量以资漕运，自长葛县东南引洧水经鄢陵、扶沟两县北，东汇蔡河。元时因蔡河为黄河所夺而改入贾鲁河。明时又名双洎河。

【译文】洧水的水势很大，郑国有个富人溺水了，有人捞起了这个死者的尸体，富人家属请求赎回尸体，捞起死者的人索求的价钱很多，富人家属就把情况告诉了邓析，邓析说："安心等着，那个人一定无处去卖尸体。"捞起死者尸体的人也担忧，把情况告诉邓析，邓析又回答说："安心等着，这人一定无处再去买尸体了。"那些诋毁忠臣的人，与这种情况很相似。忠臣没有功绩就不得民心，那么有人就用其没有功绩不得民心而诋毁他们；忠臣有功绩就能得到民心，那么就有人因为他们有功绩得到民心而诋毁他们。君王中有不讲原则的人，不能了解这种情况，岂不是很悲哀吗？比干、苌弘因为这个被杀死，箕子、商容因为这个而窘迫，周公、召公因为这个被怀疑，范蠡、伍子胥因为这个而流亡，生死存亡安危，就是从这里产生的。

子产治郑，邓析务难之，与民之有狱者约，大狱一衣，小狱襦①袴②。民之献衣襦袴而学讼③者，不可胜数。以非为是，以是为非，是非无度，而可与不可日变。所欲胜因胜，所欲罪因罪。郑国大乱，民口讙哗。子产患之，于是杀邓析而戮之，民心乃服，是非乃定，法律乃行。今世之人，多欲治其国，而莫之诛邓析之类，此所以欲治而愈乱也。

【注释】①襦（rú）：襦有单、复。单襦近乎衫，复襦则近袄。②袴（kù）：裤的异体字。③讼：诉讼，打官司。

【译文】子产治理郑国，邓析致力于难为他，他和民众中有坐牢的人约定："要想学大的狱令就送一套衣裳，要想学小的狱令就送内衣裤一套。"民众中献上衣裳衣裤而学习狱讼的人数不胜数。人们以非为是，以是为非，是非没有标准，而且可以的与不可以的每天都在变化。所想人诉讼胜了就能让人诉讼胜了，所想要加罪的因此就会被加罪。郑国因此大乱，民众哄闹嚷嚷。子产感到很担忧，于是处决邓析而杀死他，民心这才顺服，是非这才确定，法律这才能够推行。如今世上的人，很多人都想治理自己的国家，但是不能诛杀邓析这样的人，这就是越想治理而越是混乱的原因。

齐有事人者，所事有难而弗死也，遇故人于涂①。故人曰："固不死乎？"对曰："然。凡事人以为利也。死不利，故不死。"故人曰："子尚可以见人乎？"对曰："子以死为顾可以见人乎?"是者数传。不死于其君长，大不义也，其辞犹不可服，辞之不足以断事也明矣。夫辞者，意之表也。鉴其表而弃其意，悖。故古之人，得其意则舍其言矣。听言者以言观意也。听言而意不可知，其与桥^②言无择^③。

【注释】①涂：通途，道路。②桥：通"矫"，歪曲。③择：区别。
【译文】齐国有个侍奉人的人，所侍奉的人遇难死了但他没有跟着去死。有一天在路上遇见老朋友，老朋友说："你果真不殉死吗?"这人回答说："对呀。凡是侍奉人都是为了利益，死去就没有利益了，所以不死啊。"老朋友说："那么这样还可以见人吗?"这人回答说："你以为跟着死去就可以见人了吗?"这样的话他说过多次。没有为自己的君主长辈殉葬，就是最不义的，他依旧理直气壮，他的言辞不足以判断事情是很明确的。所谓的言辞，是心意的外在表现。鉴查他的表现而抛弃他的心意，是互相背离的。所以古代的人，得到他的心意那么就舍弃他的言辞了。听闻言辞的人以言辞观察他的心意，听闻言辞而不能知晓他的心意，就与歪曲他的言辞没有区别。

齐人有淳于髡^①者，以从^②说魏王。魏王辩之，约车十乘，将使之荆。辞而行，有以横^③说魏王，魏王乃止其行。失从之意，又失横之事。夫其多能不若寡能，其有辩不若无辩。周鼎著倕^④而龁^⑤其指，先王有以见大巧之不可为也。

【注释】①淳于髡（kūn）：齐之赘婿，齐威王拜其为政卿大夫。②从：通"纵"。合纵。③横：地理上指东西向。④倕（chuí）：人名。相传为中国上古尧舜时代的一名巧匠，善作弓、耒、耜等。⑤龁（hé）：咬。

【译文】齐国有个叫淳于髡的人，以合纵学说去游说魏惠王。魏惠王认为他很善辩，就为他准备十辆马车，要派他出使楚国。在辞别要走时，他又以连横学说游说魏惠王，魏惠王就中止不让他去了。失去了合纵的主意，又失去连横之事，那拥有多种才能不如少一些才能，其拥有善辩的口才不如没有善辩的口才。周鼎上雕铸着倕咬着手指的图象，这是先王警示后人大巧是不可取的意思。

淫①辞

【题解】本篇旨在批驳淫次诡辩。文章首先举出秦国与赵国的例子，借以说明公孙龙的辩解是一种过度的言辞。后面列举唐鞅的例子，说明多余的言辞会为自身召来杀身之祸。而惠子的例子则是说明，所说的与所想的不一致，那么就会无法推行。所以，我们在表达思想时，用辞一定要准确无误，才能让别人弄懂我们的思想。

五曰：

非辞无以相期②，从辞则乱。乱辞之中又有辞焉，心之谓也。言不欺心，则近之矣。凡言者，以谕③心也。言心相离，而上无以参之，则下多所言非所行也，所行非所言也。言行相诡④，不祥莫大焉。

【注释】①淫：过度。②相期：相沟通。③谕：告诉。④诡：违反，自相矛盾。

【译文】第五：

没有言辞人们就无法会合，只听信言辞就会发生混乱。言辞中又有别的言辞，这就是人们的思想。言辞不违背思想，那么就差不多了。凡是言说，就是告诉别人自己的心意。言辞与心意互相背离，而君上就无法参验，那么下级就会有所说的不是做的，所做的就不是所说的。言行自相矛盾，没有什么比这更不吉祥的了。

空雄之遇，秦、赵相与约，约曰："自今以来，秦之所欲为，赵助之；赵之所欲为，秦助之。"居无几何，秦兴兵攻魏，赵欲救之。秦王不说①，使人让赵王曰："约曰：'秦之所欲为，赵助之；赵之所欲为，秦助之。'今秦欲攻魏，而赵因欲救之，此非约也。"赵王以告平原君。平原君以告公孙龙。公孙龙曰："亦可以发使而让②秦王曰：'赵欲救之，今秦王独不助赵，此非约也。'"

【注释】①说：通"悦"，高兴。②让：责备。

【译文】在空洛盟会的时候，秦国与赵国互相约定，盟约上说："从今以后，秦国所想要做的事，赵国就要相助；赵国所想要做的事，秦国就要相助。"过了没多久，秦国兴兵攻打魏国，赵国想要去救援。秦王很不高兴，派人责备赵惠王说："盟约上说：'秦国所想要做的，赵国就要相助；赵国所想要做的，秦国就要相助。'如今秦国想要攻打魏国，而赵国却想救援，不符合盟约。"赵惠王以此告诉平原君，平原君以此告诉公孙龙，公孙龙说："也可以派人去责备秦王说：'赵国想要救援魏国，如今秦王却不帮助赵国，这也不符合盟约。'"

孔穿、公孙龙相与论于平原君所，深而辩，至于藏三牙①，公孙龙言藏之三牙甚辩，孔穿不应，少选，辞而出。明日，孔穿朝。平原君谓孔穿曰："昔者公孙龙之言甚辩。"孔穿曰："然。几能令藏三牙矣。虽然难。愿得有问于君，谓藏三牙甚难而实非也，谓藏两牙甚易而实是也，不知君将从易而是者乎？将从难而非者乎？"平原君不应。明日，谓公孙龙曰："公无与孔穿辩。"

【注释】①藏三牙：羊有三只耳朵。

【译文】孔穿、公孙龙在平原君的住所里互相辩论，言辞深入而雄辩，说到羊有三耳的命题时，公孙龙说羊有三个耳朵，说得很有辩证逻辑，孔穿没有回应，过了一会儿，告辞走了。第二天，孔穿来朝见平原君，平原君告诉孔穿说："昨天公孙龙说的很有辩证逻辑。"孔穿说："是的，几乎能让羊有三个耳朵了，即使很难成立。希望询问您，论述羊有三个耳朵很艰难然而其实不是这样，说羊有两耳很容易而且是正确的，不知您赞同容易的同时符合事实的说法呢，还是赞同艰难的而不正确的说法呢？"平原君没有回应。第二天，告诉公孙龙说："你不要与孔穿辩论了。"

　　荆柱国庄伯令其父视，曰："日在天"；视其奚如，曰"正圆"；视其时，曰"当今"。令谒者驾，曰"无马"。令涓^①人"取冠"，"进上"。问"马齿^②"，圉人^③曰"齿十二与牙三十"。人有任^④臣不亡者，臣亡，庄伯决之，任者无罪。

　　【注释】①涓人：古代官中担任洒扫清洁的人。②齿：指年龄。③圉（yǔ）人：养马人。④任：保举，担保，保用。
　　【译文】楚国的柱国庄伯叫父亲去看看太阳是早是晚，父亲回来说："在天上。"庄伯说："看看它怎么样？"却说："正圆。"叫看看是什么时候，说："正是现在。"让谒者传令驾车，谒者说："没有马。"叫涓人去取帽子，涓人说："呈上了。"询问马的年龄，养马人说："门齿十二与槽牙共三十颗。"有人担保奴隶不会逃亡，结果奴隶逃亡了，庄伯判决，担保的人却无罪。

　　宋有澄子者，亡缁^①衣，求之涂^②，见妇人衣缁衣，援而弗舍，欲取其衣，曰："今者我亡缁衣。"妇人曰："公虽亡缁衣，此实吾所自为也。"澄子曰："子不如速与我衣。昔吾所亡者，纺缁也。今子之衣，禅^③缁也。以禅缁当纺缁，子岂不得哉？"

【注释】①缁（zī）：黑色的外套。②涂：通“途”，道路。③禅（shàn）：单衣。

【译文】宋国有个叫澄子的人，丢失了一件黑色外衣，在路上寻求，看见一个妇人穿着黑色外衣，就抓住不放手，想要夺取她的外衣，说：“今天我丢失了一件黑色外衣。”妇人说：“你虽然丢失了一件黑色外衣，但这一件确实是我自己缝制的。”澄子说："你不如快把外衣拿给我。我丢失的是纺织的黑色外衣；如今你的外衣是单面的黑衣服，用你的黑衣替换纺丝的黑色衣服，你岂不是得到便宜了？”

宋王谓其相唐鞅曰："寡人所杀戮者众矣，而群臣愈不畏①，其故何也？"唐鞅对曰："王之所罪，尽不善者也。罪不善，善者故为不畏。王欲群臣之畏也，不若无辨其善与不善而时罪之，若此则群臣畏矣。"居无几何，宋君杀唐鞅。唐鞅之对也，不若无对。

【注释】①畏：害怕。

【译文】宋康王对他的王相唐鞅说："我所杀戮的人有很多了，而群臣越是不畏惧我，这是什么原因呢？"唐鞅回答说："您所加罪的，都是一些不善良的人。加罪于不善良的人，善良的人当然不畏惧，不如不要区分善良和不善良的人而时常加罪于他们，这样群臣就会畏惧了。"过了没多久，宋康王就杀了唐鞅。唐鞅的回答，不如不回答。

惠子为魏惠王为法。为法已成，以示诸民人，民人皆善之。献之惠王，惠王善之，以示翟翦。翟翦曰："善也。"惠王曰："可行邪？"翟翦曰："不可。"惠王曰："善而不可行，何故？"翟翦[①]对曰："今举大木者，前呼[②]舆谔[③]，后亦应之，此其于举大木者善矣，岂无郑、卫之音哉？然不若此其宜也。夫国亦木之大者也。"

【注释】①翟翦（jiǎn）：魏国人。②呼：呼唤，召唤。②舆谔：号子。

【译文】惠子为魏惠王制定法令。法令制定完成，就把法令显示给民众，民众都认为法令很好。惠子把法令呈献给魏惠王，魏惠王也认为很好，拿给翟翦看，翟翦说："很好。"魏惠王说："可以推行吗？"翟翦说："不可以。"魏惠王说："很好而不可以推行，是什么原因？"翟翦回答说："如今抬大木头的，前面的人呼喊号子，后面的人就有回应，这样对抬大木头是很好的。难道没有像郑国、卫国那样美好的音乐？然而唱那个不如唱这个适宜。治国也如同抬大木头一样有合适它的法令。"

不 屈

【题解】不屈，指言辞不可被驳倒。文章举出惠施的例子，他是名家的代表人物，面对着君王的威势，惠施没有向威势屈服，强烈坚持自己的观点。但他提出的观点很多不符合实际，不利于国际的治理，最终得出"贼天下莫大焉"的结论。

六曰：

察①士以为得道则未也。虽然，其应物也，辞难穷矣。辞虽穷，其为祸福犹未可知。察而以达理明义，则察为福矣；察而以饰非惑愚，则察为祸矣。古者之贵善御也，以逐暴禁邪也。

【注释】①察：明察。

【译文】第六：

明察的人以为得到了道术，其实还没有。即使如此，他们对应万物，言辞还是难以穷尽的。言辞即使难以穷尽，那么祸福还不可能知道。明察如果用以通达情理明白道义，那么明察就会有福了；明察如果用以掩饰错误迷惑愚昧的人，那么明察就成为灾祸了。古人之所以看重善于驾车的，就是要以此驱逐残暴禁止奸邪的事。

魏惠王谓惠子曰："上世之有国，必贤者也。今寡人实不若先生，愿得传国。"惠子辞。王又固请曰："寡人莫有之国于此者也，而传之贤者，民之贪争之心止矣。欲先生之以此听寡人也。"惠子曰："若王之言，则施不可而听矣。王固万乘之主也，以国与人犹尚可。今施，布衣也，可以有万乘之国而辞之，此其止贪争之心愈甚也。"惠王谓惠子曰："古之有国者，必贤者也。"夫受而贤者舜也，是欲惠子之为舜也；夫辞而贤者许由也，是惠子欲为许由也；传而贤者尧也，是惠王欲为尧也。尧、舜、许由之作，非独传舜而由辞也，他行①称②此。今无其他，而欲为尧、舜、许由，故惠王布冠而拘于鄄③，齐威王几弗受，惠子易衣变冠，乘舆④而走，几不出乎魏境。凡自行不可以幸，为必诚。

【注释】①行：道路。②称（chèn）：称量，衡量。③鄄（juàn）：地名，在中国山东省。④舆：车子。

【译文】魏惠王对惠子说："前代享有国家的，必然是贤能的人。如今寡人实在不如你，希望把国家传给您。"惠子推辞谢绝了。魏惠王又固执地请求说："假如寡人不享有这个国家，而把它传给贤能的人，人们的贪婪争斗之心就会停息。希望先生以此听从寡人的话。"惠子说："像大王这样说，那么我更不能听从您的话了。大王本来就是万乘之国的君主，把国家送给别人尚且可以制止人们贪婪争夺的想法。如今我惠施只是一平民百姓，可以享有大国却推辞，这样就更能制止人们贪婪争夺的想法了。"魏惠王对惠子说："古代享有国家的，必然是贤能的人。"那能接受国家而且自己又是贤者的，是舜，这是魏惠王希望惠施成为舜一样的人；那推辞别人的国家而且自己又贤德的，是许由，这是惠施想要成为许由那样的人；传给贤者的，是尧，这是魏惠王想要成为尧。尧、舜、许由名闻天下，并非只传给舜而许由推辞，他们的道路就是这样相称的。如今没有其他人，而想成为尧、舜、许由，所以魏惠王自己戴上布帽子而把自己拘禁在鄄城，齐威王几乎不能接受他的归服；惠施换了衣裳改变帽子，坐上牛车逃走，几乎逃不出魏国边境。凡是自己的道路都不可以有侥幸之心，所作所为必然要诚心诚意，一定要诚恳。

匡章谓惠子于魏王之前曰："蝗螟，农夫得而杀之，奚故？为其害稼也。今公行，多者数百乘，步者数百人；少者数十乘，步者数十人。此无耕而食者，其害稼亦甚矣。"惠王曰："惠子施也，难以辞与公相应。虽然，请言其志。"惠子曰："今之城者，或者操大筑^①乎城上，或负畚^②而赴乎城下，或操表^③掇以善睎望。若施者，其操表掇者也。使工女化而为丝，不能治丝；使大匠化而为木，不能治木；使圣人化而为农夫，不能治农夫。施而治农夫者也。公何事比施于腾^④螟乎？"惠子之治魏为本，其治不治。当惠王之时，五十战而二十败，所杀者不可胜数，大将、爱子有禽^⑤者也。大术之愚，为天下笑，得举其讳，乃请令周太史更著其名。围邯郸三年而弗能取，士民罢^⑥潞^⑦，国家空虚，天下之兵四至。众庶诽谤，诸侯不誉，谢于翟翦而更听其谋，社稷乃存。名宝散出，土地四削，魏国从此衰矣。仲父，大名也；让国，大实也。说以不听、不信。听而若此，不可谓工矣。不工而治，贼^⑧天下莫大焉，幸而独听于魏也。以贼天下为实，以治之为名，匡章之非，不亦可乎？

【注释】①筑：捣土用的杵。②畚（běn）：用蒲草或竹篾编织的盛物器具，撮土器。③表：通"幖"。表帜，标志。④腾（téng）：也作"腾蛇"。古书上说的能飞的蛇。⑤禽：通"擒"。捕捉。⑥罢：疲惫。⑦潞：春秋国名。单称"潞"或"路"。为赤狄的一支。故址在山西省潞城县东北。⑧贼：伤害，坑害。

【译文】匡章在魏惠王面前诉说惠施说："蝗虫螟蛉，农夫得到就会杀死它们，什么原因呢？因为它们祸害庄稼。如今您出行，人多时数百辆车，徒步的也有数百人；人少时有数十辆车，徒步的也有数十人。这些都是不耕种而吃饭的人，其危害庄稼也是很厉害呀。"魏惠王说："这是惠子难以用言辞来回答您。即使如此，还是请惠子谈谈自己的想法。"惠子说："如今修筑城墙的，有人拿着大杵在上捣土，有人背着竹筐奔赴在城下运土，有人拿着标杆在测量瞭望。像我这样的，就是拿着标志的人啊。让女工化蚕茧而为丝，但不能治丝；让大工匠化树林而为木，但不能治木；让圣人化民众为农夫，但不能治理农夫。我是治理农夫的人，您为什么把我比作螟虫呢？"惠子以治理魏国为根本，他却治理得不好。在魏惠王那时，经历五十场战争而有二十场失败，被杀戮的人不可胜数，惠王的大将、爱子也有被擒获的。惠子治国大术的愚昧，成为天下的笑柄，使得天下人嘲笑他的过错，于是请求周太史为其更换惠子仲父的名号。包围邯郸城三年而不能攻取，士民疲惫于潞城，国家空虚，天下的军队从四面八方来到，百姓们责难他，诸侯也不称誉。他向翟翦道歉，而听从他的谋划，社稷才得以保存。但有名的宝贝都散失了，土地被四邻割去了，魏国从此衰弱了。仲父，只是显赫的称号；让出国家，却是崇高的行为。惠子用不可听、不可信的言论来游说魏惠王。惠王如此听从意见，就不可以称之为善于听取意见了。不善于听取意见而治理国家，伤害天下没有比这更大的了。幸而惠子的话只是被魏国听从而已，以伤害天下人为事实，却以治理为名，匡章的非难，难道不可以吗?

　　白圭新与惠子相见也,惠子说之以强,白圭无以应。惠子
出。白圭告人曰:"人有新取妇者,妇至,宜安矜①烟视媚行。竖
子②操蕉火而钜,新妇曰:'蕉③火大钜。'入于门,门中有敛④
陷,新妇曰:'塞之,将伤人之足。'此非不便之家氏也,然而
有大甚者。今惠子之遇我尚新,其说我有大甚者。"惠子闻之曰:
"不然。《诗》曰:'恺悌君子,民之父母。'恺⑤者,大也;悌⑥者,
长也。君子之德,长且大者,则为民父母。父母之教子也,岂待
久哉?何事比我于新妇乎?《诗》岂曰'恺悌新妇'哉?"诽污因
污,诽辟因辟,是诽者与所非同也。白圭曰"惠子之遇我尚新,其
说我有大甚者",惠子闻而诽之,因自以为为之父母,其非有甚
于白圭亦有大甚者。

　　【注释】①矜:庄重,敬重。②竖子:童子,未成年的人,童仆。
③蕉:通"樵",柴。④敛:通"埳",坑,穴。⑤恺(kǎi):和蔼平易。
⑥悌(tì):敬重、敬爱兄长。

　　【译文】白圭刚与惠子相见,惠子向他游说使国家强大的问
题,白圭没有回答。惠子出去后,白圭告诉别人说:"有人新近娶
了个媳妇,媳妇来后,应该安宁庄重,微视慢行。童仆拿着的柴火
燃烧得很旺,新媳妇说:'柴火太旺了。'进入门,门中有个凹坑,
新媳妇说:"'填上它,它将伤害人的脚。'对于她的夫家不是没
有利,然而太过分了些。如今惠子刚刚遇见我,就向我述说强大

的事，有点过分。"惠子听说后说："不是这样的。《诗经》上说：'具有恺悌之风的君子，就像人民的父母。'所谓的恺就是大，所谓的悌就是长辈。君子的道德，崇高而且盛大，那么就是民众的父母。父母亲教育儿女，哪里要等好久呢？为什么把我比喻成新媳妇呢？《诗经》上难道是说'具有恺悌之风的新媳妇'吗？"诽议污蔑凭借的是污蔑，诽议邪僻凭借的是邪僻，这就是诽谤者与所非议者相同的地方。白圭说："如今惠子刚刚遇见我，就向我述说强大的事太过分了些。"惠子听说后而责备他，而且自以为是他的父母，这错误犯得比白圭还要严重。

应 言

【题解】本篇主要论说应对之道的。作者指出在应对过程中要善于抓住矛盾予以驳斥，才会说服对方。同时劝诫君主要分析形势，合理判断，分辨那些谋求私利的不实之言。

七曰：

白圭谓魏王曰："市丘①之鼎以烹鸡，多洎②之则淡而不可食，少洎之则焦而不熟，然而视之蜗③焉美，无所可用。惠子之言，有似于此。"惠子闻之曰："不然。使三军饥而居鼎旁，适为之甑④，则莫宜之此鼎矣。"白圭闻之曰："无所可用者，意者徒加其甑邪？"白圭之论自悖，其少魏王太甚。以惠子之言蜗焉美无所可用，是魏王以言无所可用者为仲父也，是以言无所用者为美也。

【注释】①市丘：魏邑名。②洎（jì）：往锅里添水。③蛼（qǔ）：高大。④甑（zèng）：古代炊具，底部有许多透蒸汽的小孔，食物放在鬲上蒸煮。

【译文】第七：

白圭对魏惠王说："拿市丘里的大鼎用来煮鸡，多加水那么就淡得没法吃，少加水那么就干焦而煮不熟，然而看上去高大美好，但是没什么用处。惠子的言论，就跟这大鼎相似。"惠子听说后，说："不是这样的。让三军将士饥饿而待在鼎旁，恰好弄到了蒸饭用的大甑，那么搭配起来就能比鼎还适宜。"白圭听说后，说："没什么用处的东西，想来只能在上面加上蒸锅蒸饭用啦！"白圭的论述是自相违背的，他太轻视魏王了。认为惠子的言论高大而且美好，但没什么用，这样就是说魏惠王把言说无所可用的人当成仲父，就是说把话说得没什么用处的人当成是完美的人了。

公孙龙说燕昭王以偃①兵。昭王曰："甚善。寡人愿与客计之。"公孙龙曰："窃意大王之弗为也。"王曰："何故？"公孙龙曰："日者②大王欲破齐，诸天下之士，其欲破齐者，大王尽养之；知齐之险阻要塞、君臣之际者，大王尽养之；虽知而弗欲破者，大王犹若弗养；其卒果破齐以为功。今大王曰'我甚取偃兵'。诸侯之士，在大王之本朝者，尽善用兵者也，臣是以知大王之弗为也。"王无以应。

【注释】①偃（yǎn）：停止。②日者：往日，从前。

【译文】公孙龙劝说燕昭王停止军事行动，燕昭王说："很好。我愿意与客人商量计划一下。"公孙龙说："我私下认为大王还是不会消除战争的。"燕昭王说："为什么呢？"公孙龙说："过去大王想要攻破齐国，凡是天下的杰出人想要攻破齐国的，大王全部都收养；凡是知晓齐国的险阻要塞和君臣关系的人，大王全部都收养；即使知道这些而不想攻破齐国的，大王还是不肯收养。到后来果然攻破齐国而建立功绩。如今大王说：'我很想停止军事行动。'可是诸侯国的人在大王朝廷里的，全部都是一些善于用兵的人。我因此认为大王还是不会停止军事行动。"魏惠王无言以对。

司马喜①难墨者师于中山王前以非攻②，曰："先生之所术非攻夫？"墨者师曰："然。"曰："今王兴兵而攻燕，先生将非王乎？"墨者师对曰："然则相国是攻之乎？"司马喜曰："然。"墨者师曰："今赵兴兵而攻中山，相国将是之乎？"司马喜无以应。

【注释】①司马喜：战国时期中山国的相邦，中山王最宠信的臣子。②非攻：即非议攻战，反对攻伐，是墨子思想的重要组成部分之一。

【译文】司马喜在中山王面前以非攻的言说为难墨家学派名叫师的人，说："先生所主张的不是非攻吗？"师说："是的。"司马喜说："如果大王兴兵而攻打燕国，先生打算责难大王吗？"师说："那么相国是准备攻打燕国吗？"司马喜说："当然。"师说：

"如果赵国兴兵而攻打中山国，相国也认同攻打中山国吗？"司马喜无言以对。

路说谓周颇曰："公不爱赵，天下必从。"周颇曰："固欲天下之从也。天下从则秦利也。"路说应之曰："然则公欲秦之利夫？"周颇曰："欲之。"路说曰："公欲之，则胡不为从矣？"

【译文】路说对周颇说："你如果不爱护赵国，天下人必然会随从你的。"周颇说："本来就希望天下人随从我，天下人如果都随从我，那么秦国就有利了。"路说回应说："那么你希望秦国有利吗？"周颇说："希望。"路说说："你既然希望让秦国有利，那么为什么不因此而让天下人随从你呢？"

魏令孟卬割绛、汾、安邑之地以与秦王。王喜，令起贾为孟卬求司徒于魏王。魏王不说，应起贾曰："卬，寡人之臣也。寡人宁以臧为司徒，无用卬。愿大王之更以他人诏之也。"起贾出，遇孟卬于廷，曰："公之事何如？"起贾曰："公甚贱于公之主。公之主曰：'宁用臧为司徒，无用公。'"孟卬入见，谓魏王曰："秦客何言？"王曰："求以女为司徒。"孟卬曰："王应之谓何？"王曰："宁以臧①，无用卬也。"孟卬太息曰："宜矣王之制于秦也。王何疑秦之善臣也？以绛、汾、安邑令负牛书与秦，犹乃善牛也。卬虽不肖，独不如牛乎？且王令三将军为臣先，曰：'视卬如身'，是臣重也。令二轻臣也，令臣责，卬虽贤固能乎?"居三日，魏王乃听起贾。凡人主之与其大官也，为有益也。今割国之锱^②锤矣，而因得大官，且何地以给之？大官，人臣之所欲也。孟卬令秦得其所欲，秦亦令孟卬得其所欲，责以偿矣，尚有何责？魏虽强犹不能责无责，又况于弱？魏王之令乎孟卬为司徒以弃其责则拙也。

【注释】①臧：男奴隶。②锱：古代重量单位，六铢等于一锱，四锱等于一两。

【译文】魏国命令孟卬割让绛、窬、安邑的土地给秦王。秦王很高兴，命令起贾向魏王为孟卬请求司徒官职。魏王心中不高兴，回应起贾说："孟卬，是我的臣子。我宁愿让臧为司徒，也不会使用孟卬。希望大王更换他人再告诉我。"起贾退出，在朝廷外遇见孟卬，孟卬说："先生办的事情怎么样了？"起贾说："您在魏王面前被看得很低贱，您的君主很低贱地看待您。先生的君主说：'宁愿使用臧为司徒，也不使用先生。'"孟卬进入朝廷谒见，对魏王说："秦国来的客人讲了什么？"魏王说："请求让先生担任司徒。"孟卬说："大王怎么回答的呢？"魏王说："我宁愿使用臧，也不使用孟卬。"孟卬叹息说："您受秦国控制是应该的了。大王为何怀疑秦国的善良大臣呢？把绛、窬、安邑的地图用牛驮着送给秦国，秦国尚且会好好对待牛。我孟卬虽然不贤能，难道还不如牛吗？况且大王命令三个将军先去秦国为我致意，说：'看到孟卬就像是看见我一样'，这就是看重我啊。如今您轻视我，又命令下臣负责，我孟卬即使贤能，还能做到吗？"过了三天, 魏王才听从起贾的请求了。凡是君主赐人大官, 是因为他对国家有益。如今割让少量的国土, 而因此得到大官, 以后哪有那么多土地供给他割让? 所谓的大官, 是作为臣子的人都希望得到的。孟印让秦国得到了所想要得到的土地, 秦国也让孟印得到了所想要得到的官职, 双方责任都已偿还, 还有什么可索取的呢? 魏国即使强大, 尚且不能向不欠债的索取债务, 又何况它现在很衰弱呢? 魏王如果任命孟印为司徒, 从而失掉了自己向秦国提出要求的地位, 那么就笨拙了。

秦王立帝, 宜阳令许绾诞①魏王, 魏王将入秦。魏敬谓王曰: "以河内孰与梁重?" 王曰: "梁重。" 又曰: "梁孰与身重?" 王曰: "身重。" 又曰: "若使秦求河内, 则王将与之乎?" 王曰: "弗与也。" 魏敬曰: "河内, 三论之下也。身, 三论之上也。秦索其下而王弗听, 索其上而王听之, 臣窃不取也。" 王曰: "甚然。" 乃辍②行。秦虽大胜于长平, 三年然后决③, 士民倦, 粮食。当此时也, 两周全, 其北存。魏举陶削卫, 地方六百, 有之势是而入, 大蚤, 奚待于魏敬之说也? 夫未可以入而入, 其患有将可以入而不入, 入与不入之时, 不可不熟④论也。

【注释】①诞: 欺骗。②辍: 暂时停止。③决: 通"诀", 离别。④熟: 成熟。

【译文】秦王称帝, 宜阳县令许绾欺骗魏王, 魏王打算去秦国朝拜。魏敬对魏王说: "相比于河内与大梁, 哪个重要?" 魏王说:"梁地重要。"魏敬又说:"相比于大梁与君王您自己,谁重要?"魏王说:"自身重要。"魏敬又说:"假如秦国要索取河内之地,那么大王打算给他们吗?"魏王说:"不会给。"魏敬说:"河内之地,三者排列中都处下位;君主自身,三者排列都处上位。秦国索要下位而大王不答应,索要上位而大王答应了,我私下认为出行秦国是不可取的。"魏王说:"很对。"于是停止出行去秦国。秦国虽然在长平取得胜利,打了三年然后才决定胜负,士兵和老百姓困倦,粮食匮乏。在那时,东、西周尚未灭亡,在北方地区存有土地。魏国攻打了陶,取得卫国,得到土地方圆六百里,趁着其形势,却要去秦朝拜,那是太早了,怎么会等待魏敬的言说才不去秦朝拜呢?那不可以进入时去进入,其祸患比可以进入却不进入更大,进入与不进入的时机,不可不仔细考察啊!

具 备

【题解】本篇旨在说明要有条件,事情才有可能成功。文章列举汤、武、伊尹、太公等人曾经也处困境的例子,说明不具备条件,想要取得成功很困难。

八曰:

今有羿①、蠭蒙②,繁弱③于此,而无弦,则必不能中也。中非独弦也,而弦为中之具也。夫立功名亦有具,不得其具,贤虽过汤、武,则劳而无功矣。汤尝约④于郼薄矣,武王尝穷于毕郢⑤

矣，伊尹尝居于庖厨矣，太公尝隐于钓鱼矣，贤非衰也，智非愚也，皆无其具也。故凡立功名，虽贤必有其具，然后可成。

【注释】①羿：原指鸟张翅旋风而上，另指唐尧时的射师，中国民间传说他曾开弓射九日，也指夏时有穷氏国君。②蠭（páng）蒙：他是五帝帝尧时期一个善于射箭但品行不端的小人。③繁弱：繁弱是古代中国神话中的一把弓，相传是中国上古夏朝的两位君主仲康和相时部落首领后羿的配弓。由于后羿常常与尧时的大羿混淆，所以也有传闻繁弱是大羿射日时所用的弓。④约：穷困。⑤郖：古邑名。

【译文】第八：

假如有后羿、蠭蒙这样善于射箭的人，有繁弱这样的好弓在此，而没有弦，那么必然不能射中目标。射中目标并非单独是弦的作用，而弦却是射中的条件。那建立功名也有条件，不具备条件，贤能虽然胜过商汤王、周武王，那么也是劳而无功的。商汤王曾经受困于郼、亳，周武王曾经受困于毕、郖，伊尹曾经在厨房担任厨师，姜太公曾经隐居于河边钓鱼。贤能并非衰弱，智慧并非愚昧，只是因为没有具备条件。所以凡是建立功名，即使贤能也必须具备条件，然后才可以成功。

宓子贱①治亶②父，恐鲁君之听谗人，而令己不得行其术也。将辞而行，请近吏二人于鲁君，与之俱。至于亶父，邑吏皆朝，宓子贱令吏二人书。吏方将书，宓子贱从旁时掣摇其肘。吏书之不善，则宓子贱为之怒。吏甚患之，辞而请归。宓子贱曰："子之书甚不善，子勉归矣。"二吏归报于君，曰："宓子不可为书。"君曰："何故？"吏对曰："宓子使臣书，而时掣摇臣之肘，书恶而有甚怒，吏皆笑宓子，此臣所以辞而去也。"鲁君太息而叹曰："宓子以此谏寡人之不肖也。寡人之乱子，而令宓子不得行其术，必数③有之矣。微④二人，寡人几过。"遂发所爱，而令之亶父，告宓子曰："自今以来，亶父非寡人之有也，子之有也。有便于亶父者，子决为之矣。五岁而言其要。"宓子敬诺，乃得行某术于亶父。三年，巫马旗短褐⑤衣弊⑥裘⑦，而往观化于亶父，见夜渔者，得则舍之。巫马旗问焉，曰："渔为得也。今子得而舍之，何也？"对曰："宓子不欲人之取小鱼也。所舍者小鱼也。"巫马旗归，告孔子曰："宓子之德至矣。使民暗行，若有严刑于旁。敢问宓子何以至于此？"孔子曰："丘尝与之言曰：'诚乎此者刑乎彼'。宓子必行此术于亶父也。"夫宓子之得行此术也，鲁君后得之也。鲁君后得之者，宓子先有其备也。先有其备，岂遽⑧必哉？此鲁君之贤也。

【注释】①宓（fú）子贱：名不齐，字子贱，春秋末期鲁国人，有才智，仁爱，孔子赞其为君子，孔子的学生，七十二贤人之一。②亶（dǎn）父：即单父，春秋时鲁邑，在今山东单县。③数：数落，责备。④微：不是。⑤褐：指粗布或粗布衣，最早用葛、兽毛，后通常指大麻、兽毛的粗加工品，古时贫贱人穿。⑥弊：通"蔽"。遮盖，遮挡。⑦裘：悄悄偷取。⑧遽（jù）：立刻，马上。

【译文】宓子贱去治理亶父邑，担心鲁国君主听从谗人坏话，从而让自己不能按照方法治理，打算辞别的时候，就请求鲁国君主身边的两个近臣跟自己一起去，都到亶父邑来。邑中官吏都去朝见，宓子贱命令留下的两个官吏记载。官吏正打算书写，宓子贱从旁边时常摇动官吏的肘部，官吏因此书写不好，而宓子贱因此发怒。官吏很是厌恨，请求辞职回去。宓子贱说："你们书写得很不好，你们赶快回去吧。"这两个官吏回去报告鲁国君主，说："宓子这个人不可以给他书写。"鲁国君主说："什么原因？"官吏回答说："宓先生让下臣记载，而时常摇动下臣的手肘，书写很不好而他很发怒，官吏们都嘲笑宓先生。这就是们所以要告辞离开的原因。"鲁国君主叹息说："这是宓先生以这种方式劝谏寡人缺点呀。我扰乱先生，而让宓先生不能按照他的方法进行治理，这样的事一定多次发生过。要不是你们二人，寡人几乎要犯错。"于是派所喜欢的人让他去亶父，告诉宓子贱说："从今以后，亶父邑并非寡人拥有的了，而是先生拥有的了。凡是有利于亶父邑的，你自己决断去做就是了。五年来汇报施政的关键就行了。"宓子贱恭敬地应诺，于是按照自己的方法进行治理。三年后，巫马旗穿着短粗布衣遮着外面悄悄前去，到亶父观察教化的情况，看见一个夜间钓鱼的人，钓得鱼后又扔回河里。巫马旗询问他说："钓鱼是为了得到鱼，如今你得到而又扔回河里，为什么？"那人回答说："宓先生不希望人们获取小鱼。我所扔回水里的是小鱼。"巫马旗回来，告诉孔子说："宓先生德政达到极点了，让民众黑夜中独自行动而就像有严刑在身旁一样不敢为非作歹。请问宓先生是怎么做到的？"孔子说："我曾经和他说过：'自己心诚的，就能在外实行。'宓先生必然按照这个方法对亶父邑进行治理。"那宓先生得到这个方法，鲁国君主后来也得到这个方法了。鲁国君主后来能领悟到这一点，宓先生是先准备好了的。先有了准备，难道就一定能让君主领悟到吗？这就是鲁国君主的贤明之处。

三月婴儿，轩冕①在前，弗知欲也，斧钺②在后，弗知恶也，慈母之爱谕焉，诚也。故诚有诚乃合于情③，精有精乃通于天。乃通于天，水木石之性，皆可动也，又况于有血气者乎？故凡说与治之务莫若诚。听言哀者，不若见其哭也；听言怒者，不若见其斗也。说与治不诚，其动人心不神。

【注释】①轩冕：古时卿大夫的车子和服饰。②钺（yuè）：古代一种像斧子的兵器。③精：精诚，专一。

【译文】三个月大的婴儿，高车礼帽在面前，也不知道美慕；刀斧在后面，也不知道险恶；对慈母的爱却能懂得。这就是因为婴儿赤心诚意。所以赤城而有诚意就合乎人情，精神而有精诚就能通达于天。如果能通达于天，无论水木石的性质，都可以改变，又何况是有血气的人呢？所以凡是言说治理之要务，要做的事没有比赤诚更重要的了。听见别人说的话很悲哀，不如看见他哭出来；听见别人说的话很愤怒，不如看见他去争斗。言说与治理不赤城，那就不能感化人心。

离俗览第七

扫码听谦德
君为您导读

离 俗

【题解】离俗，即远离俗世。本篇主要论述以理义为本和远离世俗的行为，作者认为这些是高尚的。文章列举石户之农、北人无择、卞随、务光等人的事例，赞扬他们出超脱俗世的气节，告诉人们要有这样的志向和情怀。

一曰：

世之所不足者，理义也；所有余者，妄苟①也。民之情，贵所不足，贱所有余。故布衣、人臣之行，洁白清廉中绳②，愈穷愈荣。虽死，天下愈高之，所不足也。然而以理义斫削③，神农、黄帝，犹有可非，微独舜、汤。飞兔、要袅④，古之骏马也，材犹有短。故以绳墨取木，则宫室不成矣。

【注释】①妄苟：胡乱随便。②中绳：符合拉直的墨线，比喻符合标准。③斫（zhuó）削：砍削。④飞兔、要袅（niǎo）：古良马名。

【译文】第一：

现在社会上最缺乏的东西，是理义；最多余的东西，是胡乱随便。人们一般的看法是把最缺乏的东西视为宝贵，把最泛滥的东西视为低贱。因此来说老百姓、臣子们的品行，应该要做到纯洁清廉，合乎法度，即使很不得志也要保持高尚的品德，即使死了，天下的人也会十分尊崇他们，因为这是社会上最缺乏的宝贵品行啊！然而如果严格按照理义的标准来衡量，即使神农、黄帝这样的圣人也还是存在着不足的地方，舜、汤同样如此。飞兔、要衮，是古代的骏马，但是它们的力气也是有所不足的。因此如果一定要用墨绳来严格地去量取木材，那么就没有办法房建成任何房屋。

舜让其友石户之农。石户之农曰："捲捲①乎后之为人也，葆力②之士也。"以舜之德为未至也，于是乎夫负妻，戴携子以入于海，去之终身不反。舜又让其友北人无择。北人无择曰："异哉后之为人也，居于畎亩③之中，而游入于尧之门。不若是而已，又欲以其辱行漫我，我羞之。"而自投于苍领之渊。

【注释】①捲捲（quān）：用力。②葆（bǎo）力：恃其勤苦。③畎亩：田地、田野。

【译文】舜想把自己的帝位让给他的朋友石户之农，石户之农说："你做事情真是用力啊！您确实是一个恃其勤苦的人。"但是他认为舜的品德尚未完备，于是丈夫背着东西，他的妻子头顶着行李，带上孩子去海边隐居，离开了舜，从此再没有回来。舜又想把帝位让给他的朋友北人无择，北人无择说："你真是跟别人不一样啊！我本来住在乡野之中，现在要让我去尧那里当帝王。仅仅是这样就罢了，又想用自己耻辱的行为来侮辱我，我很羞耻。"于是自己就跳到了苍领的深渊之中。

　　汤将伐桀，因①卞随而谋。卞随辞曰："非吾事也。"汤曰："孰可？"卞随曰："吾不知也。"汤又因务光而谋。务光曰："非吾事也。"汤曰："孰可？"务光曰："吾不知也。"汤曰："伊尹何如？"务光曰："强力忍诟②，吾不知其他也。"汤遂与伊尹谋夏伐桀，克之，以让卞随。卞随辞曰："后之伐桀也，谋乎我，必以我为贼也。胜桀而让我，必以我为贪也。吾生乎乱世，而无道之人再来诟我，吾不忍数闻也。"乃自投于颍水而死。汤又让于务光曰："智者谋之，武者遂之，仁者居③之，古之道也。吾子④胡不位之？请相吾子。"务光辞曰："废上，非义也。杀民，非仁也。人犯其难，我享其利，非廉也。吾闻之：'非其义，不受其利；无道之世，不践其土'，况于尊我乎？吾不忍久见也。"乃负石而沈⑤于募水。

　　【注释】①因：凭借。②忍诟：忍受耻辱。③居：占有。④吾子：古时对人的尊称，可译为"您"。⑤沈（chén）：通"沉"。
　　【译文】汤打算要讨伐桀，去找卞随谋划，卞随推辞说："不是我管的事。"汤说："谁可以？"卞随说："我不知道。"汤又去找务光谋划，务光说："也不是我管的事。"汤说："谁可以？"务光说："我不知道。"汤说："伊尹怎么样？"务光说："他能尽全力忍受耻辱，其他的我就不知道了。"汤于是就跟伊尹谋划讨伐夏桀，打赢了。把王位让给卞随，卞随拒绝说："你要攻打桀，和我谋划，一定认为我比较精明，战胜桀后又让给我帝位，一定是认为我贪婪。我生在乱世之中，但没有道义的人又来污辱我，我不想再听到这样的话。"于是就跳入颖水死了。汤又想把王位让给务光，说："有智慧的人善于谋划，勇武的人实现它，贤人占有它，这是古代的道理。您为什么不当帝王呢？我愿意辅佐您。"务光推辞说："废弃君主，是不义的；杀死人民，是不仁的；别人冒战争的危难，我享受好处，是不廉洁的。我听说过，不符合道义，就不接受好处；没有道义的社会，就不踩踏其土地。何况是使我处于尊位呢，我不忍心长时间看到这种情况。"于是就背着石头沉没到在蓼水之中。

　　故如石户之农、北人无择、卞随、务光者，其视天下，若六合①之外，人之所不能察；其视富贵也，苟可得已，则必不之赖；高节②厉行③，独乐其意，而物莫之害；不漫于利，不牵于埶④，而羞居浊世。惟此四士者之节。若夫舜、汤，则苞裹⑤覆容⑥，缘不得已而动，因时而为，以爱利为本，以万民为义。譬之若钓者，鱼有小大，饵有宜适，羽有动静。

【注释】①六合：上下和四方，泛指天地或宇宙。②高节：坚守高尚的节操。③厉行：严格实行。④埶（shì）：通"势"。⑤苞裹：通"包裹"。包含、包容。⑥覆容：覆盖包容。

【译文】所以像石户之农、北人无择、卞随、务光这样的人，他们看待天下，像天外之物一样。这是普通人不能察觉到的。他们看待富贵，即使可以得到，也一定不会依赖。坚守高尚的节操严格实行，自己很高兴他们所坚持的，所以没有什么可以伤害他们。不沾染利益，不被权力牵制，但会因为住在浑浊的社会羞愧。只有这四位贤士拥有这样的节操。像舜、汤，他们包容一切，只有迫不得已才采取行动，看准时机再作为，以仁爱利益为根本，把为万民做事情看成道义。就像钓鱼的人一样，鱼有小有大，鱼饵与之相对立，漂浮有动静，相机而行。

齐、晋相与战，平阿①之馀子②亡戟得矛，却而去，不自快，谓路之人曰："亡戟得矛，可以归乎？"路之人曰："戟亦兵也，矛亦兵也，亡兵得兵，何为不可以归？"去行，心犹不自快，遇高唐③之孤④叔无孙，当其马前曰："今者战，亡戟得矛，可以归乎？"叔无孙曰："矛非戟也，戟非矛也，亡戟得矛，岂亢责也哉？"平阿之馀子曰："嘻！"还反战，趋尚及之，遂战而死。叔无孙曰："吾闻之，君子济人于患，必离其难。"疾驱而从之，亦死而不反。令此将众，亦必不北矣；令此处人主之旁，亦必死义矣。今死矣而无大功，其任小故也。任小者，不知大也。今焉知天下之无平阿馀子与叔无孙也？故人主之欲得廉士者，不可不务求。

【注释】①平阿：齐国城邑名。②馀子：官名。③高唐：春秋为齐国五都之一，迄今已有二千余年的历史，属中华民族黄河文化发祥地之一。④孤：一方之长。

【译文】齐国和晋国两国打仗。平阿县的士卒丢失了戟捡到一支矛，退下战场离去，心里不痛快。问路上的陌生人说："丢失了戟捡到支矛，可以回家吗？"路人说："戟是兵器，矛也是兵器，丢了一件兵器又得到了一件兵器，为什么不可以回去呢？"往回家的路走着，心里还是不痛快，碰到高唐的守邑大夫叔无孙，挡在他的马前，说："今天打仗，丢失了戟捡到支矛，可以回家吗？"叔无孙说："矛不是戟，戟不是矛，丢失了戟捡到支矛，它们难道可以相抵吗？"士卒说："是啊！"反身回去参战。跑步，才赶上了战斗。最终是战死了。叔无孙说："据我所知，君子救人于患难，必须同甘共苦。"也快跑回去参与战斗，到死也没离去。要是让他领兵，肯定不会打败仗。让他成为国王的左右，也必然是为义而死。这次的死没有什么大的功绩，是因为他的官职小啊。官职小的人不考虑大的事情。现在怎么知道天下没有像这名士卒与叔无孙一样的人呢？所以君主想要得到廉洁正直的人，不可不努力寻找啊。

齐庄公之时，有士曰宾卑聚，梦有壮子，白缟①之冠，丹绩②之袧③，东布④之衣，新素履，墨剑室，从而叱之，唾其面，惕然而寤⑤，徒梦也。终夜坐不自快。明日召其友而告之曰："吾少好勇，年六十而无所挫辱。今夜辱，吾将索其形，期得之则可，不得将死之。"每朝与其友俱立乎衢⑥，三日不得，却而自殁。谓此当务则未也。虽然，其心之不辱也，有可以加乎。

【注释】①白缟（gǎo）：未染色的素绢。②丹绩：红麻线。③衒（xuàn）：帽带。④东布：熟绢。⑤寤：醒过来。⑥衢（qú）：四通八达的道路。

【译文】齐庄公在位的时候，有一位武士名叫宾卑聚，他晚上梦见一个强壮的男子，戴着未染色的素绢做的帽子，红麻线做的帽带，穿着熟绢做的衣服，穿着新的白色的鞋子，佩着黑色的剑鞘，对着自己叱责，往自己脸上吐唾沫，他惊慌地醒来，只不过一个梦啊。他却整夜坐着很不开心。第二天叫来他的朋友对他说："我从小好胜，到如今六十岁了还没有过挫败受辱的。昨夜受辱，我要找到长那个样子的人，希望抓住他，找到还可以，找不到就只有死了。"每天清早和他的朋友站在四通八达的道路上，三天没找到，回去就自杀了。有些事情应当尽力去做但是不一定能做成，即使这样，但是他的内心不愿意受到侮辱，这一点没有谁能超过他了。

高 义

【题解】本篇旨在论述"义"，即高尚的道德和情操。文章指出"君子之自行也，动必缘义，行必诚义"，即言行举止都应依"义"而行。文章列举了孔子、墨子、子囊的事例，便是告诫人们要有高尚的道德。

二曰：

君子之自行也，动必缘义，行必诚①义，俗虽谓之穷，通也；行不诚义，动不缘义，俗虽谓之通，穷也。然则君子之穷通，有异乎俗者也。故当功以受赏，当罪以受罚。赏不当，虽与之必辞②；罚诚当，虽赦之不外③。度之于国，必利长久，长久之于主，必宜内反于心不惭然后动。

【注释】①诚：通"成"。②辞：拒绝。③外：置之于外、除去。

【译文】第二：

君子自身的行为、举动一定要遵循道义，做事情必须要遵循章程，俗世虽然认为不能行得通，但君子却认为行得通。举动不遵循道义，做事情不遵循章程，俗世虽然认为行得通，但君子却认为行不通。君子所说的行不通或行得通，就不同于俗世了。所以要是有功就应该嘉赏，有罪了就应该处罚。嘉赏不得当，即使接受了也应该拒绝，如果有罪过确实该受罚，即使赦免了也不应该除去。考虑到道义，对国家来说一定是有好处的，时间长了对君主也一定是有利的，一定要在内心深刻反省，觉得不惭愧了然后再行动。

孔子见齐景公，景公致廪丘①以为养，孔子辞不受，入谓弟子曰："吾闻君子当功以受禄。今说景公，景公未之行而赐之廪丘，其不知丘亦甚矣。"令弟子趣②驾，辞③而行。孔子布衣也，官在鲁司寇④，万乘⑤难与比行，三王之佐不显焉，取舍不苟也夫！

【注释】①廪丘：春秋齐地，在今山东菏泽市郓城县西北水堡。②趣：通"趋"。趋向，奔向。③辞：辞别。④司寇：是中国古代司法官吏名称。⑤万乘：万乘是万辆兵车的古文写法。

【译文】孔子谒见齐景公，景公把廪丘邑赠给他，以此作为孔子供养之地。孔子拒绝不接受赠地，回到住处，对弟子说："我只听说，君子应当有功劳而受禄。现在我游说景公，景公并没有按我的劝导行事，却赐给我廪丘邑，他太不了解我了。"于是令弟子驱车，辞别景公离去。孔子本是平民，官职不过是鲁国司寇。万乘之君的品行难与他比肩，三王辅臣的名节没有他显扬，孔子对待取舍的态度不马虎啊！

子墨子游公上过于越。公上过语墨子之义，越王说①之，谓公上过曰："子之师苟肯至越，请以故吴之地阴江之浦书社三百②以封夫子。"公上过往复于子墨子。子墨子曰："子之观越王也，能听吾言、用吾道乎？"公上过曰："殆未能也。"墨子曰："不唯越王不知翟③之意，虽子亦不知翟之意。若越王听吾言、用吾道，翟度身而衣，量腹而食，比于宾萌④，未敢求仕。越王不听吾言、不用吾道，虽全越以与我，吾无所用之。越王不听吾言、不用吾道，而受其国，是以义翟也，义翟何必越，虽于中国亦可。"凡人不可不熟论。秦之野人⑤，以小利之故，弟兄相狱，亲戚相忍。今可得其国，恐亏其义而辞之，可谓能守行矣。其与秦之野人相去亦远矣。

【注释】①说：通"悦"，高兴。②书社：即将社员之名籍书于社簿，它实际上是历来实行的一种基层行政管理体制。③翟：墨子姓墨名翟。④宾萌：战国时对游士的称呼。⑤野人：乡野之民，农夫。

【译文】墨子让公上过去越国游说。公上过说了墨子的道义，越王听了很高兴，对公上过说："你的老师如果愿意屈尊到越国，我愿意把以前吴国的地方，阴江沿岸三百社都赏赐给他。"公上过回去告诉了墨子，墨子说："你观察越王，你认为他能听我的话，用我的主张吗？"公上过说："应该不能。"墨子说："不但越王不明白我的意思，连你也不明白我的意思。如果越王听我的话、用我的主张，我自己量尺寸做衣服，估计自己的饭量来吃饭，处在客居之身的地位，不求官职。如果越王不听我的话、不用我的主张，就是把整个越国送给我，我也没什么用。越王不听我的话，不用我的主张，却接受越国，这是拿我墨子的道义做交易啊。宣扬我的道义，为什么非到越国去呢？只要在中原之国就可以了。"凡是对人就不能不仔细考察。秦国的乡野之民，因为一点蝇头小利，兄弟之间就出手惹官司，亲人相互残害。现在墨子能够得到国家，但是担心道义亏损，所以拒绝了，这可以说是能守住操行。秦国的乡野之民与他相距太远了。

荆人与吴人将战，荆师寡，吴师众，荆将军子囊曰："我与吴人战，必败。败王师，辱王名，亏壤土，忠臣不忍为也。"不复于王而遁^①。至于郊，使人复于王曰："臣请死。"王曰："将军之遁也，以其为利也。今诚利，将军何死？"子囊曰："遁者无罪，则后世之为王臣者，皆依不利之名而效^②臣遁。若是则荆国终为天下挠③。"遂伏剑而死。王曰："请成将军之义。"乃为之桐棺三寸④，加斧锧⑤其上。人主之患，存而不知所以存，亡而不知所以亡，此存亡之所以数至也。郼⑥、岐之广也，万国之顺也，从此生矣。荆之为四十二世矣，尝有乾溪、白公之乱矣，尝有郑襄、州侯之避矣，而今犹为万乘之大国，其时有臣如子囊与？子囊之节，非独厉⑦一世之人臣也。

【注释】①遁：逃跑、逃离。②效：模仿，效法。③挠：扰乱，阻止。④桐棺三寸：桐木做的棺材，因其质地朴素，故表示薄葬。⑤锧（zhì）：通"锧"，古代腰斩用的垫座。⑥郼（yī）：殷商封国的国名。⑦厉：通"励"，劝勉，激励。

【译文】楚国人要和吴国人打仗了，楚国军队力量单薄，吴国军队人多。楚国将军子囊说："我们和吴国打仗，一定会失败。君王的军队被打败，侮辱了君王的名声，亏损了国家的土地，是忠臣都不忍心去做的。"不告诉君王自己就逃跑了。跑到了郊外，派人告诉楚王："我请求被处死。"楚王说："将军之所以逃跑，是觉得有利啊。现在看来是有利的，将军你为什么要求去死呢？"子囊说："逃跑的人没有罪，那么后世当君主将军的人，都会借着没有利处的名义像我这样逃跑。如果是这样，那么楚国终会被天下所打败。"于是就用剑自杀了。楚王说："成全将军道义。"于是为他做了三寸厚的桐木棺材，把斧子砧板等刑具放在棺上。君主的忧患是，想保住国家却不知道为什么要保住，国家灭亡了却不知道为什么会灭亡。这就是国家存亡的情况多次出现的原因。郼、岐领地越来越大，各国的归顺，由此就产生了。楚国已经延续了四十二代了，曾经有乾溪、白公这样的祸乱，也有过郑袖、州侯行邪僻的事情，但现在仍然是个兵车万乘的大国，大概是因为有像子囊那样的臣子吧！子囊的气节，不只是激励一代的臣子啊！

　　荆昭王之时，有士焉曰石渚。其为人也，公直无私，王使为政。道有杀人者，石渚追之，则其父也。还车而返，立于廷曰："杀人者，仆①之父也。以父行法，不忍；阿②有罪，废国法，不可。失法伏罪，人臣之义也。"于是乎伏斧锧，请死于王。王曰："追而不及，岂必伏罪哉？子复事矣。"石渚辞曰："不私③其亲，不可谓孝子。事君枉法，不可谓忠臣。君令赦之，上之惠也。不敢废法，臣之行也。"不去斧锧，殁头乎王廷。正法枉必死，父犯法而不忍，王赦之而不肯，石渚之为人臣也，可谓忠且孝矣。

　　【注释】①仆：古时男子对自己的谦称。②阿：偏私，袒护。③私：偏爱，偏私。

　　【译文】楚昭王当君主时，有个人叫石渚。他为人公正没有私心，昭王让他管理政事。有个人在道路上杀了人，石渚去追他，原来杀人凶手是他的父亲。他把车子掉头往回走，在朝廷上说："杀人的人是我父亲。看着自己父亲行刑，我不忍心，偏袒有罪的人，无视刑法，都不可以。按照法律来行刑让犯人治罪，这是臣子的道义。"于是趴伏在刑具上，向君主请死。昭王说："没有追上杀人犯，怎么一定要受惩处呢？你还是继续干你的职务吧。"石渚拒绝说:"不偏爱自己的父亲,不能叫作孝子,侍奉君主却违反法律,不能叫作忠臣。您赦免我,是您的恩惠,不敢违反刑法,这是臣子的操行。"他没有去掉刑具,在朝廷上自杀死了。违法了就必须处死,父亲犯法不忍心处死,君主赦免了自己却不愿意接受。石渚作为臣子,可以说是又忠又孝了。

上　德

【题解】本篇旨在论述崇尚道德。凡事都有道义,治理国家也不例外。按照道德治理国家,就能"不赏而民劝,不罚而邪止"。同时,文章指出"严罚厚赏,此衰世之政也"。

三曰:

为天下及国,莫如以德,莫如行义。以德以义,不赏而民劝,不罚而邪止,此神农、黄帝之政也。以德以义,则四海之大,江河之水,不能亢①矣;太华之高,会稽之险,不能障矣;阖庐②之教,孙、吴之兵,不能当矣。故古之王者,德回乎天地,澹③乎四海,东西南北,极日月之所烛④,天覆地载,爱恶不臧⑤,虚素以公,小民皆之,其之敌而不知其所以然,此之谓顺天;教变容改俗,而莫得其所受之,此之谓顺情。故古之人,身隐而功著,形息而名彰,说通而化奋,利行乎天下而民不识,岂必以严罚厚赏哉?严罚厚赏,此衰世之政也。

【注释】①亢：抗，匹敌。②阖（hé）庐：春秋时期吴国君主。③澹：通"赡"，足。④烛：照亮，照见。⑤臧：通"藏"，隐藏。

【译文】第三：

治理天下以及国家，没有什么比用道德、道义更好的办法了。用道德、道义，不用奖赏而百姓就会自己努力，不用惩罚而邪恶就会消除。这就是神农、黄帝的政治。用道德道义，那么四海的广大，江河的水流，都不能抵抗了；太华山的高，会稽山的险峻，都不能阻障了；吴王阖庐的教导，孙武吴起的兵法，都不能抵挡了。所以古代的王者，道义回荡于天地之间，充满于四海之内，东西南北，日月所能照亮的地方，像天一样覆盖，像地一样承载，爱护憎恶都不会藏起来，谦虚朴素以求公正，小民和君王在一起但不知道为什么会这样，这就是顺从了天意；他们的教化改变了人们的容貌和习俗，而人们还不知道从什么时候改变的，这就称之为顺从人情。所以古时候的人，身份隐退功成名就，身形息止而名声彰显，论说通达而教化施展，行为有利于天下，而民众却不认识。哪用得着严厉的惩罚和丰厚的奖赏呢？严厉的惩罚和丰厚的奖赏，这是衰败世道的政治。

三苗①不服，禹请攻之。舜曰："以德可也。"行德三年，而三苗服。孔子闻之曰："通乎德之情，则孟门、太行不为险矣。故曰德之速，疾乎以邮传命。"周明堂②，金在其后，有以见先德后武也。舜其犹此乎？其臧武通于周矣。

【注释】①三苗：姜姓，与欢兜、共工、鲧合称为"四罪"。中国传说中黄帝至尧舜禹时代的古部落名。又叫"苗民""有苗"。有西北说，也有长江以南说。当禹的夏部落联盟跨入奴隶社会时，三苗已有"君子""小人"之分，开始有了阶级分化。②明堂：是古代帝王所建的最隆重的建筑物，用作朝会诸侯、发布政令、秋季大享祭天，并配祀祖宗。

【译文】三苗不顺从，禹请求攻打。舜说："用德政可以让其顺从了。"施行德政三年后，三苗臣服了。孔子听了后，说："知晓德政的实质，那么孟门、太行山也就不再险阻了。所以说道德的速度，要比邮驿传递命令要快很多。"周的明堂，金属的东西都放在后面，由此可见是先用道德治理然后再动武的意思。舜大概就是这样做的吧。他们的不轻易动用武力的思想已经通达到了周国。

晋献公为丽姬远太子。太子申生居曲沃①，公子重耳居蒲②，公子夷吾居屈③。丽姬谓太子曰："往昔君梦见姜氏。"太子祠而膳于公，丽姬易之。公将尝膳，姬曰："所由远，请使人尝之。"尝人人死，食狗狗死，故诛太子。太子不肯自释，曰："君非丽姬，居不安，食不甘。"遂以剑死。公子夷吾自屈奔梁。公子重耳自蒲奔翟。去翟过卫，卫文公无礼焉。过五鹿如齐，齐桓公死。去齐之曹，曹共公视其骈④胁，使袒而捕池鱼。去曹过宋，宋襄公加礼焉。之郑，郑文公不敬，被瞻谏曰："臣闻贤主不穷穷。今晋公子之从者，皆贤者也。君不礼也，不如杀之。"郑君不听。去郑之荆，荆成王慢焉。去荆之秦，秦缪公入之。晋既定，兴师攻郑，求被瞻。被瞻谓郑君曰："不若以臣与之。"郑君曰："此孤之过也。"被瞻曰："杀臣以免国，臣愿之。"被瞻入晋军，文公将烹之。被瞻据镬而呼曰："三军之士皆听瞻也，自今以来，无有忠于其君，忠于其君者将烹。"文公谢焉，罢师，归之于郑。且被瞻忠于其君；而君免于晋患也，行义于郑，而见说于文公也，故义之为利博矣。

【注释】①曲沃：始于西周初期。古晋国以绛山为宗，绛水（今沸泉）出绛山之南，沸涌而东，折向北经青玉峡，东流白石山，悬而为沃泉（今景明瀑布），九曲而北入于浍，萦回盘旋，西流入汾。取其曲，取其沃，得名曲沃。②蒲：春秋晋邑，在今山西隰县西北。③屈：春秋晋地。屈有南北两个屈城毗邻，晋公子夷吾镇守，在今山西石楼县东北。④骈：双。

【译文】晋献公因为宠爱丽姬从而对太子疏远了。太子申生住在曲沃，公子重耳住在蒲城，公子夷吾居住在屈。丽姬告诉太子说："之前君主梦见了姜氏。"太子于是祭祀姜氏，而将祭品送给晋献公吃，丽姬中途更换了祭品。晋献公打算品尝祭品，丽姬说："膳食来得远，还是让人先尝一下。"派人品尝，人就死了；让狗吃，狗也死了。所以晋献公想要诛杀太子。太子不肯解释，说："君主如果没有丽姬，就会睡不安，食没有味道。"于是用剑自杀了。公子夷吾从屈城逃奔到梁国。公子重耳从蒲城逃奔到翟，去到翟经过卫国，卫文公对他很没有礼貌；经过五鹿，到达齐国，正逢齐桓公去世，然后离开齐国去到曹国，曹共公想要看重耳连着的肋骨，便让重耳脱衣去池里捕鱼。离开曹国经过宋国，宋襄公加大礼节对待他；后来去到郑国，郑文公很不恭敬，被瞻劝谏说:"我听说贤能的君主不会永远困穷。如今晋国公子的随从者,都是贤能的人。君主如果不加礼遇,不如杀死他。"郑国君主不听建议。公子重耳离开郑国去到楚国,楚成王很慢待他;于是离开楚国去到秦国,秦穆公送他进入晋国。晋国安定了,就兴师攻打郑国,索要被瞻。被瞻告诉郑文公说:"不如把我送给他们。"郑文公说:"这是我的过错。"被瞻说:"杀死我能使国家免于遭殃,我愿意。"于是被瞻进入晋军,晋文公打算要烹煮他,被瞻抓住铁锅而呼喊说:"三军士兵都听我被瞻说,从今以后,再也没有人忠诚于他们的君主了,忠诚于他们的君主的人将被活活煮死。"晋文公向他道歉,撤回军队,把被瞻放回郑国。被瞻忠诚于自己的君主,从而使君主免除了晋国的祸患;他在郑国按道义而做出行为,而受到晋文公赞赏。所以道义带来的利益是很多的。

墨者钜子孟胜,善①荆之阳城君。阳城君令守于国,毁璜②以为符,约曰:"符合听之"。荆王薨③,群臣攻吴起,兵于丧所,阳城君与焉,荆罪之。阳城君走,荆收其国。孟胜曰:"受人之国,与之有符。今不见符,而力不能禁,不能死,不可。"其弟子徐弱谏孟胜曰:"死而有益阳城君,死之可矣。无益也,而绝墨者于世,不可。"孟胜曰:"不然。吾于阳城君也,非师则友也,非友则臣也。不死,自今以来,求严师必不于墨者矣,求贤友必不于墨者矣,求良臣必不于墨者矣。死之所以行墨者之义而继其业者也。我将属④钜子于宋之田襄子。田襄子贤者也,何患墨者之绝世也?"徐弱曰:"若夫子之言,弱请先死以除路。"
还殁⑤头前于孟胜。因使二人传钜子于田襄子。孟胜死,弟子死
之者百八十。三人以致令于田襄子,欲反死孟胜于荆,田襄子止
之曰:"孟子已传钜子于我矣,当听。"遂反死之。墨者以为不
听钜子不察。严罚厚赏,不足以致此。今世之言治,多以严罚厚
赏,此上世之若客也。

【注释】①善:和善,友好。②璜(huáng):半璧形的玉。③薨:
古代称诸侯或有爵位的大官死去。④属:通"嘱",托付。⑤殁:死。

【译文】墨家的钜子孟胜,与楚国阳城君很友好。阳城君命
令他守卫自己的封国,剖开璜玉作为符信,约定说:"符信合上才
能听令。"楚王去世了,群臣攻打吴起,双方在楚王去世的地方交
战,阳城君也参与了这件事,楚国加罪于他们,阳城君逃走,楚
国收回他的封国。孟胜说:"接受别人的封国,有符信在手。如
今不见符信,而我的力量不能禁止楚国收回封地,不能战死,不
可以这样的。"他的学生徐弱劝谏孟胜说:"如果死去而能有益
于阳城君,死去也是可以的;如果没有益处,而将墨家之人断绝
于世,就不可以。"孟胜说:"不是这样的。我对于阳城君来说,
不是老师就是朋友,不是朋友那么就是臣子。不去战死,从今以
后,世人寻求严师必然就不会求到墨家了,求贤友也必然不会求
到墨家了,求良臣也必然不会求到墨家了。死去,是为了施行道义
而继承墨家的业绩。我打算把墨家钜子的位置交给宋国的田襄
子。田襄子,是个贤人,哪用得着担忧墨家人才断绝于世间呢?"

徐弱说："就像先生所说的，徐弱请求先死去以清除道路。"于是转身在孟胜面前自杀了。孟胜因此派两个人将钜子的职位传给田襄子。孟胜死后，他的弟子殉死的有一百八十三人。孟胜命令传给田襄子职位的那两人，打算返回楚国为孟胜殉死。田襄子制止他们说："孟先生已经把钜子的职位传给我了，你们应该听我的。"他们不听，返回楚国而自杀。墨家学派认为不听钜子的话就是不讲道义。严厉的惩罚和丰厚的奖赏，也不足以到达这种地步。现在世上谈到如何治理国家，多数都是严罚厚赏，这就是古代所认为的以苛酷为明察啊。

用 民

【题解】本篇旨在论述使用民众之道。作者认为能够恰当地使用民众是国家存亡的主要因素之一。而想要恰当地使用民众，需要"太上以义，其次以赏罚"。

四曰：

凡用民，太上①以义，其次以赏罚。其义则不足死，赏罚则②不足去就③，若是而能用其民者，古今无有。民无常用也，无常不用也，唯得其道为可。

【注释】①太上：最上，最高。②则：若，如果。③去就：取舍，离去或留下。

【译文】第四：

　　凡是使用百姓，最好的办法是用道义，其次才是赏罚。如果道义不足以让民众去死，那么赏罚就更不足以让人民去恶就善了，像这样而能够使用民众的人，古今都没有。民众不是时常都能被使用的，也不是时常不使用的，只有掌握了方法，才可以被使用。

　　阖庐之用兵也，不过三万；吴起之用兵也，不过五万。万乘之国，其为三万五万尚多。今外之则不可以拒敌，内之则不可以守国，其民非不可用也，不得所以用之也。不得所以用之，国虽大，势虽便，卒无众，何益？古者多有天下而亡者矣，其民不为用也。用民之论，不可不熟。

　　【译文】吴王阖庐使用的兵不超过三万，吴起使用的兵不超过五万。万辆兵车的国家，其兵力比三万、五万还多，如今对外不可以拒挡敌人，对内而不可以守国，他们的民众并不是不可以使用，而是没有掌握使用的方法。没有掌握使用的方法，国家即使很大，地势即使便利，兵卒即使众多，但有什么益处呢？古时候很多拥有天下而又灭亡的人，就是因为其民众没有得到使用。使用民众的论说，不可以不熟悉了解。

　　剑不徒①断，车不自行，或使之也。夫种麦而得麦，种稷②而得稷，人不怪也。用民亦有种，不审其种，而祈民之用，惑莫大焉。

【注释】①徒：凭空，自动。②稷：古代一种粮食作物，指粟或黍属。

【译文】宝剑不会徒然砍断东西，大车不会自己行走，都是有人在使用它们。那种麦而得到的就是麦，种黍子而得到的就是黍子，人们不会感到奇怪。使用民众也有种子，不审查种下什么种子，而祈祷使用民众，没有什么比这更糊涂的了。

当禹之时，天下万国，至于汤而三千馀①国，今无存者矣，皆不能用其民也。民之不用，赏罚不充②也。汤、武因夏、商之民也，得所以用之也。管、商③亦因齐、秦之民也，得所以用之也。民之用也有故，得其故，民无所不用。用民有纪④有纲⑤，壹引其纪，万目⑥皆起，壹引其纲，万目皆张。为民纪纲者何也？欲也恶也。何欲何恶？欲荣利，恶辱害。辱害所以为罚充也，荣利所以为赏实也。赏罚皆有充实，则民无不用矣。

【注释】①馀：通"余"，多的意思。②充：赏罚"当"，是实；赏罚"不当"，是虚。③管：指管仲。商：指商鞅。④纪：网的头绪。⑤纲：网的总绳。⑥目：网眼。

【译文】大禹当君主的时候，天下有上万个国家，到了商汤王时就只有三千个国家，如今这些国家都没有存在的了，这都是由于他们不能使用民众。民众不能得到使用，赏罚不能兑现。商汤王、周武王凭借的是夏国、殷商的民众，掌握了恰当使用他们的方法。管仲、商鞅也是凭借了齐国、秦国的民众，掌握了恰当使用他们的方法。民众的使用有一定的方法，得到其中的方法，民众就都能被使用起来了。使用民众有纪有纲，就像渔网一样一旦引出头绪，纲目都会提起；一旦引出纲绳，万目都会张开。什么才能成为民众的纲纪呢？就是欲望，就是厌恶。想要什么，厌恶什么，欲求荣誉和利益，厌恶耻辱和祸害。侮辱和伤害是用来惩罚的，荣誉和利益是用来奖赏的。赏罚都能充分实现，那么民众就没有不能被使用的了。

阖庐试其民于五湖①，剑皆加于肩，地流血几不可止；勾践试其民于寝宫，民争入水火，死者千馀矣，遽②击金而却之。赏罚有充也。莫邪不为勇者兴惧者变，勇者以工，惧者以拙，能与不能也。

【注释】①五湖：指太湖。②遽（jù）：急，仓促。

【译文】吴王阖庐在太湖检验民众，剑都刺到肩上，流血满地都不能制止住民众。越王勾践在寝宫检验民众，民众争先冲进水火之中，死伤一千多人，急忙鸣金才让他们退却。这是因为赏罚都能充分实现。莫邪宝剑不会因为勇敢也不会因为懦弱的人而改变锋利，勇敢的人得到它而更加灵巧，懦弱的人得到它而更加笨拙，关键就是能不能恰当地使用它。

夙沙①之民，自攻其君，而归神农。密须之民，自缚其主，而与文王。汤、武非徒能用其民也，又能用非己之民。能用非己之民，国虽小，卒虽少，功名犹可立。古昔多由布衣定一世者矣，皆能用非其有也。用非其有之心，不可察之本。三代之道无二，以信为管②。

【注释】①夙沙：古部落名，今在山东胶东地区。②管：钥匙，关键。

【译文】夙沙国的民众，自发攻打他们的君主而归附神农。密须国的民众，自己捆绑了他们的君主而交给周文王。商汤王、周武王不只是能够使用他们的民众，还能使用不是自己国家的民众。能够使用不是自己的民众，国家即使小，兵卒即使少，功名还是能够建立的。古代有很多由布衣百姓建立的王朝，他们都是善于使用不是自己拥有的民众的人。使用不是自己拥有的民众这种心理，不可以不考察明白根本。夏商周三代的原则没有第二条，就是以诚信为关键要素。

宋人有取①道者，其马不进，倒而投之漓水②。又复取道，其马不进，又到而投之漓水。如此者三。虽造父③之所以威马，不过此矣。不得造父之道，而徒得其威，无益于御。人主之不肖者，有似于此。不得其道，而徒多其威。威愈多，民愈不用。亡国之主，多以多威使其民矣。故威不可无有，而不足专恃。譬之若盐之于味，凡盐之用，有所托也，不适则败托而不可食。威亦然，必有所托，然后可行。恶乎托？托于爱利。爱利之心谕，威乃可行。威太甚则爱利之心息，爱利之心息而徒疾行威，身必咎矣，此殷、夏之所以绝也。君，利势也，次官也。处次官④，执利势,不可而不察于此。夫不禁而禁者,其唯深见此论邪。

【注释】①取:通"趣",趋。②灉(xī)水:水名。③造父:春秋末期晋国人,以善于驾驶车马著称。④次官:城上重要的建筑,是敌人攻击的目标。官,通"馆"。

【译文】宋国有个驱车赶路的人,他的马不肯前进,他就把马杀了丢到灉水之中,换了一匹马继续驱车赶路,那匹马不肯前进,他又把它杀了丢到灉水之中,像这样有三次。即使造父驭马的威严,也不过如此了。没有掌握造父的驭马方法,而只学到了他威吓马的手段,对驭马是没有什么好处的。一些不贤明的国君,与这有些相似。他们不懂得使用民众的方法,而只是增加威势,威势愈增,民众愈不能被使用。亡国的君主,大多靠增加威势来使用他的民众。威势固然不可没有,但专门依仗它就不可取了。这好比食盐与口味的关系,凡是食盐的使用,总是有所依托的,用得不适当就会败坏所依托的东西,而不能食用。威吓手段也是这样,必须有所依托,然后才能行得通。依托什么呢?依托爱民利民的措施。爱民利民的心思被人理解了,威势就能够通行。威势过重就会使爱民利民的心思熄灭,爱民利民的心思熄灭,而一味地厉行威势,自身就必然遭殃,这就是商朝和夏朝为什么灭亡的原因。国君,是利禄和威势的集中体现者,能够决定官员的等级,处在决定官员等级的地位,又执掌利禄和威势,不能不对用民这一道理认真考察。不发布禁令,邪恶就自行禁止,要做到这一步,大概只有深刻了解这一道理才能做到。

适 威

【题解】本篇旨在论述要适度威严。君主威严要适度，假如治理国家仅仅依靠惩罚、杀戮，民众就会对国家失去信任，也就是文中所说的"民，善之则畜也，不善则雠也"。

五曰：

先王之使其民，若御良马，轻任新节①，欲走不得，故致千里。善用其民者亦然。民日夜祈用而不可得，苟得为上用，民之走之也，若决积水于千仞之溪，其谁能当②之？

【注释】①新节：以初生枝条制成的马鞭。②当：通"挡"，阻挡。
【译文】第五：

先王使用他的子民，就好像在驾御良马，减轻负荷拿着初生枝条制成的马鞭，马想乱走也不能，所以就能到达千里。善于使用民众的人也是这样。民众日夜祈祷被使用但是不能得到，如果能为君上所使用，那么民众就会奔走相告，就像千条溪流的积水从千仞高的山岩上决堤，有谁能够阻挡？

《周书》曰："民，善之则畜①也，不善则雠也。"有雠而众，不若无有。厉王，天子也，有雠而众，故流于彘②，祸及子孙，微召公虎而绝无后嗣。今世之人主，多欲众之，而不知善，此多其雠也。不善则不有。有必缘其心爱之谓也，有其形不可谓有之。舜布衣而有天下。桀，天子也，而不得息，由此生矣。有无之论，不可不熟。汤、武通于此论，故功名立。

【注释】①畜：顺从。②彘（zhì）：山西临汾霍州市东北。

【译文】《周书》上说："民众，善待那么就能使其顺从，不善待那么就是仇人。"有仇人而且众多，不如没有。周厉王，是天子，有仇人而且众多，所以被流放到彘地，灾祸延及子孙，要不是召公虎就会断绝后代继承人。如今世上的君主，都希望人民众多，而不知晓善待，这就是增多了仇人。不善待那么就等于没有，想拥有就必然要凭借他们的内心，这就是仁爱，只是拥有外形不可以说是拥有。舜是普通人而拥有了天下，夏桀王，是天子，却不得安宁，这些都取决于民心。所以得民心与失民心的论说，不可以不熟悉。商汤王、周武王通达这个论说，所以功名才能建立。

古之君民者，仁义以治之，爱利以安之，忠信以导之，务①除其灾，思致其福。故民之于上也，若玺之于涂②也，抑之以方则方，抑之以圜③则圜；若五种之于地也，必应其类，而蕃息④于百倍。此五帝三王之所以无敌也。身已终矣，而后世化之如神，其人事审也。

【注释】①务：从事，致力于。②涂：特指封泥，古代公私简牍的封闭处盖有印章的泥块。③圜（yuán）：通"圆"，圆形。④蕃息：滋生，繁衍。

【译文】古代统治民众的人，以仁义道德来治理，以爱和利益来安定民众，以忠诚和诚信来引导，致力于除去民众的灾祸，思考如何让民众得到福祉。所以民众对于君上，就像是印章盖在封泥上，盖的印章是方的那么就是方的，盖的印章是圆的那么就是圆的。就像五谷的种子撒在土地上，生长出来的必然是同类植物，而且繁殖的是百倍。这就是五帝、三王之所以无敌的缘故。这些人虽然已经成为历史，而后人把他们当神一样供奉，主要是他们审度了人事。

魏武侯之居中山也，问于李克曰："吴之所以亡者何也？"李克对曰："骤①战而骤胜。"武侯曰："骤战而骤胜，国家之福也。其独以亡，何故？"对曰："骤战则民罢②，骤胜则主骄。以骄主使罢民，然而国不亡者，天下少矣。骄则恣③，恣则极物；罢则怨，怨则极虑。上下俱极，吴之亡犹晚，此夫差之所以自殁于干隧也。"

【注释】①骤：屡次，数次。②罢：通"疲"，累。③恣（zì）：放纵，无拘束。

【译文】魏武侯居住在中山，询问李克说："吴国灭亡，是什么原因？"李克回答说："是多次战斗而且每次都胜利了。"魏武侯说："多次战斗而且每次都胜利了，是国家的福祉。而因为这个灭亡，是何缘故？"李克回答说："多次战斗就会使民众疲惫，每次都胜利就会使君王骄傲。以骄傲的君主役使疲惫的民众，然而国家不灭亡的，天下少有。骄傲就会放纵，放纵那么就会穷尽物欲；疲惫就会怨恨，怨恨那么就会穷尽思虑。上下都有穷尽，吴国的灭亡还是比较晚的。这就是吴王夫差在干隧自杀的原因。"

东野稷以御见庄公，进退中绳①，左右旋中规②。庄公曰："善。"以为造父不过也，使之钩百③而少及焉。颜阖④入见。庄公曰："子遇东野稷乎？"对曰："然。臣遇之。其马必败⑤。"庄公曰："将何败？"少顷，东野之马败而至。庄公召颜阖而问之曰："子何以知其败也？"颜阖对曰："夫进退中绳，左右旋中规，造父之御，无以过焉。乡臣遇之，犹求其马，臣是以知其败也。"

【注释】①中绳：符合拉直的墨线，比喻符合标准。②中规：合乎准则、要求。③钩百：上百次地回旋。④颜阖（hé）：战国时鲁国的高士。⑤败：筋疲力竭。

【译文】东野稷以善御得以拜见庄公，进退符合法度，左右旋转符合规矩。庄公说："很好。"认为造父也比不上他，让他去再跑一百圈返回。过了不久，颜阖入朝拜见，庄公说："先生遇见东野稷了吗？"颜阖回答说："是的，下臣遇见了他。他的马必然累坏了。"庄公说："为什么会累坏了？"片刻，东野稷的马累坏了回来。庄公召颜阖而询问说："先生怎么知晓他的马会累坏了？"颜阖回答说："他进退符合法度，左右旋转符合规矩，造父驾御也比不上他。刚才下臣遇见他，他仍然在无止境地要求他的马，下臣因此知晓他的马会累坏。"

故乱国之使其民，不论人之性，不反人之情，烦为教而过不识，数为令而非不从，巨为危而罪不敢，重为任而罚不胜。民进则欲其赏，退则畏其罪。知其能力之不足也，则以为继矣。以为继知，则上又从而罪之，是以罪召罪，上下之相雠也，由是起矣。故礼烦则不庄，业烦则无功，令苛则不听，禁多则不行。桀、纣之禁，不可胜数，故民因而身为戮，极也，不能用威适。子阳①极也好严，有过而折弓者，恐必死，遂应猘狗②而弑子阳，极也。周鼎有窃曲③，状甚长，上下皆曲，以见极之败也。

【注释】①子阳：战国时郑人，郑繻公之相。②猘（zhì）狗：疯狗。③窃曲：周代的一种重要装饰纹样。又称窃曲纹、穷则曲。是一种适应装饰部位要求而变形的动物纹样，是动物的简化和抽象化。

【译文】所以混乱的国家役使其民众，不论人们的本性，不反求人之常情，烦琐教条太多而民众不知晓，多次命令而非难不顺从的人，夸大危难而加罪于不敢上前的人，加重责任而惩罚不能胜任的人。民众前进则是希望得到奖赏，后退则是害怕加罪，知晓自己的能力不足，那么就会做虚假的事了。做虚假的事，那么君上又来加罪，因此就因为害怕有罪过招致罪过，上下互相仇恨，就从此开始了。所以礼节烦琐就会不庄重，功业烦琐就会没有功劳，命令烦苛那么人们就会不听从，禁令繁多那么就会不能施行。夏桀王、商纣王的禁令，不可胜数，所以民众因此背叛而杀戮他们，这是过分到了极点，说明权势不能用威严来得到。郑子阳喜好严厉到了极点，有人拉弓而折断了弓箭，害怕必然被处死，于是趁追赶疯狗时杀死郑子阳，这也是过分到了极点。周鼎上有窃曲形的花纹，弯曲的形状很长，上下都弯曲，由此可见过分到了极点的危害。

为 欲

【题解】本篇旨在论述满足人民的欲望，这样才能更容易役使人民，进而顺利地治理国家。因此，作者说"审顺其天而以行欲，则民无不令矣，功无不立矣"。

六曰：

使民无欲，上虽贤，犹不能用。夫无欲者，其视为天子也，与为舆隶①同，其视有天下也，与无立锥之地②同；其视为彭祖③也，与为殇子④同。天子至贵也，天下至富也，彭祖至寿也，诚无欲，则是三者不足以劝。舆隶至贱也，无立锥之地，至贫也，殇子至夭也，诚无欲，则是三者不足以禁。会有一欲，则北至大夏，南至北户，西至三危，东至扶木，不敢乱矣；犯白刃，冒流矢，趣水火，不敢却也；晨寤⑤兴，务耕疾庸，模为烦辱，不敢休矣。故人之欲多者，其可得用亦多；人之欲少者，其得用亦少；无欲者，不可得用也。人之欲虽多，而上无以令之，人虽得其欲，人犹不可用也。令人得欲之道，不可不审矣。

【注释】①舆隶：亦作"舆隶"。古代十等人中两个低微等级的名称。因用以泛指操贱役者，奴隶。②立锥之地：插锥尖的一点地方。形容极小的一块地方。也指极小的安身之处。③彭祖：中国古代养生学奠基人，大彭氏国创始人，号称华夏最长寿老人，传说寿高八百。④殇子：是指未成年而死者，短命的人。⑤寤（wù）：睡醒。

【译文】第六：

对于没有欲望的民众，即使君上贤能，尚且不能使用他们。那没有欲望的人，他们看待天子，就像是看待奴隶一样；他们看待天下，就像是看待没有立锥之地一样；他们看待彭祖，就像是看待未成年而死的小孩子一样。天子是最高贵的，天下是最富裕的，彭祖是最长寿的，如果没有欲望，那么这三样都不足以勉励他。奴隶是最低贱的，没有立锥之地是最贫苦的，未成年的小孩子死去是最短寿的，如果没有欲望，那么这三样也不足以禁止他。如果有一个欲望，那么向北到大夏，向南到北户，向西到三危，向东到扶桑，就不敢作乱；冒着雪白的刀刃，顶着飞驰的箭镞，奔向水火，也不会退却；早晨醒后起来，致力于耕种力求于满足需要，即使耕种很辛勤，也不敢休息。所以人的欲望太多，可以使用的也多；人的欲望很少，可以使用的也少；没有欲望的人，是不可以使用的。人们的欲望即使很多，而君上没有命令的方法，人们即使能得到，可是也不敢使用。所以，让人们满足欲望的方法，不可以不审察。

善为上者，能令人得欲无穷，故人之可得用亦无穷也。蛮夷反舌①殊俗异习之国，其衣服冠带、宫室居处、舟车器械、声色滋味皆异，其为欲使一也。三王②不能革，不能革而功成者，顺其天也；桀、纣不能离，不能离而国亡者，逆其天也。逆而不知其逆也，湛③于俗。久湛而不去则若性。性异非性，不可不熟。不闻道者，何以去非性哉？无以去非性，则欲未尝正矣。欲不正，以治身则夭，以治国则亡。故古之圣王，审顺其天而以行欲，则民无不令矣，功无不立矣。圣王执一，四夷皆至者，其此之谓也。执一者至贵也。至贵者无敌。圣王托于无敌，故民命敌焉。

【注释】①蛮夷：泛指华夏族以外的其他民族。反舌：比喻蛮夷的语音与中国歧异。②三王：夏、商、周三朝的第一位帝王大禹、商汤王、周武王及周文王的合称。③湛：沉浸，沉溺。

【译文】善于作为君主的人，能够让人们有无穷的欲望，这样才能无穷地使用这些人。凡是语言、习俗都不同的蛮夷边远少数民族国家，他们的衣服冠带、宫室房屋、舟车器械、声色滋味都不一样，但是因为通过欲望能使他们统一。三王也不能改变这种情况，不能改变而又能成功的原因，是因为顺从了上天；夏桀王、商纣王不能背离上天，不能背离而使国家灭亡。背离了上天而不知晓自己背离的原因，是因为沉溺了世俗。长久的沉溺而不去除那么就会浸入本性。这个本性和非本性不相同，不可以不熟知这个问题。不懂得让人们满足欲望的方法的人，怎么样才能去除错误的本性呢？不能去除错误的本性，那么欲望就不能得到端正。欲望不端正，用以修身那么就会夭折，用以治国那么就会灭亡。所以古代的圣王，审慎地顺从天意而用以满足欲望，那么民众就无没有不听命令的了，功业就无不能建立的了。圣贤的君主掌握根本，四方少数民族就会来到，说的就是这个。掌握根本的人，是最高贵的，最高贵的人就会无敌。圣贤的君主立身于无敌之境，所以民众就能听从命令共同抵御敌人了。

群狗相与居，皆静无争，投以炙①鸡，则相与争矣，或折其骨，或绝其筋，争术存也。争术存，因争；不争之术存，因不争。取争之术而相与争，万国无一。

【注释】①炙（zhì）：烤。
【译文】一群狗住在一起，都安静而没有争斗。扔给它们烤鸡，那么就会互相争斗了。或者咬断骨头，或者咬断筋脉，这是因为斗争的方法是存在的。斗争的方法存在，就需要争斗；斗争的方法不存在，就不需要争斗。不存在斗争的条件而相互争斗，万国之中的任何一国都不可能存在这样的情况。

凡治国令其民争行义也，乱国令其民争为不义也；强国令其民争乐用也，弱国令其民争竞①不用也。夫争行义乐用与争为不义竞不用，此其为祸福也，天不能覆，地不能载。晋文公伐原，与士期七日，七日而原不下，命去之。谋士言曰："原将下矣。"师吏请待之。公曰："信，国之宝也。得原失宝，吾不为也。"遂去之。明年复伐之，与士期必得原然后反，原人闻之乃下。卫人闻之，以文公之信为至矣，乃归文公。故曰"攻原得卫"者，此之谓也。文公非不欲得原也，以不信得原，不若勿得也，必诚信以得之，归之者非独卫也。文公可谓知求欲矣。

【注释】①竞：争着做某事。

【译文】凡是治理得当的国家其民众争着去做符合道义的事情；凡是混乱的国家都是让其民众争相做不道义的事情。凡是强大的国家，都是让民众争着被治理；凡是弱小的国家，民众都争相不愿意被治理。那争着做道义的事、争着为君主所使用与争着做不道义的事、争着不为君主所使用，这个作为祸福的根源，上天不能覆盖，大地不能承载。晋文公征伐原地，与士兵约定期限为七天。过了七天而没有攻下，就命令士兵离去。谋士说："原地即将攻下了。"军师官吏请求等待。晋文公说："诚信，是国家的宝贝。得到原地而失去宝贝，我不干。"于是让士兵离去。第二年，再次征伐原地，与士兵预期必然得到后才返回。原地人听说后，主动向晋军投降。卫国人听说后，认为晋文公非常诚信，于是归顺了晋文公。所以"攻打原地得到卫地"，说的就是这个。晋文公并非不想得到原地，而是认为不诚信而得到原地，不如不要得到，必然要以诚信得到才行，所以归顺的人并非单独只有卫国的人。晋文公可以说是知晓如何满足自己的欲望了。

贵 信

【题解】本篇旨在论述讲诚信的可贵性以及君主讲求诚信

的意义。文章指出只要能做到诚信,人民就会归附。自己有诚信,就能"天地之物毕为用矣";君主有诚信,"其王不久矣";臣子有诚信,"可以为王者佐矣"!

七曰:

凡人主必信。信而又信,谁人不亲?故《周书》曰:"允^①哉允哉!"以言非信则百事不满也,故信之为功大矣。信立则虚言可以赏矣。虚言可以赏,则六合之内皆为己府矣。信之所及,尽制之矣。制之而不用,人之有也;制之而用之,己之有也。己有之,则天地之物毕为用矣。人主有见此论者,其王不久矣;人臣有知此论者,可以为王者佐矣。

【注释】①允:诚实。
【译文】第七:

凡是君主必须讲诚信,诚信再诚信,哪个人还能不亲近呢?所以《周书》上说:"诚实啊!诚实啊!"就是说不诚信就什么事情也办不成。因此,诚信就有很大的作用了。树立了诚信虚假的言论就可以识别。虚假的话可以识别,那整个天下就都成自己的城府一样了。诚信所达到的地方,都能够被控制。控制了却没有好好利用,别人也能拥有,控制了而且好好利用,自己才能拥有。自己拥有,那么天地间的事物都会被自己利用。君主知道这个道理,那么离他称王就不远了;臣子知道这个道理,那么就可以辅佐君王了。

天行不信^①，不能成岁；地行不信，草木不大。春之德风，风不信，其华^②不盛，华不盛则果实不生；夏之德暑，暑不信，其土不肥，土不肥则长遂不精；秋之德雨，雨不信，其谷不坚^③，谷不坚则五种不成；冬之德寒，寒不信，其地不刚，地不刚则冻闭不开。天地之大，四时之化，而犹不能以不信成物，又况乎人事？

【注释】①信：按时、规律。②华：花，枝叶，泛指植物外貌。③坚：坚实，谷粒成熟饱满。

【译文】上天的运行不规律，就不能成岁；地上的运行不规律，草木就不能长大。春天的特征在于春风，如果春风不按规律到来，则花不盛开，花不盛开，就不长果实；夏天的特征在于炎热，如果夏天不按规律热，土壤就不肥沃，土不肥沃，植物生长就不茁壮；秋天的特征在于雨水，不按规律下雨，则谷物不成熟，谷不熟，则五谷不丰；冬天的特征在于寒冷，寒冷不按规律到来，则大地不会封冻。地不封冻，那么就不能冻开裂缝。天地之大，四时变化，尚且不能不按规律生成万物，又何况人事呢？

君臣不信，则百姓诽谤^①，社稷不宁；处官不信，则少不畏长，贵贱相轻；赏罚不信，则民易犯法，不可使令；交友不信，则离散郁怨，不能相亲；百工不信，则器械苦伪^②，丹漆染色不贞^③。夫可与为始，可与为终，可与尊通，可与卑穷者，其唯信乎！信而又信，重袭^④于身，乃通于天。以此治人，则膏雨甘露降矣，寒暑四时当矣。

【注释】①诽谤：说人坏话，诋毁和破坏他人名誉。②苦伪：苦窳，质粗劣，不坚实。③贞：纯正。④重袭：重复，积累。

【译文】君主和臣子不诚信，那百姓就会说坏话，国家社稷就不得安宁。当官的不诚信，那年轻人就会不尊重长辈，高贵的和地位低下的人就会互相轻视。赏罚不诚信，百姓就会容易犯法，不能被使用和命令。交朋友不诚信，那么就会分散结怨，不能亲近。各种工匠不诚信，那么制造器物就会质量差，丹和漆等颜色就不纯正。可以跟它开始可以跟它结束，可以跟它享受富贵，可以跟它忍受贫穷，都是因为诚信。诚信再诚信，身上重复诚信，就能通晓天意了。靠这个治理，那么滋润大地的雨水和露水就会降下来，寒暑四季就会得当了。

齐桓公伐鲁，鲁人不敢轻战，去鲁国五十里而封之，鲁请比关内侯①以听，桓公许之。曹翙②谓鲁庄公曰："君宁死而又死乎？其宁生而又生乎？"庄公曰："何谓也？"曹翙曰："听臣之言，国必广大，身必安乐，是生而又生也。不听臣之言，国必灭亡，身必危辱，是死而又死也。"庄公曰："请从。"于是明日将盟，庄公与曹翙皆怀剑至于坛③上。庄公左搏桓公，右抽剑以自承，曰："鲁国去境数百里，今去境五十里，亦无生矣。钧其死也，戮于君前。"管仲、鲍叔进，曹翙按剑当两陛之间曰："且二君将改图，毋或进者。"庄公曰："封于汶则可，不则请死。"管仲曰："以地

卫君，非以君卫地，君其许之。"乃遂封于汶南，与之盟。归而欲
勿予。管仲曰："不可。人特劫君而不盟，君不知，不可谓智；临难
而不能勿听，不可谓勇；许之而不予，不可谓信。不智不勇不信，
有此三者，不可以立功名。予之，虽亡地亦得信。以四百里之地见
信于天下，君犹得也。"庄公，仇也；曹翙，贼④也。信于仇贼，又况
于非仇贼者乎？夫九合之而合，壹匡⑤之而听，从此生矣。管仲可
谓能因物矣。以辱为荣，以穷为通，虽失乎前，可谓后得之矣。物
固不可全也。

【注释】①关内侯：爵位名。秦汉二十等爵位中第十九等，仅低于
彻侯。有其号，但无封国。一般乃对立有军功将领的奖励，封有食邑数
户，有按规定户数征收租税之权。②曹翙（huì）：亦作曹刿，春秋时期
鲁国人。③坛：古代举行祭祀、誓师等大典用的土和石筑的高台。④贼：
干坏事的人。⑤壹匡：使一切得到匡正。

【译文】齐桓公征讨鲁国。鲁国人不敢轻易应战，而在距离
都城五十里的地方划定了边界。请求比照附庸国一样归顺齐国，
桓公应允了。曹翙向鲁庄公说："您是愿意死了又死呢，还是愿意
活了又活？"庄公说："这话是什么意思？"曹翙说："听我的话，
您的国土必定广大，自身必定安乐有尊严，这就是生了又生，如
果不听我的话，国家一定会灭亡，自身遭到耻辱，这就是死了又
死。"庄公说："听你的话。"于是第二天在盟会的时候，庄公与
曹刿都怀藏宝剑走到祭坛上。庄公左手抓住齐桓公，右手拔出剑
来架在自己脖子上，说："鲁国国都原本距边境几百里，现在离边
境只有五十里，没有什么活路了。反正都是死，让我死在君主面

前。"管仲、鲍叔要靠近，曹翙用剑挡在中间说："两位君主打算要改变国界，谁都不许靠近。"庄公说："以汶水为界才行，不然请让我死吧。"管仲说："用土地保护君主，不是用君主保护土地。君主答应他吧！"于是在汶水之南划定了疆界，和鲁国结盟。回国以后齐恒公不想还给鲁国土地，管仲说："不可以。别人特地劫持君王而不是真心盟誓，可是您不知道，这不是聪明的，面对危难却不能不听从，这不是勇敢的，答应了人家但不给，这不是诚信的。不聪明、不勇敢、不诚信，有了这三种缺点，是不能取得成功和名誉的。给他土地，虽然失去土地但是得到了诚信。用四百里土地换来您在天下人前的诚信，您还是收获了。"庄公是仇人，曹翙是坏人，对他们都诚信，更何况对其他人呢? 齐国多次聚会诸侯而能聚会成功，一次匡正天下而天下人听从，就是从这一点产生的。管仲可以说是能够顺应外物的人啊。把耻辱当作光荣，把困窘当作通达，虽然在前边有所损失，但可以说后来收获得更多，事物不可能十全十美啊。

举 难

【题解】本篇旨在论述推荐、任用人才很难。人无完人，领导者选任人才，应该"知物之不可全也，故择物而贵取一也"。

八曰:

以全举人固难，物之情也。人伤尧以不慈之名，舜以卑父之号，禹以贪位之意，汤、武以放弑之谋，五伯以侵夺之事。由此观之，物岂可全哉？故君子责①人则以人，自责则以义。责人以人则易足，易足则得人；自责以义则难为非，难为非则行饰；故任天地而有余。不肖者则不然，责人则以义，自责则以人。责人以义则难赡，难赡则失亲；自责以人则易为，易为则行苟②。故天下之大而不容也，身取危、国取亡焉，此桀、纣、幽、厉之行也。尺之木必有节目，寸之玉必有瑕瓋③。先王知物之不可全也，故择物而贵取一也。

【注释】①责：指摘过失。②苟：马虎、随便。③瓋（tì）：玉的斑点。

【译文】第八：

用完美的标准举荐人原本就很难，这是客观规律。有人用对孩子不仁慈来损害尧的名声，用不孝顺长辈来破坏舜的名声，用贪图身份地位来损害禹的名声，用弑君杀主的阴谋来损害汤、武王的名声，用侵吞别国来损害五霸的名声。由此看来，事物怎么可能完美呢？所以，君子指摘别人的过失就应该按照一般的标准，而要求自己就要按照道义的原则。按照一般的标准举荐别人就容易使人有能力做到，别人容易做到就会得人心，按照道义的原则要求自己，那么自己就不容易做不对的事，难做不对的事，那么就可以使自己的行为得到修正。所以他们承担着治理天下的重任还有余力。不贤德的人就做不会这样做，他们举荐别人按照道义的原则，要求自己则按照一般的标准。按照道义的原则举荐人就难以观察到这种人，难以得到这种人就会失去亲近的人；按照一般的标准要求自己就很容易做事，容易行事，那么行为就会马虎随便。这就是天下很大，而他们却没有容身之处，自己使自己处于困境中，给国家带来亡国之难。这就是桀、纣、周幽王、周厉王的所作所为啊。一尺高的树木一定有节结，一寸大的玉石一定有斑点。先王明白事物不可能完美无缺的客观原则，所以选择事物只看重它的长处。

季孙氏劫公家，孔子欲谕术则见外①，于是受养而便说，鲁国以訾。孔子曰："龙食乎清而游乎清，螭②食乎清而游乎浊，鱼食乎浊而游乎浊。今丘上不及龙，下不若鱼，丘其螭邪。"夫欲立功者，岂得中绳③哉？救溺者濡④，追逃者趋。

【注释】①见外：因过分客气而疏远。②螭（chī）：古代传说中一种没有角的龙。③中绳：喻符合标准。④濡：沾湿，润泽。

【译文】季孙氏把持王室朝政，孔子想用合适的方法劝谏他，但这样做，孔子就会被看作外人，于是孔子就接受他的奉养，从而在方便的时间就可以向他进言。因为这件事，鲁国人都责备孔子。孔子说："龙在清澈的水里吃东西和游动，螭在清澈的水里吃东西，却在浑浊的水里游动，鱼既在浑浊的水里吃东西，也在浑浊的水里游。现在向上看我不如龙，往下看我也不会像鱼那样，我大概像螭一样吧！"那些想建立功业的人，难道能处处都中规中矩吗？就像人如果要救溺水的人就要被水沾湿衣服，如果要追赶逃跑的人就要快点跑。

魏文侯弟曰季成，友曰翟璜。文侯欲相之而未能决^①，以问李克。李克^②对曰："君欲置相，则问乐腾与王孙苟端孰贤？"文侯曰："善。"以王孙苟端为不肖，翟璜进之；以乐腾为贤，季成进之；故相季成。凡听于主，言人不可不慎。季成，弟也，翟璜，友也，而犹不能知，何由知乐腾与王孙苟端哉？疏贱^③者知，亲习^④者不知，理无自然。自然而断相，过。李克之对文侯也亦过。虽皆过，譬之若金之与木，金虽柔犹坚于木。

【注释】①决：决定。②李克：李克为战国初期魏国著名政治家、儒家代表人物子夏的弟子，魏武侯时期任中山相。③疏贱：关系疏远、地位低下的人。④亲习：亲近熟悉。

【译文】魏文侯有个叫季成的弟弟和叫翟璜的朋友。文侯想从他们中选一个人做国相，可是一直决断不了，他就拿这件事询问李克，李克回答说："您如果想从他们两个人选择做国相的话，就考虑一下乐腾与王孙苟端他们俩谁好些就可以了。"文侯说："好。"文侯认为王孙苟端没有才能，而他又是翟璜举荐给他的，他认为乐腾有才能，而他是季成举荐给他的。所以就选择了季成做了国相。凡是所说的话，君主都听从，这个说话的人不可不谨慎。季成是文侯的弟弟，翟璜是文侯的朋友，文侯都还不了解他们，文侯又从哪里了解到乐腾与王孙苟端呢？对跟自己疏远、身份低贱的人却了解，对跟自己关系亲密熟悉的人却不了解，这是没有道理的。没有道理却要凭此判断谁做国相，这是不对的。李克对文侯的回答也是不对的。虽然他们都不对，但是就如同金子与木头比较，金子虽然柔软，但还是比木头坚硬。

孟尝君问于白圭曰："魏文侯名过桓公，而功不及五伯，何也？"白圭对曰："文侯师子夏，友田子方，敬段干木，此名之所以过桓公也。卜相曰'成与璜孰可'，此功之所以不及五伯也。相也者，百官之长也。择者欲其博①也。今择而不去二人，与用其雠亦远矣。且师友也者，公可也；戚爱也者，私安也。以私胜公，衰国之政也。然而名号显荣者，三士羽②之也。"

【注释】①博：多，广，大。②羽：辅佐。

【译文】孟尝君问白圭说："魏文侯名声超过了齐桓公，可是功劳却没有超过五霸，这是为什么呢？"白圭回答说："文侯师从子夏，朋友是田子方，敬重段干木，这就是他的名声超过桓公的原因。选择国相的时候说'季成与翟璜谁可以胜任呢'，这就是他的功劳没有超过五霸的原因。国相是百官的带头人，选谁做这个带头人要从众人中考察选择。如今他的选择只有这两个人，这与桓公任用自己的仇人管仲为相相比，差距太远了。况且以师友为相的人是为了国家的利益，而以自己的亲戚、喜爱的人为相的人是为了个人利益。把个人利益看得比国家利益重要，这是走向衰亡的国家的君主的为政之道。然而他却声名显赫，这是有三位贤士辅佐他的原因罢了。"

　　宁戚欲干^①齐桓公，穷困无以自进，于是为商旅将任^②车以至齐，暮宿于郭门之外。桓公郊迎客，夜开门，辟任车，爝火^③甚盛，从者甚众。宁戚饭牛居车下，望桓公而悲，击牛角疾歌。桓公闻之，抚其仆之手曰："异哉！之歌者非常人也。"命后车^④载之。桓公反，至，从者以请。桓公赐之衣冠，将见之。宁戚见，说桓公以治境内。明日复见，说桓公以为天下。桓公大说，将任之。群臣争之曰："客，卫人也。卫之去齐不远，君不若使人问之，而固贤者也，用之未晚也。"桓公曰："不然。问之，患其有小恶，以人之小恶，亡人之大美，此人主之所以失天下之士也已。"凡听必有以矣。今听而不复问，合其所以也。且人固难全，权而用其长者。当举也，桓公得之矣。

　　【注释】①干：追求，求取，旧指追求职位俸禄。②任：负担，担当。③爝（jué）火：火炬，火把。④后车：副车，侍从所乘的车。

　　【译文】宁戚想向齐桓公谋求官职，但非常穷困找不到途径让别人举荐自己，于是就给商人做车夫，赶着装满货物的车子到了齐国，傍晚他们就在城门外休息。桓公赶到郊外迎接他，在深夜打开城门，驱赶走装载的车子，点着很亮的火把，侍从有很多。宁戚喂完牛就到车下休息，他望见桓公，很伤心，就敲着牛角大声唱起歌来。桓公听到歌声，摸着车夫的手说："这个人真是与众不同啊！这个唱歌的人不是一般人！"就命令副车去请他坐车过来。桓公回到朝廷里，侍从请示桓公如何安置宁戚。桓公赐给他衣服帽子，准备召见他。宁戚觐见桓公，以如何治理国家内部的言论说服桓公。第二天又去觐见桓公，又以如何治理天下的言论说服桓公。桓公非常高兴，准备任用他。臣子们都劝谏说："这个人是卫国人。而卫国离齐国不远，您不如派人去向卫国人打听一下。若他本来就是有才能的人，再任用他也不晚。"桓公说："不能这样做。如果害怕他有小缺点而去向卫国人打听，又因为他的这些小缺点，抹杀他的大优点，这是君主失掉天下杰出人才的原因。"凡是听取到的主张一定是有根据的了，现在被他的主张言论说服而不再去向其他人打听他的为人如何，这是因为他的主张合乎听者的想法。况且人本来就难以十全十美，全面考察衡量后而任用有突出优点的人，这就是举荐人才的恰当做法。桓公是真正领会到这个方法了。

恃君览第八

恃 君

【题解】本篇旨在论述"君道"。作者认为，君主制度很早就有了，是一种必然的、合理的政治制度。因为有君主的统治，民众能够聚集起来，进而产生利益。如文章中所说的，"群之可聚也，相与利之也。利之出于群也，君道立也。故君道立则利出于群，而人备可完矣。"

一曰：

凡人之性，爪牙①不足以自守卫，肌肤不足以扞②寒暑，筋骨不足以从利辟③害，勇敢不足以却猛禁悍，然且犹裁万物，制禽兽，服狡虫④，寒暑燥湿弗能害，不唯先有其备，而以群聚邪。群之可聚也，相与利之也。利之出于群也，君道立也。故君道立则利出于群，而人备可完矣。

【注释】①爪牙：动物的尖爪和利牙。这里指人的手和尖牙。②扞：同"捍"。③辟：同"避"。④狡虫：凶害之虫。

【译文】第一:

就人的本能而言,人的手和利牙不足以守卫自己,肌肤不足以抵抗严寒和酷暑。筋骨不足以使人趋利避害,性格勇猛不足以使人击退制止凶猛强悍之物。然而人依然还能制裁世上的万事万物,制服禽兽,制服凶害之虫。寒冷暑热也不能使人身体受到损害,这不正是因为人们事先有了准备,并把人们聚集起来的吗?人们聚集起来,是出于相互对对方有利用价值的原因。人们聚集起来也能够得到利益,君主就是基于这种原因建立起了治理国家的规则。所以,君主确立了治理国家的规则,那就会对群聚有利,而且有了这方面的人才准备就可以更完善了。

昔①太古尝无君矣,其民聚生群处,知母不知父,无亲戚②兄弟夫妻男女之别,无上下长幼之道,无进退揖让之礼,无衣服、履带、宫室、畜积之便,无器械、舟车、城郭、险阻之备,此无君之患。故君臣之义,不可不明也。自上世以来,天下亡国多矣,而君道不废者,天下之利也。故废其非君,而立其行君道者。君道何如?利而物③利章。

【注释】①亲戚:这里指父母。②畜:通"蓄"。③物:通"勿",不要。

【译文】从前,上古时代曾经是没有君主的,那时的人民都是聚集起来一起生括,只知道有母亲而不知道父亲是谁,没有父母兄弟夫妻男女的区别,没有上下长幼的顺序,没有进退揖让的礼节,没有衣服鞋子、房屋宫殿、储备粮食财物便利人们的东西,没有机械器皿、车船、城墙防御工事等设备。这就是没有君主治理国家的规则的原因。所以君臣之间的相处方法，不能不明确啊。从上古至今，天下灭亡的国家很多了，可是君主治理国家的规则却没有被废除，因为这是对天下有利的。所以被废除的不是那些国家而是没有按治理国家的规则行事的君主，然后拥立那些按治理国家的规则行事的君主。治理国家的规则是什么？就是看这位君王表现出的是有利于百姓还是为己谋利的准则。

非滨之东，夷、秽之乡，大解、陵鱼、其、鹿野、摇山、扬岛、大人之居，多无君；扬、汉之南，百越之际，敝凯诸、夫风、余靡之地，缚娄、阳禺、骥兜之国，多无君；氐、羌、呼唐、离水之西，僰人、野人、篇笮之川，舟人、送龙、突人之乡，多无君；雁门之北，鹰隼、所鸷、须窥之国，饕餮、穷奇之地，叔逆之所，儋耳之居，多无君①；此四方之无君者也。其民麋鹿禽兽，少者使长，长者畏壮，有力者贤，暴傲者尊，日夜相残，无时休息，以尽其类。圣人深见此患也，故为天下长虑，莫如置天子也；为一国长虑，莫如置君也。置君非以阿②君也，置天子非以阿天子也，置官长非以阿官长也。德衰世乱，然后天子利天下，国君利国，官长利官，此国所以递兴递废也，乱难之所以时作也。故忠臣廉士，内之则谏其君之过也，外之则死人臣之义也。

豫让欲杀赵襄子③，灭须去眉，自刑以变其容，为乞人而往乞于其妻之所。其妻曰："状貌无似吾夫者，其音何类吾夫之甚也？"又吞炭以变其音。其友谓之曰："子之所道甚难而无功。

谓子有志则然矣,谓子智则不然。以子之材而索事襄子,襄子必近子,子得近而行所欲,此甚易而功必成。"豫让笑而应之曰:"是先知报后知也,为故君贼④新君矣,大乱君臣之义者无此,失吾所为为之矣。凡吾所为为此者,所以明君臣之义也,非从易也。"

【注释】①以上的这些国家的名称和地名多数都无考。②阿(ē):曲从,迎合。阿谀奉承。③豫让:春秋战国时期晋国人,为晋卿智瑶的家臣。④贼:害,伤害。

【译文】北滨以东是夷、秽人居住的地方,大解、陵鱼,其、鹿野、摇山、扬岛、大人等部族居住的地方,大都没有君主;扬州、汉水以南是百越人住的地方,敝凯诸、夫风、余靡等部族居住的地方,缚娄、阳禺、驩兜等国家,也大都没有君主;氐族、羌族、呼唐、离水以西,僰人、野人、篇笮川那里,舟人、送龙、突人等部族居住的地方,也大都没有君主;雁门以北,鹰隼、所鸷、须窥等国家,饕餮、穷奇等部族那里,叔逆族那里,儋耳族居住的地方,也大都没有君主。这些都是没有君主的地方。这些地方的人像麋鹿禽兽一样,年轻人差使老年人做事,老年人害怕壮年人,有力气的人就被认为是贤能的人,粗暴蛮横的人就被尊重,人们每天相互残杀,没有停止的时候,一直要杀尽自己的同类。圣人非常清楚地看到这样做的危害,所以出于长远考虑,没有比设立一国之君更好的了,为一国做长远的考虑,没有比设立国君更好的了。设立国君不是为了迎合国君,设立天子不是为了阿谀奉承天子,设置官吏不是为了让官吏谋取利益。在道德败坏世道混乱时,天子才借天子之名谋私利,国君才利用国家谋私利,官吏才利用官职谋私利。这就是国家接连兴起灭亡的原因,也是混乱灾难不时发生的原因。所以忠臣和廉正的人,对内就要敢于直谏国君的过错,对外就要敢于为尽臣子的道义而赴死。

豫让想刺杀赵襄子,自己剃掉胡须、眉毛,亲手毁坏了自己的容貌,然后化妆成乞丐去他的妻子那里乞讨。他的妻子说:"这个人相貌没有一点像我的丈夫,他的声音怎么那么像他呢?"豫让又吞炭改变了自己的声音。他的朋友对他说:"您所走的这条道路很艰难而且很难成功。你的志向是对的,而你就不睿智了。依靠你的才能去请求侍奉襄子,襄子肯定会重用你。你受到重用然后再做你想做的事,这样做就一定会成功。"豫让笑着回答说:"你说的这样是为了先重用自己的人而去报复后重用自己的人,是为了侍奉的过去主人而去杀害新的主人,没有比使君臣之间的规则很混乱的事更大的了,这样我就失去要行刺的目的了。我的目的,是为了明确君臣之间的道义,而不是使行刺更容易。"

柱厉叔事莒敖公①,自以为不知,而去居于海上,夏日则食菱芡②,冬日则食橡栗③。莒敖公有难,柱厉叔辞其友而往死之。其友曰:"子自以为不知故去,今又往死之,是知与不知无异别也。"柱厉叔曰:"不然。自以为不知故去。今死而弗往死,是果知我也。吾将死之,以丑④后世人主之不知其臣者也,所以激君人者之行,而厉⑤人主之节也。行激节厉,忠臣幸于得察。忠臣察则君道固^⑥矣。"

【注释】①莒敖公：又称莒敖穆公、莒穆公，春秋初期莒国国君。②菱芡：菱角和芡实。③橡栗：也叫橡子、橡果，它是栎树的果实。④丑：以……为惭愧。⑤厉：磨，使锋利。⑥固：结实，牢靠。

【译文】柱厉叔侍奉莒敖公，自己认为不被重用，所以离开敖公去海边居住。在夏天吃菱角芡实，冬天吃橡树的果实。突然莒敖公遇到灾难了，柱厉叔告别他的朋友要为敖公赴死。他的朋友说："你自己认为不被重用而离开他，如今又要为他赴死，这样的话，被重用与不被重用就没有什么分别了。"柱厉叔说："不是这样。我认为不被重用就离开了他，当下他遭受灾难我却不以死相帮，这就果然是他了解我的样子。我要为他赴死，我要用这件事来让之后的君主为他们不重用有才能的臣子感到惭愧，用这件事来激励君主注意品行修养，使君主的操守规范。如果君主提高品行修养，行为受到激励，规范操守，忠臣就有可能不被埋没，忠臣被重用，那么君主就可以更好巩固国家的统治。"

长 利

【题解】本篇旨在探讨长远利益的问题。文章开篇提出"天下之士也者，虑天下之长利，而固处以身"的观点，并列举伯成子高辞诸侯、周公受封于鲁，戎夷让弟子存活三个事例来加以证明，强调了谋求长远利益的重要。

二曰：

天下之士也者，虑天下之长利，而固^①处以身若也。利虽倍于今，而不便于后，弗为也；安虽长久，而以私其子孙，弗行也。由此观之，陈无宇之可丑^②亦重矣，其与伯成子高、周公旦、戎夷也，形虽同，取舍之殊，岂不远哉？尧治天下，伯成子高立为诸侯。尧授舜，舜授禹，伯成子高辞诸侯而耕。禹往见之，则耕在野。禹趋就下风^③而问曰："尧理天下，吾子立为诸侯，今至于我而辞之，故何也？"伯成子高曰："当尧之时，未赏而民劝^④，未罚而民畏，民不知怨，不知说^⑤，愉愉其如赤子。今赏罚甚数，而民争利且不服^⑥，德自此衰，利自此作，后世之乱自此始。夫子盍^⑦行乎，无虑吾农事。"协^⑧而耰^⑨，遂不顾。夫为诸侯，名显荣，实佚^⑩乐，继嗣皆得其泽，伯成子高不待问而知之，然而辞为诸侯者，以禁后世之乱也。

【注释】①固处：坚定的意志。②丑：丑恶的行为。③下风：比喻处于下位，卑位。④劝：勉励。⑤说：言论，说法，主张。⑥服：相让，服从。⑦盍：何故，为何。⑧协：调和，调整。⑨耰（yōu）：播种后用耰来平土，掩盖种子。⑩佚：通"逸"，安逸。

【译文】第二：

凡是天下有学识的人，都是考虑国家长远的利益，而且自己身体力行去完成这个坚定的意志。即使对于当下的利益是成倍的，但只要是对后代子孙不好，也不会去做这些事；虽然这样做能够得到长久的安定，但目的是为自己的子孙后代谋私利，也不会这样去做。这样看来,陈无宇的丑恶行为也很严重了,他与伯成子高、周公旦、戎夷相比,虽然都是人,但取舍的东西有天壤之别,这种差距岂不是很大吗?尧治理国家的时候,伯成子高被立为他所在封地的君主。尧把王位禅让给舜,舜把王位禅让给禹,于是伯成子高辞去诸侯去耕地。禹去见他,他正在田里耕种。禹就很快走到下风口问他:"尧治理国家的时候,您被立为诸侯。现在王位传到我这里,而您却辞去了诸侯,原因是什么呢?"伯成子高说:"在尧做王时,没有奖励的措施而百姓却勉励向善,没有奖励的措施可是百姓却有所畏惧不胡作非为。百姓不知道什么是仇恨,不知道什么是说教,高兴得就像小孩子一样。现在奖赏和惩罚的措施很多,可是百姓们却唯利是图而且互不相让,社会道德慢慢败坏,唯利是图的风气从此兴起了,之后国家的混乱也就开始了。先生您为何还不离开走呢?您不要打扰我耕种田地。"说完他就面带和悦之色去掩盖种子,不再回头看禹。当他做诸侯时,声名显赫,门庭光耀,实际上就是很安逸快乐,子孙后代都能因此受到福泽恩惠,这些情况,伯成子高不需要问便能知道,然而他却辞去诸侯,这是为了防止后世的混乱啊!

辛宽见鲁缪公①曰:"臣而今而后知吾先君周公之不若太公望封之知也。昔者太公望封于营丘之渚,海阻山高,险固之地也,是故地日广,子孙弥隆。吾先君周公封于鲁,无山林溪谷之险,诸侯四面以达。是故地日削,子孙弥杀②。"辛宽出,南宫括入见。公曰:"今者宽也非周公,其辞若是也。"南宫括对曰:

"宽少者,弗识也。君独不闻成王之定③成周之说乎? 其辞曰: '惟余一人,营居于成周。惟余一人,有善易得而见也,有不善易得而诛④也。' 故曰善者得之,不善者失之,古之道也。夫贤者岂欲其子孙之阻山林之险以长为无道哉? 小人哉宽也!"今使燕爵见为鸿鹄凤皇虑⑤,则必不得矣。其所求者,瓦之间隙,屋之翳蔚⑥也;与一举则有千里之志,德不盛、义不大则不至其郊。

愚𤱆⑦之民,其为贤者虑,亦犹此也。固妄诽訾⑧,岂不悲哉?"

【注释】①辛宽:鲁穆公的大臣。鲁穆公:姬显,鲁元公之子,公元前407年至公元前376年在位。②杀:败坏,衰败。③定:使安定。④诛:责罚。⑤今:连词,假使,如果。燕爵:燕雀。凤皇:凤凰。⑥翳(yì)蔚:障蔽。⑦愚𤱆(bēi):愚昧卑微。⑧固:鄙陋,见识浅少。诽訾:毁谤。

【译文】辛宽见到鲁穆公后说:"到今天,我才知道了先王周公在封地封王的问题上不如太公望聪明。过去太公望被封到营丘一带的滨海之地,那里海上都是小岛,地上都是山高险阻,所以封地越来越大,子孙越来越兴旺。先王周公被封到鲁国,这里没有像营丘一带那样山水凶险,四面周围的诸侯都可以入侵,所以封地越来越小,子孙越来越衰败。"辛宽出来后,南宫括觐见穆公。穆公说:"现在的辛宽不是之前的周公,但是辛宽责备周公的话也确实如此。"南宫括对穆公说:"辛宽是个年轻人,见识少,不懂道理。您难道没有听说过成王使成周安定时说的话吗? 他说:'只有我一个人在成周营建并居住,只有我一个人,我做得好的地方很容易被看见,做得不好的地方也容易受到责罚。'所以说,做得好的人就得天下,做得不好的人就失天下,这是亘古不变的道理。贤人难道想让他自己的子孙凭借山林的凶险来一直做没有道德的事吗?辛宽是个小人啊!"如果让燕雀为鸿鹄凤凰思虑,那一定不会成功。燕雀所思虑的,只不过是瓦缝之间、房角屋檐下罢了,比不上鸿鹄凤凰一飞千里的志向。如果君主的品德不高尚、道义不伟大,就不会到达他的边境。愚昧卑微的百姓,他们为贤德的人谋划,就和这相同。见识浅少,狂妄自大,毁谤他人,难道不是很可悲吗?

戎夷违①齐如②鲁,天大寒而后门,与弟子一人宿于郭外。寒愈甚,谓其弟子曰:"子与我衣,我活也;我与子衣,子活也。我国士也。为天下惜③死;子不肖人也,不足爱也。子与我子之衣。"弟子曰:"夫不肖④人也,又恶⑤能与国士之衣哉?"戎夷太息叹曰:"嗟乎!道其不济⑥夫。"解衣与弟子,夜半而死,弟子遂活。谓戎夷其能必定一世,则未之识。若夫欲利人之心,不可以加⑦矣。达⑧乎分,仁爱之心识也,故能以必死见其义。

【注释】①违:离开,背离。②如:到,往。③惜:爱,重视。④不肖:品行不好,才能不高。⑤恶:哪里,怎么。⑥不济:不成功。⑦加:超过。⑧达:通晓。

【译文】戎夷离开齐国到鲁国去,那时天气非常冷,到了鲁国城门已经关闭了,他与他的一个学生在城外露宿,天越来越冷,他就对学生说："你把衣服给我穿，我就能活下来；我把衣服给你，你就能活命。我是国家中有才能的人，为天下着想就会爱惜生命，你是个才能不高的人，不值得爱惜生命。那你就把衣服给我吧。"学生却说："才能不高的人怎么能给国家中才能高的人衣服穿呢？"戎夷长叹一声说："哎！道义大概不成功了！"他脱下衣服给了自己的学生，在半夜就冻死了。他的学生就活下来了。戎夷的才能一定能让天下安定的看法不是现在就能知道的。至于他想利他的看法是不能超过了。他通晓辨别仁爱之心，所以他能用必死的行为来彰显自己的德行。

知 分

【题解】文章开篇明义，"达士者，达乎死生之分。达乎死生之分，则利害存亡弗能惑矣。"这便是文章的主旨，通达生死之分，进而依义行事。

三曰：

达士者，达乎死生之分。达乎死生之分，则利害存亡弗能惑矣。故晏子与崔杼盟而不变其义；延陵季子①，吴人愿以为王而不肯；孙叔敖三为令尹而不喜，三去令尹而不忧。皆有所达也。有所达则物弗能惑。

【注释】①延陵季子：即季札，春秋时吴王寿梦第四子，是一位与焦溪历史渊源有关的古代贤人。

【译文】第三：

通达事理的人，能够通晓死生的区别。如果通晓生死的区别，那么利害存亡就不能迷惑他了。所以，晏子与崔杼盟誓并且能够不改变自己的誓言；延陵季子，吴国人愿意让他当王，而他却不肯；让孙叔敖当了多次令尹，而他并不高兴，多次不当令尹并不显得忧愁。这都是因为他们通达事理啊。通达事理那么就不会被外物迷惑了。

荆有次非^①者，得宝剑于干遂^②，还反涉江，至于中流，有两蛟夹绕其船。次非谓舟人曰："子尝见两蛟绕船能两活者乎？"船人曰："未之见也。"次非攘臂袪衣^③拔宝剑曰："此江中之腐肉朽骨也。弃剑以全己，余奚爱焉！"于是赴江刺蛟，杀之而复上船，舟中之人皆得活。荆王闻之，仕之执圭^④。孔子闻之曰："夫善哉！不以腐肉朽骨而弃剑者，其次非之谓乎？"

【注释】①次非：楚国人，传说中著名的楚国勇士。②干遂：今在江苏吴县西北四十里阳山下。③攘臂袪衣：攘臂，指捋起袖子，伸出胳膊；袪衣，指撩起衣服。④执圭：先秦楚国爵位名。

【译文】楚国有个叫次非的人，在干遂得到了一把宝剑。返回的时候要渡长江，到了江心，有两条蛟龙缠绕住他乘坐的船。次非对船工说："你见到过被两条蛟龙缠绕住船，而船上的人都能活命的吗？"船工说："没有见过。"次非就捋起袖子，伸出胳膊，撩起衣服，拔出宝剑，说："我最多不过成为江中的腐肉朽骨罢了，如果丢掉剑就能保命，那么我何必舍不得它呢？"于是就跳江去刺蛟龙，杀死蛟龙后又上了船。船上的人都活命了。楚王听到这事以后，就封他为执圭。孔子听到这事以后说："太好了，不怕成为腐肉朽骨而丢掉宝剑的人，大概只有次非能做到吧！"

　　禹南省①，方济乎江，黄龙负舟。舟中之人，五色无主。禹仰视天而叹曰："吾受命于天，竭力以养人。生，性也；死，命也。余何忧于龙焉？"龙俛②耳低尾而逝。则禹达乎死生之分、利害之经也。凡人物者，阴阳之化也。阴阳者，造乎天而成者也。天固有衰嗛③废伏，有盛盈坌④息；人亦有困穷屈匮，有充实达遂。此皆天之容、物理也，而不得不然之数也。古圣人不以感私伤神，俞⑤然而以待耳。

　　【注释】①省（xǐng）：检查。②俛（fǔ）：同"俯"。③嗛（qiàn）：通"歉"，不足。④坌（bèn）：聚集，合。⑤俞：安。

　　【译文】禹到南方巡视，他正好渡江的时候，一条黄龙把他乘的船驮了起来。船上的人惊慌失措。禹仰天感叹说："我接受上天的使命，尽力养育子民。生死由天。对于黄龙，我有什么害怕的呢？"龙垂下耳朵和尾巴就游走了。禹也是通晓生死的区别、利害之道了。凡是人和物，都是由阴阳孕育而成的。阴阳是由上天创造而形成的。天原本就有衰微、不足、毁弃、隐藏，有兴盛、盈余、聚积、生息；人原本就有困顿、窘迫、贫穷、匮乏，也有充足、富饶、显贵、成功。这些都是天下万物的规律，并且是不得不这样的道理。古代的圣人不会为自己的私念伤害神性，安然看待这些就行了。

晏子与崔杼盟，其辞曰："不与崔氏而与公孙氏者，受其不祥。"晏子俛而饮血，仰而呼天曰："不与公孙氏而与崔氏者，受此不祥。"崔杼不说，直兵造胸，句兵钩①颈，谓晏子曰："子变子言，则齐国吾与子共之；子不变子言，则今是已。"晏子曰："崔子！子独不为夫《诗》乎？《诗》曰：'莫莫葛藟②，延于条枚，凯弟君子，求福不回。'婴③且可以回而求福乎？子惟④之矣。"崔杼曰："此贤者，不可杀也。"罢兵而去。晏子授绥⑤而乘，其仆将驰，晏子抚其仆之手曰："安之！毋失节。疾不必生，徐不必死。鹿生于山，而命悬于厨。今婴之命，有所悬矣。"晏子可谓知命矣。命也者，不知所以然而然者也，人事智巧以举错⑥者不得与焉。故命也者，就之未得，去之未失。国士知其若此也，故以义为之决而安处之。

【注释】①钩：同"勾"。②葛藟（lěi）：葛藤。③婴：指晏子，译为我。④惟：想，思考。⑤绥（suí）：车上的绳子，登车时作拉手用。⑥错：通"措"，举措。

【译文】晏予与崔杼盟誓，崔杼的誓词说："不与崔氏结盟而亲附齐国公孙氏，会遭受不好的事情！"晏子低下头含血，仰天大声说："不与齐国公孙氏结盟而亲附崔氏，会遭受不好的事情！"崔杼很不高兴，用矛顶着他的胸，用戟勾住他的颈，对晏子说：

"你改变你所说的话，那么我和你共享齐国；你如果不改变你的话，那么现在就杀死你！"晏子说："崔杼，你难道没有学过《诗》吗？《诗》中说：'葛藤一片到处长满，蔓延缠绕树枝树干。和乐平易好个君子，求福有道不邪不奸。'难道我可以用歪门邪道求福吗？你好好思考这些话吧！"崔杼说："这样有贤德的人，不能杀了他。"于是崔杼放下兵器离开了。晏子乘上马车，拉着绳子，他的车夫将要驱马快跑，晏子抚摸着车夫的手说："慢一点，不要没有礼节！跑得快不一定能活下来，慢了不一定会死。鹿生长在山上，可是它的命却由厨师掌握。如今我的命也被别人掌握了。"晏子可以说通晓命了。命指的是不知为什么会这样但最终却这样了。用机谋与巧诈来做事的人是不会通晓命的。所以命，靠近它未必能得到，离开它未必能失去。国家有才能的人知道命就是这样的，所以根据道义而做决定，然后用平常心看待命。

　　白圭问于邹公子夏后启曰："践绳①之节，四上②之志，三晋③之事，此天下之豪英。以处于晋，而迭闻晋事。未尝闻践绳之节、四上之志，愿得而闻之。"夏后启曰："鄙人也，焉足以问？"白圭曰："愿公子之毋让也。"夏后启曰："以为可为，故为之；为之，天下弗能禁矣。以为不可为，故释之；释之，天下弗能使矣。"白圭曰："利弗能使乎？威弗能禁乎？"夏后启曰："生不足以使之，则利曷④足以使之矣？死不足以禁之，则害曷足以禁之矣？"白圭无以应。夏后启辞而出。凡使贤不肖异：使不肖以赏罚，使贤以义。故贤主之使其下也必义，审赏罚，然后贤不肖尽为用矣。

【注释】①践绳：遵循法度规矩，用来比喻正直。②四上：指国君。③三晋：三家分晋。④盍（hé）：古同"盍"，何不。

【译文】白圭问邹公子夏后启："遵纪守法的节操，君主的志向，三家分晋的事情，这些都是天下豪杰英雄的事情。因为我在晋国，所以不断能听到晋国的事情，没有听到过遵纪守法的节操、君主的志向。愿意听您讲一讲。"夏后启说："我是鄙陋粗俗的人，不值得您向我讨教。"白圭说："还望您不要推辞。"夏后启说："认为可以做的事情，就去做，做了，天下谁都不会不让他做。认为不可以做的事情，就不去做，他不去做，谁都不能强迫他做。"白圭说："利益也不能诱惑他做吗？武力也不能禁止他做吗？"夏后启说："就连命都不能让他做，那么利益又怎能够诱使他做呢？就连死亡都不能禁止他做，那么祸害又怎能够禁止他做呢？"白圭无以应答。夏后启告辞离开。使用贤人和品行不好的人方法各不相同：使用品行不好的人多用奖赏和惩罚，使用贤人多用道义。所以贤明的君主使用臣子也一定要在道义的原则下，审慎地奖励和惩罚，之后贤人和品行不好的人就都能为自己所使用了。

召 类

【题解】本篇旨在探讨如何做到"类同相召，气同则合，声比则应"。作者列举司城子罕的例子，说明君主仁爱才可赢民心，臣子才能效力君主,国家才能避免混乱,使外敌不能入侵。

四曰:

类同相召,气同则合,声比则应。故鼓宫①而宫应,鼓角而角动;以龙致雨,以形逐影。祸福之所自来,众人以为命,焉不知其所由。故国乱非独乱,有必召寇。独乱未必亡也,召寇则无以存矣。

【注释】①宫:五音之一。最古的音阶仅用五音,即宫、商、角、徵、羽。

【译文】第四:

类别相同的就会相互召唤,气味相同的就会聚集,主张相同的就会一起应和。所以发出宫的音,那么其他的宫音就会与它产生共鸣,敲击角的音,那么其他的角音就会与它产生共振。凭借龙就能招雨,根据它的身形就能找到影子。祸与福到来的原因,大多数人认为是天命,哪里知道它们产生的原因?国家之所以混乱不单是内部混乱的原因,内乱一定会招致外患。仅仅是国家内乱也不一定会灭亡,招来外患就无法保存国家了。

凡兵之用也,用于利,用于义。攻乱则服,服则攻者利;攻乱则义,义则攻者荣。荣且利,中主犹且为之,有况于贤主乎?故割地宝器戈剑,卑辞屈服,不足以止攻,唯治为足。治则为利者不攻矣,为名者不伐矣。凡人之攻伐也,非为利则固为名也。

名实不得, 国虽强大, 则无为攻矣。

【译文】凡是国家用兵作战就应该用在有利和符合道义的地方。去攻打混乱的国家就能使它屈服,使它屈服那么对于用兵的国家就有利; 去攻打混乱的国家就符合道义,符合道义,那么对于用兵的国家来说就值得引以为荣。既光荣而且有利,只有中等才能的君主尚且会去做,更何况贤明的君主呢? 所以混乱的国家割让土地,献出珍贵的器物,拿出金戈利剑,言词谦恭,卑躬屈膝,这些都不能阻止他国的进攻,只有治理好国家才能阻止他国的进攻。治理好国家,那么为利进攻的国家就不来进攻了,为名进攻的国家就不来讨伐了。凡是发动攻伐战争的国家,不是为利就是为名。名利都得不到,即使国家很强大,也没有发动进攻的原因。

兵所自来者久矣。尧战于丹水之浦, 以服南蛮; 舜却苗民,更易其俗; 禹攻曹、魏、屈骜①、有扈②, 以行其教。三王以上, 固皆用兵也。乱则用, 治则止。治而攻之, 不祥莫大焉; 乱而弗讨,害民莫长焉。此治乱之化也, 文武之所由起也。文者爱之徵③也, 武者恶之表也。爱恶循义, 文武有常, 圣人之元也。譬之若寒暑之序, 时至而事生之。圣人不能为时, 而能以事适时。事适于时者, 其功大。

【注释】①屈骜(áo): 国名。②有扈: 国名。③徵(zhēng): 表露出来的迹象。

　　【译文】战争由来已久。尧在丹水边作战,使南蛮归服;舜打败了苗民,使他们的习俗改变;禹攻打曹、魏、屈骜、有扈,在这些地方推行自己的教化。尧舜禹往上的君主,也都是通过发动战争当上君主的。对混乱的国家发动战争,对治理得好的国家就不去攻打它。这个国家治理得很好,却被攻打,没有比这坏的了,这个国家混乱却不被讨伐,没有比这对人民的残害更大的了。这就是治理得好和混乱之间的变化,文武之道也是因此产生的。用文的人是喜欢表露出来的迹象,用武的人讨厌表征。喜爱或讨厌都遵循道义的原则,文武有道,这是圣人的根本。如同寒暑交替一样,时令到了就做应该做的事情。圣人也不能改变时令,但却可以做适应时令的事。做的事情适时的人,他的功劳就大。

　　士尹池为荆使于宋,司城子罕觞①之。南家之墙,犨②于前而不直③;西家之潦④,径其宫而不止。士尹池问其故。司城子罕曰:“南家,工人也,为鞔⑤者也。吾将徙之。其父曰:‘吾恃为鞔以食三世矣。今徙之,是宋国之求鞔者不知吾处也。吾将不食。愿相国之忧吾不食也。’为是故,吾弗徙也。西家高,吾宫庳⑥,潦之经吾宫也利,故弗禁也。”

　　【注释】①司城:古代春秋官名,同司空,掌水利、营建之事。子罕:即乐喜,宋国贤臣。觞(shāng):宴请。②犨(chōu):突出。③直:动词,使……变直。④潦(lǎo):雨后积水。⑤鞔(mán):鞋子。⑥庳(bì):矮小。

【译文】士尹池为了楚国出使宋国,司城子罕宴请他。子罕南边邻居的墙向前突出却不修整变直,西边邻居家的积水从子罕的院子流过,而子罕却不制止。士尹池问他这是什么原因呢,司城子罕说:"南边邻居家是个做鞋的工匠。我让他搬家,他的父亲说:'我家靠做鞋谋生已经三代了,现在如果搬家,那么宋国那些要买我鞋的人,就不知道我住在哪里了。我也将不能生活。希望相国您可怜我可能没有生计而别让我搬家了。'就是这个原因,我才没有让他搬家。西边邻居家院子地势高,而我家院子矮小,雨后积水顺势从我家院子流过,所以没有加以制止。"

士尹池归荆,荆王适①兴兵而攻宋,士尹池谏于荆王曰:"宋不可攻也。其主贤,其相仁。贤者能得民,仁者能用人。荆国攻之,其无功而为天下笑乎!"故释宋而攻郑。孔子闻之曰:"夫修之于庙堂之上,而折冲②乎千里之外者,其司城子罕之谓乎?"宋在三大万乘之间子罕之时,无所相侵,边境四益,相平公、元公、景公以终其身,其唯仁且节与?故仁节之为功大矣。故明堂茅茨③蒿④柱,土阶三等,以见节俭。

【注释】①适:恰好。②折冲:使敌人的战车后撤。即制敌取胜。③茅茨(cí):用茅草盖的房屋。④蒿(hāo):草名,艾类。

【译文】士尹池回到楚国,楚王恰好要发兵攻打宋国,士尹池进谏对楚王说:"不能攻打宋国。它的君主贤明,它的国相仁义。贤明的君主都得民心,仁慈的人,别人能被他所用。楚国去

攻打宋国，不会成功，而且还要被天下人耻笑吧！"所以楚王放弃
了宋国而去攻打郑国。孔子听到这事以后说："在朝廷上修养自
己的品德，却能在千里之外制胜敌军的人，这大概说的就是司城
子罕吧！"宋国处在三个拥有万辆兵车的大国之间，子罕为相的
时候，一直没有受到侵犯，四面边境安宁，子罕辅佐平公、元公、
景公三代君主，一直到生命结束，这大概正是因为他既仁爱又节
俭吧！所以仁爱和节俭是成功的大部分原因了。因此，用茅草盖的
房屋和用蒿杆做柱子，台阶只有三级，以此做天子的朝堂，这些可
以看出来国家君主的节俭。

　　赵简子将袭卫，使史默往睹之，期以一月，六月而后反。
赵简子曰："何其久也？"史默曰："谋利而得害，犹弗察也。今
蘧伯玉为相，史鳅①佐焉，孔子为客，子贡使令②er5于君前，甚听。
《易》曰：'涣其群，元吉。'③涣者，贤也；群者，众也；元者，吉
之始也。涣其群元吉者，其佐多贤也。"赵简子按兵而不动。凡
谋者，疑也。疑则从义断事，从义断事则谋不亏，谋不亏则名实
从之。贤主之举也，岂必旗偾④将毙而乃知胜败哉？察其理而得
失荣辱定矣。故三代之所贵，无若贤也。

　　【注释】①史鳅：字子鱼，也称史鱼，春秋时卫国大夫。②使令：
亦作"使伶"，供使唤的人。泛指奴婢仆从。③"《易》曰"句：出自《周
易·涣卦》。④偾(fèn)：仆倒。

　　【译文】赵简子将要攻打卫国，派使臣史默去卫国观察动

向，以一个月为期，而史默过了六个月才回来。赵简子问他："怎么去了这么长时间呢？"史默说："您要攻打卫国是为了谋取利益，结果却遭受祸害，这个利害您难道还没有明白吗？如今蘧伯玉在卫国为相，史䲡也辅佐卫王，孔子是他的门客，子贡也在卫王左右任由差遣，他们都被卫王信任。《周易》中说：'涣其群，元吉。''涣'是贤德的意思，'群'是众多的意思，'元'是好的开始的意思。众多贤明的人是好的开始，而且辅佐他的人都是贤德的人。"于是赵简子才按兵不动。凡是进行谋划的人，都有疑惑。有疑惑，就要按照道义的原则处理决策事情。按照道义的原则处理决策事情就不会谋划不当。不谋划不当，名利就会跟着到来。贤明的君主做事，难道非要旗倒将死然后才知道胜败吗？明察事理就能确定荣辱的得失。所以夏商周三代所尊崇的，没有什么能比得上贤德。

达 郁①

【题解】本篇旨在探讨君主要重视贤臣，正确对待下面的意见和声音。通过例举周厉王近小人、管仲劝谏桓公、列精子高不趋炎附势等事例，证明君主要近、重视贤臣，远离小人，善听逆耳忠言。

五曰：

凡人三百六十节，九窍五藏六府。肌肤欲其比②也，血脉欲其通也，筋骨欲其固也，心志欲其和也，精气欲其行也，若此则病无所居而恶无由生矣。病之留、恶之生也，精气郁也。故水郁则为污，树郁则为蠹③，草郁则为蒉④。国亦有郁。主德不通，民欲不达，此国之郁也。国郁处久，则百恶并起，而万灾丛至矣。上下之相忍也，由此出矣。故圣王之贵豪士与忠臣也，为其敢直言而决郁塞也。

【注释】①达郁：谓排除滞塞而使通达。②比：密。③蠹（dù）：蛀蚀。④蒉（kuì）：通"溃"，腐烂。

【译文】第五：

人都有三百六十个骨节和九窍、五脏、六腑。我们都想让皮肤细密，血脉通畅，筋骨强壮，心志平和，精气流动起来。如果这样，病痛就不会滞留在身体上，那么恶疾就不会产生了。病痛和恶疾的产生是因为精气滞塞。所以，水被阻塞就会变污浊，树木树脉不通就会生被虫子蛀蚀，草的生长被阻滞就会腐烂。国家也有阻塞的时候。君主仁德的政令不通达，百姓的愿望不能实现，这就是国家的阻塞。如果这个国家的阻塞长期存在，那么各种问题都会同时出现，各种灾难就会聚集起来。官民互相残害，矛盾就由此产生了。所以贤明的君主重用勇敢的将士和忠心的臣子，这是由于他们敢于直言劝谏，能排除国家的阻塞。

周厉王虐民，国人皆谤。召公以告曰："民不堪命矣。"王使卫巫监谤者，得则杀之。国莫敢言，道路以目。王喜，以告召公曰："吾能弭^①谤矣。"召公曰："是障之也，非弭之也。防民之口，甚于防川；川壅而溃，败人必多。夫民犹是也。是故治川者决之使导，治民者宣之使言。是故天子听政，使公卿列士正谏，好学博闻献诗，矇箴师诵^②，庶人传语，近臣尽规，亲戚补察，而后王斟酌焉。是以下无遗善，上无过举。今王塞下之口，而遂上之过，恐为社稷忧。"王弗听也。三年，国人流王于彘。此郁之败^③也。郁者，不阳也。周鼎著鼠，令马履之，为其不阳也。不阳者，亡国之俗也。

【注释】①弭：消除。矇：指乐官，古代以盲人充任。②箴：规劝，告诫。师：乐师，乐官。③败：损害，损伤。

【译文】周厉王残害百姓，人人都愤恨他。召公告诉周厉王这种民情，说："百姓们已经不能忍受您的政令了！"厉王派卫国的巫者监视说他坏话的人，抓到以后就杀掉。国内再也没有人敢说话，在路上遇到打招呼只能用眼睛看看。厉王很高兴，把这件事告诉了召公，说："我能消除百姓的怨言了！"召公却说："这只是设置障碍不让百姓怨声载道，并没有消除百姓的怨言啊。阻止百姓批评的言论，比堵塞河川引起的水患还要严重。江河的水被堵塞，就会决口奔流，受到伤害的人一定很多。对于百姓也是这样。所以治水的人应该排除堵塞，引导水流动起来，治理人民的人颁布政策，实施相应的措施引导人民的言论。所以，君主处理政事，让各位臣子直言劝谏，让博学多闻的人献上诗歌，听劝告，让乐师唱诵，让平民的意见可以上传，让亲近的臣子把规劝的话全讲出来，让同宗的大臣查漏补缺、监督政务，然后君主根据这些斟酌取舍去实施。因此，对百姓而言，好的意见没有遗漏，在朝堂上没有错误的措施。如今，大王您堵住百姓的嘴，这就是您的过错了，恐怕要危害国家社稷。"厉王不听他的劝告。过了三年，国人把厉王放逐到彘地。这就是阻塞的危害啊。阻塞就是丧失阳气。周鼎上刻着鼠的图案，让马踩着它，就是因为鼠不属于阳气。丧失阳气，就是亡国的特征之一。

管仲觞桓公。日暮矣，桓公乐之而征烛。管仲曰："臣卜其昼，未卜其夜。君可以出矣。"公不说，曰："仲父年老矣，寡人与仲父为乐将几之？请夜之。"管仲曰："君过矣。夫厚于味者薄于德，沈于乐者反于忧；壮而怠则失时，老而解则无名。臣乃今将为君勉之，若何其沈于酒也？"管仲可谓能立行矣。凡行之堕也于乐，今乐而益饬正已；行之坏也于贵^①，今主欲留而不许。伸志行理，贵乐弗为变，以事其主，此桓公之所以霸也。

【注释】①贵：地位高、显贵。
【译文】管仲宴请齐桓公。天黑了，桓公喝得很高兴，点上烛火接着喝。管仲说："我占卜过，在白天宴请您，我没有占卜过会一直到了晚上。您可以离开了。"桓公很不高兴，说："仲父您年老了，我还能跟您一块享乐多久呢！希望在夜里继续喝酒。"管仲说："您说得不对。贪图美味的人道德就浅薄，沉溺于享乐的人最终反而不快乐；年轻的时候懒惰就会失去时机，年老时松懈就会丧失功名。现在我就开始将勉励督促您,您怎么可以沉醉于饮酒呢?"管仲可以说是品行端正了。凡是品行堕落的是由于过分享乐,现在虽然享乐,而态度越来越正直;品行的败坏是由于身份过于尊贵,如今齐桓公想留下,他却不允许。他表明自己的意志,按照原则行事,不因为尊贵和享乐就改变,用这种态度来侍奉自己的君主。这就是桓公之所以成就霸业的原因啊。

列精子高听行乎齐湣王,著束布衣,白缟^①冠,颡推之履^②,特会朝而祛步堂下,谓其侍者曰:"我何若?"侍者曰:"公姣且丽。"列精子高因步而窥于井,粲然^③恶丈夫之状也,喟然叹曰:"侍者为吾听行于齐王也,夫何阿哉?又况于所听行乎?"万乘之主,人之阿之亦甚矣,而无所镜,其残亡无日矣。孰当可而镜?其唯士乎!人皆知说镜之明己也,而恶士之明己也。镜之明己也功细,士之明己也功大。得其细,失其大,不知类耳。

【注释】①白缟:细白的生绢。②颡(sǎng)推之履:古代一种鞋头高出的鞋。③粲然:光亮;鲜明。

【译文】齐湣王对列精子高言听计从,又一次他穿着熟绢做的衣服,戴着白绢做的帽子,穿着鞋头高的鞋子。天一亮就特意撩起衣服踩着雨水走到堂下,问自己的侍从说:"我这个样子怎么样?"侍从说:"您又美好又漂亮。"列精子高于是走到井边去照,这明显是个丑男子的样子。他叹着气说:"侍从因为齐王对我言听计从，就这样迎合我，更何况对我言听计从的齐王呢？"人们曲意迎合君主的危害就更严重了，而他自己无法看见自己的缺点，这样下去国破身亡也就指日可待了。谁能作为镜子，让他看见自己的缺点呢？大概只有有才能的人吧！人都知道镜子的明亮可以照出自己的样子，却不喜欢贤士指明自己的缺点。镜子能照出自己的形象，这种作用很小，而贤士能指明自己的缺点，功绩却很大。如果只知道得到小的而丢掉大的，这是不知道以此类比啊。

赵简子曰："厥也爱我，铎也不爱我。厥之谏我也，必于无人之所；铎之谏我也，喜质我于人中，必使我丑。"尹铎对曰："厥也爱①君之丑也，而不爱君之过也；铎也爱君之过也，而不爱君之丑也。臣尝闻相人于师，敦颜②而土色者忍丑。不质君于人中，恐君之不变也。"此简子之贤也。人主贤则人臣之言刻。简子不贤，铎也卒不居赵地，有况乎在简子之侧哉?

【注释】①爱：舍不得，吝惜。②敦颜：谓相貌忠厚。

【译文】赵简子说："赵厥是对我好的人，尹铎是对我不好的人。赵厥劝谏我的时候，一定在没有人的地方；尹铎劝谏我的时候，喜欢当着众人的面指责我，非得让我出丑。"尹铎回答说："赵厥舍不得您当众出丑，却不吝惜您的过错，我吝惜您的过错，却舍得您当众出丑。我曾经从老师那里听说过如何观察人的相貌，相貌敦厚而且是黄色的人不怕出丑。我如果不在众人面前质询您的过错，恐怕您不能改正啊。"这就是简子贤明的地方。君主贤明，那么臣子的谏言就苛刻。如果简子不贤明，那么尹铎最终在赵地连生存都难以保证，更何况成为赵简子身边的近臣呢？

行　论

【题解】文章开篇点明，君主"执民之命，重任也，不得以快志为故"，君主应该以国家为重，不可肆意妄为。作者列举鲧、厉王、纣王等人的事例，说明肆意妄为导致国家和自己遭受灾祸，以此劝诫君主。

六曰：

人主之行，与布衣异，势不便，时不利，事雠①以求存。执民之命。执民之命，重任也，不得以快志②为故。故布衣行此指于国，不容乡曲③。

【注释】①雠：同"仇"，仇敌。②快志：恣意行事。③乡曲：乡野偏僻的地方。

【译文】第六：

君主的所作所为，与平民不同。形势不好，时机不利，可以侍奉仇敌以委曲求全。君主掌握着人民的命运。掌握着人民的命运，是重大的责任，这就是君主不能恣意行事的原因。平民如果在国内也这样做，就不能容忍他在乡里容身了。

尧以天下让舜。鲧①为诸侯，怒于尧曰："得天之道者为帝，得地之道者为三公。今我得地之道，而不以我为三公。"以尧为失论，欲得三公。怒甚②猛兽，欲以为乱。比兽之角，能以为城；举其尾，能以为旌。召之不来，仿佯③于野以患帝。舜于是殛④之于羽山，副⑤之以吴刀。禹不敢怨⑥，而反事之，官为司空，以通水潦，颜色黎黑，步不相过，窍气不通，以中帝心。

【注释】①鲧（gǔn）：传说是夏禹的父亲。②甚：超过。③仿佯（yáng）：游荡，遨游。④殛（jí）：诛杀。⑤副：辅佐，助手。⑥怨：不满的舆论、指责。

【译文】尧把帝位禅让给了舜。鲧当诸侯的时候，对尧发怒说："符合天道的人就当帝王，符合地道的人就当三公。如今我符合地道，为什么却不让我当三公？"鲧认为尧这样做是丧失了原则。鲧想成为三公。他的愤怒超过了猛兽，想发动叛乱。他把猛兽角并列排起来，固城自守，举起猛兽的尾巴，立旗为号。舜召见他，他不来，在野外游荡，从而成为舜的祸患。于是舜在羽山杀死他，用锋利的吴刀将他肢解。禹对此不敢不满，反而侍奉舜。他担任了司空之职，疏导洪潦。他晒得面孔黝黑，累得无法行走，七窍不能畅通，以此而得到舜的欢心。

昔者纣为无道，杀梅伯而醢①之，杀鬼侯而脯之，以礼诸侯于庙。文王流涕而咨②之。纣恐其畔③，欲杀文王而灭周。文王曰："父虽无道，子敢不事父乎？君虽不惠，臣敢不事君乎？孰王而可畔也？"纣乃赦之。天下闻之，以文王为畏上而哀下也。《诗》曰：
"惟此文王，小心翼翼，昭事上帝，聿怀多福。"④

【注释】①醢（hǎi）：古代的一种酷刑，把人杀死后剁成肉酱。
②咨：叹气的声音。③畔：古同"叛"，背叛。④"《诗》曰"句：出自
《诗·大雅·大明》。昭：光明地。聿（yù）：文言助词，无义，用于句首或
句中。

【译文】从前纣王残虐无道，杀死梅伯把他做成肉酱，杀
死鬼侯把他做成肉干，在宗庙里用来宴请诸侯。文王流着眼泪
为此发出叹息的声音。纣王担心他背叛自己，想杀死文王从而使
周国灭亡。文王说："父亲即使无道，做儿子难道敢不侍奉父亲
吗？君主即使无道，做臣子的敢不侍奉君主吗？谁可以背叛君主
呢？"于是纣王赦免了他。天下人听到这件事，都以为文王害怕高
高在上的人而可怜位卑的人。所以《诗经》中说："周文王就是
这样的人，言行小心翼翼。光明磊落地侍奉君主。因而得到很多
幸运。"

齐攻宋，燕王使张魁将燕兵以从焉，齐王杀之。燕王闻之，
泣数行而下，召有司而告之曰："余兴事而齐杀我使，请令举兵以
攻齐也。"使受命矣。凡繇进见，争之曰："贤主故愿为臣。今王
非贤主也，愿辞不为臣。"昭王曰："是何也？"对曰："松下①乱，
先君以不安弃群臣也。王苦痛之，而事齐者，力不足也。今魁死
而王攻齐，是视魁而贤于先君。"主曰："诺。""请王止兵。"王
曰："然则若何？"凡繇对曰："请王缟素②辟舍于郊，遣使于齐，

客而谢焉，曰：'此尽寡人之罪也。大王贤主也，岂尽杀诸侯之使者哉？然而燕之使者独死，此弊③邑之择人不谨也。愿得变更请罪。'"使者行至齐。齐王方大饮，左右官实御者甚众，因令使者进报。使者报言燕王之甚恐惧而请罪也。毕，又复之，以矜④左右官实。因乃发小使以反令燕王复舍。此济上之所以败，齐国以虚也。七十城，微⑤田单，固⑥几不反。潛王以大齐骄而残，田单以即墨城而立功。《诗》曰："将欲毁之，必重累之；将欲踣（bó）⑦之，必高举之。"其此之谓乎！累矣而不毁，举矣而不踣，其唯有道者乎！

【注释】①松下：古地名。②缟素：指丧服。③弊：谦词，我。④矜：自夸，夸耀。⑤微：如果。⑥固：本来，原来。⑦踣：毁坏，破碎。

【译文】齐国攻打宋国，燕王派张魁率领军队去帮助齐国，齐王却杀死了张魁。燕王听到这个消息，眼泪一行行落下来，立即召来有关臣子告诉他们说："我派张魁带领军队是为了帮助齐国，可是齐王却杀死了我的使臣张魁，我要发兵攻打齐国。"让大臣接受命令。凡繇进来拜见，劝谏燕王说："我愿意当您的臣子是我认为您是贤德的君主的原因，现在看来您并不是贤德的君主，所以我希望辞官不做您的臣子。"燕昭王说："这是为什么呢？"凡繇回答说："在松下发生的混乱，使我们的先君不得安定，被群臣抛弃。这件事使您感到痛苦，但您却成为侍奉齐国的人，是因为您的能力不足啊。如今张魁被齐王杀死，您却要因张魁这件事攻打齐国，您是把张魁看得比先王还重要啊。"燕王说："好吧。"凡繇说："请燕王不要出兵。"燕王说："不这样那应该

怎么办？"凡繇回答说："请您穿上丧服离开王宫去郊外，并派遣
使臣到齐国，并以客人的身分去谢罪，说：'这都是我的罪过。大
王您是贤德的君主，难道会杀死全部诸侯国的使臣吗？然而仅仅
燕国的使臣被您杀死，这是我国选择使臣不慎重啊。希望能够让
我改换使臣以表示请罪。"使臣到达齐国，正逢齐王在举行盛大
的宴会，左右近臣都在，侍从很多，所以让使臣直接来汇报。使
臣向齐王禀告，说燕王非常害怕，所以前来请罪。使臣说完了，齐
王又让他重复一遍，用这件事向近臣、官员、侍从夸耀。于是齐王
就派出地位低下的使臣去让燕王返回宫室居住。之后在济水一
带齐国被燕国打败的原因就是如此，后来齐国几乎变成了废墟。
七十多座被攻下的城邑，如果没有田单原本几乎不能收复。凭借
着齐国的强大，齐湣王骄横而使国家残缺，田单凭借着即墨城一
战却能立下大功。诗经说："想要毁灭它，一定将它加重重叠；想
要使它破碎，一定把它高高举起。"这大概说的就是这件事吧！
加重重叠它却能不被毁坏，高高举起来却不能使它破碎，大概只
有有道德的人才能做到吧！

　　楚庄王使文无畏于齐，过于宋，不先假道。还反，华元言
于宋昭公曰："往不假道，来不假道，是以宋为野鄙也。楚之
会田①也，故鞭君之仆于孟诸。请诛之。"乃杀文无畏于扬梁之
堤。庄王方削袂②，闻之曰："嘻！"投袂③而起，履及诸庭，剑及
诸门，车及之蒲疏之市，遂舍于郊，兴师围宋九月。宋人易子而
食之，析骨而爨④之。宋公肉袒执牺⑤，委服告病⑥，曰："大国若

宥⑦图之，唯命是听。"庄王曰："情矣宋公之言也。"乃为却四十里，而舍于卢门之阖，所以为成⑧而归也。凡事之本在人主，人主之患，在先事而简人，简人则事穷矣。今人臣死而不当，亲帅士民以讨其故，可谓不简人矣。宋公服以病告而还师，可谓不穷矣。夫舍诸侯于汉阳而饮至⑨者，其以义进退邪？强不足以成此也。

【注释】①田：通"畋"，打猎。②削袂(mèi)：谓两手套于袖中。③投袂：甩袖，形容激动奋发。④爨(cuàn)：烧火做饭。⑤牺：古代祭祀用的牛、羊、猪等牲畜。⑥病：困难，不利。⑦宥：宽容，饶恕，原谅。⑧成：讲和，和解。⑨饮至：为古时出征凯旋而合饮于宗庙以庆功之称，在此实指楚伐宋之功。

【译文】楚庄王派文无畏出使齐国，路过宋国，没有提前借道通过。待他返回楚国的时候，华元对宋昭公说："去的时候他不提前借道，回来的时候他也不提前借道，难道把宋国当成了他们楚国的边境了吗？之前在孟诸，楚王跟您会面打猎时，又故意拿鞭子打您的车夫。请您允许我将文无畏杀掉。"于是就在扬梁的大堤上杀死了文无畏。楚庄王正把两手套于袖中，特别悠闲，听到这件事就说："哼！"就愤怒地甩袖起来，来不及穿鞋、佩剑、乘车就往庭院走，服侍他穿衣的侍从追到庭院中才给他穿上鞋，送剑的侍从追到大门口才给他佩上剑，车夫追到蒲疏街市上才让他乘上车。后来就直接住在了郊外，发兵围困宋国长达九个月。宋国人交换孩子而吃掉以求生存，劈开尸骨来烧火做饭。宋国君主脱衣露膀，牵着牲畜，屈服地向楚王诉说国家的困难，说：

"如果贵国有赦免我的打算，我将唯命是从。"庄王说："宋王说的话很真诚啊！"于是就后退了四十里，在卢门关上城门驻扎在那里，两国讲和之后就都回到自己的国家。如果事情的根本在于君主，那么君主的忧患，在于看重事情而看轻做事的人。如果轻视人，做事就会有困难。现在臣子不应该死，就是楚庄王亲自率兵加以讨伐的原因，这可以说是不轻视人了。宋国君主屈服地诉说困苦后，两国讲和，楚庄王退兵了，可以说是不会处于困境了。楚庄王在汉阳与诸侯会盟，回国后合饮于宗庙以庆功，大概是由于他懂得以"义"为进退的原则吧，单凭国力强大是不足做成这样的事的。

骄恣

【题解】本篇旨在劝诫君主不要骄横恣意妄为。作者列举四个例子来反复论证这一观点。晋厉公奢侈淫逸妄杀大臣，最终自己被杀害。魏武侯骄横恣肆，没有大臣李悝的劝谏，也难能自保。赵简子一度骄奢淫逸，沉湎声色，后来及时改悔，并且督责臣子，从而挽救了自己。

七曰：

亡国之主，必自骄，必自智，必轻①物。自骄则简士，自智则专独，轻物则无备。无备召祸，专独位危，简士壅塞。欲无壅塞，必礼士；欲位无危，必得众；欲无召祸，必完备。三者人君之大经也。

【注释】①轻：把事情看得很容易。

【译文】第七：

使国家灭亡的君主，一定骄傲自满，一定自以为聪明，一定把事情看得容易。骄傲自满就会怠慢贤士，自以为聪明就会独断专行，把事情看得容易就会没有准备。没有准备就会遭受灾祸，独断专行王位就会动摇，怠慢贤士就会阻塞听闻。要想不阻塞听闻，就必须礼贤下士；要想王位不动摇，就必须让众人效劳；要想避免灾祸患，就必须准备周全。这三点是为君之道的根本啊。

晋厉公^①侈淫，好听谗人，欲尽去其大臣而立其左右。胥童^②谓厉公曰："必先杀三郤^③。族大多怨，去大族不逼。"公曰："诺。"乃使长鱼矫^④杀郤犨、郤锜、郤至于朝而陈其尸。于是厉公游于匠丽氏，栾书、中行偃^⑤劫而幽之，诸侯莫之救，百姓莫之哀，三月而杀之。人主之患，患在知能害人，而不知害人之不当而反自及也。是何也？智短也。智短则不知化，不知化者举自危。

【注释】①晋厉公：姬姓，晋氏，晋景公之子，公元前580年至公元前573年在位。②胥童：姬姓，胥氏，名童，胥克之子，晋厉公宠臣。③三郤（xì）：春秋中期晋国出现的一个权臣集团，主要由郤锜（qí）、郤犨（chōu）、郤至三人构建。他们都是晋国郤氏家族成员，时人称为三郤，又作三郤。他们也都是晋厉公宠臣。④长鱼矫：晋厉公宠臣。⑤中行偃：即荀偃。春秋中期晋国卿大夫。六卿之一，晋悼公时升任晋国中军元帅，即正卿。

　　【译文】晋厉公奢侈放纵，喜欢听信小人的谗言，他想把朝堂的大臣们都罢免了，而提拔他身边亲近的人为官。胥童对厉公说："一定要先杀掉姓郤的三个大臣。他们家族势力大，对王室有很多怨恨，除掉势力大的家族，王室就不会受到威胁。"厉公说："好吧。"于是就派长鱼矫在朝廷上杀死了郤犨、郤锜、郤至，把他们的尸体当庭示众。之后厉公到匠丽氏那里游乐，栾书、中行偃劫持并囚禁了他。诸侯们没有人援救他，百姓们也没有人可怜他。过了三个月，就把他杀了。君主的弊病，在于只知道自己能使别人遭受伤害，却不知道如果所受伤害的人是不该受到伤害的反而会使自己遭殃。这是为什么呢？这是因为智谋短浅啊。智谋短浅就看不到事物的变化，不了解事物变化的人，他的举动就会危害自己。

　　魏武侯谋事而当，攘臂①疾言于庭曰："大夫之虑，莫如寡人矣！"立有间，再三言。李悝②趋进曰："昔者楚庄王谋事而当，有大功，退朝而有忧色。左右曰：'王有大功，退朝而有忧色，敢问其说？'王曰：'仲虺有言，不穀③说之。曰：诸侯之德，能自为取师者王，能自取友者存，其所择而莫如己者亡。'今以不穀之不肖也，群臣之谋又莫吾及也，我其亡④乎？'曰：'此霸王之所忧也，而君独伐⑤之，其可乎？'"武侯曰："善。"人主之患也，不在于自少⑥，而在于自多。自多则辞受，辞受则原⑦竭。李悝可谓能谏其君矣，壹⑧称而令武侯益知君人之道。

【注释】①攘臂：捋起袖子，露出胳膊表示振奋。②李悝：嬴姓，李氏，名悝，魏国大臣，法家重要代表人物。③不榖：古代王侯自称的谦词。④亡：古同"无"，没有。⑤伐：自夸。⑥少：轻视。⑦原：水源。⑧壹：一经。

【译文】魏武侯谋划事情很得当，有一次他在朝廷中捋起袖子，伸出胳膊大声说："各位臣公的谋略，没有人能超过我了。"过了一会儿，又把这句话说了好几遍。李悝快步走上前对他说："从前楚庄王谋划事情很得当，取得了很大功劳，退朝以后却忧心忡忡。身边的侍从说："大王您取得了很大的功绩，退朝以后却忧心忡忡，请问这是为什么？"庄王说："仲虺说过一句话，我很喜欢。他说：'诸侯的品德，能够为自己选择老师的人，就会称王天下，能为自己选择朋友的人，就会立命保身，如果选择的人不如自己的，就会遭到灭亡。'如今我都这样不贤明，其他臣子们的谋划又不如我，我大概要灭亡了！'"李悝又说道："这就是要称霸的人所忧虑的，可是国君您却喜欢自夸，这怎么能行呢？"武侯说："你说得很对。"君主的弊病，不在于自己轻贱自己，而在于过于看重自己。过于看重自己，那么就拒绝该接受的意见。如果拒绝该接受的意见，那么谋略就会像水源一样枯竭。李悝可以说是很善于劝谏自己的君主了，一经劝谏，就让武侯更加懂得了为君之道。

齐宣王为大室，大益百亩，堂上三百户。以齐之大，具之三年而未能成。群臣莫敢谏王。春居问于宣王曰："荆王释先王之礼乐，而乐为轻，敢问荆国为有主乎？"王曰："为无主。""贤臣以千数而莫敢谏，敢问荆国为有臣乎？"王曰："为无臣。""今王为大室，其大益百亩，堂上三百户。以齐国之大，具之三年而弗能成。群臣莫敢谏，敢问王为有臣乎？"王曰："为无臣。"春居曰："臣请辟矣。"趋而出。王曰："春子！春子！反！何谏寡人之晚也？寡人请今止之。"遽召掌书曰："书之：寡人不肖，而好为大室，春子止寡人。"箴谏不可不熟。莫敢谏若，非弗欲也。春居之所以欲之与人同，其所以入之与人异。宣王微春居^①，几^②为天下笑矣。由是论之，失国之主，多如宣王，然患在乎无春居。故忠臣之谏者，亦从入之，不可不慎，此得失之本也。

【注释】①微：无，没有。春居：齐宣王大臣。②几：几乎，差一点。

【译文】齐宣王修建一座大宫殿，占地超过了一百亩，宫殿设置三百个门。像齐国这样的大国，修建了三年还没能建成。没有臣子敢劝谏齐宣王。春居问宣王："楚王抛弃了先王的礼乐，从而使礼乐被人轻视，那么请问您，楚国有贤明君主吗？"宣王说："没有贤明君主。"春居说："楚国虽有数以千计的贤臣，却没有人敢劝谏，请问楚国算有贤臣吗？"宣王说："没有贤臣。"春居说："现在您修建这样大的宫殿，占地超过了一百亩，宫殿设置三百个门。以齐国这样的大国，修建了三年仍不能建成。而臣子们没有人敢劝谏，那么请问您算是有贤臣吗？"宣王说："没有贤臣。"春居说："请您允许我辞官吧！"说完就快步走出朝堂。宣王赶紧说："春子！春子！请回来，为什么这么晚才劝谏阻止我呢？我从今天开始就下令停止修建宫殿。"之后赶紧召来记事的官员说："就这样写：我不贤德，喜欢修建大宫殿。春子制止了我。"对于劝谏的话要仔细深入分析。不敢劝谏的人，并不是不想劝谏。春居和其他臣子一样都想劝谏大王，而春居敢于跟别人不一样，直接劝谏大王。宣王如果没有春居，几乎要成为天下人的笑谈了。由此说来，亡国的君主，大多数都像宣王一样，然而他们最大的忧患是因为没有像春居那样的臣子。所以那些敢于劝谏的忠臣，也可以顺势招入为自己的臣子，对于这些人必须要慎重对待。这是国家成败的根本啊。

赵简子沈鸾徼^①于河，曰："吾尝好声色矣，而鸾徼致之。吾尝好宫室台榭矣，而鸾徼为之。吾尝好良马善御矣，而鸾徼来之。今吾好士六年矣，而鸾徼未尝进一人也，是长吾过而绌^②善也。"故若简子者，能厚以理督责于其臣矣。以理督责于其臣，则人主可与为善，而不可与为非；可与为直，而不可与为枉。此三代之盛教。

【注释】①鸾徼（jiǎo）：赵简子大臣。②绌：古同"黜"，罢免，革除。

【译文】赵简子把鸾徼沉入黄河，说："我曾经爱好音乐女色，鸾徼就把这些给我弄来，我曾经喜欢修建宫室台榭，鸾徼就给我修建，我曾经喜欢良马和骑射，鸾徼就都满足我。如今我喜欢有才能的人已经六年了，可鸾徼不曾向我举荐过一个有才能的人。这是助长我的过错，磨灭我的长处。"所以像赵简子这样的人，对于他们的臣子，能够严格地依照原则进行监督。对自己的臣子依照原则进行监督，那么君主就可以跟他们一起做对人民好的事，而不去与他们胡作非为，可以与他们一起做正直的事，而不与他们一起做违反正道的事。这是夏商周三代美好的教化。

观 表

【题解】本篇旨在探讨君主要通过观察表象特征进而了解实质。文章列举郈成子、吴起等人的事迹，强调要多多观察人、事、物的表征，然后进一步分析，那么不管是相马、相人、相物还是相国家，都可以抓住本质，进而成为先知。

八曰：

凡论人心，观事传，不可不熟，不可不深。天为高矣，而日月星辰云气雨露未尝休矣；地为大矣，而水泉草木毛羽裸鳞未尝息也。凡居于天地之间、六合之内者，其务为相安利也，夫为相害危者，不可胜数。人事皆然。事随心，心随欲。欲无度者，其心无度；心无度者，则其所为不可知矣。人之心隐匿难见，渊深难测，故圣人于事志焉。圣人之所以过人以先知，先知必审征表①，无征表而欲先知，尧、舜与众人同等。征虽易，表虽难，圣人则不可以飘矣，众人则无道至焉。无道至则以为神，以为幸。非神非幸，其数不得不然。郈成子②、吴起近之矣。

【注释】①表：记载。②郈（hòu）成子：鲁国的大臣，以善于观察人而闻名天下。

【译文】第八：

凡是评论人的好坏，明察事物，一定要仔细分析，一定要深入理解。天是很高了，而日月星辰云气雨露在高空不曾消失过；地是很大了，而江河湖海草木飞禽走兽却从来没有灭绝过。凡是处于天地之间四方之内的人，就应该尽力做相互有利安定的事，可是万物之间互相危害的却不计其数。人和事情都应该如此。做事情应该根据人的想法，人的想法是由欲望产生的。贪婪过欲的人，他的想法也没有尽头。人的想法没有尽头，那么他的所做所为就不能被别人通晓了。人的心思隐藏着，不被人看出，就像深渊一样难以测量一样。所以圣人分析事情一定先看做事的人的志向。圣人之所以超过一般人，是因为他能先知，要想做到先知先觉就要审察事物的表征。没有审查事物的表征却想先知先觉，就是连尧、舜也和一般人一样不可能做到。即使真相容易证明，假相难以考证，而圣人却不可以匆忙下结论。一般人无法达到这种地步。无法达到圣人的先知先觉，就认为圣人是靠神力和运气。其实圣人不是靠神力，也不是靠侥幸，而是圣人根据事物表征看到真理，顺其自然达到这种地步而已。郈成子、吴起就差不多和圣人一样了。

郈成子为鲁聘①于晋，过卫，右宰谷臣止而觞之，陈乐而不乐，酒酣而送之以璧，顾反，过而弗辞，其仆曰："向者右宰谷臣之觞吾子也甚欢，今侯渫②过而弗辞？"邸成子曰："夫止而觞我，与我欢也；陈乐而不乐，告我忧也；酒酣而送我以璧，寄之我也。若由是观之，卫其有乱乎？"倍③卫三十里，闻宁喜④之难作，右宰谷臣死之。还车而临，三举而归。至，使人迎其妻子，隔宅而异之，分禄而食之，其子长而反其璧。孔子闻之曰："夫智可以微谋、仁可以托财者，其邸成子之谓乎！"邸成子之观右宰谷臣也，深矣妙矣。不观其事而观其志，可谓能观人矣。

【注释】①聘：古代指代表国家访问友邦。②渫（xiè）：姓。③倍：通"背"，反向。④宁（nìng）喜：又称宁子、宁氏，谥悼子，宁惠子之子，卫国卿大夫。

【译文】邸成子为了鲁国去访问晋国，路过卫国，被卫国的右宰谷臣留下并宴请了他，右宰谷臣命令乐队奏乐，而乐曲却不使人快乐，喝酒喝到畅快之际，送给了邸成子一块玉璧。邸成子从晋国回来，又经过卫国，却不向右宰谷臣辞别。他的仆人说："上次我们途经卫国，右宰谷臣宴请了您，你们的感情很欢洽。而今天我们重新经过这里，您为什么不去拜访他，向他告别呢？"邸成子面有忧色地说："他留下我并宴请我，应该是要与我娱乐一下。可是他命令乐队奏乐的时候，乐曲并不欢快，这是向我表示他的忧愁啊！在喝酒正畅快的时候，他又把玉璧送给了我，这是想把玉璧托付给我啊。从这些迹象看，卫国大概要有祸乱了吧！"邸成子离开卫国三十里后，听到宁喜作乱杀死卫王，右宰谷臣为卫君殉难，邸成子驾车返回卫国哭悼谷臣，多次哭悼才回国。回到鲁国，就派人去接右宰谷臣的妻子孩子，把自己的宅子分出一部分给他们住，把自己俸禄拿出部分来养活他们。右宰谷臣的孩子长大了后就把玉璧还给了他的孩子。孔子听到这件事，说："邸成子的智慧足以通过细节进行谋划，他的仁德足以托付给他财物，这就是所说的像邸成子这样的人吧！"邸成子观察右宰谷臣，是非常精妙的了。没有观察他所做的事，而观察他的思想，可以说是能观察人了。

吴起治西河之外，王错谮①之于魏武侯，武侯使人召之。吴起至于岸门，止车而休，望西河，泣数行而下。其仆谓之曰："窃观公之志，视舍天下若舍屣。今去西河而泣，何也？"吴起雪泣而应之，曰："子弗识也。君诚知我，而使我毕能，秦必可亡，而西河可以王。今君听谗人之议，而不知我，西河之为秦也不久矣，魏国从此削矣。"吴起果去魏入荆，而西河毕入秦。魏日以削，秦日益大。此吴起之所以先见而泣也。

【注释】①谮（zèn）：无中生有地说人坏话。

【译文】吴起在外治理西河郡，而王错向魏武侯说他的坏话，武侯派人把他召回来。吴起到了岸门，停下车子休息，回头看着西河，眼泪一行行流了下来。他的仆人对他说："我私下观察您的志向，您把抛弃天下看得像丢掉鞋子一样。如今离开西河却哭泣，这是为什么呢？"吴起擦掉眼泪回答他说："你是不了解我啊。国君如果真的了解我，而让我把所有才能发挥出来，一定可以灭掉秦国，凭着治理好西河就可以称王了。如今国君听信小人之言，却不了解我，那么西河不久就会成为秦国的领土了，而魏国从此被削弱了。"结果吴起离开魏国到了楚国，而西河都成为秦国的了。魏国一天天变得弱小了，秦国日益强大。这就是吴起事先预见到这种情况因而哭泣的原因吧。

　　古之善相马者：寒风是相口齿，麻朝相颊，子女厉相目，卫忌相髭，许鄙相胝，投伐褐相胸胁，管青相唇䏴，陈悲相股脚，秦牙相前，赞君相后。凡此十人者，皆天下之良工也，其所以相者不同，见马之一征也，而知节之高卑，足之滑易，材之坚脆，能之长短。非独相马然也，人亦有征，事与国皆有征。圣人上知千岁，下知千岁，非意之也，盖有自云也。绿图幡薄^①，从此生矣。

　　【注释】①绿图：箓图。幡薄：丹书符箓。
　　【译文】古代善于相马的人，比如寒风观察马的口齿，麻朝观察马的脸颊，子女厉观察马的眼睛，卫忌观察马的须髭，许鄙观察马的臀部，投伐褐观察马的胸肋，管青观察马的嘴唇，陈悲观察马腿，秦牙观察马的前部，赞君观察马的后部。这十个人，都是天下善于相马的人。他们相马的方法不同，但他们都能够仔细看到马的某一特征，就能知道马骨节的高低，腿脚的快慢，体质的强弱，能力的高下。不只相马是这样，人也有特征，事和国家都有特征。圣人知道千年以前的事，也知道千年以后的事，不是靠自己的想象，都是有根据的。丹书符箓这些东西，就从此产生了。

开春论第一

扫码听谦德
君为您导读

开 春

【题解】本篇以"开春始雷，则蛰虫动矣"作为切入点，系统地探讨本书多次提及的问题——"善说"。通过惠施、封人子高、祁奚等"善说者"的事例，意在说明"言尽理而得失利害定矣"这一论断。

一曰：

开春①始雷，则蛰虫动矣。时雨降，则草木育矣。饮食居处适，则九窍百节千脉皆通利矣。王者厚其德，积众善，而凤皇圣人皆来至矣。共伯和②修其行，好贤仁，而海内皆以来为稽矣。周厉之难，天子旷③绝，而天下皆来谓矣。以此言物之相应也，故曰行也成也。善说者亦然。言尽理而得失利害定矣，岂为一人言哉？

【注释】①开春：指夏历二月。②共伯和：西周诸侯。③旷：废缺。

【译文】第一：

开春的时候开始响起雷声，蛰伏中的动物开始出来活动。雨水降下来，草木开始成长发育，饮食起居处适宜，身体各器官和筋骨经脉就会通畅了。掌管天下的人重视自己的德行，积累众多的善行，那么凤凰和圣贤都会到来。共伯和注重自身的道德修行，喜欢重用贤明的人，于是四海之内的人都来投靠效劳。周厉王末年国内动乱，王位废缺，而天下人就都来朝拜共伯和。凭借这个我们可以说，事物之间是相互照应的，因此我们说有因必然有果。善于言辞的人也是一样的，把道理说透彻了，而其中的利害得失也就确定了，这些怎么会只为一个人说的呢？

魏惠王死，葬有日①矣。天大雨雪，至于牛目。群臣多谏于太子者曰："雪甚如此而行葬，民必甚疾之②，官费又恐不给。请弛③期更日。"太子曰："为人子者，以民劳与官费用之故，而不行先王之葬，不义也。子勿复言。"群臣皆莫敢谏，而以告犀首。犀首④曰："吾未有以言之。是其唯惠公乎？请告惠公。"惠公曰："诺。"驾而见太子曰："葬有日矣？"太子曰："然。"惠公曰："昔王季历葬于涡山之尾，栾水⑤啮其墓，见棺之前和。文王曰：'嘻！先君必欲一见群臣百姓也夫！故使栾水见之。'于是出而为之张朝，百姓皆见之，三日而后更葬，此文王之义也。今葬有日矣，而雪甚，及牛目，难以行，太子为及日之故，得无嫌于欲亟葬乎？愿太子易日。先王必欲少留而抚社稷安黔首⑥也，故使雨雪甚。因弛期而更为日，此文王之义也。若此而不为，意者羞法文王也？"太子曰："甚善。敬弛期，更择葬日。"惠子不徒行说也，又令魏太子未葬其先君而因有说文王之义。说文王之义以示天下，岂小功也哉！

【注释】①有日：不久就会到来，临近。②疾之：对此感到困苦。③弛：延缓。④犀首：战国魏官名。公孙衍曾为此官，故借称公孙衍。⑤灓（luán）水：渗漏入地下的水流。⑥黔首：百姓。

【译文】魏惠王死后，下葬的日子临近了。恰逢天降大雪，雪的厚度几乎到了牛的眼睛。大臣们多劝谏太子说："雪这么大，这样大行殡葬，老百姓对此必然十分困苦，况且国家的费用恐怕也不够。请延迟时间更换日期安葬。"太子说："作为儿子，因为百姓劳苦和国家费用短缺的缘故，就不举行先王的殡葬之礼，这是不道义。你们不用再说了。"群臣因而都不敢再劝谏了，而是把这事告知了犀首。犀首说："我对此也没有办法，能劝说太子的或许只有惠公了，请跟他说吧。"惠公说："好的。"坐车去见了太子，说："（先王）下葬的日子临近了。"太子说："是啊。"惠公说："以前王季历葬于涡山脚下，下渗的水浸没了他的墓地，棺木的前面部分露了出来。文王说：'啊，先王一定是想见一下众臣和百姓，故而让渗水将棺木暴露出来。'于是就将先王的棺木挖了出来，给它设置了帷幕，举办了朝会，百姓们都来谒见，三天以后重新下葬。这就是周文王的道义。现在先王下葬的日期临近，但是雪下得很大，甚至到了牛的眼睛，难以行走，太子却为了先前确定好的日子（而坚持要下葬），这恐怕有急于下葬了事之嫌啊。希望太子能够改变日期。先王一定是想要再稍微停留几日来安抚社稷和百姓，因而让雪下得如此之大。因为延期而另选下葬的日子，这就是文王的道义啊。如果不去这样做，难道是羞于效法文王吗？"太子说："非常好。我愿意延期，重新选择下葬的日子。"惠公并不白白地进行说服，并且让魏太子暂时没有下葬先王进而崇尚文王的道义。崇尚文王的道义并且将其昭示天下，这难道是小功劳吗？

韩氏城新城，期十五日而成。段乔①为司空。有一县后二日，段乔执②其吏而囚之。囚者之子走告封人子高曰："唯先生能活臣父之死，愿委之先生。"封人子高曰："诺。"乃见段乔，自扶③而上城。封人子高左右望曰："美哉城乎！一大功矣。子必有厚赏矣。自古及今，功若此其大也，而能无有罪戮者，未尝有也。"封人子高出，段乔使人夜解其吏之束缚也而出之。故曰封人子高为之言也，而匿己之为而为也；段乔听而行之也，匿己之行而行也。说之行若此其精也。封人子高可谓善说矣。

【注释】①段乔：韩国大臣。②执：逮捕。③扶：攀缘。

【译文】韩国筑造新城的城墙，限期十五天完成。段乔担任司空。有一个县延后了两天，段乔就把那里的官吏逮捕囚禁了起来。被囚禁之人的儿子跑来找封人子高说："只有先生能救我父亲的命，想委托先生救我父亲一命。"封人子高说："好吧！"于是就去见段乔，自己登上城墙。封人子高左右看了看说："这城墙真是壮美啊！真是大功一件。你一定会得到重重的赏赐。从古到今，有如此之大的功劳，并且又能没有处罚杀戮这种事发生，从来不曾有过。"封人子高走后，段乔让人当夜释放了被囚禁的官吏。所以说，封人子高替人说情，将自己的行为藏匿了起来实际上却做到了；段乔听了封人子高的话释放了囚禁的人，将自己的行为藏匿了起来实际上也做到了。游说他人能做到如此精妙的地步，封人子高可以称得上是善于游说之人。

叔向之弟羊舌虎善栾盈。栾盈有罪于晋，晋诛羊舌虎，叔向为之奴而臧①。祈奚曰："吾闻小人得位，不争不祥；君子在忧，不救不祥。"乃往见范宣子而说也，曰："闻善为国者，赏不过而刑不慢。赏过则惧及淫人，刑慢则惧及君子。与其不幸而过，宁过而赏淫人，毋过而刑君子。故尧之刑也殛②鲧，于虞而用禹；周之刑也戮管、蔡，而相周公；不慢刑也。"宣子乃命吏出叔向。救人之患者，行危苦，不避烦辱，犹不能免。今祈奚论先王之德，而叔向得免焉。学岂可以已哉？类多若此。

【注释】①臧（zōng）：系缚。②殛（jí）：杀死，诛杀。
【译文】叔向的弟弟羊舌虎同栾盈交好。栾盈在晋国获罪，晋国就把羊舌虎给杀了，叔向受到牵连，被没入官府为奴并且被加以束缚。祈奚说："我听说小人得到了官位，不能直言劝争是不善；君子处于忧难之中，不加以救助也是不善。"于是就前往拜见范宣子加以游说劝说，说："听说那些善于治理国事的人，奖赏时从来不会太过，惩罚也不会怠慢。奖赏太过就会涉及小人，刑罚怠慢就会牵连君子。如果不得已做得过分了，宁可奖赏太过而涉及了小人，也不要刑罚太过而牵连了君子。因而尧在实施刑罚的时候，即便杀了鲧但在虞舜时启用了大禹；周朝时实施刑罚，杀了管叔、蔡叔却重用了周公，这就是不怠慢刑罚呀！"范宣子于是命令狱吏释放了叔向。救人于危难之中的人，承受着危险和困苦，不避讳麻烦和侮辱，有时尚且不能让人免于危难。如今祁奚叙说先王的恩德，使得叔向得以免罪。学习怎么能够停止呢？很多事与此都是一样的。

察 贤

【题解】本篇通过宓子贱和巫马期两人利用不同方式治理单父的事例，说明君主要想建立功名，关键在于"得贤"，然后才能达到垂拱而治。

二曰：

今有良医于此，治十人而起九人，所以求之万也。故贤者之致功名也，必乎良医，而君人者不知疾求，岂不过哉？今夫塞①者，勇力、时日、卜筮、祷祠无事焉，善者必胜。立功名亦然，要在得贤。魏文侯师卜子夏，友田子方，礼段干木，国治身逸。天下之贤主，岂必苦形愁虑哉？执其要而已矣。雪霜雨露时，则万物育矣，人民修矣，疾病妖厉去矣。故曰尧之容若委衣裘②，以言少事也。

【注释】①塞：古代的一种玩的游戏。②委衣裘：衣裘下垂，说明手足不动，衣裘也下垂不掀起。

【译文】第二：

如果有一位良医在这里，医治十人有九人能够痊愈，因而向他求医的人成千上万。因此贤人求取功名，就像病人求取良医一样，但是君主却不知道赶紧去求贤，难道不是大错吗？现在斗牌的那些人，勇力、时日、卜筮、祷祠这些都无济于事，只有那些善于斗牌的人才能取胜。建功立业也是一样的，最关键的是要得到贤人的辅佐。魏文侯拜卜子夏为师，同田子方交好，对段干木礼遇有加，国家治理得很好，身心也很安逸。天下贤明的君主，难道一定要身体劳苦、苦思愁虑（才能把国家治理得很好）吗？只要掌握了治理国家的要领就可以了。雪霜雨露合乎时节，就是万物生长发育的时候，百姓休养生息，疾病和灾祸也会消除。因此我们说尧的仪容之所以那样的安逸，穿着宽大下垂的衣服，是由于他的政事非常少的缘故。

宓子贱治单父^①，弹鸣琴，身不下堂而单父治。巫马期以星出，以星入，日夜不居^②，以身亲之，而单父亦治。巫马期问其故于宓子。宓子曰："我之谓任人，子之谓任力。任力者故劳，任人者故逸。"宓子则君子矣，逸四肢，全耳目，平心气，而百官以治义矣，任其数^③而已矣。巫马期则不然，弊生事^④精，劳手足，烦教诏，虽治犹未至也。

【注释】①单父：春秋鲁国的地名。②居：停止。③数：术，手段。④事：通"使"，使用。

【译文】宓子贱治理单父，只是弹弹琴，不必亲自去庭堂就把单父治理得有条不紊。巫马期早出晚归，日夜不停，凡事亲力亲为，把单父治理得也很好。巫马期向宓子贱询问这其中的缘由。宓子贱说："我这样做是善于用人，你那样做是善于用力。善于用力所以身心俱疲，善于用人所以安逸。"宓子贱可以称得上是一位君子，四肢安逸，耳目周全，心气平静，但百官仍然可以将单父治理得很好，只是因为宓子贱能够很好地用人。巫马期就不是这样了，劳心费神，教令繁杂，虽然治理得也很不错，但终究不是最好的。

期　贤

【题解】本篇和上篇一样，都是围绕着"贤"来讨论的。本篇利用明火照蝉来比喻君主能够"明其德"，天下贤才就会归附他。文章列举卫有十士而赵简子不敢伐和魏侯礼待段干木而秦不加兵两件事情，论证了"国不徒安，名不徒显，必得贤士"的论断。

三曰：

今夫爝①蝉者，务在乎明其火、振其树而已。火不明，虽振其树，何益？明火不独在乎火，在于暗。当今之时世暗甚矣，人主有能明其德者，天下之士，其归之也，若蝉之走明火也。凡国不徒②安，名不徒显，必得贤士。

【注释】①爚（yuè）：照，照耀。②不徒：不白白地。

【译文】第三：

现在用火光照蝉的人，需要做的不外乎是要让火光明亮、树木振动。火光不明亮，即使摇动树木，有什么用呢？要让火光明亮，不仅是火光一方面的因素，还在于黑暗的环境因素。现如今，世道非常黑暗，君主如有能够使自己德行显明的，那么普天之下的仁人志士，都会去归顺依附他，就像蝉奔向明亮的火光一样。但凡一个国家，都不会白白地平安无事，君主名声也不会白白地显赫，一定是得到了贤明的仁人志士的辅助。

赵简子昼居①，喟然太息曰："异哉！吾欲伐卫十年矣，而卫不伐。"侍者曰："以赵之大，而伐卫之细，君若不欲则可也。君若欲之，请令伐之。"简子曰："不如而言也。卫有士十人于吾所。吾乃且伐之，十人者其言不义也，而我伐之，是我为不义也。"故简子之时，卫以十人者按②赵之兵，殁简子之身。卫可谓知用人矣，游十士而国家得安。简子可谓好从谏矣，听十士而无侵小夺弱之名。

【注释】①居：闲坐。②按：控制，抑止。

【译文】赵简子白天闲坐时，慨然叹息道："奇怪啊！我想讨伐卫国已经有十年了，可是总是不能实现。"侍者回答说："凭借赵国的强大，去讨伐弱小的卫国，您不去想就罢了。您如果想要做，可以请求去征伐卫国。"赵简子说："并不像你说的那样。卫国有十位士人在我这里居住。我想要去讨伐卫国，这十人却说这样做不道义。如果我一定要讨伐，这就是我不讲道义了。"因而在赵简子当权的时候，卫国凭借十人者阻止了赵国军队的入侵，一直到赵简子去世。卫国可称得上是懂得使用人才，十士游历别国就使得国家平安无事，赵简子可称得上喜欢听从劝谏，听从了十士的劝谏，让自己免于承担入侵掠夺弱小国家的坏名声。

魏文侯过段干木之闾^①而轼^②之，其仆曰："君胡为轼？"曰："此非段干木之闾欤？段干木盖贤者也，吾安敢不轼？且吾闻段干木未尝肯以己易寡人也，吾安敢骄之？段干木光乎德，寡人光乎地；段干木富乎义，寡人富乎财。"其仆曰："然则君何不相之？"于是君请相之，段干木不肯受。则君乃致禄百万，而时往馆之。于是国人皆喜，相与诵之曰："吾君好正，段干木之敬；吾君好忠，段干木之隆。"居无几何，秦兴兵欲攻魏，司马唐^③谏秦君曰："段干木贤者也，而魏礼之，天下莫不闻，无乃不可加兵乎！"秦君以为然，乃按兵，辍不攻。魏文侯可谓善用兵矣。尝闻君子之用兵，莫见其形，其功已成，其此之谓也。野人之用兵也，鼓声则似雷，号呼则动地，尘气充天，流矢如雨，扶伤舆死^④，履肠涉血^⑤，无罪之民其死者量于泽矣，而国之存亡、主之死生犹不可知也。其离仁义亦远矣。

【注释】①闾：里巷的门。②轼：古代车厢前面用作扶手的横木。③司马唐：一作司马庚，战国时秦国大夫。④扶伤舆死：指抬运死者，扶持伤者。形容死伤之人众多。⑤履肠涉血：形容死人之多。

【译文】魏文侯经过段干木的里巷，用手扶住横木表达自己的敬意，他的仆人说："您为何要手扶横木呢？"魏文侯回答说："这不是段干木的里巷吗？段干木是一位贤达之人，我怎么敢不手扶横木表达敬意呢？况且我听说，段干木未必愿意用自己的操守来换取我的地位，我又怎么感对他傲慢无礼呢？段干木的德行让他显赫，而我的地位让我显赫；段干木的道义让他显得富有，而我的钱财让我显得富有。"仆人说："那么您为什么不让他做相国呢？"于是魏文侯拜请段干木做相国，段干木不肯接受魏文侯的请求。于是魏文侯就给他百万俸禄，并且经常到段干木的府馆中拜访他。魏国的百姓都很高兴，彼此称颂道："我们的国君喜欢正直的人，于是段干木受到了尊敬；我们的国君喜欢忠诚的人，于是段干木得到了推崇。"没过多久，秦国起兵想要攻打魏国，司马唐劝谏秦国国君说："段干木是一位贤达的人，并且魏国国君对他礼遇有加，普天之下没有不知道的，我们不能出兵讨伐魏国！"秦国国君深表赞同，于是就按兵不动，不敢去攻打魏国。魏文侯可以称得上是善于用兵之人。曾经听说君子用兵，没见到军队，却已大功告成，说的就是这件事啊。粗野的人用兵，军鼓的声音像雷声一般，呼号惊天动地，尘土漫天，箭矢如雨点般落下，扶救伤兵，运送死尸；脚踩尸体，躺过血泊，无辜的人弃尸荒野，但国家的存亡、君主的死生依然不能明晰，这种做法离我们所讲的仁义道德相差太远了。

审 为

【题解】做事情不外乎"所以为"（手段）和"所为"（目标）两个方面。"审为"就是分清它们哪个是手段，哪个是目标。本篇把身体当作目标，天下当作手段，并由此列举了周太王亶父、韩昭釐侯、中山公子牟等事例，主张"尊生""重生""轻利"等，说明不能"愁身伤生"的思想。

四曰：

身者，所为^①也；天下者，所以为^②也，审所以为，而轻重得^③矣。今有人于此，断首以易冠，杀身以易衣，世必惑之。是何也？冠所以饰首也，衣所以饰身也，杀所饰、要^④所以饰，则不知所为矣。世之走利，有似于此。危身伤生、刈颈断头以徇利，则亦不知所为也。

【注释】①所为（wèi）：指为之服务的对象，即行为动作的目的。②所以为：指用以达到目的的凭借、手段。③得：合适，恰当。④要（yāo）：求。

【译文】第四：

身体，是生命的目的；天下，是我们用来保养身体的手段。弄清楚它们彼此之间的关系，那么孰轻孰重就能明白了。现在却有这样的人，砍掉头颅，目的仅仅是为了更换帽子，残杀躯体，目的仅仅是为了更换衣服，世人一定会对此感到疑惑，这是在干吗呀?帽子是用来装饰头颅的,衣服是用来装饰身体的,杀掉要去装饰的对象而迎合、求取用来装饰的手段,我们不知道这样做是为了什么。世人谋求利益,也有跟这种行为相似的。危及身体伤害生命,割脖断首来追求利益,我们也同样不明白他们这样做的目的是为了什么。

太王亶父^①居邠^②,狄人攻之。事以皮帛而不受,事以珠玉而不肯,狄人之所求者地也。太王亶父曰:"与人之兄居而杀其弟,与人之父处而杀其子,吾不忍为也。皆勉处^③矣,为吾臣与狄人臣奚以异?且吾闻之,不以所以养^④害所养^⑤。"杖策而去,民相连而从之,遂成国于岐山之下。太王亶父可谓能尊生矣。能尊生,虽富贵不以养伤身,虽贫贱不以利累形。今受其先人之爵禄,则必重失之。生之所自来者久矣,而轻失之,岂不惑哉?

【注释】①太王亶父(dǎn fǔ):即古公亶父,周人祖先,文王祖父。②邠(bīn):地名,在今陕西省旬邑县西。③勉处:好好住下去。④所以养:指土地。⑤所养:指民众。

【译文】太王亶父居住在邠的时候,狄人来攻打他。太王亶父送去皮帛,狄人不接受;送去珠玉,狄人仍不接受,狄人想要的是土地。太王亶父说:"和别人的兄长一起却杀他的弟弟,与别人的父亲相处却杀他的子女,我不忍心这样做。你们都在这里好好住着,当我的臣民同做狄人的臣民没什么不一样的。况且我还听说,不能因为想要土地就去伤害百姓。"太王亶父拄着拐杖离开了，百姓都成群结队加以跟随，于是就在岐山脚下建立了国家。太王亶父可称得上是尊重生命。能够尊重生命，即使富贵，也不会因为供养伤害身体，即使贫贱，也不会因为利益而使形体劳累。现在，接受了先人的爵禄，那么一定会重视它，以免失去。生命由来长久多了，于是就轻视它，不担心会失去，这难道不让人疑惑吗？

韩、魏相与争侵地。子华子见昭釐侯^①，昭釐侯有忧色。子华子曰："今使天下书铭^②于君之前，书之曰：'左手攫之则右手废，右手攫之则左手废，然而攫之必有天下。'君将攫之乎？亡其^③不与？"昭釐侯曰："寡人不攫也。"子华子曰："甚善。自是观之，两臂重于天下也，身又重于两臂。韩之轻于天下远，今之所争者，其轻于韩又远，君固^④愁身伤生以忧之戚不得也？"昭釐侯曰："善。教寡人者众矣，未尝得闻此言也。"子华子可谓知轻重矣。知轻重，故论不过。

【注释】①昭釐侯：韩昭釐侯，战国韩国君，谥昭釐。②铭：书写或刻镂于器物之上用以记功、记事或自警的文字。③亡（wú）其：选择连词，还。④固：通"顾"，反而。

【译文】韩国和魏国之间相互争夺侵占来的土地，子华子去见昭釐侯，昭釐侯面带忧愁。子华子问道："现在如果让天下之人在您的面前书写了铭文，文字是这样写的：'左手抓取它那么右手就会废掉，右手抓取它那么左手就会废掉，但是抓取了它之后一定会得到天下。'您会来抓取它，还是不抓取呢？"昭釐侯回答说："我是不会抓取它的。"子华子说："很好。由此我们可以看出，两臂相比于天下，是重要的。而身体又比两臂重要。相比天下，韩国是微不足道的。现在所要去争取的，相比韩国，也是微不足道的。君王反而却要因为这件事来让自己忧愁，费神伤身，这恐怕不太合适吧？"昭釐侯说："对啊。劝说我的人有很多，却从未听到这样的话。"子华子可称得上是明白轻重缓急的人。明白孰轻孰重，所以论说也就不会有错。

中山公子牟①谓詹子曰："身在江海之上②，心居乎魏阙之下③，奈何？"詹子曰："重生。重生则轻利。"中山公子牟曰："虽知之，犹不能自胜也。"詹子曰："不能自胜则纵之，神无恶乎。不能自胜而强不纵者，此之谓重伤。重伤之人无寿类矣。"

【注释】①中山公子牟：战国魏公子，名牟，封于中山，所以称为中山公子牟。又名魏牟。②身在江海之上：指隐居江湖。③心居乎魏阙之下：指向往荣华富贵。

【译文】中山公子牟对詹子说："隐居江湖，心却又向往朝廷的荣华富贵，怎么办呢？"詹子回答道："重视生命，重视生命那么就会轻视名利。"中山公子牟说："即使明白这个道理，但仍然不能控制住自己。"詹子回答说："如果不能控制自己那么就放纵它吧，这样精神就不会受到伤害。不能控制自己却要强制着不去放纵它，这种做法我们称之为双重伤害。受到双重伤害的人不会长寿。"

爱 类①

【题解】本文将仁解释为"仁乎其类"。作者认为神农亲耕、墨子御楚救宋、大禹治水、惠施尊齐活民都是"爱类"的体现。也就是说,即使时代不同,但"当时之急,忧民之利,除民之害"是相同的。

五曰:

仁于他物,不仁于人,不得为仁;不仁于他物,独仁于人,犹若为仁。仁也者,仁乎其类者也。故仁人之于民也,可以便之,无不行也。神农之教曰:"士有当年②而不耕者,则天下或受其饥矣;女有当年而不绩③者,则天下或受其寒矣。"故身亲耕,妻亲绩,所以见致民利也。贤人之不远海内之路,而时往来乎王公之朝,非以要④利也,以民为务故也。人主有能以民为务者,则天下归之矣。王也者,非必坚甲利兵选卒练士也,非必隳⑤人之城郭、杀人之士民也。上世之王者众矣,而事皆不同。其当世之急、忧民之利、除民之害同。

【注释】①爱类:同类相爱。②当年:壮年、成年。③绩:辑麻,把麻搓成线。④要:追求。⑤隳(huī):毁。

【译文】第五:

对其他的东西仁爱,对人却不仁爱,这不能称得上是仁;对其他的东西不仁爱,只对人仁爱,还可以称为仁。仁,是对同类的仁爱。因而仁爱的人对待百姓的时候，只要有可以让百姓便利的事情，没有不去做的。神农氏的教导是这样讲的："男人中如有正当成年却不去耕作的人，那么天下的百姓有人就会因此而挨饿；女人中如有正当成年却不去织线的人，那么天下的百姓有人就会因此而挨冻了。"所以，神农自己就勤于耕种，妻子也勤于织线，这样做，百姓因此而获利。贤达的人不远万里，而经常往来于朝堂，他们不是为了追求名利，而是为了为百姓谋求福利。君主如有能够以为百姓谋福利为要务的，那么普天之下的民众都会归顺他。要想成为天下的君主，不一定非要厉兵秣马选练精壮士卒，不一定非要毁坏别人的城郭、屠杀别人的臣民。上古成为天下君王的人有很多，他们的事迹都不一样。但是他们为当下要解决的时务着急、为百姓的福利担忧、为百姓去除灾害，这些做法却是一样的。

公输般①为高云梯，欲以攻宋。墨子闻之，自鲁往，裂裳裹足②，日夜不休，十日十夜而至于郢③。见荆王曰："臣北方之鄙人也，闻大王将攻宋，信有之乎？"王曰："然。"墨子曰："必得宋乃攻之乎？亡其④不得宋且不义犹攻之乎？"王曰："必不得宋，且有⑤不义，则曷为攻之？"墨子曰："甚善。臣以宋必不可得。"王曰："公输般，天下之巧工也，已为攻宋之械矣。"墨子曰："请令公输般试攻之，臣请试守之。"于是公输般设攻宋之械，墨子设守宋之备。公输般九攻之，墨子九却之，不能入，故荆辍⑥不攻宋。墨子能以术御荆免宋之难者，此之谓也。

【注释】①公输般：姓公输，名般，又叫鲁班，是我国古代著名的建筑工匠。②裂裳裹足：撕裂了衣服裹住脚，日夜不停地赶路。③郢（yǐng）：春秋战国时候楚国的国都。④亡其：或者、还是。⑤有：通"又"。⑥辍：停止，中止。

【译文】公输般制作了高大的云梯，想用它来攻打宋国。墨子听说了这件事，从鲁国出发去楚国，撕裂了衣服裹住脚，日夜不停地赶路，用了十天十夜到达了楚国都城，墨子见到楚王说："我是北方的边鄙之人，听说大王你要攻打宋国，果真是这样的吗？"楚王回答道："是这样的。"墨子说："一定得到宋国才能够攻打它吗？还是不一定能够成功并且因此而显得不够仁义，但还是坚持要攻打宋国呢？"楚王说："一定不会成功，并且因此而又显得不够仁义，那么为什么要去攻打呢？"墨子说："很好。我认为攻打宋国一定不会成功。"楚王说："公输般，天下的精巧工匠，已经为我制作好攻打宋国的器械了。"墨子说："请让公输般试着来攻打，我请求试着来防守。"于是公输般放置了攻打宋国的器械，墨子放置了防守宋国的守备器械。公输般九次攻打，墨子九次挡住了进攻，使得公输般不能进入城郭，因此楚王终止了攻打宋国的计划。墨子能够通过战术来抵挡楚国的进攻，免除了宋国的灾难，说的就是这个。

圣王通士不出于利民者无有。昔上古龙门①未开，吕梁未发，河出孟门②，大溢逆流，无有丘陵沃衍、平原高阜，尽皆灭之，名曰鸿水③。禹于是疏河决江，为彭蠡④之障，乾东土，所活者千八百国，此禹之功也。勤劳为民，无苦乎禹者矣。

【注释】①龙门：龙门山，在今山西省河津县西北。②孟门：山名，在山西吉县西。③鸿水：洪水。④彭蠡（lǐ）：古泽名，在今江苏扬州以南一带。

【译文】圣明的君王，贤达的士人，言行没有不是出自于为百姓谋求福利的人。很早之前龙门山还没有开凿，吕梁没有开发，河水从孟门流出，泛滥横流。丘陵、沃野、平原、高地，都被淹没毁掉了，人们将它称为洪水。大禹疏浚江河，建筑了彭蠡泽的提防，使得东方的洪水消退，因此而养活了一千八百个国家的百姓，这是大禹的功德。为百姓辛勤工作的人，没有比大禹还要艰苦的。

匡章①谓惠子②曰："公之学去尊，今又王齐王，何其到③也？"惠子曰："今有人于此，欲必击其爱子之头，石可以代之。"匡章曰："公取之代乎，其不与？""施取代之。子头所重也，石所轻也。击其所轻以免其所重，岂不可哉？"匡章曰："齐王之所以用兵而不休、攻击人而不止者，其故何也？"惠子曰："大者可以王，其次可以霸也。今可以王齐王而寿黔首④之命，免民之死，是以石代爱子头也，何为不为？"民寒则欲火，暑则欲冰，燥则欲湿，湿则欲燥。寒暑燥湿相反，其于利民一也。利民岂一道哉？当其时而已矣。

【注释】①匡章：战国时候的齐国大将。②惠子：就是惠施，名家的代表人物。③到：同"倒"，颠倒，自相矛盾。④黔首：百姓。

【译文】匡章对惠子说："您的学说观点都是主张废弃尊

位，如今却又尊齐王为君主，为什么会自相矛盾呢？"惠子回答道："假如有人在这里，一定要去击打爱子的脑袋，石头可以代替他的脑袋。"匡章问："你是用石头来代替，还是不这样做？"惠子说："当然要去用石头取代爱子的头。爱子的脑袋是重要的，石头是微不足道的。击打微不足道的东西，让重要的东西因此而避免受到伤害，为什么不这样做呢？"匡章问道："齐王会毫无休止地用兵、不停地攻击别人，这到底是为什么呢？"惠子回答说："功劳大的人就可以称王了，其次的可以称霸一方。如今可以尊齐王为君王又可以让百姓长命百岁，免除百姓的死难，这就是用石头来代替爱子的脑袋，为什么不这样做呢？"百姓寒冷了就想要得到火，热了就想要得到冰，干燥了就想要湿润一点，太湿了就想要干燥一些。寒、暑、燥、湿，相互之间对立，但在有益于百姓这一方面却是相同的。有益于百姓难道只有一种方法吗？只要合乎其时就可以了。

贵　卒

【题解】"贵卒"就是贵在迅捷的意思。文章通过同一事例的正反两面，说明在激烈的世间当中，反应迅捷是重中之重。

六曰：

力贵突，智贵卒①。得之同则速为上，胜之同则湿②为下。所为贵骥者，为其一日千里也；旬日取③之，与驽骀④同。所为贵镞⑤矢者，为其应声而至；终日而至，则与无至同。

【注释】①卒（cù）：通"猝"，迅疾，敏捷。②湿：迟滞。③取：通"趣"，趋向。④驽骀（nú tái）：劣马。⑤镞（zú）：锋利轻捷。

【译文】发力贵在突然，用智贵在迅捷。同样是获得东西，速度快的就是好的；同样是获得胜利，那些拖拖拉拉的就是不好的。之所以看重好马，就是因为它能够日行千里，如果要耗费十日才能到达目的地，那么它与劣马就是一样的。之所以看重好箭，是因为它能够随声而到，如果需要一整天才能到达目标，那么跟没有到达目标是一样的。

吴起谓荆王曰："荆所有余者地也，所不足者民也。今君王以所不足益所有余，臣不得而为也。"于是令贵人往实①广虚之地，皆甚苦之。荆王死，贵人皆来。尸在堂上，贵人相与射吴起。吴起号呼曰："吾示子吾用兵也。"拔矢而走，伏尸插矢而疾言曰："群臣乱王。"吴起死矣。且荆国之法，丽②兵于王尸者，尽加重罪，逮三族。吴起之智，可谓捷矣。

【注释】①实：充实。②丽：附着。

【译文】吴起对楚悼王说："楚国拥有的土地很多，但是拥有的百姓却不足。现在大王您要用不足的百姓来争取多余的土地，我不能达到您的目标。"于是，楚悼王就让显赫的人去充实广袤的国土，（显赫的人）都因此而受了很多苦。楚悼王死了之后，显

赫的人都来到国都，楚悼王的尸身在堂上，那些显赫的人都争相
用箭去射吴起。吴起高喊他说道："我要让你看到我是怎么用兵
的。"拔下箭矢来到庭堂，伏在楚王的尸身上，把箭插在尸身上大
声说道："众臣作乱，乱射君王尸身!"吴起死了，但楚国的法律规
定，对君王的尸身动武，会被判处重罪，会逮捕三族。吴起的智
慧，可以称得上是迅捷的。

　　齐襄公即位，憎公孙无知，收其禄。无知不说，杀襄公。公
子纠走鲁，公子小白奔莒。既而国杀无知，未有君，公子纠与公子
小白皆归，俱至，争先入公家^①。管仲扜弓射公子小白，中钩。鲍叔
御^②公子小白僵。管子以为小白死，告公子纠曰："安^③之。公子小
白已死矣。"鲍叔因疾驱先入，故公子小白得以为君。鲍叔之智
应射而令公子小白僵也，其智若镞矢也。

　　【注释】①公家：指朝廷。②御：使。③安：从容。
　　【译文】齐襄公登上王位，憎恨公孙无知，没收了他的俸禄
爵位。公孙无知很不高兴，于是就杀了齐襄公。公子纠逃往鲁国，
公子小白逃向莒国。不久国人杀了公孙无知，国家没有了君王，公
子纠与公子小白都起身回国，二人到了齐国，都抢着最先进入朝
廷。管仲挽弓射向公子小白，射中了他的衣带钩。鲍叔让公子小
白倒下去。管仲以为公子小白死了，回去告知公子纠说："从容一
些，公子小白已经死了。"鲍叔因而驾车得以最先进入朝堂，因此
公子小白成为了君王。鲍叔机智地应对管仲射来的箭矢，让公子

小白倒下去,他用智就像箭矢一样快。

周武君使人刺伶悝^①于东周,伶悝僵,令其子速哭曰:"以^②谁刺我父也?"刺者闻,以为死也。周以为不信^③,因厚罪之。

【注释】①伶悝(kuī):东周之臣。②以:此。③信:言语诚实。
【译文】周武君派人到东周去刺杀伶悝,伶悝倒了下去,让他的儿子赶紧哭着说:"这是谁来刺杀我的父亲?"刺客听到之后,认为伶悝死了。周武君认为他的话不可信,因而对他处以重罪。

赵氏攻中山。中山之人多力者曰吾丘鸩,衣铁甲、操铁杖以战,而所击无不碎,所冲无不陷,以车投车,以人投人也,几至将所而后死^①。

【注释】①几至将所而后死:这是说吾丘鸩虽多力仍不免于死。
【译文】赵国攻打中山国。中山国有一个力量很大的人叫吾丘鸩,穿着铁甲,拿着铁杖来战斗,他所击打到的东西没有不破碎的,所冲杀的敌阵没有不攻陷的,用战车来投击战车,用人来击打人。几乎打到了敌方将帅所在的地方,才战死沙场。

慎行论第二

慎 行

【题解】义和利，是行动的出发点和归宿点。文章把对待义和利的不同态度，划分成君子和小人两种类型。君子做事情是"计行虑义"，小人则是"计行其利"。通过举出费无忌和庆封的事例，说明要遵守道义，不然最终会导致自身的灭亡。

一曰：

行不可不孰①。不孰，如赴深溪，虽悔无及。君子计行虑义，小人计行其利，乃不利。有知不利之利者，则可与言理矣。

【注释】①孰：古同"熟"，程度深。

【译文】第一：

行动之前不可以不深思熟虑。不深思熟虑，就会像到了深谷，即使后悔也来不及了。君子谋划做事时考虑道德，小人谋划做事时追求利益，结果反而不利于自己。假如有人懂得不谋求利益实际上就包含了利处，那么就可以跟他讨论道德了。

荆平王有臣曰费无忌①，害太子建②，欲去之。王为建取妻于秦而美，无忌劝王夺。王已夺之，而疏太子。无忌说王曰："晋之霸也，近于诸夏，而荆僻也，故不能与争。不若大城城父而置太子焉，以求北方，王收南方，是得天下也。"王说，使太子居于城父。居一年，乃恶之曰："建与连尹将以方城外反。"王曰："已为我子矣，又尚奚求？"对曰："以妻事怨。且自以为犹宋也，齐、晋又辅之，将以害荆，其事已集矣。"王信之，使执连尹③。太子建出奔。左尹郤宛④，国人说之。无忌又欲杀之，谓令尹子常⑤曰："郤宛欲饮令尹酒。"又谓郤宛曰："令尹欲饮酒于子之家。"郤宛曰："我贱人也，不足以辱令尹。令尹必来辱，我且何以给待之？"无忌曰："令尹好甲兵，子出而寘之门，令尹至，必观之已，因以为酬。"及飨⑥日，惟门左右而寘甲兵焉。无忌因谓令尹曰："吾几祸令尹。郤宛将杀令尹，甲在门矣。"令尹使人视之，信。遂攻郤宛，杀之。国人大怨，动作者莫不非令尹。沈尹戍⑦谓令尹曰："夫无忌，荆之谗人也，亡夫太子建，杀连尹奢，屏王之耳目，今令尹又用之杀众不辜，以兴大谤，患几及令尹。"令尹子常曰："是吾罪也，敢不良图？"乃杀费无忌，尽灭其族，以说其国。动而不论其义，知害人而不知人害己也，以灭其族，费无忌之谓乎！

【注释】①荆平王：即楚平王，芈姓，熊氏，名弃疾，继位后改名居，又称陈公、蔡公，是楚共王的幼子，公元前528年至公元前516年在位。费无极：亦作费无忌，春秋末年楚国佞臣，官至太子少师。②太子建：芈姓，熊氏，名建，字子木，春秋时期楚平王的嫡长子。③连尹：官名，春秋战国楚置。④左尹：楚国官名，位次于令尹，为楚国之卿，左丞相。④郤（xì）宛：伯氏，又为郤氏，又称伯宛、伯郤宛，字子恶，春秋时期楚国大夫。⑤令尹：是楚国在春秋战国时代的最高官衔，是掌握政治事务，发号施令的最高官。⑥飨（xiǎng）：用酒食招待客人，泛指请人受用。⑦沈尹戌：一作沈尹戍，春秋末期楚国左司马。

【译文】楚平王有个大臣叫费无忌，他痛恨太子建，想杀掉他。楚平王为太子建从秦国娶了个美丽的妻子，费无忌就劝说平王占有美女。平王强占这个美女以后，疏远了太子。费无忌又劝说楚平王："晋国能够称霸，是因为靠近华夏各个国家，但楚国位于偏远地区，所以不能同晋国相比争霸。不如兴建城父，将太子安放在那里，来谋求北方各国的尊奉，您自己来收取南方各国的尊奉，这样就能得到天下了。"楚平王很高兴，派太子居住到城父。过了一年，费无忌又贬低太子建说："太子建和连尹伍奢想要凭借方城在外谋反。"平王说："他已经做了我的太子了，还追求什么呢？"费无忌回答说："他本来因为妻子的事怨恨您，并且认为自己就像宋国一样。齐国和晋国又辅助他。他将要以此谋害楚国，这件事情马上要成功了。"楚平王相信了费无忌的话，派人逮捕了连尹伍奢。太子建被迫逃亡到国外。左尹官郤宛很受国人爱戴和尊敬，费无忌又想杀掉郤宛。他对令尹子常说："郤宛想请令尹您喝酒。"又对郤宛说："令尹想到你家来喝酒。"郤宛说："我是一个地位低下的人，不值得令尹拜访。假如令尹一定屈尊拜访，我该拿什么招待他呢？"费无忌说："令尹喜欢铠甲武器，你把这些东西放在门口，令尹来了一定会欣赏它们，你就乘机把铠甲武器作为礼物送给他。"等到宴会这天，郤宛把门口两旁用帘子遮挡起来，把铠甲兵器放在里边。费无忌就对令尹说："我差一点害了您。郤宛想杀您，已经把铠甲兵器藏到门口了。"令尹派人去观察，果然是这样。于是派兵攻打郤宛，杀死了他。国人非常痛恨令尹，卿大夫没有一个人不去责骂他的。沈尹戌对令尹说："费无忌是楚国进献谗言阿谀奉承的小人，使太子建逃亡了，连尹伍奢被杀害了，遮蔽国君所能听到的消息。现在您又听信他的话杀害无辜的人，从而导致了各种严厉的批评，报应很快就会到您身上。"令尹子常说："这是我的错误和过错，怎么敢不想好办法对付呢？"于是就杀死了费无忌，诛灭了他的宗族，以此使国人高兴。做事情不讲道德，只知道谋害别人却不知道别人也会谋害自己，还致使宗族被诛杀了，这个人就是费无忌吧！

崔杼与庆封谋杀齐庄公①，庄公死，更立景公②，崔杼相之。庆封又欲杀崔杼而代之相，于是椓③崔杼之子，令之争后。崔杼之子相与私哄，崔杼往见庆封而告之。庆封谓崔杼曰："且留，吾将兴甲以杀之。"因令卢满嫳④兴甲以诛之，尽杀崔杼之妻子及枝属，烧其室屋，报崔杼曰："吾已诛之矣。"崔杼归，无归，因而自绞也。庆封相景公，景公苦之。庆封出猎，景公与陈无宇、公孙灶、公孙虿诛封⑤。庆封以其属斗，不胜，走如鲁。齐人以为让，又去鲁而如吴，王予之朱方⑥。荆灵王闻之，率诸侯以攻吴,围朱方,拔之,得庆封,负之斧质,以徇于诸侯军,因令其呼之曰:"毋或如齐庆封,弑其君而弱其孤,以亡其大夫。"乃杀之。黄帝之贵而死,尧、舜之贤而死,孟贲之勇而死,人固皆死。若庆封者,可谓重死矣。身为僇^⑦,支属不可以见,行忮^⑧之故也。凡乱人之动也,其始相助,后必相恶。为义者则不然,始而相与,久而相信,卒而相亲,后世以为法程。

【注释】①崔杼(zhù):姜姓,崔氏,名杼,谥武,又称崔子、崔武子,齐国大夫。庆封:姜姓,庆氏,字子家,又字季,齐国大夫,庆克之子。齐庄公:姜姓,吕氏,名购,齐成公之子,公元前553年至公元前548年在位。②更:改变,改换。齐景公:姜姓,吕氏,名杵臼,齐灵公之子,齐庄公之弟,公元前547年至公元前490年在位。③椓(zhuó):说坏话诽谤。④卢满嫳(piè):齐大夫,庆封之党。⑤陈无宇:齐国大夫。公孙灶:姜姓,栾氏,名灶,字子雅,齐国大夫。公孙虿(chài):齐国大夫。⑥朱方:春秋时吴地名,今在江苏省丹徒县东南。⑦僇(lù):通"戮",杀戮。⑧忮(zhì):嫉妒,恨。

【译文】崔杼和庆封合谋杀死了齐庄公。齐庄公死后,二人另派齐景公当君主,让崔杼给他做相。庆封又想杀死崔杼,自己代替他当相。于是就离间崔杼的儿子们,让他们争夺做继承人的资格。于是崔杼的儿子们私下争斗起来。崔杼去拜见庆封,告诉他这件事。庆封对崔杼说:"你姑且留在这里,我来派兵去把他们杀死。"于是派卢满嫳起兵去杀死他们。卢满嫳把崔杼的妻子儿女老老少少以及宗族里的亲属全部杀光,还烧掉了他的房屋,告诉崔杼说:"我已经把他们都杀死了。"崔杼回去后,已经无家可归了，因而上吊自杀。于是庆封做了齐景公的丞相，齐景公深以为苦。趁着庆封外出打猎的机会，景公与陈无宇、公孙灶、公孙蛮一起起兵攻打庆封。庆封率领自己的家丁同景公作战，没能获胜，就逃到了鲁国。齐国就这件事责骂鲁国。庆封又离开鲁国去了吴国，吴王把朱方邑赏赐给了他。楚灵王听说了这件事，就率领诸侯攻打吴国，包围了朱方，攻占了它。楚灵王俘虏了庆封，让他背着斧子在诸侯军中边走边示众，并让他大喊道："不要像齐国庆封那样，杀害他的君主，欺负丧父的新君主，背叛大臣使他自杀！"然后才杀死了他。像黄帝那样尊贵的人，最后也要死亡，像尧舜那样贤德的人，最后也要死亡，像孟贲那样勇敢的人，最后也要死亡，人本来都要死亡，但像庆封这种人，受尽凌辱再死，可以说是死了又死。不光自己被杀，连累宗族的亲属也不能保全，这是因为嫉妒别人的原因啊。像邪恶的小人做事，开始的时候会互相帮忙，而到后来一定会互相憎恶。坚守道义的人却不是这样的。他们开始时会互相帮助，时间越长互相会更加信任，最后更是互相亲近友好。后代将这种做法当作做事的原则。

无 义

【题解】本文认为"义者百事之始也，万利之本也，中智之所不及也"。如果见利忘义，就和公孙鞅、郑平、李款、公孙竭一样，因为"趋利固不可必"，会被人所不齿，最终累及子孙。

二曰：

先王之于论也极之矣，故义者，百事之始也，万利之本也，中智之所不及也。不及则不知，不知趋利。趋利固不可必也，公孙鞅、郑平、续经、公孙竭是已^①。以义动则无旷^②事矣。人臣与人臣谋为奸，犹或与之。又况乎人主与其臣谋为义，其孰不与者？非独其臣也，天下皆且与之。

【注释】①公孙鞅：即商鞅。郑平：即郑安平，魏国人，郑安平曾帮助范雎逃往秦国，范雎出任秦国国相后，郑安平被举荐为将军。续经：赵国人。公孙竭：秦国大臣。②旷：荒废，耽误。

【译文】第二：

先王对于事理讲解得非常彻底了。道义是种种事情的开始，是所有利益的本质，这个道理是才能智慧很平庸的人所认识不到的。认识不到就不明白道理，不明白道理就会追求自己的利益。追求自私自利的做法肯定是不可取的。公孙鞅、郑平、续经、公孙竭的情况就是这样的。根据道义去做事就不会有完不成的事情了。大臣与大臣谋划做坏事，尚且会有人同意，那何况国君和他的大臣计划施行道义的事，这会有谁不同意呢？不只是大臣们同意，天下的人都将同意。

公孙鞅之于秦，非父兄也，非有故也，以能用也。欲埋^①之责，非攻无以。于是为秦将而攻魏。魏使公子卬^②将而当之。公孙鞅之居魏也，固善^③公子卬，使人谓公子卬曰："凡所为游而欲贵者，以公子之故也。今秦令鞅将，魏令公子当之，岂且忍相与战哉？公子言之公子之主，鞅请亦言之主，而皆罢军。”于是将归矣，使人谓公子曰：“归未有时相见，愿与公子坐而相去别也。”公子曰：“诺。”魏吏争之曰：“不可。”公子不听，遂相与坐。公孙鞅因伏卒与车骑以取公子卬。秦孝公薨，惠王立，以此疑公孙鞅之行，欲加罪焉。公孙鞅以其私属与母归魏。襄疵不受，曰：“以君之反公子卬也，吾无道知君。”故士自行不可不审也。

【注释】①堙（yīn）：古同“湮”，埋没。②公子卬（áng）：又称作“魏卬”，魏国公子，秦相商鞅旧友，商鞅攻魏时公子卬于河西迎战，最终受骗被俘。③善：友好，和好，交好。

【译文】公孙鞅与秦王的关系，既不是宗亲，也没有旧的情谊，单单凭借自己的才能被任用，他既然要对秦国恪尽职守，除了进攻别的国家也没有其他方法。于是公孙鞅就代表秦国攻打魏国。魏国派公子卬率兵抵挡他。公孙鞅在魏国时，原来和公子卬关系很好。他派人对公子卬说：“我之所以外出游历希望自己成为贵人，都是因为您的缘故。现在秦国让我带兵作战，魏国让公子负责抵挡我，我怎么忍心与您交战呢？请公子向您的君主禀报，我也向我的君主禀报，让双方都退兵吧。”在双方都准备返回的时候，公孙鞅又派人对公子卬说：“回去以后再也没有日子能与您见面了，希望能同公子相聚一次再分离。”公子说：“可以。”魏国的将士们竞相进谏说：“不能这么做。”公子卬不听。于是两人相聚一起诉说旧事，公孙鞅乘机埋伏下步兵骑兵俘虏了公子印。秦孝公死后，秦惠王继位，因为这件事就怀疑公孙鞅的品质，想降罪给公孙鞅。公孙鞅带着自己的家人与母亲回到了魏国，魏国的大臣襄疵不接纳他们，说："因为您对公子印背信弃义，我无法理解您。"所以，士人对自己的行为不可不审视一番，慎重决定。

郑平于秦王臣也，其于应侯①交也，欺交反主，为利故也。方其为秦将也，天下所贵之无不以者，重也。重以得之，轻必失之。去秦将，入赵、魏，天下所贱之无不以也，所可羞无不以也。行方可贱可羞，而无秦将之重，不穷奚待？

【注释】①应侯：即范雎。

【译文】郑平对秦王来说是臣子，对应侯来说是朋友。他欺骗了朋友，背叛了君主，是因为追求自己利益的原因。在他做秦国将领的时候，天下认为尊贵的事情没有一件是他不能做的，这是因为他地位尊贵权势显赫。靠地位尊贵、权势显赫得到的东西，没有权力地位时一定会失去。郑平丧失秦将的地位，到达赵国和魏国以后，天下所认为轻贱的事情没有一件不做，天下认为羞耻的事情没有一件是他不做的，举动做法十分轻贱低劣，又没有做秦将时的显赫地位，生活不潦倒还能有什么呢？

赵急求李欬，李言续经与之俱如卫，抵公孙与，公孙与见而与入，续经因告卫吏使捕之，续经以仕赵五大夫。人莫与同朝,子孙不可以交友。

【译文】赵国着急抓捕李欬,李欬劝说续经跟他一起去卫国投奔了公孙与。公孙与会见了他们并同意收留他们。续经乘机向卫国的官吏告发了此事,使他们逮捕了李欬。续经靠告密在赵国做了五大夫。人们没有人愿意跟他一起在朝廷里做官,就连他的子孙也交不到朋友。

公孙竭与阴君之事,而反告之樗里相国^①,以仕秦五大夫,功非不大也,然而不得入三都^②,又况乎无此其功而有行乎?

【注释】①樗(chū)里相国:即樗里疾,嬴姓,赵氏,名疾,秦国宗室将领,秦孝公庶子,能说会道,足智多谋,绰号"智囊"。②三都:即赵、魏、卫。

【译文】公孙竭参与了阴君的事,却又反过来告发给樗里相国,靠这个在秦国出任五大夫一职。他的功劳并不是不大,却不能进入赵、卫、魏三国的国都,公孙竭此人的结果尚且像这样,又何况没有这种功劳却有这种行为的人呢!

疑 似

【题解】本篇通过周幽王、黎丘丈人的事例,说明了"疑似之迹,不可不察"的重要性。如果不能辨别相似的事物,不寻找熟悉情况的人,就算是尧、舜、禹也不得不求助他人。

三曰：

使人大迷惑者，必物之相似也。玉人①之所患，患石之似玉者；相剑者之所患，患剑之似吴干者；贤主之所患，患人之博闻辩言而似通者。亡国之主似智，亡国之臣似忠。相似之物，此愚者之所大惑，而圣人之所加虑也。故墨子见歧道而哭之。

【注释】①玉人：雕琢玉器的工人。

【译文】第三：

让人感到深深的疑惑的事物，一定有相似之处。做玉的工匠所担心的，是像玉一样的石头；炼剑的人所担心的，是像吴干一样的剑；贤明的君主所忧虑的，是见多识广、能言善辩貌似是明晓事理的人。亡国的君主好像很聪明，亡国的大臣好像很忠诚。有相似之处的事物，使愚昧的人深感疑惑，圣明的人也要用心思考。因此墨子看到歧路而哭泣。

周宅酆镐①，近戎人，与诸侯约，为高葆②祷于王路，置鼓其上，远近相闻。即戎寇至，传鼓相告，诸侯之兵皆至救天子。戎寇当至，幽王击鼓，诸侯之兵皆至，褒姒大说③，喜之。幽王欲褒姒之笑也，因数击鼓，诸侯之兵数至而无寇。至于后戎寇真至，幽王击鼓，诸侯兵不至。幽王之身，乃死于丽山之下，为天下笑。此夫以无寇失真寇者也。贤者有小恶以致大恶。褒姒之败，乃令幽王好小说以致大灭。故形骸相离，三公九卿出走，此褒姒之所用死，而平王所以东徙也，秦襄、晋文之所以劳王劳而赐地也。

【注释】①酆（fēng）：古地名，又称酆京，今在西安户县北。镐（hào）：古地名，今在陕西西安境内。②葆：通"堡"，土堡。③褒姒：姒是姓，周幽王姬宫湦第二任王后，太子姬伯服的生母。说：通"悦"，高兴。

【译文】周建都于丰镐，靠近戎人，和诸侯约定，在大路上修建高大的土堡，上面放置大鼓，使远近的人都能听到鼓声。如果有戎人入侵，就由近及远击鼓相互告知，诸侯的军队就会都来援助天子了。戎兵曾经入侵，周幽王击鼓传递信息，诸侯军队都如约而至，褒姒看了这个场景非常高兴，很喜欢周幽王的举动，周幽王希望经常看到褒姒的笑容，于是多次击鼓，诸侯的军队随之多次到来，却发现没有敌军。到后来戎兵真的来了，周幽王击鼓，但诸侯的军队没来，周幽王于是在骊山下被杀死了，也被天下人耻笑。这是因为没有敌军却乱击鼓失去了信任，结果误了真的敌军啊！贤明的人有小的过错就会带来大的灾难。褒姒败坏国家，是让周幽王喜爱不重要的快乐而导致自己被杀、国家灭亡。所以周幽王身首分离，三公九卿纷纷逃走，这也是褒姒之所以被杀的原因，平王之所以向东迁都的原因，也是秦襄公、晋文侯之所以发兵勤王以及被赐予土地的原因。

梁北有黎丘部，有奇鬼焉，喜效①人之子侄昆弟之状。邑丈人有之市而醉归者，黎丘之鬼效其子之状，扶而道苦之。丈人归，酒醒而诮②其子，曰："吾为汝父也，岂谓不慈哉？我醉，汝道苦我，何故？"其子泣而触地曰："孽矣！无此事也。昔也往责于东邑，人可问也。"其父信之，曰："嘻！是必夫奇鬼也，我固尝闻之矣。"明日端复饮于市，欲遇而刺杀之。明旦之市而醉，其真子恐其父之不能反也，遂逝③迎之。丈人望其真子，拔剑而刺之。丈人智惑于似其子者，而杀于真子。夫惑于似士者而失于真士，此黎丘丈人之智也。疑似之迹，不可不察。察之必于其人也。舜为御，尧为左，禹为右，入于泽而问牧童，入于水而问渔师，奚故也？其知之审也。夫李子之相似者，其母常识之，知之审也。

【注释】①效：模仿。②诮：责备，谴责。③逝：过去，往。

【译文】梁国北面有个黎丘，那里有个奇特的鬼，善于仿效人的子孙兄弟的样子。乡中有个老人到市上去，喝醉了酒后回家，黎丘的奇鬼模仿他儿子的样子，在搀扶他回家的路上苦苦折磨他。老者回到家里，酒醒以后责骂他的儿子说："我作为你的父亲，难道能说不慈爱吗？我喝醉了酒，你却在路上苦苦折磨我，这是什么原因呢？"他的儿子一边哭一边用头撞地说："那是鬼怪做的！我没有做这回事呀！昨天我去东邑讨债了，人人都可以证明。"父亲相信了儿子的话，说："噢，那一定是那个奇鬼作怪了！我原本就听人提到过它。"第二天老者特意又到市集上喝酒，希望再次遇到奇鬼，然后把它杀死。第二天天刚亮他就到市上去了，又喝醉了，他的儿子怕父亲回不了家，就去接他。老者看到真的儿子，拔剑刺向他。老者的思想被像他儿子的奇鬼所迷惑住了，而杀死了自己真的儿子。那些被像是贤人的人所迷惑的人，错过了真正的贤人，这种思维正像黎丘的老人一样啊！对于令人迷惑的相似的事情，不能不去考察清楚，考察这种现象，一定要找适合的人。即使舜做驾车的人，尧在左侧，禹在右侧，进入沼泽之后也要询问牧童，靠近水边也要询问渔夫。这是什么原因呢？因为他们要了解真实情况。孪生子长得很像，但他们的母亲往往能够辨别出来，这是因为母亲对他们了解很深。

壹 行

【题解】本篇强调言行专一的重要性。言行无信，必定会导致父子等关系受到破坏。因而作者认为不论个人还是国家，言行必须保持一致，这样就和没有"情亲知交"的大树一样受到信赖。

四曰：

先王所恶，无恶于不可知，不可知则君臣、父子、兄弟、朋友、夫妻之际败矣。十际皆败，乱莫大焉。凡人伦，以十际为安者也，释①十际则与麋鹿虎狼无以异，多勇者则为制耳矣。不可知，则知无安君、无乐亲矣，无荣兄、无亲友、无尊夫矣。

【注释】①释：消除，消散。

【译文】第四：

先王所痛恨的，没有比言行不一致更让他痛恨的。言行反复变化，使君臣间、父子间、兄弟间、朋友间、夫妻间各自的界限都要被损害了。十者的界限都遭到损害，祸害没有比这更大的。大多数人与人之间的伦理关系，是靠十者的界限来保持安宁的。放弃这些界限，人和麋鹿、虎、狼之间就没什么区别了，勇猛力气大的人就会制裁别人了。言行无信，就没有人使国君安心了，没有人使父母高兴了，没有人再敬重兄长了，没有人会亲近朋友了，没有人去尊敬丈夫了。

强大未必王也，而王必强大。王者之所藉①以成也何？藉其威与其利。非强大则其威不威，其利不利。其威不威则不足以禁也，其利不利则不足以劝也，故贤主必使其威利无敌。故以禁则必止，以劝则必为。威利敌，而忧苦民、行可知者王；威利无敌，而以行不知者亡。小弱而不可知，则强大疑之矣。人之情不能爱其所疑，小弱而大不爱则无以存。故不可知之道，王者行之废，强大行之危，小弱行之灭。

【注释】①藉：同"借"。

【译文】国家强大不一定能够一统天下，但统一天下一定要国家强大才可以。统一天下的人能够成功的因素是什么呢？是凭借它的势力和给人的利益。国家不强大，其势力就不能使人敬畏，其利益就不能给人好处，威势不能使人敬畏，就不足禁止人们做坏事，利益不能给人好处，就不足以鼓励人们做好事。所以贤明的君主一定要使自己的威严势力和给人的利益都没人能取代。所以，凡是禁止的事，人们就一定会住手；凡是鼓励的事，人们就一定会去实践。威势和利益彼此相当，那么对百姓忧虑辛劳、言行诚信可知道的人就会统一天下；威严势力和利益没有敌人，那言行反复无常的人，就会自取灭亡。国家弱小而又反复无常，强大的国家就会怀疑它了。人的行为习惯，不能爱自己怀疑的人，国家弱小而又不被大国喜欢，就没有办法存活。所以，言行让人不信赖的做法，统治天下的人实行它就会衰落，强大的国家实行它就会有危机，弱小的国家实行它就会灭亡。

今行者见大树，必解衣县冠倚剑而寝其下。大树非人之情亲知交也，而安之若此者信也。陵上巨木，人以为期，易知故也。又况于士乎？士义可知故也，则期为必矣。又况强大之国？强大之国诚可知，则其王不难矣。

【译文】走路的人看见大树，就一定会来到树下，脱下衣服，挂上帽子，把宝剑靠在树边，自己躺在树下休息。大树并不是人们的亲朋好友或者知交，但人们却对它很信任，是因为大树可以信赖。高山上的大树，人们常用它作为约会的地方，是因为它容易看到的原因。树木尚且如此，更何况士人呢！士人的道德如果是诚信可以知道的，那么他必然受人们敬仰。士人尚且如此，更何况强大的国家呢！强大的国家如果真的值得信赖，那么它一统天下就不难了。

人之所乘船者，为其能浮而不能沈也；世之所以贤君子者，为其能行义而不能行邪辟也。

【译文】人们乘船的原因，是因为它能浮在水面上而不会沉下去；世人之所以敬重君子的原因，是因为他能坚守信义而不去做邪恶的事。

孔子卜，得《贲》①。孔子曰："不吉。"子贡曰："夫贲亦好矣，何谓不吉乎？"孔子曰："夫白而白，黑而黑，夫贲又何好乎？"故贤者所恶于物，无恶于无处。

【注释】①贲（bì）：易经卦名，六十四卦之一。

【译文】孔子占卜，得出《贲卦》。孔子说："不吉利。"子贡说："《贲卦》也很好了，为什么说不吉利呢？"孔子说："白就应该是白，黑就应该是黑，《贲卦》不单纯是吉卦，又好在哪里呢？"所以贤明的人对待事物，所厌恶的都是它不可辨明是非。

夫天下之所以恶，莫恶于不可知也。夫不可知，盗不与期，贼不与谋。盗贼大奸也，而犹所得匹偶，又况于欲成大功乎？夫欲成大功，令天下皆轻劝①而助之，必之士可知。

【注释】①劝：勉励。

【译文】天下人所厌恶的事，没有比得过言行反复的了。一个人的行为要是不可辨明，那么连盗贼也不会约他作伴，就连强盗也不与他一起谋划计谋。盗贼强盗是非常邪恶的人，他们都要找合适的伙伴，更何况打算成就大业的人呢！打算成就大业，让天下人都竞相尽最大可能来帮助自己，一定是要依赖这个人行为做法诚信可知。

求　人

【题解】本篇讨论了"身定、国安、天下治，必贤人"的道理，同时强调了君主要求贤的态度，即"极卑极贱，极远极劳"。文章用皋子、郑国得贤而安的事例来证明贤人的重要性。

五曰：

身定，国安，天下治①，必贤人。古之有天下也者，七十一圣。观于《春秋》，自鲁隐公以至哀公十有二世，其所以得之，所以失之，其术一也。得贤人，国无不安，名无不荣；失贤人，国无不危，名无不辱。先王之索贤人无不以也，极卑极贱，极远极劳。虞用宫之奇、吴用伍子胥之言，此二国者，虽至于今存可也，则是国可寿也。有能益人之寿者，则人莫不愿之。今寿国有道，而君人者而不求，过矣。

【注释】①治：管理，处理。

【译文】第五：

要想自身安定，国家安康，天下太平，一定要有贤能的人帮助。古代有才能治理天下的人，一共有七十一位。从《春秋》一书中看出，从鲁隐公到鲁哀公一共传承了十二代，在这一时期，各个诸侯得到君位和失去君位的方法是一样的。有具有贤能的人辅佐，国家没有不能安定的，名声没有不受人敬重的；失去贤能的人辅佐，国家没有不危险的，名声没有不被羞辱的。以前的帝王为了寻求到贤人的帮助，是无所不做的，对待贤人用极为谦卑的态度，任用极为卑贱的人才，到很远的地方去，勤劳的做很辛苦的事。假如虞国采纳宫之奇的意见，吴国采纳伍子胥的意见，那么这两个国家能够存在到今天也是可能的，由此可以看出国家运势是可以长久存在的。如果有能增加人们寿命的人传授方法，那么是没有人不愿意去学习的。现在有办法使国家运势长久兴盛，而做君主的却不努力寻求这种办法，那就做错了。

尧传天下于舜，礼之诸侯，妻以二女，臣①以十子，身请北面朝之，至卑也。伊尹，庖厨之臣也；傅说，殷之胥靡②也。皆上相天子，至贱也。禹东至榑木之地，日出九津、青羌之野，攒树之所，㩉天之山，鸟谷、青丘之乡，黑齿之国；南至交阯、孙朴、续樠之国，丹粟、漆树、沸水、漂漂、九阳之山，羽人、裸民之处，不死之乡；西至三危之国，巫山之下，饮露、吸气之民，积金之山，其肱、一臂、三面之乡；北至人正之国，夏海之穷，衡山之上，犬戎之国，夸父之野，禺强之所，积水、积石之山。不有懈堕③，忧其黔首，颜色黎黑，窍藏④不通，步不相过，以求贤人，欲尽地利，至劳也。得陶、化益、真窥、横革、之交五人佐禹，故功绩铭乎金石⑤，著于盘盂。

【注释】①臣：男性奴隶。②胥靡：古代服劳役的奴隶或刑徒。③堕：通"惰"，懒散，懈怠。④窍藏：人体九窍和五脏的并称。⑤金石：金指铜器，石指石碑等。

【译文】尧将天下传给舜，在诸侯面前以礼待他，将两个女儿嫁给他当妻子，让自己的十个儿子做他的臣子，亲自用臣子的身份向他朝拜，这是将自己的地位放在了最卑贱的地方。伊尹是在厨房中服役的奴隶，傅说是殷商的犯人。这两个人都做了天子的丞相，这是举用最卑贱的人了。禹向东行到扶桑之地，太阳升起的九津山，东方之野，攒树之地，抚天山，鸟谷国，青丘国，黑齿国，南行到达交阯、孙朴、续樠国，盛产丹砂、生长漆树、泉水喷涌的九阳之山，羽人、裸民国，不死国，西行到达三危国，到达巫山下，喝露水、吃空气的民众所居住的地方，积金山，奇肱、一臂、三面之国；北行到达人正国，到达夏海，衡山上，犬戎国，夸父的荒野，禺强居住的地方，积水、积石山。从没有放松懈怠的时候，为百姓担忧，面色黝黑，九窍和五脏不通畅，步伐艰难，来寻求贤人的帮助，想要完全发挥土地的作用，以至于辛苦到了极点。结果得到得皋陶、伯益、直成、横革、之交五个人的辅佐，所以功劳刻在了金石上，写在了盘盂上流传后世。

昔者尧朝许由于沛泽①之中，曰："十日出而焦火不息，不亦劳乎？夫子为天子，而天下已治矣，请属天下于夫子。"许由辞曰："为天下之不治与？而既已治矣。自为与？啁噍②巢于林，不过一枝；偃鼠③饮于河，不过满腹。归已君乎！恶用天下？"遂之箕山之下，颍水之阳，耕而食，终身无经天下之色。故贤主之于贤者也，物莫之妨；戚爱习故④，不以害之，故贤者聚焉。贤者所聚，天地不坏，鬼神不害，人事不谋，此五常之本事也。

【注释】①沛泽：沼泽，水草茂密的低洼地。②啁（zhōu）噍：鸟名，即鹪鹩。③偃（yǎn）鼠：即鼹鼠，田鼠。④戚爱：亲属和亲爱的人。习故：指亲近的人和故旧。

【译文】从前尧到沼泽去拜见许由，说："出来了十个太阳却不熄灭火把，不也是徒劳做事吗？您应该做天子，天下必然大治，请允许我将天下让给你。"许由推辞说："是因为天下还没有治理太平吗？可如今天下已经太平了。说是为了自己吗？要知道鹪鹩在树林中筑巢，自己只不过是占据一根树枝；鼹鼠到河里喝水，只不过是为了喝饱肚皮。您回去吧！我哪里用得着拥有天下？"然后就去了箕山下，颍水的北面，亲自耕作粮食，终生不管天下的事。所以贤明的君主对待贤人，不让外面的事伤害他；亲属和亲近的人，不会损害他。所以才能聚集起有贤能的人。贤人聚集的地方，天地不会降灾，鬼神不会作祟，人们不去谋反，这是五个伦常道德的根本。

皋子众疑取国，召南宫虔、孔伯产而众口止。

【译文】皋子被人们怀疑窃取了国家，皋子把贤人南宫虔、孔伯产召来了，然后人们就停止了议论。

晋人欲攻郑，令叔向聘焉，视其有人与无人。子产为之诗曰："子惠思我，褰裳涉洧①；子不我思，岂无他士？"叔向归曰："郑有人，子产在焉，不可攻也。秦、荆近，其诗有异心，不可攻也。"晋人乃辍②攻郑。孔子曰："《诗》云：'无竞惟人。'③子产一称而郑国免。"

【注释】①褰（qiān）：揭起。洧（wěi）：古水名，源出今河南省登封县阳城山。②辍：中止，停止。③"《诗》云"句：出自《诗经·大雅·抑》。

【译文】晋君想进攻郑国，派叔向到郑国访问，以此来看郑国有没有贤人。子产对叔向朗诵诗说："如果你思念我，就请提起衣服过洧河，如果你不再思念我，难道我没有其他人思念我吗？"叔向回到晋国，对国君说："郑国有贤人存在，那里有子产啊，是不能进攻的。郑国跟秦国、楚国邻近，子产作的诗又流露出其他心思，郑国不能进攻啊。"晋国于是放弃攻打郑国的念头。孔子说："《诗经》说：'国家是否强大完全在于是否有贤人啊'，那子产只是作了一首诗，郑国就免去了一场战争啊。"

察 传

【题解】传言经过几次传播之后就会似是而非，便不得不"察传"，即对传言进行辨别，论定是非。如若不然，就会威胁到国家的存亡。要了解传言的真实情况，需"凡闻言必熟论，其于人必验之以理"，"缘物之情及人之情以为所闻"。

六曰：

夫得言不可以不察^①，数传而白为黑，黑为白。故狗似玃^②，玃似母猴，母猴似人，人之与狗则远矣。此愚者之所以大过也。闻而审^③则为福矣，闻而不审，不若无闻矣。齐桓公闻管子于鲍叔，楚庄闻孙叔敖于沈尹筮，审之也，故国霸诸侯也。吴王闻越王勾践于太宰嚭，智伯闻赵襄子于张武，不审也，故国亡身死也。

【注释】①察：仔细看，调查研究。②玃（jué）：古书上说的一种大猴子。③审：审问，审查

【译文】第六：

既然听到了流言，就不能不去进行调查研究，流言多次流转，白的事就会成为黑的，黑的事也能传为白的。就像是有种狗和大猴子很像，大猴子和母猴很像，母猴很像人，但是人和狗相差甚远。这是愚蠢无知的人酿就大错的原因。如果听到了传闻去进行调查研究，就会产生好的作用，听说了传闻，却没有任何举动，还不如没有听说过。齐桓公从鲍叔那里听到了关于管仲的情报，楚庄王从沈尹筮那里听到关于孙叔敖的情报，并且听到以后加以调查，所以他们能够称霸于诸侯，吴王夫差从太宰嚭那里听到关于越王勾践的情报，智伯从张武那里听到关于赵襄子的情报，听到以后却不去审问调查，所以国破家亡以及被杀死了。

凡闻言必熟^①论，其于人必验之以理。鲁哀公问于孔子曰：

"乐正夔②一足,信乎?"孔子曰:"昔者舜欲以乐传教于天下,乃令重黎举③夔于草莽之中而进之,舜以为乐正。夔于是正六律,和五声,以通八风,而天下大服。重黎又欲益求人,舜曰:'夫乐,天地之精也,得失之节也,故唯圣人为能和。乐之本也。夔能和之,以平天下。若夔者一而足矣。'故曰夔一足,非一足也。"宋之丁氏,家无井而出溉汲,常一人居外。及其家穿井,告人曰:"吾穿井得一人。"有闻而传之者曰:"丁氏穿井得一人。"国人道之,闻之于宋君,宋君令人问之于丁氏,丁氏对曰:"得一人之使,非得一人于井中也。"求能之若此,不若无闻也。

【注释】①熟:程度深,熟练。②乐正:古代在宫廷中负责管理音乐的官名。夔(kuí):人名。③举:推举,推荐。

【译文】凡是听到传闻,一定要深入考察,如果是有关于人的,一定要用事实加以验证。鲁哀公问孔子:"听说乐正夔只有一只脚,值得相信吗?"孔子回答道:"以前舜想通过音乐传布教化给天下,于是派重黎推荐在民间的夔做官,舜任命他为乐正官。于是夔正定六律,和谐五声,以调和八风,使天下完全归服了。重黎还想求得更多这样的人才,舜说:'音乐是汲取了天地的精华于一身,是政治得失的关键,所以只有圣人能够使音乐和谐。而和谐是音乐的根本。夔能使音乐和谐,也能凭借它安定天下。像夔这样的人才,有一个就足够了。'所以说夔一人足够了,不是说他有一只脚。"宋国有一户姓丁的人家,家里没有井,经常要外出打水，往往派一个人专门在外面。等到在家里挖了一口井后，告诉别人说："我家挖井得到一个人力。"传闻广泛传播之后有的人说："丁家挖井挖出来一个人。"国中的人不断谈论这件事，宋国国君也知道了这件事，派人去问丁家人是否是真事，丁家人回答道："我的意思是能得到一个人的力量去做别的事，不是在井里挖出了一个人。"对传闻如果这样胡乱地去寻根究底，不如没有听到过这件事。

子夏之晋，过卫，有读史记者曰："晋师三豕①涉河。"子夏曰："非也，是己亥也。夫'己'与'三'相近，'豕'与'亥'相似。"至于晋而问之，则曰"晋师己亥涉河"也。辞多类非而是，多类是而非。是非之经，不可不分，此圣人之所慎也。然则何以慎？缘物之情及人之情以为所闻则得之矣。

【注释】①豕（shǐ）：猪，比喻人奔逃时的惊慌状态，像被追赶的狼和猪那样奔突乱窜。

【译文】子夏到晋国去，途中经过了卫国，有诵读史书的人说："晋国军队让三只猪过河。"子夏说："不应该是这样的，应是己亥的意思。'己'和'三'字形很像。'豕'和'亥'字形很像。"到了晋国问起来，都说是"晋国军队在己亥那天过河"的。言辞有很多似乎是错误其实是正确的例子，也有很多似乎正确其实是错误的例子。正确和错误的界限，是不能不去分清的。这种事连有圣明的人都是要慎重去对待的。那么怎样慎重对待呢？就是要顺着自然和人事的情理来考察听到的传闻，这样就可以得出真实情况和道理了。

贵直论第三

贵 直

【题解】本篇主要探讨臣子要直言不讳地劝谏君主，同时君主也要能够虚心接受这些逆耳忠言。文章列举能意、狐援、烛过三个事例，赞扬他们都能直言不讳劝诫君主，为君主提供良好的治国之策。

一曰：

贤主所贵莫如士。所以贵士，为其直言也。言直则枉者见矣。人主之患，欲闻枉而恶直言，是障其源而欲其水也，水奚自至？是贱其所欲而贵其所恶也，所欲奚自来？

【译文】第一：

贤明的君主所尊重的莫过于有才能的人。尊重有才能的人的原因是他们直言不讳。言谈正直，那么不合正道的东西就会显现出来了。君主的弊病，在于想知道不合正道的东西却又不喜欢正直之言, 这就如同堵塞水源又想得到水, 那么水又从何而来呢? 这就等于是看轻自己想要得到的而看重自己所厌恶的, 那么自己想要得到的东西又从何而来?

能意见齐宣王。宣王曰: "寡人闻子好直, 有之乎? "对曰: "意恶①能直? 意闻好直之士, 家不处乱国, 身不见污君。身今得见王, 而家宅乎齐, 意恶能直? "宣王怒曰: "野士也! "将罪之。能意曰: "臣少而好事, 长而行之, 王胡不能与野士乎, 将以彰其所好耶? "王乃舍之。若能意者, 使谨乎论于主之侧, 亦必不阿主。不阿主之所得岂少哉? 此贤主之所求, 而不肖主之所恶也。

【注释】①恶: 哪里, 怎么。

【译文】能意觐见齐宣王。宣王说: "我听说你喜欢直言不讳, 有这样的事吗? "能意回答说: "我哪里能做到您说的直言不讳? 我听说您喜欢直言不讳的人, 家人不在政治混乱的国家, 自身不见德行污浊君主。如今我来见您, 而举家又住在齐国, 我怎么算得上直言不讳呢! "宣王怒气冲冲地说: "真是个卑鄙粗野的人! "宣王打算给他降罪。能意说: "年轻时我就喜欢直言不讳, 成年以后还一直直言不讳做事, 君王您为什么不能听取我这样粗野人的主张, 去赞赏他们直言不讳的爱好呢? "于是宣王赦免了他。像能意这样的人, 留在君主的身边, 差使他谨慎地议事, 一定不会阿谀奉承君主。不阿谀奉承君主, 君主得到的东西难道会少吗? 这就是贤明的君主所追求的, 庸俗无道的君主所厌恶不喜欢的。

狐援说齐湣王曰:"殷之鼎陈于周之廷, 其社盖于周之屏, 其干戚①之音在人之游。亡国之音, 不得至于庙; 亡国之社, 不得见于天; 亡国之器陈于廷, 所以为戒。王必勉之。其无使齐之大吕②陈之廷, 无使太公之社盖之屏, 无使齐音充人之游。"齐王不受。狐援出而哭国三日, 其辞曰:"先出也, 衣绨纻③; 后出也, 满图圄④。吾今见民之洋洋然⑤东走而不知所处。"齐王问吏曰:"哭国之法若何⑥? "吏曰:"斮⑦。"王曰:"行法。"吏陈斧质于东闾, 不欲杀之, 而欲去之。狐援闻而蹶⑧往过之。吏曰:"哭国之法斮。先生之老欤昏欤? "狐援曰:"曷为昏哉? "于是乃言曰:"有人自南方来, 鲋⑨入而鲵居, 使人之朝为草而国为墟。殷有比干, 吴有子胥, 齐有狐援。已不用若言, 又斮之东闾。每斮者以吾参夫二子者乎! "狐援非乐斮也, 国已乱矣, 上已悖矣, 哀社稷与民人, 故出若言。出若言非平论也, 将以救败也, 固嫌于危。此触子之所以去之也, 达子之所以死之也。

【注释】①干戚: 干 (盾) 和戚 (大斧)。古代武舞执干戚。②大吕: 古钟名。③绨纻 (chī zhù): 麻织物, 细葛布。④图圄 (líng yǔ): 监狱。⑤洋洋然: 盛大或众多的样子。⑥若何: 如何, 怎样。⑦斮 (zhuó): 斩, 削。⑧蹶: 受惊而疾起。⑨鲋 (fù): 即鲫鱼。

【译文】狐援劝说齐湣王说:"殷商的九鼎摆放在周的朝廷

上，它祭祀的神社被周人覆盖上屏障，它的宫廷乐曲被人们用在游乐当中。被灭国家的音乐不能在宗庙弹奏，它的神社不能重见天日，它的器皿被陈列在朝廷，这些都是用来警戒提醒后人的。您一定要受到教训啊！不要让我国的大吕摆在他国的朝廷上，不要让太公的神社被人覆盖上屏障，不要让齐国的音乐被别国人娱乐。"齐王不接受他的劝告。狐援离开朝廷以后，为自己的国家哭了三天，哭道："先离开的人，还可以穿着麻布做的衣服；后离开的人，全都会被送进监狱。目前我就看到很多百姓仓惶向东出逃，不知道去哪里安身。"齐王问刑官说："哀悼国家灭亡的人，依法该治什么罪？"刑官回答："当斩。"齐王说："依法问斩！"刑官把刑具摆在城东门，不忍心杀死狐援，而是想把他吓跑。狐援听到这件事，惊讶地跑去见刑官。刑官说："哀悼国家灭亡的人依法当斩，您难道不知道吗？您这样做，难道是老糊涂了，还是神经错乱呢？"狐援说："什么是神经错乱呢！"于是他又说道："有人从南方来，刚来时像鲫鱼那样恭顺谦卑，之后却像鲵那样凶狠残暴，使别人的朝廷变为荒地，国家变为废墟。殷商有个比干，吴国有个伍子胥，齐国有个狐援。既然不听我的劝说，又要在东门将我斩首，这是把我跟比干、伍子胥两人相比啊！"狐援并不喜欢被斩首。国家已经混乱了，大王变得悖逆昏庸，他为国家和人民感到悲哀，所以才这样说话。说的这些话并不是凭空而论，因为想解救将要灭亡的国家，所以讲的话才近乎危言耸听。齐湣王不听取忠言，这就是触子离开的原因，也正是达子之所以战死于齐的原因。

赵简子攻卫,附郭。自将兵,及战,且远立,又居于屏蔽犀①櫓之下,鼓之而士不起,简子投枹②而叹曰:"呜呼!士之速弊一若此乎?"行人烛过免胄横戈而进曰:"亦有君不能耳,士何弊之有?"简子艴然③作色曰:"寡人之无使,而身自将是众也,子亲谓寡人之无能,有说则可,无说则死。"对曰:"昔吾先君献公即位五年,兼国十九,用此士也。惠公即位二年,淫色暴慢,身好玉女,秦人袭我,逊④去绛七十,用此士也。文公即位二年,厎⑤之以勇,故三年而士尽果敢;城濮之战,五败荆人;围卫取曹,拔石社;定天子之位,成尊名于天下,用此士也。亦有君不能耳,士何弊之有?"简子乃去蔽屏犀櫓而立于矢石之所及,一鼓而士毕乘之。简子曰:"与吾得革车千乘也,不如闻行人烛过之一言。"行人烛过可谓能谏其君矣,战斗之上,枹鼓方用,赏不加厚,罚不加重,一言而士皆乐为其上死。

【注释】①犀:坚固。②枹(fú):击鼓的槌。③艴(fú)然:生气的样子。④逊:退避,退让。⑤厎:磨砺。

【译文】赵简子进攻卫国,逼近外城。他亲自带领军队,到了双方交战的时候,他却躲得远远的,站在坚固的屏障和盾牌后面。简子击鼓,士兵都不肯冲锋上阵。简子丢下鼓槌叹息道:"哎!士兵们怎么很快腐败到现在这种地步!"行人烛过摘下头盔,横放下兵戈走到他面前说:"是您没有能力罢了,士兵有什么不好的呢!"简子脸色变了,很生气地说:"我没有派下面的人去领兵打仗而是亲自上阵,你却这样说我没有能力。你的话有理可以这样说,没理就处死你!"烛过回答说:"从前我们先君献公在位五年就兼并了十九个国家,用的就是这样的士兵。惠公在位二年,纵情声色,残暴傲慢,喜好美貌的女子,秦人入侵我国,我军退却到离绛七十里的地方,用的也是这样的士兵。文公在位二年,磨砺士兵的勇气,所以三年之后士兵都变得非常果敢勇猛;城濮之战,五次打败楚军,围困卫国,夺取曹国,攻占石社,安定了天子的王位,天下霸主尊荣的名声扬于天下,用的还是这样的士兵。所以说是您没有能力罢了,士兵有什么不好的呢?"简子于是离开坚固的屏障和盾牌,站到流箭和火石会打到的范围以内,击了一次鼓,士兵就全都登上了城墙。简子说:"与其让我拥有兵车千辆,还不如听行人烛过一句话!"行人烛过可以算得上是会劝谏他的君主了。正在击鼓兴兵的时候,赏赐不用增多,刑罚不用加重,说了一番话就使士兵都乐于为君主拼死效命了。

直 谏

【题解】本篇和上篇的主旨相同,都是关于谏言。本篇主要说明进谏者都是不谋取私利、敢于犯危的贤者。文章列举鲍叔牙和葆申两人的事例,指出君主能够明察,而且"可与言极言",这样才能使国家称霸诸侯,开拓疆土。

二曰:

言极①则怒,怒则说者危,非贤者孰肯犯危?而非贤者也,将以要^②利矣。要利之人，犯危何益？故不肖主无贤者。无贤则不闻极言，不闻极言则奸人比周，百邪悉起，若此则无以存矣。凡国之存也，主之安也，必有以^③也。不知所以^④，虽存必亡，虽安必危，所以不可不论也。

【注释】①极：尽，指说话不加隐讳，毫无保留。②要（yāo）：求。③以：因，原因。④所以：指国存主安的原因。

【译文】第二：

说话如果不加隐晦，君主就会动怒。君主动怒，那么劝说的人就危险了。除非是贤人，否则谁敢冒险（去劝说）呢？如果不是贤人，那么劝谏就是为了谋求私利。那些谋求私利的人，又何必要去冒这个险呢？因而不贤的君主身边是不会有贤人的。身边没有贤人，那么就不会听到直言劝谏的言辞，听不到直言劝谏的言辞，那么那些奸邪小人们就会结党营私，各种邪说恶行也会随之兴起。如果到了这种程度，那么国家就无法存在了。但凡是国家要存在，君主要平安无事，必然是要有原因的。假使不明白国存主安的原因，即使国家存在着也必定会灭亡，即使君王平安也必定会遭遇危险。国存主安的原因不得不加以分析。

齐桓公、管仲、鲍叔、宁戚相与饮，酒酣，桓公谓鲍叔曰："何不起为寿？"鲍叔奉^①杯而进曰："使公毋忘出奔在于莒也，使管仲毋忘束缚而在于鲁也，使宁戚毋忘其饭牛而居于车下。"桓公避席^②再拜曰："寡人与大夫能皆毋忘夫子之言，则齐国之社稷幸于^③不殆^④矣。"当此时也，桓公可与言极言矣。可与言极言，故可与为霸。

【注释】①奉：捧。②避席：离开坐席，这是恭敬惶恐的表示。③幸于：幸而。④殆：危险。

【译文】齐桓公、管仲、鲍叔、宁戚一起饮酒喝到正酣，齐桓公对鲍叔说："你起身敬酒祝寿如何？"鲍叔捧起酒杯说道："希望君王不要忘记避难于莒地的往事，希望管仲不要忘记受缚于鲁国的耻辱，希望宁戚不要忘记喂牛宿于车下的往事。"齐桓公急忙离开坐席再拜说道："寡人和众大夫都不会忘记您说过的话，那么齐国的江山社稷也就不会有危险了。"在这个时候，齐桓公是可以对他坦言相告的。可以对他坦言相告，所以能够同他一起成就霸业。

荆文王得茹黄^①之狗，宛路^②之矰^③，以畋^④于云梦，三月不反；得丹之姬，淫，期年^⑤不听朝。葆申曰："先王卜以臣为葆，吉。今王得茹黄之狗，宛路之矰，畋三月不反；得丹之姬，淫，期年不听朝。王之罪当笞。"王曰："不穀免衣褓襁而齿于诸侯，愿请变更而无笞。"葆申曰："臣承先王之令，不敢废也。王不受笞，是废先王之令也。臣宁抵罪于王，毋抵罪^⑥于先王。"王曰："敬诺。"引席，王伏。葆申束细荆五十，跪而加之于背，如此者再，谓王"起矣"，王曰："有笞之名一也。遂致之。"申曰："臣闻君子耻之，小人痛之。耻之不变，痛之何益？"葆申趣^⑦出，自流于渊，请死罪。文王曰："此不穀之过也。葆申何罪？"王乃变更，召葆申，杀茹黄之狗，析⑧宛路之矰，放丹之姬。后荆国兼国三十九。令荆国广大至于此者，葆申之力也，极言之功也。

【注释】①茹黄：猎犬名。②宛路：竹名。③矰（zēng）：带丝绳的短箭。④畋（tián）：打猎。⑤期（jī）年：一周年。⑥抵罪：抵偿应负的罪责。⑦趣（qū）：疾行，快步走。⑧析：折。

【译文】楚文王获得茹黄之狗，宛路之箭，到云梦用来打猎，过了三个月仍然不归国；得到丹地的美女，纵情声色，一年多都不曾上朝听政。葆申说道："先王通过占卜让我做太葆，卦象显示很吉利。如今大王您获得茹黄之狗，宛路之箭，围猎三个月都不曾归国；得到丹地的之姬美女纵情声色，一年多都不曾上朝听政。大王您的罪责应当被施以鞭笞之刑。"楚文王说道："我从离开襁褓之时就成了诸侯，希望您变更一下免除鞭笞之刑。"葆申回答道："我奉承先王的遗命，怎敢随意废弃？假如大王您不能接受鞭笞之刑，这就是在废弃先王的遗命。我宁可获罪于大王，也不愿获罪于先王。"楚文王说道："遵命！"葆申拿来席子，楚文王伏在上面。葆申将五十条细荆绑到一起，跪下身来把它们放在楚文王的背上，这样又重复做了一次，对楚文王说道："大王可以起身了。"楚文王说："反正我已经有了被施以鞭刑的名声，不如真打一次。"葆申回答道："我听闻对待君子，让他感到羞耻就足够了；对待小人，则要让他感受到疼痛才行。遭到羞辱了仍不思改变，让他疼痛又有什么用呢？"葆申快步走了出去，自己流放到深渊，请求死罪。楚文王说："这是寡人的过错。葆申又有什么罪呢？"楚文王于是改弦更张，召回了葆申，杀掉了茹黄之狗，拆除了宛路之箭，放逐了丹地的美女。后来楚国兼并了三十九个国家。能让楚国如此强大，这都是葆申直言相劝的功劳啊。

知 化

【题解】所谓"知化"，就是能预知事物即将发生的趋势以及采取针对性的措施。在本篇中，作者大篇幅描述吴王夫差拒绝接纳伍子胥的谏言，好大喜功，导致身死国灭。和前两篇的主旨是一脉相承的，都是劝导君主虚心纳谏、听取忠言。

三曰：

夫以勇事人者以死也，未死而言死，不论①，以虽知之与勿知同②。凡智之贵也，贵知化也。人主之惑者则不然。化未至则不知，化已至，虽知之与勿知一贯③也。事有可以过者，有不可以过者。而身死国亡，则胡可以过？此贤主之所重，惑主之所轻也。所轻，国恶得不危？身恶得不困？危困之道，身死国亡，在于不先知化也。吴王夫差是也。子胥非不先知化也，谏而不听，故吴为丘墟，祸及阖庐。

【注释】①论：察，知。②与勿知同：人死以后，尽管别人了解了他，但再也不能用其勇，所以说"与勿知同"。③一贯：一样。

【译文】第三：

凭借着勇力去侍奉别人的人，等同于以死效忠。在没死的时候谈论将会以死效忠于人，不会被人理解。等到被人理解的时候，那时与不了解是一样的。但凡说到智慧的宝贵之处，就在于它能够让人察知事物的变化规律。糊涂的君主却不是这样的。变化未到来之前他们是不能察知到的，等到变化已经到来的时候，即使察知到了变化却与不知道是一样的。有一些事情是允许犯过错的，有些（事情）则不允许犯错。至于国破人亡这种事，怎么会允许犯错呢？这是贤主所看重的，糊涂的君主之们所轻视的。对此事看得过于轻淡，国家又怎么不会陷入危机当中呢？自身又怎么不会陷入困境之中？深陷危困的境遇之中，国破身死，关键就是因为不能事先了解到事物的变化。吴王夫差就是如此。伍子胥并非不能事先了解事物的变化，只是劝谏了，夫差却不听从，因而吴国变为了废墟，灾祸也降临到了先君阖庐身上。

吴王夫差将伐齐，子胥曰："不可。夫齐之与吴也，习俗不同，言语不通，我得其地不能处，得其民不得使。夫吴之与越也，接土邻境，壤交通属^①，习俗同，言语通，我得其地能处之，得其民能使之。越于我亦然。夫吴、越之势不两立。越之于吴也，譬若心腹之疾也，虽无作，其伤深而在内也。夫齐之于吴也，疥癣之病也，不苦其已^②也，且其无伤也。今释越而伐齐，譬之犹惧虎而刺猏^③，虽胜之，其后患未央^④。"太宰嚭曰："不可。君王之令所以不行于上国者，齐、晋也。君王若伐齐而胜之，徙其兵以临晋，晋必听命矣。是君王一举而服两国也，君王之令必行于上国。"夫差以为然，不听子胥之言，而用太宰嚭之谋。子胥曰:"天将亡吴矣,则使君王战而胜。天将不亡吴矣,则使君王战而不胜。"夫差不听。子胥两袪⑤高蹶⑥而出于廷,曰:"嗟乎!吴朝必生荆棘矣。"夫差兴师伐齐,战于艾陵⑦,大败齐师,反而诛子胥。子胥将死曰:"与!吾安得一目以视越人之入吴也?"乃自杀。夫差乃取其身⑧而流之江,抉⑨其目,著之东门,曰:"女胡视越人之入我也?"居数年,越报吴,残其国,绝其世,灭其社稷,夷其宗庙,夫差身为擒。夫差将死曰:"死者如有知也,吾何面以见子胥于地下?"乃为幎⑩以冒面死。夫患未至,则不可告也;患既至,虽知之无及矣。故夫差之知惭于子胥也,不若勿知。

【注释】①属(zhǔ):连。②已:治愈。③豜(jiān):同"豜",三岁的猪。④央:尽。⑤袪:举,这里指提起衣服。⑥高蹶:高蹈,把脚抬得高高地走路。⑦艾陵:春秋齐地,在今山东省莱芜县东。⑧身:指尸体。⑨抉:挖。⑩幎(mì):这里指幎目,覆盖死者面部的巾。

【译文】吴王夫差要起兵讨伐齐国,伍子胥劝说道:"不可出兵。齐国同吴国,风俗习惯不同,语言也不一样,我们即便得了它的土地也不能居住,即便得到了它的民众也不能役使。况且吴国同越国,国土相接,边境相邻,田地交错,道路相连,风俗习惯相同,语言也一样,我们如能获得越国的土地就能居住,获得了它的民众也能够役使。越国看待我们也是如此。吴国同越国是势不两立的。越国对于吴国来讲,就像是心腹里的疾病,即使不发作,但它的伤害却是深在体内的。而齐国对于吴国来讲,就像是疥癣这样的疾病,不用去担心它不能够痊愈,并且它也不会有多大的伤害。如今放过越国转而去讨伐齐国，这就如同是害怕老虎却转而去猎杀幼小的野猪，即使是取胜了，但后患却未能除尽。"太宰嚭说："伍子胥的话不可听从。大王的政令之所以不能在中原诸侯中推行，主要原因就在于齐国和晋国。君王如果讨伐齐国并且取胜，再移兵军临晋国，晋国必然会听从大王的命令，这样君王就能一举让齐、晋两国臣服了，从今往后君王的政令也必定会施行于各诸侯国。"夫差认为是这样的，于是便不听从伍子胥的劝说，转而采纳了太宰嚭的谋略。伍子胥说："假如上天想要吴国灭亡，那么就会让君王您战胜它们。假如上天不想要吴国灭亡，那么就会让君王您战败。"夫差不听伍子胥的劝说。伍子胥提起衣服，大步迈出宫廷，感叹道："唉！吴国的朝堂一定会生出荆棘呀！"夫差起兵讨伐齐国，双方交战于艾陵，击溃了齐国的军队，夫差回来后要诛杀伍子胥。伍子胥临死前说道："我怎样才能留下一只眼睛来看到越国入侵吴国呀？"于是就自杀了。夫差于是取来他的尸身投入江中，挖出他的眼睛挂在东门之上，说道："你如何看到越国入侵我境呢？"过了几年，越国报复吴国，攻陷了国都，灭绝了他的后世，毁灭了吴国的社稷，夷平了宗庙，夫差也被擒获。夫差临死之前说道："死去的人如果泉下有知的话，我又有何面目在地下与伍子胥相见呢？"于是用巾盖上脸自杀了。灾患没到来之前，是不可能被理解的；等到灾患来临了，即使明白了也来不及了。所以夫差知道惭于死后见到伍子胥，还不如不知道。

过 理

【题解】文章开篇指出"亡国之主一贯"。为何"一贯"？"乐不适也"。所谓"乐不适"，就是把不合礼仪的当作快乐，有悖于常理。因而，文章列举各个亡国之君的经验教训来规诫当世君主。

四曰：

亡国之主一贯①，天时虽异，其事虽殊，所以亡同者，乐不适也。乐不适则不可以存。糟丘②酒池，肉圃为格，雕③柱而梏诸侯，不适也。刑鬼侯之女而取其环，截涉者胫而视其髓，杀梅伯而遗文王其醢，不适也。文王貌受以告诸侯。作为④琁室⑤，筑为顷宫，剖孕妇而观其化⑥，杀比干而视其心，不适也。孔子闻之曰："其窍通则比干不死矣。"夏、商之所以亡也。

【注释】①一贯：一样。②糟丘：用酒糟堆起的小山。③雕：通"铸"。④作为：就是作的意思，这里指建造。⑤琁（xuán）室：用美玉装饰的房屋。⑥化：指未成形的胎儿。

【译文】第四：

亡国的君主都是一样的，天时虽然不同，事态虽然也不同，但是亡国的原因却是一样的，都是将不合礼仪的事情当作快乐来享受。将不合礼仪的事情当作快乐来享受那就不能再生存下去。商纣设置糟丘、酒池、肉圃、炮烙，铸造了铜柱用来残害诸侯，这是不合礼仪的事情。诛杀了鬼侯的女儿夺取了她的玉环，砍断了过河之人的腿来查看他的骨髓，杀了梅伯而将他剁成肉酱给了周文王，这些都是不合礼仪的事情。周文王表面上接受了，并将此事告知其他诸侯。建造了用美玉装饰的房屋，构筑了顷宫，剖开孕妇的肚子来观看未成形的胎儿，诛杀了比干来观察他的心，这些都是不合礼仪的事情。孔子听说了这些事说道："如果商纣王的心窍通达那么比干就不会死了。"这就是夏朝和商朝灭亡的原因。

晋灵公无道，从上弹人，而观其避丸也；使宰人①臑②熊蹯③，不熟，杀之，令妇人载而过朝以示威，不适也。赵盾骤④谏而不听，公恶之，乃使沮麛⑤。沮麛见之，不忍贼⑥，曰："不忘恭敬，民之主也。贼民之主不忠，弃君之命不信。一于此，不若死。"乃触廷⑦槐而死。

【注释】①宰人：厨师。②臑：通"胹"，煮。③蹯（fán）：野兽的足掌。④骤：屡次。⑤沮麛（mí）：即鉏麛，晋国著名的大力士。⑥贼：杀。⑦廷：通"庭"，院子。

【译文】晋灵公昏庸残暴，从高处用弹弓弹射他人，观看别人是怎么躲避弹丸；让厨师煮熊掌，熊掌没能煮熟，于是就杀了厨师，让妇人车载尸身从朝堂路过以此来显示威严，这些都是不合礼仪的事情。赵盾屡次劝谏，晋灵公都不听从，晋灵公非常讨厌赵盾，就派沮麛去杀他。沮麛见到赵盾，不忍心杀，说道："不忘记恭敬，这是百姓的主宰。杀了百姓的主宰这是不忠的行为，废弃君王的政令也是不诚信的行为。两件当中有一件，还不如一死了之。"于是就头撞院中槐树而死。

齐湣王亡居卫，谓公玉丹曰："我何如主也？"玉丹对曰："王贤主也。臣闻古人有辞^①天下而无恨^②色者，臣闻其声，于王而见其实。王名称东帝，实辨天下。去国居卫，容貌充满^③，颜色发扬，无重国之意。"王曰："甚善！丹知寡人。寡人自去国居卫也，带益三副矣"。

【注释】①辞：离别，这里是抛弃、失掉的意思。②恨：遗憾。③充满：充盈，肌肉丰满。

【译文】齐湣王流亡在外，居住在卫国，对公玉丹说："我是什么样的君王呢？"玉丹回答说："大王您是贤明的君王啊！我听说古代人有的虽然失去了天下却并不会因此而遗憾，我只是听过这样的说法，但在大王这里却实实在在见到了。您在名义上被尊称为东帝，实际上却能平治天下，离开国土居住于卫国，面貌充盈，容光焕发，并没有将国家看得太过于重要。"齐湣王说道："你说得太对了，还是你了解寡人。我从离开齐国到卫国居住以来，衣带已经增加过三次了。"

宋王筑为蘗帝，鸱夷^①血，高悬之，射著甲胄，从下，血坠流地。左右皆贺曰："王之贤过汤、武矣。汤、武胜人，今王胜天，贤不可以加矣。"宋王大说，饮酒。室中有呼万岁者，堂上尽应，堂上已应，堂下尽应，门外庭中闻之，莫敢不应，不适也。

【注释】①鸱（chī）夷：大的皮口袋。

【译文】宋康王筑起高台，用大的皮口袋装上血，高高地挂了起来，并给它穿上了盔甲，从下方射向它，血流落了下来滴在地上。身边的人都喝彩道："大王您的贤达已经超过了商汤和周武王了。商汤和周武王能够取胜于人，如今大王却能取胜于天，贤达已经到了无可复加的程度了。"宋康王听到了很高兴，宴请众臣。朝堂之上有人高呼万岁，堂上的人于是都高呼万岁，堂下的人也都随声应和，门外与院中的人听到了，没有不敢随声应和的，这是不符合礼仪的事情呀！

雍 塞

【题解】本篇依然探讨君主听言纳谏的重要性。文章首先提出"亡国之主不可以直言"，故而列举了戎王、宋王、齐王、宣王等四位"雍塞"的君主。他们都是不听谏言，造成言路不通，最终导致国破身亡。

五曰：

亡国之主，不可以直言。不可以直言，则过无道闻，而善①无自至矣。无自②至则雍。

【注释】①善：指善人，贤者。②自：从，由。

【译文】第五：

亡国之君，是不能对他直言相劝的。不能直言相劝，那么他的过错也就不可能听得到，贤者也不会自发地来到他身边。贤者不自发到来那么君王的思想就会堵塞。

秦缪公时，戎强大，秦缪公遗之女乐二八①与良宰焉。戎王大喜，以其故，数饮食，日夜不休。左右有言秦寇之至者，因扞弓而射之。秦寇果至，戎王醉而卧于樽下，卒生缚而擒之。未擒则不可知，已擒则又不知。虽善说者犹若此，何哉？

【注释】①二八：古代歌舞，八人为一行，叫一佾（yì），"二八"即二佾，二列。

【译文】秦穆公在位时，西戎很强大，秦穆公于是赠送给了西戎两列十六个女乐师和一些技艺精湛的厨师。西戎的首领很高兴，由于这个缘故，日夜不停地饮酒作乐。身边如有人劝说秦军将至，西戎的首领就挽弓射他。等到秦国的军队果然到来之时，西戎的首领喝醉了躺在酒樽之下，最终被秦军生擒绑了起来。没被擒住的时候不能明白，被擒住了仍然不能明白。即使是那些善于游说的人又有何办法呢？

齐攻宋，宋王使人候①齐寇之所至。使者还，曰："齐寇近矣，国人恐矣。"左右皆谓宋王曰："此所谓'肉自生虫'者也。以宋之强，齐兵之弱，恶能如此？"宋王因怒而诎②杀之。又使人往视齐寇,使者报如前,宋王又怒诎杀之。如此者三。其后又使人往视。齐寇近矣,国人恐矣。使者遇其兄。曰:"国危甚矣,若将安适?"其弟曰:为王视齐寇,不意其近,而国人恐如此也。今又私患,乡③之先视齐寇者,皆以寇之近也报而死。今也报其情,死;不报其情,又恐死。将若何?"其兄曰:"如报其情,有④且先夫死者死,先夫亡者亡。"于是报于王曰:"殊不知齐寇之所在。国人甚安。"王大喜。左右皆曰:"乡之死者宜矣。"王多赐之金。寇至,王自投⑤车上,驰而走,此人得以富于他国。夫登山而视牛若羊,视羊若豚。牛之性⑥不若羊,羊之性不若豚,所自视之势过也。而因怒于牛羊之小也,此狂夫之大者。狂而以行赏罚,此戴氏之所以绝也。

【注释】①候:伺探,侦察。②诎(qū):屈。③乡(xiàng):从前,先前。④有:又。⑤投:奔向。⑥性:实情,实质。

【译文】齐国出兵攻打宋国,宋康王派人侦查齐国军队到了哪里。侦查的人回来,说道:"齐国军队已经临近过境了,我们的百姓都很惶恐。"身边的人都对宋王说道:"这就是所谓的"肉自生虫"。凭借宋国的强大,齐国军队的弱小,怎么可能会是这样呢?"宋国君主因此而感到愤怒,屈杀了侦查的人。于是又派人前去侦查齐国的军队,侦查的人汇报的结果和之前是一样的,宋国君主又因此而感到愤怒,屈杀了侦查的人。像这样的事前后发生了多次。随后又派人前往侦查。发现齐国军队已经临近过境了,百姓都很惶恐。侦查的人遇到了兄长。兄长说道:"我们国家已经很危险了，你有何打算？"弟弟回答道："我替君王去侦查齐国军队，没想到他们如此临近过境，百姓都如此得恐慌。现今又顾虑到先前前去侦察齐国军队的人，都因为汇报齐国军队已经临近过境而被处死。如今我同样汇报这样的情况，肯定会被处死；不汇报实际的情况，同样担心会被杀死。我该怎么办呢？"他兄长回答道："你如果汇报实情，就会比后来死的先死，比后来逃命的先逃。"于是侦查的人汇报宋国君主说："我没有看到齐国军队在哪里。百姓们也都很安心。"宋国君主很高兴。身边的人都说道："先前那些被处死的人是罪有应得。"宋国君主赏赐了那人很多黄金。等齐国军队来到时，宋国君主独自奔上马车迅速逃走了，那侦查的人因受到的赏赐而在他国过上富足的生活。登上高山看牛就像是羊一样，看羊就像是猪一样。牛实际并不像羊一样小，而羊实际上也并不像猪一样小，只是自己在观察它们时所处的地势的过错，却因此迁怒于牛羊太小，这种人是狂妄自大的表现。狂妄自大施行赏罚，这就是宋国灭亡的主要原因所在。

齐王欲以淳于髡傅太子，髡辞曰："臣不肖，不足以当此大任也，王不若择国之长者而使之。"齐王曰："子无辞也。寡人岂责①子之令太子必如寡人也哉？寡人固生而有之也。子为寡人令太子如尧乎？其②如舜也？"凡说之行也，道③不智听智，从自非受是也。今自以贤过于尧、舜，彼且胡可以开④说哉？说必不入。不闻存君。

【注释】①责：要求。②其：表示选择问，还是。③道：由，从。
④开：陈说。

【译文】齐国国君想让淳于髡做太子的老师，淳于髡推辞说
道："我才疏学浅，不能够承担这样的重任，大王您不如挑选我
们国家德高望重的学者来承担此项重任。"齐王说道："你就不
要推辞了。寡人岂能要求您将太子教育得像寡人一样呢？寡人
的品行是生来就具备的。您就替我把太子培养得像尧那样，或
者像舜那样就行。"但凡大臣的劝说之辞能够得以施行，主要是
因为君王明白自己不够明智所以需要听从明智的人的言辞见解，
从自以为非的认识出发接受正确的言辞。如今齐国国君自认为贤
能超过尧、舜，那么怎么才能再对他进行陈说劝谏呢？别人的
劝说之辞肯定不会被接纳。从没有听说这样的君王能够生存下
去的。

齐宣王好射，说人之谓己能用强弓也。其尝所用不过三石，
以示左右。左右皆试引之，中关①而止，皆曰："此不下九石，非
王，其孰能用是？"宣王之情，所用不过三石，而终身自以为用
九石，岂不悲哉？非直士其孰能不阿主？世之直士，其寡不胜
众，数也。故乱国之主，患存乎用三石②为九石也。

【注释】①关（wān）：通"弯"，把弓拉满。②为：认为，当作。
【译文】齐宣王喜欢射箭，如别人说他能挽用强弓就会很高
兴。他平常所使用的弓力不过三石，拿来向身边人展示。身边人
都尝试着去拉弓，拉到一半就停下来了，都说："这张弓的拉力不

下九石，除了大王，还有谁能用得了呢？"齐宣王的实际情况，所使用的弓拉力不过三石，但他终生自认为所使用的弓的拉力是九石，这难道不悲哀吗？除了正直的人，还有谁能不去阿谀奉承君王呢？世俗中正直的人，寡不敌众，这是定数。因此祸乱国家的君王，祸患就在于明明用的是拉力为三石的弓却自认为拉力是九石。

原 乱

【题解】本篇强调祸乱不是一下子能够平息的，而是"乱必有弟（第）。大乱五，小乱三，讨乱三"。作者利用晋国的骊姬之乱到晋文公即位的事例，指出国家一旦发生祸乱，必定会有一连串的反应，才会慢慢地平定下来。而且，祸乱"一而已"是不切实际的想法，制造祸乱的人往往是"祸希不及身"。

六曰：

乱必有弟①，大乱五，小乱三②，讨乱三，故《诗》曰"毋过乱门"，所以远之也。虑福未及③，虑祸之，所以完④之也。武王以武得之，以文持之，倒戈弛弓，示天下不用兵，所以守之也。

【注释】①弟：次序，这里指发展过程。②三：指多次。③及：指达到实际程度。④完：保全。

【译文】第六：

祸乱必定是有发展的过程的，大的祸乱发生之后，接着会有多次小的祸乱，多次征讨之后祸乱才能平息。因此《诗经》中说道"不要从发生祸乱之人的门口经过"，这是远避祸乱的方法。思虑福报不要过满，思虑祸乱可以估计得过分一点儿，这就是保全自身的方式。周武王凭借武力夺得天下，却用文德来维护统治，放下刀枪松开弓箭，以此来向天下人显示自己不再使用武力，因而守住了江山。

晋献公立骊姬以为夫人，以奚齐为太子，里克率国人以攻杀之。荀息立其弟公子卓，已葬①，里克又率国人攻杀之。于是晋无君。公子夷吾重赂秦以地而求入，秦缪公率师以纳之，晋人立以为君，是为惠公。惠公既定于晋，背秦德而不予地。秦缪公率师攻晋，晋惠公逆②之，与秦人战于韩原。晋师大败，秦获惠公以归，囚之于灵台。十月，乃与晋成，归③惠公而质④太子圉。太子圉逃归也。惠公死，圉立为君，是为怀公。秦缪公怒其逃归也，起奉公子重耳以攻怀公，杀之于高梁⑤，而立重耳，是为文公。文公施舍，振⑥废滞⑦，匡乏困，救灾患，禁淫慝⑧，薄赋敛，宥罪戾，节器用，用民以时，败荆人于城濮，定襄王，释宋，出穀戍，外内皆服，而后晋乱止。故献公听骊姬，近梁五、优施，杀太子申生，而大难随之者五，三君死，一君虏，大臣卿士之死者以百数，离⑨咎二十年。自上世以来，乱未尝一。而乱人之患也，皆曰一而已，此事虑不同情⑩也。事虑不同情者，心异也。故凡作乱之人，祸希不及身。

【注释】①已葬：指葬晋献公以后。②逆：迎。③归：送回。④质：以……为人质。⑤高梁：晋地，在今山西省临汾县东北。⑥振：举，指起用。⑦滞：沉滞于下不得升迁的人。⑧淫慝(tè)：邪恶。⑨离：通"罹"，遭受。⑩情：实，实际。

【译文】晋献公立骊姬为夫人，立奚齐为太子，晋献公刚刚死去，里克就率领国人击杀了他们。荀息又立奚齐的弟弟公子卓，等到晋献公下葬以后，里克又率领国人击杀了公子卓。这样晋国就没有国君了。公子夷吾用土地当作厚礼送给秦国请求协助归国，秦穆公率领军队将他送回，晋国人立公子夷吾为国君，这就是晋惠公。晋惠公在晋国稳定下来之后，背弃了秦国的恩德，不同意给予秦国土地。秦穆公率领军队进攻晋国，晋惠公率兵迎击，和秦军大战于韩原。晋军战败，秦国俘获了晋惠公凯旋回国，将他囚禁于灵台。过了十个月，秦国与晋国达成协议，送还了晋惠公却把太子圉纳为人质。后来太子圉逃回晋国。晋惠公死后，太子圉被立为国君，这就是晋怀公。秦穆公因当初太子圉逃出归国的事而感到愤怒，扶植公子重耳进攻晋怀公，将晋怀公击杀于高梁，推太子重耳登位，这就是晋文公。晋文公施布德惠，起用那些被废黜和迟迟得不到升迁的人，资助那些生活贫困的百姓，救助受到灾祸的百姓，明令禁止一切邪恶的行为，减轻赋税，赦免罪犯，节约日常用度，在合适的时间征用百姓，在城濮大败楚军，稳定了周襄王的统治，解除了宋国的危机，驱逐了戍守榖邑的楚军，国外和国内都很敬服，随后晋国的祸乱得以终止。因而晋献公听信骊姬，亲近梁五、优施等人，诛杀了太子申生，随之而来的大难共计五次，三位国君先后死去，一位国君被俘虏，大臣卿士死于灾祸的数以百计, 使国家经历了二十多年的动荡。从上古以来, 祸乱从来不会只发生一次。但作乱之人的弊病就在于他们都认为祸乱只会发生一次就会停止, 这就是考虑的事态和实际不一样。考虑的事态和实际不一样, 主要是因为思想不一样。因此但凡作乱的人, 很少祸不殃及自身的。

不苟论第四

扫码听谦德
君为您导读

不 苟

【题解】本篇主要讨论臣下应持有的操守。文章提出"必中理然后动,必当义然后举",同时要坚守职分,不越职做事。

一曰:

贤者之事也,虽贵不苟为,虽听不自阿,必中①理然后动,必当义然后举,此忠臣之行也。贤主之所说,而不肖主虽不肖其说,非恶其声也。人主虽不肖,其说忠臣之声与贤主同,行其实则与贤主有异。异,故其功名祸福亦异。异,故子胥见说于阖闾而恶乎夫差,比干生而恶于商,死而见说乎周。

【注释】①中(zhòng):符合。

【译文】第一:

贤达的人,即使地位显赫也不会随意做事,即使自身的劝谏被君主所听信采纳,也不会借此来为自己谋求私利,一定是要符合道义然后才会去做事，这才是忠诚的下属应该做的。这是贤明的君王们所喜欢的，不肖的君王虽然不喜欢，但并不是厌恶他们的声音。君主虽然不肖，但他们喜欢忠臣的声音与贤达的君主是一样的，行为却与贤达的君主有所不同。行为不相同，因而他们的功名福祸也就不一样了。行为不相同，所以伍子胥被阖闾喜欢却被夫差所厌恶，比干生前在商朝时被厌恶，死后却被周朝所尊崇。

武王至殷郊，系堕。五人^①御于前，莫肯之为，曰："吾所以事君者非系也。"武王左释白羽^②，右释黄钺^③，勉而自为系。孔子闻之曰："此五人者之所以为王者佐也，不肖主之所弗安也。"故天子有不胜细民者，天下有不胜千乘者。

【注释】①五人：周武王的五个辅臣，即周公旦、召公奭、太公望、毕公高、苏公忿生。②白羽：古代军中主帅所执的指挥旗，又称白旄，亦泛指军旗。③黄钺（yuè）：以黄金为饰的斧。

【译文】周武王到达殷都的郊外，袜带掉了下来。周公旦、召公奭、太公望、毕公高、苏公忿生五人在周武王的眼前，没有人愿意去帮周武王系起袜带，说："我们服事君王不是为了系袜带。"于是周武王左手放下白羽，右手放下黄钺，勉强地自己系上了。孔子听说了这件事说道："这就是五个人之所以能成为周武王的左膀右臂（辅佐之臣）的原因，这也是不肖的君王所不能容忍接受的。"因此，君王中也有不能胜过普通百姓的，拥有了天下有时也不能拿一个千乘之国怎么样。

秦缪公见戎由余^①，说而欲留之，由余不肯。缪公以告蹇叔。蹇叔曰："君以告内史廖^②。"内史廖对曰："戎人不达^③于五音与五味，君不若遗之。"缪公以女乐二八人与良宰遗之。戎王喜，迷惑大乱，饮酒，昼夜不休。由余骤^④谏而不听，因怒而归缪公也。蹇叔非不能为内史廖之所为也，其义不行也。缪公能令人臣时立其正义，故雪殽之耻，而西至河雍也。

【注释】①由余：姬姓，名由余，字怀忠，帮助秦国攻伐西戎。②内史：官名，西周始置，协助天子管理爵、禄、废、置等政务。廖：人名。③达：通晓。④骤：屡次。

【译文】秦穆公见到西戎的由余，赏识他想要让他留下来，由余不肯答应。秦穆公把这件事告诉了蹇叔。蹇叔说："大王可以将此事告知内史廖。"内史廖对秦缪公说："西戎的人对五音和五味不通晓，您不如送给他们这些东西。"秦穆公于是就将两队女乐和技巧高超的厨师送给了西戎。西戎的君王很高兴，纵情声色，日夜不停地饮酒。由余屡次劝谏，西戎的君主都不肯听从，由余因此而大怒，投奔了秦穆公。蹇叔并不是不能做内史廖所做的事情，只是因为他遵从的道义不允许他这样做。秦穆公能够让臣下坚守自己的正义，因而一雪殽之战的耻辱，将疆界往西拓展到了河雍地区。

　　秦缪公相百里奚，晋使叔虎、齐使东郭蹇如秦，公孙枝请见之。公曰："请见客，子之事欤？"对曰："非也。""相国使子乎？"对曰："不也。"公曰："然则子事^①非子之事^②也。秦国僻陋戎夷，事服其任，人事其事，犹惧为诸侯笑。今子为非子之事，退，将论而罪。"公孙枝出，自敷^③于百里氏。百里奚请之。公曰："此所闻于相国欤。枝无罪奚请？有罪奚请焉？"百里奚归，辞公孙枝。公孙枝徙^④，自敷于街。百里奚令吏行其罪。定分官，此古人之所以为法也。今缪公乡^⑤之矣，其霸西戎，岂不宜哉？

【注释】①事：做。②事：按职分应做的事。③敷：陈说。④徙：离开。⑤乡（xiàng）：向，趋向。

【译文】秦穆公任命百里奚为相，晋国的使臣叔虎、齐国的使臣东郭蹇到了秦国，公孙枝请求见他们。秦穆公问道："你请求会见两国的使臣，这是你的职责所在吗？"公孙枝回答说："不是。"秦穆公又问："是相国派你去的吗？"公孙枝回答说："不是。"秦穆公说："既然这样，那么这件事就不是你该去做的了。秦国地处偏僻之地，就算是事事都有专人去做，人人都能各司其职，都在担心会被诸侯们耻笑。现在你却要去做不该你负责的事情，赶紧退下去吧，我将要对你论罪惩处。"公孙枝于是就离开了，自己去见百里奚将事情一一陈述。百里奚为他向秦穆公求情。秦穆公说："像这种事也是你相国该去过问的吗？公孙枝如果没罪，那又有什么必要要求情呢？他如果有罪，那么求情又有什么用呢？百里奚回去之后，回绝了公孙枝。公孙枝离开之后，又到街市上去陈述这件事。百里奚命令官吏对他进行论罪。按照官职来确定职责所在，这是古人们依法治理的表现。如今秦穆公正在朝这个方向努力去做，那么他称霸西戎，难道有什么不合适吗？

晋文公将伐邺，赵衰①言所以胜邺之术，文公用之，果胜。还，将行赏。衰曰："君将赏其本乎？赏其末②乎？赏其末则骑乘者存，赏其本则臣闻之郤子虎。"文公召郤子虎曰："衰言所以胜邺，邺既胜，将赏之，曰：'盖闻之于子虎，请赏子虎。'"子虎曰："言之易，行之难。臣言之者也。"公曰："子无辞。"郤子虎不敢固辞，乃受矣。凡行赏欲其博也，博则多助。今虎非亲言者也，而赏犹及之，此疏远者之所以尽能竭智者也。晋文公亡久矣，归而因③大乱之余，犹能以霸，其由此欤？

【注释】①赵衰：即赵成子。②末：指遵照命令去实施的人。③因：接续，承袭。

【译文】晋文公要征伐邺，赵衰向晋文公陈述了战胜邺的战术方法，晋文公使用了这些战术方法之后，果然取得了胜利。归国之后，晋文公要论功行赏。赵衰说道："大王您是要奖赏出主意的人还是要奖赏那些按照此种方法行事的人？如果要奖赏按照此种方法行事的人，那么就奖赏士兵；如果要奖赏出主意的人，那么这个主意我是从郤子虎那里听到的。"晋文公召来郤子虎，说道："赵衰跟我讲了战胜邺的战术方法，征伐邺胜利了，我要奖赏他，他却说：'我是从郤子虎那里听到了，请大王奖赏郤子虎吧'。"郤子虎回答道："说很容易，做却很难。我只是那个说的人。"晋文公说："你就不要推辞了。"郤子虎于是不敢再推辞，接受了晋文公的奖赏。凡是论功行赏，一定是要多多涉及众人，受赏的人越多，得到的帮助也会越来越多。如今，郤子虎并不是亲自告知晋文公取胜之道的人，但仍然得到了奖赏，这就是那些疏远的人却能为君王竭尽所能的表现。晋文公在外逃亡了很久，归国之后承接、面对的又是一片混乱不堪的局面，但却仍然能够称霸，大概就是由于这个缘故。

赞 能

【题解】本篇利用鲍叔牙和沈尹茎推荐贤才的事例，点明任用贤才的思想。文末感叹"功无大乎进贤"，指出臣下为君主推举贤才的责任。

二曰：

贤者善①人以人②，中人以事，不肖者以财。得十良马，不若得一伯乐；得十良剑，不若得一欧冶；得地千里，不若得一圣人。舜得皋陶而舜受之，汤得伊尹而有夏民，文王得吕望而服殷商。夫得圣人，岂有里数哉？

【注释】①善：亲善。②人：通"仁"。

【译文】第二：

贤达的人因为这个人仁义就同他亲善，一般的人是根据事情，而不肖的人则是根据钱财利益。得到十匹良马，不如得到一个伯乐；得到十把好剑，不如得到一个欧冶子；得到千里的土地，不如得到一位圣人。虞舜得到了皋陶就掌管治理了天下，商汤得到了伊尹就获得了夏朝的子民，周文王得到了姜尚就征服了殷商。所以说如果得到了圣人，那么获得疆土又怎么会以里数计量呢？

管子束缚在鲁。桓公欲相鲍叔。鲍叔曰："吾君欲霸王，则管夷吾在彼，臣弗若也。"桓公曰："夷吾，寡人之贼也，射我者也。不可。"鲍叔曰："夷吾为其君射人者也。君若得而臣之，则彼亦将为君射人。"桓公不听，强相鲍叔。固辞让，而相桓公果听之。于是乎使人告鲁曰："管夷吾，寡人之雠^①也，愿得之而亲加手焉。"鲁君许诺，乃使吏鞹^②其拳，胶其目，盛之以鸱夷，置之车中。至齐境，桓公使人以朝车^③迎之，被以爟火^④，衅^⑤以牺猳^⑥焉，生与之如国，命有司除庙筵几而荐之，曰："自孤之闻夷吾之言也，目益明，耳益聪，孤弗敢专，敢以告于先君。"因顾而命管子曰："夷吾佐予。"管仲还走^⑦，再拜稽首，受令而出。管子治齐国，举事有功，桓公必先赏鲍叔，曰："使齐国得管子者，鲍叔也。"桓公可谓知行赏矣。凡行赏欲其本也，本则过无由生矣。

【注释】①雠：同"仇"，仇恨、仇怨。②鞹（kuò）：动词，用皮革套住。③朝车：重臣朝见君主所乘的车。④祓（fú）：古时一种除灾求福的祭祀。爟（guàn）火：祭祀时所举的火。⑤衅：血祭。⑥牺豭（jiā）：祭祀用的纯色的公猪。⑦还（xuán）走：逡巡退避，表示惶恐。

【译文】管仲受困于鲁国的时候，齐桓公想要让鲍叔担任相国。鲍叔说："大王您想要成就霸王之业，现在管仲受困于鲁国，我是比不上他的。"齐桓公说道："管仲，他是我的仇人，他曾用箭射我。不可以任用他。"鲍叔说："管仲是替他的君主用箭射您的。大王您如果能够让他成为您的大臣，那么管仲也会替大王您用箭射向他人的。"齐桓公不听，强制任命鲍叔为相国。鲍叔坚决拒绝为相，齐桓公最终听从了他的话。于是派人到鲁国对鲁国国君说："管仲，他是我的仇人，期盼能够得到他并亲手杀了他。"鲁国的国君答应了，于是派人绑住管仲的双手，封住他的眼，把他装入皮口袋中，放到车上。到了齐国的国境上，齐桓公派人用朝车来迎接管仲，举起火把祓除不祥，杀猪祭祀，释放了管仲同他一起去国都，齐桓公命令主管官员打扫宗庙，设置了筵几向先祖们推荐，说道："我自从听到管仲说过的话之后，眼睛越来越明亮，耳朵也越来越灵敏，我不敢擅自做主，特将此事跟先祖们说说。"转身对管仲说道："你来辅助我吧。"管仲退了几步，再次跪拜叩头，接受任命离开了。管仲治理齐国，只要是做事立功，齐桓公一定是先奖赏鲍叔，说："让齐国能够得到管仲，是鲍叔的功劳。"齐桓公可以称得上是知晓该如何论功行赏。凡是论功行赏，一定是要赏及根本，根本得到了奖赏，那么过错也就不会出现了。

孙叔敖、沈尹茎①相与友。叔敖游于郢三年，声问不知，修行不闻。沈尹茎谓孙叔敖曰："说义以听，方术②信行，能令人主上至于王，下至于霸，我不若子也。耦世接俗，说义调均，以适主心，子不若我也。子何以不归耕乎？吾将为子游。"沈尹茎游于郢五年，荆王欲以为令尹，沈尹茎辞曰："期思之鄙人有孙叔敖者，圣人也。王必用之，臣不若也。"荆王于是使人以王舆迎叔敖以为令尹，十二年而庄王霸，此沈尹茎之力也。功无大乎进贤。

【注释】①沈尹茎：同沈尹筮。②方术：指主张和学说。

【译文】孙叔敖和沈尹茎交好。孙叔敖在郢都游历了三年，名声不被世人知晓，德行不被世人了解。沈尹茎对孙叔敖说："叙述道义给别人听，主张、学说能够被人采纳，能让君主往上称王天下，往下能够称霸一方，在这一方面我不如你。迎合世俗，学说让社会达到和谐，来迎合君王的心意，在这一方面你不如我。你为什么不退隐去耕作呢？我将为你在这里游说。"沈尹茎在郢都游历了五年，楚庄王想要任命他为令尹，沈尹茎推辞说："在期思的郊外有一个叫孙叔敖的，他是一位圣人。大王您一定要任用他，我是不如他的。"楚庄王于是派人用君主的车辆迎来孙叔敖并任命他为令尹，十二年之后，楚庄王得以称霸，这是沈尹茎的功劳。一个人的功德没有大得过举荐贤能之人的了。

自 知

【题解】本篇强调君主要"自知",即自己知晓自己的过失,虚心听取直言。本文利用盗钟掩耳来比喻君主恶闻其过的自欺欺人行为。而且列举了众多君主因为不自知的行为而导致身死国灭的事例,说明了"败莫大于不自知"的经验教训。同时还利用翟黄的"上顺乎主心以显贤者",指出直言也要选取适当的方法。

三曰:

欲知平直,则必准绳①;欲知方圆,则必规矩;人主欲自知,则必直士。故天子立辅弼②,设师保③,所以举过也。夫人故不能自知,人主犹其。存亡安危,勿求于外,务在自知。

【注释】①准绳:水准和墨线。②辅弼:辅佐君主的人。③师保:负责教养、辅导帝王的官,有师有保,统称师保。

【译文】第三:

想要知道是否平直,那么一定需要借助水准和墨线;想要知道是否方圆,那么就一定需要借助圆规矩尺;君王想要知晓自己的德行,那么就一定需要有敢于直言的人。所以君王设置了辅佐自己的职位,并且设立了师保,都是用来察看直言君王过错的。人们不能知晓自己的德行,君王尤其如此。国家的存亡安危,不要求助于外在的东西,一定是要自己明白和知晓缺点。

尧有欲谏之鼓，舜有诽谤^①之木，汤有司过^②之士，武王有戒慎之鼗^③，犹恐不能自知。今贤非尧、舜、汤、武也，而有掩蔽之道，奚繇^④自知哉？

【注释】①诽谤：进谏。②司过：纠察群臣过失的官吏。③鼗（táo）：即"拨浪鼓"。④奚繇：相当于"怎么"。

【译文】尧时有供人进谏的鼓，虞舜时设有供人批评的木桩，商汤时有纠察群臣过失的官吏，周武王时有警惕君王谨慎行事的摇鼓，这样还害怕自己不能知晓过失，如今的君主，自身的贤达比不上尧、舜、汤、武，却极力想办法去遮掩自己的过失，这怎么能知晓自己的德行呢？

荆成、齐庄不自知而杀，吴王、智伯不自知而亡，宋、中山不自知而灭，晋惠公、赵括不自知而虏，钻荼、庞涓、太子申不自知而死，败莫大于不自知。

【译文】楚成王、齐庄公不能知晓自己的德行而被杀了，吴王、智伯不能知晓自己的德行而败亡了，宋国、中山国不能知晓自己的德行而被消灭，晋惠公、赵括不能知晓自己的德行而被俘获，钻荼、庞涓、太子申不能知晓自己的德行而身死，败亡的原因没有比不能知晓自己的德行更坏的了。

范氏之亡也，百姓有得钟者。欲负而走，则钟大不可负。以椎毁之，钟况然有音，恐人闻之而夺己也，遽揜^①其耳。恶人闻之可也，恶己自闻之悖矣。为人主而恶闻其过，非犹此也？恶人闻其过尚犹可。

【注释】①揜（yǎn）：通"掩"。

【译文】范氏败亡后，百姓中有人得到了一口钟。想要把它背走，但是这口钟实在太大背不上。于是就用木椎砸毁了它，钟发出了响亮的声音，那人担心别人听到响声来和自己争夺，于是就捂住了自己的耳朵。不想让别人听到是可以的，但是不想让自己听到则是不对的。作为君主不想听到自己的过错，难道同这个不是一样的性质吗？不希望别人听到自己的过失，这种想法是可以理解的。

魏文侯燕饮，皆令诸大夫论己。或言君之智也。至于任座，任座曰："君不肖君也。得中山不以封君之弟，而以封君之子，是以知^①君之不肖也。"文侯不说，知于颜色。任座趋而出。次及翟黄，翟黄曰："君贤君也。臣闻其主贤者，其臣之言直。今者任座之言直，是以知君之贤也。"文侯喜曰："可反欤？"翟黄对曰："奚为不可？臣闻忠臣毕其忠，而不敢远^②其死。座殆尚在于门。"翟黄往视之，任座在于门，以君令召之。任座入，文侯下阶而迎之，终座以为上客。文侯微^③翟黄，则几失忠臣矣。上顺乎主心以显贤者，其唯翟黄乎？

【注释】①知：表现，显露。②远：离开。③微：如果没有。

【译文】魏文侯宴请群臣，让群臣来议论自己。有的大臣说君王的智慧出众。轮到任座，任座说："大王是不肖之君。得到了中山不拿来封赏您的兄弟，却用来封赏你的儿子，因此我知道了君王您的不肖。"魏文侯听了很不高兴，并从脸上显现了出来。任座就快步离开了。轮到翟黄那里，翟黄说："大王您是一位贤明的君主。我听说君主如果贤明，其那么大臣们进言也会很正直。如今任座直言相告，通过这件事我就能知到君王的贤明了。"魏文侯高兴地说："能让任座回来吗？"翟黄回答说："这有什么不可以的呢？我听说忠臣为了能够表明自己的忠心，即使因此获罪而死也心甘情愿。任座现在恐怕还在门外呐。"翟黄前往查看，任座果然还在门外，用君王的指令召他进来。任座进来后，魏文侯走下台阶迎接他，最终拜为座上客。魏文侯如果没有翟黄，那么几乎要失去一位忠臣。对上能够顺应君主的心思来推崇贤达的人，能够做到这样的也只有翟黄了。

当 赏

【题解】作者认为臣民需要通过君主的赏罚施行来了解君主，而君主则通过赏罚得当来获得臣民的尽心效力。文中对晋文公"先德而后力"的赏罚原则和秦献公根据实际而进行赏罚的行为，都予以肯定。

四曰：

民无道知天，民以四时寒暑日月星辰之行知天。四时寒暑日月星辰之行当，则诸生有血气之类皆为得其处而安其产。人臣亦无道知主，人臣以赏罚爵禄之所加知主。主之赏罚爵禄之所加者宜，则亲疏远近贤不肖皆尽其力而以为用矣。

【译文】第四：

百姓没有途径能够了解上天，百姓通过四季更迭、寒暑往来、日月星辰的运行来了解上天。四时更替、寒暑往来、日月星辰的运行得当，那么诸多有血气的东西就会获得适当的处所，平安地生长。大臣们也同样没有了解君主的途径，大臣们通过君王给予的赏罚爵禄来了解君主。君主给予的赏罚爵禄合适，那么亲疏远近、贤达之人和不肖之徒都会竭尽所能为君王所用。

晋文公反国，赏从亡者，而陶狐不与。左右曰："君反国家，爵禄三出，而陶狐不与。敢问其说。"文公曰："辅我以义、导我以礼者，吾以为上赏。教我以善、强我以贤者，吾以为次赏。拂吾所欲、数举吾过者，吾以为末赏。三者所以赏有功之臣也。若赏唐国之劳徒，则陶狐将为首矣。"周内史兴闻之曰："晋公其霸乎！昔者圣王先德而后力，晋公其当之矣。"

【译文】晋文公返回晋国，奖赏跟随他流亡的人，对陶狐却不加封赏。身边的人问道："大王您返回国家，颁布了三次封赏爵禄的命令，却不封赏陶狐。冒昧地请问您这样做的道理"晋文公

回答道:"用仁义道德来辅助我、用礼节来教导我的人,我会给
予他一等的奖赏。用善行来教导我、通过贤达的智慧来助我变强
大的人,我会给予他二等奖赏。抑制我的欲望、屡次陈述我的过
失的人,我会给予他末等的奖赏。这三个都是用来奖赏有功之人
的。如果是要奖赏劳作的人,那么陶狐就将会是第一个。"周朝
的内史兴听到这件事后说道:"晋文公将会称霸呀!以前圣明的
君王都能先以德化人然后再使用武力,晋文公大概就是这样做
的啊。"

　　秦小主夫人^①用奄变,群贤不说自匿,百姓郁怨非上。公子
连亡在魏,闻之,欲入,因群臣与民从郑所之塞^②。右主然守
塞,弗入,曰:"臣有义,不两主。公子勉去矣。"公子连去,入
翟^③,从焉氏塞^④,菌改入之。夫人闻之,大骇,令吏兴卒,奉命
曰:"寇在边。"卒与吏其始发也,皆曰:"往击寇。"中道因变
曰:"非击寇也,迎主君也。"公子连因与卒俱来,至雍^⑤,
围夫人,夫人自杀。公子连立,是为献公,怨右主然而将重罪
之,德菌改而欲厚赏之。监突争^⑥之曰:"不可。秦公子之在外
者众,若此则人臣争入亡公子矣。此不便主。"献公以为然,故
复^⑦右主然之罪,而赐菌改官大夫,赐守塞者人米二十石。献公
可谓能用赏罚矣。凡赏非以爱之也,罚非以恶之也,用观归也。
所归善,虽恶之赏;所归不善,虽爱之罚。此先王之所以治乱安
危也。

【注释】①秦小主夫人：秦惠公夫人，出子之母，出子就是小主。
②郑所之塞：今陕西华县附近。③翟：即狄，今黄河的西部，桥山山脉的
东边，渭水的北岸。④焉氏塞：今陕西富平县关山附近。⑤雍：秦国都，
今陕西凤翔县境。⑥争：同"诤"，谏。⑦复：赦免。

【译文】秦惠公的夫人任用奄变，贤人心中不悦纷纷隐居，
百姓们都十分忧郁怨恨，非议君王。公子连在魏国避难，听说了
这件事，想要入境归国。凭借着大臣们和百姓的帮助来到了郑国
的边塞，右主然守卫这个边塞，不让公子连入境，说道："身为
臣下，我有自己的道义，不能同时侍奉两位国君，我劝公子还是
离开吧！"公子连于是就离开了，经由翟国，到达焉氏塞，守卫此
塞的菌改允许他进入了国境。秦惠公的夫人听说了此事，大为吃
惊，命令官吏集结部队，宣布命令道："贼寇在边境。"士卒和
官吏在出发的时候，都喊道："去攻击贼寇。"到了半路却改口喊
道："并非来攻击贼寇的，而是来恭迎主君的。"公子连同士卒
们一起归来，到达了都城，围困住了秦惠公的夫人，秦惠公的夫
人自杀身死。公子连继位，这就是秦献公，埋怨右主然想要治他
重罪，感恩菌改想要重重地赏赐他。监突劝谏秦献公说道："您
不能这样做。秦公子流亡在境外的甚多，您如果这样做，那么
大臣们就会争先恐后地放流亡在外的公子们入境。这对您很不
利。"秦献公认为此话有理，因而赦免了右主然的罪过，赏赐菌改
担任大夫一职，赏赐驻守边塞的人每人二十石米。秦献公可以称
得上是善于赏罚的君主。但凡赏赐并非因为喜欢他，惩罚也并非
因为讨厌他，而是要看进行赏罚可能导致的结果究竟是什么。结
果是理想的，即使讨厌也要赏赐；结果不理想的，即使喜欢，也

要惩罚。这就是先王们治理混乱平定危局的方法。

博 志

【题解】博字应当是抟（搏）字在传写过程中导致的错误。博志，即抟志，专心致志。本篇主张凡是做大事，必定要"去其害之者"。这样才能达到"精而熟之"的境界，而后获得成功。

五曰：

先王有大务^①，去其害之者，故所欲以必得，所恶以必除，此功名之所以立也。俗主则不然，有大务而不能去其害之者，此所以无能成也。夫去害务与不能去害务，此贤不肖之所以分也。使獐疾走，马弗及至，已而得者，其时顾^②也。骥一日千里，车轻也；以重载则不能数里，任重也。贤者之举事也，不闻无功，然而名不大立、利不及世者，愚不肖为之任^③也。

【注释】①务：事。②顾：回头看。獐性多疑善顾，所以拿来做比喻。③为之任：成为他的负担。

【译文】第五：

以前的君王们但凡有大事要做，必然要消除阻碍的因素，因而他所喜欢的就会得到，厌恶的就会去除，这就是功名能够确立的原因。庸俗的君主却不是这样的，遇有大事却不去消除阻碍的因素，这也就是不能取得成功的原因。消除妨碍事情的因素与不能消除妨碍事情的因素，这就是贤达与不肖的区别了。假如獐快速地奔跑，马根本就追不上它，但过了一段时间之后就会抓住它，因为它会经常回过头来看。骏马一天能行千里路，主要是因为车较轻；如果载重物那么一天也走不了几里路，主要是因为负担太过于沉重。贤达之人办事，从来没有听说会得不到功名，如果功名不能显赫、恩泽不能传及后人，那就是有不肖之人成了他累赘的缘故。

冬与夏不能两刑，草与稼不能两成，新谷熟而陈谷亏，凡有角者无上齿，果实繁者木必庳①，用智褊者无遂功，天之数也。故天子不处②全，不处极，不处盈。全则必缺，极则必反，盈则必亏。先王知物之不可两大，故择务，当③而处之。

【注释】①庳（bì）：矮小。②处（chù）：做。③当（dàng）：适宜。

【译文】冬季与夏季不能同时而至，杂草和庄稼不能同时成长，新的稻谷成熟了，旧的稻谷就会亏缺，凡是长有角的动物都没有上齿，果实多的树木树干必然矮小，想法狭隘的人不会取得功名，这是天数决定的。因此天子从来不不会把事情做得太周全，不做得太过于极端，不会做得太圆满。周全那么必然会导致缺损，极端了那么必然转向相反的一面，圆满了那么必然会导致亏损。先王们明白事物不可以同时发展壮大，因此在选择事情的时候，适宜的去做就是了。

孔、墨、宁越^①，皆布衣之士也，虑于天下，以为无若先王之术者，故日夜学之。有便于学者，无不为也；有不便于学者，无肯为也。盖闻孔丘、墨翟，昼日讽诵^②习业，夜亲见文王、周公旦而问焉。用志如此其精也，何事而不达？何为而不成？故曰："精而熟之，鬼将告之。"非鬼告之也，精而熟之也。今有宝剑良马于此，玩之不厌，视之无倦。宝行良道，一而弗复。欲身之安也，名之章也，不亦难乎？

【注释】①宁（nìng）越：周臣。②讽诵：背诵的意思。

【译文】孔子、墨子、宁越，都出身布衣，关心、考虑天下大事，认为没有像先王的道术那样重要的了，因而日夜研究它们。遇到有助于学习的事情，没有不去做的；遇到妨碍学习的事情，从不肯去做。听说孔子和墨子白天背诵经典、研习学业，晚上亲身梦见周文王、周公旦，向他们咨询问题。如此精深的努力和用心，有什么事是做不到的呢？有什么事是不能成功的呢？因此我们说："精心习熟，鬼会告知。"其实并非鬼神告诉的，而是自己精心研读从而熟悉它的。现在有宝剑和良马在这里，把玩不知道厌倦，观看不知道疲倦。善良、美好的品行，尝试了一次就不再去尝试。这样做，想让自己平安，名声显扬，这难道不是很难吗？

宁越，中牟^①之鄙人也，苦耕稼之劳，谓其友曰："何为而可以免此苦也？"其友曰："莫如学。学三十岁则可以达矣。"宁越曰："请以十五岁。人将休，吾将不敢休；人将卧，吾将不敢卧。"十五岁而周威公师之。矢之速也，而不过二里止也；步之迟也，而百舍^②不止也。今以宁越之材而久不止，其为诸侯师，岂不宜哉？

【注释】①中牟：赵国首都。②舍：古代度量单位，三十里为一舍。

【译文】宁越，中牟的鄙俗之人，艰苦地进行耕作劳动，他对朋友们说："怎么做才能免除这种苦难呢？"友人回答说："什么事都比不上学习啊。你努力学习三十年就可以贤达了。"宁越悦："我要用十五年来实现它。别人休息，我却不敢休息；别人睡觉，我却不敢睡觉。"宁越这样学习了十五年，周威王拜他为师。飞矢很快，但也终究不会超出两里路。走路很慢，但却能走出不止百里之远。现在凭借宁越的才能，并且再加上不停地努力，他来做诸侯的老师，难道还有什么不合适之处吗？

养由基、尹儒^①，皆文艺之人也。荆廷尝有神白猿，荆之善射者莫之能中，荆王请养由基射之。养由基矫^②弓操矢而往，未之射而括中之矣，发之则猿应矢而下，则养由基有先中中之者矣。尹儒学御三年而不得焉，苦痛之，夜梦受秋驾^③于其师。明日往朝其师，望而谓之曰："吾非爱道也，恐子之未可与也。今日将教子以秋驾。"尹儒反走，北面再拜曰："今昔^④臣梦受之。"先为其师言所梦，所梦固秋驾已。上二士者可谓能学矣，可谓无害之矣，此其所以观后世已。

【注释】①养由基：嬴姓，养氏，字叔，名由基，春秋时期楚国将领，古代著名的神射手。尹儒：善御。②挢：举。③秋驾：一种御马的技艺。④今昔：昨夜。

【译文】养由基、尹儒，都是技艺高超的能人。楚国曾经有一神白猿，楚国那些善于射箭的人没有一个能射中它的，楚王请养由基来射它。养由基举弓持箭就去了，还没有射就已经说中了白猿，射出箭以后白猿应箭倒地。由此看来，养由基具有在真正射中之前就先行射中的技艺。尹儒苦学驾车三年终究没能学会，对此感到十分痛苦，晚上梦到从老师那里受到秋驾的教导。第二天就去拜访他的老师，老师看到他之后对他说："我并不是爱惜技艺不愿教给你，而是担心你不能理解和掌握它。现在我将教导你秋驾的技能。"尹儒往后退了几步，面向北方再次跪拜说道："现在我已经在梦中接受它了。"先对他的老师讲明了自己所梦到的，所梦到的果然就是秋驾的技能。以上这两个人可以称得上是能够学习，可称得上是没有什么阻碍因素影响到他们，这就是他们能够被后世敬仰的原因吧。

贵 当

【题解】文章开篇明义，指出"名号大显，不可强求，必繇其道"的道理，强调本性是万物万事的根本，那么治国、治身都要遵从"根本"。

六曰：

名号大显，不可强求，必繇其道。治物者不于物于人，治人者不于事于君^①，治君者不于君于天子，治天子者不于天子于欲。治欲者不于欲于性。性者万物之本也，不可长，不可短，因其固然而然之，此天地之数^②也。窥赤肉而乌鹊聚，狸处堂而众鼠散，衰绖^③陈而民知丧，竽瑟陈而民知乐，汤、武修其行而天下从，桀、纣慢^④其行而天下畔^⑤，岂待其言哉？君子审在己者而已矣。

【注释】①君：诸侯。②数：规律。③衰绖（cuī dié）：丧服。④慢：简慢，轻忽。⑤畔：通"叛"。

【译文】第六：

名声显赫不是强求就能实现的，一定是要遵循特定的方法。治理器物关键不在于器物本身而在于人，治理百姓关键不在于百姓而在于诸侯，治理诸侯关键不在于诸侯而在于君王，制约君王关键不在于君王本身而在于他的欲望，控制欲望关键不在于欲望本身而在于本性。本性是万物的根本，它不能增长，也不能缩减，遵循它的规律而去加以疏导，这是大自然的规则。看到鲜红的肉乌鸦就会聚过来，有猫在厅堂上老鼠就会散去，身穿丧服出来百姓们就知道有丧事，摆出乐器百姓就会知道有喜事发生。商汤、周武王修养自己的品行，天下的百姓都去依附于他们，夏桀、商纣轻忽自己的品行，天下的百姓都弃他们而去。这些都无需再去多说，因此君子们要重点关注自身的因素。

荆有善相人者，所言无遗策，闻于国，庄王见而问焉。对曰：
"臣非能相人也，能观人之友也。观布衣也，其友皆孝悌纯①谨
畏令，如此者，其家必日益②，身必日荣，矣所谓吉人③也。观事
君者也，其友皆诚信有行好善，如此者，事君日益，官职日进，此
所谓吉臣也。观人主也，其朝臣多贤，左右多忠，主有失，皆交
争证④谏，如此者，国日安，主日尊，天下日服，此所谓吉主也。
臣非能相人也，能观人之友也。"庄王善之，于是疾⑤收⑥士，日
夜不懈，遂霸天下。故贤主之时见文艺之人也，非特具之⑦而已
也，所以就大务也。夫事无大小，固相与通。田猎驰骋，弋射⑧走
狗，贤者非不为也，为之而智日得焉，不肖主为之而智日惑焉。
志⑨曰："骄惑之事，不亡奚待？"

【注释】①纯：忠厚。②益：增益，这里指富足。③吉人：善人，贤
人。④证：谏。⑤疾：大力。⑥收：聚集，罗致。⑦具之：拿它来做样子。
⑧弋（yì）射：用带丝绳的箭射猎。⑨志：古书记载。

【译文】楚国有一个善于给人看相的，他说过的话从没出现
过差错，在国内非常有名。楚庄王召见了他，向他询问此事。那人
回答道："我并非能够给人看相，而只是在观察他的朋友。观察
百姓，如果他的朋友都能够孝敬父母尊重兄长，忠厚淳朴，敬畏
政令，像这样的人，那么他家一定是很富足，自身也一定会日益
显赫，这就是所谓的吉祥之人了。观察侍奉君王的人，如果他的
朋友都诚实守信、乐善好施，像这样的人，侍奉君主就会日益增
进，官职也会逐渐提升，这就是所谓的吉祥之臣。观察君王，如

果朝中的大臣多有贤士，身边的人多为忠心耿耿之人，君主有过失，都能争相劝谏，像这样的君主，国家也会日益安稳，君主也能日益尊贵，天下也会日益臣服，这就是所谓的吉祥之主。我并非能看人面相，只是能观察人的朋友罢了。"楚庄王认为此人说的很有道理，于是广收天下贤士，日夜不曾停歇，于是最终称霸天下。因而贤主经常召见那些有技艺的人士，并非特意用它来做做样子就完事了，而是想要凭借它来成就霸业。事情无论是大是小，道理都是相通的。鹰飞犬逐，驰骋射猎，贤主并非不去做，做这些事心智会日有所得，不肖的君主做这些事心智却会日益困惑。古书记载：做事骄慢昏惑，那么不灭亡还在等什么呢？

　　齐人有好猎者，旷日持久而不得兽，入则愧其家室，出则愧其知友州里。惟①其所以不得之故，则狗恶也。欲得良狗，则家贫无以②。于是还疾耕，疾耕则家富，家富则有以求良狗，狗良则数得兽矣，田猎之获常过人矣。非独猎也，百事也尽然。霸王有不先耕③而成霸王者，古今无有。此贤者不肖之所以殊也。贤不肖之所欲与人同，尧、桀、幽、厉皆然，所以为之异。故④贤主察之，以为不可，弗为；以为可，故为之。为之必繇其道，物莫之能害，此功之所以相万也。

　　【注释】①惟：思考。②无以：没有用来买狗的钱。③耕：这里是承上文而言，比喻成功前的艰苦劳动。④故：则。
　　【译文】有一个喜欢打猎的人，好长时间过去了却不曾收获猎物，回家就愧对家人，外出就愧对友人。他思考不能获取猎物的缘故，缘由主要是猎狗太差。于是就想要获得一只好的猎狗，但家里很穷，没有钱可以用来买狗。于是就回家辛勤耕作，辛勤劳作家中就会富裕起来，家中富裕了，那么就有钱可以用来买好的猎狗了，猎狗优良于是就屡屡猎得野兽，获得的猎物也经常比别人要多。并非只有打猎是这样的，世上诸事也都是这样的。成就霸业不事先付出艰辛的努力而做到的，古往今来没有这样的。这就是贤主与不肖之主不同的原因所在。贤主和不肖之主欲望与凡人是一样的，尧、夏桀、周幽王、周厉王都是如此，但却行为各异。贤主观察事情，认为不能去做的就不会去做；认为可以做的才会动身去做。做事情也必定会遵循它的规律，外物是不能妨害到的，这就是贤主的功绩为什么会远远超过不肖之主的主要原因。

似顺论第五

似 顺

【题解】本篇意在强调通过现象正确了解事物的本质。世上大多事情似乎合理，实际上悖于常理；似乎悖于常理，实际上却合理。同时，作者利用庄王伐陈、完子战败、尹铎修垒三件事例，说明事物之间存在联系，进而通过这些联系认识到事物的本质。

一曰：

事多似倒而顺①，多似顺而倒。有知顺之为倒、倒之为顺者，则可与言化矣。至长反短，至短反长，天之道也。

【注释】①顺：一致，指合于常理。

【译文】第一：

事情有很多看似是违背常理的其实是合理的，有很多看似是合理的其实是违背常理的。如果有人知道很多事是表面合理其实违背常理、表面违背常理其实合理的道理，就可以跟他一起谈论事情的发展变化了。白天到了最长的时候接下来反而就要变短，到了最短的时候反而就要变长，这是自然的规律啊。

荆庄王欲伐陈，使人视之。使者曰："陈不可伐也。"庄王曰："何故？"对曰："城郭高，沟洫①深，蓄积多也。"宁国②曰："陈可伐也。夫陈，小国也，而蓄积多，赋敛重也，则民怨上矣；城郭高，沟洫深，则民力罢矣。兴兵伐之，陈可取也。"庄王听之，遂取陈焉。

【注释】①沟洫：指护城河。②宁国：楚国大臣。

【译文】楚庄王打算攻打陈国，派人去调查陈国的情况。派去的人回来说："陈国不能进攻。"庄王说："这是为何？"去的人回答说："陈国城墙很高，护城河很深，储存的粮食财物很多。"宁国说："陈国是可以进攻的。陈国是个小国，储藏的粮食财物却很多，说明它的赋税很沉重，那么人民就会怨恨君主了。城墙高，护城河深，那么民力就衰败了。那么起兵进攻它，陈国是可以攻打下来的。"庄王听取了宁国的建议，于是进攻陈国。

田成子之所以得有国至今者，有兄曰完子，仁且有勇。越人兴师诛①田成子曰："奚故杀君而取国？"田成子患之。完子请率士大夫以逆越师，请必战，战请必败，败请必死。田成子曰："夫必与越战可也。战必败，败必死，寡人疑焉。"完子曰："君之有国也，百姓怨上，贤良又有死之臣蒙耻。以完观之也，国已惧矣。今越人起师，臣与之战，战而败，贤良尽死，不死者不敢入于国。君与诸孤②处于国，以臣观之，国必安矣。"完子行，田成子泣而遣之。夫死败，人之所恶也，而反以为安，岂一道哉？故人主之听者与士之学者，不可不博。

【注释】①诛：讨伐。②孤：特指为国事而牺牲者的后代。

【译文】田成子之所以能够坐拥齐国直到现在，是因为他有个哥哥叫完子，善良仁义而且勇敢。越国起兵攻打田成子说："为什么杀死君主而争夺他的国家呢？"田成子对此很担忧。完子请求率领士大夫迎战越军，并且要求准许自己一定同越军交战，交战还要一定战败，战败还要一定战死。田成子说："一定同越国交战是可以的，交战一定要战败，战败还一定要战死，这我就不明白了。"完子说："你占有齐国，百姓痛恨你，贤良的敢于去死的大臣认为遭受了侮辱。在我看来，国家处境已经很令人担忧害怕了。现在越国发动战争，我去同他们作战，如果作战失败，随我去的贤良的人都会全部战死，即使不死的人也不敢返回齐国来了。你和他们的遗孤生活在齐国，在我看来，国家一定会安宁了。"完子出发作战，田成子哭着为他送别。死亡和失败，这是人们所讨厌的，而完子反倒凭借死亡和失败使齐国安宁下来。做事情怎么会只有一种方法呢！所以能够听取意见的君主和学习知识的士人，所听所学不可能不见多识广，学识渊博。

尹铎为晋阳①下，有请于赵简子。简子曰："往而夷夫垒。我将往，往而见垒，是见中行寅与范吉射也。"铎往而增之。简子上之晋阳，望见垒而怒曰："嘻！铎也欺我。"于是乃舍于郊，将使人诛铎也。孙明^②进谏曰："以臣私之，铎可赏也。铎之言固曰：'见乐则淫侈，见忧则诤治，此人之道也。今君见垒念忧患，而况群臣与民乎？夫便国而利于主，虽兼于罪，铎为之。夫顺令以取容者，众能之，而况铎欤？'君其图之。"简子曰："微子之言，寡人几过。"于是乃以免难之赏赏尹铎。人主，太上喜怒必循理，其次不循理，必数更，虽未至大贤，犹足以盖浊世矣。简子当此。世主之患，耻不知而矜自用，好愎过^③而恶听谏，以至于危。耻无大乎危者。

【注释】①尹铎（duó）：少昊的后裔，晋卿赵简子的家臣。晋阳：晋邑，今在山西太原。②孙明：赵简子的家臣。③愎（bì）过：坚持错误。

【译文】尹铎将要去治理晋阳之前，到新绛向简子请示应做的事。简子说："去将那些营垒拆平。我将到晋阳去，如果看到了营垒，就好像看见了中行寅和范吉射。"尹铎回去后，反倒把营垒增高了。简子上行到晋阳，看见营垒，生气地说："哼！尹铎骗了我！"于是住在郊外，准备派人杀死尹铎。孙明进谏说："我私下考虑，应该奖赏尹铎。尹铎的本意是说：遇见享乐就会肆意妄为，遭遇忧患就会发奋图强，这是人人都知道的道理。如今君主看见营垒就想到了忧患，更何况群臣和百姓呢！有利于国家和君主的事，即使可能加倍获罪，尹铎也宁愿去做。听顺命令以取悦君主，一般人都可以做到，更何况是尹铎呢！希望您认真考虑一下。"简子说："如果没有你这一番话，我几乎就犯错了。"于是按使君主免于患难的奖赏而赏了尹铎。德行高尚的君主，喜怒一定依理而行，次一等的，虽然有时不依理而行，但一定会经常纠正。这样的君主虽然还没有达到圣贤的境界，但足以超越乱世的君主了，简子就相当于此类人。当今君主的弊病，是把不知道当作耻辱，把自行其是当作光荣，喜欢坚持错误而讨厌听取劝谏，以至陷入危险之中。所受的耻辱中没有比使自己陷入危险更大的危险了。

别　类

【题解】本篇通过莘藟、蚕菫、水漆、金锡等事例，强调"物固不必"的主张，说明了事物都有自己的特殊性，都处在发展变化之中。

二曰：

知不知上矣。过者之患，不知而自以为知。物多类然而不然，故亡国僇①民无已。夫草有莘有藟②，独食之则杀人，合而食之则益寿；万菫不杀。漆淖③水淖，合两淖则为蹇④，湿之则为干；金柔锡柔，合两柔则为刚，燔⑤之则为淖。或湿而干，或燔而淖，类固不必，可推知也？小方，大方之类也；小马，大马之类也；小智，非大智之类也。

【注释】①僇（lù）：通"戮"，被杀戮。②莘、藟（lěi）：两种毒药。③淖（nào）：烂泥，泥沼，这里指流体。④蹇（jiǎn）：凝固。⑤燔（fán）：烧。

【译文】第二：

知道自己有不知道的地方是很高明的。有过错的人的缺点，正在于不知道却自以为是。很多事物都是好像这样其实并不是这样，所以国家灭亡、百姓被杀害的事情才接连不断地发生。药草有莘有蘽，单独服用会致死，合在一起服用却有助于延长寿命；蝎子和紫堇都是毒药，配在一起反倒毒不死人。漆是流体，水也是流体，漆与水相遇却会成固体，越是潮湿就干得越快；铜很柔软，锡也很柔软，二者结合起来却会变坚硬，用火烧又会变成流体。有的东西弄湿反倒变干，有的东西焚烧反倒变成流体，物体本来就不是一成不变的，怎么能够推算得知呢？小的方形跟大的方形是一类的；小马跟大马是一类的，小聪明和大聪明却不是一类的。

鲁人有公孙绰者，告人曰："我能起死人。"人问其故。对曰："我固能治偏枯①，今吾倍所以为偏枯之药则可以起死人矣。"物固有可以为小，不可以为大；可以为半，不可以为全者也。

【注释】①偏枯：半身不遂的病。
【译文】鲁国有一个叫公孙绰的人，告诉别人说："我能使死人复活。"人们问他是怎样做到的。回答说："我本来能治偏瘫，现在我将治疗偏瘫的药加倍就能使死人复活了。"有的事物本来只能在小处起作用，却不能影响大处；只能对局部起作用，不能对全局起影响。

相剑者曰:"白所以为坚也,黄①所以为韧也,黄白杂则坚且韧,良剑也。"难者曰:"白所以为不韧也,黄所以为不坚也,黄白杂则不坚且不韧也。又柔则锩②,坚则折。剑折且锩,焉得为利剑?"剑之情未革,而或以为良,或以为恶,说使之也。故有以聪明听说则妄说者止,无以聪明听说则尧、桀无别矣。此忠臣之所患也,贤者之所以废也。

【注释】①黄:铜所表现出的颜色。②锩(juǎn):刀剑的刃卷曲。

【译文】相剑的人说;"白色表示剑是坚硬的,黄色表示剑是柔韧的,黄白夹杂,就表示剑既坚硬又柔韧,这就是好剑。"反驳的人说:"白色是表示剑不柔韧,黄色是表示剑不坚硬,黄白夹杂,就表示既不坚硬又不柔韧。而且柔韧就容易卷刃,坚硬就会折断,剑既容易折断又卷刃,怎么能算好剑呢?"剑的实质没有d发生改变,而有的人认为它好,有的人认为它不好,这是人为的讨论导致的。所以,如果能凭耳目聪明来听取议论,那么胡乱说话的人就得住口;不能仅凭耳聪目明听取话语,否则就会连话语的人是尧还是桀也辨别不清了。这正是忠诚的大臣对君主感到忧虑的地方,也是贤明的人被废弃不用的缘故。

义,小为之则小有福,大为之则大有福。于祸则不然,小有之不若其亡也。射招者欲其中小也，射兽者欲其中大也。物固不必，安可推也？

【译文】符合道义的事，在小的地方施行就得小福，在大的地方施行就得大福。对灾难来说却不是这样，再小的灾祸也不如没有好。射靶子的人希望射中的目标越小越好，射野兽的人则希望射中的野兽越大越好。事物本来就不是一成不变的，怎么能够知晓呢？

高阳应将为室家，匠对曰："未可也。木尚生，加涂其上，必将挠。以生为室，今虽善，后将必败。"高阳应曰："缘子之言，则室不败也。木益枯则劲，涂益干则轻，以益劲任益轻则不败。"匠人无辞而对，受令而为之。室之始成也善，其后果败。高阳应好小察，而不通乎大理也。

【译文】高阳应打算建造房屋，木匠回答说："现在还不可以。木料还湿，上面再加上泥土的话，一定会被压弯的。用湿木头盖房子，现在看着很好，以后一定会倒塌。"高阳应说："按你所说，房子恰恰不会倒塌。木料越干会越坚实有力，泥越干重量就会越轻，用越来越坚实的东西承担越来越轻的东西，肯定不会倒塌。"木匠无话可说，只好奉命执行。房子刚落成时很好，后来果然倒塌了。高阳应是喜欢在小的地方明察，却不懂得通用的道理啊！

骥、骜、绿耳①背日而西走，至乎夕则日在其前矣。目固有不见也，智固有不知也，数固有不及也。不知其说所以然而然，圣人因而兴制，不事心焉。

【注释】①骥、骜（ào）、绿耳：皆为良马。

【译文】骥、骜、绿耳等背朝太阳，朝着西方奔跑，到了傍晚，太阳仍在它们的前面。眼睛本来就有看不到的东西，智慧本来就有不知道的东西，技术本来就有达不到的地方。人们不知道一些事物的道理，但它们确实就是这样，圣明的人顺应自然创建制度，不在不明白的地方随意做出判断。

有 度

【题解】本篇论述君主应持守的君道，主张"有度""执一"。有度即坚持的准则，执一即坚守的根本之道。因此，君主按照一定的准则，坚守根本之道，"通乎性命之情，而仁义之术自行矣"，并由此达到"无为而无不为"的境界。

三曰：

贤主有度①而听，故不过。有度而以听，则不可欺矣，不可惶矣，不可恐矣，不可喜矣。以凡人之知，不昏乎其所已知，而昏乎其所未知，则人之易欺矣，可惶矣，可恐矣，可喜矣，知之不审也。

【注释】①有度：有法度，就是摈弃一切私心，一切都诉诸法度。

【译文】第三：

贤明的君主能够按照一定的原则听取别人的意见或者建议，所以能够保证自己不犯错误。坚持一定的原则听取旁人的话，就能保证自己不受欺骗，不会感到惶恐，不会感到害怕，不被别人取悦了。凭借普通人的智慧，对于自己了解的事物不会感到糊涂，对于自己不了解的事情会感到糊涂，那么这种人太容易受骗了，会感到惶恐，感到害怕，被别人取悦，这是认识得还不够清楚造成的。

客有问季子曰："奚以知舜之能也？"季子曰："尧固已治天下矣，舜言治天下而合己之符，是以知其能也。""若虽知之，奚道知其不为私？"季子曰："诸能治天下者，固必通乎性命之情①者，当无私矣。夏不衣裘，非爱裘也，暖有馀也。冬不用箑②，非爱箑也，清有馀也。圣人之不为私也，非爱费也，节乎己也。节己，虽贪污之心犹若止，又况乎圣人？"

【注释】①性命之情：生命的天性。②箑：扇子。

【译文】有个客人询问季子："根据什么能够知道舜有没有才能呢？"季子说："尧原本已经治理好天下了，舜讨论的治理天下的方法顺从尧的想法，因此知道舜有才能。"客人问："你即使知道他有才能，又根据什么能够知道他不会追求自己的私利呢？"季子回答道："那些能治理好天下的人，一定是知晓生命的本性的人，那些人应该是没有谋求私利想法的。夏天不穿皮衣，并不是爱惜皮衣，而是因为足够温暖了，不用再增加了。冬天不用扇子，并不是爱惜扇子，而是因为足够冷了，不用更冷了。圣人不追求私人利益，并不是爱惜财物，而是因为要克制自己。如果能克制自己，即使有贪污的心也能够停止住，那么何况圣人呢？"

许由非强也，有所乎通也。有所通则贪污之利外矣。

【译文】许由推辞接受天下并不是勉强自己做出来的，而是因为对生命的本性有所明白。既然明白，就会抛弃不符合义的财物了。

孔、墨之弟子徒属充满天下，皆以仁义之术教导于天下，然而无所行，教者术犹不能行，又况乎所教？是何也？仁义之术外也。夫以外胜内，匹夫徒步①不能行，又况乎人主？唯通乎性命之情，而仁义之术自行矣。

【注释】①徒步：平民。

【译文】孔子、墨子的弟子门徒广布天下，他们都用仁义的道理教育天下的人，但是他们的主张并没有在任何地方施行，教导他们的孔子、墨子尚且不能使自己的主张得到推行，更何况那些被教育的弟子呢？这是什么原因呢？是因为仁义的道理是外在的。用外在的仁义去克服内在谋求私利的心，平民百姓尚且都做不到,更何况君主呢!只有通晓生命本性的道理,仁义的道理自然而然就能得到实行了。

先王不能尽知,执一而万物治。使人不能执一者,物感之也。故曰:通意之悖①,解心之缪②,去德之累,通道之塞。贵、富、显、严、名、利六者,悖意者也。容、动、色、理、气、意六者,缪心者也。恶、欲、喜、怒、哀、乐六者,累德者也。智、能、去、就、取、舍六者,塞道者也。此四六者不荡乎胸中则正。正则静,静则清明③,清明则虚,虚则无为而无不为也。

【注释】①悖(bèi):惑乱。②缪(miù):绸缪,缠绕。③清明:清澈明净。

【译文】先王不能知道世间所有的事,他们坚守一种根本的心,就能把天下治理好了。使人不能坚守根本道理的原因,是外物的侵扰。所以说:要理顺思想上的疑惑,解开内心上的纠结,去除德行上的累赘,打通大道上的堵塞之物。高贵、富有、荣耀、威严、声名、财富,这六种东西是迷惑思想的。容貌、举止、神情、道理、意气、情意,这六种东西是困扰心志的。厌恶、欲望、高兴、愤怒、悲伤、欢乐,这六种东西是连累德行的。智慧、才能、背叛、趋向、选择、放弃,这四个方面各六种东西是堵塞大道的。这四类东西如果不在心中困扰,思想就正直了。正直就会平静,平静就会清明透彻,清净明彻就会虚无,做到虚无就会没有什么做不到了。

分 职

【题解】本篇延续上篇的文意，继续谈论君道。强调君臣各司其职，善于为君的，应当坚持"无智、无能、无为"，如若不然，就会导致"雍塞"。

四曰：

先王用非其有，如己有之，通乎君道者也。夫君也者，处虚素服而无智，故能使众智也；智反无能，故能使众能也；能执无为，故能使众为也。无智、无能、无为，此君之所执也。人主之所惑者则不然，以其智强智，以其能强能，以其为强为，此处人臣之职也。处人臣之职而欲无雍塞^①，虽舜不能为。

【注释】①雍（yōng）塞：上下意见不相通，君主去做下臣要做的事，君王自己的职责就没有履行，人民就得不到王令，大臣的意见也不能够上达，君臣之间不相通就造成雍塞。

【译文】第四：

先王使用不是自身所有的，却像自己所有的一样，这是因为他们通晓做君主的道理。君主这种人，生活在清虚中，坚守朴素，表面没有什么智慧，所以能使用众人的智慧；智慧回归到无所能的地步，所以能使用众人的才干；能坚守无所作为的原则，所以能使用众人的成就。这种无智、无能、无为，是君主坚守的。君主中的愚蠢的人却不是这样。他们仅凭自己有限的智慧

显示智慧，仅凭自己有限的才能逞强，仅凭自己有限的作为去做事，这是使自己处于大臣的职位上。使自己处于大臣的职位上，又想不消息闭塞，即使是舜也办不到。

武王之佐五人①。武王之于五人者之事无能也，然而世皆曰："取天下者武王也。"故武王取非其有，如己有之，通乎君道也。通乎君道，则能令智者谋矣，能令勇者怒矣，能令辩者语矣。夫马者，伯乐相之，造父御之，贤主乘之，一日千里，无御相之劳而有其功，则知所乘矣。

【注释】①五人：周公旦、召公奭、太公望、毕公、苏忿生。

【译文】周武王的辅佐大臣有五人，周武王一样也做不来这五个人的职责，但世上都说夺取天下的是周武王。周武王使用不是他自身所有的东西就像自己所有的一样，这是明白为君的道理啊！通晓为君的道理，就能使聪明的人谋划事情，就能让勇敢的人振作了，就能让善于言辞的人发话了。马，伯乐观察欣赏它，造父驾驶它，贤明的君主乘坐它，可以一天行千里。没有观察相看和驾驶的辛苦，便没有一日千里的结果，这就是知道乘坐马的道理了。

今召客者，酒酣，歌舞鼓瑟吹竽，明日不拜乐己者，而拜主人，主人使之也。先王之立功名，有似于此，使众能与众贤，功名大立于世，不予佐之者，而予其主，其主使之也。譬之若为宫室，必任巧匠，奚故？曰："匠不巧则宫室不善。"夫国，重物也，其不善也，岂特宫室哉？巧匠为宫室，为圆必以规，为方必以矩，为平直必以准绳。功已就^①，不知规矩绳墨，而赏匠巧匠之。宫室已成，不知巧匠，而皆曰"善。此某君某王之宫室也。"此不可不察也。人主之不通主道者则不然，自为人则不能，任贤者则恶之，与不肖者议之。辅佐此功名之所以伤^②，国家之所以危。

【注释】①就：成，完成。②伤：损害。

【译文】例如宴请客人，饮酒正高兴的时候，赞美歌舞弹唱的人，第二天，客人不拜见使自己快乐的唱作者，而拜谢主人，因为是主人命他们这样做的。帝王建立功名和这件事相似，使用有才能、有贤明的人，在世上功名显赫，人们不把功名归于辅佐他的人，而归于君主自身，因为是君主使辅佐自己的人这样做的。这就像建造宫廷一定要任用能工巧匠一样。什么原因呢？回答是："工匠手艺不巧妙，宫室就造不好。"国家，是重要的东西，如果国家治理不好，所带来的危害绝不止像宫室建造不好那样！能工巧匠建造宫室的时候，划圆一定要用圆规，划方一定要用矩尺，取平直一定要用水准墨线。事情完成以后，主人不知圆规、矩尺和水准墨线，只会赏赐给工匠。宫室造好以后，人们不知道巧匠，而都说："造得好，这是某某君主、某某帝王的宫室。"这个道理是不可不明白的。君主中不通晓做君主的道理的人则不是这样。自己去做做不了，任用贤能的人又对他们不放心，跟不肖的人讨论他们。这是功名之所以受损、国家之所以面临灭亡的原因。

枣，棘之有；裘，狐之有也。食棘之枣，衣狐之皮，先王固用非其有，而已有之。汤、武一日而尽有夏、商之民，尽有夏、商之地，尽有夏、商之财，以其民安而天下莫敢之危，以其地封而天下莫敢不说，以其财赏而天下皆竞，无费乎郼①与岐周，而天下称大仁、称大义，通乎用非其有。

【注释】①郼（yī）：殷旧封国名。

【译文】枣子是酸枣树结的；皮裘是狐皮做的。吃酸枣树结的枣子，穿狐皮做的皮裘，先王当然也要把不是自身所有的当作自己所有的来使用。商汤、周武王在短短的时间内就完全占有了夏商的百姓，完全占有了夏商的土地，完全占有了夏商的财富，他们凭使夏商的百姓安定，天下没有人敢伤害他们，他们利用夏商的土地分封诸侯，天下没有人敢表示不高兴；他们利用夏商的财富奖赏大臣，天下就都争相为他们服务，自身没有耗费一点东西，可是天下都赞美他们大仁，赞美他们大义，这是因为他们通晓了使用不是自身所拥有东西的道理了。

白公胜①得荆国，不能以其府库分人。七日，石乞曰："患至矣。不能分人则焚之，毋令人以害我。"白公又不能。九日，叶公②入，乃发太府之货予众，出高库③之兵以赋民，因攻之。十有九日而白公死。国非其有也而欲有之，可谓至贪矣；不能为人，又不能自为,可谓至愚矣。譬白公之啬,若枭④之爱其子也。

【注释】①白公胜:芈姓,熊氏,名胜,号白公,楚平王之孙,太子建之子。②叶公:楚国叶县的大夫沈储梁。③高库:国家藏兵器的地方。④枭:猫头鹰。

【译文】白公胜作乱,控制了楚国,不舍得把楚国仓库里的财产分给别人。事发七天后,石乞说:"灾难就要到了,舍不得分给别人就把它们都烧掉,不要让别人利用它来谋害我们。"白公胜又舍不得这样做。到了第九天,叶公进入国都,就发放太府的财产给予众人,拿出高库的兵器分配给百姓,趁机借此进攻白公。事发十九天白公就死了。国家不是自己所有的,却想占有它,可以说是贪婪到极致了;占有了国家,既不能用来为别人谋取福利,又不能用来为自己谋取福利,可以说是愚蠢到极致了。比喻白公的吝啬,就好像猫头鹰热爱自己的子女最后反被子女害死了一样。

卫灵公天寒凿池。宛春谏曰:"天寒起役①,恐伤民。"公曰:"天寒乎?"宛春曰:"公衣狐裘,坐熊席,陬隅②有灶,是以不寒。今民衣弊不补,履决不组。君则不寒矣,民则寒矣。"公曰:"善。"令罢役。左右以谏:"君凿池,不知天之寒也,而春也知之。以春之知之也而令罢之,福将归于春也,而怨将归于君。"公曰:"不然。夫春也,鲁国之匹夫也,而我举之,夫民未有见焉,今将令民以此见之。曰春也有善,于寡人有也,春之善非寡人之善欤？"灵公之论宛春，可谓知君道矣。君者固无任，而以职受任。工拙，下也；赏罚，法也；君奚事哉？若是则受赏者无德，而抵③诛者无怨矣，人自反④而已，此治之至也。

【注释】①起役：动工，开工。这里指兴建土木工程。②陬隅（zōu yú）：角落。③抵：抵罪。④自反：自我反省。

【译文】卫灵公准备在天冷时挖池，宛春进谏说："天冷时做劳役，恐怕伤害百姓。"卫灵公说："天寒吗？"宛春说："您穿着狐皮裘，坐着熊皮席，屋角又有火灶，所以不觉得冷。如今百姓穿着破旧，鞋子坏了没法修，您是不冷了，可百姓冷呢！"卫灵公说："你说得对。"就下令停止工程。侍从们进谏说："您下令挖池子，不知道天寒，宛春却知道。因为宛春知道就下令停止作业，好处将归于宛春，而怨恨将归于您。"卫灵公说："不是这样的。宛春只是鲁国的一个平民，我任用了他，百姓对他还没有什么认识。现在要让百姓通过这件事认识他。而且宛春有善举就好像我有一样，那么宛春的善行不就是我的善行吗？"灵公这样认为宛春，可以算是懂得当君主的道理了。做君主的人，本来就没有具体的职责，而是要根据大臣的职位分配他们的责任。事情做得好坏，由大臣负责，该赏该罚，由法律决定。君主何必亲自去做呢？只要规定大臣的职责就够了。这样，受到奖赏的人就不需要感激谁，被处死的人也不需要怨恨谁，人人都反省自己就够了，这是治理国家最聪明的做法。

处 方

【题解】所谓处方, 就是让臣民各守其分。本文意在讨论臣道, 强调"凡为治必先定分"。所谓的定分就是确定上下尊卑的名分, 文中列举了大量的事例来论述坚守"定分"的重要性, 认为君臣、父子、夫妇各守其分, 才能达到社会安定祥和。

五曰:

凡为治必先定分①: 君臣父子夫妇。君臣父子夫妇六者当位②, 则下不逾节而上不苟为矣, 少不悍辟③而长不简慢矣。金木异任, 水火殊事, 阴阳不同, 其为民利一也。故异所以安同也, 同所以危异也。同异之分, 贵贱之别, 长少之义, 此先王之所慎, 而治乱之纪也。

【注释】①分 (fèn): 名分, 职分。②当位: 居其位。③悍: 凶悍。辟: 奸邪。

【译文】第五:

治理国家之前一定要先确定名分: 使君臣父子夫妇名副其实。君臣父子夫妇六种人各有各的位置, 那么地位低下的就不会逾越礼节, 地位尊贵的就不会肆意而为了, 年轻人就不会凶残奸邪, 长辈就不会懈怠傲慢了。金木各有各的用途, 水火的用途不一样, 阴阳的作用不相同, 但它们都是对人们有用的物质。所以说, 差别是保证相同的, 相同是危害差别的。相同和不同的区别, 尊贵和卑贱的区别，长辈和晚辈的道义，这是先王应该慎重的，它们是决定国家太平还是混乱的关键。

今夫射者仪毫而失墙，画者仪发而易貌①，言审本也。本不审，虽尧、舜不能以治。故凡乱也者，必始乎近而后及远，必始乎本而后及末。治亦然。故百里奚处乎虞而虞亡，处乎秦而秦霸；向挚处乎商而商灭，处乎周而周王。百里奚之处乎虞，智非愚也；向挚②之处乎商，典③非恶也，无其本也。其处于秦也，智非加益也；其处于周也，典非加善也，有其本也。其本也者，定分之谓也。

【注释】①易貌：忽略容貌。②向挚：商朝太史。③典：指太史所掌的国家法典。

【译文】现在射箭的人，仔细观察细小的毛就会看不见墙壁；画画的人，仔细观察毛发就会忽视容貌，这说明做事要明晓根本。根本的东西不明白，即使尧舜也无法治理好天下。所以凡是灾难，一定是从身边开始产生然后危害远处，一定从根本开始产生然后危及细小的事。国家的治理也是这样。百里奚在虞国时，虞国灭亡了，处在秦国时，秦国却称霸诸侯；向挚处在殷商，殷商灭亡，处在周国时，而周国成王称霸四周。百里奚处在虞国的时候，他的智慧并不是愚蠢的；向挚位于殷商的时候，他所掌管的典籍并不是差的。虞、商之所以灭亡的原因，是因为没有治国的根本。百里奚位于秦国的时候，他的才智并没有向上增加；向挚处在周国的时候，他的典籍并没有变得更加完善。秦、周之所以兴盛的原因，是因为有了治国的根本。治国的根本，所说的就是要明确名分啊！

齐令章子将而与韩、魏攻荆，荆令唐蔑将而拒之。军相当，六月而不战，齐令周最①趣章子急战，其辞甚刻。章子对周最曰："杀之免之，残其家，王能得此于臣。不可以战而战，可以战而不战，王不能得此于臣。"与荆人夹泚水而军，章子令人视水可绝者，荆人射之，水不可得近。有刍②水旁者，告齐候者，曰："水浅深易知。荆人所盛守，尽其浅者也；所简守，皆其深者也。"候者载刍者与见章子，章子甚喜，因练卒以夜奄荆人之所盛守，果杀唐蔑。章子可谓知将分矣。

【注释】①周最：又称周冣、周聚，周公子，侍奉秦昭王。②刍（chú）：割草。

【译文】齐王派章子率兵和韩魏两国一起攻打楚国，楚国派唐蔑率兵抵抗敌人。两军对峙，过了六个月也不开战，齐王命令周最催促章子赶紧打仗，言语非常急切刻薄。章子回答周最说："无论是杀死我，还是罢免我，或是杀戮我的全族，这些齐王都能够对我做到。但是不可开战硬让开战，或是可以开战却不让开战，这些齐王不可以命令我做到。"齐军与楚军隔了泚水安营扎寨，章子派人观察河水是否有可以渡过的地方，但楚军放箭，使人无法靠近河边。有一个人在河边割草，告诉齐国侦察的人说："河水的深浅很容易知道。凡是楚军防守严密的，都是水浅的地方；防守简单的，都是水深的地方。"齐国的侦察人员带割草的人坐车，和他一起参见章子陈述此事，章子非常高兴，于是就趁着夜带领精兵突袭楚军严密防守的地方，果然成功，并杀死了唐蔑。章子是知道做将军的职责了。

韩昭釐侯出弋①，靷②偏缓。昭釐侯居车上，谓其仆③："靷不偏缓乎？"其仆曰："然。"至，舍，昭釐侯射鸟，其右摄其一靷，适之。昭釐侯已射，驾而归，上车，选间，曰："乡者靷偏缓，今适，何也？"其右④从后对曰："今者臣适之。"昭釐侯至，诘车令。各避舍。故擅为妄意之道虽当，贤主不由也。

【注释】①弋（yì）：用带绳子的箭射鸟。②靷：引车前进的皮带，一端套在车上，一端套在牲口胸前。③仆：车夫。④右：车右。

【译文】韩昭釐侯外出打猎，马拉的车的皮带有一侧松了。昭釐侯在车上，问他的车夫说："皮带是不是有一侧松了？"车夫说："是的。"到了猎场，车停了下来，昭釐侯去打鸟，他的车右把那侧松了的皮带重新拉紧，使它长短与另一侧一样。昭釐侯打猎结束以后，要乘车回去。昭釐侯上车，过了一会儿，说："先前皮带有一侧松了，现在长短一样，这是为什么？"他的车右从后面回答说："刚才我把它重新栓合适了。"昭釐侯回去后，就此事责备车令。车令和车右都惊慌地向昭釐侯请罪。所以，任意行动、凭空猜测的做法，即使做得合理，贤明的君主也不会采纳。

今有人于此，擅矫①行则免国家，利轻重则若衡石，为方圜②则若规矩，此则工矣巧矣，而不足法。法也者，众之所同也，贤不肖之所以其力也。谋出乎不可用，事出乎不可同，此为先王之所舍也。

【注释】①矫：假托。②圜（yuán）：通"圆"，圆形。

【译文】假如有这样的人，擅自假装有君主的命令行事但可使国家免遭祸患，判断事情的轻重可以像衡器那样准确，画方圆可以像用圆规或矩尺那样标准，这种人技艺是很精妙，但是不值得人们效仿。法律，是人们共同遵守的，是使贤人或不肖之人都尽力遵守的。计策想出来不能采纳，事情做出来不能普遍施行，这是先王所放弃的。

慎 小

【题解】本篇主张"贤主谨小物以论好恶"的思想。文中列举的卫献公、卫庄公、齐桓公、吴起等人，都因谨慎对待小事，取信于民，才获得天下称贤。如若不然，就会遭受身死国灭的灾祸。

六曰：

上尊下卑。卑则不得以小观上。尊则恣①，恣则轻小物，轻小物则上无道知下，下无道知上。上下不相知，则上非下，下怨上矣。人臣之情，不能为所怨；人主之情，不能爱所非。此上下大相失道也。故贤主谨小物以论好恶。

【注释】①忞：骄傲自大。

【译文】第六：

君主地位尊贵，臣子地位卑下。地位卑下就不能从小事上观察了解君主。地位尊贵的人就会骄傲自满，骄傲自满就会忽视小事，忽视小事，君主就没有办法了解臣子，臣子也没有办法了解君主。君主臣子互相不了解，君主就会责备臣下，臣下就会怨恨君主了。就做臣子的常情来说，不会为自己所怨恨的君主尽职尽忠；就君主的常情来说，也不能喜欢自己所责备过的臣下。这是造成君主与大臣有间隙的原因。所以贤明的君主谨慎对待微小的事情，以表明自己的喜好与厌恶。

巨防容蝼，而漂①邑杀人；突泄一熛②，而焚宫烧积；将失一令，而军破身死；主过一言，而国残名辱，为后世笑。

【注释】①漂：浮起。②熛（biāo）：火星迸飞，迸飞的火焰。

【译文】大堤中隐藏一只蝼蛄，就会引起大水灾，冲毁城市，淹死百姓；烟囱里有一个火星漏出，就会引起大火，烧毁宫室，烧掉积累的财富；将领发错一道命令，就会导致失败身死；君主说错一句话，就会导致国家灭亡，名声受辱，被后世耻笑。

卫献公戒孙林父、宁殖食^①。鸿集于囿，虞人^②以告，公如囿射鸿。二子待君，日晏，公不来至，来不释皮冠^③而见二子。二子不说，逐献公，立公子黚。卫庄公立，欲逐石圃。登台以望，见戎州而问之曰："是何为者也？"侍者曰："戎州也。"庄公曰："我姬姓也。戎人安敢居国？"使夺之宅，残其州。晋人适攻卫，戎州人因与石圃杀庄公，立公子起。此小物不审也。人之情不蹶于山，而蹶于垤^④。

【注释】①卫献公：姬姓，卫氏，名衎，卫定公之子，卫殇公之兄，公元前576年至公元前559年、公元前546年至公元前544年在位。孙林父、宁殖食：卫国大臣。②虞人：管理苑囿的官吏。③皮冠：田猎时戴的用白鹿皮制成的帽子。按照礼节，国君见臣属应脱去皮冠。④垤（dié）：蚁做窝时堆在穴口的小土堆，也叫蚁封、蚁塚。

【译文】卫献公约孙林父、宁殖一起吃饭。正巧有雁群落在花园里，虞人把这件事告诉给卫献公，卫献公就去花园里射雁。孙林父、宁殖两个人等待卫献公，一直等到天色很晚，卫献公还不回来。等到回来以后，又连帽子也不摘就与二人见面。孙林父和宁殖很不高兴，就驱赶了卫献公，改立公子黚为君主。卫庄公当上君主，打算驱逐石圃，他登上高台向远处眺望，看到了戎州，就问道："那里是什么地方？"侍从回答："那是戎州。"卫庄公说："我和周天子都是姬姓，戎人怎么敢生活在我的国家？"于是就派人抢夺戎人的住宅，破坏他们的州县。这时恰好晋国攻打卫国，戎州人乘机跟石圃一起杀死了庄公，改立公子起为君主。这是由于做小事不小心造成的。人的常情就是如此，谁也不会被高山绊倒，却往往会被蚁穴的小土堆绊倒。

齐桓公即位，三年三言，而天下称贤，群臣皆说：去肉食之兽，去食粟之鸟，去丝罝之网。

【译文】齐桓公当上君主，三年只说了三句话，可是天下都称赞他的贤明与功德，大臣们也都很高兴。这三句话是：清除宫里吃肉的野兽，清除宫中吃粮食的鸟雀，清除用丝织成的兽网。

吴起治西河，欲谕其信于民，夜日置表于南门之外，令于邑中曰："明日有人偾①南门之外表者，仕长大夫②。"明日日晏矣，莫有偾表者。民相谓曰："此必不信。"有一人曰："试往偾表，不得赏而已，何伤？"往偾表，来谒吴起。吴起自见而出，仕之长大夫。夜日③又复立表，又令于邑中如前。邑人守门争表，表加植，不得所赏。自是之后，民信吴起之赏罚。赏罚信乎民，何事而不成，岂独兵乎？

【注释】①偾（fèn）：仆倒。②长大夫：即上大夫。③夜日：前一天。
【译文】吴起想要治理西河，想要取信于自己的百姓，就派人在夜里在南门外树起一个木桩，对县中的百姓下令说："第二天如果有人能把南门外的木柱放倒，就让他出仕长大夫一职。"第二天直到天黑，也没有人去放倒木桩。人们一起谈论说："这些话一定不是真的。"有一个人说："我去把木桩放倒试试，最多得不到赏赐罢了，不会有什么伤害。"这个人去放倒了木桩，告诉了吴起。吴起亲自接见他，把他送出来，让他成为长大夫。而后又在前一天立起木柱，像前一次一样又对全城百姓下了同样的命令。全城人都围在南门争相去放倒木桩，但是木桩埋得很深，谁也没有得到奖赏。从此以后，百姓相信了吴起所说的奖赏或惩罚。既然奖赏或惩罚使人们相信了，那做什么事做不成呢？岂止是用兵呢！

士 容

【题解】文章开篇明义，点明士人的仪容规范。通过取鼠之狗、田骈评判来客、唐尚羞于为史等事例，强调士人应该具备"慎谨畏化，而不肯自足""取舍不悦，而心甚素朴"等品格。

一曰：

士不偏不党①，柔而坚，虚而实。其状朖然不儇②，若失其一。傲小物而志属于大，似无勇而未可恐狼，执固横敢而不可辱害，临患涉难而处义不越，南面称寡而不以侈大，今日君民而欲服海外，节物甚高而细利弗赖，耳目遗俗而可与定世，富贵弗就而贫贱弗揭③，德行尊理而羞用巧卫，宽裕④不訾而中心甚厉，难动以物而必不妄折。此国士之容也。

【注释】①不偏不党：不偏向任何一方。②朖（lǎng）：古同"朗"。朖然：清澈明亮的样子，这里指内心光明。儇（xuān）：聪明狡猾。③揭（qiè）：离去。④宽裕：心胸开阔。

【译文】第一：

士人不偏私不结党，柔弱却又坚强，空虚却又充实。他们看上去光明磊落而不刁钻奸猾，好像忘记了自己。他们傲视小事而专心致志于远大志向，似乎没有勇气却又不受恐吓，固执勇敢而不可以污辱损害自尊，遭遇灾难也能够坚守道义不失去，向南称王也不傲慢自大。一旦君临天下就准备收复海外，做事高瞻远瞩而不注重细小的利益。耳目超脱世俗一样但可以安定社会，不追求富贵也不嫌弃贫贱，道德行为尊重道理并羞于用投机取巧的手段，胸怀宽广不以诋毁他人而专心致志对自己很严厉，难以用外物打动而决不妄自菲薄。这些就是国家有识之士的仪表气度。

齐有善相狗者，其邻假以买取鼠之狗，期年①乃得之，曰："是良狗也。"其邻畜之数年，而不取鼠，以告相者。相者曰："此良狗也。其志在獐麋豕鹿，不在鼠。欲其取鼠也则桎②之。"其邻桎其后足，狗乃取鼠。夫骥骜之气，鸿鹄之志，有谕乎人心者诚也。人亦然。诚有之则神应乎人矣，言岂足以谕之哉？此谓不言之言也。

【注释】①期年：一周年。②桎：窒，碍，拘束。

【译文】齐国有一个擅长相狗的人，邻居委托他买一条能逮老鼠的狗。他整整花了一年的时间才买到，对邻居说："这是一条很好的狗啊！"他的邻居饲养了好几年，狗却不捕老鼠，邻居就把这种情况告诉了相看狗的人。相狗的人说："这是一条出色的狗。

它的志向在捕捉獐麋猪鹿，不是去捕鼠。想让它捕鼠就要把它禁
锢起来。"邻居绑起了狗的后腿，狗这才抓老鼠。骥骜的气质，鸿
鹄的志向，能够使人们知晓，是因为这种气质和志向确实存在。
人也是这样，确实具备了这样的气质和精神，就能使别人察觉
到了，话语哪能完全使人们相信呢？这叫作不说话也能让人知
晓啊！

　　客有见田骈者，被服中法①，进退中度，趋翔②闲雅，辞令逊
敏③。田骈听之毕而辞之。客出，田骈送之以目。弟子谓田骈曰：
"客，士欤？"田骈曰："殆乎非士也。今者客所弇敛④，士所术
施⑤也；士所弇敛，客所术施也。客殆乎非士也。"故火烛一隅，
则室偏无光；骨节蚤成，空窍哭历，身必不长；众无谋方，乞谨
视见，多故不良；志必不公，不能立功；好得恶予，国虽大不为
王；祸灾日至。故君子之容，纯乎其若钟山之玉，桔乎其若陵上
之木。淳淳⑥乎慎谨畏化，而不肯自足；乾乾⑦乎取舍不悦，而心
甚素朴。

　　【注释】①闲：通"娴"，举止情趣娴静文雅。②趋翔：犹趋跄，疾
行貌。③逊敏：谦虚奋勉，恭顺敏捷。④弇敛：隐藏，收敛。⑤术施：述
说施行。⑥淳淳：敦厚貌。⑦乾乾：自强不息的样子。
　　【译文】有个前来拜见田骈的客人，服饰合于规定，进退符
合礼仪，举止娴静文雅，言辞恭顺有礼，进退有度。田骈刚听他
说完，便推辞了他。客人离开的时候，田骈一直注视着他。弟子

们对田骈说："来者，是士吗？"田骈说："恐怕不是士啊！刚才来者掩蔽遮挡的地方，正是士申说施行的地方，而士掩蔽遮挡的地方，也正是来客申说施行的地方，来者恐怕不是个士啊！"所以说，火光只照一个角落，那么有半间房屋没有亮光；骨骼过早发育完毕，质地就疏松不紧密，身体一定长不高大。平常人不追求道义，只是拘泥于外部仪表，就会奸诈多端；心志如果不正，就不能功成名就；喜好得到而不愿施舍，国家再大也不能一统天下，灾祸就会每天到来。所以，君子的仪容风度要像昆仑山的玉石一样完美，像高山上的大树一样挺拔朴实，言语行动谨慎小心，敬畏法令，而不敢骄傲自大；他们孜孜不倦，取舍一丝不苟，但心地十分淳朴。

　　唐尚敌年为史，其故人谓唐尚愿之，以谓唐尚。唐尚曰："吾非不得为史也，羞而不为也。"其故人不信也。及魏围邯郸，唐尚说惠王而解之围，以与伯阳，其故人乃信其羞为史也。居有间，其故人为其兄请。唐尚曰："卫君死，吾将汝兄以代之。"其故人反兴再拜而信之。夫可信而不信，不可信而信，此愚者之患也。知人情，不能自遗，以此为君，虽有天下何益？故败莫大于愚。愚之患，在必自用。自用则戆陋①之人从而贺之。有国若此，不若无有。古之与贤，从此生矣。非恶其子孙也，非徼而矜②其名也，反其实也。

【注释】①戆（gàng）陋：愚昧浅陋。②矜：自尊自大，自夸。

【译文】唐尚的同龄人有的担任了史官，他以前的朋友以为他也希望做到这样，就把消息告诉给了唐尚。唐尚说："我并不是没有机会担任史官，而是感到耻辱不去做。"他以前的朋友并不相信。到了魏国围困邯郸的时候，唐尚劝说魏惠王解了邯郸被围困的处境，赵国就把伯阳邑封给了唐尚。以前的朋友这才相信他真的羞于做史官。过了一段时间，这个原来的朋友又为自己的哥哥请求一个官位。唐尚说："等卫国君主去世了，我就让你哥哥替代他。"他原来的朋友起身离开座位，退开再拜，竟然信以为真。这个人对可相信的话不相信，对不可信的话反倒相信了，这是愚蠢人的弊端。知道别人贪求私人利益，自己却不能拔除这种欲望，靠这个当君主，即使拥有天下，又有什么好处呢？所以没有比愚蠢的事更能毁掉事情的事了。愚蠢的弊端，在于师心自用。师心自用，愚蠢无知的人就会跑来祝贺他。像这样占有国家，还不如没有。古代退位给贤人的事情就是由此发生的。让贤的人并不是痛恨自己的子孙，也不是追求和炫耀这个名声，而是基于实际的境况才这样做的。

务 大

【题解】文章旨在鼓励人们要"务大"，即致力于大事。因为"细之安必待大，大之安必待小"，所以要将个人的荣辱系于国家的安危上，并基于此来建功立业。

二曰：

尝试观于上志，三王之佐，其名无不荣者，其实无不安者，功大故也。俗主之佐，其欲名实也与三王之佐同，其名无不辱者，其实无不危者，无功故也。皆患其身不贵于其国也，而不患其主之不贵于天下也，此所以欲荣而逾辱也，欲安而逾危也。

【译文】第二：

尝试看古代的记载，禹、汤、文、武的辅佐大臣，名声没有不显耀的，地位没有不安稳的，这是因为功劳很大的原因。平庸君主的辅佐大臣，他们希望获得显赫的名声和安稳的地位，他们想要的和三王的辅佐的大臣是相同的，但名声没有不受辱的，地位没有不危险的，这是因为没有功劳的原因。他们都担心自己没有荣耀在自己的国家，却不担心君主不显贵于天下，这是他们希望有荣誉反而更加受到耻辱、希望地位安稳反而更加危险的原因。

孔子曰："燕爵①争善处于一屋之下，母子相哺也，区区焉相乐也，自以为安矣。灶突决，上栋焚，燕爵颜色不变，是何也？不知祸之将及之也，不亦愚乎！为人臣而免于燕爵之智者寡矣。夫为人臣者，进其爵禄富贵，父子兄弟相与比周②于一国，区区焉相乐也，而以危其社稷，其为灶突近矣，而终不知也，其与燕爵之智不异。"故曰："天下大乱，无有安国；一国尽乱，无有安家；一家尽乱，无有安身。"此之谓也。故细之安，必待大；大之安，必待小。细大贱贵，交相为赞，然后皆得其所乐。

【注释】①爵：古同"雀"。②比周：结党营私。

【译文】孔子说："燕雀争相在同一屋檐下的好地方筑巢，母鸟哺育着小鸟，自由自在地一起嬉戏，自认为很安全了。即使烟囱突然破裂，头上的屋梁燃烧起来，燕雀仍然面不改色，这是什么原因呢？是因为它们不知道灾祸将危害自身啊，这不是很愚蠢的做法吗？做大臣的，能够避免像燕雀这种见识的人太少了，那些做臣子的人，增加他们的爵位和富贵，父子兄弟一起在朝廷中做官谋求富贵，怡然自得地一起玩乐，因此危害了国家。他们离烟囱很近了，但始终也感受不到，这和燕雀的见识恐怕没有什么区别。"所以说："天下大乱，就没有安宁的国家；国家大乱，就没有安宁的家庭；家庭乱了，就没有安定的个人。"这些话说的就是上述的情况。所以，局部的安定与否，一定要靠全局的安定，全局的安定与否，一定要靠局部的安定。全局和局部、尊贵和低贱互相帮助，然后才能各自都实现自己的愿望。

薄疑①说卫嗣君以王术。嗣君应之曰："所有者千乘也，愿以受教。"薄疑对曰："乌获举千钧，又况一斤？"杜赫②以安天下说周昭文君。昭文君谓杜赫曰："愿学所以安周。"杜赫对曰："臣之所言者不可，则不能安周矣；臣之所言者可，则周自安矣。"此所谓以弗安而安者也。

【注释】①薄疑：战国时期卫人，有"贤人"之名。②杜赫：战国时期的谋士。

【译文】薄疑劝说卫嗣君用统一天下的方法，卫嗣君回答他说："我拥有的只是个有着千辆兵车的弱小国家，希望就此听取您的教导。"薄疑回答说："假如能像乌获那样有力气举起千斤重的东西，那么又何况一斤重的东西呢？"杜赫用安定天下的方法劝说周昭文君。周昭文君对杜赫说："我希望学习安定周边国家的方法。"杜赫回答说："我所说的假如您做不到，那么周边国家也就不能安定，我所说的假如您做到了，那么周边国家自然就会安定了。"这就是所谓的不去刻意安定它而使它自然而然得到安定啊！

郑君①问于被瞻曰："闻先生之义，不死君，不亡君，信有之乎？"被瞻对曰："有之。夫言不听，道不行，则固不事君也。若言听道行，又何死亡哉？"故被瞻之不死亡也，贤乎其死亡者也。

【注释】①郑君：即郑穆公，姬姓，郑氏，名兰，郑文公庶子，公元前628年至公元前606年在位。

【译文】郑君询问被瞻说："听说您的道义是不为君主而死，也不为君主逃亡，真的有这样的话吗？"被瞻说："有。如果言论不被听从，道义不被实行，那么这本来就不算侍奉君主，如果言论被听从，主张被实行，君主自然安全，又哪里用得着为他去死、为他逃亡呢？"所以，被瞻不替君主去死或者帮助逃亡，胜过那些为君主而死或逃亡的人。

昔有舜欲服海外而不成，既足以成帝矣。禹欲帝而不成，既足以王海内矣。汤、武欲继禹而不成，既足以王通达矣。五伯欲继汤、武而不成，既足以为诸侯长矣。孔、墨欲行大道①于世而不成，既足以成显荣矣。夫大义之不成，既有成已，故务事大。

【注释】①大道：正确的道理。

【译文】从前舜想收复海外诸国却没有成功，但已经足够成就帝业了。禹想成就帝业却没有成功，但已经足以统一天下了。汤王、武王想继承禹的事业而没有成功，但已经足够统一交通所能到达的地区了。五霸想继承汤王、武王的事业而没有成功，但已足够做诸侯之长了。孔丘、墨翟想在天下实行大道而没有成功，但已足以成为声名显赫的人了。大事虽然不能成就，但结果还是会有所成功，所以一定要竭尽所能干大事。

上 农

【题解】文章开篇便提出"导其民者，先务于农"，说明农业在古代社会中的地位。作者利用较大篇幅阐述了农业生产的重要性和农业政策问题。作者认为"民农易朴，朴则易用，易用则边境安，主位尊"等等重农思想。

三曰：

古先圣王之所以导其民者，先务于农。民农非徒为地利也，贵其志也。民农则朴，朴则易用，易用则边境安，主位尊。民农则重，重则少私义^①，少私义则公法立，力专一。民农则其产复，其产复则重徙，重徙则死处而无二虑。舍本而事末则不令^②，不令则不可以守，不可以战。民舍本而事末则其产约，其产约则轻迁徙，轻迁徙，则国家有患，皆有远志，无有居心。民舍本而事末则好智，好智则多诈，多诈则巧^③法令，以是为非，以非为是。

【注释】①私义：私下议论。②本：这里指农业。末：指工商业。③巧：机巧。

【译文】第三：

古代贤明的君王教导百姓的方法，首先是使百姓从农业生产开始。百姓从事农业活动，不仅是为了土地的出产，而且是为了陶冶他们的情操。百姓从事农业生产会生活俭朴，生活俭朴就容易管制，容易管制边境就安定，君主地位就稳定而尊贵。百姓从事农业就会持重，持重就会减少私下发表议论，私下议论少就容易立法，民力就能专一。百姓从事农业财产就很多，财产很多就会害怕迁移，害怕迁移就只可能会老死故乡而没有别的考虑。百姓放弃农业而从事工商业就不会听从命令，不听从命令就不能依靠他们防守，不能依靠他们打仗。百姓放弃农业从事工商业家产就简单，家产简单就会随意迁移，随意迁移，当国家遭遇灾难就会都想离开, 没有安居乐业的心。百姓放弃农业从事工商业, 就会喜欢玩弄智谋, 喜欢玩弄智谋行为就奸诈多变, 行为奸诈多变就会在法律上投机取巧, 把对的说成错的, 把错的说成对的。

后稷曰:"所以务耕织者, 以为本教①也。"是故天子亲率诸侯耕帝籍田, 大夫士皆有功业。是故当时之务, 农不见于国, 以教民尊地产也。后妃率九嫔蚕于郊, 桑于公田。是以春秋冬夏皆有麻枲②丝茧之功, 以力妇教也。是故丈夫不织而衣, 妇人不耕而食, 男女贸③功, 以长生, 此圣人之制也。故敬时爱日, 非老不休, 非疾不息, 非死不舍。

【注释】①本教: 根本性的教育、教化。②麻枲 (xǐ): 即麻。③贸: 交换财物等。

【译文】后稷说:"之所以要致力于耕织作业, 是因为这是教化的根本。"因此天子亲自率领诸侯耕种田地, 大夫、士也都有各自的任务。处于农忙的时候, 农民不得在郡县出现, 以此教育他们尊重重视田地的生产活动。后妃带领九嫔到郊外养蚕, 到公田采桑。是因为一年四季都有绩麻缫丝等事情要完成, 以此来教育妇女。所以男子不织布却有衣服穿, 妇女不种地却有饭吃, 男女交换劳动的收获以此维持生活。这是圣人制定的制度。所以, 要敬畏农时, 珍惜光阴, 不到年老不能停止劳动, 不是生病不能休息, 不到死期不能舍弃农事活动。

上田^①，夫食九人。下田，夫食五人。可以益，不可以损。一人治之，十人食之，六畜皆在其中矣。此大任地之道也。

【注释】①上田：土质最好的田地。

【译文】种上等田地，每个农夫要供养九个人，种下等田地，每个农夫要供养五个人。农民所供养的人数只能增加，不能降低。总之，一个人种田，要提供给十个人吃，饲养的各种家畜也都包括在这一农夫的劳动中。这是充分利用土地的措施。

故当时之务，不兴土功，不作师徒^①，庶人不冠弁^②、娶妻、嫁女、享祀，不酒醴^③聚众，农不上闻^④，不敢私籍于庸^⑤，为害于时也。然后制野禁，苟非同姓，农不出御，女不外嫁，以安农也。

【注释】①师徒：指军队。②冠弁：古代男子二十岁行冠礼，因以指成年。③酒醴（lǐ）：酒和醴，亦泛指各种酒。④上闻：古赐爵名。籍，"通"借"。⑤庸：庸仆，庸工。

【译文】所以，正当农事大忙的时候，不要大兴土木工程，不要发动战争。平民不举行加冠、娶妻、嫁女、祭祀，不能大摆宴席。农民如果不是名字在官府里，就不能私自找别人代耕。因为这些事都有损于农时。然后制定乡野禁令，如果不是因为同姓的原因，男子就不能从外面娶妻，女子也不得出嫁到外面，以便农民安居在一处地方。

野禁有五：地未辟易，不操麻，不出粪。齿年^①未长，不敢为园圃。量力不足，不敢渠地而耕。农不敢行贾，不敢为异事。为害于时也。

【注释】①齿年：年龄。

【译文】然后要制定有关乡野的五条禁令：土地尚未整治，不能织麻，不得清扫污秽。没到年龄，不能从事园圃中的劳动。估计力量不够，不能扩大耕地面积。农民不能经商，不得去做别的事情。因为这些事都有损于农业生产。

然后制四时之禁：山不敢伐材下木，泽人不敢灰僇，缳网罝罘不敢出于门，众罟不敢入于渊，泽非舟虞，不敢缘名，为害其时也。

【译文】还要制定四季的禁令：不到适合的季节，山中不能砍树，河湖地区不能烧灰割草，抓捕鸟兽的网不能带出门，捕鱼的网不能放到水里，不是管船的官员不能用借口乘船，因为这些事都有损于农业生产。

若民不力田，墨乃家畜，国家难治，三疑乃极，是谓背本反则，失毁其国。凡民自七尺^①以上，属诸三官。农攻粟，工攻器，贾攻货。时事不共，是谓大凶。夺之以土功，是谓稽，不绝忧唯，必丧其秕。夺之以水事，是谓籥^②，丧以继乐，四邻来虚。夺之以兵事,是谓厉,祸因胥③岁,不举铚④艾。数夺民时,大饥乃来。野有寝耒⑤,或谈或歌,旦则有昏,丧粟甚多。皆知其末,莫知其本真。

【注释】①七尺:古代指二十岁。②瀹(yuè):浸渍。③胥(xū):文言副词,皆。这里指整年都连续不断的样子。④铚(zhì):古代割禾穗的短镰刀。⑤寝耒(lěi):耒耜等农具放着不用,指农事荒废。

【译文】如果百姓不尽力耕作土地,就没收他们的财产,否则国家会很难治理,农、工、商就会互相模仿,这就叫作违背根本的原则,就会导致国家的灭亡。凡是百姓从成年以后,就分别处于农、工、商三种职业。农民生产粮食,工匠制作器物,商人经营货物。行动与农时不相一致,这叫作不祥的征兆。因为大兴土木侵占农时,叫作延误,百姓就会忧虑不断,田里会连秕谷也收不到。因为治理水患而侵占农时,叫作浸泡,难过悲伤就会在欢乐之后到来,周边邻国就会来攻打。因为进行战争而侵占农时,叫作虐害,灾难就会全年不断,根本不会有机会开镰收割粮食。连续侵夺百姓农时,就会产生严重的饥荒。田里到处都是闲置的农具,百姓有的闲谈,有的唱歌,从早到晚都是这样,那么一定会损失很多粮食。人们知道了这种末节,却没有人知道重农这个根本。

任 地

【题解】本篇以后稷的发问,提出土地改造、灌溉、除草、耕作等问题，以及对耕作原则、耕作要符合时宜的具体阐述，说明当时非常重视耕作技术。

四曰：

后稷曰：子能以窫^①为突乎？子能藏其恶而揖^②之以阴乎？子能使吾土靖而甽^③浴土乎？子能使保湿安地而处乎？子能使藿^④夷毋淫乎？子能使子之野尽为冷风乎？子能使稾^⑤数节而茎坚乎？子能使穗大而坚、均乎？子能使粟圜^⑥而薄糠^⑦乎？子能使米多沃而食之强乎？无之若何？

【注释】①窫（wā）：低洼。②揖：让出。③甽：田野，沟渠。④藿（huán）：古同"萑"，形状像芦苇，茎可编苇席。⑤稾：禾秆。⑥粟圜：圜，同"圆"，这里指颗粒饱满。⑦薄糠：糠，指谷的外壳，外壳薄则磨出粉多。

【译文】第四：

后稷说："你能把洼地修整成高地吗？你能把劣土清除掉而代之以湿润的土吗？你能使土地状况良好并用垄沟排水吗？你能使种子播种得深浅适度并在土里保持水分吗？你能使田里的野草不肆意生长吗？你能使你的土地四面都能吹到风吗？你能使庄稼节多而茎秆竖直吗？你能使谷物穗大而且结实均匀吗？你能使籽粒充实麸皮薄吗？你能使米的油分多吃着有嚼劲吗？这些如果没有那应该怎么做呢？

凡耕之大方^①：力者欲柔，柔者欲力。息者欲劳，劳者欲

息。棘②者欲肥，肥者欲棘。急者欲缓，缓者欲急。湿者欲燥，
燥者欲湿。

【注释】①大方：大道理。②棘：通"瘠"，土地不肥沃。

【译文】耕地的原则笼统地说是：坚硬的土地要使它柔软
些，柔软的土地要使它坚硬些。长期不耕作的土地要频繁播种，
频繁耕种的土地要时不时地休息。贫瘠的田地要使它变得肥
沃，过于肥沃的田地要使它变得贫瘠。结实的土地要使它变得疏
松，疏松的土地要使它变得坚实。过于湿润的土地要使它变得干
燥，过于干燥的土地要使它变得湿润。

上田弃亩①，下田弃甽。五耕五耨②，必审以尽。其深殖之
度，阴土必得，大草不生，又无螟蜮③。今兹④美禾，来兹美麦。
是以六尺之耜⑤，所以成亩也；其博⑥八寸，所以成甽也；耨柄
尺，此其度也；其耨六寸，所以间稼也。地可使肥，又可使棘。
人肥必以泽，使苗坚而地隙；人耨必以旱，使地肥而土缓。

【注释】①亩：田垄。②耨（nòu）：古代锄草的农具。这里指锄地。
③螟蜮（míng yù）：危害禾苗的两种害虫。④兹：年。⑤耜：翻土的工
具。⑥博：多，广，大。

【译文】高处的田地，不要把禾苗种在田垄上，低洼的田地，
不要把禾苗种在垄沟里。播种之前要耕五次地，播种之后要锄
五次地，耕地和锄地一定要认真彻底。禾苗耕种的深度，以能够
看到湿润的土为准，既不生长野草，也没有什么害虫。今年种谷

子，谷子的收成就好，明年种麦子，麦子的收成就好。用长度为六尺的耜，是用来测量土地的宽窄；它的刃宽八寸，是为了用来挖出标准的垄沟；锄的柄长一尺，这是庄稼间距离的标准；它的刃宽六寸，这是为了方便间苗。土地可以变得更加肥沃，也可以变得更加贫瘠。耕地一定要在湿润的土地上，这样可使幼苗生长得牢固而土地中有缝隙；锄地一定要在干旱的土地上，这样可使土地肥沃且能够保持土壤肥力。

　　草端大月①。冬至后五旬七日，菖②始生。菖者百草之先生者也，于是始耕。孟夏之昔，杀三叶而获大麦。日至③，苦菜死而资生，而树麻与菽，此告民地宝尽死。凡草生藏日中出，猕首④生而麦无叶，而从事于蓄藏，此告民究也。五时见生而树生，见死而获死。天下时，地生财，不与民谋。

　　【注释】①大月：指农历十月。②菖（chāng）：即菖蒲，生于沼泽地、溪流或水田边的植物。③日至：夏至。④猕（xī）首：草名。
　　【译文】野草到十月就要衰败了。冬至之后过五十七天，菖蒲开始发芽，菖蒲是所有的草中最先冒芽的，这时开始耕作。从四月下旬开始，荠、葶苈、菥蓂枯萎，而可以收获大麦。夏至，苦菜枯死，蒺藜生长，这时可以种植麻和小豆，这是告诉人们种地的宝贵时节马上就要过去了。到了秋分，猕首生长，谷子成熟，这时就要进行收割储藏。这是告诉农民一年的农业活动都结束了。草的生长枯萎可作农事活动的根据。一年四季，见到某种草类发芽，就要播种适合生长的作物，见到某种草类衰亡，就要收获此时已经成熟的作物。上天赐予四季，田地出产财富，是不与百姓商量的。

有年瘗土^①，无年瘗土。无失民时，无使之治下。知贫富利器，皆时至而作，竭时而止。是以老弱之力可尽起，其用日半，其功可使倍。不知事者，时未至而逆之，时既往而慕之，当时而薄之，使其民而郤之。民既郤，乃以良时慕，此从事之下也。操事则苦，不知高下，民乃逾处。种稑^②禾不为稑，种重禾不为重，是以粟少而失功。

【注释】①瘗（yì）土：祭祀土地神。②种稑（lù）：后种先熟的稻谷。

【译文】无论是丰收还是歉收，都要祭祀土神。不要使百姓丧失农业活动的时机，不要使他们做蠢事。要使民众懂得由贫穷到富裕的道路，都要农时一到就耕作，农时结束就停止耕作。这样年老弱小之人的力量都会被全部调用起来，收到事半功倍的效果。不了解农事的人，农时未到就行动，农时过去就后悔不已，而恰好处于农时时却又完全不在意，奴役百姓而耽误了农时。已经把百姓的农时耽误了，事后却又对好的时节思念不已。这是管理农事最愚蠢的做法。苦于做事，也不知道怎么做是高明，怎么做是愚蠢，百姓就会苟且偷安。种早了庄稼不像早庄稼，种晚了庄稼不像晚庄稼，因而收获的粮食会很少，辛苦的劳作没有什么结果。

辩 土

【题解】本篇继续论述并回答上篇提出的问题。"辩土"指要根据土质来采取措施进行耕作,也就是要因地制宜。

五曰:

凡耕之道:必始于垆①,为其寡泽而后枯;必厚其靹②,为其唯厚而及;靺者莛之,坚者耕之,泽其靹而后之;上田则被其处,下田则尽其污。无与三盗③任地:夫四序参发,大甽小亩,为青鱼胠,苗若直猎,地窃之也;既种而无行,耕而不长,则苗相窃④也;弗除则芜,除之则虚,则草窃之也。故去此三盗者,而后粟可多也。

【注释】①垆(lú):黑色坚硬的土。②靹(nà):古同"靹",柔软的土壤。③三盗:即下文所说的地窃、苗窃、草窃。④苗相窃:庄稼没有行列,说明种得太密,太密就会互相妨害,如争夺养分、遮挡阳光和空气等,结果都不能长好,这就像禾苗互相偷盗一样。

【译文】第五:

凡是耕地的道理:一定要从垆土开始,因为这种土缺少水分,干的土层厚;一定要将湿润的土地放在后面耕作,因为这种土即使延迟一下也还来得及耕作。水分充分的土地要慢慢地耕,坚硬的土地要马上耕,湿润的土地要延后耕;高处的土地耕作后要把地面铲平,低处的土地耕作前要把积水排干。不要和

"三盗"一起耕作土地：四时按顺序出现，是和农事相匹配的。有些人田畦做得很窄，垄沟做得很宽，田畦看上去就像被困在地上的青鱼，上面的禾苗貌似野兽脖子上的鬃毛，这是地盗啊；庄稼密密麻麻地排列着分不清行列，尽力耕作也难以生长，这是苗盗啊；不拔除野草地就要荒废，拔除野草又会弄活苗根，这是草盗啊。所以必须去除这三盗，然后庄稼才能丰收。

所谓今之耕也，营而无获者：其蚤者先时，晚者不及时，寒暑不节，稼乃多灾，实其为亩也，高而危则泽夺，陂则埒，见风则俪，高培则拔，寒则雕①，热则脩，一时而五六死，故不能为来。不俱生而俱死，虚稼先死，众盗乃窃。望之似有馀，就之则虚②。农夫知其田之易也，不知其稼之疏而不适也；知其田之际也，不知其稼居地之虚也；不除则芜，除之则虚，此事之伤也。故晦欲广以平，甽欲小以清；下得阴，上得阳，然后咸生。

【注释】①雕：凋零。②虚：不结籽实。

【译文】当今有些人从事农业耕作，尽力经营却没有收获。这是因为有的人行动太快会比农时早，行动太晚会赶不上农时，四季的耕作不符合时令，所以庄稼多灾多难。他们修整选择田地，如果修得又高又陡，那样水分就容易散失，坡过于倾斜，田地就容易塌陷，庄稼遇风就会倒下，土层过高就会被连根拔起，天气变冷就会庄稼会凋零，天气变热就会枯萎，同时庄稼还有五六种枯萎的情况，所以是不可能有好收成。庄稼不同时发芽，但同时凋零，虚弱的庄稼会提前死掉，于是地盗、苗盗、草盗就会出现。这种庄稼，远远望去似乎长势很好，走近一看，发现都是虚假的表现。农夫只知道他的田地已经翻整过，却不知道他的庄稼种植得过于稀疏，密度不够，不适合生长；只知道他的田地已经管过，却不知道他的庄稼在地里扎根不牢；杂草不清除，土地就要荒废；清除杂草，苗根会被弄活。这是农事中危害最大的。所以，田地应该又宽又平，垄沟应该又小又深；使庄稼的根能吸收水分，上面的生长也能得到阳光，这样庄稼才都能生长。

稼欲生于尘，而殖于坚者。慎其种，勿使数，亦无使疏。于其施土，无使不足，亦无使有余。熟有耰也，必务其培。其耰也植，植者其生也必先。其施土也均，均者其生也必坚。是以畮广以平，则不丧本；茎生于地者，五分之以地。茎生有行，故遬长；弱不相害，故遬大。衡行必得，纵行必术。正其行，通其风，夬①心中央，帅为泠②风。苗，其弱也欲孤，其长也欲相与居，其熟也欲相扶。是故三以为族，乃多粟。

【注释】①夬（guài）：分决。②泠：清凉。

【译文】庄稼应在细软的泥土中发芽，而在坚实的土地中生长。播种一定要谨慎，庄稼不要过密，也不要过稀疏。在覆土种植方面，不要使土壤厚度不足，也不要使土层过厚。覆土种植要仔细去做，一定要认真对待盖种的土。盖种的土要打得细碎，细碎了庄稼出苗就快速，盖种的土要撒得均匀，均匀了庄稼扎根就会牢固。所以，田地又宽又平，就能使庄稼的根部不受伤害。禾苗生于田地中，把田地平均分为五份。禾苗生长的地方成行，所以能够迅速生长；幼苗互不伤害，所以生长很快。横行一定要合适，纵行一定要竖直。要使行列竖直，通风，一定注意疏通土地的中心，使田中到处能够吹到风。庄稼幼小时以独自生长为宜，长起来以后应靠近，成熟时应互相扶持。禾苗三四株长在一起，就能多收获粮食。

凡禾之患，不俱生而俱死。是以先生者美米，后生者为秕。是故其耨也，长其兄而去其弟。树肥无使扶疏，树墝不欲专生而族居。肥而扶疏则多秕，墝而专居则多死。不知稼者，其耨也。去其兄而养其弟，不收其粟而收其秕，上下不安，则禾多死，厚土则孽①不通，薄土则蕃轓而不发。垆埴②冥色，刚土柔种，免耕杀匿，使农事得。

【注释】①孽：限制。②埴：黏土。
【译文】种植农作物的难点，在于即使不同时出苗，时令一到却要同时枯萎。所以先出土的结粒就好，后出土的就多是秕子。因此，锄草拔苗的时候，要注重培养先生的壮苗，去掉后生的弱苗。在肥沃的土地上种植，不要种得过于稀疏而使庄稼疯长；在贫瘠的土地上种植，不要种得过密集而使庄稼挤在一起。土地肥沃庄稼生长旺盛，秕子就会结得多，土地贫瘠庄稼又挤在一起，禾苗就会枯萎得多。不会种田的人，他们种植时，去掉先生的壮苗而留下后生的弱苗，结果收不到粮食而只能收些秕子。对禾苗和土地都处理不适宜，庄稼就会大量枯萎。覆土过厚，萌发的幼苗就钻不出地面；覆土过薄，种子就会遭到限制而不能发芽。垆土埴土颜色发暗，是刚硬的土地，要勤加翻耕再播种，以消灭杂草害虫，使农事种植进行得当。

审 时

【题解】文章开宗明义，"凡农之道，厚之（时）为宝"。本篇专门论述耕作要适应天时。文中具体地对禾、黍、稻、麻、菽、麦等农作物得时和失时的情况进行描述，得出了"得时之稼兴，失时之稼约"的生产经验，同时也反映了我国古代劳动人民的丰富农业生产经验。

六曰：

凡农之道，厚①之为宝：斩木不时，不折必穗；稼就而不获，必遇天灾。夫稼为之者人也，生之者地也，养之者天也。是以人稼之容足，耨之容耨，据之容手。此之谓耕道。

【注释】①厚：重视。

【译文】六曰：

但凡农业耕作的原则，以顺应天时最为宝贵；伐木不顺应时令，木材不是折断就一定是弯曲；庄稼熟了不及时收获，一定会受到天灾。庄稼，人种植了它，地生育了它，天养育了它。所以播种时要使田间容得下脚，锄地时要使田间放得进锄头，收摘时要使田间放得进手。这就是所谓的耕作的道理。

是以得时之禾，长秱①长穗，大本而茎杀，疏機而穗大；其粟圆而薄糠；其米多沃而食之强；如此者不风。先时者，茎叶带芒以短衡，穗钜而芳夺，秮米而不香。后时者，茎叶带芒而末衡，穗阅而青零，多秕而不满。

【注释】①秱：禾梗的总称。

【译文】因此，种植时机恰当的谷子，穗的总梗长，穗子也长，根部发达，秸秆较矮，谷码稀疏，穗子大；它的果实圆而皮薄，米有油性，吃着有嚼劲，这样的谷子，籽粒不会因风而散落。种得过早的谷子，秸秆和叶子上布满细毛，穗子的梗短，穗子大但子房掉落，米容易变质，也没有香气。种得过晚的谷子，秸秆和叶子上布满细毛，梗短，穗尖并且颜色显青，多秕子，籽粒也不丰满。

得时之黍，芒茎而微下，穗芒以长，抟米而薄糠，舂之易，而食之不嚘①而香；如此者不饴。先时者，大本而华，茎杀而不遂，叶膏短穗。后时者，小茎而麻长，短穗而厚糠，小米钳②而不香。

【注释】①嚘（yuàn）：过分甘美。②钳：恶劣。

【译文】种植适时的黍子，秸秆布满细毛，底部不生枝杈，果实圆并且外皮薄，舂起来容易，嚼起来香而不发腻。像这样的黍子做出的饭来不容易变质。种植过早的黍子，根部发达，叶子阔大，秸秆矮而不通畅，叶子又肥又厚，麦穗又短又小。种得过晚的黍子，茎秆又细又小，麦穗短，外皮厚，米粒小并且颜色发黑，也没有香气。

得时之稻，大本而茎葆①，长秱疏機，穗如马尾，大粒无芒，抟米而薄糠，舂之易而食之香；如此者不益。先时者，本大而茎叶格对，短秱短穗，多秕厚糠，薄米多芒。后时者，纤茎而不滋，厚糠多秕，辟米，不得待定熟②，卬天而死。

【注释】①葆：草木丛生。②定熟：成熟。
【译文】种得适时的水稻，根部发达，茎秆丛生，总梗长，谷码稀，穗子像马尾，籽粒大，稻芒少，米粒圆，糠皮薄，舂起来容易，吃起来香。这样的稻子，吃着顺口。种得过早的稻子，根部发达，秸秆和叶子挤在一起，总梗和穗短，秕子多，糠皮厚，籽粒少而稻芒多。种得过晚的稻子，秸秆细又不分叉，糠皮厚，秕子多。籽粒不结实，等不到收获，就面朝天枯萎了。

得时之麻，必芒以长，疏节而色阳，小本而茎坚，厚枲以均，后熟多荣，日夜分复生；如此者不蝗。

【译文】适时种植的麻，一定带有细而且较长的毛，根节稀疏，颜色鲜亮，根部小但茎结实，纤维又厚又均匀，成熟晚的开花茂盛，到了秋分结出的麻果实累累。这样的麻不吸引蝗虫。

得时之菽①，长茎而短足，其荚二七以为族，多枝数节，竟叶蕃实，大菽则圆，小菽则抟以芳，称之重，食之息以香；如此者不虫。先时者，必长以蔓，浮叶疏节，小荚不实。后时者，短茎疏节，本虚不实。

【注释】①菽（shū）：豆的总称。

【译文】豆子适时种植的话，分枝长而总干短，豆荚两排为一簇每排七个。分枝很多，分节密，叶子茂盛，籽实很多，大豆子每粒圆滚滚，小豆子鼓胀，而且有香气，称起来很重，吃起来有嚼头而且很香。这样的豆子不容易有虫子。豆子过早种植，一定长得过长而且爬蔓，叶子瘦弱，茎节稀疏，豆荚小又不长粒。豆子种植过晚，分枝短，茎节稀，根弱，不结果。

得时之麦，秱长而颈黑，二七以为行，而服薄糕①而赤色，称之重，食之致香以息，使人肌泽且有力；如此者不蚼蛆。先时者，暑雨未至胕动，蚼蛆②而多疾，其次羊以节。后时者，弱苗而穗苍狼③，薄色而美芒。

【注释】①糕：指麦粒的外壳。②蚼蛆：一种害禾稼的虫。③苍狼：青色。

【译文】小麦种得适时，总梗会长，穗子呈深绿色，麦粒两排成一行，每排七粒，麦壳薄，麦粒发红，称起来重，吃起来特别香而且有嚼头，能使人肌肤光滑而且有力。这样的麦子不容易有蚼蛆等虫子。麦子种得过早的，没下夏雨就会发生病虫害，有很多蚼蛆，麦子会生病。种得太晚的麦子，麦苗发育弱，穗子呈青色，颜色发暗，只有麦芒生长得好看。

是故得时之稼兴，失时之稼约。茎相若，称之，得时者重，粟之多。量粟相若而舂之，得时者多米。量米相若而食之，得时者忍饥。是故得时之稼，其臭香，其味甘，其气章，百日食之，耳目聪明，心意睿智，四卫变强，殈①气不入，身无苛②殃。黄帝曰："四时之不正也，正五谷③而已矣。"

【注释】①殈：凶。②苛：病，通"疴"。③正五谷：使所食的五谷纯正。

【译文】所以，种植时机恰当的庄稼就丰收高产，种植时机不恰当的庄稼就病弱低产。播种方法不同，取相等数量的茎秆，称一称，种植适时的庄稼分量重；脱粒，种植适时的庄稼收获的粮食多。同样多的粮食，舂出米来，种植恰当的出米多。同样多的米，做出饭来，种植恰当的吃了抵饿。所以，种植时机恰当的庄稼，不光气味香，不光味道好，而且它的嚼劲大。吃上一百天，就能使人耳目聪慧，神清气爽，四肢健壮，不受不好的天气影响，不容易生病。黄帝说："四季的节气不恰当，吃到纯正的五谷就可以。"

谦德国学文库丛书

（已出书目）

茶经·续茶经	虞初新志
唐诗三百首	迪吉录
宋词三百首	浮生六记
元曲三百首	文心雕龙
小窗幽记	幽梦影
菜根谭	东京梦华录
围炉夜话	阅微草堂笔记
呻吟语	说苑
人间词话	竹窗随笔
古文观止	国语
黄帝内经	日知录
五种遗规	帝京景物略
一梦漫言	子不语
楚辞	水经注
说文解字	徐霞客游记
资治通鉴	聊斋志异
智囊全集	清代三大尺牍：小仓山房尺牍
酉阳杂俎	清代三大尺牍：秋水轩尺牍
商君书	清代三大尺牍：雪鸿轩尺牍
读书录	孔子家语
战国策	贤母录
吕氏春秋	张岱文集：陶庵梦忆
淮南子	张岱文集：西湖梦寻
营造法式	张岱文集：快园道古
韩诗外传	群书类编故事
长短经	管子